Protohistoria y Antigüedad de la Península Ibérica

Vol. I

Protohistoria y Antigüedad de la Península Ibérica.
Las fuentes y la Iberia colonial

Eduardo Sánchez-Moreno (coord.)
Adolfo J. Domínguez Monedero
Joaquín L. Gómez-Pantoja

© De los textos, Eduardo Sánchez-Moreno, Adolfo J. Domínguez Monedero
y Joaquín L. Gómez-Pantoja, 2013
© De la coordinación: Eduardo Sánchez-Moreno
EDITOR: Ramiro Domínguez Hernanz

© De la fotografía de cubierta: Adolfo J. Domínguez Monedero, *Neápolis de Ampurias (Gerona)*
© Del diseño de la cubierta: Ramiro Domínguez

©Sílex® ediciones S.L., 2013
c/ Alcalá, nº 202. 28028 Madrid
www.silexediciones.com
correo-e: silex@silexediciones.com

ISBN: 978-84-7737-181-6
ISBN de la obra completa: 978-84-7737-199-1
Depósito Legal: M-27677-2013
DIRECTORA EDITORIAL: Cristina Pineda
Asistentes de edición: Joana Carro y Raquel Villar
Producción: Alejandro Rodriguez Peña
Fotomecánica: Preyfot
Impreso en España por: SíoSí punto gráfico
(Printed in Spain)

Ninguna parte de esta publicación, incluido el diseño de la cubierta, puede ser reproducida, almacenada o transmitida en manera alguna ni por ningún medio, ya sea eléctrico, químico, mecánico, óptico, de grabación o de fotocopia, sin permiso previo del editor. La infracción de los derechos mencionados puede ser constitutiva de delito contra la propiedad intelectual (Art. 270 y ss del Código Penal)

Contenido

Presentación 13

Parte I. Eduardo Sánchez-Moreno y Joaquín L. Gómez-Pantoja
Voces y ecos. Las fuentes para el estudio de la Hispania Antigua . . 17

Capítulo primero
Las fuentes literarias y su contexto historiográfico 19
I.1.1 La percepción de la Península por griegos y romanos:
un espacio en construcción 19
I.1.2 Hechos, dichos y silencios: Reflexionando los textos antiguos 21
I.1.3 Geógrafos y etnógrafos 26
Antecedentes 26
La Ora Maritima *de Avieno* 27
Pioneros observadores en suelo peninsular 27
La Iberia de Estrabón 28
Mela, el primer geógrafo hispano 29
La sabiduría universalizada: la Historia Natural *de Plinio* 30
Toponimia en coordenadas: Claudio Tolomeo 31
I.1.4 Historiadores 31
Polibio, testigo de Roma en Hispania 31
César, historia en primera persona 33
Trogo (en el epítome de Justino): un aparte en la historiografía latina 34
La falta de un analista esencial: Salustio 34
Una amalgama narrativa: Diodoro Sículo 35
Livio, historiador de Roma 35
Tácito, cronista del Imperio 37
La historia militar romana: Apiano 38
Dión Casio, el último gran historiador griego 38
I.1.5 Biógrafos: Plutarco, Suetonio y la Historia Augusta 39
I.1.6 Escritores tardíos 41
Nuevas sensibilidades en tiempos de cambio 41
Los cronógrafos 42
Historiografía cristiana en Hispania: Orosio, Hidacio y Ausonio 42
Las Actas de los Mártires 43
Las Etimologías *de san Isidoro, compendio del saber occidental* 44

I.1.7 Itinerarios y otros documentos viales 44
Bibliografía 46

Capítulo segundo
Las fuentes materiales y la investigación arqueológica 51
I.2.1 ¿Qué hace algo como tú en un sitio como éste? 51
I.2.2 Los espacios: la historia a escena 52
I.2.3. Los objetos como lenguaje de comunicación 55
I.2.4 Los residuos orgánicos: reconstruyendo hombres, faunas y paisajes .. 56
Bibliografía 59

Capítulo tercero
Los registros epigráfico y numismático y su valor documental ... 61
I.3.1 Las inscripciones 61
I.3.2 Las monedas 64
Bibliografía 67

Parte II. Adolfo J. Domínguez Monedero
La Península y el Mediterráneo arcaico. Las dinámicas coloniales ... 73

Capítulo primero
Los fenicios en Occidente 75
II.1.1 El territorio metropolitano fenicio a inicios del primer milenio a.C. .. 76
II.1.2 Las causas y los inicios de la colonización fenicia en Occidente ... 84
II.1.3 Los hitos de la expansión 95
II.1.3.1 *Chipre* 97
II.1.3.2 *El Egeo y Creta* 99
II.1.3.3 *El Mediterráneo central* 101
II.1.3.4 *El norte de África* 104
II.1.3.5 *La Península Ibérica* 107
II.1.4 Los primeros siglos de la presencia fenicia en Iberia (siglos viii-vi a.C.) .. 108
II.1.4.1 *Los mecanismos del comercio y del asentamiento: puertos de recalada, estuarios* .. 111
II.1.4.1.1 El factor religioso: del templo de Melqart en Gadir a los santuarios fenicios en territorio indígena 115
II.1.4.2 *Colonias y factorías* 117
II.1.4.2.1 Gadir y su área de influencia directa 117
II.1.4.2.2 Los asentamientos de las costas andaluzas 138
II.1.4.2.2.1 *Cerro del Villar* 140
II.1.4.2.2.2 *Toscanos* 141

II.1.4.2.2.3 *Morro de Mezquitilla* 142
II.1.4.2.2.4 *Almuñecar-Sexi; Abdera-Adra; Villaricos* 143
II.1.4.2.2.5 *Consideraciones generales sobre la presencia fenicia en el área mediterránea andaluza* . 146
II.1.4.2.3 Los fenicios en el Atlántico 149
II.1.4.2.3.1 *Los fenicios en busca del estaño* 149
II.1.4.2.3.2 *Asentamientos en las costas de Iberia: Castro Marim, Tavira, Abul* 151
II.1.4.2.3.3 *Las costas africanas: de Lixus a Mogador y más allá* 160
II.1.4.2.4 Los fenicios en las costas orientales de Iberia 165
II.1.4.2.4.1 *El área del Bajo Segura: La Fonteta y su área de influencia* 166
II.1.4.2.4.2 *Los territorios al norte del Ebro: Aldovesta, San Martín de Ampurias y los territorios del Golfo de León* 169
II.1.4.2.5 Los fenicios en Ibiza 173
II.1.4.2.5.1 *El establecimiento de Sa Caleta* 174
II.1.4.2.5.2 *La fundación de la ciudad de Ebuso* 175
II.1.5 LA CONSOLIDACIÓN DE LA PRESENCIA FENICIA EN IBERIA HASTA LA CONQUISTA DE CARTAGO 176
II.1.5.1 *El desarrollo de las ciudades fenicias* 180
II.1.5.1.1 Gadir 180
II.1.5.1.2 Malaka, Sexi, Abdera, Baria 184
II.1.5.1.3 La ciudad de Ebuso 186
II.1.6. LA ECONOMÍA DE LOS CENTROS FENICIOS 189
II.1.6.1 *La minería y la metalurgia* 189
II.1.6.2 *La agricultura, la ganadería y la pesca* 191
II.1.6.3 *El comercio* 197
II.1.6.4 *La artesanía* 205
II.1.6.5 *La aparición de la moneda* 210
II.1.7 LA MADUREZ DE LA PRESENCIA FENICIA 213
II.1.7.1 *La creación de un espacio propio fenicio en Iberia* 213
II.1.7.2 *Las relaciones con los indígenas* 216
BIBLIOGRAFÍA 218

Capítulo segundo
Tarteso 227
II.2.1 INTRODUCCIÓN HISTORIOGRÁFICA AL CONCEPTO DE TARTESO 227
II.2.2 EL POBLAMIENTO DEL ÁREA ONUBENSE Y DEL BAJO GUADALQUIVIR EN VÍSPERAS DE LA PRESENCIA FENICIA 234
II.2.3 LA PRESENCIA FENICIA, DESENCADENANTE DE LOS PROCESOS DE CAMBIO Y TRANSFORMACIÓN QUE CARACTERIZAN LA CULTURA TARTÉSICA 235
II.2.4 LA GEOGRAFÍA TARTÉSICA: CENTRO Y PERIFERIA 237

II.2.4.1 *Las áreas nucleares: Valle del Guadalquivir y área onubense* 238
II.2.4.1.1 Los principales yacimientos 238
II.2.4.1.1.1 *El área en torno a Gadir* 238
II.2.4.1.1.2 *Mesas de Asta* 241
II.2.4.1.1.3 *Onoba* 242
II.2.4.1.1.4 *Niebla* 245
II.2.4.1.1.5 *Tejada la Vieja y San Bartolomé de Almonte* 246
II.2.4.1.1.6 *Spal y el Carambolo* 248
II.2.4.1.1.7 *Carmona y los Alcores* 251
II.2.4.1.1.8 *Montemolín* 254
II.2.4.1.1.9 *Setefilla* 257
II.2.4.1.2 La aparición de una sociedad compleja y jerarquizada 259
II.2.4.2 *Las áreas periféricas* 262
II.2.4.2.1 El Guadalquivir medio: Córdoba-Colina de los Quemados 263
II.2.4.2.2 El área de la Alta Andalucía. Cástulo 265
II.2.4.2.3 Las serranías malagueñas: Acinipo 269
II.2.4.2.4 Entre el Guadalquivir y el Guadiana 270
II.2.4.2.5 La Meseta (¿y el sudeste de la Península?) 280
II.2.5 Los cambios sociales y políticos 283
II.2.5.1 *Desarrollo de las técnicas productivas: minería y agricultura* 283
II.2.5.2 *La aparición de estructuras sociales complejas y su reflejo en el registro material* . 290
II.2.5.2.1 El registro funerario 290
II.2.5.2.2 El desarrollo de los asentamientos y el inicio de un incipiente urbanismo 294
II.2.5.3 *La escritura, instrumento al servicio de la transmisión de nuevos contenidos ideológicos* . . 296
II.2.5.3.1 El desarrollo de una visión cosmogónica propia 298
II.2.5.4 *Para una caracterización histórica de Tarteso* 302
II.2.6 El final de Tarteso 306
II.2.6.1 *La llamada crisis de Tarteso o la transformación de las estructuras económicas* . . 306
II.2.6.2 *El tránsito al mundo turdetano* 309
Bibliografía 311

Capítulo tercero
Los griegos en Iberia 317
II.3.1 Introducción: la percepción del extremo Occidente en las etapas iniciales de la formación de la cultura griega 317
II.3.2 Los inicios de la presencia griega en Iberia 321
II.3.2.1 *La Grecia del Este en la segunda mitad del siglo VII a.C.* 321
II.3.2.1.1 Los contactos con Oriente Próximo y Egipto 323
II.3.2.1.1.1 *La guerra y el comercio* 323

II.3.2.1.1.2 *El desarrollo de los nuevos mecanismos de intercambio: el* emporion 325
II.3.2.2 *Los jonios en la Península Ibérica* 329
II.3.2.2.1 La atracción de Tarteso 329
II.3.2.2.2 Los inicios de la presencia griega en Tarteso: fuentes literarias y testimonios materiales . 330
II.3.3 Los griegos en Iberia. Siglos vi-v a.C. 333
II.3.3.1 *El comercio con Tarteso hasta mediados del siglo VI a.C.* 333
II.3.3.2 *La exploración de las costas de Iberia y el descubrimiento de sus potencialidades* . 338
II.3.3.3 *El establecimiento de puertos de comercio y el inicio de las relaciones con la población indígena: Emporion* 342
II.3.3.4 *Crisis y transformación a mediados del siglo VI a.C.* 344
II.3.3.4.1 La llamada crisis de Tarteso 345
II.3.3.4.2 La caída de Focea en manos persas 346
II.3.3.5 *La reestructuración del comercio griego en Iberia* 348
II.3.3.5.1 El reforzamiento de las relaciones con el Sudeste peninsular 348
II.3.3.5.2 El inicio del desarrollo urbano y económico de la *polis* de Emporion 350
II.3.3.6 *Instrumentos del comercio griego en Iberia. Finales del siglo VI al siglo V a.C.* . . . 351
II.3.3.6.1 La comercialización de productos ajenos 351
II.3.3.6.2 La intervención de los indígenas en los procesos de comercialización griegos . . 354
II.3.3.6.2.1 *Las secuelas en el mundo indígena: de la escultura a la escritura* 358
II.3.3.6.3 El establecimiento de una red comercial costera, con intereses en el interior de Iberia . 362
II.3.3.7 *La ciudad de Emporion* 369
II.3.3.7.1 El inicio de la trama urbana 369
II.3.3.7.2 La formación de un territorio y la creación de un área de influencia próxima . . 372
II.3.3.7.3 La economía monetal en Emporion 375
II.3.4 Los griegos en Iberia a partir del siglo iv a.C. 377
II.3.4.1 *La consolidación de la presencia griega en Iberia: Rhode* 377
II.3.4.2 *La multiplicidad de los circuitos comerciales* 378
II.3.4.2.1 Las redes comerciales indígenas de larga y corta distancia 378
II.3.4.2.2 Las relaciones con los fenicios: Gadir, Ebuso 386
II.3.4.3 *Del auge del siglo IV a.C. a la llegada de los romanos* 388
II.3.4.3.1 Emporion. Desarrollo urbano y monumentalización 388
II.3.4.3.2 Los cambios en el modelo económico durante el periodo helenístico 392
II.3.4.4 *Los griegos de Iberia en época romana* 395
Bibliografía 398

Capítulo cuarto
La presencia cartaginesa hasta la Segunda Guerra Púnica 403
II.4.1 Introducción: Cartago y Occidente 403
II.4.1.1 *Imperialismo cartaginés en el Mediterráneo central* 404

II.4.1.2 *Tropas ibéricas en los ejércitos cartagineses* 405
II.4.2 El norte de África fenicio-púnica: entre Cartago y el Círculo del estrecho 407
II.4.3 El segundo tratado romano-cartaginés (348 a.C.) 408
II.4.4 Poblaciones africanas en Iberia: el problema de los libio-fenicios . 410
II.4.5 Los Barca en Iberia 412
II.4.5.1 *Amílcar: pactos y conquista* 412
II.4.5.2 *Asdrúbal: el afianzamiento de un área de poder cartaginesa en Iberia* 414
II.4.5.2.1 La fundación de Cartago Nova 414
II.4.5.2.2 El Tratado del Ebro 418
II.4.5.3 *Aníbal: la guerra inminente* 420
II.4.5.3.1 Expansión de horizontes: Aníbal en las dos mesetas 420
II.4.5.3.2 Sagunto: el *casus belli* 421
II.4.5.4 *El final de la presencia cartaginesa en Iberia* 422
Bibliografía 426

Relación de figuras 429

Presentación

Con más desvelos que sosiegos los albores del siglo que vivimos invitan a nuestra reflexión como sujetos históricos, a repensar los procesos históricos y las bases culturales que fundamentan nuestro mundo. A extender, en suma, el diálogo pasado-presente. Como advirtieron los eruditos antiguos y desde entonces han entendido pensadores y estadistas, rememorar e indagar el pasado nos ayuda a comprendernos hoy y asumir el mañana. Es ineludible que la perspectiva histórica arranca en y desde el presente por remoto que sea el ayer que centre nuestras pesquisas. No debe extrañarnos por ello que fenómenos apremiantes en nuestros días como la inmigración, el debate identitario o la territorialidad, la sensibilidad por el impacto ambiental o la salvaguardia del patrimonio, se proyecten en el estudio de la experiencia humana como preguntas surgentes de la memoria colectiva. La historia no sólo entretiene y enseña, también nos compromete como ciudadanos.

De la mano de un análisis riguroso acorde con los nuevos tiempos debe ir la difusión del conocimiento histórico. La divulgación se precisa igualmente rigurosa y a cargo de profesionales que sumen a su formación y experiencia la correcta aplicación de métodos científicos, diferenciándose de la pléyade de pseudohistoriadores que abonan hoy la globalizada era de internet. Con tal propósito, el de poner al alcance del público general una revisión actualizada de la historia de España, nace esta colección. Abanderado de la misma, el presente volumen constituye el primero de los dos dedicados a la *Protohistoria y Antigüedad de la Península Ibérica*. De su redacción se han encargado tres profesores universitarios de Historia Antigua, Adolfo J. Domínguez Monedero, Joaquín L. Gómez-Pantoja y quien esto suscribe, coordinador de ambos volúmenes.

Pensada especialmente –aunque no sólo– para el estudiante universitario, la obra ofrece un contrastado recorrido por las etapas iniciales de la historia peninsular, desde la Edad del Bronce hasta la Hispania visigoda. Más en concreto, desde la formación del mundo tartésico y los episodios coloniales en el despuntar del I milenio a.C., hasta la descomposición del Occidente romano y, llave del Medievo, la eclosión de los reinos germanos. De por medio más de 1.500 años de avatares y experiencias sobre un proceso de fondo en el que poblaciones de diferente entronque geográfico y cultural –¿qué sino un mosaico conforman las gentes de la Protohistoria ibérica?– conviven entre sí y, luego, con potencias mediterráneas adiestradas en la apertura de mercados y la anexión de territorios. *Ex Carthago Roma in Hispaniam*.

Si algo define a estos siglos antes y después del arranque de la Era cristiana es el encuentro de autóctonos y alóctonos, de nativos y colonos, de hispanos y romanos. Como también la confluencia de intercambios y aprendizajes favorecidos por la abertura de la Península Ibérica al Atlántico y al Mediterráneo, a Europa y a África; así como las dinámicas de paz y guerra, de conquistas y pactos, que llevan a la asimilación y posterior integración de sociedades en construcciones políticas mayores: tribus y estados, provincias e imperios, más tarde reinos. Igualmente el tiempo antiguo narra la convivencia de los grupos humanos con el medio natural, y su progresiva explotación y modelación en la definición de territorios históricos. Y muchas de estas trazas, con otros grosores y matices, afloran en la actualidad de nuestros días, laten en la epidermis de la historia. Como indicaba líneas atrás, los recodos del devenir esconden casuísticas que aún hoy nos preocupan y competen. Sólo por ello trabajos como el presente encuentran su justificación.

El volumen I que el lector tiene en la mano se ocupa de *Las fuentes y la Iberia colonial*. La primera parte *(Voces y ecos. Las fuentes para el estudio de la Hispania antigua)*, introductoria e instrumental, presenta una útil valoración de las fuentes literarias (I.1), arqueológicas (I.2) y epigráficas y numismáticas (I.3), que con sus luces y sombras son el punto de partida en el análisis de las sociedades antiguas. Se incide en los aportes de estas noticias y hallazgos, en sus implicaciones históricas e historiográficas, en sus posibilidades de lectura, pero también en sus sesgos y limitaciones como registros documentales siempre insuficientes, una dificultad inherente al trabajo del historiador de la Antigüedad. La segunda parte *(La Península y el Mediterráneo arcaico: las dinámicas coloniales)* aborda en extensión la presencia de fenicios, griegos y púnicos en el litoral ibérico y su interacción con las culturas locales, en particular con Tarteso, tenida como la primera formación compleja alumbrada en la literatura antigua. Los móviles de estas tempranas diásporas por el *Mare Nostrum*, su arraigo en la costa peninsular fundando ciudades (Gadir, Ebuso, Emporion) y redes de mercado, su impacto en la estructura socioeconómica de las poblaciones indígenas…, son aspectos claves de procesos que enlazan la Protohistoria ibérica con la historia de Fenicia, Grecia y Cartago. Es desde esta perspectiva contextual mediterránea desde la que se acomete el análisis de este bloque a través de cuatro capítulos de profuso desarrollo: "Los fenicios en Occidente" (II.1), "Tarteso" (II.2), "Los griegos en Iberia" (II.3) y "La presencia cartaginesa hasta la Segunda Guerra Púnica" (II.4).

Continuación del anterior, el volumen II comprende el estudio de *La Iberia prerromana y la Romanidad*. En su primera parte *(De los pueblos prerromanos: culturas, territorios e identidades)* se desgrana la rica y variada personalidad del poblamiento peninsular a lo largo de la Edad del Hierro. Su caracterización se hace en dos grandes ámbitos geográficos, la Iberia mediterránea (I.1) y la Iberia interior y atlántica (I.2), correspondientes *grosso modo* a las dos áreas lingüísticas de nuestra Protohistoria, la ibérica y la indoeuropea. En una y otra esfera se revisan las construcciones historiográficas sobre iberos, celtas y celtíberos, se intentan definir territorial y políticamente los *populi* que las integran, y se caracterizan sus comportamientos sociales, económicos y religiosos partiendo de las formas de ocupación del espacio, los usos funerarios y la cultura material –teniendo en cuenta, cuando es posible, las fuentes clásicas y epigráficas–; ello, en una andadura en el tiempo desde las fases formativas hasta la Romanización de estas entidades poblacionales. La segunda parte abarca el estudio de la *Hispania romana, de Escipión a los visigodos*. Un dilatado horizonte de más de siete siglos de acontecimientos y procesos que partiendo de la conquista e inclusión de los nativos en el orden romano, o mejor hispanorromano, conlleva la explotación y organización de las provincias hispanas imperiales hasta derivar en los cambios que definen la Tardoantigüedad y con ella la Hispania visigoda. De ágil y agudo discurso, este recorrido se estructura en seis capítulos de orden cronológico: "La Segunda Guerra Púnica en Hispania" (II.1), "El siglo de los Escipiones" (II.2), "De Numancia a los *Idus de Marzo*" (II.3), "Hispania en el Alto Imperio" (II.5), "Esplendor y crisis" (II.6), "De las Hispanias a Hispania" (II.7) y tres temáticos : "Aspectos políticos, socioeconómicos y militares de la conquista" (II.4), "Las riquezas de Hispania" (II.8), y "Gentes, culturas y creencias" (II.9). Junto a miles de protagonistas anónimos campean por estas páginas célebres romanos en Hispania (Graco, Sertorio, César o Augusto) y no menos célebres hispanos en Roma (Séneca, Trajano, Adriano o Teodosio). Analizados en sus respectivos contextos, unos y otros ayudan a trabar la historia de la Península Ibérica en tiempos en que el latín era la lengua dominante.

Ahondando en lo didáctico la obra presta especial atención a la bibliografía. Así, al final de cada capítulo se incluye una guía comentada de lecturas y recursos electrónicos (A) especialmente indicada para quienes deseen más información o profundizar sobre ciertos aspectos; y tras ella, para facilitar su búsqueda, las referencias completas de las obras citadas (B). Una relación de títulos suficientemente amplia y puesta al día que resultará útil –es nuestro deseo– tanto al lector no introducido como al especializado. Igualmente prácticas podrán ser las abundantes referencias cruzadas insertadas a lo largo del texto –en los dos volúmenes– a fin de remitir a capítulos donde se trata un particular tema enunciado en otro punto.

Para no dilatar más estas líneas preliminares, por último, quiero agradecer a Sílex ediciones su renovada apuesta por la historia con el alumbramiento de esta colección, y a Ramiro Domínguez su invitación a tomar parte de este proyecto así como su paciencia y comprensión en la ultimación del trabajo[1].

Eduardo Sánchez-Moreno (coord.)
septiembre 2006

---

[1] Una parte del mismo se ha visto favorecida por la labor desarrollada dentro del Proyecto de Investigación HUM2005-06323, con sede en el Departamento de Historia Antigua de la Universidad Autónoma de Madrid, subvencionado por la Dirección General de Investigación del Ministerio de Educación y Ciencia.

Parte I
Voces y ecos.
Las fuentes para el estudio de la Hispania Antigua

Eduardo Sánchez-Moreno y Joaquín L. Gómez-Pantoja

Capítulo primero

Las fuentes literarias y su contexto historiográfico

Aunque parezca una minucia, desde el punto de vista historiográfico debemos a los escritores griegos y romanos nuestra entrada en la Historia o, si se quiere, el gusto por la averiguación certera de los sucesos pretéritos, que es la esencia de la Historia. La conexión entre cultura grecorromana y la vocación por el conocimiento veraz del pasado es tan obvia que puede pasar desapercibida. Recurrimos a las informaciones y datos transmitidos por los escritores clásicos concediéndoles muchas veces el rango de fuente primaria, esto es, de testimonios directos, cuando en realidad se refieren a sucesos varios siglos anteriores que sólo pudieron conocer de forma indirecta. Tan flagrante anacronismo está excusado por avatares y caprichos de la historia. Retrocedamos en el tiempo. ¿Cómo se alcanza la Península Ibérica en el conocimiento de los eruditos clásicos? ¿Cómo se describe su territorio, se analizan sus gentes, a lo largo del tiempo? ¿Qué llega hasta nosotros de la producción literaria antigua?

I.1.1 La percepción de la Península por griegos y romanos: un espacio en construcción

Los navegantes y mercaderes orientales que visitaron asiduamente nuestro litoral desde finales del II milenio a.C. y que, en muchos casos, se establecieron de forma permanente en él, no han dejado prácticamente otro testimonio de su presencia que los restos materiales de sus factorías y necrópolis. En consecuencia, apenas sabemos algo de sus actividades y nada de las razones específicas que guiaron sus viajes y por las que consideraron atractivas las costas ibéricas. Pareciera que muy pocos se interesaban por sus aventuras en el extremo del mundo..., al menos carecemos de registros directos de estas navegaciones, de las que sin embargo debió informarse en santuarios, mercados y palacios a lo largo del Mediterráneo. Un conocimiento que en forma de tradición oral y mítica rebasa el horizonte histórico del I milenio a.C.

Desde finales de la Época Oscura, tras el colapso micénico del 1200 a.C., fenicios y egeos se abren al mar volviendo a surcar el Mediterráneo hasta sus fines. La curiosidad sobre todo de los griegos les lleva a interpretar los nuevos espacios revelados consignando sus periplos en cartas de navegación y relatos logográficos cargados de elementos fabulosos o paradoxográficos, que constituyen junto a la poesía y la filosofía los primeros géneros literarios del Arcaísmo. En el contexto de la colonización griega (siglos VIII-VI a.C.), el discurso narrativo es todavía mitográfico (son dioses, héroes y monstruos quienes pueblan el cosmos), pero se introducen ya elementos reales fruto de una percepción directa del entorno. Así, para el caso de nuestra Iberia, las memorias de viaje de marinos jonios que llegan hasta las Columnas de Heracles (el estrecho de Gibraltar, extremo del mundo habitado) nos permiten saber, por ejemplo, la impresión que produjo a los griegos el encuentro con el legendario monarca de Tarteso, Argantonio; y cómo su experiencia *de visu* de la riqueza de aquel territorio se convierte en uno de los tópicos de la Antigüedad desde entonces. Las noticias sobre aquellas remotas tierras dieron pronto asiento a la estampa maravillosa de los confines del orbe que cantaron los poetas y transmite el imaginario colectivo. Las hazañas de héroes civilizadores encuentran así escenario propicio: un universo caótico poblado por seres fantásticos como Gerión, Atlas, las Hespérides o la Gorgona, donde se gestan fenómenos prodigiosos y extrañas formas de vida. No conservamos narraciones originales de esas primeras exploraciones, pero sí huellas en ciclos míticos como el de Heracles. De sus conocidas aventuras al menos dos se sitúan en la puerta de Occidente: la captura de los bueyes de Gerión –el monstruoso señor de Tarteso, con dos cuerpos y tres cabezas– y el robo de las manzanas de las Hespérides, aventuras ambas localizadas en las inmediaciones de la isla Eritea, nombre mítico de la antigua Cádiz. También hay reflejos de antiguas expediciones en poemas como la *Ora Maritima*. Aunque obra de un autor tardorromano, Avieno, la *Ora Maritima* cobija o se inspira en un remoto periplo por el litoral peninsular realizado acaso por un navegante de Masalia (Marsella) en el siglo VI a.C. Su abigarrada lírica incluye información geográfica y mítica de la costa ibérica, en particular del territorio tartésico en la desembocadura del Guadalquivir; datos sin embargo controvertidos y de difícil aprovechamiento dada la alteración del poema con respecto al relato original perdido, y su nulo contraste (*vid.* vol.I, I.1.3: *La Ora Maritima* de Avieno).

Más tangiblemente, formando parte de un discurso calificable ya de analítico o racional, un par de pasajes de las *Historias* de Heródoto de Halicarnaso (ca. 484-425 a.C.), el padre de la Historia, nos informan de la aventura de Coleo de Samos, una suerte de Cristóbal Colón de la Antigüedad descubriendo Tarteso (Hdt. 4, 152), y de la amistad entre su longevo rey Argantonio y los griegos foceos comerciando en sus dominios, en el primer tercio del siglo VI a.C. (Hdt. 1, 163) (*vid.* vol.I, II.3.2.2.). Algo antes de Heródoto, hacia el 500 a.C., Hecateo de Mileto, uno de los primeros geógrafos de los que tenemos noticia, había confeccionado un mapa circular del mundo conocido o ecúmene: su epicentro era la propia Hélade (en clara visión helenocéntrica) y a su alrededor se disponían las periferias bárbaras de los pueblos vecinos –los otros o no griegos– a los que rodeaba el océano. Es, en suma, la configuración de la geografía mítica en paralelo al descubrimiento de facto del

Mediterráneo, y su lento viraje hacia la narración histórica, tan pobremente conservado en las fuentes escritas.

El interés por la geografía, las gentes, las costumbres y riquezas de Iberia aumenta en los siglos siguientes, aunque sólo en lo referido a su orla mediterránea. Sobre todo cuando los mercaderes griegos consiguen hacerse hueco en el comercio peninsular estableciendo factorías en el litoral levantino, pues la zona meridional quedaba bajo el control de los púnicos de Cartago, herederos de los fenicios. Pero no hay apenas noticias directas para estos siglos. La información sobre la Península y sus habitantes crece exponencialmente en el momento en que Roma decide intervenir militarmente en ella, a finales del siglo III a.C., en la pugna contra Cartago que llamamos Segunda Guerra Púnica (218-202 a.C.) (*vid.* vol.II, II.1). Es entonces cuando Iberia deja de ser espacio idealizado y un ámbito exclusivamente comercial, para convertirse en teatro del discurso historiográfico antiguo, esto es, en tierra de conquista y provisión hasta bien entrada la nueva Era. La llegada de las legiones romanas y la lucha contra las bases de Aníbal, primero, y el choque con las comunidades indígenas y la exploración de las regiones interiores, después, generan una literatura pragmática al servicio del poder y convertida en elemento de propaganda romana. Crónicas militares, tratados geográficos, descripciones de los hispanos cargadas de perjuicios etnográficos a partir de corrientes filosóficas imperantes como el estoicismo… La presencia en la Península de historiadores como Polibio, que acompaña a Escipión Emiliano en el asedio de Numancia del 133 a.C., y en el siglo I a.C. de algunos sabios helenísticos como Posidonio, Artemidoro o Asclepíades, interesados en el estudio in situ de la naturaleza y etnología hispanas, son el punto de partida para el conocimiento histórico y científico de la Península Ibérica en la Antigüedad. A partir de sus relatos, en su mayor parte desgraciadamente perdidos, desarrollarán luego su obra autores como Estrabón, Tito Livio, Plinio el Viejo o Apiano, nuestras principales fuentes (*vid. infra*).

1.1.2 Hechos, dichos y silencios. Reflexionando los textos antiguos

Incluso en época romana, hablar de abundancia de datos es muy relativo. Sólo es verdad en comparación con momentos anteriores o con otras regiones peninsulares o del resto de Europa que despertaron más tardíamente la curiosidad de griegos y romanos. En realidad, las fuentes sobre la Antigüedad hispana son escasísimas, cuesta admitirlo. En primer lugar porque el interés del mundo grecorromano por la Península fue en general reducido, dada su lejanía de los centros de poder y cultura sobre los que gravitó la civilización clásica como Jonia, Atenas, Alejandría o Roma. Pero también porque bibliotecas y archivos eran –y son– instituciones frágiles que soportaron malamente el colapso del Imperio y la descomposición de la civilización clásica. A mediados del siglo IV d.C. Roma contaba con 28 bibliotecas públicas, cuyos catálogos ciertamente desconocemos; pero no es difícil imaginar que la nómina de autores y obras que custodiaban superaba en varias decenas de veces el canon de escritores y textos sobre Hispania que conocemos y que cabrían hoy holgadamente en un estante de cualquier librería privada. Se calcula apriorísticamente que, siendo muy generosos, sólo el diez por ciento de la producción literaria antigua sobrevive indirectamente en la actualidad.

No es menos cierto, por otra parte, que resulta imposible determinar por qué ciertos autores y libros o, incluso, dentro de la misma obra, unos capítulos han subsistido y otros han desaparecido por completo. En términos generales puede decirse que la principal razón explicativa de la supervivencia es que los lectores de distintas épocas han sido unánimes apreciando la valía literaria, la capacidad de entretenimiento, su utilidad educativa o técnica, o el resguardo de conocimiento de un determinado escrito. Sin embargo, no cabe sino admitir que en otros muchos casos la única explicación plausible es, simplemente, la casualidad. Fabio Píctor y Cincio Alimento, Filino y Sósilo, Posidonio y Sisena fueron considerados en la Antigüedad excelentes historiadores, y sus obras apreciadas por la información que contenían. Pero hoy no más de un puñado de estudiosos conocen lo poco que se sabe de ellos, ya que sólo sobreviven minúsculos fragmentos de sus obras y las citas a ellos que recogieron otros. El resultado es que hay inagotables sucesos, personajes y circunstancias de la Antigüedad hispana de las que, simplemente, no han quedado noticias o, peor aún, sólo disponemos de versiones parciales y partidistas. Por ejemplo, no hay modo de saber cuál sería nuestra opinión de las guerras púnicas de haberse conservado los escritos de Filino de Agrigento y Sósilo de Lacedemonia, eruditos griegos que acompañaron a Aníbal durante sus campañas y de los que nos consta que dejaron sendos relatos de su experiencia. Ni tampoco hay registros sobre cómo vieron los peninsulares la llegada de fenicios y griegos a sus costas, o la expansión de Roma. Aunque es poco probable que existiesen narraciones de "los perdedores", cabe en lo posible que un relato de los dos siglos de tormentosas relaciones entre hispanos y romanos figurase en las bibliotecas de las ciudades más importantes, porque eso que ahora llamamos "historia local" tuvo muchos cultivadores en la Antigüedad y contamos con buenos ejemplos en la parte oriental del Imperio. Igualmente es casi imposible conocer la percepción que los pueblos prerromanos tuvieron de sí mismos: sus mitos, tradiciones e instituciones. A pesar de que Estrabón afirma que los turdetanos tenían registros escritos que se remontaban a los 6.000 años de antigüedad (Strab. 3, 1, 6), lo cierto es que sólo unos pocos hispanos emplearon la escritura y las inscripciones en lenguas vernáculas que conocemos permanecen sin descifrar, aunque seamos capaces de leerlas.

Por el contrario, obras de mucho menor interés se han conservado simplemente porque fueron despreciadas como tales y se empleó el papiro o el pergamino que las contenía para otros menesteres. En Egipto y otras regiones de clima favorable para la conservación de los materiales orgánicos, los basureros antiguos son una fuente aparentemente inagotable de papiros con fragmentos de obras literarias procedentes del uso escolar de cuya existencia se tenía noticia pero de las que no se conocía ninguna copia. Un caso excepcional es el llamado "papiro de Artemidoro", hallado en un vertedero egipcio y dado a conocer hace pocos años. Junto a bocetos de animales y partes anatómicas realizadas por un aprendiz, el papiro contiene copia del inicio del libro II de la *Geografía* de Artemidoro de Éfeso, una obra conocida sólo por referencias de Estrabón, Plinio o Esteban de Bizancio; en concreto, pasajes correspondientes a la descripción de Iberia y la relación de puntos costeros que marcaban las principales etapas de navegación. Además, y esto es lo más destacable, el papiro incluye una representación cartográfica de parte de la Península, probablemente un segmento de la Bética. La datación del papiro a mediados del siglo I a.C. lo convierte en uno de los mapas-itinerario más antiguo del mundo occidental, un descubrimiento extraordinario para la comprensión de la geografía antigua.

El azar, pues, determina casi aleatoriamente qué es lo que conocemos con detalle y qué es, en cambio, lo que se ha perdido para siempre. Esto, con ser una importante dificultad, no es la única que aflige al estudioso de la Antigüedad, que debe contar también con la idiosincrasia de sus informadores y valorar hasta qué punto los datos ofrecidos están movidos por intereses y prejuicios de una época o un determinado punto de vista. Recordemos que lejos de lo asumido por la historiografía erudita, el Humanismo y el Positivismo, las fuentes no contienen en sí mismas la verdad histórica, no vierten la historia en estado puro. Son sólo una particular percepción de acontecimientos convertidos en hechos históricos por obra y gracia de un observador, que puede ser testigo directo de los mismos o un narrador *ex posteriori*. Constituyen, por tanto, las fuentes, una verbalización más o menos subjetivada de la realidad según las circunstancias del autor y su tiempo.

A mediados del siglo II a.C. Polibio escribió que el historiador debía atender a las siguientes tres tareas: la primera consiste en recabar la información de las fuentes escritas y en la yuxtaposición del material de las mismas; la segunda, en la visita a las ciudades y a los países para conocer los ríos y los puertos y, en general, las peculiaridades del terreno y las distancias por tierra y mar; y la tercera se aplica al conocimiento de la actividad política (Polib. 12, 25e). Veintidós siglos después, el protocolo descrito por Polibio continúa en vigor, lo que significa que los historiadores siguen primando el testimonio de las fuentes escritas por encima de otras evidencias. El problema es que mientras en épocas más cercanas a la nuestra es posible distinguir con precisión entre fuentes primarias y secundarias –respectivamente las procedentes de testigos directos y los relatos de segunda mano–, la frontera entre ambas es muy borrosa en la Historia Antigua y no digamos en la Protohistoria, donde es habitual considerar como fuentes primarias las que propiamente no son más que noticias indirectas y parciales, redactadas décadas después de los sucesos referidos, cuando no siglos. El motivo de la confusión se debe, como ya se ha apuntado, a la difícil conservación del material de escritura de uso corriente –papiro, tela, corteza de árbol, tabletas de cera– en las condiciones del clima mediterráneo; ello nos ha privado de los archivos de los santuarios griegos, del Senado romano, del *praesidium* del gobernador provincial o de las curias municipales, así como de las facturas y pedidos de comerciantes y artesanos, o de la correspondencia cruzada entre particulares. En circunstancias excepcionales esos documentos pudieron transcribirse a soportes más duraderos como piedra y bronce, pero los formatos ordinarios han desaparecido; ocasionalmente también han sobrevivido porque se incorporaron a la tradición literaria, como sucede con los datos geográficos de Ptolomeo o con los itinerarios viales romanos.

Por otra parte, está muy difundida la creencia de que el propósito, el método y el acumen crítico de los escritores antiguos eran equiparables a los de los historiadores modernos, lo que está lejos de ser cierto. Para empezar, las autoridades clásicas estaban mal preparadas para enfrentarse a sucesos alejados de su época. Y si tenían que hacerlo, solían encontrar más fácil y conveniente copiar lo escrito por otros que indagar ellos mismos en las fuentes primarias disponibles, cuando no caer una y otra vez en tópicos y mitos. Livio, por ejemplo, al tratar de la guerra anibálica, copió casi literalmente el relato polibiano, apartándose de él sólo en contadas ocasiones y por razones no siempre relacionadas con la veracidad. Además, los motivos por los que los historiadores antiguos indagaban en el pasado se parecían poco a los que nos llevan a nosotros a esa misma aventura. Primeramente, su percepción del tiempo como un proceso cíclico les permitía buscar en los hechos pasados los paradigmas para comportamientos del futuro, lo que reducía su ámbito de intereses a los de sus potenciales lectores varones: el valor y los redaños en el campo de batalla, el ejercicio oratorio y las dotes dialécticas en la política y, por último, la habilidad y el ingenio para gobernar o liderar en tiempos de crisis. En cambio, eran ciegos a los sucesos de la vida ordinaria porque eran de general conocimiento y sus actores, la gente común, sólo se convertían en motivo de atención cuando alteraban el ordinario funcionamiento de la *polis* o la *civitas*; del mismo modo que interesaban los extranjeros y bárbaros sólo cuando se convertían en enemigos o clientes. Bien puede decirse, por tanto, que los historiadores antiguos se guiaban por la máxima periodística de que "sólo las malas noticias son noticia", despreocupándose de cuestiones que a nosotros nos parecen fundamentales para un recto entendimiento del pasado y, por ende, de nuestro mundo: la sociedad –en su complejidad y desarrollo–, la creación y distribución de la riqueza, y todo lo relacionado con las creencias y hábitos cotidianos.

El caso de Hispania constituye un magnífico ejemplo de las consecuencias de esta actitud y de las distorsiones que acarrea. Dejando a un lado las tradiciones míticas y los relatos etnográficos nutridos de tópicos, para la inmensa mayoría de nuestras fuentes los temas de interés son los hechos de la conquista –es decir, desde el 218 a.C. hasta el cambio de era–, porque es una magnífica ocasión para manifestar el *ethos* romano: campañas militares, victorias sobre enemigos implacables, derrotas superadas con tesón, heroísmo y constancia, el premio de cuantiosos botines y la extensión del imperio sobre vastos horizontes. Una literatura que hoy podríamos calificar de tendenciosa y patriotera. En cambio, cuando el territorio estuvo pacificado y sus habitantes asimilados (es decir, cuando en palabras de Cicerón, Hispania dejó de ser provincia para parecer más Italia), los escritores antiguos perdieron todo el interés porque dejaron de suceder cosas extraordinarias. Sin embargo, y desde nuestro punto de vista, es precisamente el momento en que la sociedad se estabiliza y prospera, se difunde el fenómeno urbano y crece de forma manifiesta la riqueza. Y como éstos son fenómenos que no surgen repentinamente, hay que concluir que la actividad de los romanos en Hispania antes del cambio de era no se redujo a las campañas anuales de los gobernadores contra los indómitos hispanos ni a las grandes remesas de plata, oro y cereal obtenidas de las provincias como botín, sino que debió de haber, hubo sin duda, otros fenómenos y protagonistas a los que nuestras autoridades no prestaron atención. Esa es la gran paradoja de la primera historia de Hispania, que "existió" mientras hubo exploraciones, riquezas, conquistas y revueltas; luego, cuando se impuso la prosperidad y la *pax* fue norma, los pueblos peninsulares dejaron de tener historia y en el camino olvidaron contar con detalle cómo muchos que habían hecho aquí fortuna llegaron a ocupar puestos de responsabilidad en la propia Roma. Entre ellos el italicense Trajano, fundador de una dinastía que ocupó el trono imperial durante más de medio siglo (*vid*. vol.II, 11.6.1 y 11.6.2).

Si el testimonio de nuestras fuentes no es más que "la gran escenografía teatral" de la que hablaba Marañón, cabe preguntarse por qué se le tiene en tanta estima. La razón reside precisamente en sus dos principales virtudes: primero, el sólido fundamento cronológico que le sustenta, porque una de las preocupaciones principales de los escritores clásicos fue la ordenación temporal de los sucesos. El asunto puede parecer baladí en nuestros días, cuando la medición del tiempo está homologada y es de conocimiento universal; pero la inexistencia de un único calendario (cada ciudad tenía el suyo), los frecuentes errores en el cómputo del tiempo y que el procedimiento más corriente entre los antiguos fueran las dataciones epónimas (los magistrados en ejercicio daban nombre al año), convertían la cronología en un arte difícil y más cuando había que sincronizar las fechas de distintos escenarios. La segunda virtud reside en la existencia de un argumento, un hilo conductor que enlaza todos y cada uno de los acontecimientos con un vínculo causal, y les proporciona un contexto que los hace inteligibles. Así, aun descontando frecuentes equivocaciones y omisiones en la identificación de las causas, nuestras autoridades "hacen historia" ofreciéndonos un pasado organizado y comprensible. Y de nuevo, con resultados paradójicos: la época de la conquista romana de Hispania tiene una cronología segura y puede reconstruirse con cierta lógica gracias a los relatos de Polibio, Livio y Apiano, con frecuentes referencias al entramado cronológico. En cambio, la historia peninsular durante el periodo imperial, aun disponiendo de abundante y precisa información –infinidad de datos arqueológicos, abundancia de monedas, y largas series de inscripciones que proporcionan un elenco de nombres–, es mucho más difícil de ordenar temporalmente, impidiendo por ello el relato razonado de los sucesos de tres o cuatros siglos en que las tierras peninsulares gozaron de un esplendor social y económico sólo comparable al de tiempos modernos. Por descontado los registros literarios no dan secuencias cronológicas de la Iberia prerromana, de la historia interna de tartesios, iberos, celtíberos o lusitanos, a pesar de lo dicho por Estrabón sobre la antigüedad del conocimiento de la escritura en la Península y de la existencia de crónicas históricas, poemas y leyes entre los turdetanos (Estrabón, 3,1,6). En sus escasas, anacrónicas y siempre sesgadas referencias, las fuentes clásicas presentan a estos pueblos con estampas fijas, con imágenes estereotipadas: la de bárbaros, bandoleros o mercenarios la mayoría de las veces; antítesis de los valores de la civilización clásica. Sin tiempo ni protagonismo propios, parecieran las "gentes sin historia" que denunciara E.R. Wolf en la expansión económica y política de los estados coloniales.

Como nuestro conocimiento del más remoto pasado histórico de Hispania está pues obligadamente condicionado a la información proporcionada por un reducido número de escritores, parece oportuno que nos detengamos, siquiera brevemente, en detallar sus principales características. Y es que nuestros juicios sobre ese pasado dependen en gran medida de sus circunstancias personales y del propósito de sus obras.

I.1.3 Geógrafos y etnógrafos

Antecedentes

La historia, el conocimiento del pasado, se desarrolló en el mundo clásico en paralelo con la curiosidad por las tierras lejanas. Desde finales del siglo VI a.C. hasta tiempos tardohelenísticos, la geografía es una disciplina de amplio y variado contenido que además de descripciones físicas de territorios y planteamientos filosóficos y astronómicos, se sacia de información etnográfica e histórica sobre los pobladores de la ecúmene: hábitos y mitos, propiedades y curiosidades, nombres y leyendas… De hecho, la obra de Heródoto, el primero de los historiadores occidentales, es una reseña detallada de los países vecinos de Grecia, de su forma y relieve, de sus costumbres y, por supuesto, de su pasado, lo que le sirve al autor de Halicarnaso para analizar las causas de la gran guerra entre griegos y persas. Muy pocas e imprecisas referencias sobre Iberia se conservan de la obra de aquellos primeros eruditos de la geografía historiada, como Hecateo de Mileto, Escílace de Carianda, Caronte de Lámpsaco, Éforo de Cumas o Timeo de Tauromenio, amén del propio Heródoto. Y sin embargo, debieron mostrar interés por el *far west* que representaban las Columnas de Heracles y su allende.

La *Ora Maritima* de Avieno

Como apuntamos más arriba, el poema *Ora Maritima* [Costas marinas] firmado por Rufo Festo Avieno a mediados del siglo IV d.C., evoca un antiguo viaje por las costas europeas. Su autor es un erudito pagano que a través del género de la poesía didáctica persigue conservar la cultura clásica en un mundo ya cristiano. El libro I de la *Ora Maritima*, el único conservado, en sus más de 700 versos nos describe el litoral ibérico desde las Casitérides y Tarteso hasta Masalia. Se ha considerado la obra con datos geográficos más antiguos sobre la Península, teniendo en cuenta que el periplo originario lo realizaría en el siglo VI a.C. un navegante griego o púnico. Pero no hay seguridad al respecto. El texto aporta fundamentalmente topónimos costeros (nombres de cabos, puertos, ríos, islas y santuarios), así como referencias míticas y nombres de tribus; noticias más teñidas de leyenda que de historia. Desconocemos las fuentes que utilizó Avieno cuando compuso el poema ¡nueve siglos después! del supuesto viaje, lo que sumado a su estilo farragoso y arcaizante hacen de la *Ora Maritima* un texto corrupto de limitada utilidad, hasta el punto de negarle algunos investigadores modernos viso alguno de veracidad.

Pioneros observadores en suelo peninsular

A finales del siglo II a.C. varios intelectuales griegos, movidos por un espíritu científico y empírico, vistan la Península Ibérica y escriben sobre ella. Posidonio de Apamea (ca. 135-50 a.C.) es uno de ellos. Este importante geógrafo, historiador y científico residió un tiempo en la antigua Cádiz, interesado en el análisis de las corrientes marítimas y otros fenómenos naturales. De sus varios libros, con valiosísimas descripciones de las tierras occidentales siguiendo planteamientos de la doctrina estoica que profesaba, nada conservamos sino referencias en autores posteriores que los emplean como guía. También Artemidoro de Éfeso (ca. 150-100 a.C.) estuvo en Iberia y compuso una obra geográfica; de ella, ciertos pasajes del libro II correspondientes a la Península, ¡y un mapa de la misma!, se han descubierto en un papiro hallado en Egipto que, como se ha indicado, constituye un hallazgo de extraordinaria valía recientemente expuesto en el Museo de Turín. Completa la nómina Asclepíades de Mirlea (siglo I a.C.), quien desde la región de Bitinia, en Asia Menor, viajó por el Mediterráneo y recaló en la Península Ibérica. Escribió varias obras de historia y gramática, igualmente perdidas, y, como nos hace saber Estrabón, se dedicó a la enseñanza de la lengua y literatura griegas en Turdetania.

La Iberia de Estrabón

De una generación posterior a estos autores es Estrabón de Amasia (ca. 64 a.C.-24 d.C.), una de las fuentes más importantes de la Hispania antigua. Contemporáneo de Augusto y discípulo de Posidonio, Estrabón recibió una esmerada educación helenística y fue un incansable viajero que conoció bien, además de su región natal del Ponto (al norte de la actual Turquía), Egipto, Roma, Cerdeña y otras regiones mediterráneas, aprovechando las comodidades de comunicación en tiempos de la *pax augusta*. Desgraciadamente nunca estuvo en Iberia, por lo que debió informarse a través de las noticias de visitantes anteriores, sobre todo de Polibio, Posidonio y Artemidoro. Es autor de una *Geografía* o descripción del orbe romano en 17 volúmenes, complementaria de una obra anterior perdida que continuaba el relato polibiano hasta la muerte de Julio César, denominada *Remembranzas históricas*. Tras una prolija discusión sobre la teoría del saber geográfico, el libro III de la *Geografía* de Estrabón está dedicado monográficamente a Iberia. En él trata de la fisonomía de la Península (a Estrabón debemos su comparación con una piel de toro, consagrada desde entonces), sus paisajes, recursos y accidentes físicos. Y, sobre todo, ofrece un rico panorama de los modos de vida de sus habitantes, donde las costumbres tradicionales estaban cambiando gradualmente al compás de los usos introducidos por Roma.

De las cinco partes de que consta el libro III, la primera se ocupa de la costa meridional partiendo del extremo suroccidental, el cabo de San Vicente o "promontorio sacro"; la segunda, de la cuenca del Guadalquivir: la próspera y romanizada Turdetania; la tercera, de los ríos que vierten al Océano, la Lusitania, las tierras interiores de la Celtiberia y los pueblos del noroeste y cornisa cantábrica; la cuarta describe la costa mediterránea, desde Gibraltar a los Pirineos, y el valle del Ebro; y el quinto y último apartado está dedicado a las islas próximas, entre ellas las Gymnesias (Baleares), las Pitiusas (Ibiza y Formentera), las Gadeiras (el antiguo archipiélago gaditano) y las míticas Casitérides emplazadas en el Atlántico. A lo largo de estos capítulos se desgranan numerosos apuntes medioambientales, etnológicos, mitológicos y más aisladamente históricos. Bastará con decir que gracias al libro III de la *Geografía* conocemos los nombres, localizaciones aproximadas y rasgos esenciales (a ojos de un observador clásico) de los pueblos de la Iberia prerromana. En suma, una información variopinta y muy ilustrativa cuyo análisis por parte de Estrabón adolece sin embargo de suficiente hondura. Recuérdese que la descripción de Iberia es sólo un capítulo más de su largo recorrido por toda la ecúmene y es precisamente a sus zonas extremas a las que menos interés dedica el geógrafo de Amasia. De hecho, el propósito final de su obra, en sus propias palabras, era "materia de filosofía", es decir, la demostración de que el Imperio romano actuaba en Occidente igualando las diferencias entre los bárbaros (indígenas) y los civilizados (grecorromanos). En suma, dentro de la filosofía estoica que también cultivaba, Estrabón veía en Roma el agente que preparaba al mundo para un nuevo y armónico ciclo de vida.

Hay que tener en cuenta que Estrabón escribe en el mismo momento en que Augusto culmina la conquista de la Península sometiendo a astures y cántabros (29-19a.C.) (*vid*. vol.II, II.5.4.1). Ello le sirve para justificar los valores de la Romanización en inevitable ejercicio de propaganda política, denunciando el antagonismo de los ayer bárbaros y hoy cuasi civilizados habitantes de Hispania: "actualmente padecen en menor medida esto gracias a la paz y la presencia de los romanos, pero los que gozan menos de esta situación son más duros y brutales. Y por otra parte, existiendo como existe en algunos pueblos una miseria derivada de los lugares y montañas donde viven, es natural que se acentúe tan extraño carácter; (…) ahora, como dije, han dejado todos de luchar: pues con los que aún persistían en los bandidajes, los cántabros y sus vecinos, terminó Augusto (…). Y Tiberio, sucesor de aquél, apostando un cuerpo de tres legiones en estos lugares por indicación de Augusto, no sólo los ha pacificado, sino que incluso ha civilizado ya a algunos de ellos" (Strab. 3,3,8). En Estrabón, fiel representante de la intelectualidad grecorromana y del ideario de la *pax augusta*, los prejuicios ideológicos prevalecen sobre la voluntad de narrar los hechos y sus protagonistas sin contaminación alguna.

Mela, el primer geógrafo hispano

Con propósitos menos elevados que los de Estrabón, la *Chorographia* de Pomponio Mela, escrita en latín hacia mediados del siglo I d.C. es otra fuente de interés. De los tres libros que componían este manual de geografía, los dos primeros describen las costas del Mediterráneo a partir de Gibraltar, y el tercero las atlánticas, listando sumariamente los lugares del litoral y las características de sus habitantes. El procedimiento que sigue es de larga tradición y responde al punto de vista de quien costea tierras incógnitas y desea guiar su navegación fijándose en los hitos costeros, sin mayor interés por los asuntos de tierra adentro. A pesar de esa finalidad práctica, Mela introduce en su relación datos mitológicos y alguna referencia histórica. Como era natural de la Bética (Mela había nacido en Tingentera, cerca de Gades), se tiene en gran aprecio su descripción de las costas hispanas, incluidas las brumosas tierras del noroeste y el Cantábrico.

La sabiduría universalizada: la *Historia Natural* de Plinio

Otro singular proveedor de informaciones misceláneas es Cayo Plinio Segundo (23-79 d.C.), más conocido como Plinio el Viejo. Miembro de una destacada familia, sirvió a su patria en diversas provincias del Imperio, incluida Hispania, donde desempeñó una procuratela en tiempos del emperador Vespasiano. En Plinio coincidían una extraordinaria curiosidad (que a la postre le causó la muerte, porque se acercó demasiado a la erupción del Vesubio, en el 79 d.C.) con una sobresaliente laboriosidad que le permitió leer y escribir sobre casi todo. De lo mucho que redactó su única obra conservada es una monumental *Historia Natural* en 37 volúmenes, el equivalente de lo que hoy llamaríamos una enciclopedia temática. La *Historia Natural* constituye un formidable arsenal de erudición y refleja perfectamente el estado de conocimientos de la época en que se escribió, porque contiene desde el catálogo de estrellas y planetas hasta una larga descripción del valor mágico y medicinal de los minerales, pasando por las dificultades y peligros de la recolección de las esponjas de mar, el procedimiento de obtener papiros, el modo en que los germanos cazan gansos, las habilidades que pueden aprender los elefantes o los tipos de labores de lana corrientes en Roma. En fin, geografía, geología, botánica, medicina… En lo referente a Hispania, concentrado fundamentalmente en los libros III y IV, Plinio alude a la organización administrativa de las tres provincias, incluyendo la más completa lista de sus respectivas ciudades que nos ha legado la Antigüedad. Su información es fidedigna, pues utilizó cartografía y documentación oficial a la que tuvo acceso como funcionario del estado, además de consultar el *orbis pictus* o mapamundi realizado por Agripa. Sobre Hispania nos informa pormenorizadamente de la localización y características de los principales veneros minerales y del modo en que se obtenía el oro en las minas del Noroeste, de la variedad de productos agrícolas y ganaderos, y de otras muchas noticias de diverso calado. Por Plinio sabemos, por ejemplo, que las gentes de las Baleares combatieron una plaga de conejos con la ayuda de un destacamento legionario enviado por Augusto. Pero también que un tipo de piedra procedente de los alrededores de Laminio (Alhambra, Ciudad Real) era universalmente considerada la más apta para afilar las navajas de afeitar; o que el *lapis specularis*, un yeso cristalino empleado a modo de cristal para vanos y ventanas, se extraía de las minas del territorio de Segóbriga (Saelices, Cuenca), desde donde se distribuía a todo el Imperio. Esta clase de datos, y otros de parecida entidad, pueden complementarse con las informaciones contenidas en los tratadistas de agricultura –Varrón (fines del siglo I a.C.) y Columela (siglo I d.C.)–, que se refieren frecuentemente a cultivos y producciones características de las provincias hispanas. Como en Estrabón o Mela, son frecuentes en Plinio las alabanzas a las riquezas hispanas.

Toponimia en coordenadas: Claudio Tolomeo

Otros escritos de utilidad geohistórica ni siquiera alcanzan la categoría de obras literarias, porque son meros documentos administrativos o de trabajo. Tal es el caso del listado de poblaciones cuyos nombres y coordenadas geográficas fueron compiladas por Claudio Tolomeo (100-170 d.C.). Este matemático y astrónomo nacido en Alejandría de Egipto es uno de los geógrafos más importantes de la Antigüedad, con cuyo legado se construye la geografía medieval y moderna. De sus varias obras interesa aquí la *Geografía*, en ocho libros, donde refiere más de 8.000 topónimos en todo el orbe antiguo y unos 600 para Hispania, en el libro II. Listados en una serie de tablas, los núcleos de población se dan en coordenadas (con grados y minutos) en relación a un meridiano cero situado al occidente de Hispania y un paralelo próximo al ecuador, en realidad desconocidos. La finalidad última de este trabajo era, seguramente, servir de base a una monumental empresa cartográfica y como tal sigue empleándose hoy día. Pero nadie ha sabido obtener de esos datos un mapa razonablemente ajustado a la realidad; en parte porque las coordenadas estaban quizá mal calculadas y sobre todo, porque el proceso de copia y recopia de un manuscrito es una tarea tediosa y prona al error, más aun tratándose de la notación numérica empleada por los griegos. En cambio, los investigadores siguen beneficiándose de la decisión de Tolomeo de agrupar las localidades según criterios tribales o regionales, una práctica cuyas causas no están del todo bien establecidas pero que, en el caso de la Península Ibérica, se extrapola al reparto étnico y tribal existente antes de la llegada de los romanos. Esos datos (entre cuatro o tres siglos posteriores) sirven para inferir la importancia relativa de las diversas etnias hispanas con las que se toparon los romanos, y dibujar el mapa de Hispania tras la conquista.

I.1.4 Historiadores

Polibio, testigo de Roma en Hispania

La relación debe comenzar necesariamente por Polibio, un griego de Megalópolis, en el Peloponeso, cuya vida ocupó prácticamente todo el siglo II a.C. (ca. 200-118 a.C.). Ello le dio la oportunidad de ser testigo de la expansión mundial de Roma, que es el tema de su obra, las *Historias*, escrita para el público griego. Polibio era una "víctima y rehén" de la expansión romana porque, recluido en la *Urbs*, garantizaba que su ciudad natal cumpliese las condiciones impuestas tras la derrota de Pidna (168 a.C.), que había supuesto su deportación a Roma como uno de los líderes de la Liga aquea. Pero tan desafortunada circunstancia personal le permitió conocer e intimar con el poderoso Escipión Emiliano. Y en esa condición de colaborador y amigo asistió como testigo directo de algunos acontecimientos importantes de su tiempo protagonizados por Escipión (la destrucción de Cartago en 146 a.C., el asedio de Numancia en 133 a.C.), y conoció de primera mano los entresijos de la política romana. Al tiempo, su condición de forastero le otorgaba un punto de vista menos chauvinista del que era corriente entre los historiadores romanos. Es mérito de Polibio haber convertido el ascenso de Roma a la hegemonía del mundo en el hilo conductor de su relato, inventando así la Historia Universal y dotándola de una racionalidad que transformó la multiplicidad de acontecimientos de los que trató en "un solo suceso y un solo espectáculo, con un comienzo bien conocido, una duración determinada y un final preciso" (Polibio, introducción al libro III).

La historia de Hispania está en deuda con Polibio por algo más que haberse ocupado de estos asuntos, pues trató los sucesos peninsulares como insertos en el marco más general de la evolución histórica del Mediterráneo, confiriéndoles una profundidad cronológica y temática de alto valor. Además, fue uno de los pocos autores antiguos que escribió sobre estas tierras con verdadero conocimiento de ellas, ya que se supone que las visitó en dos ocasiones: en 151 a.C., acompañando a Lúculo y Escipión Emiliano y, de nuevo, en 133 a.C., durante las operaciones en torno a Numancia. Esto otorga a su testimonio una gran autoridad y, posiblemente también, una mayor veracidad aunque, desgraciadamente, la monografía en la que plasmó su experiencia en la campaña numantina no se conoce más que por el amplio resumen que hizo Apiano de Alejandría dos siglos después. En cambio, sí que debió entrevistarse con testigos directos de la guerra anibálica (como Masinisa, con quien se reunió en África) e informarse de los sucesos posteriores en Hispania, además de visitar personalmente los escenarios en que sucedieron muchos de los acontecimientos que narró, como el camino hacia Italia seguido por Aníbal, Cartago Nova y sus alrededores; y seguramente también, Sagunto, y otros sitios directamente relacionados con la guerra anibálica (218-202 a.C.). En este conflicto situaba Polibio el inicio de la hegemonía romana y para narrarlo escribió las *Historias*, de cuyos 40 volúmenes originales únicamente se conservan completos los cinco primeros y del resto sólo quedan fragmentos de mayor o menor extensión. El azar ha sido, en este caso, beneficioso para el conocimiento del más antiguo pasado de la Península, porque esos volúmenes supervivientes tratan de los prolegómenos de la expansión púnica por Iberia, de su éxito colonizador y valor estratégico, de la prevención romana y de cómo, en un momento determinado, Roma consideró que la conducta de los cartagineses era causa justificada para declarar la guerra. Durante los quince años siguientes, la Península Ibérica fue uno de los principales teatros de operaciones de la contienda y Polibio es nuestra principal fuente de información al respecto. Igualmente fue referente y guía de escritores posteriores que también se ocuparon de Hispania en sus crónicas como Livio, Estrabón, Diodoro o Apiano entre otros.

Si por algo es apreciado el historiador de Megalópolis es porque su espíritu curioso le llevó a no creerse las explicaciones inmediatas de los sucesos e indagar en sus verdaderas causas, separando propaganda de realidad y apariencia de sustancia. Sin embargo, hijo de su tiempo, Polibio no pudo escapar de los prejuicios impuestos por su educación y época, por lo que su relato de la pugna entre Roma y Cartago en Hispania no tiene otros protagonistas que los dos mencionados y los griegos, cuando aparecen. En cambio, los bárbaros (hispanos, galos, tracios, númidas) son meros comparsas de los anteriores y sus motivos e intenciones apenas interesan; y, si constan, lo hacen sólo de modo circunstancial y siempre en relación directa con las actuaciones de Roma y sus oponentes.

César, historia en primera persona

En la historia de la Antigüedad –y con menos probabilidad aún cuando se restringe la atención a territorio marginal– no es corriente disponer de relatos de primera mano, es decir, de fuentes primarias. En el caso de Hispania la excepción notable es Julio César (100-44 a.C.), el hábil e inteligente aristócrata romano que combinó en su persona sobresalientes capacidades militares y políticas con una excelente pluma, que no dudo en poner al servicio de su propia causa y propaganda. Fruto de ello son las dos famosas series de *Comentarii*, la primera sobre su rápida y celebrada conquista de la Galia, 58-51 a.C. (*De bello gallico* [Acerca de la guerra de las Galias]), y la otra sobre los acontecimientos que siguieron a la jornada del Rubicón hasta la batalla de Farsalia (*De bello civile* [Acerca de la guerra civil]). En ambas, la tersa prosa de los partes de guerra y la objetividad del narrador en tercera persona, no sirven sino para ensalzar al propio autor en sus facetas de militar siempre victorioso y de político diestro. De ellas, sólo afecta a la Península el relato de la campaña del 49 a.C. cuando César, en un movimiento sorprendente y posiblemente no previsto por sus oponentes, se volvió hacia Occidente en vez de perseguir a sus enemigos pompeyanos en huida hacia Oriente. La campaña, llamada de Ilerda por haber ocurrido en un corto radio en torno a esa ciudad, hoy Lérida, reportó a César un notable rédito: el control de las dos provincias hispanas (*vid.* vol.II, II.3.5). Y además de desbaratar decisivamente el dispositivo militar enemigo, reforzó sus tropas con el numeroso contingente vencido; todo ello sin combate digno de mención. De su otra campaña hispana, la de Munda, cuatro años posterior, no disponemos del relato del mismo César pero sí de la narración de otro protagonista, un anónimo oficial o suboficial del ejercito cesariano, que describe con inusitado realismo las duras operaciones en la campiña en torno a Córdoba, sus antecedentes y la decisiva batalla habida en Munda el 17 de Marzo del 45 a.C. (*vid.* vol.II, II.3.5). Es lo que relata el texto anónimo *De bello hispaniense*. En ambos casos, además de la utilidad para los propios sucesos de los que tratan, César y su anónimo continuador ofrecen información variada sobre la topografía y la población de las regiones involucradas, además de permitirnos un vistazo, siquiera somero, a la pequeña historia cotidiana de la Península. Aunque mediatizado, su conocimiento de Hispania fue importante teniendo en cuenta que la recorrió en tres ocasiones; ya antes de las dos campañas pompeyanas citadas (49 y 45 a.C.), en el 61 a.C. tuvo César destino aquí como *propraetor* de la Ulterior, llevando a cabo expediciones militares y las primeras fundaciones campamentales en Lusitania (*vid.* vol.II, II.3.5).

TROGO (EN EL *EPÍTOME* DE JUSTINO): UN APARTE EN LA HISTORIOGRAFÍA LATINA

De estirpe gala y contemporáneo de Augusto, la patria y origen de Trogo Pompeyo influyeron decisivamente en la personal visión que tuvo de Roma, hasta cierto punto hostil y más propia de un galo helenizado que de un filorromano, a pesar de que su padre llegara a ser secretario de Julio César. En su obra de carácter universalista, las *Historias Filípicas*, el centro del mundo son el reino de Macedonia (el título alude al rey Filipo II), el Imperio de Alejandro Magno y los reinos helenísticos que le sucedieron, y no Roma. Considera, así, el orbe romano como una secuela del extenso dominio alejandrino, integrado por numerosos y variados pueblos (lidios, persas, partos, griegos, galos, hispanos, púnicos...), de los que va relatando su entorno, orígenes, costumbres y vicisitudes. Interesa pues a Trogo la historia de los pueblos y reinos extraitálicos, y no la de la *Urbs*, lo que le convierte en un historiador ciertamente anómalo y de incuestionable atractivo. Sin embargo, no conservamos su obra original, sino un resumen o *Epítome* redactado por Juniano Justino, autor latino del siglo III d.C. El último de los 44 libros que lo componen está dedicado a Hispania y a la historia púnica. En él se incluyen loas a las riquezas peninsulares –en la tradición de las *laudes Hispaniae*–, relatos míticos como el de Gárgoris y Habis sobre los fundamentos de la realeza tartésica (*vid.* vol.I, II.2.5.3.1) y noticias acerca de Aníbal o Viriato; igualmente aspectos sobre el carácter de los hispanos, con lo que presenta un cuadro de sus cualidades y defectos repetidos después por otros historiadores.

LA FALTA DE UN ANALISTA ESENCIAL: SALUSTIO

Uno de los grandes historiadores romanos, Salustio (86-34 a.C.), que fue contemporáneo de César y Cicerón y en sus últimos años vivió el ascenso de Augusto, es apenas de ayuda para la historia peninsular. Sus dos famosas monografías (*La conjura de Catilina* y *La Guerra de Yugurta*), no tratan de Hispania. Y de su otra gran obra, una *Historia de Roma* entre los años 78-67 a.C. (periodo de gran interés tanto en la Urbe como en Hispania), no queda sino un puñado de fragmentos cuyo valor histórico está muy disminuido por el desconocimiento del contexto y las discrepancias a la hora de datarlos e interpretarlos. En el caso de Hispania, esas minucias se refieren a las guerras sertorianas y a los años inmediatamente posteriores, y se les tiene una alta estima por la ausencia de otras informaciones.

Una amalgama narrativa: Diodoro Sículo

Natural de Argirión (Sicilia) y contemporáneo de Augusto, la obra principal de Diodoro es la *Biblioteca Histórica*, escrita en cuarenta libros entre los años 60-30 a.C. En su mayor parte perdida (sólo se conservan dos grupos de libros: el I-V y el XI-XX), abarca cronológicamente desde los orígenes de Roma hasta Augusto. Seguidor de Posidonio y como él de pensamiento estoico y pretendido carácter universalista, Diodoro se nutre en realidad de una miscelánea de datos de muy diversa procedencia, en la más pura tradición etnográfica griega. Mitos, fábulas e historietas. Los capítulos 33-38 del libro V están dedicados a Hispania y ofrecen un variopinto conjunto de noticias: desde la lucha de Heracles contra Gerión, la fundación de Gadir o la leyenda sobre la plata y los Pirineos, hasta el origen y costumbres de los celtíberos, el bandolerismo lusitano, el trabajo en las minas, los honderos baleáricos o la figura de Viriato. Hay interés en sus apuntes y colorido en sus anécdotas, pero Diodoro no se ajusta a un método ni a un discurso propiamente históricos. Es, sobre todo, un compilador de conocimientos de segunda mano que presenta de forma imprecisa, sin orden ni contexto de fondo.

Livio, historiador de Roma

Prolífico escritor romano y estricto contemporáneo de Augusto, nació y murió en Patavium (antigua Padua), entre el 59 a.C. y el 17 d.C. Su gran fama es haber escrito una larga y completa Historia de Roma (*Ab urbe condita*, en su enunciado original), que abarcaba desde los orígenes míticos y fundación de la ciudad –como reza el título– hasta su propio tiempo. Su *Historia* aparece en un momento en que Roma es la potencia hegemónica mundial y estaba tan en boga la exaltación de las glorias pasadas y un fuerte patriotismo; coetáneos a nuestro historiador son Virgilio, Ovidio, Lucano o Estrabón. Livio en absoluto fue ajeno a esos prejuicios y su obra destila el feroz localismo de quienes se creen llamados a regir la Humanidad por mandato divino; un privilegio logrado por la tenacidad y la ambición de sus habitantes. Para desarrollar su proyecto histórico, Livio necesitó 142 libros, una proeza para sus contemporáneos porque equivalían, *grosso modo*, a unas 7.000 páginas impresas actuales. De ellos sobreviven completos aproximadamente un tercio, y del resto sólo quedan fragmentos sueltos –uno de ellos, del libro XCI, es de especial importancia para Hispania–, y varias colecciones de resúmenes y derivativos ordenados por décadas (*Periochae*, *Epítome*, *Breviario* de Eutropio, Julio Obsecuente, etc.). Lo conservado de Livio de interés para la historia de Hispania, los libros XX–XXXXV, abarcan desde la toma de Sagunto hasta el 167 a.C., es decir, desde el comienzo de la guerra anibálica hasta que se cumplieron, aproximadamente, los primeros cincuenta años de la ocupación y conquista de la Península. Y es fuente tan principal para nuestro conocimiento de los asuntos hispanos que la perdida de los libros siguientes constituye un verdadero descalabro, malamente paliado por los mencionados resúmenes, por los relatos, de inferior calidad, de Apiano o Floro, y por otros escritos misceláneos. Durante siglos y hasta hace apenas unas décadas el historiador patavino fue considerado un maestro del género histórico y un ejemplo de buena prosa. Por ello su lectura en latín se incluyó en los planes de enseñanza de todos los países occidentales, como antes lo había sido para los escolares de la Roma imperial.

Livio se documentó bien, recurriendo a cuantos autores y libros estaban a su alcance. Una de sus fuentes más conspicuas es el ya mencionado Polibio, pero hay otros muchos escritores a quienes se les conoce únicamente porque aparecen nombrados entre las autoridades de la *Historia de Roma*, que es, pues, un complejo centón con el que la crítica literaria de los dos últimos siglos se ha entretenido intentando reconstruir esos libros perdidos y averiguar su temática e intención. También el patavino se sirvió con fruición de documentos administrativos y legales, como leyes, edictos de magistrados, sentencias judiciales, acuerdos del Senado y los informes que los magistrados y generales romanos enviaban desde las provincias dando cuenta de sus logros y de la marcha de su misión. Muchos de esos documentos debían encontrarse en los archivos oficiales de la *Urbs*, pero Livio también empleó informaciones particulares, como los elogios leídos en los funerales de los grandes hombres, cuyas copias se custodiaban en la bibliotecas familiares para reproducirlos cuando llegase la ocasión, o se mostraban de forma abreviada en los epitafios y monumentos que se les dedicaban. A pesar de que Livio, como se ha dicho, fue durante largo tiempo paradigma y modelo de historiadores, la crítica actual lo considera un escritor de brillante prosa preocupado por mostrar a sus contemporáneos la gloria de los antepasados comunes. Desde el punto de vista histórico, ese afán elogioso no consigue disimular que Livio fue un magnífico compilador, pero a su relato le falta la reflexión para ahondar en las verdaderas causas y razones de los sucesos, lo que provoca incongruencias y contradicciones. Tampoco es ecuánime al referirse a quienes fueron enemigos de Roma, a los que sistemáticamente les hurta la voz y las razones. En el caso de Hispania, el retrato de los oponentes de Roma es desapegado e irreal porque los hispanos siempre aparecen como vencidos acomodaticios que, sin embargo, no dudaban en volverse contra sus vencedores cuando éstos mostraban debilidad, traicionando así los compromisos adquiridos en la derrota y rompiendo la *fides*.

Uno de los principales epitomistas de Livio es Floro. Se sabe poco de este historiador, Lucio Anneo Floro, al parecer de origen africano y residente en Tarraco, que vivió entre los siglos I-II d.C. Es autor de una *Historia militar de Roma* en dos libros, desde los orígenes hasta el gobierno de Augusto. Aunque se sirve de César y Salustio, su principal mérito es resumir la obra del patavino, haciendo alarde de un estilo adulador y retórico.

Tácito, cronista del Imperio

Entre los admiradores de Salustio y Livio se encontraba, ciertamente, Cornelio Tácito (56-120 d.C.), un ilustrado senador romano. Aficionado a la indagación histórica, sus obras se consideran modelo y paradigma del género. En las *Historias*, Tácito trató el periodo entre los reinados de Nerón y Domiciano, es decir, una época clave para Roma por el cambio de dinastía, e importante para Hispania por el papel que jugaron las tres provincias en aquel tiempo. Por desdicha, las *Historias* se conservan incompletas, apenas sus cinco primeros libros; y ello nos priva de información relevante sobre la extensión de la ciudadanía romana en Hispania. La otra gran obra de Tácito son los *Anales*, escrita después de las *Historias* pero que versa sobre el tiempo inmediatamente anterior, es decir, el que va desde la muerte de Augusto hasta el suicidio de Nerón. También la conocemos de modo incompleto; aun así, contiene la mejor y más precisa información sobre los inicios del periodo imperial. Aunque Tácito pensaba que las intrigas de palacio eran menos dignas de narración que las grandes hazañas militares de siglos antes, su misma temática la hace mucho más cercana a nuestra concepción de encuesta histórica, y subraya un punto importante: en ese momento, el foco de interés no está ya en los sucesos de las provincias "sin problemas" (por ejemplo, las Hispanias), sino en las zonas fronterizas del Imperio, el *limes*, y en las intrigas, conjuras y trapicheos de los cortesanos de Roma.

Tácito es otro de los literatos cuya lectura era imprescindible para el hombre culto; no sólo las obras citadas, también otras dos de menor interés para los asuntos de Hispania, pero con interesantes puntos de comparación para entender la actitud de Roma hacia los demás: la *Germania*, una idealizada pero interesante descripción de la vida fuera de las fronteras del Imperio; y *Agrícola*, la biografía de su suegro, que fue uno de los gobernadores de Britania en tiempos de su conquista.

La historia militar romana: Apiano

Apiano fue un alto funcionario de la administración imperial que vivió en el siglo II d.C. y que siendo natural de Alejandría de Egipto, tenía el griego como lengua nativa. Sus aficiones históricas le llevaron a escribir, hacia 160 d.C., una *Historia Romana*, en 24 libros, pero con un toque especial porque optó por organizar su relato según las guerras que afrontó Roma hasta el reinado de Trajano. Afortunadamente se conserva íntegro el referido a la conquista de Hispania (*Ibérica*), así como la narración de otros conflictos no específicamente hispanos (desde el punto de vista de Apiano) pero que tuvieron como escenario las tierras peninsulares, las guerras púnicas (*Púnica*) y las guerras civiles del final de la época republicana. Apiano fue, sobre todo, un ratón de biblioteca y su *Historia* es una versión compendiada de amplias lecturas, especialmente Polibio y Livio, pero también otras fuentes, algunas de ellas desconocidas o perdidas. Ello le convierte en una mina de datos inéditos que no figuran en ninguna de nuestras autoridades y, por tanto, en lectura obligada para todos los que quieran conocer los sucesos hispanos. Esto se aplica, por ejemplo, a Viriato y la guerra lusitana o a Numancia y el conflicto celtibérico, de los que es fuente esencial (*vid.* vol. II, 11.2.4 y 11.2.5). Aunque conciso y ordenado, es un historiador con ciertas limitaciones; su mucho saber libresco y escaso interés por trascender lo leído, convierten su relato en una enumeración de acontecimientos, de cuyas causas y motivos ofrece explicaciones poco profundas.

Dión Casio, el último gran historiador griego

Aunque la obra de Apiano suple parte de los libros perdidos de Polibio y Livio, mucho mejor repuesto (pero igualmente parcial) es Dión Casio (155-235 d.C.), un culto senador originario de Nicea de Bitinia, en Asia Menor. Desempeñó una brillante carrera pública en una época muy turbulenta que, sin embargo, coronó con éxito, alcanzando un segundo consulado en 229 d.C. Todas estas circunstancias se reflejan en su extensa y rigurosa obra, una *Historia de Roma* en 80 volúmenes que cubría desde los orígenes de Roma hasta su época. Por desgracia, de la *Historia* de Dión sólo restan –y no completos– los libros XXXVI-LX, correspondientes al periodo entre el 69 a.C. y el 46 d.C.; para el resto, son necesarios los resúmenes tardíos salidos de la pluma de escritores bizantinos como Zonaras. Tras haberse documentado extensivamente durante una docena de años, Dión escribió su obra al retirarse de la política activa hacia el 230 d.C., teniendo como modelos a dos grandes escritores griegos, Demóstenes y Tucídides; de ellos había aprendido la necesidad de enfrentarse a los sucesos pasados separando la realidad de las apariencias. No es extraño que, basándose tanto en la amplitud de sus lecturas como en su experiencia como hombre de gobierno, Dión enjuicie el comportamiento y las motivaciones de los personajes de los que trata. En lo que se refiere a la Historia peninsular, Dión es nuestra fuente para la situación de Hispania en los años finales de la República y los comienzos del gobierno de Augusto, incluyendo el episodio de las guerras cántabras. Y le debemos además un interesante análisis de cómo Augusto cambió y modificó la constitución romana para adaptarla al nuevo régimen por él instaurado (*vid.* vol. II, II.5.2).

I.1.5 Biógrafos: Plutarco, Suetonio y la *Historia Augusta*

Si bien no propiamente historiadores –pues no escribieron sobre sucesos seriados cronológicamente y relacionados entre sí por vínculos causales–, los biógrafos antiguos representan un género muy popular entre sus contemporáneos. Y son de utilidad como fuente histórica, aunque el punto de vista del relato no sea el más adecuado para este menester. Entre las colecciones de biografías antiguas, hay tres de interés para la historia de Hispania.

La primera y más famosa es la de Plutarco, que vivió en la segunda mitad del siglo I d.C. y en los primeros años del siguiente (ca. 50-120 d.C.). Se trata posiblemente del autor más popular de su tiempo y seguramente sigue siendo el más leído de los escritores antiguos; desde luego, fue el más apegado a su terruño porque, salvo desplazamientos ocasionales por Grecia y alguna salida a Alejandría e Italia, nunca se alejó demasiado de la pequeña ciudad beocia donde nació, Queronea. Plutarco fue un escritor prolífico y se conservan, aproximadamente, la mitad de sus obras, de las que nos interesa la serie comúnmente conocida como *Vidas paralelas*, debido al artificio de emparejar un famoso personaje griego con su contraparte romano, las más de las veces, con escaso fundamento. Se conservan 23 parejas de biografías, más otras cuatro sueltas. Como el propio Plutarco declaró, su objetivo no era propiamente histórico sino la semblanza de individuos famosos cuyas vidas podían ser de utilidad moral para sus lectores, porque servían de ejemplo y de razón para apartarse de conductas menos recomendables. Como pensaba que la verdadera dimensión de un individuo se manifestaba mejor en sus actos más nimios, Plutarco fue el rey de la anécdota. Esta apreciación puede ser cierta o no, pero seguramente justifica el extraordinario éxito de público que tuvo en su tiempo; e igualmente desde el Renacimiento, entre los europeos, que lo convirtieron en inspiración de cuadros, historias y dramas. A través de Shakespeare esa influencia continúa porque Hollywood sigue recreando historias cuyo fundamento último debe buscarse en el escritor beocio.

En su búsqueda de la anécdota reveladora, Plutarco se documentó bien y cada una de sus biografías está apoyada en un considerable número de lecturas, lo que las convierte en fuentes muy informativas aunque su valor histórico quede disminuido por los propósitos del autor y lo inconexo del relato. Para Hispania, Plutarco es un testimonio importante al conservar noticias no preservadas en ninguna otra fuente, como las relativas a un joven prisionero romano al que los numantinos liberaron y colmaron de honores sólo porque era hijo de un gobernador con el que habían mantenido una excelente relación (biografía de Sempronio Graco). Ese carácter de fuente única se hace explícito en la historia de Sertorio, el gobernador provincial declarado en rebeldía por el Senado y Sila, con quienes peleó una larga y sangrienta guerra a comienzos del siglo I a.C. que marcó a las gentes de Hispania (*vid.* vol. II, 11.3.3). Otros personajes biografiados por Plutarco, con algún pasaje o referencia a Hispania en su narración, son Emilio Paulo, Catón, Pompeyo y César.

Contemporáneo casi estricto de Plutarco, Cayo Suetonio Tanquilo (ca. 69-140 d.C.) es otro conocido autor del género biográfico. Fue un culto escritor de origen africano que, con la recomendación de familiares y amigos bien situados, recibió de Trajano el encargo de ordenar los archivos de Palacio, lo que le permitió un conocimiento privilegiado de los documentos sobre la Casa Imperial. Expulsado del puesto por Adriano, Suetonio se dedicó a escribir biografías, de las que las más famosas son precisamente las dedicadas a los doce primeros emperadores, es decir, los de las dinastías julio-claudia y flavia, de Julio César a Domiciano. El interés de los personajes y el lujo de detalles han convertido *Las Vidas de los Césares* en una lectura popular, por más que estén escritas según un esquema fijo y repetitivo, y su autor parezca más interesado en la prolija descripción de comportamientos que en descubrir sus verdaderas motivaciones. El interés de las *Vidas* para la historia de Hispania es relativo, pues si bien contienen algunos datos útiles, es siempre marginal, ya que el verdadero foco de interés es el monarca y la Corte.

La continuación de las *Vidas* imperiales de Suetonio se encuentra en la *Historia Augusta*, que es como se conoce esta tercera serie biográfica desde comienzos del siglo XVII. Narra las vidas de los emperadores, pretendientes y usurpadores que hubo entre los años 117 y 284 d.C., es decir, desde Adriano hasta Carino y Numeriano. Aparentemente, fueron escritas por seis autores que vivieron a fines del siglo III d.C. e inicios del siguiente, pero la crítica moderna, sin embargo, piensa que son obra de un autor de finales del siglo IV o comienzos del V d.C. que se protegió con los seis pseudónimos mencionados. Su contenido es una enloquecida y descuidada mezcla de datos verídicos con otros patentemente falsos o fantásticos. Durante mucho tiempo se ha despreciado la *Historia Augusta* como una patraña (un conocido historiador dijo que era "la mayor chapuza de la Antigüedad"), a la vez que se discutía cuáles eran las motivaciones de su autor. Ahora, en cambio, prima más el deseo de hacer de ella buen uso histórico, y se comprueba cómo las vidas de los emperadores entre Adriano y Caracalla contienen material de valor, con datos contrastados epigráficamente. Su utilidad para la historia de Hispania es aún menor que las otras dos series biográficas, pero aun así contiene informaciones que, confrontadas con otras fuentes, pueden ser de provecho. Por ejemplo, ofrece las únicas noticias disponibles sobre la estirpe de Adriano; es bien sabido que éste procedía de una familia de origen bético, los *Traii*, y que alcanzó el trono gracias a la ayuda de un poderoso y riquísimo clan en el que abundaban parientes del mismo origen, entre ellos su tío-abuelo y asimismo emperador, Trajano, natural como él de Itálica (Santiponce, Sevilla) (*vid.* vol. II,II.6.2.1 y II.6.2.2).

I.1.6 Escritores tardíos

Nuevas sensibilidades en tiempos de cambio

El calificativo de tardío no ejerce aquí sus connotaciones temporales. A lo que se alude es al carácter de ciertas obras literarias y relatos afectados por el espíritu de la Antigüedad tardía, es decir, el periodo final del Imperio en el que los ideales tradicionales de éste se habían transformado por diversos motivos, entre los que se cuenta, cómo no, la expansión del Cristianismo. Pero también un extendido pesimismo ante la crisis política, social y económica que afectaba al orbe y que era cada vez más patente a partir de mediados del siglo III d.C. De este modo, "Historiografía tardía" es más una fenómeno cualitativo que temporal y, de hecho, obras y autores de este grupo pueden ser contemporáneos de otros de los que generalmente no se predica tal cualidad. La aclaración apenas es de uso en la Península Ibérica donde la distinción entre autores "clásicos" y "tardíos" es nítida, en la medida en que hay un largo hiato temporal en el testimonio de las fuentes literarias. Y es que, como ya se ha dicho, las autoridades clásicas perdieron todo interés por los asuntos hispanos tras las guerras cántabras, ocasionalmente recobrado sólo cuando se produjeron sucesos cruentos o con repercusión en todo el Imperio; como sucedió, por ejemplo, con la revuelta de Galba contra Nerón, siendo gobernador de la Tarraconense (68 d.C.) (*vid.* vol.II, II.5.3.3). Luego, dos o tres siglos de silencio hasta que los escritores tardíos volvieron a encontrar interés en los sucesos de Hispania.

Desde el punto de vista literario y de gusto, las fuentes "tardías" contrastan con lo acostumbrado en autores previos como Salustio, Tácito o Amiano Marcelino; no sólo se trata de escritos de estilo más ramplón sino que el género preferido es la Crónica, es decir, el listado más o menos prolijo de sucesos ordenados cronológicamente. Además, la motivación primordial de muchos de estos escritores era polémica, rebatiendo ideas contrarias o asentando públicamente sus tesis. Aunque el provecho de estas obras suele ser muy bajo, no deben despreciarse porque de ellas obtuvo el género histórico algunos rasgos que ahora atesoramos. El primero y principal es la concepción lineal de la Historia, es decir, la idea de que ésta tiene un comienzo y habrá un final. Esta idea de inspiración cristiana fue expuesta con claridad y fuerza por Agustín de Hipona, que explicaba el devenir histórico como fruto de un plan divino encaminado a la salvación individual y colectiva del hombre. El mundo y cuanto en él existe es fruto de la Providencia divina, que había dirigido la Historia de la Humanidad hacia "la plenitud de los tiempos", el momento de la sublime y larga teofanía de Jesús de Nazaret, cuya partida del mundo anticipaba una segunda y definitiva venida, la *parousía*, que los primeros cristianos entendieron durante un par de siglos como suceso inminente. La nueva fe enfatizaba, pues, lo histórico y entendía la secuencia temporal de un modo más intenso y esencial de lo que había sido habitual en el mundo clásico.

Los cronógrafos

De lo anterior se deduce que el género preferido por los primeros escritores cristianos fuera la *chronica*, lo que dio nueva vida a las logografías griegas y a los anales romanos. El maestro de estos cronógrafos fue Julio Africano, un personaje del que apenas se saben detalles precisos de su vida, salvo que vivió posiblemente a comienzos del siglo III d.C., y que investigó en cinco libros la sincronía entre los acontecimientos profanos y sagrados, desde el momento de la creación hasta el año 221 d.C. De esta obra, apropiadamente titulada *Cronología*, apenas quedan unos fragmentos, pero se considera significativa por su influencia sobre escritores posteriores. El primero de ellos es Eusebio de Cesarea (ca. 260-340 d.C.), autor de una Crónica que sincronizaba en una secuencia continua, acompañada de tablas cronológicas, el Antiguo Testamento con los sucesos de la historia grecorromana. La obra se conoce en su traducción aramea y gracias a que San Jerónimo (345-419 d.C.), medio siglo después, la tradujo al latín para ampliarla hasta su tiempo. Con errores en la traducción del original griego y en la misma cronología, este trabajo del padre de los estudios bíblicos ha sido, no obstante, muy influyente en la historia intelectual de Occidente; entre otras cosas, porque inspiró las crónicas medievales, el género histórico predominante en Europa durante diez siglos, y permitió a los humanistas posteriores reconstruir la cronología de los dos milenios anteriores, poniendo de este modo los cimientos de la moderna investigación histórica.

Historiografía cristiana en Hispania: Orosio, Hidacio y Ausonio

En este mismo contexto intelectual, un clérigo de la provincia tarraconense llamado Paulo Orosio, contemporáneo de Agustín de Hipona y Jerónimo, escribió una *Historia contra los paganos*, un feroz alegato contra quienes sostenían que los terribles sucesos por los que atravesaba el Imperio Romano de Occidente eran consecuencia directa de la aparición de los cristianos. Influido su autor por el pensamiento de Agustín y Jerónimo, esta obra es el primer ejemplo de Historia universal providencialista y apologética. A través del recorrido cronológico por cuatro imperios sucesivos, asirio-babilónico, cartaginés-macedonio y romano, el autor vinculó la regeneración moral, política y social del Bajo Imperio Romano a una necesaria recuperación de los valores del cristianismo. Además, tiene especial interés para los asuntos peninsulares en la transición del siglo IV al V d.C., pues contiene el mejor relato sobre la personalidad y el pensamiento de Prisciliano, un conterráneo suyo cuyo proselitismo parece haber causado un gran impacto en Galicia (*vid.* vol.II, II.9.4.2).

Algo posterior a Orosio, otro clérigo gallego, Hidacio o Idacio de Lémica, nacido en lo que hoy es Ginzo de Limia a fines del siglo IV d.C., también escribió bajo la influencia de Jerónimo, a quien había conocido en su juventud en Palestina. Siendo obispo de Aquae Flaviae (Chaves, en Portugal), redactó una crónica que continuaba la de Jerónimo hasta el 468 d.C. Entre el 379 y el 427 d.C., Hidacio se informó en lo dicho por otros, pero a partir de esa fecha y hasta el final de su tarea (hacia 470 d.C.), dependió de sus propias observaciones de testigo presencial, lo que brinda especial valor a su testimonio. Así sucede, por ejemplo, con todo lo relacionado con la ocupación sueva de Galicia, contra la que llevó a cabo diversas misiones diplomáticas buscando ayuda en otros puntos del Imperio. Además del reino suevo, la herejía de Prisciliano, las bagaudas, así como el reparto de Hispania entre los bárbaros aparecen relatados en su obra, la cual acabaría por inspirar doscientos años más tarde la *Historia de los godos, vándalos y suevos* de Isidoro de Sevilla.

Otra fuente útil para la historia peninsular es Ausonio, erudito y poeta galo cuya vida abarca casi el siglo IV d.C. Mantuvo correspondencia con personajes destacados de todas las provincias occidentales, que luego resumió y publicó en forma de verso (*Mosela, Parentalia, Ephemeris...*). Para Hispania es de interés por cuanto el carteo entre el poeta y su amigo Paulino de Nola, casado con una hispana, refleja las condiciones de vida de la región, con especial énfasis en las preocupaciones religiosas de Paulino.

Las *Actas de los Mártires*

Un aspecto fundamental para esta época es, sin duda, la propia difusión de la fe cristiana, de cuyo despliegue dan prueba negativa las *Actas de los Mártires*. Son los testimonios del sufrimiento de algunos cristianos acusados criminalmente por la práctica de sus creencias, que las primeras comunidades cristianas atesoraron para honrar la memoria de quienes fueron testigos públicos de su fe y para edificación de los demás creyentes. Entre estos relatos, los expertos consideran que son actas en sentido propio las que contienen en mayor o menor medida los concisos y magros testimonios del registro notarial de lo tratado por los tribunales, es decir, interrogatorios, comparecencias y sentencias. En sentido menos estricto, también se consideran *Actas de los Mártires* los relatos procedentes de documentos no oficiales pero derivados del testimonio de testigos directos, que anotaron y resumieron la marcha del proceso y su conclusión. Frente a estas dos categorías se encuentra la tercera clase, que incluye testimonios de mucho menor valor y fiabilidad, que se redactaron con posterioridad al suceso narrado y tienen como principal propósito la creación literaria con finalidad piadosa o hagiográfica. En el caso de los mártires hispanos, las *Actas de los Mártires* de mayor validez histórica están reunidas y comentadas en varias monografías de fácil acceso.

Las *Etimologías* de san Isidoro, compendio del saber occidental

Debe terminarse con otra obra sin intención histórica *per se* pero considerada la primera enciclopedia del mundo occidental; una obra colosal en 20 volúmenes que su autor, Isidoro de Sevilla (560-636 d.C.), llamó las *Etimologías* en razón del método empleado para compilar el saber de las antigüedad. Y tan bien se logró que muchos sintieron que ya no era necesario seguir copiando las obras de una plétora de autoridades, que así quedaron condenadas al olvido. La obra de Isidoro ejerció una gran influencia sobre sus contemporáneos y durante toda la época medieval, modelando la forma de transmitir conocimientos. Su contenido es universal y se alimenta de la tradición clásica grecorromana: artes liberales, medicina, ciencias de la naturaleza, leyes, religión, lenguaje, geografía humana… La fortuna del compendio enciclopédico se mantuvo hasta que los eruditos italianos del primer Renacimiento empezaron a darse cuenta de que las bibliotecas monásticas aún conservaban un considerable número de manuscritos clásicos. Por otra parte, el hundimiento del Imperio bizantino favoreció la llegada a Occidente de las obras de los grandes escritores griegos: era posible, pues, conocer en sus propias palabras lo dicho por Aristóteles, Cicerón o Tácito sin recurrir a los sumarios del obispo hispalense. Desde entonces las *Etimologías* han sido consideradas una fuente histórica secundaria, a la que sin embargo se sigue acudiendo porque contiene datos y noticias sobre casi cualquier aspecto de la vida antigua.

I.1.7 Itinerarios y otros documentos viales

Los itinerarios no son obras literarias *sensu stricto* sino guías de caminos romanos, en todo caso, de gran utilidad gracias a la información viaria y toponímica que aportan. Estos repertorios listan las etapas habituales y los cambios de posta existentes en diversas rutas a lo largo y ancho del Imperio. De los conservados, el más antiguo es el llamado *Itinerario de Antonino*, obra de autor anónimo escrita tal vez en el siglo II d.C., aunque algunos especialistas la creen de la época de Caracalla o Diocleciano. Enumera una treintena de grandes rutas que atraviesan de un extremo a otro Hispania, uniendo sus poblaciones más destacadas. Además, ofrece las distancias en millas entre las diversas estaciones que marcan las etapas, las denominadas *mansiones*. (Recordemos que la milla romana equivale a 1.480 metros). Las *mansiones* pueden coincidir o no con núcleos importantes de población; por ejemplo, tan *mansio* es Emerita Augusta, capital de la provincia de Lusitania, como Caelionico, que no pasaría de ser un humilde caserío.

Una versión más tardía de la misma clase de documentos, con una organización distinta de las paradas y destinos, es el llamado *Ravennate* o *Anónimo de Ravenna*, por el lugar de hallazgo de la copia manuscrita, del siglo VII. En ambos casos, es evidente que son los supervivientes de lo que debieron ser corrientes y muy usadas guías de viajes. Éstas podían presentarse también en forma gráfica: la *tabula Peutingeriana*, por ejemplo (mapa de calzadas romanas conservado en un manuscrito medieval de la Biblioteca Imperial de Viena, al que desgraciadamente falta la sección correspondiente a Hispania); o el citado mapa sobre papiro de Artemidoro, antecedente de los itinerarios cartográficos, donde se reflejan las principales vías, ríos y ciudades de un segmento territorial de Hispania. Igualmente existen itinerarios sobre soportes distintos al papiro o el pergamino, como sucede con los vasos de Vicarello: cuatro pequeños cilindros de plata en cuyas paredes se grabaron las etapas de la ruta entre Roma y Gades, la vía Augusta o Heraclea (con 106 *mansiones* y 1.842 millas de recorrido total). Estos vasos son una suerte de miliarios en miniatura arrojados como ofrenda a la divinidad del manantial de Vicarello, estación termal al norte de Roma.

Pero lo que no está claro ni hay acuerdo entre los estudiosos es a qué tipo de viajeros ayudaban estas relaciones de viaje, ya que no siempre las rutas trazadas corresponden a las más cortas entre dos lugares dados, ni son las más cómodas o rápidas para el caminante. Por eso se ha sugerido, en un momento u otro, que se trataba de manuales de marcha para las legiones, lugares de colección de pagos para la *annona* (provisión de víveres), o la ruta seguida por viajeros con especiales intereses. En cualquier caso, la firme asociación entre nombres de lugar y caminos que ofrecen estos documentos permite al historiador moderno servirse de las fuentes itinerarias para reconstruir la geografía antigua peninsular, con mayor precisión y certeza de lo que permiten las tablas de Tolomeo, por ejemplo. Muchas de las mansiones citadas en el *Ravennate* y en el *Itinerario de Antonino* (¡más de 300 en Hispania!) pueden referirse con bastante seguridad a lugares precisos de nuestra geografía, sea porque la toponimia preserva el nombre antiguo, sea porque las distancias a una etapa bien identificada o los datos arqueológicos (o de otro tipo), así lo aconsejan.

Bibliografía

A. *Guía de lecturas y recursos*

Un buen estudio general sobre la imagen de Hispania en la literatura grecolatina y el proceso de percepción de sus territorios y gentes en los escritores antiguos, es el libro de F.J. Gómez Espelosín, A. Pérez Largacha y M. Vallejo (Gómez Espelosín *et alii*, 1995). Sobre las tradiciones míticas de la Península Ibérica y los estereotipos culturales derivados, Gómez Espelosín, 1993a, Plácido, 1995-96 y García Quintela, 2001, este último con atención a elementos indígenas de raíz indoeuropea presentes en los relatos clásicos.

Existen dos colecciones principales con las fuentes de la Hispania antigua comentadas y traducidas al castellano. La primera son las *Fontes Hispaniae Antiquae* (*FHA*), en nueve fascículos, editadas por la Universidad de Barcelona entre 1922 y 1987 bajo la dirección del hispanista alemán Adolf Schulten (1870-1960), uno de los grandes maestros del pasado siglo en el estudio de la Antigüedad hispana, y en la que también colaboran P. Bosch Gimpera, R. Grosse, L. Pericot, J. Maluquer y V. Bejarano. La relación de títulos es la siguiente: vol. I, *Avieno. Ora Maritima* (1922); vol. II, *500 a.C. hasta César* (1925); vol. III, *Las guerras del 237-154 a.C.* (1935); vol. IV, *Las guerras de 154-72 a.C.* (1937); vol. V, *Las guerras del 72-19 a.C.* (1940); vol. VI, *Estrabón. Geografía de Iberia* (1952); vol. VII, *Hispania Antigua según P. Mela, Plinio el Viejo y Claudio Ptolomeo* (1987); vol. VIII, *Las fuentes desde César hasta el siglo X d.C.* (1952); y vol. IX, *Las fuentes de época visigoda y bizantina* (1947). Durante muchos años las *FHA* han sido la obra de referencia para acceder a las noticias de los clásicos, pero están necesitadas de revisión y ampliación. El proyecto que actualiza las *FHA* en nuestros días son los *Testimonia Hispaniae Antiqua* (*THA*); una colección de mucha mayor envergadura, gran rigor en las traducciones y abundantes comentarios históricos y filológicos a cargo de numerosos especialistas, bajo la dirección de J. Mangas desde la Universidad Complutense de Madrid. De los veinte volúmenes programados se llevan editados cuatro, los correspondientes a la *Ora Maritima* de R.F. Avieno, vol. I (Mangas, 1994), *Iberia en los autores griegos*, vols. IIA y IIB (Mangas/Plácido, 1998; 1999), y geografía y recursos naturales, vol. III (Mangas/Myro, 2003).

Pasando a trabajos monográficos de los principales autores y sus obras, y comenzando por las fuentes geográficas y etnográficas, existen varios estudios de la *Ora Maritima* de Avieno: además del vol. I de los *THA* (Mangas, 1994), la reciente traducción en la Biblioteca Clásica Gredos (Calderón, 2001). Sobre Estrabón y la descripción de Iberia (libro III de su *Geografía*) sigue siendo de interés la edición que hiciera A. García y Bellido en 1945, reeditada numerosas veces desde entonces, y recomendable la traducción de M.J. Meana y F. Piñero en la Biblioteca Clásica Gredos (Meana/Piñero, 1992). Como estudios integrales sobre el geógrafo de Amasia: el trabajo colectivo coordinado por Cruz Andreotti, 1999, sobre Iberia, y la monografía de Dueck, 2000; más puntualmente, Plácido, 1987-1988, donde se extracta lo esencial del discurso estraboniano con relación a la Península. La información sobre Hispania en la obra de Pomponio Mela y Plinio el Viejo fue traducida por A. García y Bellido (1947), además de ocupar el fascículo VII de las *FHA*; más reciente es la traducción en la Biblioteca Clásica Gredos: Fontán *et alii*, 2001. Acerca de la monumental *Historia Natural* de Plinio, *vide* el completo ensayo de T. Murphy, 2004. Para concluir con la aportación de los geógrafos antiguos, sobre Claudio Tolomeo y la relación de ciudades hispanas, la obra más amplia en castellano es la de J.L. García Alonso, 2002; un trabajo introductorio a su importancia y problemas como fuente cartográfica: Ocejo, 1993. Todos seguimos pendientes del ya mencionado "papiro de Artemidoro", que finalmente fue adquirido por el Museo Eggicio de Turín y ya está expuesto a la contemplación del público curioso; la identidad de la zona reflejada en el mapa que incluye sigue siendo misteriosa; con menos convicción que antes, sus editores sostienen que puede representar un sector del litoral hispano, siquiera porque el texto inmediato a él corresponde al periplo de las costas atlánticas peninsulares. Si se cumple lo previsto, a lo largo de 2007 dispondremos del primer estudio completo de este interesante hallazgo; mientras tanto, las novedades más recientes han sido expuestas por B. Frizell en las actas de un coloquio de recientísima publicación (Kramer, 2006).

En lo tocante a la información de los historiadores grecorromanos, son de interés el estudio general de M. Grant con la presentación de los principales autores y las luces y sombras de la historiografía clásica (Grant, 2003) o, más crítico, el de N. Morley valorando las circunstancias e intereses de los escritores antiguos (Morley, 1999); y con relación a la Península Ibérica, el libro ya referido de Gómez Espelosín *et alii*, 2005 (en especial pp. 48-72). Más en detalle, haciendo un repaso de los principales autores, sobre Polibio, una fuente esencial para el conocimiento de la Península, particularmente de la guerra contra Aníbal, la reciente publicación de J. Santos y E. Torregaray recoge contribuciones a cargo de destacados especialistas (Santos/Torregaray, 2005). Entre las traducciones de la obra polibiana cabe citar la edición bilingüe –pero incompleta– en la Colección hispánica de autores griegos y latinos (Díaz Tejera, 1972), y la de M. Balasch (1981). De Julio César, tanto los comentarios sobre *La Guerra Civil* como la anónima secuela titulada *La guerra en Hispania* cuentan con buenas traducciones, como las de S. Mariné (1981), J. Castro (1992) o J. Calonge y P.J. Quetglas (2005), con introducción, comentario y notas. El *Epítome* de Justino, que resume las *Historias Filípicas* de Pompeyo Trogo, está igualmente traducido por J. Castro (1995); sobre la originalidad de esta obra historiográfica latina, *vide* Alonso-Núñez, 1992. La producción histórica de Salustio está traducida al castellano por B. Segura (1997); para las *Historias* sólo, *vide* la traducción y comentario de J.L. Posadas (2001). Sobre Diodoro de Sicilia, los primeros libros de su *Biblioteca histórica* disponen de una reciente versión en castellano también en la editorial Gredos (Torres, 2004), incuido el libro V con importantes referencias a la Península Ibérica; con relación a las fuentes empleadas por Diodoro en su discurso sobre los pueblos de Iberia, *vide* el trabajo de J. de Hoz, 2000. Si pasamos a Tito Livio, de las varias ediciones españolas de su *Historia de Roma*, la versión más reciente y completa –pues engloba los fragmentos y resúmenes– es la realizada por J.A. Villar (1990-1995). De igual forma, las traducciones de J.L. Moralejo de los *Anales* y de las *Historias* de Tácito (Moralejo, 1979-1980; 1990). Sobre Apiano de Alejandría son recomendables las ediciones comentadas de A. Sancho (1980) y la más reciente de F.J. Gómez Espelosín (1993b), esta última centrada en las guerras de Roma en Iberia. Finalmente, la obra de Dión Casio también cuenta con una reciente y autorizada versión en castellano: Candau/Puertas, 2004.

Con respecto a los biógrafos, hay traducciones de varios de los retratos de las *Vidas paralelas* de Plutarco, así como de la *Vida de los doce Césares* de Suetonio (Agudo, 1992).

Para la estimación de los escritores tardíos y cristianos, y en general sobre la historiografía en la Antigüedad tardía, véanse las compilaciones de A. Momigliano (1989), D. Rohrbacher (2002) y G. Marasco (2003), las dos últimas en inglés. En particular, sobre Orosio, su *Historia contra los paganos* ha sido traducida al castellano por E. Sánchez Salor (1982). Una completa edición de *Las Actas de los Mártires*, traducidas al castellano, es la de D. Ruiz Bueno (1962) en la Biblioteca de Autores Cristianos. Por último, también en esa misma colección existe traducción con comentarios de las *Etimologías* de San Isidoro de Sevilla (Oroz/Marcos, 1982-1983).

Los recursos electrónicos son buenas plataformas para acceder a las fuentes clásicas. En Internet existen portales especializados sobre mundo antiguo donde además de otras informaciones puede encontrarse la obra completa de escritores grecolatinos, tanto en lengua original como traducida al inglés generalmente. Son recomendables: http://www.perseusiglotufts.edu (Proyecto Perseo de la Universidad de Tufts sobre la Antigüedad clásica), http://bcsiglofltr.ucl.ac.be/ (*Bibliotheca Classica Selecta*), http://www.tlg.uci.edu (*Thesaurus Linguae Graecae*), http://www.thelatinlibrary.com/index (The Latin Library) o http://classicsiglomit.edu (The Internet Classics Archives). Una útil selección de fuentes y textos para el estudio de la Antigüedad tardía puede hallarse en la Biblioteca virtual Miguel de Cervantes (sección Historia): http://cervantesvirtual.com/historia/textos/medieval/mundo_tardoantiguo.shtml.

Por último, sobre las fuentes viarias e itinerarios de la Hispania antigua *vide*: Roldán, 1975; y sobre las calzadas: Arias, 1987 y 2002. Y en la Red: http://web.jet.es/gzlarias (El miliario extravagante. Boletín para el estudio de las vías romanas en la Península Ibérica, a cargo de G. Arias), http://traianusigloredirisigloes/vias-romanas/ (Vías romanas, portal Traianus), http://www.arqueotavira.com/vr/Ravenate/index.htm (Anónimo de Rávena) y http://www.fh-augsburg.de/~harsch/Chronologia/Lspost03/Tabula/tab_intr.html (*Tabula Peutingeriana, Bibliotheca Augustana*).

Para la cartografía de la Hispania romana debe consultarse la *Tabula Imperii Romani (TIR)*, mapa del Imperio romano en hojas separadas y por países, con información sobre todos los puntos topografiados (ciudades, *mansiones*, campamentos, necrópolis, accidentes geográficos, límites provinciales y étnicos, calzadas, miliarios…). El territorio de España y Portugal está recogido en cinco hojas y sus respectivos libros: Hoja J-29: Lisboa. Emerita-Scallabis-Gades (1995); Hoja J-30: Valencia. Corduba-Hispalis-Carthago Nova-Astigi (2002); Hoja K-29: Porto. Conimbriga, Bracara, Lucus, Asturica (1991); Hoja K-30: Madrid. Caesaraugusta, Clunia (1993); y Hoja K/J-31: Pyrénées orientales-Baleares. Tarraco-Baleares (1997). El comité español de la *TIR* está coordinado por D. Plácido, y las hojas editadas por el CSIC, el Ministerio de Cultura y el Instituto Geográfico Nacional. Aunque en menor escala que la *TIR*-Hispania, también es de utilidad el *Atlas Barrington* (Talbert, 2000) que ofrece una comparación de la situación peninsular con la de otros territorios del mundo antiguo.

B. *Referencias*

Agudo Cubas, R.M., *Suetonio. Vida de los Doce Césares, Libros I-III y Libros IV-VIII*, Madrid, 1992.
Alonso-Núñez, J.M, *La Historia Universal de Pompeyo Trogo: coordenadas espaciales y temporales*, Madrid, 1992.

Arias Bonet, G., *Repertorio de caminos de la Hispania romana: estudios de geografía histórica*, Madrid, 1987 [2ª edición actualizada, 2004].

—, "La red viaria de la Hispania romana. Perspectivas actuales tras siglo y medio de investigaciones", en González Tascón, I. (ed.), *Artifex. Ingeniería romana en España*, Madrid, 2002, pp. 199-212.

Balasch Recort, M., *Polibio. Historias, Libros I-IV. Libros V-XV*, Madrid, 1981.

Calderón Felices, J., *Avieno. Fenómeno. Descripción del orbe terrestre. Costas marinas*, Madrid, 2003

Calonge Ruiz, J. y Quetglas Nicolau P.J., *Julio César. Autores del Corpus Caesariano. Guerra Civil. Guerra de Alejandría. Guerra de África. Guerra de Hispania*, Madrid, 2005.

Candau Morón, J.M. y Puertas Castaños, M.L.; *Dión Casio. Historia de Roma, Libros I-XXXV*, Madrid, 2004.

Castro Sánchez, J., *César. La Guerra en Hispania. Bellum Hispaniense*, Madrid, 1992.

—, *Justino/Pompeyo Trogo. Epítome de las Historias Filípicas de Pompeyo Trogo. Prólogos. Fragmentos*, Madrid, 1995.

Cruz Andreotti, G. (coord.), *Estrabón e Iberia: nuevas perspectivas de estudio*, Málaga, 1999.

Díaz Tejera, A., *Polibio. Historias, vol. I-IV*, Madrid, 1972

Dueck, D., *Strabo of Amasia. A Greek man of letters in Augustan Rome*, Londres-Nueva York, 2000.

Fontán, A. *et alii*, García Arribas, I., Del Barrio, E. y Arribas Rey, M.L., *Plinio el Viejo. Historia Natural, Libros III-IV*, Madrid, 2001.

García Alonso, J.L., *La Península Ibérica en la Geografía de Claudio Ptolomeo*, Vitoria-Gasteiz, 2002

García Quintela, M.V., *Mitos hispánicos. La Edad Antigua*, Madrid, 2001.

García y Bellido, A., *España y los españoles hace dos mil años según la Geografía de Estrabón*, Madrid, 1945. [Aconsejable la edición de 1993, con notas a cargo de M.P. García-Bellido.]

—, *La España del siglo primero de nuestra era (Según P. Mela y C. Plinio)*, Madrid, 1947. (Véanse reediciones más recientes).

Gómez Espelosín, F.J.: "Iberian as a barbarian land: perception of a cultural stereotype", *The Ancient World*, 24 (2), 1993, pp.131-142.

—, *Apiano: Sobre Iberia y Aníbal*, Madrid, 1993.

—, Pérez Largacha, A. y Vallejo Girvés, M., *La imagen de Hispania en la Antigüedad Clásica*, Madrid, 1995.

Grant, M., *Historiadores de Grecia y Roma. Información y desinformación*, Madrid, 2003.

Hoz Bravo, J., "La etnografía de los pueblos de Iberia en Diodoro V, 33-34 y el problema de sus fuentes", en Alganza, M., Camacho, J.M., Fuentes, P.P. y Villena, M. (eds.), *Epieikeia. Studia graeca in memoriam Jesus Lens Tuero. Homenaje al profesor Jesús Lens Tuero*, Granada, 2000, pp. 221-238.

Kramer, B., "La Península en la Geografía de Artemidoro de Éfeso", en Cruz Andreotti, G., Le Roux, P. y Moret, P. (eds.), *La invención de una geografía de la Península Ibérica. I. La época republicana*, Málaga-Madrid, 2006, pp. 97-114.

Mangas Manjarrés, J., (ed.), *Ora Maritima. Descriptio orbis terrae phaenomena. Testimonia Hispaniae Antiqua, I*, Madrid, 1994.

—, y Myro Martín, M.M., (eds.): *Medio físico y recursos naturales de la Península Ibérica en la Antigüedad. Testimonia Hispaniae Antiqua, III*, Madrid, 2003.

—, y Plácido Suárez, D. (eds); *La Península Ibérica en los autores griegos: de Homero a Platón. Testimonia Hispaniae Antiqua, IIA*, Madrid, 1998.

—, *La Península Ibérica Prerromana de Éforo a Eustacio. Testimonia Hispaniae Antiqua IIB*, Madrid, 1999.

Marasco, G. (ed.), *Greek and Roman historiography in Late Antiquity. Fourth to Sixth century A.D.*, Leiden, 2003.

Mariné Bigorra S., *César. Las Memorias de la Guerra Civil*, Madrid, 1981.

Meana M.J. y Piñero, F., *Estrabón. Geografía, Libros III-IV*, Madrid, 1992.

Momigliano, A., *El conflicto entre el paganismo y el cristianismo en el siglo IX*, Madrid, 1989

Moralejo, J.L.,*Tácito. Anales, Libros I-VI, Libros XI-XVI*, Madrid, 1979-1980.

—, *Tácito. Historias*, Madrid, 1990.

Morley, N.,*Writing Ancient History*, Londres, 1999.

Murphy, T., *Pliny the Elder's Natural History. The Empire in the Encyclopedia*, Oxford, 2004.

Ocejo Herrero, A., "Una fuente clásica infrautilizada: el mapa de Hispania descrito en Claudio Ptolomeo, *Guía Geográfica* . Apuntes sobre sus características y posibilidades de interpretación", *Nivel Cero*, 4, 1993, pp. 58-82.

Oroz Reta, J. y Marcos Casquero, M.A., *San Isidoro de Sevilla. Etimologías, Vol. I, libros I-X, Vol. II, libros XI-X*, Madrid, 1982-1983.

Plácido Suárez, D., "Estrabón III: el territorio hispano, la geografía griega y el imperialismo romano", *Habis*, 18-19, 1987-88, pp. 243-256.

—, "La imagen simbólica de la Península Ibérica en la Antigüedad", *Studia Historica. Historia Antigua*, 13-14, 1995-96, pp. 21-35.

Posadas, J.L., S*alustio. Fragmentos de las Historias*, Madrid, 2001

Rohrbacher, D., *The historians of Late Antiquity*, Londres-Nueva York, 2002.

Ruiz Bueno, D., *Actas de los Mártires*, Madrid. 1962 (2ª edición, 1993).

Sánchez Salor, E., *Orosio. Historias, Libros I-IV, libros V-VII*, Madrid, 1982.

Sancho Royo, A., *Apiano. Historia Romana*, Madrid, 1980, 3 vols.

Santos Yanguas, J. y Torregaray Pagola, E. (eds), *Polibio y la Península Ibérica. Revisiones de Historia Antigua, IV*, Vitoria, 2005.

Segura Ramos, B., *Salustio. Pseudo Salustio. Pseudo Cicerón. Conjuración de Catalina. Guerra de Jugurta. Fragmentos de las 'Historias'. Cartas a César. Invectiva contra Cicerón. Invectiva contra Salustio*, Madrid, 1997.

Talbert, R.J.A. (ed), *Barrington atlas of the Greek and Roman world*, Nueva Jersey, 2000.

Torres Esbarranch, J.J., *Diodoro de Sicilia, Biblioteca Histórica, Libros IV-VIII*, Madrid, 2004.

Villar Vidal, J.A., Tito Livio, *Historia de Roma desde su fundación, Libros I-X, XXI-XLV*, Madrid, 1990-1995.

Capítulo segundo

Las fuentes materiales y la investigación arqueológica

I.2.1 *¿Qué hace algo como tú en un sitio como éste?*

La arqueología es la disciplina encargada de estudiar las sociedades humanas, sus conductas y su relación con el entorno, a partir del análisis y la interpretación de la cultura material. El registro arqueológico es por tanto una fuente esencial de la historia. ¡La única durante buena parte del devenir de la Humanidad, hasta la aparición de la escritura! Y así el dato arqueológico es un documento directo y heterogéneo; un testimonio auténtico que denuncia la huella, la creación o el uso de los hombres en el tiempo y en el espacio. Un recipiente cerámico, un enterramiento, un barco hundido, los cimientos de un templo, los desechos arrojados a un basurero, etc. Pero su naturaleza material hace de él un testimonio "mudo" al que el arqueólogo o historiador debe dar voz con una correcta contextualización y lectura. Por ello, y como ciencia histórica, la arqueología dispone de sus propios métodos de investigación, empleando igualmente técnicas de otras disciplinas como la geología, la química, la antropología física, la zoología o la botánica. Además, para reconstruir antiguas formas de vida, los arqueólogos se sirven de procedimientos utilizados por la antropología social, la etnografía, la ecología, la economía o la historia de las religiones. La investigación arqueológica se eslabona en una serie de fases que van desde la obtención de datos a partir del trabajo de campo (prospección y excavación) y la labor de gabinete y laboratorio (análisis, clasificación, datación y restauración de los materiales recuperados), hasta la difusión de los resultados mediante publicaciones, exposiciones o con la puesta en valor de yacimientos y bienes del patrimonio histórico.

Para el estudio de la protohistoria y la historia antigua hispanas la arqueología constituye una proyección documental inestimable al aportar una dimensión directa, aunque incompleta, de las actividades desarrolladas por los antiguos pobladores de la Península Ibérica. En especial de sus comportamientos habitacionales, tecnológicos, socioeconómicos e ideológicos, pues todos ellos tienen en mayor o menor grado una expresión material. Además, el registro arqueológico complementa, contrasta y contrarresta la información de las fuentes literarias al evidenciar aspectos que no suelen ser objeto de atención por parte de los historiadores antiguos ni constatables en otro tipo de soportes textuales. En palabras del historiador francés Lucien

Febvre, "la historia se hace con documentos escritos, sin duda, cuando los hay. Pero puede hacerse, debe hacerse, sin documentos escritos cuando no los hay. A base de todo aquello que el ingenio del historiador puede utilizar para fabricar su miel, a falta de flores normales. Por consiguiente, con palabras. Con signos. Con paisajes y tejas. Con formas de campos y malas hierbas. Con eclipses de luna y correas de atalaje. Con dictámenes de piedras por geólogos y análisis de espadas de metal por químicos. En una palabra, con todo aquello que es del hombre, depende del hombre, sirve al hombre, expresa el hombre, denota la presencia, la actividad, los gustos y las maneras de ser del hombre".

Existen tres principales tipos o categorías de evidencias dentro del registro arqueológico: primero, los espacios o yacimientos propiamente dichos; segundo, los repertorios materiales, y, tercero, los depósitos de naturaleza orgánica. Con distinta manifestación y sometidos a diferentes procesos analíticos, todos ellos aportan datos sustanciales al debate histórico. Hagamos una somera presentación de los mismos en su calidad de fuentes de la Antigüedad hispana.

I.2.2 Los espacios: la historia a escena

A través de los yacimientos conocemos las distintas formas de hábitat de las sociedades, con una amplia variedad que va desde la cueva a la ciudad, pasando por el asentamiento estacional, la aldea, el poblado abierto o fortificado, la torre de control, el palacio, el centro de producción especializada, el campamento militar, el puerto, el santuario o la capital de un estado. Este rastreo, cuando dispone de suficientes datos ajustados a un marco geográfico y cronológico concreto, permite caracterizar un modelo de poblamiento determinado, esto es, una forma organizada de ocupación del espacio por parte de un grupo humano. Trátese de un pueblo nombrado en las fuentes clásicas o epigráficas, o de cualquier otra entidad poblacional de carácter anónimo. Así, por ejemplo, conocemos numerosos poblados de la Edad de Hierro en distintas regiones peninsulares y estamos en disposición de definir sus rasgos esenciales en lo tocante a tamaño, emplazamiento, organización interna, tipología constructiva, sistemas de defensa, relaciones con hábitat vecinos o pautas de explotación del entorno. Ello nos permite establecer y diferenciar tipos de poblamiento entre las comunidades prerromanas de la Península Ibérica, en función de sus patrones de asentamiento y su determinación sobre el medio, configurando así distintos procesos de territorialización que se convierten en secuencias de nuestra Historia antigua. Sólo en la actual Galicia hay inventariados más de dos millares de castros (definidos como poblados amurallados en posición preeminente, lo que les permite controlar el territorio adyacente), que se fechan entre mediados del I milenio a.C. y la época romana (*vid.* vol. II, 1.2.3.4). Asimismo, el desarrollo en los últimos años de prospecciones arqueológicas y análisis espaciales aplicados a varias regiones del mundo ibérico está poniendo de relieve dinámicas de poblamiento más o menos complejas en comarcas de Andalucía, Levante o Cataluña, por ejemplo (*vid.* vol. II, I.1.5.2); una diversidad de estructuras territoriales que responden a las distintas formas de organización sociopolítica existentes en la Protohistoria y en la Antigüedad. A un nivel interno, la excavación de las estructuras de un poblado, trátese de viviendas, dependencias económicas (almacenes, talleres, rediles ganaderos), murallas o espacios públicos y de representación política o religiosa (lugares de reunión, residencias de la elite, santuarios), permite conocer la categoría organizativa, el tamaño poblacional y, en definitiva, las formas de vida de sus habitantes.

En el caso de la Hispania romana es tradicional el estudio de las ciudades y sus monumentos públicos, de los sistemas de parcelación territorial en centurias y catastros (*vid.* vol.II, II.8.4), de las calzadas o de las fundaciones militares y su evolución urbana (*vid.* vol.II, II.5.4.3 y II.5.6.3). Pero, además, se ha progresado mucho en el conocimiento del poblamiento rural gracias a la identificación de numerosas explotaciones agrícolas tipo *villa*. Con los datos que reporta su excavación conseguimos una aproximación al paisaje socioeconómico de las provincias hispanas integradas en el Imperio (*vid.* vol.II, II.8.4.1).

Otro tipo de espacio arqueológico y al tiempo documento histórico de primer orden es el funerario: las necrópolis o "ciudades de los muertos" en contraposición a las de los vivos. Un enterramiento aislado, un cementerio familiar, comunitario o militar, un cenotafio o monumento conmemorativo…; en cualquiera de sus variantes, el registro funerario nos informa de comportamientos sociales e ideológicos ante el hecho irrenunciable de la muerte, tanto en actitudes individuales como colectivas, siendo estas últimas más provechosas desde el punto de vista histórico pues importa más la información de un conjunto de tumbas que la de una sepultura aislada. La investigación en este campo, de la que se ocupa la llamada "arqueología de la muerte", tiene por objetivo el estudio de los ritos funerarios, de los tipos de enterramiento y su relación espacial, y por supuesto del análisis de los restos humanos y de los depósitos materiales o ajuares que acompañan a los difuntos en su tránsito al más allá. Todo ello permite deducir comportamientos funerarios –y por ende religiosos– dentro de un yacimiento o en un determinado grupo de población o región cuando contamos con varias necrópolis coetáneas y próximas. Pero el estudio de los cementerios ofrece otras muchas posibilidades. Por ejemplo avanzar estimaciones demográficas sobre la población de un lugar a partir del número de tumbas y el tiempo de uso de una necrópolis; establecer relaciones familiares y de género entre los enterrados; así como, en ocasiones, perfilar su posición sociopolítica o al menos su nivel de riqueza en función de la monumentalidad de la tumba y de la cantidad y calidad de los ajuares depositados en la misma.

En particular todo ello ha abierto importantes perspectivas en el estudio de las sociedades de la Edad de Hierro, pobremente documentadas en los registros informativos. Bastará con señalar ahora que conocemos varios centenares de cementerios de cremación en el espacio de los antiguos pueblos ibéricos y celtibéricos, con la excepción del ámbito cantábrico, galaico y lusitano, donde no se registran apenas depósitos por el uso de ritos funerarios que no han dejado huella. Y que su excavación ha ofrecido un volumen riquísimo de materiales arqueológicos: urnas y recipientes cerámicos a veces con restos de alimento y bebida, armas, adornos personales, amuletos, útiles domésticos o económicos, bocados de caballo, etc. En la cultura ibérica el estudio de las necrópolis constituye una de las más fecundas vías para ahondar en la articulación social, habida cuenta que es un ámbito donde se expresa el rango y poder de los grupos privilegiados (*vid.* vol. II, I.1.7.4). De igual forma se enuncian aspectos ideológicos como el culto a los antepasados o la exaltación de la memoria a través de los monumentos funerarios y del mensaje heroico u honorífico que transmiten las esculturas de guerreros y animales que coronan algunas tumbas. En otro sentido, el registro funerario es asimismo un interesante indicador de los cambios que la Romanización introduce en las comunidades hispanas desde el siglo II a.C. en adelante, adaptándose con distintos ritmos y matices las modas introducidas por Roma, tanto en el plano material como, luego, en el ritual o ideológico. De igual forma que a partir del siglo III d.C. se observa, también desde el espacio funerario, el paulatino calado del cristianismo en las provincias hispanas.

Otra categoría de yacimiento, más singular sin duda, son los espacios sacros o santuarios. Bien de carácter natural (cueva, río, fuente, bosque, peña), lo habitual desde tiempos prehistóricos, o de carácter arquitectónico (ara, altar, capilla, templo) erigidos tanto dentro como fuera del espacio urbano. Estos últimos lugares de culto, los templos o santuarios construidos en madera, adobe o piedra, son uno de los elementos definidores de las civilizaciones del Mediterráneo antiguo, y en la Península Ibérica se desarrollan con la llegada de fenicios, griegos y púnicos a nuestras costas, para popularizarse después bajo el dominio romano. La "arqueología del culto" se está revelando como disciplina de gran interés histórico, al punto de constituir desde hace unos años una subespecialidad que, en cualquier caso, debe integrarse en el estudio global de las religiones antiguas. Entre sus objetivos y posibilidades, la identificación de santuarios, el análisis de depósitos rituales –ofrendas, sacrificios, exvotos, inscripciones votivas– y cuando es posible de imágenes de culto, así como la valoración del entorno –sea un santuario rural, urbano o comercial– y su relación con las unidades de poblamiento, ofrecen datos de gran valía para entender la estructura ideológica de las sociedades antiguas. Y no sólo eso, el papel y la posición que desempeñan los santuarios dan importantes pistas sobre la identidad sociopolítica, económica o territorial de una comunidad. El celebérrimo templo del Hércules gaditano (fundado por los tirios en honor del dios Melqart en el siglo IX a.C.), el santuario fenicio de Astarté en El Carambolo (Camas, Sevilla), los varios templos de la colonia griega de Ampurias (Gerona), el santuario rupestre de Panoias (Vila Real, Portugal) entre los lusitanos, el altar de sacrificio de Ulaca (Solosancho, Ávila) entre los vetones, el Cerro de los Santos (Montealegre del Castillo, Albacete) o las cuevas de Despeñaperros entre los iberos del sureste, por no hablar de los santuarios hispanorromanos, de los templos de culto imperial en ciudades como Tarraco, Emerita, Italica o Caesaraugusta, o de las primeras basílicas y ermitas paleocristianas, son, en fin, algunos de los hitos del paisaje sacro de la Hispania antigua.

I.2.3 Los objetos como lenguaje de comunicación

El mayor volumen de datos arqueológicos viene representado por los conjuntos materiales propiamente dichos. Esto es, los objetos muebles y artefactos recuperados en las excavaciones. Es lo que conocemos como repertorios ergológicos: etimológicamente, la relación de utensilios fabricados y empleados por un grupo humano. La lista es casi interminable: útiles elaborados en piedra y hueso desde los primeros días de la Prehistoria; innumerables recipientes en barro cocido (es bien sabido que, por su abundancia, la cerámica es el fósil director en arqueología): desde un sencillo cuenco neolítico a las elaboradas producciones de terra sigillata romana, pasando por las ánforas fenicias, las cráteras griegas o las cerámicas pintadas ibéricas; manufacturas metálicas de cobre, bronce o hierro en forma de objetos de adornos, herramientas de trabajo o armamento; metales preciosos empleados en la realización de joyas, monedas y otros bienes suntuarios, manifiestamente de oro y plata; creaciones plásticas en terracotas; relieves y esculturas labradas en piedras duras y blandas o fundidas en metal; producciones singulares (cuentas, colgantes, amuletos, sellos, pequeños recipientes...) en materias como pasta vítrea, piedras semipreciosas, marfil o hueso.

Los objetos son productos culturales creados y manejados por los hombres en sus interacciones sociales; un particular medio de comunicación y también de conocimiento pues a través de los objetos accedemos a las costumbres, creencias y actitudes de los hombres reflejados en ellos. En tanto materialización de actividades y pensamientos, los objetos denuncian usos y mensajes que hay que interpretar según su naturaleza y, sobre todo, en función de sus contextos de aparición: un lugar de habitación, una tumba, un santuario, un campamento militar, un barco hundido, un escondrijo. Así, la presencia de armamento en una tumba celtibérica no sólo nos habla de inestabilidad y del recurso defensivo de las armas sino de su carga ideológica como símbolo de estatus en las sociedades de la Edad del Hierro. Yendo más allá de su mera descripción y clasificación tipológica, la valoración integral de los depósitos materiales pinta un fresco de la realidad socioeconómica o ideológica –esto es, de la escenografía histórica– de la que los objetos forman parte. Conviene recordar que la arqueología es un lenguaje o medio de información, no un fin en sí mismo; en este sentido, como varias veces se ha dicho, aunque el arqueólogo desentierra "cacharros" debe aspirar a comprender a las "gentes" que los hicieron y emplearon.

En la interpretación del registro material hay que tener también en cuenta los "silencios". Es decir, aquellos objetos y mercancías cuya naturaleza orgánica imposibilita su preservación si no se dan muy precisas condiciones ambientales. Un déficit que de hecho afecta a la inmensa parte del volumen material de la Antigüedad. De nuestros antepasados conservamos en realidad los continentes, pero muy poco o nada de los contenidos. Alimentos y bebidas, pieles y tejidos, olores y sabores... ¡sólo podemos intuirlos a través de indicios e hipótesis! Esto explica que una de las más consagradas máximas en la investigación arqueológica sea la que reza que "la ausencia de evidencia no es evidencia de la ausencia". Cual pisadas sin rastro, hay que escuchar también los silencios. En parecido sentido debemos ponderar la distribución cualitativa o social de los datos: el que buena parte de los materiales arqueológicos se asocien sobre todo a los grupos privilegiados de la sociedad, a quienes corresponden las mejores viviendas y ajuares, y por ello sean más fácilmente reconocibles. En las culturas antiguas son las élites quienes tienen acceso a los sistemas de representación y por tanto quienes cuentan con mayor proyección iconográfica.

En todo caso, es mucho lo que nos dicen los objetos susceptibles de constatación arqueológica. Por señalar sólo algunos ejemplos de la Protohistoria y Antigüedad peninsular, gracias a ellos conocemos los movimientos de los fenicios por el litoral a partir de la distribución de sus cerámicas; las producciones orfebres de los talleres tartésicos; los aperos de labranza empleados antaño; lo esencial del armamento de los pueblos de la Meseta; los exvotos consagrados a los dioses ibéricos; los atuendos y adornos de las aristocracias; las conservas de las factorías púnicas; las vajillas utilizadas por los romanos en banquetes y cocinas; o los volúmenes de producción de aceite bético a través de los cascotes de ánforas amontonados en el Monte Testaccio de Roma (*vid.* vol.II, II.8.4), entre una retahíla de evidencias.

I.2.4 Los residuos orgánicos: reconstruyendo hombres, faunas y paisajes

Integrando contextos arqueológicos, niveles estratigráficos, depósitos geológicos y sedimentos lacustres se recuperan muestras que no son sino desechos orgánicos, restos de consumo e indicadores paleobióticos. Pero a pesar de su marginalidad estos registros, convenientemente analizados, suministran importantes datos de carácter histórico. Por un lado abundan los restos humanos de naturaleza ósea en su casi totalidad. Suelen revelarse en contextos funerarios o rituales, en ocasiones formando depósitos intactos (un cuerpo inhumado sin alteración alguna, por ejemplo), pero la mayoría de las veces con señales de trasladado o manipulación: así, huesos removidos, cremados o fracturados, luego enterrados o depositados en una urna, fosa o receptáculo. Los estudios antropológicos practicados sobre muestras suficientemente válidas –con mayores posibilidades las inhumaciones frente a las cremaciones– permiten determinar el sexo del individuo, su edad aproximada y algunas de las enfermedades padecidas (artrosis, traumatismos, osteoporosis, anemias, caries…) en atención al tamaño, coloración y características de huesos y dientes; igualmente, el tipo de dieta alimenticia según los isótopos estables y elementos traza de los huesos, reveladores de un mayor o menor consumo de proteínas, vitaminas e hidratos. En los enterramientos de más antigüedad que no han sufrido grandes alteraciones, la técnica de datación del carbono 14 o radiocarbono (que también se aplica a restos de madera o tejido) nos brinda la posibilidad de una cronología absoluta que puede calibrarse con otros métodos de datación como la dendrocronología, a partir del análisis de los anillos anuales de crecimiento de árboles longevos. En suma, disponer de un amplio volumen de información antropológica permite avanzar conclusiones ciertamente reveladoras sobre las formas de vida y muerte de quienes nos precedieron, su antigüedad, así como sobre el tamaño aproximado de las poblaciones, su esperanza de vida, paleopatologías e incluso su apariencia física. Por último, la aplicación desde hace pocos años de la investigación genética en arqueología está abriendo interesantes posibilidades, sobre todo en lo relativo a la filiación genética de individuos y grupos a partir de los análisis de ADN.

Los restos de fauna constituyen otro de los repertorios arqueológicos más habituales. Dejando a un lado las herramientas y los adornos realizados en huesos y cuernas de animales, en los yacimientos de la Protohistoria y Antigüedad la mayor parte de las muestras faunísticas corresponden a restos de consumo doméstico fundamentalmente alimenticio; sólo unos pocos son animales sacrificados ritualmente, y en menor proporción aun se dan casos de animales enterrados junto a sus propietarios. Dedicada al análisis de las faunas arqueológicas, la zooarqueología es una disciplina de gran ayuda para el historiador. Permite conocer las distintas especies animales recuperadas en un yacimiento, tanto domésticas como salvajes (las primeras en índices muy superiores a las segundas para los periodos tratados en esta obra), el número relativo de individuos y el de su peso en biomasa. Con ello nos hacemos una idea de las cabañas ganaderas existentes en un tiempo y lugar, y de su empleo como recurso económico y alimenticio por parte de un grupo humano; sólo una idea, pues la fauna recuperada no representa el total de animales "vivos" que una comunidad cría y explota, sino sólo un porcentaje de los consumidos cuyos desechos se han conservado. Además de la especie, podemos determinar el sexo, el grupo de edad o el tipo de aprovechamiento animal según la morfología y las huellas de uso y descuartizamiento de los huesos. Además de los restos faunísticos, los excrementos fosilizados o coprolitos –que incluyen elementos vegetales y partículas animales como insectos o escamas de peces, susceptibles de estudio– también son descriptores biológicos. En definitiva, el registro arqueofaunístico nos acerca al paisaje agropecuario y por tanto a la realidad económica de las gentes de Hispania. Con muestras suficientemente indicativas y en combinación con otros datos literarios y arqueológicos, podemos comprobar el predominio de unas cabañas sobre otras según regiones y épocas: la importancia del ganado vacuno entre los tartesios, del ovino entre celtíberos y lusitanos o la especialización ganadera de *villae* romanas dedicadas, algunas, a la cría de gansos, por poner tres ejemplos. También pueden deducirse el aprovechamiento cárnico, lácteo o lanar de los rebaños; el empleo de bueyes, caballos y mulas como animales de tiro y transporte; la probable existencia de desplazamientos trashumantes; el mantenimiento de la caza como importante actividad a lo largo de los tiempos; la introducción de animales exóticos y su impacto en la Península Ibérica o el uso sacrificial de bóvidos, ovicápridos y suidos en santuarios.

Depósitos orgánicos son también los restos arqueobotánicos que normalmente se registran en forma de carbones, posibilitando así su conservación. Pólenes, semillas, fitolitos, granos, frutos y maderas, entre otros componentes vegetales. Son varias las técnicas que se ocupan de este material. La palinología estudia los pólenes arbóreos y herbáceos que, en infinidad de partículas microscópicas, están presentes en depósitos geológicos, lacustres y tuberas. Su discriminación y análisis permite reconstruir el entorno vegetal de un yacimiento o, con muestras polínicas de varios lugares, de una región. Conocer, en definitiva, el paisaje antiguo: qué coberturas vegetales existieron y en qué proporción. Dispuestos en secuencia temporal, estos datos denuncian procesos de deforestación o, lo que es lo mismo, la progresiva transformación o degradación del espacio natural por parte del hombre para usos agro-pastoriles, minero-metalúrgicos o urbanos. Estos procesos de antropización del medio son muy patentes desde la Edad de Bronce, en las postrimerías de la Edad del Hierro y sobre todo en época romana con la extensión de tecnologías industriales. En relación con esto pero ya en el terreno de la química, sofisticados análisis sobre hielos glaciares permiten identificar antiguas emisiones de gases en espectros temporales amplios; y atendiendo a la proporción de isótopos de cobre, mercurio o plomo presentes en esas bolsas de aire, pueden llegar a deducirse niveles de producción metalúrgica en épocas pretéritas, particularmente durante el Imperio Romano, cuando se asiste a un gran desarrollo de las actividades extractivas (*vid.* vol.II, II.8.2.5). A la reconstrucción del marco ambiental en conexión con la acción antrópica contribuye igualmente la antracología, que se encarga del análisis de los carbones vegetales, en su mayor parte troncos de madera quemados en incendios y hogueras. El resultado de estos análisis ofrece un muestrario de las especies arbóreas que ocupaban las regiones de la Hispania antigua: bosques de coníferas, bosques caducifolios, bosques de ribera, vegetación de sotobosque, dehesas de encinares... Ello confirma el intenso aprovechamiento de la madera en la vida doméstica y económica de nuestros antepasados: como material de construcción y para la elaboración de enseres, como combustible o en la alimentación de hornos. Finalmente, la carpología. Esta técnica paleobotánica se ocupa del estudio de los granos y semillas que, calcinados, se recuperan en las excavaciones. Accedemos así pues al conocimiento de los cultivos y usos agrícolas de las poblaciones antiguas. En este sentido las plantas domésticas más representadas son las gramíneas: trigo, cebada, avena, mijo..., que constituían la base de la dieta alimenticia. Este panorama se complementa con el análisis de residuos que a veces se detectan en el fondo de recipientes cerámicos, piletas o ruedas de molino: grasas, posos, pepitas, improntas de comida y bebida, etc. De este modo podemos constatar la elaboración de cerveza, hidromiel y otras bebidas fermentadas desde la Edad de Bronce, o del vino y el aceite bastante antes de la llegada de los romanos a la Península Ibérica.

La arqueología es en suma una fuente primaria para aproximarnos a la organización territorial y patrones de asentamiento, a las bases económicas y tecnológicas, así como a las dinámicas sociales de las antiguas gentes hispanas.

Bibliografía

A. *Guía de lecturas y recursos*

Los capítulos temáticos de esta obra (vols. I y II) valoran y aplican la información arqueológica en el discurso narrativo, por lo que en la bibliografía de cada bloque se refieren publicaciones específicas sobre arqueología protohistórica y romana de la Península Ibérica: estudios generales y específicos, monografías de yacimientos, memorias de excavación, etc. Señalaremos ahora algunos títulos que sirvan de orientación al lector acerca del valor y las posibilidades del registro material como fuente histórica. Entre los mejores manuales en castellano sobre metodología arqueológica están: Fernández, 1992, Renfrew/Bahn, 1993 y Gutiérrez, 1997. Y entre los varios diccionarios de arqueología y disciplinas afines, los de Alcina, 1998, y Francovich/Manacorde, 2001. Para la Hispania romana, un estudio muy ilustrativo sobre la reconstrucción de los paisajes socioeconómicos es el de Ariño *et alii*, 2004.

En la difusión y presentación del patrimonio arqueológico la Red es un soporte de gran utilidad. Son innumerables las webs de universidades, museos, instituciones, proyectos de investigación, revistas electrónicas o asociaciones, etc., que ofrecen información sobre yacimientos, colecciones arqueológicas, reconstrucciones virtuales, foros de opinión, noticias, artículos y enlaces de interés. Algunas destacables son: http://www.cervantesvirtual.com/portal/Antigua/ (Antigua. Historia y arqueología de las civilizaciones. Biblioteca virtual Miguel de Cervantes y Universidad de Alicante), http://www.man.es (Museo Arqueológico Nacional), http://www.mnar.es (Museo Nacional de Arte Romano de Mérida), http://ceipac.ub.edu/ (Centro para el Estudio de la Interdependencia Provincial en la Antigüedad Clásica. Departamento de Prehistoria, Historia Antigua y Arqueología, Universidad de Barcelona), http://rah.insde.es/gabinete.index.htm (Gabinete de Antigüedades de la Real Academia de la Historia), http://www.celtiberia.net (Celtiberia: portal sobre la Hispania indoeuropea y la cultura celtibérica), http://terraeantiqvae.blogia.com/ (*Terrae Antiquae*. Revista de Arqueología e Historia Antigua), http://www.archeolinks.com (Archeolinks: Guía de archivos y recursos de Arqueología clásica), http://www.aeaarq.org/home.htm (Asociación Española de Amigos de la Arqueología) o http://www.ucm.es/info/arqueoweb/ (Arqueoweb. Revista sobre Arqueología en Internet. Departamento de Prehistoria, Universidad Complutense). Una útil guía de recursos de arqueología en Internet: Giménez/Mendoza, 2001.

B. *Referencias*

Alcina Franch, J. (coord.), *Diccionario de Arqueología*, Madrid, 1998.
Ariño Gil, E.; Gurt Esparraguera, J.M., y Palet Martínez, J.M., *El pasado presente. Arqueología de los paisajes en la Hispania romana*, Salamanca, 2004
Fernández Martínez V., *Teoría y método de la Arqueología*, Madrid, 1992.
Francovich, R. y Manacorde, D. (eds.), *Diccionario de Arqueología: temas, conceptos y métodos*, Barcelona, 2001.
Gutiérrez Lloret, S., *Arqueología. Introducción a la historia material de las sociedades del pasado*, Alicante, 1997.
Giménez Toledo E. y Mendoza García, I., *Recursos sobre arqueología en Internet*, Madrid, 2001.
Renfrew, C. y Bahn, P., *Arqueología. Teorías, métodos y práctica*, Madrid, 1993.

Capítulo tercero

Los registros epigráfico y numismático y su valor documental

I.3.1 Las inscripciones

A medio camino entre las fuentes literarias y las arqueológicas están los epígrafes o inscripciones. Se trata de letreros de extensión diversa grabados en variados soportes, generalmente duros –como piedra, metal o madera– y duraderos, lo que ha permitido que lleguen a nosotros con mayor facilidad. Los antiguos parecen haber hecho un extensivo uso de estos documentos, que comparten con las fuentes literarias su carácter de mensaje escrito, con información en ocasiones más lúcida que cualquier otra fuente histórica; mientras que comulgan con la arqueología en lo referente a sus soportes, que pueden ir desde el simple cascote de un vaso cerámico en el que el propietario esgrafió su nombre, hasta el ornado monumento honorífico que es de por sí un *capo lavoro* artístico, pasando por inscripciones rupestres, mosaicos, vajilla metálica, lingotes, ánforas o fusayolas. Y por supuesto láminas de plomo –utilizadas por griegos e iberos–, placas de bronce –empleadas por romanos y celtíberos– u otros metales en los que se grabaron leyes, pactos, plegarias, invocaciones o encantamientos.

A diferencia de los escritos literarios antiguos, sin embargo, copiados una y mil veces y a menudo mal enmendados y contaminados en el proceso, las inscripciones son ventanas abiertas al pasado. Transmiten, pues, su mensaje directamente. En versión original, sin intérpretes ni doblajes. Y su vivaz testimonio es igual de valioso para lingüistas, historiadores, epigrafistas, arqueólogos, paleógrafos, prosopógrafos, jurisperitos, estudiosos de las religiones y artistas, que las encuentran especialmente útiles para conocer el nombre antiguo del yacimiento sondeado, la divinidad a la que está dedicado el exvoto, la identidad del dueño de la *villa* que excavan, o para entender y contextualizar, a veces, la inconexa información proporcionada por la estratigrafía del yacimiento. Y, en casos extraordinarios, para fechar con precisión un determinado hallazgo.

El número de inscripciones conocidas en Hispania es considerable si se juzga por la parvedad del acerbo documental antiguo: unas 24.000 piezas escritas en latín, cerca de 2.000 en escrituras paleohispánicas –fundamentalmente en variantes del ibérico, en su mayoría textos muy breves–, apenas unos centenares en griego y un puñado de inscripciones en alfabeto fenicio-púnico. También es dilatado el periodo en que se produjeron porque los más antiguos letreros semitas alcanzan el siglo VIII a.C., si bien la mayoría de inscripciones griegas y paleohispánicas se dan a partir del siglo v a.C. y, sobre todo, entre los siglos III-I a.C. En el caso de los escasos textos fenicios y griegos se cuenta tanto con inscripciones votivas como con dedicaciones funerarias y, escritas en finas láminas de plomo, con cartas comerciales en griego. Tocante a la epigrafía paleohispánica, ignoramos el significado de los textos por la dificultad en la comprensión de la lengua ibérica, pero la mayor parte de los registros parecen ser nombres personales, dedicaciones, inventarios o marcas de propiedad, con la salvedad de los topónimos que aparecen en las monedas y de algún texto más extenso de contenido jurídico o religioso (*vid.* vol. II, I.1.4). En latín y por tanto bajo dominio romano, los epígrafes se fechan entre los albores del siglo II a.C. y el final de la etapa visigoda, cuando abundan las inscripciones relacionadas con el culto o la devoción cristiana. En cualquier caso, el grueso de la producción epigráfica latina se sitúa entre los siglos I y III d.C., con un segundo repunte de actividad entre los siglos V y VI d.C.

Tres cuartas partes o más de las inscripciones latinas que han llegado hasta nosotros son epitafios, que no suelen contener otra información que el nombre del difunto o de los difuntos (en el caso de los entierros colectivos), la edad a la que se produjo el óbito y la identidad y la relación con los finados de quienes se encargaron de levantar o dedicar el monumento. En definitiva, datos banales que compilados en conjunto arrojan listados aún más banales de nombres personales, de manidas fórmulas sepulcrales y de las edades de fallecidos que, al resultar meras aproximaciones, ni siquiera sirven para un simple cálculo estadístico. Tampoco la clase y la forma de los monumentos se rige por pautas fijas, pues podían adoptar formas diversas dependiendo del gusto de los comitentes, de la moda imperante, de la habilidad del artesano encargado de hacerlo y de la función a la que se destinaba (marcador de fosa, placa de columbario, etc.). Sin embargo –y ahí reside su valor documental– considerados en conjunto, estos mínimos datos permiten identificar pautas onomásticas e índices de latinización, distinguir a los individuos de condición libre de los libertos y esclavos, o identificar los ancestros de personajes que jugaron un papel relevante en la historia. Y en el caso de los militares, el estudio de los cementerios adyacentes a los campamentos permite identificar a las unidades que estuvieron de guarnición, las fechas del despliegue y, en algún caso, la *origo* o procedencia geográfica de los reclutas. ¡Todo un horizonte de posibilidades!

Un conjunto menos numeroso pero significativo es el formado por las inscripciones latinas erigidas para certificar el cumplimiento de un voto religioso, llamadas por ello votivas. En este caso, el letrero de las aras y altares identifica tanto a la divinidad destinataria –a través del teónimo– como a quien lleva a efecto lo prometido –el dedicante–, y en casos excepcionales, incluso se detallan las circunstancias en que se hizo el voto. Las inscripciones de esta clase son, en muchos casos, el único testimonio del larguísimo panteón de devociones practicadas por nuestros antepasados, especialmente en lo referente a las creencias y cultos indígenas de Hispania, porque a muchas divinidades grecorromanas y a algunas orientales se les dio culto asociándoles epítetos que recordaban númenes ancestrales y autóctonos. Sirva como ejemplo de proliferación teonímica el dato de que en el espacio comprendido al oeste de la línea imaginaria Oviedo-Mérida se enumeran más de 300 nombres distintos de divinidades de tradición indígena transmitidos en inscripciones latinas; deidades, muchas de ellas, vinculadas a accidentes topográficos y elementos de la naturaleza. Además, la acumulación de epígrafes votivos en determinados lugares permite dibujar la geografía sacra de la Península y la situación de los templos y santuarios, de los cuales algunos parecen haber atraído devotos desde lejanas partes: Hércules en Cádiz y San Esteban de Gormaz (Soria), las *Matres* en Clunia (Soria), Diana en Segobriga (Cuenca), *Liber Pater* en Sagunto (Valencia), *Endovelicus* en San Miguel de Alandroal, cerca de Évora (Portugal), *Lug* en Peñalba de Villastar (Teruel), *Ataecina* en varios puntos de la provincia de Cáceres, etc. Además de los innumerables númenes locales, especialmente ninfas, asociados a fuentes, manantiales y surgentes cuyas aguas –por su mineralización, temperatura o por ambas propiedades– eran consideradas como especialmente salutíferas.

En la cultura romana un tipo particular de inscripción viaria son los miliarios. Se trata de mojones pétreos de sección circular que a modo de indicadores viales o postes kilométricos de la época, jalonaban las principales calzadas. Aunque los hay sin inscripciones (anepígrafos), la mayoría incorporan algún dato informativo: la distancia en millas a la *mansio* más próxima, el nombre del emperador que manda construir o reparar la vía, la fecha de realización, etc. Sólo en Hispania se conocen alrededor de 400 miliarios.

Finalmente, también existen documentos epigráficos excepcionales, cuya importancia e interés se equipara con los escritos históricos antes tratados. La Península Ibérica ofrece una notable selección de ellos, como sucede con el conjunto de láminas de plomo halladas en la colonia griega de Emporion (Ampurias, Gerona), escritas tanto en griego jónico como en ibérico; entre ellas la correspondencia de un mercader de la segunda mitad del siglo VI a.C. que da cuenta de los pormenores de una operación mercantil realizada en la antigua Sagunto, en la que participa como delegado comercial un personaje ibérico (*vid*. vol.I, II.3.3.6.2). Igualmente las inscripciones de los siglos II y I a.C. en lengua celtibérica halladas en Botorrita (Zaragoza), la antigua Contrebia Belaisca; hasta el momento tres bronces (y otro más en latín, la llamada *tabula Contrebiensis*, con un pleito de aguas dirimido entre ciudades) de los cuales el I, escrito por ambas caras, constituye el texto más extenso en lengua celta conocido a día de hoy, probablemente un acuerdo de contenido religioso firmado por una serie de legados (*vid*. vol.II, I.2.4.2). Las téseras de hospitalidad celtibéricas son también testimonios del mayor interés: se trata de pequeñas plaquitas broncíneas en forma de animal o con la representación de dos manos entrelazadas, que se entregaban por duplicado a los firmantes de un acuerdo como consigna de amistad o reconocimiento de derechos; en la cara interna de las téseras solía inscribirse el nombre y origen de los contratantes o algún pequeño detalle del pacto, tanto en escritura celtibérica como –a partir del siglo I a.C.– en latín (*vid.* vol.II, I.2.4.2 y I.2.7.6).

De hallazgos sensacionales pueden tacharse los bronces jurídicos latinos encontrados en puntos de Andalucía y en los que se grabaron documentos de interés para todo el Imperio, como las constituciones por las que se gobernaban ciudades y colonias: las *leges* de Urso (Osuna), Salpensa (Utrera) o Irni (El Saucejo), en la provincia de Sevilla, o las de Malaca (Málaga), son buenos ejemplos (*vid.* vol.II, II.5.6.5); varios decretos, acuerdos de rendición y edictos, como el denominado, por su lugar de aparición, bronce de El Bierzo, dictado por Augusto en el 15 a.C.: una disposición clave para entender la reorganización de pueblos y territorios del noroeste tras la guerra astur-cántabra (*vid.* vol.II, II.5.4.1). Igualmente epístolas de emperadores (así, la de Vespasiano a la ciudad de Sabora, en la provincia de Málaga) o, sin duda excepcional, el *senatusconsultum* de Cneo Pisón padre: el dossier con las actas de varias sesiones del Senado en las que se trató de los honores especiales concedidos a Germánico, heredero imperial muerto en extrañas circunstancias durante el reinado de Tiberio, y el juicio a su presunto asesino (*vid.* vol.II, II.5.3.1). Y, finalmente, por no hacer más prolija la nómina de ejemplos, entre otras curiosidades epigráficas, la discusión de una regulación de los juegos de anfiteatro, incluyendo una relación de precios máximos de los gladiadores, establecida por el emperador Marco Aurelio, que conocemos gracias a una *tabula* de bronce descubierta en Itálica (Santiponce, Sevilla) (CIL II, 6278) (*vid.* vol.II, II.6.2.4).

I.3.2 Las monedas

La numismática es la disciplina que estudia y cataloga monedas y medallas, otra de las fuentes imprescindibles en Historia Antigua. Por su riqueza intrínseca y sus rasgos técnicos y funcionales, la moneda constituye un testimonio de gran valor para el estudio de las sociedades antiguas al suministrar información socio-económica, política y religiosa de primer orden. Al igual que las inscripciones, la moneda es un documento primario y original, de naturaleza arqueológica (una manufactura metálica), que incorpora información epigráfica e iconográfica. En el primer caso, las inscripciones relativas al taller, estado o autoridad que acuña, esto es, las leyendas monetales (el nombre de una ciudad o magistrado, la titulatura de un emperador, un lema, o marcas de valor y peso); y en el segundo, las imágenes que identifican a dicha autoridad y que sirven para transmitir sus idearios, lo que en numismática se conoce como tipos monetales. Además de un instrumento de transacción (unidad de cuenta, pago y riqueza), la moneda antigua es sobre todo un elemento institucional, pues sirve y representa los intereses del estado encargado de regular su emisión; es el mismo estado quien establece el valor, el peso o metrología y la calidad o ley del metal. Dada su rápida difusión en la sociedad, la moneda es uno de los mejores vehículos de propaganda oficial mediante la divulgación de imágenes. La efigie de un dios o héroe fundador y sus atributos, el retrato de un emperador, gobernante o patrono, los emblemas de una ciudad, entre otras divisas de poder. Como se ha dicho más de una vez, la moneda es un verdadero libro en imágenes que condensa en muy poco espacio un caudal de sugerencias y datos.

Pero además de la información histórica e iconográfica que contiene en sí misma, la moneda es una herramienta de gran utilidad al proporcionar con frecuencia una datación interna, la fecha de emisión. El caso más en punto es el de las monedas imperiales encontradas en los yacimientos hispanos, porque la titularidad del emperador facilita el año de reinado del monarca, a veces con extraordinaria precisión. Ello permite fechar siquiera de forma relativa el contexto del hallazgo, sea una unidad estratigráfica dentro de un poblado, una tumba o un tesorillo. Precisamente son habituales en ambientes greco-ibéricos e hispanorromanos los hallazgos de monedas formando depósitos o escondrijos, en los que también suelen encontrarse joyas y otros objetos suntuarios de oro y plata. Estos tesoros fueron ocultaciones deliberadas de riqueza que nos hablan de amenaza a la propiedad (el avance de un ejército, el abandono de un hábitat) o de crisis económicas (una deflación, una reforma fiscal), lo que las convierte en indicadores históricos del mayor interés.

Otra lectura del material numismático es la relativa a la circulación de las emisiones: los lugares a los que alcanza el uso o la presencia de determinada serie monetal; y en relación directa con ello, el seguimiento de los desplazamientos de sus usuarios, trátese de comerciantes, militares, mineros o campesinos. En este sentido, estudios de los últimos años están poniendo de relieve el papel que los legionarios acuartelados en las fronteras del Imperio tienen en la difusión de numerario (no en vano, moneda y ejército viajan de la mano en el mundo antiguo); o cómo la moneda —entendida en este caso como particular forma de pago— sirve para dibujar los movimientos de contingentes mineros en regiones de Bética o Lusitania. La clave en este ejercicio probatorio es el estudio detallado de los cuños y marcas monetarias, lo que permite identificar talleres y emisiones concretas, así como su distribución espacial. Resulta admirable comprobar cómo una pieza de pequeño y estandarizado tamaño puede arrojar tanta luz al registro histórico. Superando su tradicional interés como objeto de colección, la moneda es un documento extraordinariamente rico y polivalente.

La historia monetaria de Hispania es relativamente tardía. Aunque la moneda se conoce desde bastante antes, hasta la época altoimperial no se puede hablar de la generalización del numerario y de una economía verdaderamente monetaria, lo que no excluye que desde siglos atrás se utilizasen otros instrumentos de cambio. Las primeras acuñaciones en la Península Ibérica son las dracmas de plata de la ciudad griega de Emporion, a mediados del siglo v a.C., y más tarde las de Rode. A las que siguen algo después las emisiones de ciudades púnicas como Gadir, Ebuso, Malaca y más tarde Cartago Nova. Los iberos conocen y adaptan la moneda de los griegos, inicialmente como meras imitaciones y con un valor sustancialmente de riqueza. Y a finales del siglo III a.C., en el contexto de la Segunda Guerra Púnica, ciudades como Arse (Sagunto), Castulo (en Linares, Jaén), Saetabi (Játiva) o Kese (Tarragona), son las primeras en emitir de forma oficial, representando una forma de pago a los ejércitos o un medio de tributación a Roma, según los casos, y al tiempo una señal que denota la autonomía política alcanzada por las comunidades ibéricas (*vid*. vol. II, I.1.6.4). Bajo el dominio romano, con el avance militar y la explotación de los nuevos territorios, la emisión de moneda se extiende a muchas otras ciudades-estado ibéricas y celtibéricas, computándose hacia el cambio de Era cerca de 200 cecas o talleres hispanos; un proceso de monetización que sintoniza los cambios económicos y políticos introducidos por Roma. Estas emisiones siguen distintos patrones metrológicos, tanto en plata (adaptando como unidad el denario romano, y algunas ciudades helenizadas la dracma) como divisores en bronce (ases sobre todo). Y emplean letreros escritos en signario ibérico y luego en latín, así como tipos o emblemas locales con modelos muy estandarizados en el territorio de la provincia Citerior: cabeza varonil en el anverso y jinete armado en el reverso. De gran valor documental, las leyendas monetales nos dan a conocer topónimos ibéricos y celtibéricos que –algunos– no aparecen citados en otras fuentes escritas.

En época altoimperial, bajo los reinados de Calígula y Claudio, las ciudades hispanas, que habían reducido sus cecas sólo a colonias y municipios, dejan finalmente de acuñar, lo que nos priva de una fuente de información esencial para las historias locales de Hispania. A partir de entonces la única moneda de circulación oficial en las provincias occidentales va a ser, salvo contadas excepciones, la acuñada en los talleres de Roma y de otras capitales como Lugdunum (Lyn) o Treveris (Trier). Áureos, denarios, sestercios y ases con lecturas e iconografías alusivas al emperador de turno, desde Augusto hasta Teodosio. Si los anversos se reservan para el retrato del emperador o de algún miembro de su familia, los reversos muestran tipos más variados como las personificaciones de valores de propaganda imperial (la *abundatia*, la *concordia*, la *felicitas* o la *iustitia*), las representaciones de Roma o las provincias como alegorías femeninas, o imágenes oficiales como el emperador arengando al ejército o sacrificando en honor a los dioses. Además de en el terreno económico, en el ámbito de las ideas y la propaganda política la numismática presta un gran servicio a la historia de Roma y la Hispania romana. Recordemos que en un tiempo sin medios de información comparables a los nuestros, donde el analfabetismo copa numerosas capas de la sociedad, la moneda es un objeto palpable y vivo que traslada las imágenes y consignas del poder en su transitar de mano en mano por los feudos del Imperio. Es, de hecho, uno de los soportes más contundentes en la propagación del culto imperial.

Los millares de monedas recuperados en la Península Ibérica desde el siglo VI a.C. hasta tiempos visigodos (fundamentalmente las halladas en contexto arqueológico, no las numerosas venidas de la acción de furtivos, privadas por ello de envoltura histórica), esbozan páginas importantes de la Hispania antigua. Entre otros muchos ejemplos, las relaciones comerciales entre Emporion, Gadir y Ebuso, los movimientos de tropas y la inestabilidad causados por las Guerras Sertorianas, la creación de municipios y colonias con César y Augusto, las devaluaciones de la economía bajoimperial... O, en el campo de las imágenes, los caudillos bárquidas bajo la apariencia heroizada de Heracles –tradición helenística que inaugura el recurso al retrato personal en la moneda–, los distintivos de dioses y ritos locales, los monumentos de algunas ciudades, las modas en la indumentaria y peinados imperiales... Nada de ello podría vislumbrarse sino a través del registro numismático.

BIBLIOGRAFÍA

A. *Guía de lecturas y recursos*

Epigrafía

Dejando a un lado los manuales tradicionales de epigrafía, sobre la importancia de las inscripciones como fuente de la Historia Antigua, en general, es de interés el libro de J. Bodel, 1999 (en inglés). Para el caso de la epigrafía latina y de carácter más instrumental (incluyendo el comentario de epígrafes hallados en Hispania), véanse López Barja, 1993, Marina, 2001 y Corbier, 2004. Una breve introducción interactiva al tema, con bibliografía, en Gamallo *et alii*, 2005.

Las inscripciones latinas del Imperio romano están recogidas en un monumental catálogo: el *Corpus Inscriptionum Latinarum* (*CIL*), patrocinado por la Academia Prusiana y dirigido por Theodor Mommsen (1817-1903), insigne maestro en la historia de Roma. Los 16 volúmenes originales de la obra, y varios suplementos, están publicados en Berlín entre 1864 y 1943. De ellos, el volumen II, publicado por Emil Hübner en 1869 (y un suplemento de 1892) recogen las inscripciones latinas de Hispania conocidas hasta entonces, unas 6.300. Desde hace varias décadas el *CIL* está en proceso de reedición con la incorporación de miles de nuevas inscripciones; del material hispano (el nuevo *CIL* II2) se ocupa un equipo dirigido por A. Stylow, con sede en la Universidad de Alcalá de Henares, que lleva editados desde 1995 varios fascículos correspondientes a los conventos jurídicos de las provincias de Bética y Tarraconense. Las imágenes y textos de las inscripciones publicadas son consultables vía Internet: http://www2.uah.es/imagines_cilii/.

Sin embargo, no debe esperarse a la aparición de los volúmenes del *CIL* II2 para estudiar la epigrafía hispánica, porque son muchos los catálogos de menor ambición de los que se dispone y que cubren conjuntos epigráficos locales como el de Tarraco (Alföldy, 1975); provinciales, como los de Ávila (Hernando, 2005), Segovia (Santos *et alii*, 2005) y Teruel (Navarro, 1994), por citar los de tres lugares habitualmente no asociados con este tipo de investigaciones; regionales, como los catálogos andaluces (González Fernández, 1989; 1991-1996; Gónzalez Román/Mangas, 1991; Pastor, 2002), catalanes (Fabré *et alii*, 1984; 1985; 1991; 1997), valencianos (Corell/Gómez Font, 2002; 2005a; 2005b) o de la Meseta central (Knapp, 1992); de museos, como los de Navarra (Castillo *et alii*, 1981) o Cáceres (Esteban/Salas, 2003); o catálogos de piezas de determinadas características, como las balas de honda (Díaz Ariño, 2005). Un listado bibliográfico de las obras de esta clase fue realizado hace más de diez años por A. Canto (Canto, 1991), pero ha quedado obsoleto por tratarse de uno de los campos más vibrantes y dinámicos de la investigación de las Antigüedades hispanas. En cambio, se puede encontrar cumplida referencia a las novedades en la revista *Hispania Epigraphica*, que edita el Archivo Epigráfico de Hispania, con sede en la Universidad Complutense de Madrid (http://www.ucm.es/ info/archiepi/aevh/index2.html). En ella se refieren cuantos nuevos hallazgos y noticias de interés sobre la epigrafía antigua peninsular se producen cada año, incluyendo desde hace poco también las inscripciones griegas y paleohispánicas; se han editado doce volúmenes que cubren los años 1989 a 2002 y ahora hay disponible un CD-Rom con la edición electrónica (en formato pdf) de los primeros 10 volúmenes (ISBN 84-95215-53-5). Además, el Archivo Epigráfico dispone de una base de datos de acceso libre que lista las cerca de 24.000 inscripciones documentadas en sus fondos y que se actualiza constantemente: http://www.ubi-erat-lupa.austrogate.at/hispep/public/index.php. Otro útil repertorio de inscripciones romanas de España y Portugal es el *Ficheiro epigráfico* editado por el Instituto de Arqueología de la Universidad de Coimbra (de Encarnação/Gómez-Pantoja, 2003).

Las inscripciones griegas en territorio peninsular anteriores al siglo IV a.C., en su mayor parte ampuritanas, están comentadas en el volumen IIA de los *Testimonia Hispaniae Antigua* (*THA*) por H. Rodríguez Somolinos (1998). Tocante a las inscripciones paleohispánicas en distintos signarios ibéricos, la gran obra de referencia son los *Monumenta Linguarum Hispanicarum* (*MLH*), en alemán: los cuatro primeros volúmenes a cargo de J. Untermann (1975-1997) y el último a cargo de D. Wodtko (2000). Finalmente, *Paleohispanica. Revista de lenguas y culturas de la Hispania antigua* (CSIC-Universidad de Zaragoza) es desde 2001 la publicación periódica especializada en las escrituras prerromanas, donde se dan a conocer nuevas inscripciones y estudios.

Numismática

Algunas introducciones generales sobre numismática antigua y el estudio de las monedas como documento histórico son: Villaronga, 1987, Gil Farrés, 1993, Herrero, 1994 y Howgego, 1995 (en inglés). Para un panorama global de la historia de las acuñaciones en la Península Ibérica *vide* García-Bellido, 1997; 1998; Ripollés/Abascal, 2000; y más en detalle, con un desarrollo diacrónico, el libro colectivo *Historia monetaria de la Hispania antigua* (Alfaro, 1997). Existen dos completos repertorios sobre las cecas hispanas: Villaronga, 1994 (que abarca las acuñaciones hasta el principado de Augusto) y García-Bellido/Blázquez, 2001 (en la forma de diccionario de cecas y pueblos, con una introducción a la numismática peninsular). Y además la serie *Sylloge Nummorum Graecorum*, que recopila las monedas con leyendas no latinas (púnicas, griegas e ibéricas), de la que se han publicado tres volúmenes (Alfaro, 1994; 2004; y Arévalo, 2005). Para finalizar, las actas editadas por M.P. García-Bellido y M.R. Sobral recogen interesantes contribuciones sobre la moneda en los territorios hispanos con diversos casos de estudio (García-Bellido/Sobral, 1995).

En Internet la mayor parte de las webs sobre moneda antigua siguen intereses coleccionistas más que históricos o documentales; algunas como http://tesorillo.com (Monedas hispánicas) o http://ret0057t.eresmas.net/Iberos/paginas/antigua.htm (Moneda Hispánica Antigua) ofrecen completos catálogos de cecas con imágenes de calidad e información de apoyo.

B. *Referencias*

Alfaro Asins, C., *Sylloge nummorum graecorum España: Museo Arqueológico Nacional de Madrid. Vol. I: Hispania. Ciudades feno-púnicas. Parte 1: Gadir y Ebusus*, Madrid, 1994.

—, (coor.), *Historia monetaria de Hispania antigua*, Madrid, 1997.

—, *Sylloge nummorum graecorum España: Museo Arqueológico Nacional de Madrid. Vol. I: Hispania. Ciudades feno-púnicas. Parte 2: Acuñaciones cartaginesas en Iberia y emisiones*, Madrid, 2004.

Alföldy, G., *Die römischen Inschriften von Tarraco*, Berlín, 1975

Arévalo González, A., *Sylloge Nummorum Graecorum España: Museo Arqueológico Nacional. Vol. II: Hispania. Ciudades del área meridional. Acuñaciones con escritura indígena*, Madrid, 2005.

Bodel, J. (ed.), *Epigraphic evidence. Ancient History from inscriptions (Approaching the Ancient World)*, Londres-Nueva York, 1999.

Canto de Gregorio, A.M., "Un veintenio clave para la epigrafía latina de España en *Veinte años de arqueología en España. Homenaje a D. Emeterio Cuadrado Díaz. Boletín de la Asociación Española de Amigos de la Arqueología*, 30-31, 1991, pp. 247-270.

Castillo García C.; Gómez-Pantoja, J. y Mauleón, M.D., *Inscripciones romanas del Museo de Navarra*, Pamplona, 1981.

Corbier, P.: *Epigrafía latina*, Granada, 2004.

Corell Vicent, J. y Gómez Font, X., *Inscripcions romanes del País Valencià, I. 1 Saguntum i el seu territori*, Valencia. 2002.

—, *Inscripcions romanes del País Valencià, II. 1 L'Alt Palància, Edeta i els seus territoris. II.2 Els mil.liaris del País Valencia*, Valencia, 2005.

—, *Inscripcions romanes del País Valencià, III. 1 Saetabi i el seu territori*, Valencia, 2005

Díaz Ariño, B., "*Glandes inscriptae* de la Península Ibérica", *Zeitschrift für Papyrologie und Epigraphik*, 153, 2005, pp. 219-236.

D'Encarnação, J. y Gómez-Pantoja, J.L., (eds.), *Ficheiro epigráfico. Suplemento de Conimbriga*, Coimbra, 2003.

Esteban Ortega, J. y Salas Martín, J., *Epigrafía romana y cristiana del Museo de Cáceres*, Cáceres, 2003.

Fabré, G.; Mayer Olivé, M., y Roda de Llanza, I., *Inscriptions romaines de Catalogne. I. Barcelone (sauf Barcino)*, París, 1984.

—, *Inscriptions romaines de Catalogne. II. Lérida*, París, 1985.

—, *Inscriptions romaines de Catalogne. III. Gérone*, París, 1991.

—, *Inscriptions romaines de Catalogne. IV. Barcino*, París, 1997.

Gamallo, J.L.; Gómez Pantoja, J., y Velázquez Soriano, I., "Que hablen las piedras: el Archivo Epigráfico de Hispania", en Velázquez, I. y Gómez-Pantoja, J. (eds.), *IV Semana de la Ciencia de Madrid*, Madrid, 2005.

García-Bellido García de Diego, M.P., "De la moneda ibérica a la moneda hispánica", en Arce, J., Ensoli, S. y La Rocca, E. (eds.), *Hispania Romana. Desde tierra de conquista a provincia del Imperio. Catálogo de la Exposición*, Roma, 1997, pp. 31-43.

—, "Dinero y moneda indígena en la Península Ibérica", en Almagro Gorbea, M. y Álvarez Martínez, J.M. (eds.): *Hispania, el legado de Roma. En el año de Trajano*, Zaragoza, 1998, pp. 73-82.

— y Sobral Centeno, M.R. (eds.): *La moneda hispánica. Ciudad y territorio. I Encuentro Peninsular de Numismática Antigua*, Madrid, 1995.

—, y Blázquez Cerrato, C., *Diccionario de cecas y pueblos hispánicos*, Madrid, 2002.

Gil Farrés, O., *Introducción a la Numismática*, Barcelona-Madrid, 1993.

González Fernández, J., *Corpus de inscripciones latinas de Andalucía. Vol. I: Huelva*, Sevilla, 1989

—, *Corpus de inscripciones latinas de Andalucía. Vol. II: Sevilla*, Sevilla, 1991-1996

Gónzalez Román, C. y Mangas Manjarrés, J.; *Corpus de inscripciones latinas de Andalucía. Vol. III: Jaén*, Sevilla, 1991.

Hernando Sobrino, R., *Epigrafía romana de Ávila*, Burdeos, 2005

Herrero Albiñana, C., *Introducción a la Numismática antigua. Grecia y Roma*, Madrid. 1994

Howgego, C., *Ancient History from coins. (Approaching the Ancient World)*, Londres, 1995

Knapp, R.C., *Latin inscriptions from Central Spain*, Berkeley-Los Angeles, 1992

López Barja, P., *Epigrafía latina: las inscripciones romanas desde los orígenes al siglo III d.C.* Santiago de Compostela, 1993.

Marina, Sáez, R.M., *Antología comentada de inscripciones latinas hispánicas (siglo III a.C.-III d.C.)*, Zaragoza, 2001.

Navarro Caballero, M., *La epigrafía romana de Teruel*, Teruel, 1994.

Pastor Muñoz, M., *Corpus de inscripciones latinas de Andalucía. Vol. IV: Granada*, Sevilla. 2002

Ripollés Alegre, P.P. y Abascal Palazón, J.M., *Monedas hispánicas*, Madrid, 2000.

Rodríguez Somolinos, H., "Inscriptiones Graecae Antiquissimae Iberiae (IGAI)", en Mangas, J. y Plácido, D. (eds.): *La Península Ibérica en los autores griegos: de Homero a Platón. Testimonia Hispaniae Antiqua, IIA*, Madrid. 1998, pp. 333-362.

Santos Yanguas J.; Hoces de la Guardia Bermejo A.L. y Hoyo Calleja, J. del, *Epigrafía romana de Segovia y su provincia*, Segovia, 2005.

Untermann, J., *Monumenta Linguarum Hispanicarum. Band I: Die Münzlegenden. Band II: Inschriften in iberischer Schrift aus Südfrankreich. Band III: Die iberischen Inschrifen aus Spanien. Band IV: Die tartessischen, keltiberischen und lusitanischen Inschriften*, Wiesbaden, 1975, 1980, 1990, 1997.

Villaronga i Garriga, L., *Numismática antigua de Hispania. Iniciación a su estudio*, Barcelona, 1987.

—, *Corpus Nummum Hipaniae ante Augusti Aetatem*, Madrid, 1994.

Wodtko, D., *Monumenta Linguarum Hispanicarum. Band V/1. Wörterbuch der keltiberischen Inschriften*, Wiesbaden, 2000.

Parte II
La Península y el Mediterráneo arcaico. Las dinámicas coloniales

Adolfo J. Domínguez Monedero

Capítulo primero

Los fenicios en Occidente

Con independencia del desarrollo que las culturas existentes en la Península Ibérica hubiesen llevado a cabo durante las etapas anteriores, un factor que iba a contribuir de forma radical a modificar ese desarrollo histórico fue la presencia de gentes procedentes del otro extremo del Mediterráneo que llegaron hasta nuestras costas con intenciones diversas, como iremos viendo a lo largo de los siguientes apartados, y que provocaron unos cambios tan radicales en el panorama cultural del territorio que podemos decir, sin riesgo de equivocarnos, que su acción marcó el futuro histórico no sólo de las áreas en las que su acción se dejó sentir de forma más intensa sino, incluso, tanto en el resto de la Península como en todo el Mediterráneo.

Da la impresión, en ocasiones, de que los historiadores parecen tener un interés tan directo en los hechos históricos que analizan, aunque los mismos hayan ocurrido hace miles de años, que ello les fuerza a resaltar, a veces más allá de toda evidencia, lo que consideran "autóctono" frente a lo que viene de fuera, sin darse cuenta, entre otras cosas, de que todos somos en cierto modo transeúntes. En estas reconstrucciones lo externo siempre tiene una relevancia relativa frente a lo que supone lo "autóctono" que siempre presenta una originalidad y una pujanza en la que quedan subsumidos los foráneos. Olvidan quienes piensan de este modo que no todos los desarrollos culturales tuvieron la misma capacidad de hacer sentir su influencia sobre otras culturas y también que la Historia de la Humanidad no es sino un continuo ir y venir de gentes que, por fuerza, interactúan con sus semejantes por muy diferentes y distintas que sean sus concepciones sobre lo que les rodea. Del mismo modo, pierden de vista que las gentes que tienen la capacidad, los medios, y la necesidad de desplazarse a territorios alejados suelen mostrar un mayor desarrollo tecnológico y organizativo así como la experiencia suficiente como para conseguir sus fines con una menor inversión de esfuerzo y de recursos económicos, lo que los convierte en un elemento de gran dinamismo a la hora de explicar los cambios culturales.

Todo ello no quiere decir, sin duda, que las gentes que residían en la Península Ibérica a la llegada de los primeros navegantes mediterráneos sean receptores pasivos ni que su personalidad quede desdibujada. Por el contrario, el proceso histórico que tuvo lugar durante el primer milenio a.C. en la Península implica un continuo contacto e interacción que provoca el desarrollo de diversos experimentos culturales que, a lo largo de varios siglos, acabó por dar forma a unas culturas con una fuerte personalidad. Pero es, quizá, fútil intentar establecer, como si de una fórmula química se tratara, los porcentajes de aloctonía o de autoctonía de una determinada expresión cultural; las relaciones humanas no funcionan (no han funcionado nunca) como la aséptica probeta de un laboratorio en la que la mezcla de componentes puede dar lugar a una reacción previsible. Las sociedades humanas están sometidas a muy diferentes tensiones y condicionantes que determinan que los resultados de sus interacciones no sean nunca predecibles, pero del mismo modo tampoco podemos cuantificar cuánto hay y cuánto falta de cada uno de sus componentes integrales. Quizá uno de los logros metodológicos de la teoría poscolonial sea su hincapié en los fenómenos de "hibridación" por utilizar el término que poco a poco va consagrándose, y en el análisis de las formas que la imposición de un discurso colonialista asume. Ambos fenómenos, y muchos otros, están presentes en la historia de la presencia fenicia en la Península Ibérica y en la incidencia que la misma tuvo sobre las poblaciones en ella residentes. Pero debe quedar claro que la historia de esta interacción no es puntual, sino que se prolonga a lo largo de varios siglos aunque sin seguir una dirección única sino, por el contrario, adaptándose a las diversas condiciones que se van encontrando y a los nuevos retos que el mundo indígena, afectado por esos fenómenos de hibridación y de relegación a un papel subalterno dentro de la perspectiva de los colonizadores y colonialistas fenicios, irá proponiendo con el paso del tiempo.

Del mismo modo, la dinámica de las sociedades coloniales, afectadas no sólo por los avatares locales de sus diferentes establecimientos, sino inserta también en una perspectiva panmediterránea propiciará respuestas que, en ocasiones, poco tendrán que ver con la realidad de su implantación en la Península Ibérica, sino que serán deudoras de unos intereses que se han gestado en otras áreas geográficas pero que acabarán teniendo amplia repercusión en nuestras tierras. Eso se verá de forma bastante clara cuando uno de los centros surgidos de la expansión fenicia en Occidente, Cartago, asuma un papel imperialista que acabará afectando a las poblaciones de la Península Ibérica, fenicios o no.

II.1.1 El territorio metropolitano fenicio a inicios del primer milenio a.C.

Durante los siglos finales del segundo milenio a.C. todo el Mediterráneo Oriental y el Oriente Próximo se habían visto afectados por toda una serie de convulsiones que implicaron, junto a movimientos de población, aun hoy día cuantificables con dificultad, graves problemas en la estructura social y económica de esa región. La franja sirio-palestina, en la que ya existían desde hacía bastantes siglos ciudades costeras con una proyección comercial muy acusada, tales como Tiro, Biblos, Sidón o Ugarit sufrirá importantes cambios en estos momentos. Los motivos de estos cambios son variados, como también lo es la capacidad de adaptación a los nuevos tiempos que muchas de estas ciudades y territorios exhibirán. Este momento de transformación es conocido como el periodo de los movimientos de los Pueblos del Mar, un término que procede de la interpretación de una importante inscripción, acompañada de ilustraciones, que el faraón egipcio Ramsés III mandó realizar en su templo funerario de Medinet Habu para conmemorar sus campañas de hacia el 1190 a.C. Sin entrar de lleno en todos los problemas que plantea el tema de los Pueblos del Mar, y sobre los cuales la investigación contemporánea no ha dicho aún la última palabra, podemos decir, refiriéndonos a la zona en la que se desarrollará la civilización fenicia, que los mismos implicaron disrupciones importantes. Sin duda, uno de los problemas más graves se refiere a los ataques contra ciudades costeras, que no estaban ya protegidas por los grandes imperios orientales, puesto que este mismo cúmulo de problemas afecta tanto a los hititas, que acaban dejando de existir como estructura estatal centralizada, como a los asirios, que parecen haberse replegado a su área nuclear de la Alta Mesopotamia sin intervenir demasiado en los asuntos que afectaban a las áreas más volcadas hacia el Mediterráneo.

Estos ataques han dejado huellas epigráficas y arqueológicas de forma especial en la ciudad de Ugarit. Ugarit, identificable con la actual Ras Shamra, ocupaba un punto estratégico en las proximidades de la desembocadura del río Orontes y había sido durante el segundo milenio un centro de gran importancia que actuaba como intermediario en los contactos entre Anatolia, Mesopotamia, Egipto y, por supuesto, el resto de la costa levantina. Su importantísima documentación epigráfica, procedente de varios archivos entre ellos los del palacio, da cuenta de los importantes logros que alcanzó esa civilización durante la época de su florecimiento. Textos literarios, religiosos, políticos, escritos usando un sistema de escritura de tipo cuneiforme y bien la lengua acadia, bien una lengua de tipo semítico occidental llamada cananeo (o ugarítico) aportan una información insustituible para conocer el desarrollo de estas ciudades estado del segundo milenio. Es harto probable que el panorama que la documentación epigráfica nos aporta para Ugarit pueda aplicarse, en líneas generales, al resto de las ciudades costeras que, como pervivieron en épocas posteriores, han dejado menos huellas de este periodo histórico. Porque esa es la peculiaridad de Ugarit, que fue destruida en torno al 1.200 a.C. quizá por gentes procedentes del mar, lo que ha permitido conservar, además de la importante documentación epigráfica mencionada, el aspecto de una de las ciudades cananeas más importantes del segundo milenio.

Entre la documentación epigráfica procedente de la ciudad se conserva parte de la correspondencia mantenida por los gobernantes de Ugarit con otros reyes de territorios próximos, entre ellos el rey de Alashiya, identificable con Chipre y muy vinculada a las áreas costeras levantinas a lo largo de las diferentes épocas históricas. Desde Ugarit se observan problemas en las comunicaciones por vía marítima, tanto hacia el Norte como hacia el Sur, lo que es con seguridad un indicio de movimientos de población por mar o, con más probabilidad, de empresas de rapiña y piratería llevadas a cabo por gentes con la capacidad náutica suficiente. A esas acciones por mar habría que añadir movimientos de población por tierra, estén o no coordinados entre sí, algo que da por supuesto la inscripción de Medinet Habu pero que no podemos confirmar en todos sus detalles. La correspondencia de Ugarit nos permite ver cómo los esfuerzos náuticos, quizá coordinados por los hititas en uno de sus últimos intentos por hacer frente a la situación, resultan fallidos y las ciudades tienen que hacer frente, cada una por su cuenta, a la amenaza. Una de las últimas cartas de los archivos ugaríticos muestra la intranquilidad de su rey ante la presencia en el puerto de la ciudad de un grupo de barcos extranjeros con intenciones amenazantes; poco después, la información desaparece y la arqueología pone de manifiesto la destrucción de la ciudad a inicios del siglo XII a.C. Las correrías de gentes provistas de barcos de guerra afectarán a toda la costa sirio-palestina si bien sus resultados no son bien conocidos fuera de Ugarit y de la franja meridional de esa misma costa siriopalestina. En efecto, en el área costera más meridional de esta región se producirá la instalación de los filisteos, uno de los pueblos mencionados por la inscripción de Ramsés III y bien conocidos también gracias al Antiguo Testamento que narra en bastantes ocasiones conflictos entre ellos y los hebreos; allí, tras su establecimiento, darán lugar a cinco ciudades que estarán unidas entre sí por vínculos de alianza: Gaza, Ashdod, Ascalón, Eqrón y Gat. Del mismo modo, en la zona en torno al Monte Carmelo, en Dor, se instalan los Zeker, también mencionados por el indicado epígrafe egipcio; sin embargo, la zona que con el tiempo conoceremos como Fenicia, situada al norte del Monte Carmelo parece haberse librado, en líneas generales, de estas invasiones.

Diferentes han sido las interpretaciones del papel que los nuevos llegados juegan en el desarrollo del Oriente Próximo, desde las que suponían un impacto limitado hasta las que han observado cómo su peso se dejaría sentir durante varios siglos. Lo que cada vez parece más cierto, a pesar de algunas voces discordantes aún existentes, es el origen último de, al menos, parte de los merodeadores e invasores que acaban con los sistemas políticos preexistentes del final del segundo milenio. Los estudios realizados en algunos de los centros que los filisteos ocuparon en el territorio que aún se llama así por ellos, Palestina, muestran que se trataba de gentes cuya cultura material los vincula al mundo egeo del siglo XII a.C., a juzgar por diferentes aspectos de sus tradiciones arquitectónicas como, sobre todo, por la fabricación y uso de cerámicas de tipo micénico pospalacial y submicénico. Es, sin duda, en el Egeo donde hemos de

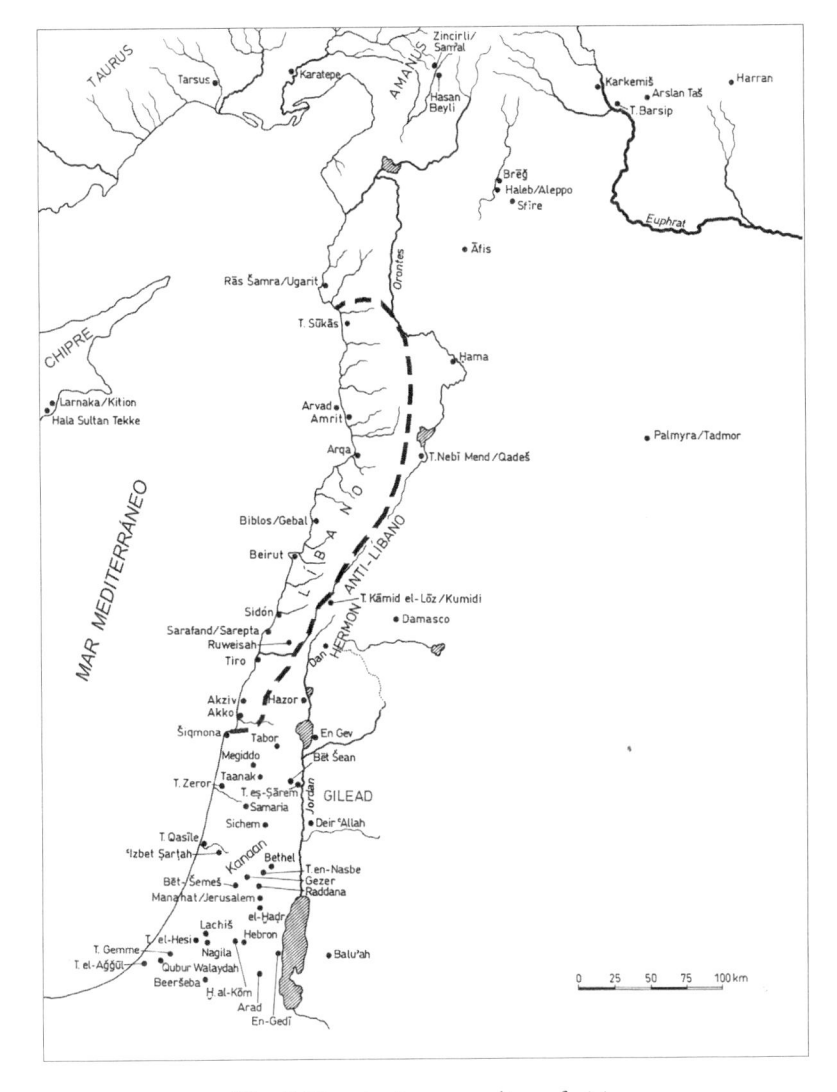

[Fig. 1] El territorio metropolitano fenicio

buscar parte de los impulsos que provocaron ese tremendo colapso en los sistemas económicos y políticos del Bronce Reciente en el Mediterráneo oriental y que también se dejan sentir en ese propio ámbito egeo como muestra la desaparición de las estructuras palaciales a partir de ese mismo siglo XII a.C. Buena parte del problema de los Pueblos del Mar, pues, hemos de verlo como el resultado de toda una serie de acciones y reacciones que desencadenan profundos cambios en los sistemas políticos y económicos, muy interrelacionados, del momento. Los micénicos disponían de una notabilísima capacidad náutica, como atestigua su expansión ultramarina, iniciada ya desde el siglo XVI a.C. y que, con el tiempo, consiguió ir estableciendo importantes cabezas de puente en la península de Anatolia (por ejemplo en Mileto) e islas adyacentes (como en Rodas), por no mencionar el Mediterráneo central; los griegos micénicos se habían convertido en los grandes intermediarios que transportaban materias primas y productos manufacturados a través del Mediterráneo y habían tenido en las costas sirio-palestinas unos importantísimos puertos de abastecimiento y de transferencia de productos. Sin descartar las capacidades náuticas de las ciudades cananeas, importantes en cuanto a barcos de comercio pero irrelevantes en cuanto a naves de guerra (al menos en Ugarit), los micénicos habían logrado interrelacionar nichos económicos muy distantes entre sí, frente a la orientación más regional que parece haber dominado entre los centros costeros cananeos. Es, sobre todo, el mar, como veíamos, uno de los principales vehículos de movilidad que los invasores emplean y es del mar de donde vienen las principales amenazas a esos territorios costeros que, con el tiempo, se materializarán en el asentamiento de esas mismas gentes.

Aquí no nos centraremos en los Filisteos que no parecen haber tenido una proyección ultramarina relevante tras su asentamiento en Palestina (o, de haberla tenido no debió de ser comparable a la de los fenicios); sin embargo, el hecho de que durante varios siglos controlaran los accesos por vía marítima a Egipto los convertían en un factor a tener en cuenta. Del mismo modo, los Zeker no han dejado demasiada huella aunque durante algún tiempo ejercieron también un control que no deberíamos minimizar. Un documento de gran interés, el conocido como relato de Wen-Amon, datable tal vez en el primer tercio del siglo XI a.C. muestra cómo este personaje, enviado por el templo de Amon en Tebas acude a la corte del rey Zakar-Baal de Biblos a buscar madera de cedro para la barca ritual del dios. En el relato aparecen las complejas relaciones que caracterizan este periodo en el que los grandes imperios han dejado paso, siquiera de forma temporal, a otras estructuras de corte más urbano que deben recomponer un mundo que, en los siglos previos, había funcionado de la mano de los acuerdos entre los grandes poderes en los que se incluían, quisieran o no, las ciudades cananeas de la costa. En este mismo relato, el papel de los Zeker como gentes poseedoras de barcos y que son capaces de establecer bloqueos a puertos y de hacer valer sus intereses, incluso con la amenaza de la fuerza, muestra un mundo muy diferente del que había existido durante los siglos precedentes.

Es este nuevo contexto el que explicará el proceso de transformación en las ciudades costeras de la costa sirio-palestina que las conduce desde lo que podríamos llamar periodo cananeo al que denominamos como fenicio. Como es sabido, el nombre fenicio con el que solemos conocer a la cultura que protagonizará una gran expansión comercial y colonial por las costas mediterráneas y atlánticas, no es el que estas gentes se daban a sí mismos. Es dudoso, incluso, que hubiese un nombre conjunto que englobara a las gentes que vivían en ciudades como Tiro, Sidón, Arados, Sarepta, Biblos o Beirut puesto que lo que parece haber predominado en ellas es un fuerte sentimiento de adscripción y pertenencia a sus respectivos entornos urbanos, lo que venía favorecido, además, por la ausencia de una formación estatal conjunta que englobara a las distintas ciudades entre sí. Para los griegos, sin embargo, todos ellos eran fenicios, término que se ha hecho derivar de distintos conceptos, bien la púrpura, bien la palmera, bien el color rojo y algunos otros. Por otro lado, en su lengua, que está emparentada con la que se hablaba en Ugarit, lo que ha hecho que muchos autores acepten que se trata de la misma, parece que se empleaba la denominación de cananeos, ya fuese con valor lingüístico o geográfico, pero no político. Por consiguiente, el hecho de que los griegos y los romanos y, a partir de ellos, nosotros, englobemos a todas estas ciudades, con historias tan diferentes, bajo un mismo nombre, puede introducir una visión en exceso simplificadora de los problemas que afectan a la expansión de éstos a los que seguiremos llamando fenicios para no entrar en debates terminológicos, que a veces resultan estériles. En vista de lo anterior, podemos decir que la cultura fenicia se configura como la continuadora natural de la cultura cananea que se había caracterizado por el auge de las ciudades de la franja costera durante el segundo milenio, cuyo principal representante, por lo que conocemos de ella, había sido Ugarit.

En este mundo cambiante en el que los Pueblos del Mar habían introducido un nuevo componente étnico y cultural en el Levante mediterráneo, las ciudades que habían sobrevivido a esos movimientos tratarán de restaurar pronto las bases económicas de su prosperidad. El relato de Wen-Amon al que nos referíamos antes muestra cómo el rey de Biblos sigue ejerciendo un control sobre las tierras del retropaís, en la que surgen los apreciados cedros que, durante buena parte de la Antigüedad, servirán para la construcción de los templos y los palacios de los gobernantes del Oriente Próximo. Una diferencia importante, que el mencionado texto subraya, es que mientras que antes del colapso de los sistemas imperiales los reyes de Biblos entregaban esa madera a Egipto en concepto de tributo, ahora cualquier interesado en ella, incluyendo Egipto, debe pagar un precio por la misma. Es la prueba más evidente del cambio que se ha producido al liberarse las ciudades fenicias de la tutela de los imperios que, o bien han desaparecido, o bien se han replegado a fronteras más seguras que las aún peligrosas costas. Otra información de interés de dicho relato es que las ciudades fenicias parecen disponer de recursos navales de cierta importancia, puesto que en el mismo se habla de veinte naves en Biblos y de cincuenta en Sidón, pero también se observa cómo los Zeker, con once barcos, pueden convertirse en un serio problema porque, desde la entrada del puerto de Biblos, amenazan al viajero Wen-Amón con prenderle sin que el rey de Biblos haga nada por impedirlo; más allá del carácter literario de esta narración, los Zeker y otros Pueblos del Mar, como los filisteos, aunque quizá no practiquen un comercio a gran distancia sí pudieron ser un factor a tener en cuenta en la circulación marítima por las costas sirio-palestinas sobre las que ejercerían sin duda una cierta coerción de tipo político con repercusiones económicas.

La epigrafía, en especial inscripciones, algunas de ellas en sarcófagos reales, nos muestra la importancia de la ciudad de Biblos y la relevancia de sus transacciones con Egipto. Los reyes aparecen representando un papel importante en sus relaciones con el exterior, y también con los dioses tutelares de la ciudad y en ellas se observan asimismo importantes relaciones de parentesco que configuran un cerrado grupo dirigente, emparentado por vínculos familiares con el rey. Estas inscripciones se escalonan a lo largo del siglo XI y del X a.C. y sugieren que estas familias gobernantes mantienen durante largo tiempo unos altos niveles de relación con el exterior, incluyendo también, como no podía ser de otra manera, al mundo mesopotámico, y también al hebreo. Conocemos así a reyes como el ya mencionado Zakar Baal, del siglo XI, pero también a reyes de los siglos X y IX a.C. como Ahiram, Itobaal, Yahimilk, Abibaal, Elibaal y Shaptabaal I. En estas inscripciones aparece ya en uso una variedad de escritura de tipo alfabético que, inspirada en un sistema alfabético cuneiforme ya desarrollado en Ugarit, pero haciendo uso de signos escritos con tinta sobre materias blandas (pieles o papiro) será una innovación destinada a tener gran futuro, al servir de base a parte de las escrituras alfabéticas del Oriente Próximo, pero también de Occidente. Las relaciones con el resto de las ciudades fenicias, pero también con Asiria caracterizan a estos reyes. La posible proyección colonial de la ciudad de Biblos no nos es conocida en detalle.

De otras ciudades, como Sidón cuyo pasado había sido muy ilustre, tenemos poca información sobre los últimos siglos del segundo milenio a.C. acaso porque se había visto afectada por las convulsiones del momento, a pesar de que no fue destruida. Los asirios, como con otras ciudades fenicias, impondrán tributos a estas ciudades costeras, lo cual es un medio para que estos imperios del interior puedan seguir accediendo a los artículos que se intercambian en los circuitos marítimos. Los *poemas homéricos*, la manifestación literaria más antigua de la cultura griega, aluden con cierta frecuencia a los sidonios, lo que suscita dudas de si se refiere de forma precisa a los habitantes de Sidón o, por el contrario, es un término que alude de forma genérica a los fenicios en su conjunto. Sea como fuere, el uso de este nombre sugiere que, puesto que buena parte de la tradición que terminará conformando los *poemas homéricos* se ha ido desarrollando a lo largo de los siglos previos a su composición definitiva, que puede situarse ya en el siglo VIII, acaso reflejen el antiguo esplendor de la ciudad, que parece ir perdiendo en beneficio de alguna otra de sus vecinas, en especial de Tiro.

Igual que las ciudades próximas, la ciudad de Tiro había gozado de una situación económica importante durante el segundo milenio, apareciendo en buena parte de la documentación contemporánea. Hay un consenso generalizado para atribuir a Tiro una recuperación mayor que al resto de las ciudades fenicias, hasta el punto de que se ha llegado a pensar, incluso, en un cierto papel hegemónico de la misma sobre otras ciudades fenicias. En realidad, la información de que disponemos no permite hacer afirmaciones de este tipo y, sin duda, esta impresión se debe, sobre todo, a la prominencia que el Antiguo Testamento otorga a la ciudad por sus relaciones con los reyes David y Salomón. Según las informaciones bíblicas el rey Hiram I de Tiro establecería buenas relaciones con ambos reyes y participaría de forma decisiva en la edificación del Templo de Jerusalén, aportando no sólo materias primas (en especial madera de cedro para las vigas) sino incluso apoyo tecnológico. Del mismo modo, el relato bíblico alude ya a viajes a larga distancia realizados desde Tiro y desde el puerto de Ezion Geber, este último en el Mar Rojo y controlado, por consiguiente, por Israel. Estas relaciones alcanzarían mayor importancia cuando la hija del rey Itobaal, Jezabel, se case con el rey Acab, en el siglo IX a.C.; en cualquier caso, una parte de los estudiosos modernos ponen en cuarentena estas informaciones que situarían en la época de los reyes David y Salomón episodios que sólo habrían tenido lugar, y nunca en su literalidad, en épocas posteriores. Es también la época en la que la presión de los asirios sobre la costa obliga a los pequeños Estados fronterizos a buscar alianzas para hacer frente a este peligro que se cierne sobre ellos y que, en el futuro, tendrá serias consecuencias para la independencia de las ciudades fenicias; por el momento, los asirios seguían con Tiro la misma política que con las otras ciudades fenicias: imponerles tributos a cambio de permitirles seguir manteniendo su independencia. Aunque no podemos perder de vista que estos tributos son, en último término, una exacción económica impuesta a las ciudades costeras, también es cierto que del interior de Mesopotamia y regiones más al Este, afluían a las costas otra serie de bienes y productos con los que los fenicios, a su vez, negociaban.

Por consiguiente, la situación que se perfila durante los años finales del segundo milenio a.C. en la costa cananea es la de un cambio profundo con respecto al periodo anterior. Pero se trata de un cambio desde el punto de vista de los mecanismos de control de las transacciones económicas, no desde el punto de vista de los intereses respectivos de cada territorio. La dinámica política del segundo milenio había resuelto, mediante la imposición de sólidos dominios sobre los territorios de interés y mediante una circulación de productos controlada en buena medida por esos poderes, el problema del abastecimiento de materias primas. Las ciudades costeras se habían convertido así, aunque a costa de su independencia, en lugares privilegiados en los que buena parte de esas transacciones se producían; productos llegados por mar y venidos desde el interior a través de rutas caravaneras, confluían en las áreas portuarias produciéndose allí el cambio del medio de transporte y la mediación económica. Ahí había radicado el éxito de las ciudades cananeas, y también el interés que los grandes imperios habían manifestado por controlarlas. En este esquema, no era en absoluto necesario que las ciudades cananeas fuesen también las que proporcionasen las materias primas, en especial aquellas que procedían de las regiones que bordeaban el Mediterráneo; aun cuando las ciudades cananeas disponían de sus flotas y de sus mercantes, una parte no pequeña del comercio ultramarino debía de estar en manos de las gentes del Egeo, de la Grecia propia, de Anatolia y de Creta que actuaban como proveedores importantes para la maquinaria comercial existente en las ciudades de la franja sirio-palestina. Las convulsiones que tienen uno de sus momentos más significativos en torno al año 1200 provocan, por una parte, la progresiva decadencia de las estructuras palaciales micénicas que habían sido las que habían podido hacer uso de importantes excedentes agropecuarios logrados merced a una gestión centralizada de sus territorios para "financiar" el desarrollo de flotas mercantes y de guerra y, por lo tanto, el comercio a larga distancia. Ello hará que poco a poco ese papel de intermediarios y de transportistas que habían desarrollado los micénicos vaya desapareciendo. Pero, al tiempo, el proceso ya mencionado mediante el cual gentes del Egeo se trasladan a las costas levantinas primero para ejercer labores de rapiña, mucho más lucrativas a corto plazo y que paliaban, siquiera temporalmente, el progresivo colapso del modelo previo pero a medio plazo en busca de lugares de establecimiento definitivo, provocará que buena parte de las capacidades náuticas de las gentes del Egeo se trasladen a las costas levantinas. El asentamiento de estas gentes, en especial de los filisteos, los irá integrando poco a poco en el esquema de la cultura cananea e irán perdiendo interés en lo que había sido una de sus formas de vida, el comercio a larga distancia, tal y como atestigua la ausencia de cerámicas filisteas no sólo en la propia Fenicia sino en Egipto o en Chipre, hacia donde sí se dirigirán, en cambio, los comerciantes fenicios.

Será en esta coyuntura en la que habrá que interpretar el inicio de la expansión ultramarina de los fenicios.

II.1.2 Las causas y los inicios de la colonización fenicia en Occidente

Las ciudades fenicias, como hemos visto, siguen recibiendo visitas de Egipto que continúa reclamando uno de los principales productos de la región, la madera, pero como el país del Nilo no ejerce ya la soberanía sobre esa región tendrán que pagar por la misma. Del mismo modo, algunas ciudades, como Tiro, han entrado en contacto con un poder emergente, aunque efímero, como será el Reino de Israel, cuya política expansiva durante los reinados de David y Salomón es mencionada en el Antiguo Testamento, aunque es cuestionada por otras fuentes. Por otro lado, los asirios, aunque hayan perdido de momento la capacidad militar que habían tenido en momentos previos, y aún no disponen de la fuerza de la que harán gala siglos después, siguen ejerciendo una cierta presión sobre esa misma franja costera, Tiro incluida. A todo ello habría que añadir las relaciones que existen entre las diferentes ciudades costeras, tanto las fenicias propiamente dichas como las áreas de poblamiento arameo del norte de Siria y las ocupadas por los filisteos al sur de la franja costera y que en último término no hacen sino continuar unas tradiciones de contactos e intercambios que se habían mantenido de forma ininterrumpida durante el segundo milenio a.C. La perduración del mundo filisteo es más difícil de definir en el estado presente, puesto que la tradición vetero testamentaria insiste en las victorias de época de David y Salomón sobre los filisteos costeros, aun cuando muchos autores dudan de la realidad de estas victorias y del carácter fuerte y unitario que la tradición bíblica atribuye al reino unido gobernado por ambos reyes. No obstante, sí parece haber un progresivo debilitamiento, aunque no desaparición completa del elemento filisteo entre los siglos X y IX a.C.; en cualquier caso, el territorio en sí será de interés porque servirá de vínculo de unión entre el delta del Nilo, Israel y la costa fenicia.

Hemos de pensar que la expansión ultramarina fenicia supone una ruptura importante, pero en la que también podemos percibir elementos de continuidad. La principal ruptura con el pasado va a consistir en que, a partir de los siglos X y IX a.C. vamos a empezar a encontrarnos a gentes de procedencia fenicia navegando y estableciendo una serie de puntos de recalada y de comercio a cientos y miles de kilómetros de sus ciudades originarias. Ésta es la principal y más notoria novedad por cuanto que hasta esos momentos, como hemos visto, los fenicios o sus antepasados los cananeos, no habían llevado a cabo establecimientos de este tipo. Por otra parte, el factor de continuidad lo representa el hecho de que el objetivo básico de esa actividad expansionista es proveer a las ciudades de artículos y materias primas producidos en ultramar y que habían dejado de llegar o lo hacían de forma más esporádica desde las convulsiones del final del siglo XIII a.C. Unas ciudades que, como las fenicias, habían prosperado hasta límites insospechados durante el segundo milenio merced al papel de intermediarios que desempeñaban, no podían esperar de forma indefinida a que la situación que tanto les había beneficiado en siglos anteriores se restaurase sola.

No quiero insistir aquí demasiado en la cuestión asiria que muchos investigadores consideran la razón última de la expansión ultramarina fenicia pero sí quiero decir que los asirios, a partir sobre todo del reinado de Asurnasirpal II (883-859 a.C.) y de sus sucesores van a insistir en sus anales en la realización de campañas o percepción de tributos en múltiples ámbitos del Oriente Próximo, incluyendo las ciudades fenicias. Ingentes cantidades de oro, plata, estaño y bronce, así como otros artículos como telas, maderas, animales salvajes, etc., aparecen mencionados en dichos documentos a lo largo de varios reinados y a estos tributos de rendición o vasallaje le

— 85 —

solían seguir tributos anuales para garantizar su lealtad a los reyes asirios. Por supuesto, estas ciudades aprovechaban cualquier momento de debilidad para dejar de pagar esos tributos e, incluso, las ciudades fenicias participaron en diferentes alianzas para tratar de conjurar el creciente dominio asirio sobre el Asia occidental tras cuyo fracaso volvían a la situación anterior. Esto duró hasta el reinado de Tiglatpileser III (744-727 a.C.) que iniciaría un proceso de integración directa de los territorios costeros en el Imperio Asirio, proseguida por Senaquerib (704-681 a.C.) que conquista Sidón y toda la costa al sur de la misma hasta Akku [Acre], incluyendo Tiro e imponiendo reyes adictos. No obstante, el hecho de que siga habiendo reyes y la existencia de más intentos de sacudirse el dominio asirio sugiere que las ciudades seguían gozando de amplios márgenes de independencia quizá obligadas, como en siglos anteriores, a seguir pagando tributos al rey asirio. En cierto modo, Fenicia era un territorio marginal desde el punto de vista de los intereses asirios y la dificultad de su acceso desde el interior hace que los asirios suelan contentarse con la imposición de tributo que, en casi todas las ocasiones, las ciudades fenicias pagaban para evitar males mayores. Sin embargo, la documentación de que disponemos no muestra a las ciudades fenicias como entidades depauperadas, agobiadas por la presión impositiva asiria sino que, por el contrario, parecen estar en una situación bastante pujante lo que indicaría que las demandas asirias lo único que provocaban era un deseo por parte de las élites de las ciudades fenicias de incrementar su actividad económica para que la obligación de entregar tributo no implicara una disminución de su nivel de vida ni de su capacidad de atesorar riquezas. Quizá, pues, haya que redimensionar la responsabilidad asiria en el inicio de la expansión ultramarina y considerarla como un factor más, pero no por fuerza el más significativo.

Por otro lado, también se ha aludido en ocasiones a un posible periodo, en torno al siglo X, de carestía en algunas ciudades fenicias que, como Tiro, necesitarían adquirir productos alimenticios de su entorno; el principal testimonio viene constituido por un texto del Antiguo Testamento (1 *Reyes*, 5, 11) en el que, en el contexto de la alianza entre Hiram I de Tiro y Salomón éste le remite a aquél grandes cantidades de trigo y aceite con una periodicidad anual. Aunque la noticia pudiera interpretarse como una carestía en Tiro, la época a la que corresponde la noticia, el siglo X a.C., la hace demasiado antigua para justificar una expansión que se iniciaría cerca de un siglo después, además de que el pasaje puede interpretarse desde otros presupuestos, y no precisamente desfavorables para Tiro; algunos autores argumentan, en parte en la misma línea, a favor de un cambio climático que provocaría poco a poco una reducción de las tierras cultivables, lo cual unido a un aumento de población llegaría a provocar una crisis alimenticia, todo ello agravado, a partir de la segunda mitad del siglo VIII con la conquista asiria que disminuiría la cantidad de tierra disponible para el cultivo.

Los autores antiguos aportan a veces alguna explicación, como la que nos da Quinto Curcio cuando asegura que "en sus incursiones por mar libre y en sus continuos viajes a tierras desconocidas por otros pueblos, los tirios escogieron, o lugares en donde colocar su juventud, abundante en exceso en aquel entonces, o quizá porque cansados de los continuos terremotos, los cultivadores de tierras se vieron obligados, arma al brazo, a buscar nuevos domicilios lejos de la patria" (Quinto Curcio, IV, 4, 20). Como se ve, los motivos son bastante ambiguos y, aunque puedan ser atendibles, no apuntan a causas demasiado concretas, quizá con excepción de los terremotos. Por consiguiente, el énfasis, a veces excesivo, que algunos estudiosos ponen en los motivos aducidos en este texto puede ser exagerado porque, en definitiva, las explicaciones tradicionales que los autores clásicos dan a la colonización antigua, aunque de por sí no sean inexactas, no entran de lleno en las razones últimas que obligan a las personas a abandonar sus ciudades y que habría que buscar en los intereses de los círculos dirigentes o en un inadecuado sistema de propiedad o de gestión de las tierras.

Así pues, para explicar la expansión fenicia quizá podamos aludir a las presiones económicas de diversa índole, pero también a aquellas teñidas de un cierto componente de amenaza, como las que venían de Asiria, aunque quizá sea preferible incidir más en el propio interés económico de las realezas fenicias y de los círculos aristocráticos vinculados a ellas, que exigían que se tomaran medidas para que las ciudades volvieran a ser los grandes centros del comercio internacional que habían sido durante los siglos anteriores.

Ello implicaba, sin duda, tomar una serie de decisiones; la primera de ellas era establecer los mecanismos suficientes para que parte de los beneficios económicos que generaba la actividad fuesen desviados hacia la financiación de la expansión. Esta expansión requería, al menos, los siguientes presupuestos: Por una parte, la construcción de flotas de guerra que asegurasen aquellas rutas de navegación que se consideraban prioritarias. En este caso, el impulso sería estatal. Por otro lado, el desarrollo de unos barcos capaces de recorrer, en condiciones de cierta seguridad, grandes distancias para alcanzar aquellos puntos que resultasen prioritarios. Un testimonio, si no estrictamente contemporáneo, pero sí de gran interés, lo encontramos en el Antiguo Testamento que en varias ocasiones alude a las naves de Tarsis. Si bien la interpretación de este tipo de naves ha hecho correr ríos de tinta en la historiografía moderna y contemporánea, no parece demasiado improbable pensar que se trata de un tipo de barco especial, destinado a cubrir largas distancias, para llegar a Tarsis. Sobre la identificación de este Tarsis las propuestas han sido y son muy variadas; la mayoría de ellas tienden a situar a Tarsis entre el Mediterráneo central y occidental, pudiendo aludir el término a algún territorio concreto (¿Cerdeña? ¿la Península Ibérica?) o, en general a las tierras que baña el Mediterráneo occidental. No es descartable que, a partir de semejanzas con otros términos que conocemos relativos a localidades o poblaciones que se ubicaron en la Península Ibérica (tales como *Tarseion* o *Thersitai*), o topónimos más extensos como Turdetania o el nombre griego Tarteso, quizá la forma griega de un concepto que en fenicio se diría Tarsis, este lugar que aparece en el Antiguo Testamento pudiera situarse en la Península Ibérica. De aceptarse esta posibilidad, resultaría que los viajes fenicios hasta estos territorios habrían tenido lugar durante el siglo X a.C.; sin embargo, muchos investigadores, que dudan de la extensión y del poder que el Antiguo Testamento otorga al reino unido de Israel y Judá de las épocas de David y Salomón dudan, asimismo, de la posibilidad de empresas comerciales conjuntas entre los israelitas y los fenicios. Si la visión bíblica del reinado de ambos reyes fuese, como muchos autores sostienen, anacrónica, también estarían fuera de lugar las navegaciones a larga distancia que en los textos bíblicos se atribuyen a los fenicios. Cuando analicemos los hitos de la expansión fenicia volveremos sobre el problema cronológico, que no es uno de los menores.

De cualquier modo, y aunque el concepto de naves de Tarsis pudiera resultar anacrónico para el siglo X a.C., no cabe duda de que los fenicios, cuando inicien su expansión, dispondrán, como apuntábamos antes, de capacidad técnica suficiente para fletar naves de guerra y naves mercantes de gran capacidad. Esta capacidad es heredera de las técnicas náuticas del segundo milenio que tan buenos resultados habían dado a las transacciones comerciales. Alguno de los pecios de ese momento hallados, como el de Uluburun, hundido en torno al año 1305 a.C. da cuenta de las capacidades náuticas de los barcos cananeos y de los circuitos económicos en los que se integraban, y no cabe duda de que los adelantos alcanzados en esos momentos fueron aprovechados en momentos ulteriores. Del mismo modo, la marina micénica, de la que algunos autores han llegado incluso a dudar pero que poco a poco va revelándose merced a hallazgos arqueológicos e iconográficos, pudo haber aportado también sus innovaciones técnicas puesto que, no lo olvidemos, los barcos micénicos estaban realizando viajes al Mediterráneo central ya desde el siglo XVI a.C. y siguieron haciéndolo hasta después de la desaparición de los palacios micénicos en el tránsito entre el siglo XIII y el XII a.C. Los fenicios aprovecharon, sin lugar a dudas, estos conocimientos técnicos que tanto sus predecesores cananeos como los navegantes egeos (y en la vecina Palestina vivían sus descendientes) habían acumulado para poner en marcha los barcos y las infraestructuras necesarias para llevar a cabo expediciones a larga distancia; usando madera de cedro, como en el mencionado barco de Uluburun, tal y como atestiguan numerosas fuentes, y una tecnología constructiva que es la sucesora directa de la empleada en los barcos cananeos, tal y como muestran los pecios de barcos fenicios posteriores (como los de Mazarrón) y una gran capacidad de carga, como evidencian los dos barcos fenicios de la segunda mitad del siglo VIII hundidos frente a las costas de Ascalón, los fenicios dispusieron de uno de los principales medios para hacerse a la mar para recorrer largas distancias. En un documento iconográfico de gran importancia, como son los relieves del palacio de Senaquerib en Nínive, que muestra la huida del rey de Sidón y Tiro, Luli, ante el ataque asirio, acaecido en los años finales del siglo VIII a.C., se puede observar cómo entre la flota hay tanto buques de guerra, con remos y con un poderoso espolón, como barcos redondos, también con remos que tienen una función de transporte. En cualquier caso, se trata de una flota de cierta importancia y el hecho de que el documento no sea fenicio sino de sus enemigos los asirios garantiza, hasta cierto punto, lo correcto del mismo para evaluar lo que era uno de los principales recursos empleados por el rey fenicio en su huida del dominio asirio.

Pero además del aspecto técnico era también necesario disponer de capacidad financiera suficiente, tanto para construir y armar esos barcos cuanto, sobre todo, para cargarlos con productos que fuesen atractivos en los territorios que iban a visitar. La capacidad financiera venía dada, sobre todo, de la tesaurización emprendida desde hacía siglos por los reyes de las ciudades fenicias y por sus círculos familiares, así como por las aristocracias, en buena medida palatinas, de esas ciudades. Parte de esta acumulación de riqueza se invierte en la monumentalización de las ciudades, y los restos que conocemos de ellas no desmienten en absoluto este panorama, pero aún quedaban recursos suficientes para financiar la empresa ultramarina. Además, las ciudades, como en épocas anteriores, seguían siendo centros dedicados a la artesanía, como muestra el desarrollo de actividades como la eboraria, la metalurgia, la orfebrería o las más modestas de la fabricación cerámica, vinculada también en parte a la confección de envases destinados a contener productos alimenticios. Por último, otro factor a tener en cuenta es el del personal requerido para poner en práctica la empresa: hacían falta tripulaciones, pero también personas que pudiesen ser destacadas, de forma temporal o permanente, en las diversas escalas y puertos, imprescindibles para ir poniendo en marcha la red comercial necesaria y, en cierto momento, habría que disponer de grupos más numerosos de individuos que estuviesen dispuestos a trasladarse de modo definitivo a nuevos entornos para reproducir allí todas las formas de vida correspondientes a una ciudad antigua sirviendo, al tiempo, de representantes permanentes de los intereses de la ciudad de procedencia y, cómo no, de los que en su momento generen ellos.

Esto último nos permite abordar una de las cuestiones más peliagudas acerca de la expansión ultramarina fenicia: la de su "carácter". Sin entrar de lleno en el análisis historiográfico, que no es el objeto de estas páginas, podríamos decir que se había venido asumiendo que la expansión fenicia tenía un objetivo comercial, en línea con las necesidades de las ciudades fenicias a las que hemos aludido páginas atrás. Más adelante, se fue introduciendo de forma tímida otra posibilidad, a saber, la de que en la expansión fenicia pudiese haber habido intereses agrícolas que se hubieran superpuesto a los comerciales o que, incluso, hubiesen sido prioritarios. El debate consiguiente ha ido consolidando ambas posturas casi como irreconciliables e, incluso, quienes han tratado de mantener una postura ecléctica han acabado siempre por reconocer un mayor peso a una u otra posibilidad. Es posible que todo el asunto esté mal enfocado, en parte por la desmesurada presencia que la crítica moderna suele atribuir a una sola ciudad fenicia, Tiro, casi como la única protagonista de la expansión y en parte también porque se trata de resolver con una reconstrucción simple un problema que no lo es. No creo que estemos en condiciones de rechazar que la causa principal de la expansión fenicia (y tal vez no sólo tiria) se hallaría en la ya mencionada búsqueda de materias primas, en especial metales, en áreas cada vez más alejadas del núcleo de ese mundo fenicio, lo cual viene avalado por el hallazgo, en Oriente Próximo, de plata de segura procedencia sarda e hispánica; del mismo modo, y por lo visto antes, parece también fuera de duda que los responsables de la expansión, entre los que se encuentra de modo destacado el palacio y los círculos aristocráticos, vinculados al mismo, de las ciudades fenicias, requerirían el personal suficiente para poner en marcha la empresa expansionista. Eso implica un transvase de individuos de unas actividades a otras; quiénes son estos individuos es difícil de saber, pero con bastante probabilidad se trataría de personas dependientes de la autoridad del palacio o de las aristocracias implicadas en esta actividad. En estos procesos de búsqueda de materias primas un mecanismo sencillo consiste en realizar navegaciones durante un periodo más o menos largo, siendo los tripulantes del barco los encargados de todas las tareas necesarias, desde las relativas al gobierno y mantenimiento de la nave hasta las transacciones comerciales realizadas en los puertos de recalada. Tanto el Antiguo Testamento como los *poemas homéricos* vienen a confirmar, cada uno en su lenguaje, estos mecanismos. El Antiguo Testamento, al referirse a las naves de Tarsis, y cuando da especificaciones temporales, asegura que el viaje de ida y vuelta de esos barcos duraba, en conjunto, tres años lo que presupone que durante el primer año los barcos se encaminan a su destino último, haciendo todas aquellas escalas que pueden resultar imperiosas desde el punto de vista de la mecánica de la navegación cuanto interesantes desde la pura perspectiva económica. Un segundo año puede pasarse en el punto de destino y zonas vecinas recogiendo aquellos productos, metales por ejemplo, que van a tener acogida en las ciudades de origen y cuyas "plusvalías", al negociar con ellos en destino, van a justificar de modo más que sobrado la inversión en medios y en personal realizada. El tercer año puede ser el del retorno, siguiendo los mismos procedimientos que se han empleado durante el viaje de ida. Por lo que se refiere a los poemas homéricos, el porquero de Ulises, Eumeo, relata cómo fue secuestrado por fenicios cuando era niño y, en su relato, se nos presenta la estancia de los fenicios junto con su barco en la isla de Siria, donde Eumeo era hijo del rey, durante un año tras el cual, y en el momento de zarpar, el joven príncipe fue llevado a la nave por una criada infiel, también ella fenicia (*Odisea*, XV,

381-484). Más allá del relato individual, no podemos dejar de ver en el mismo un buen conocimiento de los mecanismos que los fenicios empleaban por doquier para hacerse con los productos que les interesaban; en este caso, la necesidad de un establecimiento o de infraestructuras es nula. En siglos sucesivos, veremos cómo los fenicios seguirán empleando, sin apenas modificaciones, estos y otros procedimientos.

La intensificación de los contactos y el descubrimiento de nuevas fuentes de aprovisionamiento de bienes de interés podía hacer aconsejable mantener una presencia estable de gentes, encargadas de mantener una negociación permanente de modo tal que a la llegada de los barcos la carga y descarga de los productos objeto del intercambio se realizase con rapidez y eficiencia. No era necesario que los residentes fenicios dispusiesen de un control hegemónico sobre las áreas en las que residían sino que era suficiente con permitirles disponer de algún lugar de residencia y almacenamiento e, incluso, de elaboración de productos artesanales; ello podría realizarse bien en la misma área habitada por las gentes locales bien en áreas sin interés previo para las mismas, a ser posible en la proximidad de la costa o de algún estuario fluvial. En cualquier caso, este tipo de establecimiento requería ya de una serie de personas que residiesen allí de forma permanente o temporal, pudiendo ser sustituidos, si así se consideraba, por otros residentes temporales tras un cierto periodo de tiempo; según iba avanzando el proceso estos establecimientos habría que ubicarlos cada vez más lejos de Fenicia. ¿Quiénes se establecían o eran establecidos en estos asentamientos? Por supuesto, es difícil poder dar una respuesta fiable en todos sus extremos, habida cuenta de la carencia de nuestras fuentes del mundo fenicio; no obstante, esa respuesta viene en cierto modo predeterminada por la propia estructura de la sociedad fenicia.

El carácter piramidal de la misma, con el rey y su entorno directo a la cabeza, pero también grandes familias aristocráticas, con intereses agrícolas y comerciales, sería el elemento prioritario a tener en cuenta. Por debajo de ellos estarían los individuos libres, de los que procedían los funcionarios, sacerdotes, artesanos o agricultores, quizá sujetos, según las necesidades a determinados servicios o prestaciones, aunque tendrían derecho a participar en asambleas del pueblo, cuyos poderes y mecanismos de funcionamiento no nos son bien conocidos. Más abajo en la escala social habría un grupo también mal definido de gentes dependientes, libertos o individuos atados por deudas a sus acreedores, junto con personas al servicio del palacio y de las grandes casas, entre los que habría también diferentes estatus y variedades de situación. Por último, esclavos entre los que también habría diferentes niveles, así como distintas situaciones; eran propiedad de los particulares, pero también los había del palacio y de los templos.

Del panorama presentado se desprende que había un importante grupo de individuos que podían ser empleados en la expansión ultramarina y las ciudades podían hacer uso bien de individuos libres pero, tal vez, de personas en diversos grados de dependencia que podrían ser destacados en las cabezas de puente ultramarinas para representar los intereses de sus amos respectivos, ya fuesen éstos la ciudad o los individuos que a la sombra de la misma participaban en los beneficios a obtener de la empresa; en estas situaciones de dependencia personal no tendrían muchas opciones cuando alguien a quien debían obediencia hubiese decidido que pasasen a desempeñar su actividad en ultramar, sin descartar que se les pudiese compensar de algún modo por ello. Con ellos siempre se pueden haber desplazado personas de los círculos dirigentes para supervisar sobre el terreno el desarrollo de la empresa y para servir de interlocutores válidos con las élites locales con las que se realizaba el intercambio. Otras actividades alternativas de estas gentes desplazadas, que podían ir desde las artesanales hasta otras productivas como la agricultura o la pesca, no implican que la dedicación económica prioritaria del establecimiento fuesen ellas, sino que su razón de ser radicaba en la gestión de los intercambios comerciales.

Este tipo de expansión, del que veremos ejemplos más concretos cuando abordemos la situación específica de la presencia fenicia en la Península Ibérica parece haber sido el más antiguo y el más extendido a lo largo de toda la historia de los fenicios, aunque conocerá diversas variantes y modalidades. Calificar este proceso de colonial no resulta, desde mi punto de vista, adecuado. En parte ha sido la cuestión terminológica la que también ha contribuido a enmarañar todo el asunto de las causas y de los mecanismos de la expansión fenicia. Lo que hemos visto hasta ahora podemos calificarlo de expansión comercial y deberíamos reservar el concepto de colonización para aludir a otro fenómeno que también se da dentro de la expansión fenicia.

Es cierto que el concepto de colonización es uno de los más polisémicos y, quizá por ello, más impreciso de los que suelen manejar los historiadores puesto que con la misma palabra se están definiendo procesos muy diferentes que tienen lugar desde la Antigüedad hasta la Edad Contemporánea. No hay demasiados puntos de unión entre las mal llamadas colonias griegas, las colonias romanas (quizá las únicas que utilicen el término con precisión), las colonias europeas en América de los siglos XVI y XVII, o las colonias también europeas en África y en Asia de los siglos XIX y XX. A todas ellas se tiende a llamarlas colonias y ello conduce a perder de vista que el uso del término no implica que el contenido de todos esos fenómenos sea semejante o, incluso, parecido. Es, sin embargo, poco recomendable, en mi opinión, introducir nuevas terminologías que lo que suelen provocar es desconcierto entre la crítica sin que, por lo general, estos nuevos términos acaben suscitando un consenso generalizado lo que, ni que decir tiene, invalida los por lo general bien intencionados intentos de lograr una mayor precisión en la descripción y explicación de fenómenos pretéritos. Por ello mismo, yo no renunciaré a emplear el término colonia para referirme a la expansión de los fenicios, pero no sin antes hacer algunas precisiones que creo importantes para evitar los problemas que el uso de terminologías imprecisas ha provocado. Así, y frente a una tendencia exagerada a considerar colonia cualquier establecimiento que los fenicios realizaron en ultramar, creo que deberíamos reservar este término para definir sólo un tipo concreto de asentamiento: en mi opinión, sólo aquél que hubiera surgido con una clara intencionalidad urbana. Veamos cómo y por qué.

Dentro del proceso descrito en párrafos anteriores, una vez que la intensificación de los contactos con una determinada área hubiese convencido a los motores de la expansión en las ciudades fenicias del interés de disponer de una mayor capacidad de actuación en dicho territorio, se daría el paso siguiente. Éste consistiría en garantizar a los círculos dirigentes de las ciudades fenicias una presencia cuantitativa y cualitativa en determinadas áreas ultramarinas para gestionar in situ esos importantes intereses económicos tanto en beneficio de la propia ciudad fenicia de origen cuanto en el de las gentes que se trasladan. Quizá sea un error pensar que las colonias fenicias están atadas a sus ciudades madre por lazos tales que las convierten en simples dependencias subordinadas; ni los datos de que disponemos ni los paralelos que podemos establecer con otras culturas contemporáneas permiten hacer estas afirmaciones. Las colonias gozarán de un nivel importante de autonomía (o de independencia política) con respecto a las ciudades de las que proceden, como corresponde a un modelo en el que la creación de la colonia implica la dotación de los medios necesarios para la supervivencia y la reproducción de un esquema social y político surgido a imagen y semejanza de la propia ciudad de origen, en el que no están previstos mecanismos de tipo imperialista. El que, con el tiempo, alguna de esas colonias pueda desarrollar dispositivos en este sentido no es algo que vaya incluido "genéticamente" en el sistema. Por consiguiente, la colonia surge como un mecanismo para dar nuevas oportunidades a una parte de los círculos dirigentes de la ciudad de origen, como resultado del proceso previo de contactos y relaciones, que se había ido desarrollando en etapas previas; el objetivo último de las colonias no es tanto servir a los intereses de la ciudad de procedencia cuanto permitir la reproducción, en otro ambiente, de un sistema social y político desigual, basado en la explotación económica de un entorno nuevo; no se trata, ni más ni menos, que de exportar el modelo exitoso de las ciudades fenicias a otras regiones mediterráneas. La creación de nuevas ciudades favorecerá la circulación de bienes en una dinámica panmediterránea, entre otras cosas porque las ciudades de Fenicia seguirán actuando como intermediarias de diferentes intereses económicos y será en ellas donde determinados artículos seguirán alcanzando una valoración económica extraordinaria; por ende, si se tiene en cuenta que la presión de los asirios fue cada vez mayor durante los siglos IX a VII, estaría en el propio interés de las ciudades fenicias la apertura de nuevas áreas de captación de recursos. Pero estos recursos sólo se pueden conseguir en el siglo VIII mediante transacciones económicas, a menos que pensemos que las ciudades fenicias tenían capacidad para imponer un dominio político y económico a centros alejados miles de kilómetros, lo que resulta problemático cuando no imposible.

Insisto en que la función última de la colonia es servir de marco para el desarrollo económico de los grupos dirigentes, emanados de las ciudades de origen; para ello, el medio más eficaz es reproducir en ultramar el modelo social y político que hacía factible el dominio de los círculos privilegiados en Fenicia; a tal fin, se procede a transplantar a representantes de todos los grupos y estamentos que configuraban la ciudad fenicia, desde el aristócrata hasta el esclavo, pasando por el campesino, el artesano o el comerciante. Cada colonia recoge, en sí, una sección completa de la ciudad de origen con el objetivo último de restablecer, en el nuevo emplazamiento, el entramado social que había caracterizado a la sociedad fenicia en su hogar ancestral. Aunque merced al propio desarrollo histórico de los distintos entornos en los que los fenicios se harán presentes algunos, o muchos, de los asentamientos no coloniales que los fenicios fueron estableciendo, acabarán convirtiéndose en ciudades, en su origen no todos ellos surgieron como tales; no podemos comparar un pequeño establecimiento de fenicios compuesto de diez o doce viviendas, ocupando unas pocas decenas de metros cuadrados y albergando a unas decenas de personas con establecimientos que desde el principio ocupan algunas decenas de hectáreas, constan de un urbanismo regulado y jerarquizado y albergan a varios centenares de habitantes. Las diferencias entre los dos tipos son abismales, tanto en su proyección sobre el entorno como en su articulación interna; calificarlos a ambos, indistintamente, de colonias es un error que sólo provoca confusiones y malas interpretaciones.

En el modelo urbano que implica lo que aquí consideramos como colonia es claro que una parte importante de la población tiene que dedicarse a la agricultura, tanto para producir el alimento suficiente para el sustento de la comunidad y la producción de excedentes asimismo comercializables como porque la tierra es un elemento importante para la definición de los círculos dirigentes; es inconcebible una ciudad antigua que no disponga de tierra suficiente para autoalimentarse y, por lo que sabemos de Fenicia, el cuidado de la tierra y su eficiente gestión preocupó siempre a los poderes, siquiera desde el punto de vista del abastecimiento de la población. Por consiguiente, el modelo colonial fenicio lleva implícita la ocupación de tierra con fines agrícolas, más allá de que, con el tiempo, procesos expansivos de fenicios ya establecidos en diversas áreas, tiendan también a ocupar áreas de interés desde el punto de vista agrícola. Posturas maximalistas que niegan intereses agrícolas en una parte de la expansión fenicia parecen ignorar que la ciudad antigua necesita tierras como elemento constitutivo de su esencia pero ello no quiere decir que no haya otros establecimientos que tengan como objetivo prioritario el comercio; del mismo modo, y como ocurría en las propias ciudades de Fenicia, también el comercio era

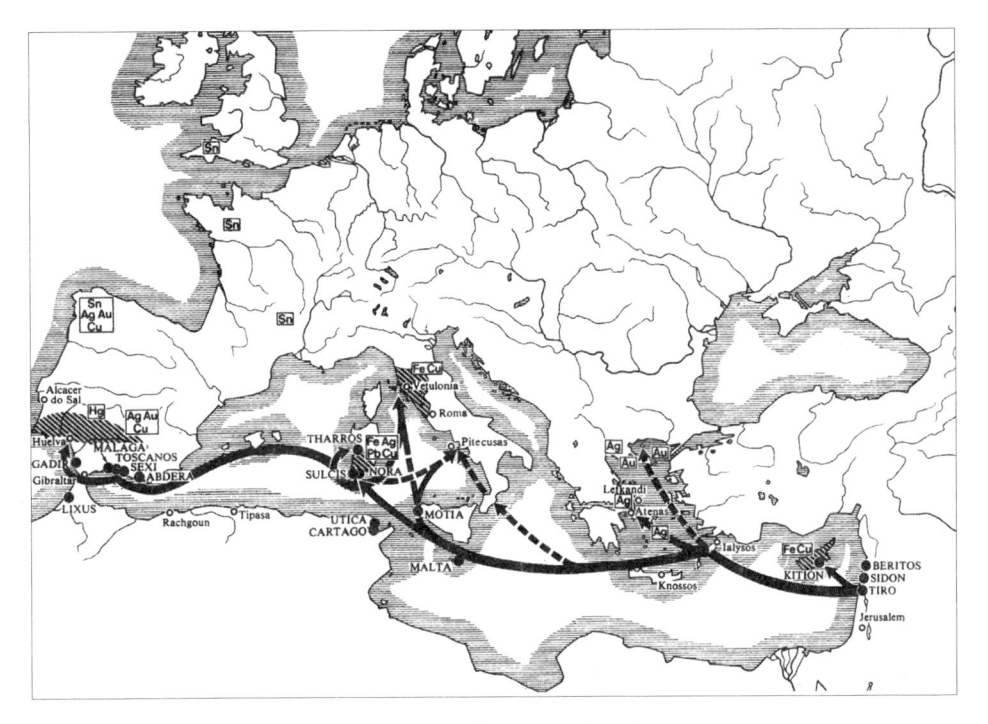

[Fig. 2] La expansión fenicia por el Mediterráneo

una actividad de gran interés, imprescindible casi, para los círculos aristocráticos de las colonias. Así, comercio, artesanía y agricultura que habían formado la base económica de las ciudades de Fenicia serán también las actividades que desarrollarán las colonias que los fenicios fundaron. Veremos cómo todas ellas tienen cabida en la Península Ibérica. En cuanto a la cronología del proceso, aludiremos a ella en el siguiente apartado, cuando hablemos de los hitos de la expansión.

II.1.3 Los hitos de la expansión

Los fenicios iniciaron su expansión por el Mediterráneo, en mi opinión, según un proyecto en el que sin duda hubo una cierta planificación pero en el que también se fueron introduciendo modificaciones según fueron adquiriendo un mejor conocimiento de las realidades con las que se iban encontrando. En este proceso juegan su papel tanto el deseo de establecer sólidos puntos de control e, incluso, colonias, en territorios próximos a Fenicia como el de realizar exploraciones a larga distancia; así, y aun cuando podamos observar un proceso en el cual los sitios más cercanos son el primer objeto de atención, no podemos perder de vista que, en esos mismos momentos, los fenicios pueden estar iniciando exploraciones y contactos en territorios mucho más alejados. Ambos procesos pueden estar sucediendo de forma simultánea puesto que responden a los múltiples intereses de los círculos dirigentes fenicios que están implicados, al mismo tiempo, en empresas de diferente tipo y que afectan a muy diversos territorios.

Por otro lado, y lo apuntábamos antes, un serio problema que tenemos es el relativo a las ciudades que participan en el proceso comercial y colonial; como veíamos, hay una tendencia a atribuir a Tiro, casi en exclusiva, este proceso. Serán algunos de los establecimientos fundados por Tiro los que, con el tiempo, se convertirán en ciudades de gran importancia y relevancia, como ocurrirá con Cartago o con Gadir. Sin embargo, resulta difícil pensar que otras ciudades, sometidas a los mismos condicionamientos que esta ciudad, y organizadas de forma similar, no hubiesen intervenido en este proceso. En ocasiones, y para intentar responder a este dilema, algunos autores han supuesto que Tiro, y tal vez antes que ella Sidón podrían haber encabezado alianzas de tipo hegemónico que habrían dirigido el proceso permitiendo la intervención de gentes de otras ciudades; el motivo de estas construcciones viene dado, como apuntábamos, por el amplio radio de acción de este proceso de expansión que hace que sea difícil pensar que sólo una ciudad puede haber sido responsable, en todos sus pasos, del mismo. Lo cierto es que tenemos pocos datos para pensar que este tipo de alianzas o "ligas" puedan haber existido y, en cambio, lo que las fuentes, en especial las asirias, nos muestran es que cuando estos últimos inician su política de imposición de su soberanía sobre la costa mediterránea, cada ciudad actuó por su propia cuenta. Lo más que podemos decir es que, en ocasiones, parecen haber existido reyes que han ejercido su autoridad sobre más de una ciudad, como parece haber sido el caso, entre otros, del rey Luli que parece haber sido rey de Tiro y de Sidón y cuyo enfrentamiento con Senaquerib en el 701 le forzó a la huida. No es improbable que los asirios hayan favorecido, en ocasiones, estos comportamientos para premiar a reyes vasallos más leales otorgándoles autoridad sobre ciudades o dinastías menos leales pero en cualquier caso las relaciones entre las distintas ciudades fenicias han debido de conocer gran cantidad de altibajos.

Este tipo de comportamiento lo observamos, incluso, en uno de los últimos episodios que tenemos atestiguados dentro de la historia fenicia, cual fue la conquista de Alejandro Magno; durante ella, cada ciudad buscó su medio de adecuarse a las demandas que el macedonio imponía, y mientras que la mayoría de ellas abrieron las puertas al conquistador, Tiro decidió resistir. Un comportamiento semejante es el que se atestigua durante los varios siglos en que los asirios fueron imponiendo, paso a paso, su autoridad sobre esas mismas ciudades y es posible que la ocupación persa del territorio siguiese los mismos mecanismos; de hecho, cuando a mediados del siglo IV se produjo una revuelta contra Artajerjes III de las satrapías occidentales, la ciudad de Sidón participó en ella, lo que le valió una fortísima represión que no hizo sino favorecer los intereses de su rival Tiro.

En el momento actual, y a falta de otro tipo de fuentes, un buen medio para intentar establecer la identidad de las gentes de origen fenicio que se están desplazando por el Mediterráneo sería el análisis detallado de elementos significativos de la cultura material; no obstante, ello implicaría disponer de elementos diagnósticos en las ciudades fenicias que pudieran servir de elemento de comparación a los restos que se fuesen hallando en distintas áreas mediterráneas. Sin embargo, el conocimiento arqueológico de las ciudades fenicias es bastante deficiente lo que impide que estas comparaciones se puedan establecer con certeza; en cualquier caso, la situación que se observa en los puntos de destino permite sugerir que las gentes que se están moviendo presentan una importante heterogeneidad, reflejada en diferentes tradiciones cerámicas, diferencias en los rituales funerarios observables, quizá predilección por unos dioses sobre otros e, incluso, diferentes intereses económicos en las áreas de destino, en relación con las necesidades de las ciudades que los envían. Ésta sigue siendo una de las asignaturas pendientes de la historia del mundo fenicio, puesto que sólo cuando podamos articular cómo interactúan las diferentes ciudades y cómo estos intereses juegan en la expansión comercial y colonial podremos hacernos una idea más cabal de todo el proceso.

Veamos, pues, los hitos de la expansión y la cronología probable de la misma.

II.1.3.1 Chipre

Las relaciones de las ciudades costeras de la franja sirio-palestina con Chipre habían sido muy intensas durante el segundo milenio a.C. debido, en parte, a la proximidad de la isla a ese territorio siendo, incluso, visibles entre sí en determinadas épocas del año y, en parte también, a la riqueza en cobre de Chipre, hasta el punto de que la misma se configuró como uno de los principales abastecedores de este metal para todo el Mediterráneo oriental. Los análisis de isótopos de plomo realizados sobre los varios centenares de lingotes de cobre hallados en el ya mencionado pecio de Uluburun, hundido a finales del siglo XIV a.C. muestran que la inmensa mayoría de ellos procedía de diferentes distritos mineros de Chipre (entre ellos los del área de Nicosia-Larnaca, pero sobre todo los de la zona de Nicosia y Ayios Dimitrios-Kalavassos); asimismo, análisis realizados sobre restos de cobre hallados en Ras Ibn Hani, que dependía de Ugarit, confirman su procedencia chipriota; por fin, también la mencionada documentación epigráfica procedente de Ugarit confirma las relaciones entre la ciudad cananea y el Reino de Alashiya que, sin ningún género de dudas, y a pesar de algunas objeciones planteadas en ocasiones por algunos autores, hay que ubicar en la isla de Chipre.

Chipre recibió con fuerza el impacto de los movimientos de los Pueblos del Mar y en la isla se establecerán en esos siglos confusos tanto gentes de procedencia egea como otras de origen cananeo; es probable que las relaciones entre la isla y las costas de Cilicia y de la franja sirio-palestina no se hayan interrumpido de forma permanente durante ese periodo y el ya mencionado relato de Wen-Amon acaba, en su parte conservada, con la estancia del viajero egipcio en la isla, donde es salvado de morir por la reina de Alashiya.

Por consiguiente, la isla de Chipre debió de seguir integrada durante los siglos XII y XI en las redes comerciales de alcance regional que unían la costa fenicia con Egipto y con las áreas costeras de los principados del norte de Siria y del sur de Anatolia, en buena medida porque uno de los principales productos de la isla, el cobre, seguía siendo muy demandado en todas esas regiones. El debate cronológico, siempre presente en esas tempranas épocas, y en los últimos tiempos adobado con las aportaciones que la dendrocronología y las fechas de carbono 14 ha introducido en el mismo, hace que los diferentes esquemas temporales hayan entrado en colisión y, lo que es peor, que se tomen datos procedentes de varios de ellos para introducir más confusión en el mismo. Según las cronologías tradicionales, la presencia fenicia en Chipre cristalizaría hacia mediados del siglo IX a.C. con la fundación de Kition, cuyo nombre oficial quizá fuese *Qrt-Hdsht*, la ciudad nueva, nombre que la equipara con la algo posterior y mucho más famosa ciudad del mismo nombre establecida en la costa tunecina y que nosotros conocemos con el nombre de Cartago. En todo caso, sigue habiendo dudas acerca de la identificación de la ciudad de Kition, bien conocida desde el punto de vista arqueológico con ese nombre que aparece mencionado, sobre todo, en testimonios epigráficos, en especial una dedicatoria aparecida en Limasol en la que el gobernador de esa Cartago, hace una ofrenda en la segunda mitad del siglo VIII al Baal del Líbano.

La presencia fenicia en Chipre, sin duda anterior a la mitad del siglo IX, había tenido como objetivo prioritario la obtención de cobre pero, al mismo tiempo, la isla había sido una cabeza de puente excelente para el despliegue de los intereses fenicios en las mencionadas costas meridionales de Anatolia en las que la lengua y el alfabeto fenicio empiezan a ser utilizados en inscripciones reales, en un área en la que no era ésta la lengua por lo común empleada por la población.

La inmensa mayoría de los estudiosos coincide en señalar el cambio que supone en la dinámica de los centros costeros fenicios el paso dado con la fundación de Kition, puesto que significaría una intensificación de los contactos mantenidos con anterioridad y que habrían implicado en el mejor de los casos tan sólo desplazamientos de pequeños grupos de individuos para gestionar las necesidades de las ciudades fenicias. Los restos arqueológicos excavados en Kition incluyen un santuario, en Kathari, reconstruido a mediados del siglo IX a.C. sobre los restos de un santuario que había estado activo durante el segundo milenio, y que es uno de los testimonios más antiguos de la nueva fundación fenicia; del mismo modo, otros complejos como el de Bamboula, que incluía templos de Melqart y Astarté, así como otras áreas sacras y funerarias apuntan a la consolidación de la nueva ciudad fenicia. Parece que, a juzgar sobre todo por la cercanía de Kition a su metrópolis, con gran probabilidad Tiro, ésta va a ejercer un control directo sobre aquella mediante el nombramiento de un gobernador dependiente del rey que, en época de Luli (segunda mitad del siglo VIII a.C.), habría protagonizado una revuelta para librarse de esa autoridad. Sea o no Kition la misma ciudad que la Cartago de Chipre, la existencia de ciudades fenicias organizadas como tales en la isla hay que verla, en efecto, como el resultado de las nuevas inquietudes de los círculos reales y aristocráticos de las ciudades fenicias que van a optar por el desplazamiento de una parte de la población residente en ellas para que reproduzcan unas determinadas condiciones de vida en beneficio de sus intereses económicos. El dominio político del que, con el tiempo, tratarán de sacudirse los afectados por él, muestra cómo en un primer momento las autoridades tirias no tenían intención alguna de perder de vista el desarrollo y las actividades de sus súbditos desplazados a ultramar. El ulterior desarrollo de este mecanismo, y las distancias implicadas, harán imposible el mantenimiento de este modelo, que quizá sea sustituido por otro en el que se reconozca una cierta primacía de la autoridad de los dioses e, incluso, una serie de obligaciones rituales (y económicas) con respecto a los santuarios metropolitanos.

II.1.3.2 El Egeo y Creta

A juzgar por el papel que desempeñará Chipre en el ulterior proceso comercial y colonial fenicio, no podemos dudar de lo relevante que resultó la fundación de las primeras colonias en dicha isla; aprovechando las infraestructuras que la isla ofrecía y los contactos con las poblaciones ya establecidas en ella, de un carácter sin duda multicultural, los fenicios, antes incluso de su establecimiento, habían iniciado la exploración de las costas que se asomaban al Egeo así como la gran isla de Creta que actuaba de límite meridional de ese ámbito. Ya durante el segundo milenio, como veíamos antes, ese entorno había mantenido importantes relaciones con las costas sirio-palestinas aun cuando los episodios que se desencadenaron a partir del 1200 a.C. habían provocado dificultades en esa relación. Es difícil saber con certeza cuándo se produce la recuperación de los contactos, pero no es improbable que, en algunas zonas como la isla de Eubea, el siglo X a.C. marque ese fenómeno. En las excavaciones de Tiro han aparecido algunas decenas de cerámicas de posible origen eubeo que pueden datarse en el siglo X a.C., aun cuando en los últimos tiempos sus fechas concretas oscilan a la sombra del interminable debate cronológico; casi todos los estudiosos admiten que esas cerámicas han debido de llegar hasta Fenicia en las bodegas de barcos de ese origen y no en las de barcos griegos. Sea como fuere, muestran la existencia de contactos entre el Levante y el Egeo en unos momentos bastante tempranos, en los que los comerciantes fenicios están explorando las costas anatolias, por supuesto la isla de Chipre y están prospectando en Egeo en busca de recursos, ya sea plata, oro, hierro u otros artículos menos precisables. Al mismo tiempo, en la isla de Eubea, en Lefkandí, se producía un enterramiento doble de gran empeño y suntuosidad en el que había varios objetos de procedencia chipriota y oriental, todo lo cual exhibe unos niveles de riqueza únicos en la Grecia del momento. Esa tumba se convirtió en el centro de una necrópolis que creció a su alrededor y que muestra también objetos de gran suntuosidad de origen fenicio y egipcio. Para explicar esa riqueza se han sugerido varios mecanismos, incluyendo la posibilidad de alianzas entre las élites de Lefkandí y de Tiro que facilitarían la circulación de mercancías entre ambos ámbitos. Las relaciones entre los fenicios y los eubeos debieron de ser bastante intensas a juzgar por la posibilidad, cada vez con más visos de verosimilitud, de que fuese en esta isla griega en la que se produjo la adaptación del alfabeto fenicio para dar lugar al griego. En el siglo VIII es probable que los griegos de Eubea hayan establecido un primer punto de recalada en las márgenes del mundo fenicio y también resulta casi seguro que fenicios y quizá también gentes procedentes de áreas periféricas hayan participado en una de las primeras empresas coloniales griegas en Occidente, la ciudad de Pitecusas. No hay, por el momento, indicios de presencia física de residentes fenicios en Eubea pero también es cierto que el conocimiento arqueológico de los siglos X al VIII en la isla no es todo lo amplio que desearíamos. El área eubeo-ática era de interés porque en la zona se hallaban las minas de plata del Laurión que habían sido objeto de explotación ya durante la Edad de Bronce y que, sin duda, seguían siendo explotadas en estos momentos.

Sí parece haber habido una presencia fenicia más destacada en la isla de Rodas, quizá a través del intermediario chipriota, mucho más clara durante el siglo VIII cuando en la isla parece haber habido instalaciones dedicadas a la fabricación de vasos en fayenza de tipología oriental; también algunas tradiciones literarias griegas (por ejemplo, el mito de Cadmo) aluden a las relaciones de Rodas con el mundo fenicio que han sido, en todo caso, bastante intensas a lo largo de toda la historia, como corresponde a una isla que era punto obligado de paso para cualquier nave que desde el Egeo pretendiese ir hasta el Levante mediterráneo y viceversa. Otro punto del Egeo donde las tradiciones griegas situaban a los fenicios era en la isla de Tasos, en la parte más septentrional del mismo y afamada por la riqueza de sus recursos mineros y cerca de las importantísimas minas de oro del monte Pangeo. En este caso no hay testimonios arqueológicos de una presencia antigua fenicia pero ello no impide pensar que exploradores fenicios se hubiesen internado en esas aguas, desde posibles bases situadas más al Sur (incluyendo la propia isla de Eubea o el ámbito beocio, en el que también tuvo mucha fuerza el mito de Cadmo, príncipe fenicio hermano de Europa) en busca de metales.

El límite meridional del ámbito egeo lo constituye la isla de Creta, que servía de punto de recalada estratégicamente situado para naves que, procedentes de Egipto, intentasen bien proseguir la navegación más hacia Occidente, bien retomar la ruta septentrional para, a través de la isla de Citera, adentrarse en el Egeo. Diversas áreas de la isla atestiguan los intereses fenicios en la misma, como el puerto de Kommos, en la costa meridional donde se halló una capilla con tres betilos dentro de un santuario, datable a fines del siglo IX a.C. o poco después y que puede atribuirse bien a influencia fenicia o, quizá, a la propia presencia fenicia en la región. En el área de Kommos, que ya en época minoica había funcionado como el puerto del palacio de Festo y era uno de los mejores puertos de toda la costa meridional de Creta, se detecta la presencia de gentes orientales ya desde finales del siglo X a.C. que pueden haber usado la zona como simple punto de recalada en sus viajes hacia otros destinos; más adelante parece detectarse la presencia de artesanos de origen fenicio residentes en Creta y su influencia se dejaría notar, por ejemplo, en las técnicas del trabajo en bronce, en especial las empleadas en la fabricación de un conjunto de escudos votivos que fueron depositados en la gruta del Monte Ida durante el siglo VIII a.C. Un dato de interés también es que en Kommos se reunían gentes de muy diferentes partes de Grecia involucrados en el comercio con Oriente Próximo. A partir del siglo VII esas influencias orientales en Creta se van difuminando porque las relaciones de los fenicios de Oriente con Occidente siguen otras rutas de navegación.

II.1.3.3 El Mediterráneo central

En el Mediterráneo central podemos distinguir varias áreas pero mencionaremos sobre todo, tres: la isla de Malta, las costas del mar Tirreno y Sicilia. Por lo que se refiere a Malta, la presencia fenicia en ella es hasta cierto punto tardía no pareciendo anterior, en el momento actual de las investigaciones, a los momentos finales del siglo VIII a.C.; ello se debe, con bastante probabilidad, a que la isla no formó parte de las rutas más tempranas que conducían hacia Sicilia y el norte de África aun cuando en un segundo momento, ubicable a fines del siglo VIII, con el desarrollo de diversas rutas que complementaron las rutas iniciales, Malta jugaría su papel. Esta presencia fenicia se puede observar, por ejemplo, en la erección de un santuario dedicado a la diosa Astarté en Tas Silg, en el sudeste de la isla de Malta, que parece surgir de fines del siglo VIII a los inicios del siglo VII, reaprovechando estructuras megalíticas de culturas previas. Se halla controlando un área portuaria de excelente calidad, aun cuando el hábitat más próximo parece haber estado a unos doce kilómetros del mismo, en la zona de Rabat. No debe extrañar la importancia que asumirá este santuario extraurbano dentro del esquema fenicio de Malta porque, como veremos, también los fenicios que se establezcan en Gadir harán uso de un esquema parecido. Otros restos hallados en Malta marcan la importancia del establecimiento fenicio hasta la conquista romana durante la Segunda Guerra Púnica, siendo empleado por tratarse de un puerto seguro ubicado en altamar (Diod., V, 12, 1-4).

La presencia fenicia en aguas del Tirreno es de las más antiguas que tenemos atestiguadas en el Mediterráneo central, a juzgar por los restos materiales y de otra índole. Uno de los primeros testimonios del interés fenicio por esos territorios lo proporciona un controvertido epígrafe que se halló en Nora, en la costa meridional de Cerdeña. Nora era, según Pausanias (x, 17, 5) y Solino (IV, 1-2) la fundación fenicia más antigua de Cerdeña. El epígrafe, que se data entre fines del siglo IX e inicios del siglo VIII a.C. parece ser una ofrenda de agradecimiento de unos navegantes que han arribado a ese territorio quizá por vez primera; la divinidad que figura como receptora de esa ofrenda es el dios Pumay, un dios de origen chipriota que los fenicios establecidos en la isla acogieron pronto en su panteón. La mención a esa divinidad sugiere que los fenicios asentados en Chipre pudieron haber intervenido, solos o en compañía de los de otra procedencia, en los primeros viajes emprendidos a la isla sin que, de momento, podamos afirmar que se ha producido un asentamiento permanente.

Los hallazgos arqueológicos confirman un temprano interés fenicio en los recursos naturales de Cerdeña y, en este sentido, son importantes los hallazgos en la localidad de Sant'Imbenia, en la costa noroccidental de la isla, donde se pueden observar las relaciones que allí mantienen los fenicios con los indígenas nurágicos de los que obtienen metales pero, tal vez, también derivados agrícolas a juzgar por la existencia de ánforas elaboradas allí mismo aunque siguiendo prototipos fenicios; estas actividades se desarrollan entre los años finales del siglo IX y la primera mitad del siglo VIII; la isla de Cerdeña había estado muy vinculada también al Mediterráneo oriental durante el segundo milenio y las tradiciones broncísticas de las poblaciones nurágicas de la isla están bien atestiguadas merced a la gran cantidad de figuras realizadas en este metal que se han recuperado. No será, sin embargo, esa la parte de la isla en la que se produzcan los primeros asentamientos permanentes, sino que éstos aparecerán en las costas suroccidentales, siendo uno de los que más informaciones tempranas ha proporcionado el de Sulci, ubicado en la isla de Sant'Antioco, adyacente a la costa sarda. Allí el asentamiento fenicio tiene lugar a lo largo de la segunda mitad del siglo VIII y pronto surgirán en tierra firme toda una serie de puntos vinculados a la actividad urbana de ese nuevo centro; de entre ellos destacará desde muy temprano Monte Sirai, que parece marcar el límite oriental del territorio sulcitano, controlando las ricas tierras del entorno y quizá previniendo eventuales ataques de la poblaciones indígenas. Es probable que la primera ocupación de Sulci abarque un área extensa o, acaso, diferentes núcleos, a juzgar por los hallazgos de una necrópolis contemporánea del asentamiento en Sant'Antioco, aunque con algunos restos que parecen ser algo anteriores a los más antiguos hallados en el núcleo urbano; se trata de la de San Giorgio di Portoscuso, en tierra firme y a seis o siete km. de Monte Sirai.

La temprana presencia en Cerdeña de navegantes fenicios que, sin demasiadas infraestructuras aún, van a la búsqueda de metales al tiempo que van explorando las posibilidades de otro tipo de esos territorios, va a determinar que también las costas de la Península Italiana sean visitadas por estos prospectores. No obstante, los documentos arqueológicos como algunas copas o cuencos de plata o, incluso, de oro (Francavilla Marittima, Cerveteri, Vetulonia, Preneste, etc.) datados en el siglo VIII sugieren regalos diplomáticos para favorecer transacciones ulteriores. No son, sin embargo, demasiados numerosos los datos; una presencia fenicia, unida o no a gentes de la Siria del Norte de lengua aramea, parece bastante cierta en el establecimiento de Pitecusas, que fue fundado por los eubeos en la isla de Ischia hacia el 770 a.C.; los restos arqueológicos e, incluso, epigráficos certifican que, al menos, durante la segunda mitad del siglo VIII gentes orientales han residido en el centro griego y han sido enterrados en su necrópolis. A través de la mediación de estas gentes pueden haber llegado a las costas de la Península Italiana algunos de esos objetos que hemos mencionado pero también otros menos costosos, como escaraboides llamados del Tañedor de Lira y algunas cerámicas. Las relaciones de este centro con Cartago y también con otros puntos tocados por los fenicios, incluyendo la Península Ibérica, parecen fuera de duda.

El último ámbito que quiero mencionar viene constituido por la isla de Sicilia. Sobre la presencia fenicia en la misma hay un pasaje del historiador griego Tucídides (VI, 2, 6) que ha dado lugar a mucha controversia y a múltiples interpretaciones, en el que dicho autor asegura que antes de la llegada de los griegos los fenicios habían ocupado todos los promontorios y pequeñas islas alrededor de Sicilia para comerciar con los Sículos; más adelante, y tras la llegada masiva de aquéllos se concentraron en Motia, Solunto y Panormo, esto es, en la parte occidental de la isla desde donde la distancia de Cartago era menor. Para esos primeros establecimientos dispersos por las costas de Sicilia no disponemos de datos, aun cuando alguna pieza de cerámica fenicia y algún otro objeto han aparecido de forma esporádica en algunos yacimientos sicilianos; no es improbable que la isla fuese utilizada en las navegaciones que se dirigían más hacia Occidente, donde han aparecido datos arqueológicos más antiguos y donde la propia tradición griega sitúa buena parte de los objetivos de las navegaciones fenicias (Diod., V, 35). En cualquier caso, el texto de Tucídides aporta una coherencia histórica a lo que no sería más que la sucesión de intereses diferentes de los fenicios con respecto a la isla, dando a entender una primera etapa de navegaciones costeras, sin demasiadas escalas estables y, en todo caso, en las que los fenicios no tendrían soberanía y un segundo momento en el que se procede al establecimiento de ciudades. Es un proceso que, como hemos visto, parece haberse dado también en Cerdeña aunque en esta isla en un momento algo anterior a Sicilia. En la isla de Motia, situada a un kilómetro de distancia de la costa occidental de Sicilia, los restos más antiguos de un establecimiento fenicio se datan en la segunda mitad del siglo VIII. La ciudad acabaría ocupando toda la isla y, con seguridad, también parte de la tierra firme opuesta en donde también se situó la necrópolis principal una vez que la densidad de población de la isla hizo aconsejable este traslado. Restos de un santuario, el *tophet*, la muralla y cisternas cultuales fueron construidos a lo largo de la historia del sitio. No sería improbable que el primer establecimiento en la isla hubiese tenido un carácter más de tipo comercial y de apoyo a la navegación pero lo cierto es que al cabo de no demasiado tiempo Motia se convirtió en una auténtica ciudad. De las otras dos ciudades, Panormo y Solunto apenas conocemos nada para sus fases más antiguas pero también quedan claros, en especial en la primera de ellas, los intereses agrícolas, junto con su emplazamiento, que dictaron su ocupación, puesto que desde su amplia ensenada se controla una de las llanuras más ricas y fértiles de todo el Mediterráneo central, la Conca d'Oro, que fue objeto de intensa explotación a lo largo de la historia de la ciudad.

II.1.3.4 EL NORTE DE ÁFRICA

El norte de África es un ámbito geográfico que no presenta un aspecto unitario habida cuenta su gran extensión y las distintas condiciones que cada una de las diferentes áreas presenta. Además de Cartago, las fuentes clásicas mencionan varias ciudades fundadas por los fenicios, tales como Útica, Hipona, Hadrumeto o Leptis. De todas ellas, la que los propios autores clásicos consideraban más antigua era Útica, que habría surgido poco después de Gadir que para muchos de estos autores era la fundación fenicia más antigua de Occidente. La mayor parte de los datos que nos hablan del establecimiento de estas ciudades son bastante tardíos, y proceden de épocas en las que ya existían como ciudades. El hecho de que los conocimientos arqueológicos de que disponemos no sean todo lo precisos que nos gustaría impide conocer si surgieron ya como ciudades o, por el contrario, si establecimientos de tipo diverso pudieron haber dado lugar, con el paso del tiempo, a formaciones urbanas; otro problema arqueológico es el de la práctica total ausencia de datos que nos sitúa en en el siglo VIII a.C. o antes, lo que hace difícil o imposible confirmar, en muchos casos, que existieran en las épocas en las que los fenicios estaban diseñando su esquema de explotación en el extremo Occidente. De cualquier modo, y si al menos como hipótesis quisiésemos aceptar la realidad de un establecimiento fenicio antiguo en esas costas, podemos observar que jalonan una ruta, la norteafricana, de interés para las navegaciones hacia (o desde) la Península Ibérica y es posible que su función inicial haya sido, además del intercambio con las gentes locales, apoyar esas navegaciones hacia el océano.

El caso de Cartago presenta problemas propios de los que no los menos importantes derivan del extraordinario futuro papel que la ciudad jugaría en la historia ulterior del Mediterráneo antiguo; será la importancia que, como rival y luego enemiga, tendrá para los griegos y los romanos, la que ha hecho que los autores antiguos hayan prestado tanta atención a los diversos aspectos de su historia, lo que contrasta de forma notable con la casi total ausencia de informaciones de que disponemos para otras fundaciones fenicias. Poseemos varias noticias que narran una historia parecida pero de formas diferentes, según las cuales la fundación de Cartago se habría producido como consecuencia de la huida de Tiro de Elisa, a la que los romanos llamarían Dido, tras el asesinato por obra de su propio hermano el rey Pigmalión, de su esposo y tío materno, Acerbas, sacerdote de Melqart, el dios principal de Tiro, para arrebatarle sus riquezas. Elisa espera la ocasión propicia para abandonar Tiro con las riquezas de su esposo y con un séquito de fieles seguidores se hace a la mar; tras pasar por Chipre donde se une a la expedición el sacerdote de Astarté y donde Elisa ordena raptar a ochenta jóvenes vírgenes consagradas a esa diosa, llega a Libia, en concreto a la bahía de Túnez, sin tanteos ni vacilaciones. Allí, mediante un acuerdo con los nativos, en el que hay también una cierta dosis de engaño, se hace con un territorio en el que edifica un primer establecimiento, llamado Birsa, que poco después se convertirá en ciudad por el acuerdo de todos, nativos incluidos. Cuando el rey libio Hiarbas pide la mano de la reina, ella se da muerte; en la versión que popularizó el poeta Virgilio en su *Eneida*, la muerte de Dido ocurriría cuando Eneas, que ha recalado en Cartago, decide proseguir su ruta hacia Italia donde sus descendientes fundarán Roma (Justino, XVIII, 4-5; Virgilio, *Eneida* IV, 630-705). Se trata, sin duda, de un relato que ha sido embellecido por la leyenda y que ha sufrido una fuerte influencia grecorromana en su transmisión, pero a pesar de ello la mayoría de los historiadores reconocen la existencia de un núcleo duro en dicha tradición que puede corresponder a la percepción que los propios fenicios de Cartago tuvieron acerca del origen de su ciudad. En el relato quedan claras las relaciones mutuas existentes entre los círculos religiosos y políticos de la ciudad así como la existencia de conflictos entre estos círculos dirigentes; sea como fuere, el relato muestra cómo Cartago, es decir, *Qrt-hdsht*, la Ciudad Nueva surge a partir de una sección de la propia metrópolis, encabezada por un miembro de la familia real así como por miembros de los círculos dirigentes, llamados en el relato de Justino "senadores" y por ciudadanos libres. Queda también clara la relación con Chipre, que la leyenda fundacional se preocupa de aclarar, así como las relaciones con los nativos. Del mismo modo, la leyenda recoge la primacía en el área de Útica, lo que sugiere que esta última puede que no fuese una ciudad en la época en la que surgió Cartago sino, en el mejor de los casos, un pequeño establecimiento de carácter comercial, encargado también de apoyar las navegaciones de otras naves fenicias en sus rutas hacia Sicilia y el Tirreno y hacia Occidente; de cualquier modo, el hecho de que los expedicionarios bajo el mando de Elisa accedan sin ningún tanteo previo al lugar definitivo del asentamiento sugiere que los primeros fenicios que habían explorado la región habrían aportado informaciones detalladas sobre el mejor sitio posible para fundar una colonia; sobre este asunto reflexionaremos más adelante al abordar la fundación de Gadir. Sobre las relaciones con Tiro, quizá nos dé una pista la información de Diodoro Sículo (XX, 14, 1-2), según el cual los cartagineses enviaban a Tiro el diezmo de sus ganancias anuales como ofrenda a Melqart lo que, de ser cierto, sugiere que existía un vínculo más de carácter religioso que político, no tanto con la ciudad como tal, como con su protector, que era también el protector de la colonia; en cualquier caso, Quinto Curcio Rufo (IV, 2, 10) menciona también la existencia de embajadas de Cartago a Tiro para celebrar el aniversario de la fundación.

El propio relato de la fundación de Cartago recoge también un proceso de organización del espacio extendido a lo largo del tiempo, puesto que primero se alude al establecimiento de Birsa y sólo más adelante se considera fundada la ciudad; este último fenómeno tendría lugar una vez cumplidos todos los requisitos rituales y dispuesto el territorio necesario para poder aportar el sustento a la nueva fundación. Frente a la opinión de algunos investigadores, que señalan la especificidad del caso cartaginés, tengo la impresión de que, por el contrario, Cartago nos aporta informaciones no sólo válidas para esa ciudad, sino que los mecanismos que muestra deben de haber sido los usuales entre las colonias establecidas por los fenicios en las costas mediterráneas; la diferencia es que de todas ellas sólo Cartago alcanzó una proyección política tan intensa como para llamar la atención de forma destacada de los historiadores grecorromanos. Su importancia y su poder la convirtieron en objeto de estudio y, merced a ello, conservamos el relato novelado de su fundación. Aunque ya desde los primeros momentos de vida Cartago se revela como una ciudad importante, no será hasta bastante tiempo después cuando esta ciudad muestre una proyección imperialista de un nivel no atestiguado en ninguna de las restantes fundaciones fenicias; como ocurre en otros casos, es el éxito posterior el que debe ser justificado con una historia que, ya desde sus inicios, trate de demostrar que venía predeterminado por una serie de circunstancias especiales. Es función del historiador, sin embargo, tratar de devolver el análisis histórico a sus justos términos.

Según la tradición literaria la fundación de Cartago habría tenido lugar en algún momento del último cuarto del siglo IX a.C., siendo la fecha del 814 a.C. la que más predicamento ha tenido entre los estudiosos del tema; las excavaciones arqueológicas, sobre todo las más recientes, parecen haber llegado a niveles de esa antigüedad; recientes análisis en el *tophet* sitúan su inicio a principios del siglo VIII a partir de argumentos indirectos pero, en general, razonables y no es improbable que la aparición de esta importante área sacra corresponda a los propios inicios de la ciudad. En todo caso, y como diremos más adelante, no podemos perder de vista que resulta arriesgado intentar comparar cronologías arqueológicas con otras que, como las literarias, en especial para épocas muy remotas, se basan en otros criterios que no tienen relación alguna con los empleados para datar materiales y niveles arqueológicos. En cualquier caso, lo que las excavaciones recientes confirman es que durante los siglos VIII y VII Cartago ocupaba entre 40 y 55 hectáreas (la isla de Motia tenía 45 hectáreas, para que tengamos una idea de las escalas en que nos movemos) y a lo largo de ese periodo fueron apareciendo las necrópolis, el *tophet*, las murallas, instalaciones artesanales, etc.

En apartados posteriores aludiremos a la incidencia que Cartago tendrá en el desarrollo de la presencia fenicia en la Península Ibérica cuando la ciudad se convierta en una potencia imperialista con una gran influencia y, en último término, con capacidad de conquista (véase vol.I, II.4.1). Pero no adelantemos acontecimientos.

II.1.3.5 La Península Ibérica

El último ámbito de la expansión fenicia por el Mediterráneo y por el Atlántico lo constituye la Península Ibérica que, a su vez, servirá de punto de arranque a otro proceso expansionista por las costas atlánticas africanas. Si nos atenemos a la cronología que aportan los autores antiguos, a pesar de la distancia de la Península con relación a la zona de procedencia de los fenicios, este territorio habría sido de los primeros en ser visitados y colonizados; más adelante haremos alguna observación a este respecto. De cualquier modo, y a tenor de los hallazgos arqueológicos, sí parece que la presencia fenicia en la Península Ibérica se inicia en un momento bastante temprano, quizá durante la segunda mitad del siglo IX a.C. o tal vez algo antes según alguna propuesta reciente. Estamos en la misma época en la que se atestiguan contactos y relaciones de los fenicios con el ámbito nurágico de Cerdeña y también en las épocas en las que puede situarse la fundación de Cartago, que se ve precedida por el establecimiento (aún por definir) en Útica. Por consiguiente, un mismo marco cronológico en el que navegantes fenicios están surcando las aguas occidentales en busca de materias primas, pero están también atentos ante la existencia de lugares en los que, en caso de ser necesario, sería posible un asentamiento colonial. Cuando tratemos de la fundación de Gadir veremos cómo en el relato que conservamos se ejemplifican esos mecanismos.

II.1.4 Los primeros siglos de la presencia fenicia en Iberia (siglos VIII-VI a.C.)

Los autores antiguos, que tienden en ocasiones a simplificar y suelen tener predilección por los sitios más famosos y conocidos, ejemplifican buena parte de la más antigua presencia fenicia en la ciudad de Gadir, la cual no sólo era la más antigua ciudad fundada por los fenicios en Iberia sino también la que con más frecuencia aparecía en los textos literarios. Por ello, Gadir representaba para los antiguos el primer momento de esta presencia fenicia. Aun cuando trataremos más adelante del proceso de fundación de Gadir con algo más de detalle, quiero abordar aquí el problema cronológico general antes de seguir. En el momento presente hay dos gamas cronológicas, diferentes e irreconciliables, a pesar de algún meritorio intento, acerca de la fundación de esa ciudad y, por consiguiente, acerca del inicio de la presencia fenicia en la Península Ibérica. Una, es la derivada de las informaciones arqueológicas y la otra procede de los datos aportados por los autores antiguos. Mientras que la primera, en el momento actual, suele situar el inicio de la presencia fenicia en la Península en torno al último cuarto del siglo IX a.C., momento al que correspondería Gadir, pero quizá también otros establecimientos como Chorreras o el Morro de Mezquitilla, la datación derivada de la tradición literaria tiende a situarla en un momento bastante más antiguo. No insistiremos aquí en la tradición representada por el Antiguo Testamento y sus referencias a Tarsis y las "naves de Tarsis" puesto que ya nos hemos referido a ella páginas atrás (véase vol.I, II.1.2); aunque en ella no se alude a fundaciones en sentido estricto, la periodicidad de esas navegaciones sugeriría que ya para el siglo X a.C. los fenicios estarían surcando las aguas del Mediterráneo occidental y, tal vez, incluso las de la Península Ibérica. Sin embargo, y a pesar de los brillantes argumentos avanzados por diferentes autores, esos viajes, cuya existencia no creo que haya que poner en duda, habría que retrasarlos en el tiempo, al menos, uno o dos siglos a juzgar por los conocimientos actuales.

Otra tradición, que ha gozado de gran predicamento, es la representada por Veleyo Patérculo, un autor de época imperial romana que da una fecha para la fundación de Gadir que, traducida a nuestros términos, la situaría en torno al año 1110 a.C., esto es, en algún momento del final del siglo XII a.C. Hubo un viejo debate, que aún continúa, en el que los defensores y los detractores de la misma han hecho gala de gran ingenio en sus argumentaciones respectivas; incluso, cada nuevo hallazgo arqueológico que pueda elevar unos cuantos años las fechas hasta ese momento admitidas, es celebrado con gran regocijo por los partidarios de la fecha alta, porque ese lapso de tres siglos entre la cronología que aporta Veleyo y la de los materiales arqueológicos se acorta unos cuantos años. Este prosista cuenta, en síntesis (aunque muchos autores suprimen algunos pasajes de modo más o menos interesado) que "aproximadamente en el año octogésimo tras la caída de Troya y en el centésimo vigésimo de la subida de Heracles hasta los dioses, (…) en ese momento una flota tiria, que dominaba el mar, fundó Gades en el último extremo de Hispania, en el final más lejano de nuestro mundo, en una isla rodeada por el océano, separada del continente por un estrecho poco amplio. A una distancia de pocos años de ella, los mismos fundaron Útica en África." (Veleyo Patérculo, I,2,1-3). ¿Debemos dar credibilidad a la noticia de Veleyo?; si es así, ¿habría que creer también la relativa a la conversión en dios de Heracles? Los otros episodios que Veleyo incluye en esa fecha, ochenta años después de la guerra de Troya, son el retorno de los Heráclidas, la muerte de Codro y su sucesión por Medonte o la fundación de Mégara, episodios todos ellos que tienen un carácter mas legendario que real. Sin duda Veleyo tuvo acceso a una amplia gama de informaciones, que sitúa en un contexto cronológico heredado, y que tiene que ordenar de un modo coherente para sus lectores. El punto de referencia es la Guerra de Troya y, a partir de ahí se van sucediendo, con sincronismos forzados, toda una serie de acontecimientos, agrupados en generaciones.

No es casual que ochenta años equivalgan a "casi" (como el propio Veleyo dice) tres generaciones de veintiséis años o cuatro generaciones de 20 años, lo que sugiere que esas "cifras redondas" proceden de un cómputo por generaciones convertido en años *a posteriori*; no es improbable que Veleyo haya podido recoger alguna tradición que situaba la fundación de Gadir en un momento antiguo pero su ubicación en ese marco cronológico es tan arbitraria como situar la subida a los cielos de Heracles ciento veinte años antes de dicha fundación. El propio hecho de la guerra de Troya no deja de estar sujeto a controversias y su ubicación temporal no deja de ser problemática, en especial cuando se trata de cotejarla con el registro arqueológico de la ciudad. Para los antiguos, dicha guerra habría tenido lugar en torno a lo que para nosotros es el año 1190 a.C. año arriba, año abajo (aunque tampoco todos los autores antiguos coincidían en este fecha); a partir de ahí, restándole ochenta años, llegamos a la fecha que muchos consideran un dogma, el 1110 a.C. aproximadamente. Por la misma razón, el ascenso de Heracles a los cielos habría tenido lugar "exactamente" el 1230 a.C.; ¿aceptamos ambas fechas, sólo una o ninguna de ellas? Hemos de concluir, pues, por no alargar demasiado este análisis, que no hay base alguna para mantener la fecha de Veleyo para la fundación de Gadir y, por consiguiente, para el inicio de la presencia fenicia en la Península Ibérica. Esta idea de que la fundación de Gadir tuvo lugar poco después de la guerra de Troya también la encontramos en Estrabón (I, 3, 2). Una fuente de tipo semejante parece haber utilizado Plinio cuando asegura que "es memorable el templo de Apolo en Útica donde aún permanecen las vigas de cedro númida tal y como fueron colocadas en el momento mismo del origen de la ciudad hace 1178 años y en Hispania hay un templo de Diana en Sagunto que fue establecido allí por los fundadores del lugar, procedentes de Zacinto, doscientos años antes de la toma de

Troya" (Plinio, *NH*, XVI, 216). Como la *Historia Natural* de Plinio fue dedicada al emperador Tito el año 77 d.C., la fecha que resulta para la fundación de Útica sería el 1101 a.C. y, del mismo modo, la del templo de Diana de Sagunto habría que situarla hacia el 1390 a.C. Esta última fecha parece que nadie se atrevería a aceptarla pero, sin embargo, hay estudiosos que están dispuestos a prestar credibilidad a la fecha de la fundación de Útica hacia el 1101 a.C. cuando ambas derivan de un mismo esquema cronológico en el que no cabe aceptar unos datos y rechazar otros a conveniencia de quien los interpreta.

El mismo autor, en otro pasaje de su obra, asegura que "hay también una malva arbórea en Mauritania, en el *oppidum* de Lixus, sito sobre un estero, lugar donde antes estuvieron, según se cuenta, los huertos de las Hespérides, a 200 pasos del océano, junto al templo de Hércules, que dicen es más antiguo que el gaditano" (Plinio, *NH*, XIX, 63). Parece hoy día fuera de toda duda que Lixus debió de ser fundada desde Gadir, lo que hace difícil la posibilidad de que su fundación fuese anterior a la de su metrópolis; sin embargo, en la noticia de Plinio encontramos otra clave para interpretar la noticia, a saber, la referencia al Jardín de las Hespérides, uno de los temas míticos vinculados a Heracles, héroe que los griegos identificarán con el dios fenicio Melqart (Heródoto, II, 44). En la visión de Plinio, y de muchos otros autores antiguos, Heracles habría tenido que llegar hasta el extremo del mundo, hasta el océano, para coger las manzanas de ese jardín y habría dejado huellas tangibles de su paso, como las columnas que llevan su nombre; en un momento anterior a Plinio ese jardín se había ubicado en la propia Gadir pero cuando el mundo grecorromano accedió a un conocimiento mayor del Atlántico, y se llegó a saber que en Lixus había, como no podía ser de otro modo, un templo a Melqart, es decir a Heracles, los eruditos grecorromanos razonaron del siguiente modo: si en Lixus hay un templo a Heracles es porque el héroe lo ha consagrado y si lo ha hecho es porque en ese lugar se encontraba el Jardín de las Hespérides, de modo tal que su antigüedad tiene que ser mayor que la del santuario homónimo en Gadir. Como vemos, ese razonamiento, que para los antiguos tenía sentido, no tiene por qué tenerlo para nosotros que utilizamos otros elementos en nuestros razonamientos.

Con todo lo anterior, en lo que quiero incidir es que el establecimiento de las cronologías por parte de los antiguos se rige por unos mecanismos que poco o nada tienen que ver con los que nosotros empleamos; para los griegos y los romanos, las formas de aprehender el pasado pasaban por unos esquemas mentales e intelectuales distintos no ya de los nuestros sino, incluso, de los de otras culturas con una sólida tradición escrita como podría ser la propia fenicia. Aun cuando hay autores griegos y romanos que, en ocasiones, han empleado fuentes escritas fenicias, los procedimientos que unos y otros utilizan para medir el tiempo son muy diferentes y, en último término, los autores grecorromanos no podían acabar con un esquema cronológico que era el que su público entendía para sustituirlo por otro que, por lo general, sólo tenía sentido dentro de la cultura que lo había generado y que a griegos y romanos no les diría nada. En el estado actual de nuestros conocimientos, parece preferible aceptar las dataciones arqueológicas, que tampoco están, empero, exentas de problemas, sin intentar mezclarlas, al menos hasta momentos más avanzados en los que los propios griegos y romanos podían recurrir ya a datos escritos. Sí podemos retener, sin embargo, otros detalles de la tradición que, aunque novelados, no implican cómputos del tiempo, asunto en el que la fiabilidad de nuestras fuentes es mucho menor.

Aunque en las páginas siguientes abordaré con más detalle algunos de los problemas que los diferentes establecimientos fenicios plantean, sí diré aquí que lo que hemos considerado la primera etapa del asentamiento estable fenicio en la Península Ibérica, que puede ubicarse desde el punto de vista cronológico entre los siglos VIII y VI a.C. ve la aparición de centros de muy diversa índole, desde ciudades (Gadir) hasta pequeños asentamientos con una proyección más limitada, con una tipología también muy amplia; asimismo se aprecia cómo los intereses fenicios abarcan un trecho importante de la costa peninsular si bien con intensidades variadas en cada caso y, por fin, una proyección hacia aguas del Atlántico, tanto europeo como africano que parece haber sido dirigida, sobre todo, desde los centros surgidos en la península, en especial Gadir. Un papel importante en esta expansión lo ha jugado el comercio pero es también fruto de la investigación reciente el haber ido reconociendo intereses fenicios en controlar la producción agropecuaria en zonas hoy situadas más al interior pero que en la Antigüedad estaban mucho más volcadas al mar. La impresión que hoy tenemos de la presencia fenicia en la Península Ibérica es que buscaban explotar todos los recursos que pudieran resultarles de interés para el mantenimiento de los niveles de vida a que estaban acostumbrados y que, para ello, no tuvieron inconveniente en adaptar los mecanismos del comercio y del asentamiento a esos fines. Veamos, pues, con más detalle, cuáles fueron estos mecanismos.

II.1.4.1 LOS MECANISMOS DEL COMERCIO Y DEL ASENTAMIENTO:
PUERTOS DE RECALADA, ESTUARIOS

El estudio del comercio antiguo ha estado, y está, sometido más que otros aspectos de la Antigüedad, a proyecciones en el tiempo tendentes a entender su función dentro de esas sociedades; esto es resultado, sobre todo, de la introducción de la perspectiva materialista en la historia que, entre otros postulados, planteaba que la economía era uno, si no el único, motor de la misma. Como consecuencia de ello, tanto los historiadores materialistas como los que no lo eran situaron a la economía en el centro de sus preocupaciones bien para justificar el postulado de origen bien para rechazarlo o, incluso, para matizarlo introduciendo nuevos ingredientes. No es mi propósito aquí volver sobre estos asuntos aun cuando sí quiero decir que esas discusiones han puesto de manifiesto, más allá de los resultados concretos a que hayan llegado, que resulta evidente que, ante la cortedad de las informaciones que la literatura antigua presenta, resulta imprescindible la elaboración de modelos teóricos para intentar comprender el papel que la economía jugó en las sociedades antiguas. Dentro de la economía, un lugar importante en las preocupaciones actuales, que quizá no se corresponda con la percepción que tenían los antiguos, lo ha tenido el comercio; las sociedades antiguas eran en lo fundamental agrícolas y, aunque también asuntos como la propiedad y la tenencia de la tierra, el régimen del campesinado, el tipo de mano obra empleada, etc., han sido objeto de amplio debate, ha sido el comercio el que se ha llevado la palma en el interés de los investigadores. Simplificando mucho, podríamos decir que hay dos tendencias básicas, una que considera, quizá de forma anacrónica, que ya el mundo antiguo estaba movido por intereses de tipo "mercantilistas" en el que la búsqueda de mercados se convertía en uno de los motores básicos de la economía (aceptando ya como algo en vigor la ley de la oferta y la demanda y la existencia del "mercado"), y otra que considera que la economía y, con ella, el comercio, está integrado, sin independencia real, en la propia sociedad. Formalistas y sustantivistas, respectivamente, suelen echarse en cara sus respectivas posturas descalificándolas y prolongando un debate en el que, por el momento, son los segundos los que están aportando una imagen más acorde con lo que los datos a nuestra disposición permiten observar.

A partir de diversos testimonios que pueden extraerse de distintos autores, podemos establecer una gradación en los modos de contacto que los fenicios emplean con las poblaciones con las que entran en contacto, bien entendido que aunque puede haber una progresión entre ellos, de más sencillo a más complejo, los fenicios los adaptarán a cada circunstancia, de tal modo que los mismos fenicios pueden estar aplicando al tiempo modelos distintos en ámbitos diferentes. El modelo más sencillo es el que nos muestra un pasaje de Heródoto (IV, 196) en el que podemos leer lo siguiente: "Los cartagineses cuentan también la siguiente historia: en Libia, allende las Columnas de Heracles, hay cierto lugar que se encuentra habitado; cuando arriban a ese paraje, descargan sus mercancías, las dejan alineadas a lo largo de la playa y acto seguido se embarcan en sus naves y hacen señales de humo. Entonces los indígenas, al ver el humo, acuden a la orilla del mar y, sin pérdida de tiempo, dejan oro como pago de las mercancías y se alejan bastante de las mismas. Por su parte, los cartagineses desembarcan y examinan el oro; y si les parece un justo precio por las mercancías, lo cogen y se van; en cambio, si no lo estiman justo, vuelven a embarcarse en las naves y permanecen a la expectativa. Entonces los nativos, por lo general, se acercan y siguen añadiendo más oro, hasta que los dejan satisfechos. Y ni unos ni otros faltan a la justicia: pues ni los cartagineses tocan el oro hasta que, a su juicio, haya igualado el valor de las mercancías, ni los indígenas tocan las mercancías antes de que los mercaderes hayan cogido el oro". A pesar de que Heródoto mencione a los cartagineses, se acepta que esta práctica debía de formar parte de los mecanismos que éstos y otros fenicios practicaban bien en aquellos lugares a los que llegaban por vez primera, bien ante gentes que no tenían estructuras sociales y económicas tan desarrolladas como para poner en práctica otro tipo de transacción; el tipo de comercio aquí descrito, al que se suele calificar de "silencioso" aunque algunos autores lo llaman "invisible", cuando quienes no lo vemos somos nosotros no sus actores, sería una de las formas más sencillas de intercambio, que no requeriría infraestructura alguna, apta bien para intercambios esporádicos o para aquellos casos en los que los residentes no acababan de confiar en quienes disponían de la movilidad que les daban sus naves. Y, sin embargo, una cierta dosis de confianza o, al menos, un deseo de que las relaciones, aunque esporádicas, puedan volver a tener lugar, podemos observarla en el hecho de que ninguna de las dos partes retira lo propio o lo dejado por la otra hasta que ambas se dan por satisfechas.

Un tipo de relación comercial más desarrollado es la que nos muestra el *Periplo* conocido como del Pseudo-Escílax; en él encontramos la siguiente noticia: "Los comerciantes son fenicios. Cuando llegan a la isla de Cerne fondean sus barcos de carga y levantan sus tiendas en Cerne. Pero el cargamento, tras haberlo descargado de sus naves, lo transportan en barcas pequeñas hasta tierra firme. Los etíopes se encuentran en tierra firme. Con estos mismos etíopes es con los que se comercia. [Los fenicios] venden [sus mercancías] a cambio de pieles de gacelas, leones y leopardos, así como de pieles y colmillos de elefante y de animales domésticos... Los comerciantes fenicios les traen ungüentos, piedra egipcia..., vajilla ática y coes... Estos etíopes se alimentan de carne, beben leche y el vino lo hacen en abundancia con sus propias viñas aunque también se lo traen los fenicios. [Los etíopes] tienen también una gran ciudad, hasta la que también navegan los comerciantes fenicios" (*Periplo del Pseudo-Escílax*, § 112). Sin entrar ahora de lleno en la ubicación de Cerne, que también suscita problemas, lo que este texto nos presenta es un tipo de transacción esporádica, pero menos que la implicada en el comercio "silencioso" puesto que aquí ya se da una relación directa entre las dos partes aunque, para evitar que una de ellas tenga preponderancia la acción tiene lugar en terreno neutral; en efecto, los fenicios han dejado su barco y han establecido su campamento temporal en Cerne, pero la transacción va a tener lugar en tierra firme, un lugar al que acuden también los nativos desde su ciudad a la que también terminarán navegando los comerciantes fenicios, preludiando la fase subsiguiente. En este tipo de contacto cada parte ya sabe qué busca de la otra y, si analizamos los objetos intercambiados, veremos que los que aportan los fenicios son de bajo coste en origen, mientras que los que reciben obtendrían un elevado precio en el mundo mediterráneo. Estamos ante un comercio desigual pero que, sin embargo, resulta también de interés para los nativos por cuanto que les dota de objetos de fabricación exótica.

Ni que decir tiene que estos tipos de relación comercial apenas dejan huella en el registro material, más allá de la posible aparición de objetos más o menos esporádicos que atestigüen su existencia; pero por lo que se refiere a infraestructuras es difícil que puedan haber existido puesto que uno de los rasgos típicos de este tipo de contacto comercial es la brevedad del mismo y, por consiguiente, hace innecesaria una inversión mayor de esfuerzos.

Una tercera fase, o un tercer tipo de transacción más desarrollado vendría dado por la creación de un lugar específico para llevar a cabo relaciones comerciales de carácter más continuado, implicando quizá también algún tipo de intervención sobre el entorno con vistas a la obtención de productos más específicos. Para este nuevo tipo de relación sería suficiente con alguna estructura que sirviese de lugar de almacenamiento de productos, exóticos y nativos, y de residencia de los encargados de gestionar, por parte fenicia, el intercambio. Como veremos en su momento, para este tipo de establecimiento sí hay ya referentes arqueológicos. Es difícil denominar a estos centros que presuponen, en todo caso, una cierta cesión por parte de los dueños del terreno que son, en todo caso, los indígenas y la precariedad de las instalaciones impide pensar que se ha producido una ocupación por la fuerza; se les suele dar el nombre, poco adecuado, pero consagrado en la literatura a falta de otro mejor, de factorías. Dentro de éstas puede haber varios tipos, desde las que consisten en un simple edificio, más o menos aislado, hasta las que constan de una serie de casas, espacios públicos, zonas portuarias, etc., así como de diversas áreas destinadas a usos y funciones específicas distribuidas por diferentes entornos. No podemos llamarlas colonias porque, como veíamos páginas atrás, deberíamos reservar dicho término para otro tipo de fenómeno, de carácter más urbano, pero muestran, en todo caso, un interés consciente por parte de los gestores del comercio dentro de las ciudades fenicias en establecer cuando éste es posible y cuando los recursos a explotar lo justifican, toda una red de establecimientos cuya finalidad específica será drenar los recursos de áreas geográficas concretas. Como también veíamos antes, era necesaria una disponibilidad de individuos que se encargasen de realizar, sobre el terreno, las tareas que esos gestores del comercio les encomendaban, quizá bajo la supervisión directa de alguno de esos gestores o de sus agentes.

Mientras que los contactos de tipo silencioso e, incluso, los que implican ya una relación esporádica con los nativos suelen tener como espacio privilegiado la playa, los asentamientos o factorías suelen aprovechar otro tipo de accidente geográfico. Por lo general, las desembocaduras de los ríos, a ser posible con promontorios rodeados de zonas llanas solían ser las áreas preferidas para el establecimiento de factorías puesto que permitían un anclaje o fondeo adecuado de los barcos, garantizaban la disponibilidad de agua potable, podían permitir una relación con áreas más internas, realizable incluso con barcos, facilitaban una mayor seguridad de los allí establecidos, etc. También podían ser aprovechables para tal fin las islas próximas a la costa o las penínsulas, puesto que de lo que se trataba no era de ocupar grandes extensiones de terreno sino de disponer de una serie de infraestructuras suficientes para realizar el intercambio y, como mucho, desempeñar alguna actividad artesanal o de transformación.

Por último, y en aquellos casos en los que las relaciones con la comunidad receptora llegaban a un alto nivel de mutuo interés, podemos asistir a la aparición de un barrio de comerciantes y artesanos fenicios embebido dentro de un hábitat indígena, a veces separado de él pero en ocasiones inserto en su trama urbana. Las relaciones entre ambas partes vendrían marcadas por acuerdos, tácitos o explícitos, que se veían favorecidos por relaciones de amistad entre las élites locales y los gestores del comercio o sus agentes *in situ* y que serían consagrados mediante juramentos prestados ante divinidades reconocidas por ambas partes. El papel de la religión como elemento mediador entre comunidades en contacto en el mundo antiguo ha sido bastante bien estudiado y se justifica porque en un mundo en el que no existe el concepto de un dios verdadero y en el que cada parte considera que el dios del otro puede perjudicarle, pero también favorecerle, no hay reparo en rendir a ese dios ajeno los mismos honores que uno le debe al propio. Este hecho hace que la religión, y su materialización, los lugares de culto, se conviertan en un elemento podemos decir que imprescindible, en el desarrollo de unas transacciones económicas de alto nivel como la que el hecho de compartir lugar de residencia presupone; tal vez, el establecimiento de factorías pudo implicar también acuerdos y pactos supervisados por los dioses respectivos.

A los requisitos que requiere una "colonia" ya hemos aludido en páginas anteriores, por lo que no insistiré aquí de nuevo en ellos.

II.1.4.1.1 El factor religioso: del templo de Melkart en Gadir a los santuarios fenicios en territorio indígena

Para los fenicios, cuya cultura entronca con las civilizaciones que se habían desarrollado en Oriente Próximo, el factor religioso tiene gran relevancia, tanto desde el punto de vista del culto y de los ritos como desde el de la proyección económica de los lugares de culto. Como hemos visto hasta ahora, y veremos más adelante, la religión juega un papel relevante en el proceso expansivo, desde la estela de Nora, que parece dar gracias a los dioses tras la llegada de unos navegantes fenicios a las costas meridionales de Cerdeña hasta el diezmo que Cartago tenía que depositar en el templo de Melqart en Tiro, son muchas las facetas que asume este trasfondo religioso. Como tendremos ocasión de analizar cuando nos refiramos a la fundación de Gadir, en la misma también se percibe el papel que desempeña la divinidad en el origen y en la conformación inicial de la ciudad hasta el punto de que algún autor ha sugerido, y la tradición literaria no parece desmentirlo, que el santuario de Melqart pudo haber precedido a la ciudad propiamente dicha. Como corresponde a todo templo oriental, los templos fenicios estaban servidos por una casta sacerdotal que desempeñaba las distintas actividades propias de un culto muy reglamentado en todos sus aspectos y que implicaba ingresos económicos para el santuario y para los oficiantes, como muestran algunos documentos epigráficos como la llamada "Tarifa sacrificial de Marsella", que aunque se halló en esta ciudad había correspondido al templo de Baal Saphon de Cartago. Por encima de este clero estaba el sumo sacerdote que, en varios de los casos que conocemos, se vincula a los círculos de poder. Así, el propio rey puede ser el sumo sacerdote de alguna de las divinidades veneradas en las ciudades, en especial de la más importante, aunque también es posible que este cargo sea ejercido por algún miembro de la familia. Es lo que muestra el relato de la fundación de Cartago que hemos analizado páginas atrás, en el que se ve cómo el gran sacerdote de Melqart es el propio cuñado del rey; por último, y de cara a la nueva fundación, cuando Elisa recala en Chipre el sacerdote de Astarté se ofrece a acompañarla a cambio de que sus descendientes en la nueva ciudad ostenten para siempre dicho honor.

El papel económico de los templos fenicios se ha puesto de manifiesto en muchas ocasiones puesto que eran grandes concentradores de riquezas, procedentes de diezmos y ofrendas variadas y, sin duda, eran instituciones que disponían de gran cantidad de bienes muebles e inmuebles; por otro lado, sus vinculaciones con el poder político e, incluso, una cierta autonomía en su funcionamiento debieron de convertir a los santuarios en auténticos promotores de la expansión ultramarina, atendiendo siempre a los intereses de los círculos dirigentes de la ciudad que, sin duda, mantenían vínculos de diverso tipo con los círculos sacerdotales, de cuyas filas se nutrían, en especial los altos dignatarios religiosos. Por otro lado, la necesaria sanción religiosa a actividades que implicaban grandes riesgos e incertidumbres convirtió a los santuarios si no en impulsores sí tal vez en financiadores de la empresa comercial y colonial, y a la vez un medio para mantener un vínculo, religioso y económico, entre los distintos centros fenicios que habían surgido de una misma ciudad. No parece, sin embargo, que circunstancias como el envío del diezmo desde Cartago al templo de Melqart en Tiro o la participación de embajadores cartagineses en celebraciones de Tiro, a los que ya hemos aludido, deban ser interpretados en el sentido de que las colonias dependían de esta ciudad. Se trata, en el mejor de los casos, del mantenimiento de vínculos de tipo religioso al tiempo que simbólicos y afectivos que consagran la ausencia de vínculos políticos. No estamos ante una dependencia política, insostenible para la Cartago del siglo III a.C., sino por el contrario, de una relación que, al vincular a las ciudades con sus santuarios urbanos y, de paso, con los lugares de culto de los que procedían en Fenicia marcaba la ausencia de lazos políticos y su sustitución por vínculos religiosos. Al tiempo, consagraba unas relaciones entre las colonias y sus lugares de procedencia que, si sirve aquí el ejemplo de la colonización griega, podía leerse en clave de vínculos paterno-filiales marcados por la piedad y por la certeza de compartir una misma identidad, quizá reforzada por la conciencia, entre los cleros de los diversos santuarios de una misma divinidad y entre los círculos dirigentes de ciudades emparentadas, de formar parte de una misma familia.

Sea como fuere, la importancia que los lugares de culto tendrán en el proceso comercial y colonial fenicio puede interpretarse también como un compromiso entre el deseo de aprehender realidades geográficas nuevas mediante su consagración a los dioses y la necesidad de disponer de un elemento, como el religioso, que podía actuar como el intermediario ideal entre los recién llegados y las poblaciones que ya residían en las zonas objeto del asentamiento. Si a ello le añadimos las connotaciones económicas que antes apuntábamos, podremos entender mejor ese papel que los templos y santuarios desempeñaron en la expansión fenicia por el Mediterráneo y, cómo no, en la propia Península Ibérica.

En los últimos tiempos, el desarrollo de excavaciones afortunadas, ha sacado a la luz una serie de lugares que han sido interpretados como santuarios o áreas rituales; su antigüedad en algunos casos y el hecho de estar desvinculados de centros fenicios conocidos ha planteado la cuestión de si nos hallamos ante santuarios fenicios o, por el contrario, ante centros culturales indígenas influidos por los fenicios. En los apartados que siguen volveremos de forma concreta sobre estos lugares y trataremos de establecer, en la medida de lo posible, su identidad. Seguiré un orden geográfico, a pesar de que soy consciente de que el proceso histórico de la expansión fenicia por la Península Ibérica y áreas limítrofes conoce la aparición casi simultánea o muy próxima en el tiempo de infinidad de establecimientos en áreas muy alejadas entre sí; sin embargo, prefiero analizar estos centros con un cierto orden geográfico en aras a una mayor claridad aunque ello nos obligue a alguna repetición para retomar el hilo del proceso histórico general en el que cada uno de ellos se inserta.

II.1.4.2 COLONIAS Y FACTORÍAS

II.1.4.2.1 Gadir y su área de influencia directa

Además de varias referencias genéricas a la fundación de Gadir, que inciden sobre todo en su cronología y a las que ya hemos aludido, conservamos una información, procedente de Posidonio que pasó una temporada en la ciudad estudiando las mareas, acerca del proceso de su fundación. Veamos en primer lugar qué dice esta noticia:

"Acerca de la fundación de Gádira recuerdan los gaditanos cierto oráculo que según ellos les fue dado a los tirios ordenándoles enviar una colonia a las columnas de Heracles; los que fueron enviados para inspeccionar, cuando estuvieron en las proximidades del estrecho de Calpe, creyendo que los promontorios que forman el estrecho eran los límites de la tierra habitada y de la expedición de Heracles y que constituían lo que el oráculo había designado con el nombre de Columnas, se detuvieron en un lugar del lado de acá del estrecho, donde se encuentra ahora la ciudad de los Exitanos; y como quiera que, realizando un sacrificio allí no les resultaran favorables las víctimas, se volvieron. Un tiempo después, los enviados avanzaron unos mil quinientos estadios más allá del estrecho hasta una isla consagrada a Heracles situada junto a la ciudad de Onoba de Iberia, y creyendo que estaban allí las Columnas hicieron un sacrificio al dios, pero como las víctimas volvieron a resultar desfavorables, regresaron a la patria. Los que llegaron en la tercera expedición fundaron Gádira, y levantaron el templo en la parte oriental de la isla y la ciudad en la parte occidental. Por esto creen unos que las Columnas son los promontorios del estrecho, otros que Gádira, y otros que están situadas aún más allá de Gádira".

(Estrabón, III, 5, 5)

En el relato, que parece recoger la versión que los habitantes de Gadir tenían acerca de su fundación, a pesar de que ya contiene ciertos elementos helenizantes, parece describirse el proceso que desembocó en la fundación de la ciudad. Se trata de un relato sintético que concentra en tres viajes lo que, con gran probabilidad, habrían sido diversas exploraciones por las costas peninsulares con el objetivo de encontrar el sitio más idóneo para la fundación pero, al tiempo, para prospectar las posibilidades económicas del territorio en relación también con ello. La fundación de Gadir implicaría, desde el punto de vista de los círculos dirigentes tirios, el deseo de que una parte de ellos, establecidos en el extremo occidente, pudieran gestionar desde allí la explotación de los recursos de diverso tipo que el territorio proporcionaba; para ello era necesario conocer de primera mano las potencialidades económicas del área, lo que el texto justifica con las dos exploraciones previas a la fundación. Ésta aparece en el relato como consecuencia del establecimiento de un templo a Melqart, que en la noticia aparece como el hecho destacable. Dada la vinculación de los lugares de culto con la ciudad, y en especial en el caso de Melqart, que es un dios protector por antonomasia de la ciudad de Tiro, lo que interesaba a los fenicios era hallar el lugar idóneo para fundar el santuario y, en relación con él (pero no al revés) la ciudad. Un lugar adecuado para Melqart sería aquél bien situado de cara a la navegación pero también uno en el que una ciudad pudiese prosperar. Además, y eso no nos lo dice el texto, menos atento a cuestiones más mundanas, sería necesario contar con las

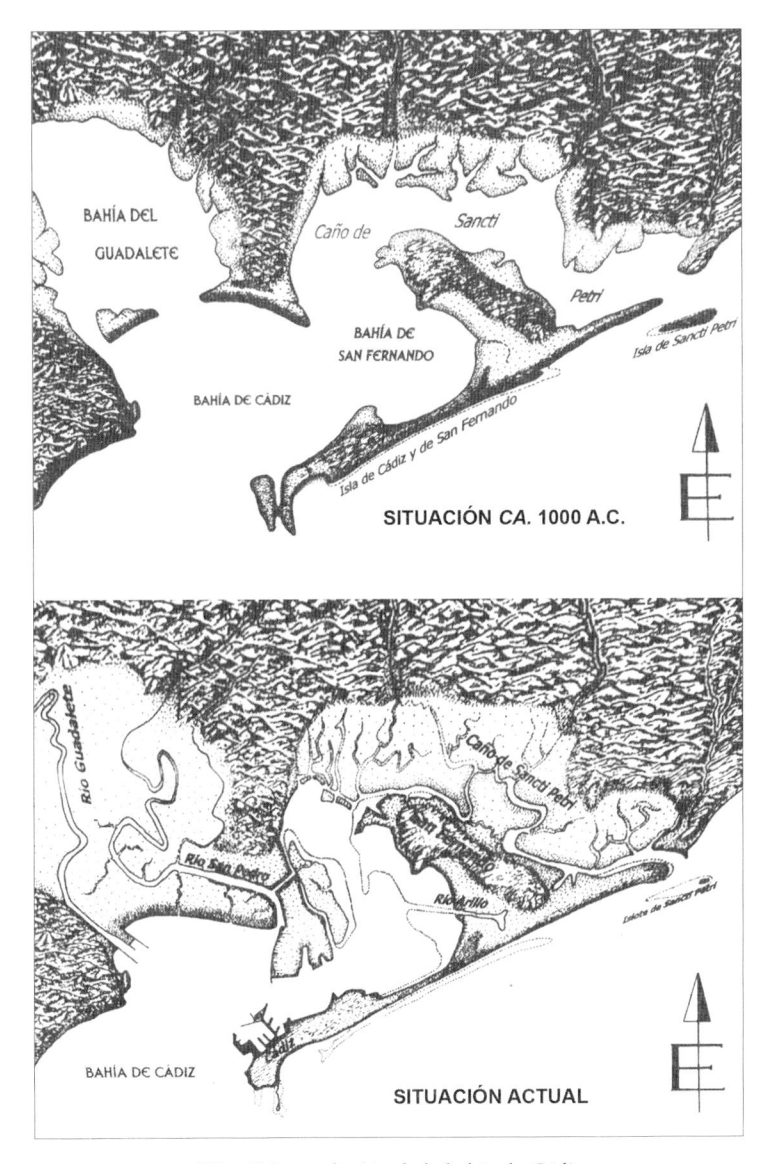

[Fig. 3] La evolución de la bahía de Cádiz

poblaciones indígenas y, también, con otros recursos que pudieran resultar convincentes para una aristocracia interesada en el comercio.

El concepto de columnas de Heracles, que aparece en el texto, forma parte de la helenización del relato de fundación porque tanto el uso del nombre del héroe griego como el propio concepto de las columnas que habría erigido el mismo al término de sus viajes, son conceptos ajenos al universo fenicio; lo que queda claro, en todo caso, en la información de Estrabón, es que en su concepción geográfica, así como en la de Posidonio, su fuente, dichas columnas habría que ubicarlas no en el estrecho de Gibraltar, donde se suelen situar, sino en la propia ciudad de Gadir o, con más precisión, en el propio santuario de Melqart-Heracles. Volviendo al relato, los prospectores fenicios habrían llegado a aguas de la península y, una vez recorrido todo el trayecto a lo largo de la costa meridional, hasta llegar al Estrecho, pero sin sobrepasarlo, deciden probar suerte en uno de los puntos que ya habían visitado. Ese punto, según asegura Estrabón, estaba en el lugar en el que con el tiempo se alzaría la ciudad de (S)exi, la actual Almuñécar. Allí se realizaría un sacrificio que resultaría fallido. Este dato nos permite observar, siquiera de forma incidental, que en la expedición (¿quizá en todas las expediciones de prospección?) habría sacerdotes de Melqart capaces de interpretar los signos esperados. Estas señales no se producen y, por consiguiente, los expedicionarios abandonan las aguas peninsulares; si recordamos lo que decíamos a propósito de la presencia fenicia en Cerdeña, uno de los primeros testimonios de la misma era la estela de Nora que no es otra cosa que una ofrenda al dios Pumay por parte de los que acaso fuesen los primeros fenicios que llegaron a la isla; este testimonio parece confirmar, siquiera de modo indirecto, la información que nos da Estrabón sobre los procedimientos fenicios en el caso de Gadir. De cualquier modo, no cabe pensar que la expedición haya resultado un fracaso puesto que al regreso a Tiro los navegantes dispondrían por vez primera de informaciones muy detalladas de todo el periplo costero de la Península (o, al menos, de las costas meridionales) hasta el estrecho de Gibraltar. Si este viaje, o una serie de viajes que el relato ha fundido en uno solo, dio lugar al establecimiento de transacciones con los indígenas es algo que no sabemos con detalle aunque no cabría descartar que, mediante cualquiera de los procedimientos que veíamos páginas atrás, empezando acaso con el más sencillo o "comercio silencioso", los fenicios podrían haber ido entrando en contacto con las realidades locales. Los datos arqueológicos de que disponemos para los establecimientos fenicios en las costas andaluzas no permiten confirmar si son anteriores o posteriores a la fundación de Gadir puesto que son contemporáneos. En cualquier caso, la antigüedad de los mismos sugiere que por los mismos años en los que surge Gadir surgen también otros establecimientos o factorías que indican un conocimiento detallado del entorno.

Es posible que los fenicios en sus primeras navegaciones, y en cierto modo el relato de la fundación de Gadir lo recoge, se habían percatado de las dificultades de atravesar el estrecho de Gibraltar; la conjunción de vientos y corrientes hace de su cruce una tarea ardua con barcos del tipo de los que utilizaban los fenicios, por muy adaptados que estuvieran a las condiciones de navegación en el Mediterráneo. Son quizá estas dificultades, que incluso experimenta en ocasiones la navegación contemporánea, las que evitan que se llegue más allá. Sin embargo, los fenicios habrían conocido, en la propia Península o antes incluso de llegar hasta ella, que había regiones ricas en recursos mineros, pero que las exploraciones llevadas a cabo no habían conseguido detectar. Era necesario, por consiguiente, seguir explorando; el entorno de Almuñécar estaba demasiado lejos de la fuente del metal y, por ello (si lo interpretamos con una perspectiva racionalista), era razonable que el sacrificio no fuese favorable.

En una segunda expedición, sigue relatándonos Estrabón, consiguieron atravesar el estrecho llegando, como se nos dice, a una isla que se encontraba frente a la ciudad de Onoba. La precisión del relato es extraordinaria porque nos permite observar cómo, de todo el tramo costero, los fenicios habían escogido el punto más próximo a lo que era la zona de acceso a las áreas mineras del interior de la actual provincia de Huelva. La isla no puede ser otra que la de Saltés que hoy día es apenas reconocible al haber quedado casi soldada a la barra de Punta Umbría, pero que en la Antigüedad se hallaba a la entrada del estuario conjunto de los ríos Tinto y Odiel. ¿Por qué las víctimas no resultan favorables en ese entorno? Si los fenicios buscaban metales la isla sería el entorno adecuado porque les permitiría acceder a los mismos con relativa facilidad; si, sin embargo, allí los sacrificios no eran favorables hay que interpretarlo desde el punto de vista de lo que buscaban los fenicios que, tampoco en ese lugar, se encontraba. No obstante, la arqueología nos confirma una intensísima y temprana presencia fenicia en la ciudad indígena de Huelva, anterior en algunos decenios al establecimiento en Gadir, lo que muestra que los fenicios supieron aprovechar los conocimientos adquiridos sobre dicho entorno implicándose en los procesos extractivos y transformadores del mineral onubense; ello contradice en apariencia la información de Estrabón a menos que pensemos que Huelva podría ser interesante desde el punto de vista de las operaciones ligadas a la minería y la metalurgia y, por consiguiente, no podrían obviarla de ningún modo pero no era el lugar idóneo para lo que, en ese momento, necesitaban. Y lo que necesitaban era fundar una ciudad, una colonia, con todo lo que ello implicaba y, para ello, requerirían tierras y, sobre todo, una cierta distancia de los indígenas o que éstos no constituyesen una amenaza real.

Sea como fuere, las diversas exploraciones que quedan subsumidas en los dos viajes de tanteo previos a la fundación de Gadir aportaron a los fenicios los conocimientos suficientes del territorio para, en el momento de decidir establecer su ciudad optar por el lugar más adecuado. Algunos autores sugieren que el lapso cronológico que existe según las fuentes literarias (fines del siglo XII a.C.) y la que indican los restos arqueológicos (segunda mitad del siglo IX a.C.) podría cubrirse suponiendo que el mismo se debería a los viajes y tanteos previos a la fundación de Gadir. No obstante, trescientos años de contactos previos parecen excesivos y, sobre todo, nos falta la constatación material que un periodo tan largo de relaciones habría dejado por fuerza.

El emplazamiento escogido por los fenicios para fundar su ciudad tenía indudables ventajas. Se trataba de una amplia bahía que enlazaba con el amplio estuario en el que en aquel momento desembocaba el río Guadalete; dicha bahía se hallaba cerrada por una isla, larga y estrecha, de unos 17 km. de longitud, orientada en dirección noroeste-sudeste que permitía dos accesos a la bahía, uno en la parte sudoriental a través de lo que hoy día, después de los innumerables cambios que el entorno ha experimentado, es el caño de Sancti Petri y, en la parte noroccidental, a través de la actual entrada, enmarcada en el lado de la isla por la actual ciudad de Cádiz y, en la costa opuesta por el tramo costero entre el Puerto de Santa María y Rota. Es en el extremo suroriental de la isla, a la entrada del caño de Sancti Petri donde se ubicó el templo de Melqart, tal y como asegura Estrabón, mientras que la ciudad acabaría ubicándose en el extremo opuesto, a la entrada de la bahía aunque no puede descartarse, como ha apuntado algún autor, que en el área del emplazamiento del templo de Melqart pudiese haber existido también algún núcleo temprano de asentamiento, a la sombra del propio templo. Desde el inicio de su historia, la ciudad de Gadir se iba a configurar como una entidad polinuclear puesto que uno de sus principales hitos, el santuario de la divinidad tutelar, se iba a hallar a cierta distancia del o de los diferentes núcleos de habitación. Esta separación física del santuario con respecto a la ciudad no es algo único en Gadir, sino que forma parte de una tradición que tiene bastante arraigo en el Levante mediterráneo donde se conocen bastantes santuarios que se encuentran aislados de las áreas urbanas de las que dependen, aunque en Fenicia no se han encontrado. No es improbable que el santuario de Melqart marcara la toma de posesión por parte de los fenicios del entorno de la bahía gaditana, puesto que el mismo se hallaba en el primer punto que los barcos que procedían del estrecho tocaban parte de lo que sería el territorio de la ciudad y, además las naves podrían adentrarse en la bahía desde ese punto sin necesidad de seguir por la costa atlántica, batida con frecuencia por fuertes vientos. En un diseño de apropiación de ese espacio en el que, sin duda, los fenicios no contaban con demasiada gente, la distribución de funciones entre entornos estratégicos sería un buen medio para abarcar la mayor cantidad de áreas; hay que pensar que las poblaciones indígenas de la zona o consintieron esa ocupación o no tuvieron la fuerza suficiente como para impedirla.

Las fuentes de época posterior atestiguan que Gadir dispuso siempre de diversas áreas, en el entorno de la bahía gaditana, que fueron utilizadas por sus pobladores según sus necesidades; el pasaje más importante al respecto es un texto de Estrabón que alude a la fisonomía de la ciudad en su época del que extractamos el siguiente fragmento: "Y, con ser tantos, ocupan una isla de no mucho más de cien estadios de longitud, y de anchura en algunos puntos incluso de sólo un estadio. Al principio habitaban una ciudad muy pequeña; pero Balbo Gaditano, el que logró el triunfo, les construyó otra que llaman Nueva, y a la ciudad constituida por ambas, Gemela, que a pesar de no tener más de veinte estadios de perímetro no padece estrechez. Porque son pocos los que residen en ella, debido a que todos pasan la mayor parte del tiempo en el mar y a que otros viven también en la costa de enfrente, y sobre todo, por sus ventajas naturales, en la islita vecina, de la que, contentos con el lugar, han hecho como una 'ciudad enfrentada' de Gemela. Pero en comparación vive poca gente en ésta y en el puerto que Balbo les edificó en la costa continental" (Estrabón, III, 5, 3). Aunque esta situación no corresponde a los momentos más antiguos de Gadir, en época romana, cuando la ciudad conoce un auge considerable, en toda la bahía se van ubicando áreas residenciales, artesanales y portuarias; los hallazgos arqueológicos de épocas anteriores sugieren que, antes de ese momento, aunque no con la intensidad que en época romana, la ciudad de Gadir ha ido disponiendo a voluntad de las distintas áreas que bordeaban su bahía.

Un problema histórico de importancia viene dado por la cuestión de la ubicación del primer establecimiento fenicio; a lo largo del tiempo, y a falta de análisis arqueológicos, no parecía improbable que la ciudad fenicia hubiese estado siempre en el lugar que en la actualidad ocupa la ciudad de Cádiz, en el extremo noroccidental de la larga isla en cuyo otro extremo se erigió el templo de Melqart. No obstante, toda una serie de hallazgos en el entorno de la bahía ha hecho replantear todo este asunto dando lugar, al tiempo, a una polémica que aún dista de estar resuelta por completo. En efecto, por una parte las excavaciones llevadas a cabo en el Castillo de Doña Blanca y, por otro, las realizadas en el casco urbano de la ciudad de Cádiz han permitido replantear todo el problema. En el casco urbano de Cádiz se han realizado en los últimos tiempos muchas excavaciones y, a pesar de los problemas que plantea la arqueología urbana, sólo en alguna de ellas (al menos de las que han sido publicadas) se han encontrado niveles datables en el siglo VIII a.C. en especial su segunda mitad, aunque es posible que en algunos de los sondeos recientes pueda haberse llegado a estratos incluso anteriores. Lo cierto es que, a juzgar por las excavaciones conocidas, la ocupación de la actual ciudad de Cádiz debe de haberse producido en una época que puede oscilar entre la segunda mitad del siglo VII y el final del mismo, al menos con cierta intensidad. Si antes de ese momento hubo alguna ocupación, pudo haber sido esporádica y, a juzgar por los restos hallados, de muy pequeño tamaño, lo que no parece abogar por su carácter urbano.

Sin embargo, en la cabecera de la bahía, junto al antiguo estuario del río Guadalete ha sido objeto de varias campañas de excavación el yacimiento conocido como Castillo de Doña Blanca en el que, tras unas vacilaciones iniciales, su excavador ha querido ver el lugar de la primera implantación y primeros desarrollos de Gadir. Este yacimiento, junto a la costa en la Antigüedad, y bien aprovisionado de agua (que era mucho más escasa en la actual ciudad de Cádiz), junto a una zona que abundaba en madera y piedra para la construcción y junto a zonas de potencial aprovechamiento agrícola no pasó desapercibida a los fenicios, aun cuando también explorasen otros entornos de la propia bahía. Sin embargo, la entidad de lo excavado en Doña Blanca sugiere que el tipo de establecimiento que los fenicios ubicaron allí tuvo desde muy pronto una gran relevancia dentro del conjunto de la bahía gaditana. El área, pues, una pequeña meseta elevada unos cuantos metros sobre el nivel antiguo del mar, fue ocupada en su parte suroriental ya desde inicios del siglo VIII a.C. (o último cuarto del siglo IX según las aproximaciones cronológicas más recientes) sin que en el establecimiento existiese presencia indígena anterior. Las facilidades portuarias de la zona parecen haber sido las que atrajeron a sus primeros ocupantes orientales y las que permitieron el crecimiento del sitio de modo tal que, a mediados del siglo VIII a.C. (o antes) el área ocupada era ya de unas siete hectáreas rodeada de una muralla, que parece haber estado circundada por un foso. Las viviendas fenicias más antiguas, de tipología oriental, ocupaban unos cuarenta metros cuadrados teniendo tres o cuatro habitaciones cada una y con pavimentos de arcilla roja compacta renovados con mucha frecuencia; las puertas estaban en las esquinas y se marcan con sillares y suelen tener escalones para salvar el desnivel con la calle. Se han datado, en la parte oriental de la ciudad, en la primera mitad del siglo VIII. Se ha calculado que el número de viviendas que podría haber en el yacimiento podía ser de en torno a 500, lo que daría una población de entre 2.000 y 2.500 habitantes, una cifra ya de cierta importancia, quizá demasiado elevada como para pensar que su dedicación principal era sólo el comercio o la artesanía. Los materiales arqueológicos hallados reproducen la tipología habitual de los centros fenicios, tal y como se conocen en el Mediterráneo y en la propia Fenicia, y las ánforas encontradas, procedentes Oriente Próximo, Cartago, Cerdeña y otros puntos del Mediterráneo sugiere que los residentes fenicios no renunciaban, a pesar de vivir en las costas atlánticas, a aquellos productos (vinos, aceite, salazones) a los que estaban acostumbrados, y que obtenían gracias a la función portuaria que desde el inicio asumiría Doña Blanca. El hallazgo de escorias de plata, plomo y litargirio en buena parte de las casas del siglo VIII conocidas muestra cómo ya los recursos metalúrgicos constituían un ingrediente importante de la economía de Doña Blanca, lo que indica que los fenicios allí establecidos ya habían entrado en contacto con los distritos mineros del área onubense. La presencia de algunos grafitos fenicios indica la adscripción cultural de los allí asentados y, del mismo modo, la presencia de cerámicas indígenas muestra la habitual integración en los centros coloniales (no sólo en los fenicios) de las gentes de extracción local

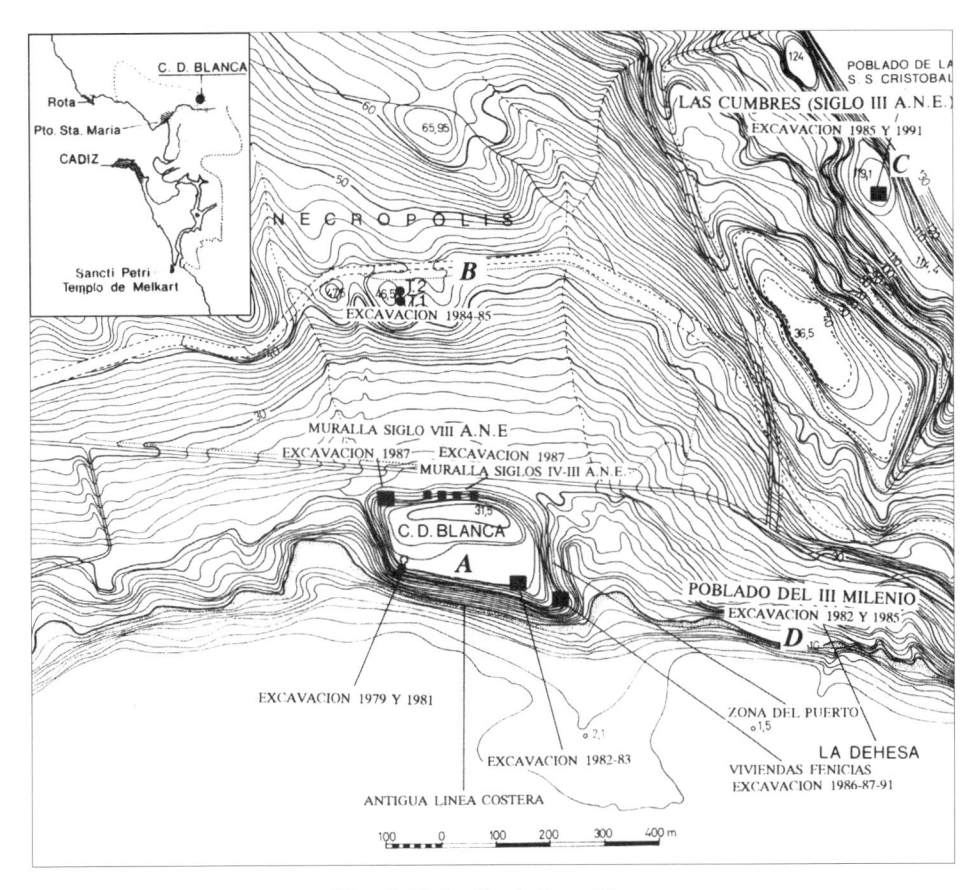

[Fig. 4] El Castillo de Doña Blanca

que podían desempeñar múltiples funciones en centros en pleno desarrollo y crecimiento. Es de destacar que el asentamiento indígena situado en la vecina sierra de San Cristóbal, que parece haber estado ocupado antes de la llegada fenicia, se abandonaría coincidiendo con el establecimiento de los fenicios en Doña Blanca y en el área de la necrópolis, utilizada ya al menos desde el Calcolítico, se han excavado un par de túmulos que parecen mostrar una integración entre la población de origen fenicio y poblaciones indígenas que pudieran haber compartido una misma área funeraria, si bien es algo que habrá que seguir matizando con más excavaciones.

Una vez que la muralla de Doña Blanca fue erigida, a lo largo del siglo VIII, siguiendo unas técnicas constructivas orientales desconocidas con anterioridad en la región, ese recinto, que incluso disponía de bastiones circulares, debió de constituir un punto notable dentro del entorno fenicio de la bahía en la que, en el momento presente, se desconoce cualquier otro lugar que pudiera comparársele en extensión e importancia; no deja, por otro lado, de ser curioso cómo el nombre con el que acabó conociéndose al conjunto de la ciudad fenicia fuese el de Gadir que, según aseguran los autores antiguos (por ejemplo, Plinio, *NH.*, IV, 120) significaba el muro o el recinto amurallado. Según los conocimientos de que disponemos hoy día, en toda la bahía no debía de existir ningún otro lugar que mereciese ser llamado de este modo, lo que sería un indicio adicional más de que el primer emplazamiento de la ciudad pudo haber estado en Doña Blanca. Este centro siguió activo hasta los últimos años del siglo III a.C. momento en el que, acaso coincidiendo con alguna acción militar durante la Segunda Guerra Púnica pudo haber sido destruido, aun cuando los detalles concretos se desconocen. Por consiguiente, durante unos seiscientos años Doña Blanca constituyó una parte importante de la realidad de la ciudad fenicia de Gadir.

Sabemos, no obstante, que en época púnica y en época romana y, por supuesto, en los siguientes periodos históricos, la ciudad de Gadir o, si se prefiere, el núcleo más importante de la ciudad de Gadir, se encontraba en lo que hoy es el casco antiguo de la ciudad de Cádiz. Cómo y cuándo se ha producido el paso desde el asentamiento inicial hasta el que acabará englobando una parte importante de la ciudad es algo que no sabemos con detalle. La arqueología sólo nos indica, a juzgar por lo que ha sido publicado y que no es más que una parte ínfima de lo que ha sido objeto de excavación, que a partir de la segunda mitad del siglo VII y a lo largo del siglo VI los restos empiezan a tener una entidad mayor en la ciudad de Cádiz; entre ellos los hay tanto de tipo residencial como funerario y religioso que, hallados bajo el tejido urbano de la ciudad actual nos aportan tan sólo algunas referencias sobre el aspecto que tuvo la antigua ciudad de Cádiz. Mientras que en Doña Blanca no se han detectado restos concretos de áreas de culto, en la ciudad de Cádiz hay referencias a varias. Ya Estrabón (III, 5, 3), en su descripción de la ciudad, ubica en ella el templo de Crono, que sin duda debe de ser la asimilación griega del dios fenicio Baal Hamon, cuyo emplazamiento no ha sido hallado; también Filóstrato (*Vida de Apolonio de Tiana*, V, 4) asegura que los gaditanos eran muy religiosos y que tenían un altar dedicado a la Vejez, a la Pobreza y al Arte, además de su veneración a Melqart, sobre la que volveremos más adelante. Salvo este último, tampoco se han hallado esos otros santuarios. Sin embargo, la arqueología ha aportado indicios de lugares de culto en diversos puntos de la ciudad; así, en la zona del Castillo de San Sebastián habría un santuario a juzgar por el hallazgo en la zona de un capitel protoeólico que sin duda perteneció a un lugar de culto; del mismo modo, en la zona de la Punta del Nao puede que estuviera el santuario dedicado a Astarté puesto que allí se hallaron restos de terracotas y otros objetos quizá relacionados con su culto. Las zonas de habitación no son bien conocidas pero sí se han encontrado áreas de necrópolis en muchas

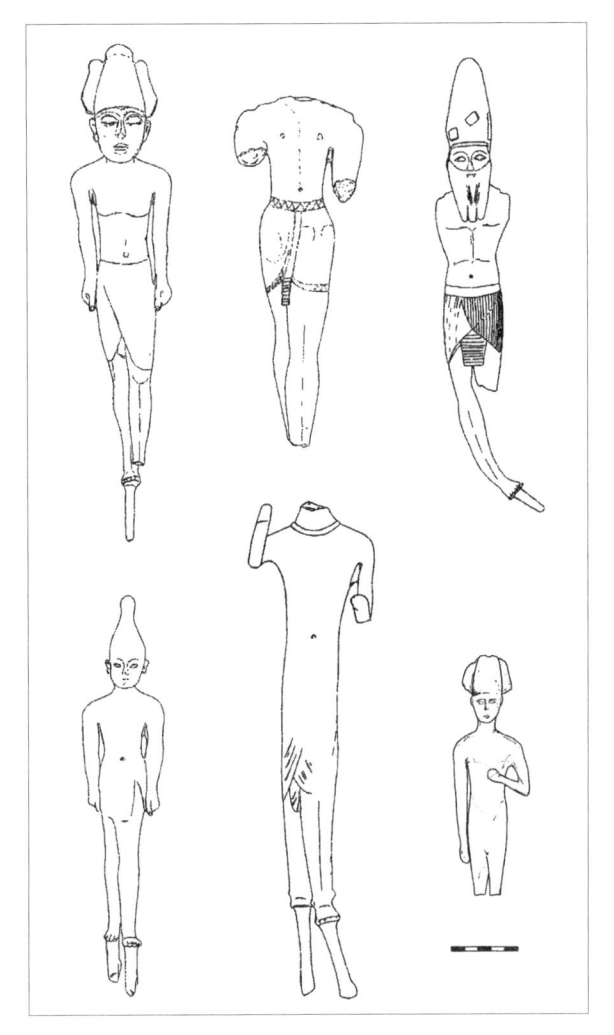

[Fig. 5] Figuras halladas en el área de Sancti Petri

partes de la ciudad moderna, incluyendo tumbas de personajes relevantes, quizá sacerdotes, como sugiere el hallazgo de dos sarcófagos de tipo sidonio uno masculino y otro femenino.

En el texto de Estrabón relativo a la descripción de Gadir en su época, parte del cual reproducíamos páginas atrás, observábamos cómo en el siglo I a.C. la ciudad constaba de varios núcleos, entre los que pueden identificarse, al menos, la actual ciudad de Cádiz, la zona de San Fernando, la de Puerto Real y, por supuesto, el lugar en el que se ubicaba el santuario de Melqart. Todas ellas, en su conjunto, integraban la ciudad de Gadir. No sería extraño que, siglos atrás, otros núcleos, entre ellos el de Doña Blanca, configuraran también esa ciudad. Por otro lado, en el desarrollo de las ciudades pueden producirse fenómenos de promoción o de degradación de las diferentes áreas que la integran. Eso es lo que, con toda probabilidad, ocurrió en Gadir cuando Doña Blanca perdió el papel principal que había tenido, a favor de la actual ciudad de Cádiz. Otras ciudades fenicias también sufrieron procesos parecidos, como le ocurrió a Arwad, ubicada en una isla, pero que disponía en tierra firme de diversos puntos, como Tartous o Antarados y Amrit o Marato; las relaciones entre los distintos emplazamientos dependientes de la misma ciudad conocieron diversas vicisitudes a lo largo de la historia, promocionándose unos en detrimento de otros, pero permaneciendo siempre vinculados a la misma entidad política que era la ciudad de Arwad. No es improbable que en el caso de Gadir pueda haber existido una fluctuación semejante y que la zona que en un primer momento fue considerada como las más idónea para el establecimiento fuese perdiendo importancia según fueron triunfando otras consideraciones, que hacían más adecuada la ocupación y promoción de la actual ciudad de Cádiz. Con el tiempo, y como dice el texto de Estrabón recién mencionado, sería necesario añadir nuevas áreas a la ciudad, algunas con destino a habitación y a actividades artesanales (San Fernando) y otras cumpliendo una función mucho más específica como la portuaria (Puerto Real). Todo esto lo que nos indica es que no debemos cerrar los ojos a interpretaciones que permitan entender el desarrollo de la ciudad de Gadir a partir de los restos que la arqueología ha ido proporcionando y que permiten observar con una nueva mirada la historia de la antigua ciudad de Gadir.

Otro de los puntos que formaron parte de Gadir era en el que se hallaba el santuario de Melqart cuyo emplazamiento, a varios kilómetros de distancia de las zonas de habitación resaltaban ya los autores antiguos. Aun cuando la reconstrucción de la antigua topografía de la zona aún dista de estar concluida, da la impresión de que el actual islote de Sancti Petri es casi el único vestigio que queda, en esa zona, de la antigua isla en cuyo extremo opuesto se encuentra la actual ciudad de Cádiz. Bien en el islote bien en sus proximidades y, por lo tanto, destruido por el mar, debió de hallarse el santuario. Los autores antiguos aluden en múltiples ocasiones al mismo pero las tradiciones son a veces tan contradictorias que resulta difícil hacerse una idea de su aspecto. No es improbable que en el momento de la implantación los fenicios se hubiesen conformado con erigir una pequeña capilla si bien con el tiempo, y según la ciudad fue alcanzando prosperidad y esplendor, el santuario se monumentalizaría hasta convertirse en uno de los santuarios más famosos de todo el mundo antiguo, aunque siguió conservando los rituales fenicios durante largo tiempo (Apiano, VI, 2). Los únicos restos que parecen proceder del santuario son una serie de seis estatuillas de bronce de tipo egiptizante que aparecieron hace años bajo el mar en un dragado

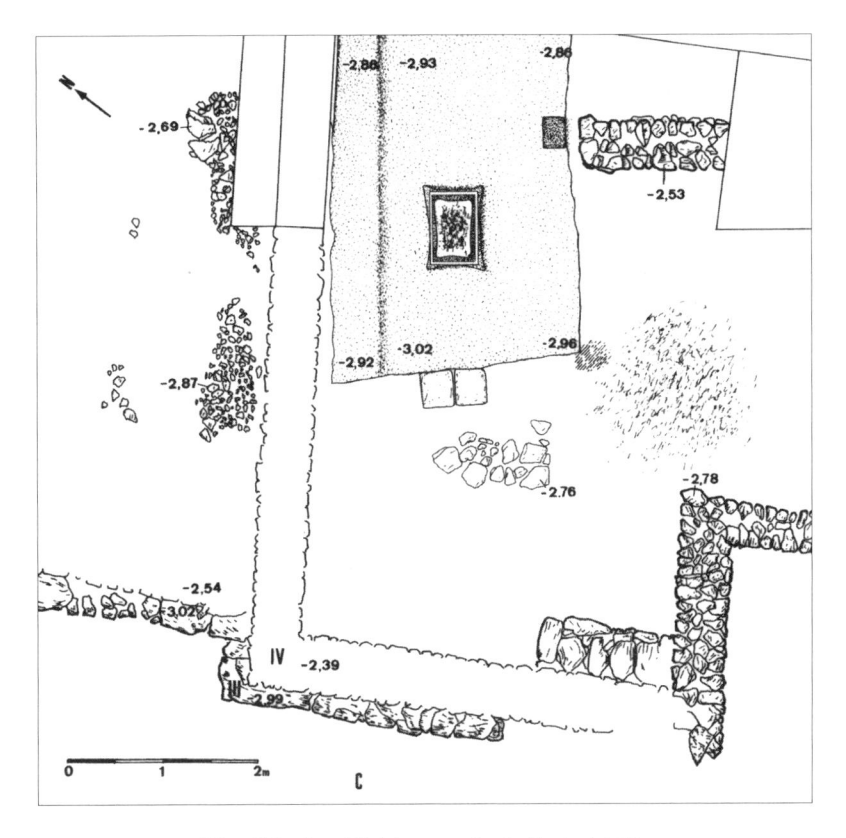

[Fig. 6] La fase III del santuario de Coria del Río

del caño de Sancti Petri y en inmersiones posteriores, en las proximidades del islote, sin que su contexto exacto pueda haberse establecido con certeza pero que confirman, en todo caso, la existencia de un área sacra en la zona. Se les asigna una cronología de la segunda mitad del siglo VII a.C.

El emplazamiento de Gadir, pues, resultaba muy atractivo por los motivos ya expresados; controlaba una importante bahía en la que desembocaba un río, el Guadalete, en la Antigüedad mucho más importante que en la actualidad, el cual proporcionaba también una interesante vía de acceso hacia el interior; por otro lado, la riqueza pesquera era extraordinaria como muestra también el uso temprano de los recursos pesqueros por parte de los fenicios asentados en Gadir; el aprovechamiento agrícola también resultaba elevado en una región muy apta para el cultivo y con buenas tierras, bien irrigadas, en las proximidades de la ciudad, quizá otro factor que favoreció un primer asentamiento cerca de la tierra firme. Por otro lado, se hallaba a una distancia razonable de centros que como Onoba, funcionaron como una de las vías de salida al mar de los minerales del área minera de Riotinto y, por último se hallaba a muy poca distancia del acceso al Lago Ligustino o golfo Tartésico que ocupaba la extensión hoy cubierta por las marismas del Guadalquivir.

En sus exploraciones previas a la fundación de Gadir y, sin duda, en las que siguieron llevando a cabo una vez que se establecieron en ella, los fenicios no pudieron haber dejado de observar las enormes potencialidades que ese gran golfo marino en el que desembocaba el río Guadalquivir, y que los antiguos conocieron como Lago Ligustino, podía ofrecer para desarrollar sus actividades. A ambos lados de golfo, cuya cabecera se encontraba en el área de Coria del Río había ya un poblamiento indígena importante que poco a poco vamos conociendo mejor; a la entrada al golfo, en la margen oriental se encontraba, en la costa que, ya en época romana se había convertido en un estero, el importante centro indígena de Mesas de Asta, que fue conocido en la Antigüedad como Asta Regia al que también se podía acceder por vía terrestre desde Doña Blanca, del que distaba no más de veinte kilómetros (Estrabón, III, 2, 2); más al norte había otros centros como Lebrija, la antigua Nabrissa y ya Coria (Caura), en la orilla occidental, marcaba el tránsito del golfo al río. Unos pocos kilómetros aguas arriba estaba Spal (Sevilla) y más arriba aún Ilipa (Alcalá del Río), que era el punto máximo en el que se dejaban sentir los efectos de la marea. Los autores antiguos (por ejemplo, Estrabón III, 2, 3) nos informan de la navegabilidad del río Guadalquivir hasta Córdoba, lo que muestra la importancia que asumirá en el futuro. De cualquier modo, el dato de interés es que toda el área al sur de Coria del Río era un golfo que permitía comunicaciones por vía marítima en todo ese amplio entorno, que Sevilla estaba a poco más de diez kilómetros del mar y que el paisaje era por completo diferente del actual.

Esta región fue, sin duda ninguna, el núcleo de la cultura tartésica a la que nos referiremos en otro capítulo (vid. vol.I, II.2.4.1), por lo que aquí no insistiremos demasiado en los rasgos que presenta el mundo indígena en este entorno. Sin embargo, las investigaciones recientes han puesto de manifiesto la intensa acción que los fenicios ejercieron sobre esta región desde momentos bastante tempranos, por lo que será a este aspecto al que aludiremos a continuación. Parece bastante probable que los elementos de tipo fenicio hayan venido dirigidos desde Gadir, tanto por su proximidad geográfica como porque fue la cercanía a este entorno irrepetible uno de los factores que determinaron el establecimiento en Gadir. Es mérito de la investigación reciente el haber observado cómo toda la antigua costa del golfo Tartésico estuvo jalonada, además de por centros indígenas, alguno de los cuales hemos señalado, por toda una serie de lugares de culto que les servían a los fenicios como hitos visuales y simbólicos de un paisaje que estaban transformando en función de sus necesidades, en un claro ejemplo de apropiación de un entorno ajeno en un principio. Esta apropiación simbólica tenía la ventaja de estar representada por estas estructuras sacras, que serían también comprendidas por las poblaciones indígenas que, en último término, autorizarían su erección. Como veíamos páginas atrás al referirnos a los mecanismos del comercio empleados por los fenicios, una vez que las relaciones se van consolidando, el lugar de culto, que garantizaba neutralidad e inviolabilidad a quienes se acercaban a él favorecía los intercambios de todo tipo, económicos pero también interpersonales; esta idea no es difícil hacerla entender a los indígenas más allá del nivel de desarrollo de sus ideas religiosas antes de la llegada fenicia y, con el tiempo, estos lugares de culto, quizá adaptados a las necesidades propias del mundo tartésico, serán un elemento importante en su proceso de desarrollo cultural.

Uno de los santuarios, que se hallaba a la entrada del golfo, en las proximidades de la actual Sanlúcar de Barrameda, era el de la Algaida, que se encontraba en una isla boscosa acaso vinculada al poblado indígena de Ébora; los hallazgos más antiguos en el sitio no remontan el siglo VI a.C. lo que puede indicar que ese es el momento de consagración del entorno o que no se han hallado testimonios más antiguos. El tipo de culto es de origen oriental, con un amplio espacio al aire libre en el que se depositaban los exvotos. Se ha propuesto relacionarlo con un santuario consagrado a *Phosphoros* que menciona Estrabón (III, 1, 9) y que, en su advocación latina se llamaría *Lux Dubia*, y que aludiría a la luz del amanecer y el atardecer; los exvotos hallados, sin embargo, en su mayoría de los siglos IV a II a.C. parecen mostrar una atención especial de la divinidad allí venerada a mujeres y niños. No sería improbable que, según pasó el tiempo, el mundo indígena turdetano fuese apropiándose de ese antiguo santuario que, tal vez habían erigido los fenicios en un punto de interés, como era la embocadura del golfo. No obstante, el hecho de que no conozcamos restos anteriores al siglo VI impide que podamos afirmar sin lugar a dudas su origen temprano dentro del esquema de navegaciones fenicias por la zona.

Otro hallazgo descontextualizado, pero que pudiera corresponder también a un santuario, es el conjunto de seis soportes para quemaperfumes que se hallaron en la parte más alta de Lebrija, fabricados en oro y que pudieran corresponder al equipamiento cultual de un santuario, tal vez ocultados en algún momento de peligro. La ubicación de santuarios, sobre todo los relacionados con la navegación, en lugares altos se observa en el hace poco excavado de Coria del Río. En efecto, en un cabezo que domina el cauce del río, llamado Cerro de San Juan, parece haberse instalado un pequeño grupo de fenicios ya en el siglo VIII a.C., con una finalidad sobre todo artesanal dedicado, entre otras posibles actividades, a la elaboración de cerámica a torno que no mucho tiempo después de su instalación o, quizá incluso desde su inicio, erigieron un santuario; entre el momento inicial y el final se han documentado al menos cinco etapas constructivas. Se trata de un edificio en buena parte a cielo abierto con algunas estancias techadas que parece haber sido orientado en dirección al sol naciente del solsticio de verano; su planta debió de ser rectangular o cuadrada, precedida de un pórtico en la zona de acceso. En una de las estancias techadas había un altar en forma de piel de toro extendida con señales de fuego que ratificaría esa función de altar; asimismo, toda una serie de posibles soportes de ofrendas u otros elementos cultuales confirmarían el carácter sacro del recinto, así como los hallazgos realizados entre los que, además de cerámicas, aparecieron huevos de avestruz, escarabeos, pinzas de bronce o cuchillos afalcatados. Los excavadores identifican el Cerro de San Juan con el *Mons Cassius* que menciona Avieno (*Ora Maritima*, 259) y consideran que el culto que tenía lugar en el santuario estaría destinado a Baal Saphon.

Aguas arribas del río se encontraba Spal, Sevilla, en cuyo nombre se han creído encontrar raíces fenicias. La importancia de su emplazamiento se relaciona con el hecho de ser el punto más interior al que podían llegar los barcos aptos para la navegación marítima y, por lo tanto, era un lugar en el que había que proceder por fuerza al cambio del medio de transporte de las mercancías. Su interés para los fenicios debió de ser, por consiguiente, grande una vez que el río Guadalquivir empezó a ser frecuentado por los marinos y comerciantes de origen gaditano que aprovecharon las ventajas naturales del entorno; en la Antigüedad se trataría de una isla o una península asomada al estuario del Guadalquivir. Es objeto de debate en los últimos tiempos el carácter inicial de Spal, si centro tartésico o establecimiento surgido a la sombra de los propios intereses fenicios aunque se están avanzando fuertes argumentos a favor de esta última posibilidad. En las proximidades de Spal y sin duda en relación con la misma y recostado sobre el Aljarafe, se encuentra el yacimiento del Carambolo, en la localidad actual de Camas. Este yacimiento cobró relevancia cuando en 1958 apareció el conjunto de objetos de oro que se conoce en la literatura científica como el Tesoro del Carambolo, que fue considerado desde entonces como una de las obras claves del arte tartésico; dicho tesoro, con un peso próximo a los tres kilos se compone de dieciséis placas rectangulares (ocho más grandes y otras ocho más pequeñas), dos piezas en forma de piel de toro, un collar y dos brazaletes. En las excavaciones que se llevaron a cabo a partir de 1960 en las proximidades, en la zona que se conoce como el Carambolo Bajo se descubrió un conjunto de estructuras no bien interpretadas en su momento y que algunos autores habían sugerido considerar como un santuario. A ello se añadía la interpretación que se dio al tesoro como conjunto de adornos de tipo cultual, tanto para oficiantes en el culto como para animales destinados al sacrificio, que habría sido ocultado en los momentos finales de vida de dicho santuario. Por fin, y antes de la aparición de dicho tesoro se halló una figura sentada de la diosa Astarté con una inscripción en lengua fenicia, datable a mediados del siglo VIII a.C., donde indicaba que se trataba de una ofrenda realizada a dicha diosa por dos sujetos, de nombre y filiación fenicios, porque "ella ha escuchado la voz de su plegaria".

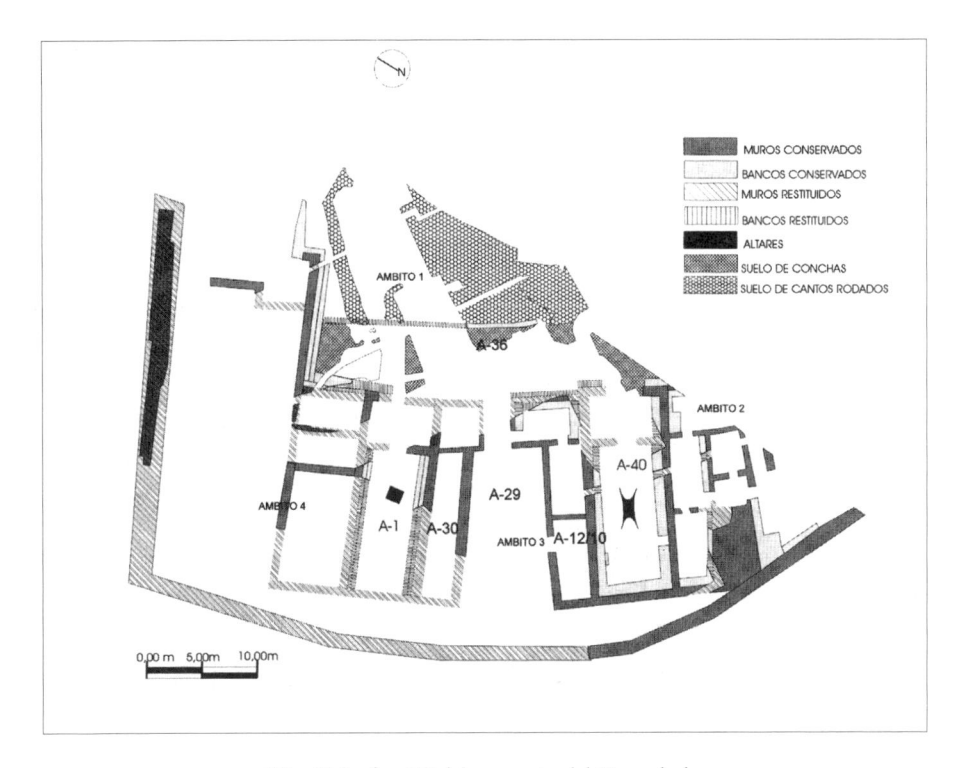

[Fig. 7] La fase III del santuario del Carambolo

En los últimos años se han realizado nuevas investigaciones en la zona del yacimiento en la que apareció el tesoro, conocida como Carambolo Alto, en donde se ha excavado una compleja secuencia constructiva que abarca desde mediados del siglo VIII hasta el tránsito del siglo VII al VI a.C. y donde se han detectado cinco fases constructivas con numerosas reformas parciales dentro de cada una de ellas. La etapa inicial viene marcada por un edificio rectangular, orientado en dirección Este-Oeste, con acceso desde el Este y realizado con adobes y que consta de un amplio patio distribuidor, con bancos adosados a las paredes y que da acceso a dos estancias largas y estrechas, a su vez subdivididas en el interior. Se han hallado restos de posibles altares y las huellas en el suelo de vasos contenedores que estuvieron encastrados en el suelo. La primera ampliación consiste en añadir nuevas estructuras al norte y al sur del patio de la primera fase, articuladas en torno a patios y estancias, comunicadas entre sí por medio de vanos; en la cimentación se emplea ya mampostería, y los alzados siguen realizándose con adobes. Cada una de las alas se articula en torno a un espacio central, más cuidado, donde se disponen altares, uno de ellos en forma de piel de toro. Al tiempo, un gran patio rectangular, situado al este del conjunto, sirve de gran espacio distribuidor de la circulación interna; se pavimenta con una base de gravilla y cantos rodados cubierta por una capa de tierra batida cubierta de arcilla rojiza. En un momento ulterior se añade una crujía paralela a los edificios de la fase previa, a costa de disminuir el tamaño del gran patio distribuidor que recibe ahora, en las zonas de circulación, un pavimento de conchas. El nivel constructivo y decorativo de las estructuras de este periodo es muy cuidado y siguen en uso, aunque tras sufrir modificaciones, los altares atestiguados en la fase previa y confirmándose la idea de que parece haber dos unidades de culto con sendos altares, rodeadas de estancias de servicio. La fosa en la que apareció el tesoro del Carambolo se adscribe a esta fase tercera del santuario como vertedero de desperdicios y basuras; un muro parece delimitar ahora toda el área sacra. La cuarta fase del santuario presenta algunas modificaciones en la distribución de algunas estancias así como la creación de nuevos espacios subdividiendo algunos de los existentes con anterioridad y la quinta y última implica la amortización del edificio previo y su colmatación, para, sobre los muros previos, ubicar el nuevo edificio que sigue, en líneas generales, el esquema de la fase anterior. Tras el abandono del edificio, pero antes de su ruina definitiva, se atestiguan en la zona actividades relacionadas con producción de bronce, la forja del hierro y la obtención de plata, incluyendo hornos y escorias.

Por debajo de estos restos los niveles de ocupación anterior detectados corresponden al tránsito del Calcolítico Final al Bronce Antiguo inicial, lo que sugiere que cuando se produjo la instalación del área cultual el entorno se hallaba desocupado desde hacía varios siglos. Como en todo resto arqueológico que aparece, las posibilidades de interpretación son variadas y mientras que ya hay autores que no tienen ninguna dificultad en considerar el Carambolo como un área cultual fenicia, otros prefieren considerarla un edificio "orientalizante" lo que es una manera muchas veces de dejar en un estado de indefinición la identidad de la estructura. Desde mi punto de vista, nada impide pensar que los fenicios de Gadir, desde un momento muy temprano, iniciaron el conocimiento y la explotación económica de los recursos naturales que las tierras que se asomaban a este inmenso golfo les proporcionaban, entre otras cosas porque ese era el objetivo que buscaban los fenicios con su expansión ultramarina y, además de que los testimonios arqueológicos permiten plantearlo, sería extraño que los fenicios no hubiesen visitado y establecido estructuras cultuales en una zona tan favorable a sus actividades; en este caso, el hallazgo del mencionado "bronce del Carambolo", una dedicatoria a Astarté como reza la inscripción sugeriría su vinculación al culto de esta diosa, al que quizá habría que sumar otra divinidad (¿Baal?) a juzgar por la dualidad de áreas cultuales que la excavación ha puesto de manifiesto.

Más hacia el interior también se han localizado otras estructuras de tipo cultual en ubicaciones como Carmona o Montemolín (Marchena) pero, aunque de clara

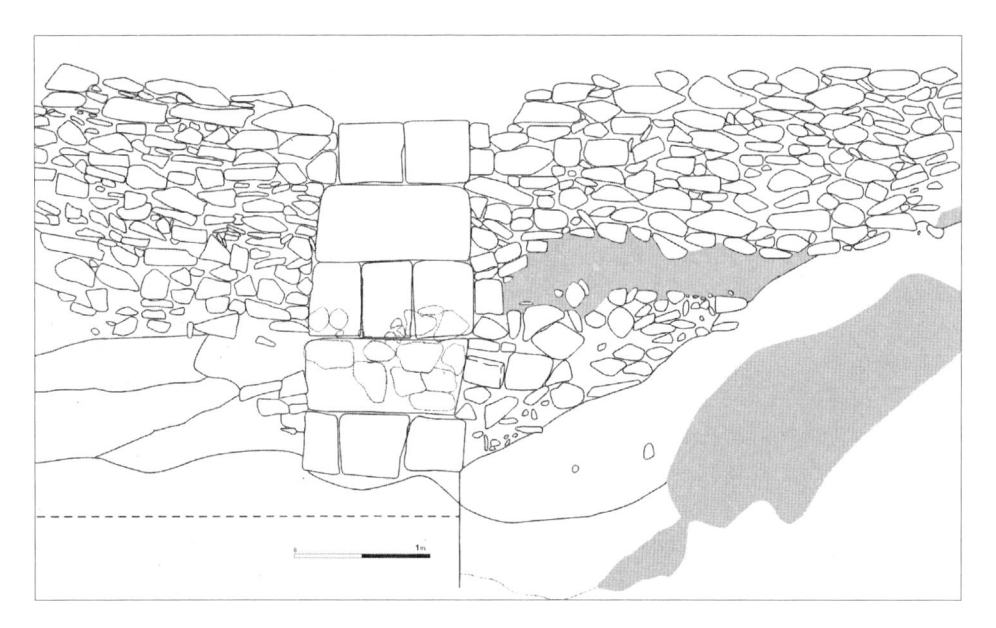

[Fig. 8] El muro fenicio del Cabezo de San Pedro (Huelva)

raigambre oriental, las discutiremos al aludir a la cultura tartésica (*vid.* vol.I, II.2.4.1.1.7-8).

Un punto en el que los fenicios de Gadir no podían dejar de mostrar interés lo constituía el área onubense, ya mencionada en la propia historia de fundación de la ciudad como uno de los lugares en los que recalaron los prospectores fenicios en busca de un sitio idóneo para fundar su ciudad. En concreto, el relato de Estrabón que ya habíamos transcrito antes, indicaba cómo los exploradores tirios habían llegado hasta una isla enfrente de Onoba. Como habíamos visto antes, esa isla es identificable con la de Saltés y en esa zona aparecieron unas figurillas de bronce de tipo egiptizante, parecidas a las encontradas en Sancti Petri aunque de menor tamaño, que se han puesto en relación con un lugar de culto fenicio quizá existente allí. Por lo que se refiere a la ciudad de Onoba, parece haber sido un centro importante ya antes de la llegada de los fenicios pero tras la misma debió de entrar pronto en una dinámica de crecimiento y mayor estructuración. Además de los restos propios del mundo indígena onubense sobre los que volveremos en otro capítulo, interesa destacar los elementos de directa influencia fenicia hallados en Onoba. De todos ellos, uno de los más relevantes y más antiguos es un muro de tipo fenicio que fue construido en una de las colinas o cabezos que configuraban la antigua topografía de

Huelva, el Cabezo de San Pedro. Discurre por la ladera occidental del cabezo y fue excavado un tramo de algo más de diez metros; estaba compuesto de lajas de piedra que se hallaban reforzadas por un pilar realizado de sillares según una técnica cuyos paralelos directos se encuentran en Oriente Próximo; da la impresión de que su función fue sujetar las tierras de la colina para evitar que con las lluvias se produjese un arrastramiento de las mismas ladera abajo lo que sugiere, pues, que los fenicios habrían intervenido de alguna forma en la ordenación del espacio urbano del hábitat indígena de Huelva. Su cronología se sitúa en la primera mitad del siglo VIII a.C.

Las múltiples excavaciones que se han llevado a cabo en los últimos años en Huelva han aportado, además, grandes cantidades de cerámica de tipología fenicia que pueden datarse entre el siglo VIII y el siglo VI a.C., y que muestran la intensidad de los contactos que se mantuvieron entre el centro indígena y los fenicios. Sin duda alguna lo que los fenicios buscaban era la plata que se producía en el área de Riotinto y de cuya explotación da testimonio tanto la existencia de centros tartésicos vinculados a la misma (Tejada la Vieja, San Bartolomé de Almonte), como el hallazgo en la propia Huelva de hornos metalúrgicos vinculados a esas actividades. Se ha calculado que al menos cuatro millones de toneladas de escorias fueron el resultado de las actividades de obtención de plata llevadas a cabo durante la época tartésica en el distrito de Riotinto y aunque hoy día se cree que todo el proceso extractivo estaba en manos indígenas, parece claro que quienes procuraban la salida y la difusión por el Mediterráneo de esa plata fueron los fenicios en exclusiva, al menos hasta la entrada en acción de los griegos en momentos ulteriores. Del mismo modo, y aunque algunos autores, con una visión autoctonista muy exacerbada consideran que la tecnología para obtener la plata podría haber sido tartésica, lo cierto es que no es hasta la presencia fenicia en el área cuando empezamos a disponer de informaciones precisas sobre los procedimientos, los cuales tienen muchos puntos en común con los que se conocen en otros sitios del Mediterráneo. Por lo tanto, aun sin negar que las poblaciones indígenas del área onubense pudiesen haber desarrollado algún procedimiento para obtener plata, lo cierto es que serán los fenicios los que habrán introdujeron técnicas bien acreditadas en Oriente Próximo y el Mediterráneo oriental que, sin duda, eran mucho más eficientes y permitían un mayor beneficio que las aún por demostrar técnicas indígenas. Éstos, sin embargo, sí tenían que aportar la mano de obra necesaria para producir la plata que demandaban los fenicios y con cuyo comercio se enriquecían las élites locales. No obstante, sobre este aspecto discutiremos en el capítulo dedicado a la cultura tartésica (vid. vol.I, II.2.5.1).

Por último, y siguiendo en Onoba, las excavaciones arqueológicas han confirmado que, mientras que las partes altas de la ciudad, los cabezos, eran la zona de residencia de la población indígena, las zonas bajas, próximas al agua, parecen haber estado ocupadas por toda una serie de instalaciones de tipo portuario, almacenes,

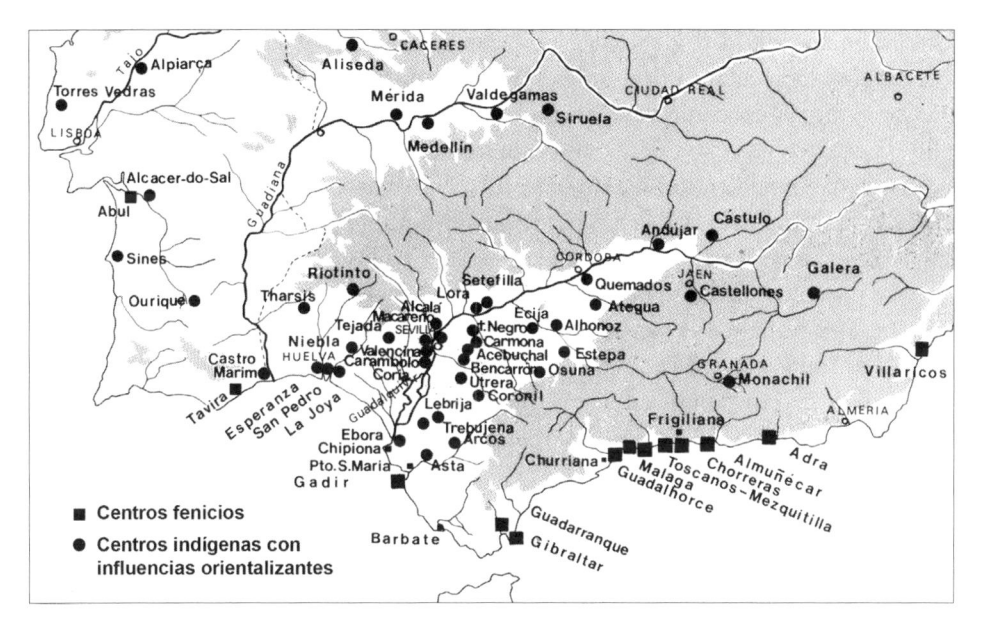

[Fig. 9] Las influencias fenicias en el territorio meridional de la Península Ibérica

talleres, entre ellos los dedicados a la transformación del mineral, y otro tipo de estructuras. La gran cantidad de cerámica fenicia procedente de las distintas áreas excavadas en esta parte de la ciudad indica que en ella es donde debían de concentrarse todas las gentes de este origen directa o indirectamente vinculadas a las tareas de elaboración, control, transformación y transporte de la plata. El tipo de excavación practicada, que ha ido actuando cuando solares de la ciudad actual iban quedando vacíos por derribo de los edificios en ellos existentes y antes de la construcción de nuevos inmuebles, no ha facilitado la tarea de obtener una visión de conjunto del urbanismo de la ciudad protohistórica y aunque en dichas excavaciones han aparecido en ocasiones edificios de cierto empaque resulta difícil enmarcarlos en un contexto más amplio. No obstante en los últimos años se realizaron unas excavaciones en un gran solar que corresponde a los números 7-13 de la actual calle onubense de Méndez Núñez, en el que se detectó lo que se ha interpretado como un santuario, cuya fase inicial se sitúa en los siglos VII y VI a.C.; en él se halló gran cantidad de materiales, muchos de ellos depositados en pozos, incluyendo elementos cultuales y exvotos. La excavación se interrumpió antes de llegar a niveles estériles pero la remoción de tierras llevada a cabo para la construcción de un edificio, controlada por otro equipo investigador, ha puesto de manifiesto que quizá antes de la mitad del siglo IX a.C. en la zona se inicia la presencia fenicia, y viene representada por una extraordinaria cantidad y variedad de cerámicas de tipo fenicio, tanto importadas como quizá fabricadas in situ, objetos en marfil y madera, algunos de ellos de claro carácter cultual, así como numerosísimos fragmentos de huevos de avestruz. Todo ello sugiere que tal vez ya desde los primeros momentos de la presencia fenicia en el área, ésta se articuló en torno a un lugar de culto del que el excavado sólo correspondería a su última fase. Por desgracia, el que sólo dispongamos de materiales y no se haya llevado a cabo una excavación científica de los niveles inferiores del solar impide que pueda confirmarse esta impresión. Por supuesto, y como en el resto de las excavaciones realizadas en la ciudad de Huelva, la presencia de grandes cantidades de cerámicas indígenas indica a las claras cómo nos encontramos ante situaciones de contacto de culturas, donde los fenicios están presentes en medio de entornos indígenas con el objetivo de agilizar las transacciones comerciales y hacerse con aquellos productos que son de interés para los mercados mediterráneos y orientales.

Con Onoba cerramos el análisis del área vinculada a Gadir en un sentido amplio, puesto que consideramos que la desembocadura del Guadalquivir y el área onubense fueron los puntos destacados que justificaron la fundación de la ciudad fenicia en el área que ocupó; desde Gadir se podía acceder con facilidad tanto al área del Golfo Tartésico por mar y por tierra y a la desembocadura del Guadalquivir así como a la región onubense. El mineral de plata, según el área en la que se produjese, podía ser transportado a la zona de Huelva pero también a la de Sevilla, donde los barcos fenicios acudían para recogerlo; la zona de Gadir pero también todo su entorno era muy rico en recursos pesqueros y el territorio que circundaba a Gadir era también de una gran potencialidad agrícola que acabaron explotando sus habitantes. Ningún otro punto de la costa andaluza proporcionaba la suma de ventajas que sumaba el área gaditana; por ello, la ciudad fenicia se estableció allí mientras que en otros puntos lo que surgieron fueron establecimientos menores, factorías o áreas portuarias que no tuvieron, ni mucho menos, la proyección de Gadir. Veamos algunos de ellos.

II.1.4.2.2 Los asentamientos de las costas andaluzas

Las costas andaluzas estuvieron jalonadas, durante los primeros siglos de la presencia fenicia en la Península Ibérica de un gran número de establecimientos que desarrollaron actividades económicas de muy diversa índole; es difícil saber si el impulso de su aparición corresponde a la ciudad de Gadir o, por el contrario, es el fruto de iniciativas surgidas en otros puntos, bien en las propias ciudades de Fenicia bien en otros centros ya establecidos en el Mediterráneo central u occidental. Aun cuando ninguno de ellos parece anterior a la fundación de Gadir, algunos de ellos se presentan, al menos, como contemporáneos. No sería improbable que, en efecto, tengamos aquí una conjunción de intereses diversos que, al tiempo

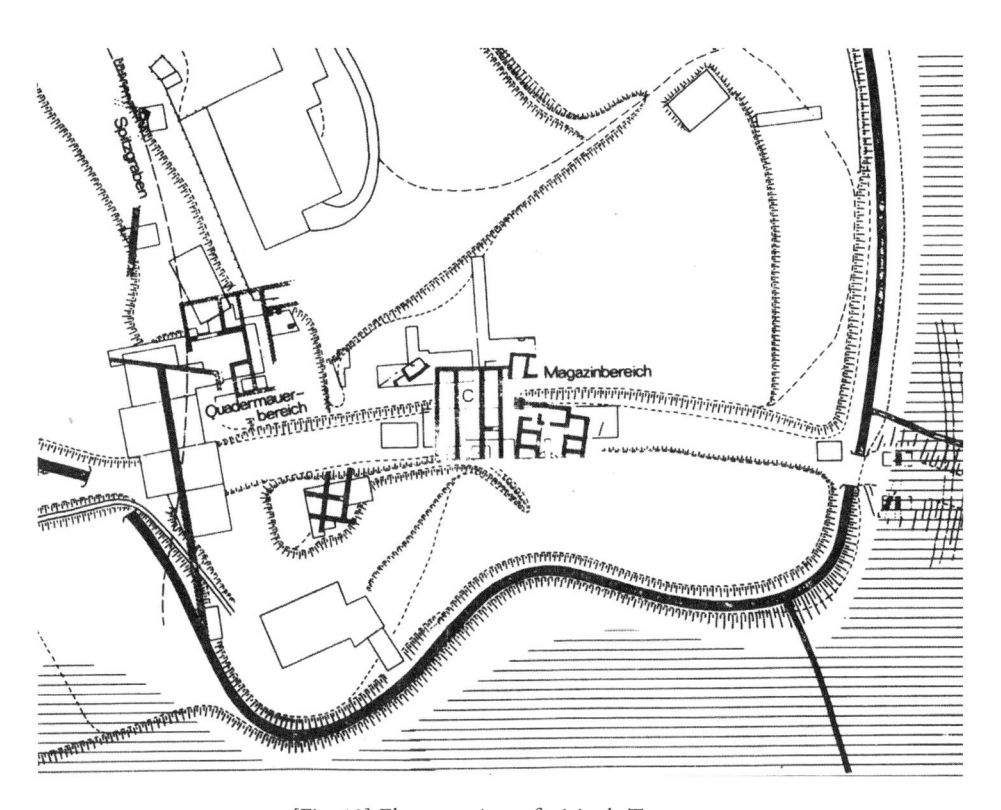

[Fig. 10] El asentamiento fenicio de Toscanos

que están favoreciendo la fundación de una ciudad en Gadir no renuncien a una expansión de tipo más capilar que intente hacerse con el control económico de todos los lugares que pudieran aportar beneficios, complementarios o alternativos a los que justificaron la fundación de la ciudad. Sin embargo, es más razonable pensar que, ante la falta de argumentos que lo desmientan, los conocimientos necesarios para localizar los establecimientos en los lugares más idóneos habrían sido adquiridos como consecuencia de la presencia de fenicios con capacidad de tomar decisiones en la Península y que éstas no venían dictadas desde Oriente. Sea como fuere, la dinámica urbana de Gadir se convertirá en un elemento de atracción irresistible para esos pequeños centros que con el tiempo formarán lo que la historiografía contemporánea conoce como el Círculo del estrecho, vinculado a Gadir bien por intereses económicos bien por relaciones políticas. En los siglos iniciales de la presencia fenicia es difícil saber si existía ya esta comunidad de intereses o, incluso, el liderazgo gaditano, pero es algo que tampoco podemos descartar. Pasemos, pues, revista a algunos de los principales establecimientos que los fenicios erigen en las costas mediterráneas andaluzas entre los siglos VIII y VI a.C.

II.1.4.2.2.1 Cerro del Villar

El Cerro del Villar se halla en lo que en la Antigüedad fue una isla ubicada en la desembocadura del río Guadalhorce que, a diferencia de lo que ocurre en la actualidad, constituía un amplio estuario en proceso de transformación en delta. La llegada fenicia a este emplazamiento parece producirse entre mediados y finales del siglo VIII a.C., es decir, en un momento posterior al que representaba el Morro de Mezquitilla y contemporáneo con otros centros, como Toscanos y Almuñécar. La principal finalidad que se le ha atribuido al Cerro del Villar es la pesca y las actividades de transformación de la misma en productos comercializables como las salazones; la fabricación de ánforas para dicho objetivo parece haber sido bastante importante desde los primeros momentos aunque quizá con el tiempo las actividades se diversifiquen como muestra el que vayan surgiendo estructuras domésticas a partir de inicios del siglo VII. Se han detectado restos de calles, algunas de bastante anchura, y de casas aunque éstas parecen estar bastante separadas entre sí, lo que hace la trama urbana algo laxa. Los análisis llevados a cabo muestran un peso importante de los cereales en la alimentación, sobre todo cebada vestida y trigo, así como leguminosas, en especial guisantes y lentejas; su presencia en el Cerro del Villar plantea la cuestión de si hemos de admitir la existencia de tierras agrícolas cultivadas por los fenicios o, por el contrario, de un suministro a partir de las poblaciones indígenas del entorno. De cualquier modo, algunas especies, sobre todo las leguminosas, parecen proceder del Mediterráneo oriental, lo que sugeriría su introducción en la Península Ibérica por los fenicios. Se han detectado también abundantes restos de vid cultivada aunque su presencia plantea las mismas cuestiones que las de otras especies vegetales presentes en el yacimiento, que no han sido cultivadas in situ, sino en campos aún no identificados. No hay, sin embargo, indicios de actividades metalúrgicas.

Tras un largo periodo de abandono, a partir del tercer cuarto del siglo VII se produce una reocupación habiéndose detectado un taller de fabricación alfarera que durará hasta el primer cuarto del siglo VI, momento en el que el sitio se vuelve a abandonar, quizá tras una grave inundación, para no volver a ser reocupado hasta inicios del siglo V ya en época púnica. Su abandono se ha relacionado con el auge que a partir del primer cuarto del siglo VI experimentará la vecina ciudad de Malaka, sobre la que volveremos en un apartado posterior. Por su parte, las excavaciones realizadas en la ciudad de Málaga parecen haber descubierto restos de una presencia fenicia durante el siglo VII a.C. en la parte baja de la ciudad, lo que indicaría que en un momento contemporáneo al Cerro del Villar (del que la ciudad dista unos seis kilómetros) o algo posterior, también en el futuro emplazamiento de la ciudad pudo haber surgido otra factoría que, al menos, parece haber desarrollado actividades metalúrgicas.

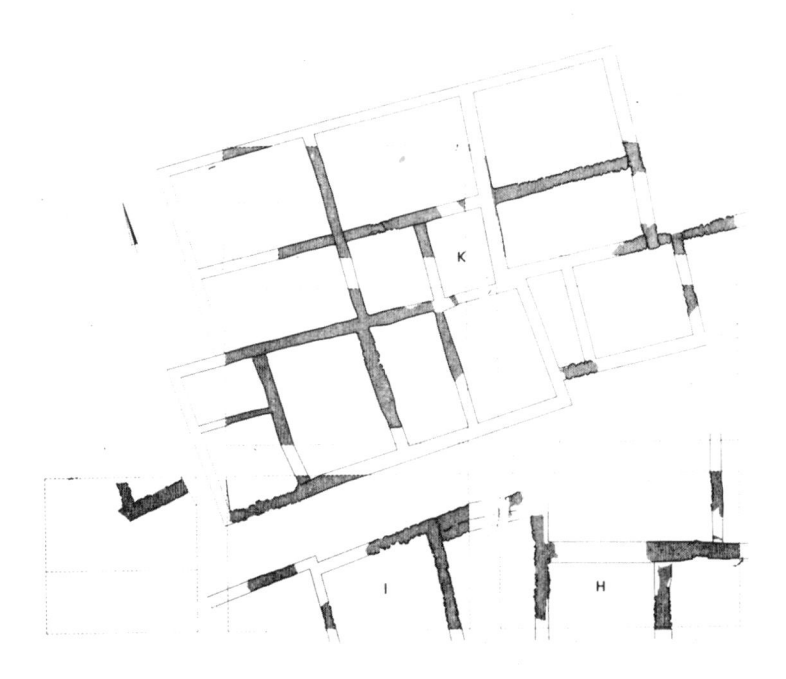

[Fig. 11] La fase I del asentamiento fenicio de Morro de Mezquitilla

II.1.4.2.2.2 Toscanos

El yacimiento fenicio de Toscanos se encuentra a la orilla derecha de lo que en la Antigüedad era un amplio estuario en el que desembocaba el río de Vélez y gracias a las numerosas excavaciones y prospecciones que se han llevado a cabo en este ámbito se han podido detectar, a orillas de ese antiguo estuario, todo un conjunto de lugares que, sin duda se hallaban interrelacionados entre sí y que presentan un modelo de ocupación del área de bastante interés. Toscanos estuvo ocupado entre mediados del siglo VIII e inicios del siglo VI pero el asentamiento era mayor que la zona conocida a través de las excavaciones. Así, a unos centenares de metros al noroeste de Toscanos hubo también ocupación fenicia en el Cerro de Alarcón, con cronologías similares. Este sitio se ha interpretado como de carácter defensivo que podría proteger el centro comercial y aunque entre ambos hay indicios de restos arqueológicos, no han sido objeto de investigación. Del mismo modo, también a unos centenares de metros al suroeste, en otra elevación, el Cerro del Peñón, surgió con el paso del tiempo otra zona habitada, aunque al parecer sólo a partir del siglo VII, durando hasta el siglo VI. Al norte de Alarcón se descubrió la necrópolis de Jardín, que fue utilizada entre los siglos VI y IV a.C.; por otro lado, enfrente de Toscanos, al otro lado del estuario, en el Cerro del Mar se halló la primitiva necrópolis de Toscanos y parece que empezó a utilizarse a inicios del siglo VII a.C. aunque quizá a partir del siglo VI se trasladó a Jardín. Desde ese momento en el Cerro del Mar se instalaría un complejo destinado a la salazón así como a viviendas. De este modo, la desembocadura del río de Vélez muestra una compleja historia de diversos usos específicos así como un proceso de crecimiento del área habitada y, tal vez, de especialización en diferentes actividades.

Por lo que se refiere a Toscanos, los primeros edificios son una serie de casas con zócalos de adobe, de varias habitaciones pero sin una clara orientación. A partir de fines del siglo VIII se construye en la parte central del yacimiento un gran edificio tripartito para lo que es necesario modificar el trazado de algunas de las viviendas preexistentes; a partir de los paralelos aportados por los excavadores es posible ver en este edificio un almacén; el centro parece crecer de forma importante fuera del área inicial a partir de la segunda mitad del siglo VII. Otros rasgos de interés son un foso defensivo en la parte occidental del hábitat, que parece ser contemporáneo con el primer establecimiento fenicio así como instalaciones portuarias al borde del estuario. Entre las actividades económicas observadas hay importantes restos de tareas metalúrgicas en la ladera oriental del Cerro del Peñón y también indicios de la elaboración de púrpura así como de actividades pesqueras.

Acerca del posible carácter urbano del centro, los excavadores son proclives a admitirlo aun cuando es difícil asegurarlo habida cuenta los grandes lapsos que tenemos en el conocimiento del conjunto; el hecho de que no dispongamos de un nombre fiable para el mismo iría en contra también de esta posibilidad. Hay que decir que se había sugerido que Toscanos pudiera ser la localidad que algunos autores antiguos llamaron Mainaké, a la que atribuían un origen griego pero es algo que tampoco puede asegurarse además de darse la circunstancia de que esta misma identificación ha sido postulada para otros de los centros fenicios excavados en los últimos años, del mismo modo con pocos argumentos fiables.

II.1.4.2.2.3 Morro de Mezquitilla

El Morro de Mezquitilla se encuentra en la desembocadura del río Algarrobo, en la provincia de Málaga, en su orilla izquierda, que en la Antigüedad formaba una pequeña bahía; a poco más de un kilómetro al este se halla Chorreras, aunque fue ocupado sólo durante la segunda mitad del siglo VIII y los años iniciales del siglo VII. En la orilla derecha del río parece haber estado la necrópolis, en la localidad de Trayamar, aunque su periodo de uso se extiende sólo durante la segunda mitad del siglo VII. Por su parte, el Morro de Mezquitilla estuvo ocupado desde la primera mitad del siglo VIII hasta el siglo I a.C. Los fenicios se establecieron sobre una zona desocupada en la que, tras una labor previa de explanación, construyeron sus primeros edificios de adobe sin zócalo de piedra, agrupados en torno a calles estrechas. Da la impresión de que la mayoría de esos edificios, de planta cuadrangular y rectangular, eran talleres dedicados a la fundición y elaboración de hierro y tal vez de cobre, habiéndose hallado restos de escoria e, incluso, algunos hornos circulares; el establecimiento, bastante precario en sus momentos iniciales, fue consolidándose cambiando de aspecto, tanto en su planta como en sus técnicas de construcción, puesto que ya se emplean zócalos de piedra y alzados de adobe. Esta segunda fase se inicia en el siglo VII a.C. La inmensa mayoría del material recogido es cerámica a torno, aunque también se han encontrado numerosas producciones de cerámica fenicia a mano; asimismo, han aparecido algunos restos de huevos de avestruz, vasos de alabastro y alguna cerámica griega.

La necrópolis de Trayamar, de la que se conocen cinco tumbas, está constituida por cámaras hipogeas recubiertas en su interior por sillares. El ritual empleado fue tanto la inhumación como la cremación y entre los objetos que se hallaron los hay de cerámica y de alabastro. La existencia de varios enterramientos en cada cámara, así como las restauraciones que algunas sufrieron durante su periodo de uso sugieren el carácter familiar de cada una de ellas; del mismo modo, la construcción cuidada de las cámaras y el uso de sillares y enlucidos indica un nivel elevado de sus propietarios, lo que acaso se deba al auge económico que durante ese periodo experimenta el centro habitado del que depende dicha necrópolis.

Por lo que se refiere a Chorreras, da la impresión de que su única fase de vida nos está hablando de un modo de ocupación costera durante el siglo VIII basada en establecimientos muy pequeños que no competirían entre sí; en Chorreras se excavaron una serie de estancias rectangulares, con orientaciones diversas, y algunos espacios de circulación, calles, no regulares. Es posible que la necrópolis que emplearan sus habitantes estuviese en Lagos, a juzgar por su proximidad y por la cronología de la misma. Aunque no sabemos las causas de su desaparición no sería improbable que el crecimiento del Morro de Mezquitilla a partir de su segunda fase, con un mayor desarrollo de sus infraestructuras (incluyendo instalaciones portuarias) hiciese inviables los pequeños núcleos que habían surgido en el siglo VIII a.C. según un esquema de ocupación mucho más concentrado, pero basado en centros de menor tamaño.

II.1.4.2.2.4 Almuñécar-Sexi; Abdera-Adra; Villaricos

Es probable que la presencia fenicia en Sexi (Almuñécar) sea bastante antigua, a juzgar por el papel que la localidad desempeña en el relato de la fundación de Gadir como la primera escala que hicieron los fenicios en su búsqueda del lugar idóneo para fundar su ciudad; no obstante, los restos arqueológicos que podrían confirmarlo no dejan de ser problemáticos y nos presentan un panorama de cierta complejidad. Sexi surgió en una península flanqueada por dos bahías en las que desembocaban los ríos Seco y Verde, y excavaciones realizadas en diversos puntos del emplazamiento urbano han aportado restos cerámicos del siglo VIII a.C., en ocasiones incluso de su primera mitad, lo que confirmaría un momento temprano para el establecimiento fenicio en el área. No obstante, el hecho de que la ciudad actual esté ubicada sobre la antigua hace difícil hacerse idea del aspecto que ésta tuvo, aunque parece confirmarse que el primer establecimiento fenicio se ubicó junto a un poblado indígena que ocupaba la parte más alta de la colina en cuyas laderas se asentaron los fenicios. Además de los no muy abundantes restos urbanos, las necrópolis nos permiten hacer algunas observaciones sobre el poblamiento antiguo de Sexi, en especial la que se conoce en la literatura con el nombre de "Laurita". Se trata de una necrópolis de cremación, de la que pudieron excavarse tan sólo veinte tumbas, que eran simples pozos en cuyo fondo, o en nichos abiertos en la pared de los mismos, se depositaban las urnas que contenían los restos de la cremación y algunos objetos de ajuar.

El hecho sorprendente era que todas las urnas eran vasos de alabastro de fabricación egipcia, muchos de ellos con los cartuchos correspondientes que permitían identificar a los faraones bajo cuyo reinado se habían realizado y, en algún caso, con textos alusivos a algún tipo de ritual. Los faraones representados eran Osorkón II, Takelot II y Sheshonq III, pertenecientes a la dinastía XXII y que reinaron entre 870 y 773 a.C. La cronología de la necrópolis, a partir de las cerámicas fenicias, se situaba entre fines del siglo VIII e inicios del siglo VII por lo que los vasos egipcios tenían ya más de cien años cuando fueron depositados en sus tumbas; diferentes opciones se han planteado para explicar su presencia en Sexi, desde que llegaron hasta allí como consecuencia de un comercio de vasos saqueados de necrópolis egipcias hasta que podían haber llegado a Fenicia procedentes de la necrópolis real de Tanis. De hecho, en Assur apareció un vaso semejante a uno de los hallados en Sexi que acabó en la capital asiria después de haber sido tomado como botín en Sidón. De cualquier modo, su función inicial fue contener vino para los rituales funerarios de los faraones egipcios de la dinastía libia y no es improbable que en Fenicia hayan gozado de aprecio a juzgar por el hecho de que los asirios podían considerar estas vasijas dignas de formar parte de un botín y lo mismo debe de haber ocurrido en Occidente. La presencia en una necrópolis no demasiado grande de una colección tan homogénea de apreciados y frágiles vasos egipcios, así como de joyas, podría sugerir que nos hallamos ante un grupo de individuos relacionados entre sí, quizá formando parte de un mismo grupo (familiar o social o ambas cosas a la vez) y de un estatus elevado. Encontramos signos de la permanencia de grupos de este tipo a fines del siglo VII en una tumba monumental (la 1 E) de otra de las necrópolis sexitanas, la de Puente de Noy, que es una gran cámara de siete metros cuadrados y cuatro metros de profundidad en la parte recubierta de sillares.

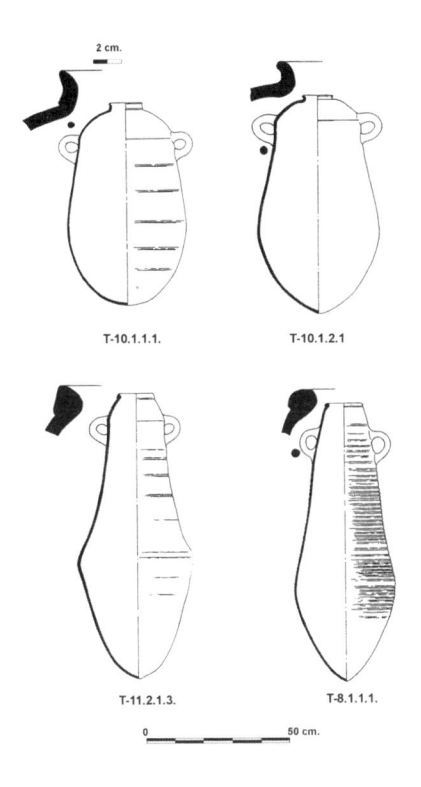

[Fig. 12] Los tipos principales de ánforas fenicias fabricados en la Península Ibérica

El gusto por los vasos egipcios parece haber sido importante en Sexi, a juzgar por el hallazgo en circunstancias desconocidas de un vaso de Apofis I, del siglo XVI a.C., de una gran antigüedad por consiguiente. Sexi puede haber desempeñado un papel comercial, tanto por mar como con el interior, facilitando el acceso a la vega granadina, quizá haya explotado recursos agrícolas del entorno y tal vez metalúrgicos (hierro) y, sobre todo, jugó un papel importante en la fabricación y exportación de salazones de pescado, actividad que continuaba todavía en época romana.

Ya en la costa almeriense, en el lugar conocido como Cerro de Montecristo nos encontramos con el asentamiento fenicio de Abdera [Adra]; ubicado, como es habitual en estos asentamientos que estamos considerando, en zonas irrigadas y próximas al mar, el Cerro de Montecristo se hallaba en un montículo sobre el antiguo estuario del río Adra. Los restos arqueológicos hallados indican que el establecimiento fenicio se produjo hacia mediados del siglo VIII a.C. Los restos excavados corresponden a lo que parecen ser viviendas, con habitaciones cuadrangulares y rectangulares y en ocasiones con hornos domésticos; se han detectado, asimismo, cerámicas indígenas que sugieren una presencia de ese elemento en el centro fenicio. Además de restos agropecuarios, en Abdera se atestigua la elaboración de cerámicas de tipo fenicio y la práctica de la metalurgia del hierro, habiéndose hallado escorias de fundición y toberas y otros elementos que configuraban los hornos. El mineral procedía de explotaciones mineras ubicadas en la vecina Sierra de Gádor, que no distaban más de quince kilómetros de Adra siguiendo el curso del río homónimo; no queda claro si esta metalurgia era de carácter local o tenía un objetivo comercial. El momento de auge de este establecimiento correspondería al siglo VII a.C.

Para finalizar este panorama mencionaremos el centro de Baria (Villaricos, Cuevas del Almanzora), que se ubicaba controlando el estuario en el que desembocaba el río Almanzora. Lo mejor conocido de este yacimiento son sus necrópolis, donde se excavaron unas 1.842 tumbas entre 1890 y 1914, en su mayor parte posteriores al siglo VI a.C. Es probable que el inicio de la presencia fenicia en Baria pueda situarse en el siglo VIII a.C. como el de buena parte de los centros que aquí hemos visto y como ocurrirá más al norte con el establecimiento de La Fonteta, pero los restos más antiguos hallados en la zona corresponden, al parecer, a fines del siglo VII a.C. En cuanto a la necrópolis, como decíamos líneas atrás, en su mayor parte corresponde a momentos posteriores al siglo VI, aunque es probable que alguna tumba pueda corresponder al siglo VII. Una de las actividades económicas principales, quizá junto con una cierta explotación agrícola del entorno, fuese con seguridad la metalurgia, que haría uso de los minerales de Herrerías y Sierra Almagrera. En estas épocas antiguas, y antes de la consolidación de Baria como el centro director del poblamiento de la zona, había otros centros fenicios en la zona, bien junto al río Antas (Pago de San Antón de Vera, Garrucha) bien junto al propio Almanzora (Cabecico de Parra). Las prospecciones realizadas muestran también cómo el poblamiento indígena del entorno se reorganiza sobre todo en función de la explotación de los recursos mineros que quizá eran comercializados hacia el exterior por los centros fenicios.

II.1.4.2.2.5 Consideraciones generales sobre la presencia fenicia en el área mediterránea andaluza

Todos estos centros fenicios que hemos mencionado, y que no agotan el número total de los que se conocen en la actualidad, jalonaron las costas andaluzas, con una concentración especial en la costa malagueña, ocupando los lugares más aptos desde el punto de vista de la navegación, buscando estuarios o ensenadas resguardadas y desarrollando actividades económicas variadas que en los casos que tenemos mejor atestiguados exceden las mínimas requeridas para la supervivencia. Es decir, aparte de procurarse su propio alimento, quizá mediante la pesca y tal vez, aunque es difícil de saberlo, mediante la agricultura, produjeron excedentes que constituyeron un elemento de interés para su exportación, una vez envasados en ánforas, ya fuesen salazones (que requerían además de un suministro de sal) ya vinos. A este respecto, es interesante constatar cómo a partir del segundo cuarto o la mitad del siglo VIII a.C. en toda esta región costera andaluza, incluyendo el área gaditana, surge un tipo de ánfora que perdurará hasta mediados del siglo VI a.C. y que es un auténtico fósil director para conocer el proceso de expansión fenicia. Se trata de un ánfora con un pequeño borde vertical colocado sobre la espalda, sin cuello, con hombro marcado y cuerpo ovoide, con una altura de entre 60 a 75 centímetros, que ha sido llamada de muy diversas maneras, como ánfora de saco, ánfora R-1, ánfora A-1, Trayamar 1, Cintas 237 o, por fin, T-10.1.1.1 para los modelos más antiguos y T-10.1.2.1 para la forma evolucionada del siglo VII. Aunque sus prototipos son, sin duda, fenicios, su forma es muy característica y no cabe duda de que se ha desarrollado en Occidente, tal vez en Gadir o en su entorno. Los análisis de pastas llevados a cabo confirman que durante el periodo de su uso fue fabricada en un gran número de talleres del sur de la Península Ibérica y del norte de África entre los que se distingue un grupo centrado en la bahía gaditana, otro en la costa malagueña y otro que corresponde a talleres no identificados que pueden estar en la costa española o en la marroquí. Además, fue una forma que las poblaciones indígenas incluyeron pronto en su repertorio dando lugar a múltiples variantes tipológicas que serán la base de la producción anfórica del mundo ibérico. No deja de llamar la atención que a lo largo de un periodo tan largo y a pesar de haber sido realizada en gran número de talleres, separados entre sí por importantes distancias, se haya mantenido (con las obvias variantes, más de detalle que de diseño general) la unidad de este modelo anfórico. La elección de un determinado tipo de ánfora no es algo casual sino que obedece a una decisión consciente, hasta tal punto significativa, que nos permite elaborar siglos después de su adopción tipologías y clasificaciones cuya validez como elemento de análisis y de estudio está fuera de duda. Hemos de pensar que su creación y mantenimiento en ese largo espacio de tiempo y en esa gran extensión de territorio tuvo una relevancia y una importancia grandes. Pareciera como si este modelo de ánfora fuese una "marca comercial" o una denominación de origen que caracterizaba a los productos envasados en él como producidos en el área fenicia del extremo Occidente; los distintos centros fenicios que envasaban en estas ánforas sus productos (quizá vino) parecen haber renunciado a elaborar su propio modelo de ánfora y, por el contrario, haber aceptado una forma genérica que no permitiría reconocer su lugar de origen concreto pero sí su adscripción al círculo fenicio occidental. Tal vez fue una estrategia económica importante de cara a la distribución de los productos fenicios de esta zona a otras partes de la Península Ibérica pero también del Mediterráneo central y de las costas atlánticas, europeas y africanas; si la ciudad de Gadir tuvo algo que ver en la aceptación de este modelo es algo que, por el momento, no podemos asegurar pero quizá no sea arriesgado pensar que lo que conoceremos después como Círculo del Estrecho puede haber estado gestándose ya desde los primeros momentos de la presencia fenicia en las costas meridionales de Iberia.

Estos centros fenicios de las costas andaluzas desarrollaron además otras actividades como las metalúrgicas en aquellos lugares en los que había materia prima suficiente o, incluso, la fabricación de tintes, entre ellos la púrpura. Aunque los datos de que disponemos no son todo lo claros que quisiéramos, buena parte de estas actividades, en especial las agrícolas, parecen sugerir bien una disponibilidad de tierras que no queda acreditada, bien el aprovechamiento de recursos agropecuarios generados en el entorno indígena. Sin embargo, quizá en la introducción de especies (¿vid cultivada?, ¿variedades más productivas de cereales?, leguminosas) como en la de técnicas agrícolas orientales, mucho más eficientes, podamos observar el peso de la influencia fenicia sobre el entorno nativo. Otro asunto relativo a estos centros costeros es el de la penetración de sus influencias hacia territorios más al interior. A diferencia de lo que ocurría en el área gaditana, donde el Golfo Tartésico y el estuario del Guadalquivir facilitaban la penetración, en este área las comunicaciones podían ser bastante arduas y difíciles, al menos en parte del territorio. Algunos ríos como el Guadalhorce servían como excelentes rutas de comunicación y, así, la depresión de Antequera se encuentra bien comunicada con la costa a través de él, pero también, a través de una ruta excelente con Ronda. El área rondeña se está revelando en los últimos tiempos como un punto de interés puesto que se halla bien comunicada tanto con la costa gaditano-malagueña a través del Guadiaro, en cuya desembocadura hubo también instalaciones fenicias, con el área de la bahía gaditana a través del río Guadalete y con el valle del Guadalquivir a través del Corbones. En Ronda la Vieja (Acinipo) se han hallado restos faunísticos de peces marinos, atlánticos y mediterráneos, que certifican las conexiones con el área costera y la llegada a la zona de posibles salazones realizadas por los fenicios; del mismo modo, restos anfóricos procedentes del mismo yacimiento certifican los contactos con los centros fenicios de la costa aunque las investigaciones han puesto de manifiesto tanto el gran porcentaje de ánforas del tipo T-10.1.2.1 como el hecho de que la gran mayoría de ellas (hasta un 80 por ciento) están realizadas in situ con arcillas locales, lo que indica que, al menos en el caso del área de Ronda, son estos centros internos, indígenas, los que están produciendo y envasando, en ánforas de tipología fenicia, productos locales con destino a los centros costeros donde se consumirán y, sin duda, se comercializarán. Si se trata, en efecto, de gentes indígenas o, por el contrario, de fenicios desplazados a esos territorios internos es algo que, por el momento, puede ser objeto de discusión pero no de resolución inequívoca.

Pero, incluso en áreas menos favorables a priori para una penetración en profundidad, los fenicios supieron conectar con áreas de su interés como, por ejemplo, la vega granadina donde yacimientos como el Cerro de la Mora (Moraleda de Zafayona) o el Cerro de los Infantes (Pinos Puente) atestiguan la temprana llegada de importaciones fenicias, y el consiguiente establecimiento de relaciones comerciales, por no hablar de influencias tecnológicas y tipológicas sobre el propio repertorio cerámico indígena. Por supuesto en zonas mucho más próximas a la costa, como en Frigiliana, la influencia fenicia es mucho más intensa, aun cuando subsisten dudas sobre la adscripción de algunos de estos establecimientos, bien de indígenas bastante aculturados bien, incluso, de fenicios que se han establecido en áreas internas.

II.1.4.2.3 Los fenicios en el Atlántico

Un ámbito interesante de la proyección fenicia, y en especial de la de Gadir, lo constituyó su relación con los ámbitos atlánticos, tanto los próximos como los más lejanos. Cabe pensar que las causas que llevaron a los fenicios a navegar por las aguas atlánticas, estableciendo allí también una serie de centros de diversa índole, fueron el resultado de su establecimiento en Gadir y de los conocimientos adquiridos en el sudoeste de la Península Ibérica acerca de las potencialidades económicas de esos territorios que es probable que fuesen bastante desconocidos antes de la colonización. Si bien parte de este proceso tuvo como uno de sus primeros objetivos la localización de recursos metalúrgicos, en especial el estaño, es cierto también que como en otros territorios los fenicios atendieron a la disponibilidad de otros productos también de interés para ellos desplegando en estos territorios unas estrategias similares a las que, en buena parte por los mismos años, estaban empleando en las costas mediterráneas de la Península Ibérica. Aunque, como hemos dicho y como veremos más adelante, buena parte del impulso económico que justifica la empresa expansionista fenicia tiene su origen en Gadir, lo cierto es que al menos en determinados momentos la ciudad de Cartago deja sentir también su interés en el conocimiento y, tal vez a veces en el intento de controlar algunos de esos territorios. Estas empresas cartaginesas han dejado su impronta en nuestra tradición literaria por el interés que tenía casi todo lo que se refería a su vieja rival en el mundo grecorromano mientras que, por el contrario, las exploraciones dirigidas desde Gadir apenas han dejado huella literaria. Son, sin embargo, los testimonios arqueológicos los que nos permiten recuperar parte de este interés fenicio gaditano por las aguas y los territorios atlánticos.

II.1.4.2.3.1 Los fenicios en busca del estaño

Aunque, como decíamos líneas atrás, las fuentes literarias no se han hecho demasiado eco de las empresas atlánticas de los fenicios de Gadir disponemos, no obstante, de un testimonio de un gran valor sobre las navegaciones fenicias hasta las legendarias Casitérides para hacerse con el estaño. Conviene que veamos este texto en su totalidad por el evidente interés que tiene:

> "Como tienen [las Casitérides] minas de estaño y plomo cambian estas materias, así como sus pieles, por cerámica, sal y utensilios de bronce con los mercaderes. Antes eran los fenicios los únicos que explotaban este comercio desde Gádira, ocultando a todos su ruta; y en una ocasión en que los romanos siguieron a un navegante para conocer también ellos el emporio, el navegante, por celo, encalló voluntariamente en un bajío, y después de arrastrar a su misma perdición también a sus perseguidores, se salvó de entre los restos del naufragio y recibió del erario público el precio de las mercancías que había perdido. Pero los romanos lo intentaron muchas veces hasta que lograron descubrir la ruta. Y una vez que Publio Craso hizo la travesía y supo que los metales se extraían a poca profundidad y que los hombres eran pacíficos, indicó detalladamente la ruta a los que deseaban surcar este mar, aunque era mayor que el que los separaba de Britania"

(Estrabón, III, 5, 11)

Lo primero que hay que destacar en este texto es que el panorama que presenta corresponde a una época situada entre la rendición de Gadir a los romanos durante la Segunda Guerra Púnica (206 a.C.) y la época en la que Publio Craso fue gobernador de la Hispania Ulterior (96-94 a.C.), aunque la noticia también puede referirse a épocas anteriores. Las Casitérides han sido ubicadas, en diferentes épocas, en entornos distintos, según se fue disponiendo de conocimientos reales; estos entornos son, en líneas generales, tres: las costas de la Gran Bretaña sudoccidental, el área de la Bretaña francesa, y los territorios del noroeste de la Península Ibérica. Parece que Estrabón, en su texto, favorece esta última interpretación. En cualquier caso, se destaca la exclusividad del comercio con las Casitérides llevado a cabo por Gadir que habría ocultado la ruta exacta incluso a sus aliados los romanos, una vez que la ciudad entró en su órbita, lo que muestra los importantes intereses detrás de esta actividad. Por otro lado, la anécdota que Estrabón recoge acerca del capitán que encalló adrede la nave, recibiendo luego compensación económica de las pérdidas por parte de la ciudad de Gadir, sugiere una fuerte intervención estatal en la actividad comercial, que era lo que podríamos esperar en una ciudad fenicia. Por último, el tipo de comercio practicado por los fenicios sugiere un modelo similar a uno de los que veíamos antes, quizá parecido al que se practicaba en Cerne, puesto que no hay indicios de asentamiento estable fenicio y no da la impresión de que estemos ante un comercio silencioso.

Los objetos intercambiados, cerámica, objetos de bronce y, sobre todo sal, coinciden con lo que uno esperaría de regiones no demasiado avanzadas y, sobre todo, situadas en latitudes bastante septentrionales donde la obtención de sal resulta una tarea bastante gravosa, frente a la mayor facilidad de su obtención en áreas más meridionales y más soleadas. Por consiguiente, la información de Estrabón nos aporta un dato valiosísimo y de una gran concreción acerca del comercio que los gaditanos llevaban a cabo con las Casitérides para la obtención del estaño. Cuestión distinta, es que el estaño se produjese en cantidad suficiente en el noroeste de la Península Ibérica o que, como muchos autores han defendido, haya llegado hasta allí desde otras zonas productoras (Gran Bretaña o Bretaña), siendo las Casitérides más que el lugar de producción el lugar de intercambio. Lo que aquí nos interesa es constatar que las costas atlánticas de la Península Ibérica fueron surcadas por las naves fenicias para aproximarse a los territorios en los que se podía obtener ese preciado mineral. Aunque el texto en cuestión de Estrabón, como decíamos, hay que datarlo en torno al siglo II a.C., también sugeriríamos que la situación que describe podría haber remontado más siglos en el tiempo; a favor de esto están los hallazgos arqueológicos que confirman un interés antiguo de los fenicios por esas costas, a los que aludiré a continuación.

II.1.4.2.3.2. Asentamientos en las costas atlánticas de Iberia: Castro Marim, Tavira, Abul

Durante mucho tiempo la presencia fenicia en lo que hoy día es Portugal apenas había sido conocida, en parte por ausencia de excavaciones y a veces de interés por los investigadores. No obstante, el aumento de aquéllas y una visión más integradora del fenómeno colonial fenicio ha permitido en los últimos tiempos añadir el panorama atlántico en el análisis de estos procesos históricos. Los fenicios siguieron en estos ámbitos una metodología semejante a las que aplicaron en el resto de su expansión, a saber, la ocupación de áreas más o menos elevadas en las proximidades de estuarios, lo cual no debe sorprender porque los conceptos de fronteras modernos no tienen sentido en la Antigüedad; sus objetivos eran también similares, por una parte, un eventual apoyo a la navegación, en este caso con destino a puntos mucho más alejados y, por otro, drenar los recursos naturales (minero-metalúrgicos, entre otros) del entorno y favorecer su almacenamiento y transporte al centro principal de gestión y decisión que no parece haber sido otro, en este ámbito, que la ciudad de Gadir.

Si avanzamos a lo largo de estas costas en dirección occidental, el primer gran centro de interés para los fenicios que nos encontramos al oeste de Onoba lo constituye Castro Marim, ubicado en una elevación sobre lo que en aquella época era un estuario mucho más amplio del río Guadiana. Allí se detecta desde fines del siglo VII la presencia de materiales fenicios pero los excavadores sugieren que más que un centro o factoría fenicio nos hallaríamos ante un centro indígena, vinculado al mundo tartésico, en el que se realizarían transacciones comerciales con los fenicios. En cualquier caso, el río Guadiana constituyó una ruta de penetración muy importante hacia el interior peninsular y buena parte del fenómeno orientalizante en el sudoeste de la Península Ibérica siguió este camino. La acción fenicia en el área de intersección entre el medio marítimo y el fluvial debió de ser muy importante aun cuando los resultados arqueológicos permiten, por el momento, sugerir un tipo de relación en el que los indígenas, quienes controlarían el emplazamiento, permitirían a los fenicios realizar tareas comerciales y de otra índole.

Hacia el oeste, y en el antiguo estuario del río Gilão, sobre una elevación que permitía, en dos de sus laderas, sendas áreas portuarias, surge el establecimiento de Tavira en torno a finales del siglo VIII, a juzgar por los materiales arqueológicos, entre ellos y sobre todo, los restos de una gran muralla de un grosor de unos cuatro metros que tendría esa cronología. Antes del siglo VII aparecen sobre su cara interna edificios rectangulares, lo que sugiere que la muralla perdió su funcionalidad inicial, pero a lo largo de este último siglo se realiza, en la misma zona, una muralla de casamatas con paralelos en Doña Blanca y en La Fonteta. Para el periodo de mediados-finales del siglo VII se atestigua en el asentamiento un gran edificio realizado con muros de piedra para el que se ha querido ver un cierto carácter singular, de edificio de alto rango; no se descarta que haya fases anteriores del edificio, cuya excavación no ha concluido aún. Se han hallado abundantes restos de actividades metalúrgicas en las diferentes excavaciones realizadas en la localidad y para finales del siglo VII está atestiguado el uso de la escritura por la aparición de dos grafitos en un mismo vaso. Por último, en la parte sur del establecimiento se han detectado al menos tres pozos en los que han aparecido materiales fenicios de la segunda mitad del siglo VII a.C. en ocasiones con restos de fuego, lo que sugiere que tales pozos podrían ser *bothroi* donde se depositaban restos de sacrificios, sin que los excavadores descarten que los mismos pudieran haberse usado en un primer momento como tumbas, habida cuenta de sus semejanzas con las tumbas de la necrópolis Laurita de Almuñécar. La conclusión que los excavadores de Tavira sacan de esos datos es la existencia de un santuario al aire libre, quizá dedicado a Baal, protector de la navegación y a su paredra Astarté. El panorama general que presenta Tavira sugiere que nos hallamos ante un auténtico asentamiento fenicio que comparte muchos rasgos con los que conocemos en las costas españolas; por ende, su importancia debió de ser grande a juzgar por la existencia de dos murallas en dos momentos distintos de su desarrollo. El sitio parece abandonarse en el siglo VI a.C. y quizá la población se trasladase a un entorno próximo.

Prescindiendo de algún otro punto donde las investigaciones recientes han hallado también restos de presencia fenicia (por ejemplo, Rocha Branca), este análisis que estamos llevando a cabo a lo largo de las costas del Algarve portugués nos lleva hasta

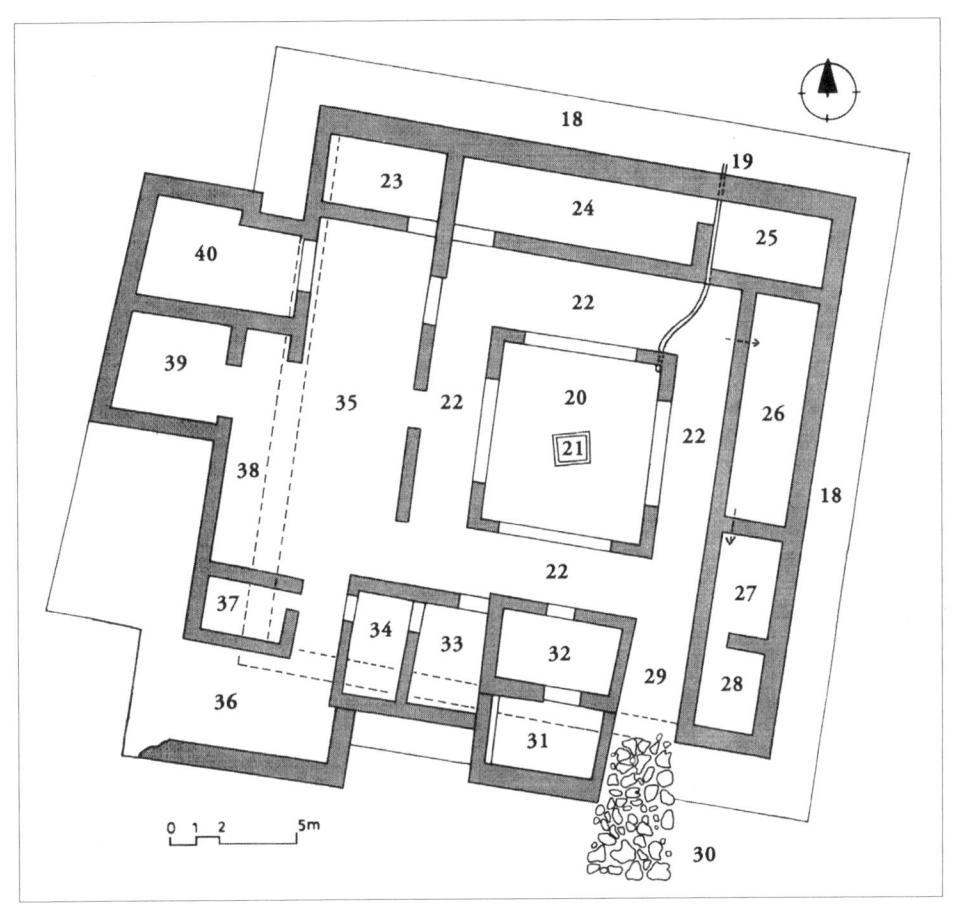

[Fig. 13] La fase II del asentamiento fenicio de Abul

el cabo de San Vicente. El nombre que le daban los antiguos era el de *Hieron Akroterion* o Promontorio Sagrado y era considerado el extremo más occidental de Europa y del mundo habitado (Estrabón, III, 1, 4), habiendo allí un lugar de culto, tal como asevera Estrabón: "Asegura [Artemidoro] que no se ve allí santuario ni altar de Heracles (y que en esto miente Éforo) ni de ningún otro dios, sino piedras esparcidas en grupos de tres o cuatro por doquier, que los que llegan hacen rodar y cambian de sitio, después de ofrecer libaciones, según una costumbre ancestral" (Estrabón, III, 1, 4). Aunque el paso del tiempo y la progresiva disolución de la identidad fenicia durante la época romana (aunque fue un proceso largo) puede haber provocado la desaparición del lugar de culto que mencionaba Éforo (autor del siglo IV a.C.) en la época de Artemidoro (inicios del siglo I a.C.), no cabe duda de que en época de éste aún se seguían realizando prácticas rituales. Los santuarios al aire libre son muy característicos de la religiosidad fenicia así como la vinculación de las piedras con los mismos, puesto que en muchas de ellas (que llamamos betilos) se consideraba que residía la divinidad; el ritual de voltear las piedras tras realizar libaciones pudiera tener un sentido propiciatorio y se ha relacionado este santuario con la navegación. La identificación que Éforo hacía con Heracles parece indicar que el culto fenicio originario pudo estar dedicado a Melqart, aunque algunos estudiosos contemporáneos han sugerido otros dioses a quien pudo consagrarse este peculiar santuario. La noticia de Estrabón es de gran interés debido a la ausencia de informaciones detalladas sobre el funcionamiento de otros santuarios de origen fenicio en la Península (con excepción del templo de Melqart en Gadir, del que hay algún dato más); sin embargo, ni Artemidoro ni Estrabón parecen haber comprendido el ritual de forma correcta. La ausencia de datos impide saber qué antigüedad tenía el celebrado del cabo de San Vicente pero no sería improbable que el santuario hubiese sido erigido en la época en la que los fenicios iniciaron la frecuentación de esas aguas y una vez que comprobaran cómo, tras una larga navegación en sentido este-oeste, a partir del cabo, y a lo largo de cientos de kilómetros, la costa seguía una dirección sur-norte. Fue esto lo que convenció a los antiguos de que aquí, en esta región, cuya forma se asemejó en las descripciones de los geógrafos a la proa de una nave, se encontraba el final del mundo habitado.

Ya en la fachada occidental de la península hay que esperar a la zona de la desembocadura del Sado para volver a encontrar restos significativos de presencia fenicia. Sin duda, el más interesante lo representa el sitio de Abul, ubicado en la orilla derecha del estuario del río Sado. Allí se excavó un edificio, quizá aislado, aunque es algo que los excavadores no acaban de aclarar por completo, que habría surgido antes de la mitad del siglo VII a.C. sobre un terreno desocupado; se han observado dos fases en dicho edificio, la primera que llegaría hasta el final del tercer cuarto del siglo VII y la segunda que duraría desde el último cuarto de dicho siglo hasta el primer cuarto del siglo VI, cuando dicho edificio se abandona al parecer de forma voluntaria. Durante la primera fase se trata de un edificio cuadrangular (de unos 22 metros de longitud en cada lado), organizado en torno a un patio central al que se abren una serie de estancias rectangulares, unas mayores y otras menores; es probable que durante esta fase el acceso se realizase por una especie de torre situada en el lado occidental. La segunda fase supone una ampliación del edificio y un cambio en el sentido de entrada; el patio central se reduce y se abren en sus lados sendos corredores que permiten el acceso a las habitaciones, que siguen siendo rectangulares y de distintos tamaños. Toda la cerámica presente, incluyendo las ánforas, remite al mundo fenicio de las costas gaditanas y malagueñas, lo que parece confirmar que hay que buscar en

Gadir la decisión de establecer este centro en la desembocadura del Sado y en las costas meridionales de la Península el origen de sus no demasiados pobladores. Se han detectado en el sitio restos de haberse practicado la metalurgia del hierro así como molinos de piedra, que sin duda servían para la molienda del grano que consumirían los residentes; es también probable que parte de las cerámicas de tipo fenicio hayan sido realizadas en la región, como sugiere la semejanza de pastas con las cerámicas locales, aunque otras han sido importadas del área gaditana. Algunos grafitos fenicios sobre vasos hablan de la adscripción cultural de los habitantes del sitio.

El edificio, en sus dos fases, ha sido interpretado por los excavadores como una "factoría", con las habitaciones más pequeñas destinadas a la vivienda y las mayores destinadas a almacén, lo que vendría confirmado también por la detección de posibles estructuras destinadas al atraque de barcos junto al río, al sur del edificio. El hierro, pero quizá también productos agropecuarios (¿carnes en salazón o ahumadas?) pudieron haber sido los artículos que la factoría se encargaría de reunir o de manufacturar; sin embargo, el hecho de que en el centro del patio de la segunda fase se haya encontrado un altar ha llevado a algunos autores a sugerir para el edificio una función de santuario pero es más razonable pensar que el elemento religioso no podía estar desvinculado de la actividad comercial en el mundo fenicio. Una vez cesada la función de factoría surge, a fines del siglo VI, a unas decenas de metros, un santuario al aire libre de clara tradición oriental, que perdurará hasta el siglo V.

Abul se halla a medio camino de dos importantes centros indígenas, Alcácer do Sal al sureste y Setúbal al noroeste. En ambos se han hallado restos de tipo fenicio que corresponden a las cronologías observadas en Abul y que indican la existencia de relaciones comerciales entre aquéllos y los centros indígenas que controlaban el acceso al interior portugués (Alcácer) o la entrada al estuario (Setúbal). Lo mismo se observa en la necrópolis del Senhor dos Martires, vinculada a Alcácer do Sal. Sin duda alguna la permanencia del pequeño centro de Abul obedece al interés de las poblaciones indígenas, en especial de las que vivían en Alcácer do Sal, por disponer de un punto de contacto con el comercio fenicio que recorría las costas portuguesas. Del mismo modo, para los fenicios no podía dejar de ser interesante disponer de un establecimiento permanente, por pequeño que fuese, que centralizase productos agropecuarios y metalúrgicos del entorno (Alcácer controla el acceso al área minera de Ourique). En términos económicos quizá podríamos observar cómo una inversión modesta, en cuanto al número de personas desplazadas para servir a los intereses de los gestores del comercio gaditano, podría aportar importantes beneficios. Los barcos que recorrían las costas, quizá en circulación local o quizá de camino o de vuelta del norte, donde obtenían estaño, frecuentarían esos puntos donde obtendrían provisiones y donde podrían intercambiar parte del cargamento o, incluso, completarlo.

Poco más al norte, el estuario del Tajo, el mar de la Paja, se configura asimismo como un área de interés para los fenicios; allí han sido excavados o prospectados varios yacimientos, como Quinta do Almaraz en la orilla izquierda del estuario o Lisboa (en el área de la catedral y del castillo de San Jorge) en la orilla derecha. Aguas arriba, y a unos 8 km. de la desembocadura, la Alcáçova de Santarém también muestra influencias orientales y cerámicas de tipo fenicio desde mediados del siglo VIII; por otro lado, su papel como punto de afluencia y redistribución de oro y estaño procedentes de las áreas interiores de la Beira no puede dejarse de lado. Su excelente posición, controlando un amplísimo tramo del curso del Tajo y visualizando su desembocadura, hicieron de ella un centro de gran interés en los intercambios regionales; estas influencias fenicias aumentan durante el siglo VII y algunos autores sugieren un presencia estable de comerciantes y artesanos fenicios dentro de esa comunidad indígena; no obstante, forma parte de una estructura económica y, tal vez social, diferente de la que representaba la región del estuario.

Volviendo al estuario, Almaraz ha sido considerado por múltiples autores como el establecimiento fenicio que habría marcado el proceso comercial que afecta a este territorio aun cuando no todos los estudiosos aceptan esta sugerencia. Sea como fuere, Almaraz, que ocupaba seis hectáras, está muy orientalizado y parece que puede haber pocas dudas de la existencia una población fenicia residente, sea o no el sitio en sí un establecimiento fenicio. Se han hallado restos de murallas, y es probable que su inicio pueda situarse a fines del siglo VIII a.C., aunque no se han publicado los resultados de todas las excavaciones realizadas. Desde él se gestionarían los recursos agropecuarios del entorno (con gran probabilidad en manos indígenas) al tiempo que su posición era inmejorable de cara a la vía de comunicación que representaba el Tajo, con yacimientos auríferos, y de cara también a lo que parece haber sido el núcleo director del poblamiento indígena del estuario, Lisboa ubicada frente a Almaraz al otro lado del Tajo y cuyas relaciones son evidentes a partir de las semejanzas de las cerámicas de tipo fenicio halladas en ambos yacimientos.

No es improbable que la presencia fenicia en el estuario del Tajo haya sido anterior a la detectada en el Sado, aunque son extremos que sólo se podrán aclarar con futuros trabajos; de ser así, mostraría que la atención fenicia se centró primero en aquellas zonas que, quizá, les reportaban más beneficios y que sólo en un segundo momento los fenicios iniciasen su política de establecimientos, por pequeños que estos fuesen, en otras áreas como el mencionado estuario del Sado. Por otro lado, si se acepta que un núcleo importante de residentes fenicios pudo vivir en Almaraz, podría explicarse la pequeñez del establecimiento de Abul, que en ese caso podría depender de un centro fenicio más importante situado a poca distancia y podría servirnos para ejemplificar un mecanismo de intercambios con los indígenas en el que un grupo muy reducido de personas podría estar representando los intereses de estos centros mayores. En cualquier caso, lo que Abul significa es la penetración casi capilar, del comercio fenicio en los entornos indígenas. Es probable que otros puntos también conocidos en otra zonas de la Península Ibérica (por ejemplo, Aldovesta, del que hablaremos más adelante) representen ejemplos de este modelo, a medio camino entre el esquema comercial que mostraba el texto del Pseudo-Escílax a propósito de Cerne y el más complejo de la "factoría" como las observadas en la costa mediterránea. En cualquier caso lo que todo esto nos revela es el gran desconocimiento que seguimos teniendo de los mecanismos comerciales fenicios puesto que nuevos hallazgos nos obligan a replantear buena parte del problema desde nuevas bases.

Por fin, el último ámbito para el que tenemos noticias de presencias fenicias en estas costas occidentales de la península es el área del estuario del Mondego. Varios son los establecimientos detectados en el área que muestran rastros del comercio fenicio, pero el mejor conocido hasta ahora es Santa Olaia que puede que en la Antigüedad fuese una isla en medio del estuario de dicho río. Aquí se hallaron estructuras de habitación en piedra y planta rectangular o cuadrangular, que sugieren un origen mediterráneo, y un amplísimo repertorio cerámico de tipo fenicio así como artículos de metal (fíbulas), que parecen remontarse a fines del siglo VIII a.C.; del mismo modo, se hallaron abundantes hornos para la transformación de mineral que estuvieron en funcionamiento desde el siglo VII al V a.C. si bien no ha podido saberse qué tipo de metal estaban produciendo; por último, se han hallado estructuras de tipo portuario (un muelle) que refuerzan la importancia que tenía para el sitio la comunicación marítima. No parece que se pueda descartar que Santa Olaia haya sido un establecimiento fenicio, en torno al cual había otros centros menores, de más problemática atribución, tal vez en manos de los indígenas. En cualquier caso, parece que el centro indígena dominante de la zona puede haber sido Conimbriga, situada un poco más al interior, pero desde donde se divisaba el estuario del Mondego. También aquí han aparecido cerámicas de tipo fenicio y fíbulas de las que son habituales en el sur de la Península Ibérica y semejantes a las que aparecieron en Santa Olaia, lo que sugiere que a partir de fines del siglo VIII la población indígena establecida en Conimbriga entró en contacto con los fenicios que por esas mismas fechas estaban empezando a frecuentar el estuario del Mondego.

Por el momento, no tenemos datos de hallazgos de tipo fenicio más al norte del río Mondego.

El tipo de relación que los fenicios mantienen con las costas atlánticas de la Península Ibérica sigue, en sus líneas generales, el patrón observado ya en las costas mediterráneas. Ocupan promontorios, islas o penínsulas en estuarios fluviales donde establecen las estructuras necesarias para llevar a cabo su función de intercambio con las poblaciones indígenas del entorno, que pronto se ven afectadas por la llegada de productos fenicios y, también, por la introducción de técnicas fenicias entre las cuales la más visible es la alfarería a torno. Aunque el conocimiento arqueológico no es en todos los casos suficiente, parece que podemos identificar algunos de esos centros fenicios en Tavira, en Almaraz o en Santa Olaia, además del caso de Abul, que representa, en el estado actual de nuestros conocimientos, un ejemplo de la penetración capilar de los intereses fenicios en ámbitos indígenas mediante la construcción de infraestructuras reducidas a la mínima expresión, pero suficientes para el objetivo propuesto.

El texto de Estrabón que incluíamos páginas atrás y que atestiguaba los intereses gaditanos en el comercio con el estaño en las costas noroccidentales de la Península nos puede aportar el trasfondo teórico para explicar esta red de establecimientos fenicios o, si se prefiere, podríamos pensar que fue el progresivo conocimiento de esas costas el que permitió a los fenicios ir conociendo los diferentes tipos de recursos que las regiones atlánticas podían ofrecer. En cualquier caso, para cuando se produce la situación que describe dicho texto, hacía ya mucho que las costas atlánticas habían dejado de estar controladas por establecimientos fenicios que hacía mucho tiempo que habían desaparecido. No queda claro, sin embargo, qué pasó con las gentes de extracción fenicia que, según los casos, se mantuvieron en esos lugares durante algo más de dos siglos aunque no es improbable (y en algunos casos casi seguro) que acabaron integrándose dentro de las estructuras indígenas que, a su vez, se habían visto movilizadas por la presencia fenicia. Por consiguiente, es seguro que durante el siglo II a.C. ya no podemos hablar de asentamientos fenicios en esas áreas pero el desarrollo cultural y económico que siglos atrás habían introducido en esas costas debió de seguir utilizándose por los barcos fenicios que seguían realizando, como antaño, esos viajes hacia las Casitérides. Había cambiado el modo de relación con el entorno y ya no era necesario disponer de factorías porque las poblaciones indígenas habían acabado asumiendo el comercio con el exterior como un elemento propio de su cultura; es posible que los fenicios pudieran seguir apoyándose en sus navegaciones en las antiguas escalas costeras o, en otras nuevas, donde por parte de los indígenas encontrarían el apoyo que, desde el siglo VIII, les habían brindado los establecimientos fenicios allí fundados. Esta toma de posiciones del mundo indígena que acaba supliendo las funciones desempeñadas entre los siglos VIII y VI por los establecimientos fenicios quizá pueda ejemplificarse en el caso del santuario del Hieron Akroterion que mencionábamos también antes. Por los rituales que se conservan aún en el siglo I a.C. da la impresión de que el origen del mismo hay que buscarlo en el mundo fenicio; no obstante, su expresión concreta en esos momentos ya ha ido derivando con gran probabilidad porque el propio mundo indígena de la zona ha introducido con el paso del tiempo sus propios rasgos y, partiendo de un viejo ritual fenicio, ha ido dando paso a otras formas, que quizá ya no se comprendieran en la época en la que Artemidoro describe los ritos practicados pero que, como todo ritual,

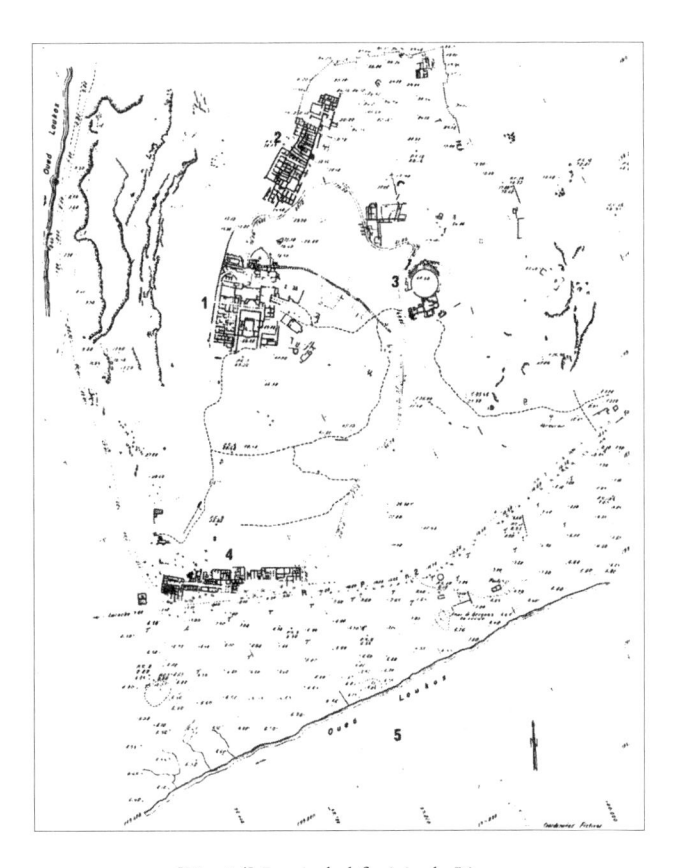

[Fig. 14] La ciudad fenicia de Lixus

había que ejecutar a pesar de esa incomprensión. Es un fenómeno bien estudiado en los procesos de contacto y cambio cultural en el que las poblaciones aculturadas acaban desarrollando sus propios rasgos culturales en los que se integran, de una forma que no podemos cuantificar de forma matemática, elementos autóctonos y elementos alóctonos dando lugar a culturas con personalidad propia.

Querría, por último, insistir en otra cuestión. Como hemos visto, todos los datos de que disponemos, y muy en especial los arqueológicos, apuntan al área gaditana como la responsable de esa expansión fenicia por el atlántico ibérico y, ni que decir tiene, como su principal beneficiaria. Sin embargo, y por los motivos que explicábamos páginas atrás, la única noticia a un viaje concreto por esas aguas (con excepción de la anécdota del capitán que hunde su barco para evitar que le sigan) apunta al ámbito cartaginés y no al gaditano. Se trata de la expedición de Himilcón de la que no disponemos de excesivas informaciones. Plinio el Viejo (*NH.*, II, 169) nos informa de que "Hannón, en la época del florecimiento del poder de Cartago realizó una navegación desde Gades hasta los confines de Arabia, proporcionando un relato de aquella navegación, del mismo modo que en esa misma época Himilcón fue enviado para reconocer la Europa exterior". Un primer problema lo plantea la cronología, pues los términos de Plinio resultan vagos para nosotros, ya que varios son los momentos en los que puede considerarse que floreció la potencia cartaginesa; diferentes autores han situado estos viajes (del de Hannón hablaremos en el apartado siguiente) entre los siglos VI y IV a.C. sin que, por el momento, podamos afinar más. Algunos datos del texto que Himilcón escribiría se encuentran en el poema *Ora Maritima* de Avieno, que lo ha utilizado para su descripción de las costas atlánticas. Estas referencias aluden a la difícil navegación por las aguas de las Estrímnidas (vv. 114-129) identificadas, según diferentes autores, con la región de la Bretaña francesa o con el extremo suroccidental de Gran Bretaña; del mismo modo a Himilcón le asigna Avieno una descripción de la inmensidad del océano al occidente de las columnas (vv. 380-389) así como datos sobre su largo contorno, zonas de poco calado, algas y monstruos marinos (vv. 402-415). Algunos autores han llegado a sugerir que la navegación de Himilcón le llevó hasta el mar de los Sargazos lo cual resulta improbable; es más razonable pensar que Himilcón pudo llegar hasta las costas bretonas o británicas y que en su camino pudiese encontrarse los fenómenos que describe sin necesidad de llevar a parajes inverosímiles a este navegante. El viaje de Himilcón, a juzgar por la información de Plinio, fue de reconocimiento y quizá no deberíamos despreciar esta opinión, puesto que Cartago, que se había convertido en una ciudad poderosa y un importante foco de atracción cultural, no desdeñaría recabar nuevos conocimientos (quizá con vistas a una ulterior finalidad práctica) acerca de la configuración del mundo. Tampoco es improbable, aunque no tenemos datos, que Himilcón pueda haberse beneficiado de los conocimientos adquiridos por los fenicios de Gadir durante los siglos anteriores. En cualquier caso, la ausencia de datos nos impide profundizar más en esta cuestión.

II.1.4.2.3.3 Las costas africanas: de Lixus a Mogador y más allá

Si las aguas atlánticas de la Península Ibérica fueron pronto surcadas por las naves fenicias lo mismo ocurrió con las costas africanas. Por lo que se refiere al África mediterránea, ni las prospecciones realizadas son muy abundantes ni el conocimiento de los yacimientos detectados en la zona permite de momento remontarse mucho en el tiempo. Así, mientras que en el área del Cabo Espartel podría pensarse, a partir de restos procedentes de necrópolis, en una presencia fenicia ya desde el siglo VII, en Tingis [Tánger], donde es posible que hubiese un establecimiento fenicio, las fechas más antiguas son de fines del siglo V, aunque parece haber necrópolis (quizá indígenas), que muestran objetos de una mayor antigüedad; en Septem [Ceuta] parecen haberse encontrado restos correspondientes al hábitat del siglo VII, mientras que para Rusaddir [Melilla] los testimonios procedentes de las excavaciones más recientes parecen remontar también a ese momento. Más hacia el Este, también parecen consolidarse esas cronologías, como en Rachgoun, isla ocupada entre los siglos VII y V a.C. tal vez por gentes procedentes de Gadir y vinculadas con los recursos mineros de tierra firme; se detectan también actividades pesqueras, quizá en relación con la alimentación del grupo allí establecido. Más al este aún en Les Andalouses, así como en algún otro punto intermedio entre éste y Rachgoun también se han detectado restos de tipo fenicio y filiación occidental. No proseguimos nuestro análisis más hacia el Este porque nos alejamos ya demasiado de nuestro interés principal, centrado en la Península Ibérica.

Descendiendo más hacia el Sur nos encontramos con uno de los centros más importantes de la presencia fenicia en estas regiones, la ciudad de Lixus. Ubicada en una elevación en la orilla derecha de lo que fue el amplio estuario del río Loukkos, su establecimiento fenicio parece datar del siglo VIII a.C. y no es difícil pensar que desde un primer momento tuvo una vocación urbana la cual, en todo caso, resulta ya evidente a partir del final de ese mismo siglo. Sus facilidades portuarias, la vía de penetración hacia el interior que suponía el río Loukkos, y su acceso a productos como el oro o el marfil, su riqueza pesquera y, tal vez, las potencialidades agrícolas del territorio circundante debieron de ser determinantes a la hora de decidir establecer allí lo que quizá se pretendía que fuese un centro autónomo desde el principio. En las propias tradiciones antiguas se llegó a considerar su fundación o, al menos, la de su templo a Melqart como anterior a la de la propia Gadir (Plinio, *NH.*, XIX, 63) aunque lo que muestran las cerámicas de los siglos VIII a VI a.C. es una íntima relación con Gadir lo que sugeriría que la ciudad africana mantuvo estrechos vínculos con el área del estrecho, sin que ello prejuzgue su eventual estatus político como centro autónomo o independiente de Gadir. Pero lo que también sugiere ese panorama cerámico es que el establecimiento fenicio en Lixus es posterior al de Gadir y surgido a partir de esta ciudad. Las interpretaciones que la hacían más antigua son simples lucubraciones surgidas de la reinterpretación en época romana de viejos mitos vinculados al ciclo de Heracles porque como hemos visto, en Lixus hubo también un templo dedicado a Melqart.

Al sur de Lixus, y aunque sobre todo en los últimos tiempos han aumentado las prospecciones y los análisis, no hay demasiadas huellas de la presencia fenicia hasta la zona de Mogador [Essaouira] a unos 500 km. de distancia. Se trata de una isla muy próxima a la costa y que parece ser un excelente fondeadero para toda esa región del Marruecos Atlántico escasa en lugares favorables para el atraque de barcos. Parece mostrar varias fases de ocupación interrumpidas por otras de abandono; la fase más antigua puede datarse desde mediados del siglo VII y todo el siglo VI y los materiales cerámicos hallados muestran grandes semejanzas con los de Lixus y los de Gadir.

Apareció también un conjunto de grafitos incisos en las cerámicas sobre el que se han avanzado diferentes teorías, entre ellas las que aluden a una presencia importante de antropónimos frecuentes en Cartago. En el yacimiento hay testimonios de actividades pesqueras, aunque quizá para la subsistencia de las gentes allí residiendo, pero es posible que el objetivo principal de la presencia fenicia en la isla fuese el comercio, aunque en las excavaciones no se han encontrado huellas de construcciones estables y sí grandes cantidades de cerámica. El escaso conocimiento arqueológico que se posee sobre el área circundante impide conocer con quiénes comerciaban los fenicios y qué productos se intercambiaban.

La presencia fenicia en las costas africanas, pues, presenta rasgos semejantes, pero también distintivos, con respecto a los observados en otras regiones. Por lo que se refiere a la costa mediterránea norteafricana, parece razonable pensar que el proceso de establecimiento de centros o factorías en esa costa no debió de estar muy alejado en el tiempo del que desde el siglo VIII se estaba observando en las costas de la Andalucía mediterránea; sin embargo, la arqueología apenas confirma esa antigüedad por el momento en las costas marroquíes, aunque sí hay indicios de ese proceso ya en tierras argelinas. Un problema historiográfico aún no resuelto de forma satisfactoria es el determinar si estos centros norteafricanos se vinculaban a Gadir o, por el contrario, a Cartago. La visión tradicional, que ha exagerado la importancia de Cartago antes de la época en la que inició su gran política expansionista, veía en estos centros meras proyecciones de la ciudad norteafricana; no obstante, los análisis arqueológicos muestran cómo la iniciativa de su surgimiento se vincula al impulso de Gadir, dentro del proceso que ya hemos observado de crear un área de influencia que abarcase las dos orillas del Mediterráneo más occidental y a la que conoceremos como el Círculo del Estrecho. Más allá de las afinidades detectables en la cultura material, poco más sabemos sobre si esta (presunta) área de influencia implicaba un dominio o una hegemonía política gaditana sobre esos centros o, por el contrario, sólo una comunidad de intereses que se observa en la circulación de productos entre las diferentes áreas afectadas, quizá redistribuidos desde el centro director que no puede ser otro que Gadir, quizá auxiliado por centros secundarios en los diferentes territorios. Sea como fuere, este círculo se hallaba abierto también al exterior, no sólo a las áreas indígenas circundantes sino también a los intercambios comerciales con otras áreas, fenicias o no, del Mediterráneo. En este contexto, Cartago, pero también los centros sicilianos y sardos intercambian productos con el área occidental, no descartándose tampoco relaciones con el territorio nuclear de Fenicia que seguía siendo el área de salida natural de los productos del Oriente Próximo hacia el Mediterráneo y, sin duda, extraordinaria receptora de materias primas y productos alimenticios. Ahora bien, esas relaciones que algunos objetos atestiguan con el área cartaginesa no implican, al menos antes del siglo V como muy pronto, un dominio político cartaginés sobre esas regiones e, incluso después de esa época, el asunto no es todo lo claro que hace unos cuantos decenios se pensaba. Bien es cierto que Cartago puede haber intentado, y quizá conseguido en parte, establecer su influencia en las costas septentrionales de África y que, de algún modo, lo conseguirá a partir del siglo IV a.C. en adelante pero eso no implica que antes de esos momentos todo el Mediterráneo occidental fenicio haya quedado englobado bajo su autoridad como antiguas reconstrucciones pretendían. El papel de Cartago hay que reducirlo a sus justos términos y no atribuirle a la ciudad objetivos que no tuvo durante los cuatro primeros siglos de su historia.

Cambiando de asunto, da la impresión de que Gadir inicia pronto un proceso de búsqueda de nuevos recursos en el Atlántico, siendo Lixus uno de los centros más destacados, que quizá haya surgido con intencionalidad urbana. Eso justificaría las tradiciones antiguas relativas a su antigüedad e, incluso, a su personalidad diferenciada de Gadir, lo que por el momento no se confirma con el registro arqueológico. Del mismo modo, los fenicios proyectaron sus actividades más hacia el sur, llegando al menos hasta Essaouira donde durante largo tiempo se atestigua una presencia, quizá no continua, de gentes de diversas procedencias, aunque vinculadas a los ámbitos fenicios de Occidente. Si Essaouira fue identificada en algún momento con Cerne, es algo que no podemos confirmar ni desmentir, aunque no sería improbable. No obstante, ese término también llegó a aplicarse a entornos mucho más meridionales con los que los fenicios entraron en contacto. Las actividades económicas principales de esos centros fenicios del Atlántico, quizá con excepción de Lixus, donde puede sugerirse un claro interés agrícola adicional, fue sobre todo el comercio, aunque tal vez no un comercio de gran intensidad habida cuenta de lo precario que se presentan los centros conocidos, en especial Essaouira. Es probable que los recursos potenciales del entorno no justificaran un tipo de contacto mucho más permanente y estable como el que conocemos en otras áreas y ello, en todo caso, muestra la versatilidad fenicia, que como veíamos páginas atrás, podía adaptarse sin demasiados problemas a las condiciones que, en cada caso, se iban encontrando en los entornos en los que llevaban a cabo su empresa comercial.

Estrabón transmite una noticia según la cual en tiempos llegó a haber hasta trescientas ciudades fundadas por los Tirios en las costas atlánticas de África, que en su época ya no existían (Estrabón, XVII, 3, 3) lo cual, aunque sea algo que no podemos confirmar, sugiere una gran intensidad de las navegaciones fenicias en la región, quizá acompañadas de establecimientos temporales que dejan poca huella arqueológica. No obstante, esa proyección atlántica de los fenicios iba a tener importantes consecuencias. Por una parte, los fenicios realizaron navegaciones atlánticas de exploración que pudieron haberles llevado no ya sólo a las Canarias, sino incluso a Madeira y a las Azores y de las que se hace eco algún texto antiguo (por ejemplo, Diodoro, V, 20, 1-4). Por otro lado, en un relato de época ya tardía (fines del siglo II a.C.),

Estrabón refiere cómo el navegante griego Eudoxo de Cícico habría encontrado en las costas de Somalia un mascarón de proa con cabeza de caballo que los armadores de Alejandría habrían reconocido como perteneciente a un barco gaditano, de los que solían llegar hasta la región de Lixus para pescar, y que habría circunnavegado África hasta llegar a las costas en las que halló sus restos Eudoxo. En Gadir, a donde iría el marino griego a indagar le informarían de que, de hecho, algunos de esos barcos se perdían y no regresaban nunca (Estrabón, II, 3, 4-5). Aparte de lo inverosímil que resulta el relato, lo que resulta interesante es que esos *hippoi* [caballos] gaditanos solían realizar viajes por toda la costa atlántica africana en busca de recursos económicos, a saber, pesca en el banco canario-sahariano, como atestigua el tratado pseudoaristotélico *Sobre las cosas maravillosas oídas* (844 a 29-34). Lo extraordinario es que uno de esos barcos, pequeños y usados por los pobres, como dice Estrabón pudiera recorrerse toda la costa africana para acabar naufragando en Somalia.

Por último, quiero decir aquí algo del viaje de Hannón; como veíamos páginas atrás Plinio mencionaba a Himilcón y a Hannón llevando a cabo exploraciones por el Atlántico, el primero por las aguas septentrionales y el segundo por las meridionales. Para Hannón disponemos, además de la noticia de Plinio, de un texto que, en apariencia, recoge el propio relato que él mismo escribió. Dicho relato consta de dos partes diferenciadas, una en la que se cuenta cómo, por orden de Cartago, Hannón dirige una colonización con treinta mil libio-fenicios fundando una serie de ciudades en las costas septentrionales y orientales de África. Tras ello Hannón parece haber seguido explorando las costas atlánticas hacia el Sur, sin que los estudiosos se pongan de acuerdo en hasta dónde llegó su navegación, pensando algunos que pudo haber llegado hasta el golfo de Guinea. Aun cuando también hay investigadores que consideran el texto como un relato ficticio, para otros es un documento de primer orden para mostrar el interés que Cartago tenía en reconocer los territorios oceánicos, como ya vimos a propósito de Himilcón. La diferencia es que, como sugiere el periplo de Hannón, este interés exploratorio se vio acompañado por otro práctico de establecer gentes en unas costas en las que, aunque ya hubiese establecimientos fenicios, Cartago querría introducirse. Por supuesto, la alusión que hacía Plinio a la época en la que floreció la potencia cartaginesa es el presupuesto necesario para esta tarea colonial, que habría introducido un nuevo componente en territorios sobre los cuales Gadir había ejercido sus intereses desde hacía siglos.

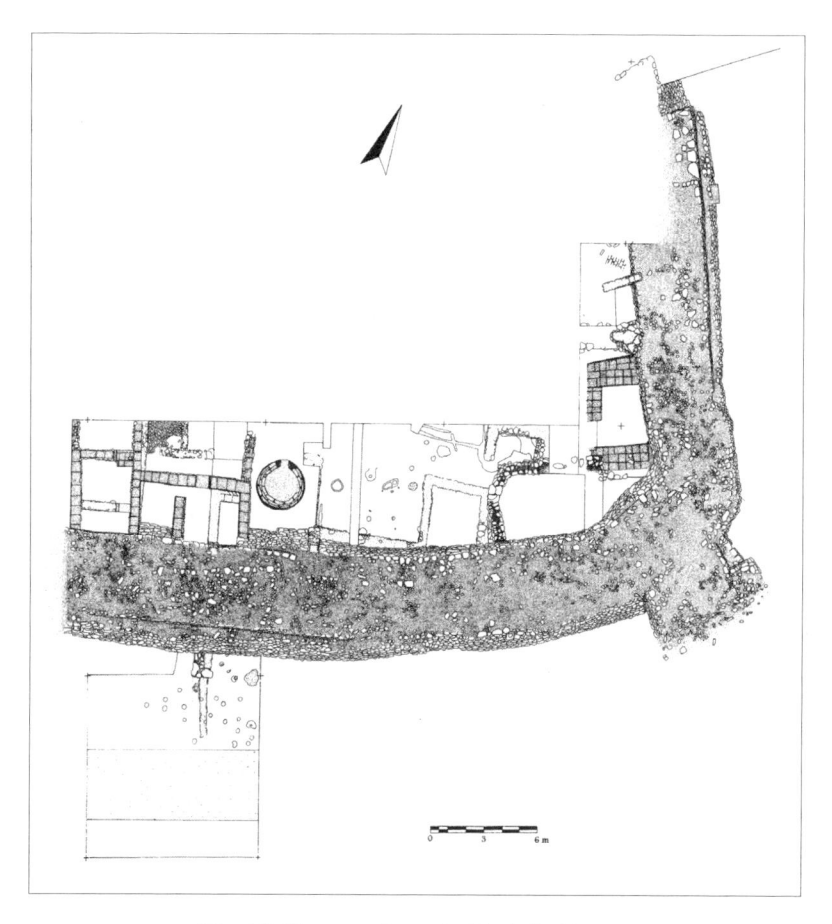

[Fig. 15] El asentamiento fenicio de La Fonteta

II.1.4.2.4 Los fenicios en las costas orientales de Iberia

Aunque como ya indiqué antes estoy siguiendo en mi análisis una agrupación de tipo geográfico para explicar la expansión fenicia en la Península Ibérica, la proyección de los fenicios por las costas orientales de la península se desarrolla en los mismos momentos en que hemos observado la expansión por las costas mediterráneas andaluzas. Sin embargo, a diferencia de lo que ocurría en estos territorios, la concentración de establecimientos fenicios en estas aguas va a ser, al menos por lo que sabemos hoy día, más escasa y menos densa; ello puede deberse a la imposibilidad de disponer de recursos humanos suficientes para llevar a cabo una expansión ilimitada y la consiguiente selección de unas áreas, como la norteafricana y las atlánticas como las más idóneas para concentrar allí su presencia. En cualquier caso, y como las costas orientales de la península también van a resultar interesantes para los fenicios, la solución será hacer uso de modos de contacto menos estables que los vistos en otras zonas, aunque partiendo de un gran centro ubicado en un área clave como la desembocadura del río Segura.

II.1.4.2.4.1 El área del Bajo Segura: La Fonteta y su área de influencia

Será el área del Bajo Segura, una región ya rica en recursos minero-metalúrgicos explotados antes incluso de la llegada fenicia, la que los fenicios pronto observarán, viendo sus potencialidades y fundando allí un establecimiento, La Fonteta (Guardamar del Segura) en lo que debía de ser un promontorio o, incluso, un islote en la desembocadura del río Segura, ubicada a su vez en la parte meridional de un amplio estuario o un golfo que se conoció en la Antigüedad como el *Sinus Ilicitanus*. El sitio estaba muy bien elegido puesto que, en su momento, podía ser utilizado como puerto de recalada para los barcos que fueran o vinieran hacia las Baleares o hacia las costas valencianas y catalanas, y a la vez se hallaba en las proximidades de áreas de importante poblamiento indígena (por ejemplo, en la sierra de Crevillente) así como en una excelente ruta de penetración hacia el interior, representada por el río Segura; además, los recursos agropecuarios, mineros y salineros del entorno debieron también de resultar atractivos para los fenicios. El inicio de la presencia fenicia en La Fonteta parece situarse en algún momento de la primera mitad del siglo VIII y en los restos hallados se observa un interés evidente por los metales y su transformación como muestran las numerosas toberas halladas así como escorias y crisoles y restos de hornos; es probable que se beneficiase la galena argentífera, pero también se trabajaba el hierro y, de forma prioritaria, el cobre. A esta primera etapa corresponden estructuras de habitación o de talleres de planta cuadrangular o rectangular realizadas con un zócalo de mampostería y alzado de adobes y a ella misma parecen corresponder restos de edificios y estructuras religiosas (¿un *tophet*?) puesto que algunos restos, incluyendo estelas, aparecen incluidos en la muralla que se construirá a partir del último cuarto del siglo VII. En efecto, en este momento el asentamiento se rodea de una muralla de entre 4,5 a 5 m. de grosor apoyada sobre un talud; la altura total supuesta oscilaría en torno a los diez metros y por delante de ella se excavó un foso con perfil en *v* de 2,5 m. de anchura. En una de las esquinas se halló también un bastión cuadrangular. La ciudad que surge o se consolida en este momento también muestra importantes actividades metalúrgicas, aunque la muralla parece englobar una superficie menor (unas seis hectáreas) que la que había alcanzado el establecimiento en las fases anteriores.

La cultura material muestra que La Fonteta estuvo en contacto desde el inicio con numerosos centros fenicios del Mediterráneo central y oriental, incluyendo Cartago pero las relaciones más intensas las mantuvo con el mundo gaditano y malagueño

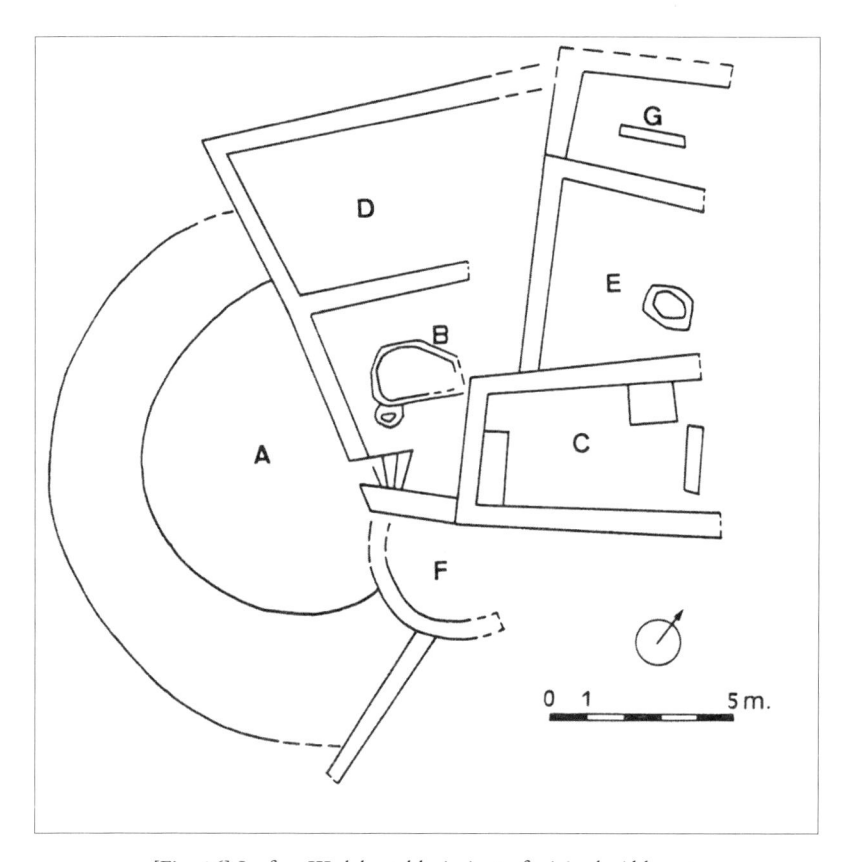

[Fig. 16] La fase III del establecimiento fenicio de Aldovesta

con la que aparece muy vinculada aunque más en las fases iniciales que en las posteriores. El sitio parece haber sido abandonado entre mediados y el tercer cuarto del siglo VI a.C.

Los excavadores insisten en que, además de centros indígenas próximos, el establecimiento disponía de una fortaleza en el Cabezo del Estaño controlando tal vez un área portuaria, así como de una zona de santuario en el Castillo de Guardamar que, con el tiempo, se convertiría en un lugar de culto ibérico. En el entorno inmediato, el centro indígena de la Peña Negra de Crevillente, que disponía ya de una importante actividad metalúrgica antes del establecimiento fenicio en La Fonteta se convertirá en un interlocutor privilegiado de este último, habiendo llegado a afirmarse la instalación de una factoría fenicia en uno de los barrios de este gran centro indígena dedicado a la explotación del mineral pero quizá vinculada también a la producción y envasado de productos agropecuarios (vino, aceite); del mismo modo, la acción fenicia se observa ya en el entorno de la antigua albufera en la que desembocaba el río Segura, en yacimientos como los Saladares, a treinta kilómetros de la desembocadura actual donde ya, desde al menos el siglo VIII se observa, en contextos del Bronce Final, la importación de trípodes y ánforas fenicias siendo el momento de mayor intensidad de la presencia de artículos fenicios (platos de barniz rojo, cerámicas bícromas, cerámicas grises y gran número de ánforas) el siglo VII; el siglo VI daría paso ya a la elaboración local de imitaciones y adaptaciones de prototipos fenicios pero también la llegada de cerámicas de tipo ibérico.

Es sin duda la acción de los fenicios de La Fonteta (o de algún otro establecimiento fenicio aún no detectado) la que explica otros interesantes fenómenos sobre el mundo indígena como, por ejemplo, el poblado fortificado del Alt de Benimaquía en el que se halló un recinto amurallado con bastiones, de un claro sabor oriental, que protegía un poblado en el que se han detectado toda una serie de dependencias rectangulares adosadas a la muralla en las que se ha podido demostrar la elaboración de vino merced al hallazgo de los lagares, pero también de miles de pepitas de uva. La cronología del único nivel de ocupación del sitio va de finales del siglo VII a la primera mitad del siglo VI a.C. El hecho interesante es que entre el abundante material anfórico hallado una cantidad importante corresponde al tipo T-10.1.2.1 producido con seguridad en las costas malagueñas, a las que se unen algunas ánforas fenicias del Mediterráneo central (quizá de Cerdeña) pero, además, un porcentaje importante corresponde a ánforas de esa misma tipología occidental T-10.1.2.1 pero fabricadas muy posiblemente en talleres locales para envasar el vino que se producía allí mismo. Los excavadores piensan que el Alt de Benimaquía es un centro indígena, aunque insertado en las redes comerciales fenicias de Occidente y situado además en un punto inmejorable para la travesía a las islas Baleares, emplazado como está en la última estribación oriental del Montgó, auténtico hito para la navegación en la zona, y a muy poca distancia del cabo de la Nao, que es la zona de la Península más próxima a las Baleares. Del mismo modo, en toda la región son frecuentes los hallazgos de materiales fenicios en los poblados indígenas de la costa y del interior lo que sugiere, como en otras zonas, el papel que van a asumir los productos fenicios como bienes de consumo prestigioso en las redes comerciales indígenas que se encargan de su distribución capilar por el territorio.

Quizá también en relación con La Fonteta o con algún otro centro fenicio próximo, aunque esta vez hacia el Sur, pueden estar los pecios conocidos en aguas murcianas, en concreto el del Bajo de la Campana y los de Mazarrón. Así, por lo que se refiere al primero, hallado en las proximidades de la Isla Grosa en el acceso al Mar Menor, y datado a mediados del siglo VII, muestra cómo desde Gadir se están transportando hacia las costas del sudeste de la Península cargamentos de gran interés, como colmillos de elefante, provenientes de África y destinados a algún centro importante en el que serían convertidos en objetos de prestigio; también el barco transportaba plomo y estaño. No sabemos a dónde se dirigía esa nave hundida pero La Fonteta resulta una hipótesis atractiva en el estado actual de nuestros conocimientos. Por lo que se refiere a Mazarrón, en la playa de la isla se han excavado los pecios de dos barcos que quizá formaban parte de una flotilla y que parecen proceder del área gaditana y malagueña, a juzgar por las semejanzas que presentan sus cerámicas con las halladas en la Fonteta, pero también en Sa Caleta, en la isla de Ibiza; el cargamento de uno de ellos se componía de al menos tres toneladas de mineral (galena) ignorándose aún si se trataba de un cargamento formado en el área de Mazarrón o Cartagena o si, por el contrario, procedía del área gaditana; la cronología de ambos pecios se sitúa en el siglo VII, quizá a mediados o en la segunda mitad. La riqueza minera del área de Cartagena y Mazarrón está bien atestiguada durante la Antigüedad y en la misma radicará el interés que, a partir de fines del siglo III, mostrará Cartago por la misma, llegando incluso a fundar una nueva ciudad en la zona, Carthago Nova (Cartagena).

II.1.4.2.4.2 Los territorios al norte del Ebro: Aldovesta, San Martín de Ampurias y los territorios del Golfo de León

Como apuntábamos antes, las costas orientales de la Península Ibérica conocen la presencia fenicia, como atestiguan los hallazgos de materiales de esta procedencia. Su intensidad, no obstante, parece mayor en las zonas más meridionales donde el establecimiento de La Fonteta y, en su momento, el de Sa Caleta y la posterior fundación de la ciudad de Ebuso mostrarán la intensidad de esta presencia. Sin embargo, también al norte del río Ebro el interés fenicio puede observarse, si bien con características distintas con relación a como el mismo se percibe en áreas más meridionales. Conviene empezar señalando, en el mismo curso del Ebro, el yacimiento de Aldovesta (Benifallet) situado a unos cuantos kilómetros aguas arriba de la desembocadura del río; las excavaciones llevadas a cabo allí han sacado a la luz un edificio situado en una altura sobre el Ebro que conoce varios momentos constructivos durante un periodo de tiempo no muy largo. Se trata de estructuras rectangulares más o menos yuxtapuestas a las que en un momento determinado se les añade un recinto semicircular. Parece que hubo áreas para vivienda, corrales, quizá talleres metalúrgicos y un almacén, que sería la estancia semicircular. En cuanto a los materiales hallados, la mayoría corresponde a producciones a torno procedentes del área andaluza y, sobre todo, ánforas de las que se han identificado más de un centenar correspondientes a los tipos T-10.1.1.1 y T-10.1.2.1 ya mencionados con anterioridad y que contenían vino, aceite y salazones como han mostrado los análisis realizados; hay también algún fragmento de ánfora púnico-ebusitana del tipo PE-10 (que no es más que la versión fabricada en Ebuso del ánfora T-10.1.2.1) lo que muestra además de los contactos de Aldovesta con el sur de la Península también con la Ibiza fenicia. Quizá una de las tareas desempeñadas en este sitio, además del almacenamiento de productos envasados en ánforas para su ulterior redistribución, fuese la recuperación y refundición de objetos metálicos, sobre todo de bronce, habida cuenta los restos también hallados de toda una serie de utensilios, muchos de ellos ya fuera de uso, así como de un molde.

La duración del establecimiento de Aldovesta se ha fijado entre mediados del siglo VII e inicios del siglo VI, bastante breve por consiguiente, quizá no superior a dos generaciones. Los excavadores defendieron que se trata de un lugar de recepción de productos indígenas pero, a la luz de otros asentamientos fenicios, como Abul, con el que a pesar de las diferencias arquitectónicas comparte muchos elementos comunes, creo que deberíamos decantarnos por considerar a Aldovesta como uno de esos centros que los fenicios emplean en las costas peninsulares y africanas para aproximarse a las áreas que tienen para ellos interés desde un punto de vista económico. Ello vendría avalado por el elevado porcentaje de cerámica fenicia, entre ella ánforas y por la función de intercambio que parece desempeñar el sitio. En este sentido, no resultan relevantes las posibles relaciones entre las técnicas constructivas de Aldovesta y las conocidas en la región, aun cuando la estructura semicircular no encuentra paralelos satisfactorios en el Bronce Final del Bajo Ebro. Sugeriría que se trata de un modelo importado; por lo demás, el tipo de estructuras halladas, rectangulares, con zócalos de piedra, alzados de adobe o tapial y techos con vigas de madera y materiales vegetales no desentona en los hábitats fenicios conocidos para esos momentos. Del mismo modo, la presencia de cerámica a mano tampoco resulta extraña en asentamientos fenicios, como puede observarse en la inmensa mayoría de los que hasta ahora hemos considerado además de ser razonable, habida cuenta la función de establecer y fomentar intercambios con los indígenas que han tenido esos pequeños núcleos fenicios que englobarían a un número reducido de personas.

Las navegaciones fenicias, apoyadas quizá en pequeños puntos de recalada y almacenamiento de productos, como Aldovesta, prosiguieron durante el siglo VII por las tierras al norte del Ebro así como aguas arriba de este mismo río que sirvió como evidente punto de entrada de productos fenicios al interior del territorio; su periodo de desarrollo abarca una cronología similar a la que veíamos para Aldovesta, decayendo este comercio de productos del área fenicia del sur de la Península a partir de los años iniciales del siglo VI. Más al norte, en aguas del golfo de León se atestigua un fenómeno parecido aunque los hallazgos del siglo VII son mucho más escasos y los no demasiados atestiguados corresponden a los años iniciales del siglo VI, con una creciente presencia de productos ebusitanos y, lo que no deja de ser interesante, producciones anfóricas (y sus contenidos) así como otros productos cerámicos de origen ibérico. La progresiva escasez, según avanzamos hacia el norte, así como lo

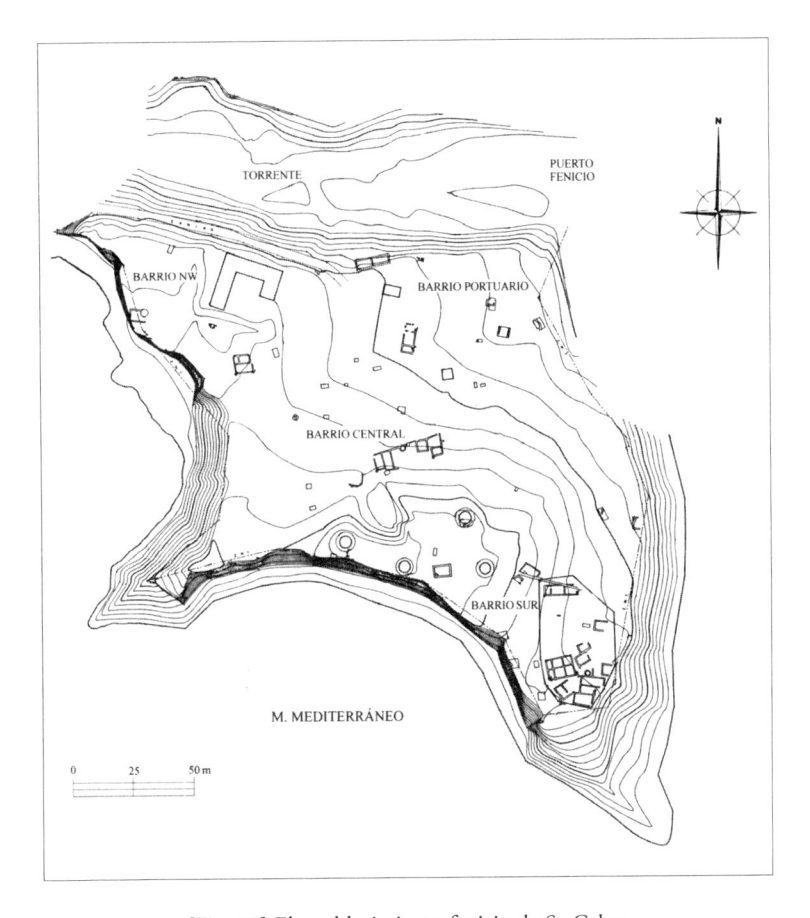

[Fig. 17] El establecimiento fenicio de Sa Caleta

tardío de la presencia fenicia en el área sugiere que estos territorios no entraban de lleno en el área de interés de los fenicios occidentales.

Entre estos puntos tocados por las navegaciones fenicias podemos destacar, sobre todo por la importancia que el sitio asumirá durante la presencia griega, San Martín de Ampurias donde ya desde las primeras fases del poblamiento de la Edad del Hierro en el mismo (tercer cuarto del siglo VII a.C.) se atestiguan restos de cerámicas fenicias procedentes de centros andaluces que se incrementan de modo notable entre el último cuarto del siglo VII y el primer cuarto del siglo VI, donde el ánfora fenicia andaluza (de la forma T-10.1.2.1) sólo aparece superada por el ánfora etrusca, en un momento en el que también empiezan a aparecer los primeros objetos griegos. A partir de *ca.* 575 a.C., como en general en toda la zona nororiental de Iberia, la presencia de los fenicios del sur de la Península decrece también en San Martín de

Ampurias. Sin duda el pequeño establecimiento de San Martín, en el que los foceos acabarían estableciendo su *emporion* dependía de un centro indígena de mayor importancia aún no localizado. Quizá al mismo correspondiera la necrópolis de la Vilanera, a las afueras de La Escala, en la que se han realizado excavaciones aún no publicadas, pero en las que parece que se han hallado objetos de origen fenicio, sobre todo de la segunda mitad del siglo VII, incluyendo huevos de avestruz. Ello sugiere, en efecto, que los contactos de los fenicios con los indígenas que tenían lugar en el establecimiento costero de San Martín de Ampurias hacían llegar a los centros nativos productos de prestigio que acababan incluyéndose en el registro funerario.

Como hemos visto, los fenicios prestaron notable atención a la fachada oriental de la Península Ibérica aun cuando pueden observarse contrastes entre los diferentes territorios que componen este ámbito. Así, hemos visto cómo La Fonteta surge en un momento bastante temprano, siendo quizá coetánea con algunos centros andaluces, y llegando a alcanzar un carácter urbano. Sus intereses metalúrgicos, comerciales y agropecuarios la convierten en una dinamizadora de las relaciones culturales entre el mundo fenicio y las áreas indígenas del sureste peninsular así como un punto clave para entender la colonización de la isla de Ibiza. Del mismo modo, puede haber servido como punto desde el que desplegar una serie de actividades comerciales dirigidas hacia las costas más septentrionales del litoral mediterráneo peninsular, en donde el hallazgo de algún pequeño establecimiento, como Aldovesta, muestra cómo también en estas aguas los fenicios tenían unas pequeñas bases, unas mínimas infraestructuras desde la que articular los intercambios. En el caso de Aldovesta es el Bajo Ebro el ámbito afectado aun cuando quizá pueda haber servido también de punto de recalada para los barcos que llegaban hasta las costas de Cataluña, del Languedoc y de Provenza donde también se detectan actividades fenicias. No obstante, en estas regiones esta presencia fenicia no parece anterior (salvo algún elemento aislado de cronología más antigua) a la segunda mitad del siglo VII y no parece prolongarse más allá del primer cuarto del siglo VI. Lo que San Martín de Ampurias nos muestra es cómo los fenicios aprovechan las facilidades que los nativos dan para el comercio ultramarino con la apertura de dicho establecimiento costero en el que competirán con los etruscos y, ya más adelante, con los griegos aunque será coincidiendo con el inicio de su presencia en aguas occidentales cuando este comercio fenicio decaiga en estas costas y, quizá también en el sudeste peninsular a juzgar por el abandono de La Fonteta a partir de mediados del siglo VI a.C. A lo largo de este siglo, no obstante, se observa cómo la disminución y el final de las actividades de los fenicios del área andaluza va a ser sustituida por la acción de los fenicios de la isla de Ibiza que, en competencia y tal vez en concurrencia con otros agentes, entre otros los griegos, van a desarrollar su propia área de influencia en éste y en momentos sucesivos sobre las costas orientales de la Península Ibérica. A ello hay que

[Fig. 18] Las zonas conocidas de la Ibiza arcaica

añadir el surgimiento y el despegue de la cultura ibérica a partir del siglo VI que será el tercer elemento a añadir al desarrollo histórico de estas regiones.

II.1.4.2.5 Los fenicios en Ibiza

Hemos venido hablando, sobre todo en el apartado anterior, de la presencia fenicia en la isla de Ibiza, por lo que parece adecuado prestar ahora atención a esta isla y al establecimiento fenicio en ella. Un punto de partida, que durante mucho tiempo fue casi la única referencia disponible para el conocimiento del proceso colonizador de la isla de Ibiza, viene dado por un texto de Diodoro Sículo que copia o resume al historiador griego Timeo y que dice lo siguiente:

"Después de la isla mencionada [Cerdeña] está la llamada Pitiusa, que lleva esta denominación a causa de la multitud de pinos que en ella crecen. Está en medio del mar y dista de las Columnas de Heracles tres días y otras tantas noches de navegación: un día y una noche bastan para llegar a Libia y sólo un día de viaje la separa de Iberia. En extensión es igual a Corcira, y es de mediana fertilidad: tiene poca tierra de viñedos y olivos injertados en los acebuches. Las lanas que en ella se producen son reputadas bellísimas por su suavidad. La entrecortan campos risueños y colinas y tiene una ciudad que se llama Ereso y es colonia de los cartagineses. Tiene también puertos dignos de mención y grandes murallas y un número considerable de casas admirablemente construidas. La habitan bárbaros de todas clases, principalmente fenicios. La colonización de esta isla tuvo lugar 160 años después de la fundación de Cartago".

(Diodoro, V, 16)

La referencia a su fundación por Cartago no podía dejar de considerarse un indicio del dominio que muchos autores aceptaban que la ciudad africana había ejercido sobre los fenicios de la Península Ibérica y la cronología de su fundación, relacionada con la de la propia Cartago no podía dejar de mostrar esa supuesta antigüedad del control de la gran metrópolis sobre la isla y, por extensión, sobre la Península. Un dato de esa tradición, sin embargo, sí resultaba de interés porque la fecha resultante (654 a.C.) no remontaba a un pasado imposible sino a un periodo algo más controlable; ello no implica que los criterios cronológicos empleados sean más exactos que aquellos que analizábamos páginas atrás referidos a las propias fundaciones de Gadir o de Cartago. La descripción que hace el texto de la isla es bastante ajustada a lo que debía de ser la realidad antigua aun cuando el nombre que le da a la ciudad, Ereso, no es correcto ya que Timeo (o bien Diodoro), ambos griegos, han establecido una homofonía con el nombre en lengua fenicia de la ciudad (Ebeso o Ebuso) y el nombre Ereso, que le sonaría más a su público por ser también el de una ciudad griega.

Tanto la crítica histórica aplicada al texto de Diodoro, cuanto el progreso de los estudios arqueológicos en la isla permiten hoy día hacer una reconstrucción histórica distinta de la que sugiere dicho autor y reafirmar el carácter fenicio de la ocupación de Ibiza al tiempo que se han podido observar con más detalle los mecanismos empleados por los fenicios para establecerse en ella.

II.1.4.2.5.1 El establecimiento de Sa Caleta

A tenor del estado actual de las investigaciones realizadas en la isla de Ibiza, da la impresión de que el primer lugar ocupado por los fenicios fue el asentamiento de Sa Caleta, que se sitúa en la costa meridional de la isla, y a unos diez kilómetros de la ciudad de Ibiza. El establecimiento, con una extensión de unas cuatro hectáreas, se compone de diversas estructuras rectangulares o trapezoidales dispuestas sin ningún orden aparente y dejando entre sí espacios asimismo irregulares lo que denota la ausencia de un urbanismo predeterminado. Dichas estructuras constan de una o dos estancias siendo poco frecuentes las de tres. Se ha detectado sólo una fase de ocupación, no demasiado larga y los objetos hallados, cerámicas y ánforas (T-10.1.1.1 y

T-10.1.2.1), apuntan como su lugar de elaboración a los centros fenicios del sur de la Península Ibérica apareciendo también ánforas fenicias del Mediterráneo central (Sicilia, Cerdeña o Norte de África). La alimentación de sus pobladores queda de manifiesto por el hallazgo de molinos, anzuelos de pesca y restos de fauna pero lo que resulta más interesante aún es la presencia, en casi todas las estancias, de restos de galena argentífera así como un horno destinado a la fundición del hierro junto con sus toberas y escorias. Aunque hay indicios de frecuentación del sitio ya desde el siglo VIII, Sa Caleta se ocuparía a mediados del siglo VII y se abandonaría, de forma pacífica, en el primer cuarto del siglo VI a.C. y durante su existencia pueden observarse sus relaciones, además de con las costas andaluzas mediterráneas, con el sudeste de la Península de donde quizá viniese el metal que se trabajaba en el establecimiento (pecios de Mazarrón). Las relaciones con La Fonteta también parecen haber sido intensas.

II.1.4.2.5.2. La fundación de la ciudad de Ebuso

En los momentos actuales no queda del todo claro si en la época en la que se desarrolla el establecimiento de Sa Caleta el solar de la ciudad de Ibiza se hallaba ya ocupado por los fenicios porque los hallazgos arqueológicos son muy escasos y poco significativos y se reducen sobre todo al área septentrional de la necrópolis del Puig d'es Molins. En cualquier caso, entre fines del siglo VII e inicios del siglo VI, coincidiendo con el abandono de Sa Caleta, y quizá con la llegada de nuevas gentes procedentes del mundo fenicio de la Península Ibérica, se produce la concentración de la población fenicia de la isla en torno al Puig de Vila, en la costa oriental de Ibiza. Este centro, que quizá surge con pleno sentido urbano, no sólo va a mantener relaciones con la Península Ibérica y con el Mediterráneo central sino que, y es sin duda un hecho destacado, va a iniciar pronto su propia producción de artículos envasables en ánforas puesto que desde principios del siglo VI se atestiguan los ejemplares más antiguos de ánforas púnico-ebusitanas, el llamado tipo PE-10 que, como veíamos antes no es más que la imitación de la forma T-10.1.2.1 lo que sugiere que, en sus primeros momentos, Ebuso sigue integrada en el área económica del Círculo del Estrecho aunque produzca y envase in situ sus productos, ya sea vino o aceite. Ya a partir del segundo cuarto del siglo VI surgiría, a la entrada de la bahía de Ibiza, un santuario en la Illa Plana; hay que tener en cuenta que dicha bahía se convertirá en el punto de salida y entrada de los productos que comercializará la ciudad fenicia.

II.1.5. La consolidación de la presencia fenicia en Iberia hasta la conquista de Cartago

Entre los siglos VIII y la primera mitad del siglo VI se produce, como hemos visto, el despliegue de la presencia fenicia en Iberia y en las áreas vecinas del norte de África, siguiendo unos ritmos y unos mecanismos a los cuales hemos aludido. A partir del siglo VI, en especial en su primera mitad, se produce una serie de hechos quizá relacionados entre sí o quizá no, pero que afectarán al desarrollo de la presencia fenicia en Iberia. Entre estos hechos podemos destacar, en primer lugar, un proceso de modificación de las estructuras económicas y, quizá, organizativas de los centros fenicios que ven una profunda transformación de los modelos usados hasta ese momento. Como hemos visto, muchos centros, sobre todo los establecimientos tipo factoría tienden a desaparecer o, quizá sea mejor decir, a transformarse integrándose en los esquemas del mundo indígena emergente. Esto se observa, por ejemplo, en las costas atlánticas de la Península, donde centros como Abul desaparecen pero también en el sudeste, con el abandono de La Fonteta. La presencia fenicia directa parece diluirse en los ambientes indígenas cuya vitalidad procede, en último término, del largo periodo de contacto con los fenicios. Da la impresión de que a partir del siglo VI serán los indígenas quienes, de diferentes maneras que serán analizadas en los apartados correspondientes, toman la iniciativa en la producción de recursos agropecuarios y tal vez minero-metalúrgicos e, incluso, en su envasado y comercialización, aprovechando en parte las corrientes comerciales fenicias residuales o, sobre todo en las costas mediterráneas, las griegas que se introducirán ahora con fuerza. No sería improbable que el abandono de muchos centros fenicios arcaicos en las costas atlánticas y en las orientales de la Península Ibérica se deba, pues, a los procesos de desarrollo de las culturas autóctonas que van por consiguiente a introducir nuevos modelos de relación. Pero, al tiempo, ciudades como Gadir o, en las costas occidentales africanas Lixus, no sólo van a subsistir sino que van a incrementar de modo notable su poder y su actividad económica y, en las costas mediterráneas andaluzas, en las que en los siglos previos habían florecido innumerables establecimientos, factorías, casi en cualquier desembocadura fluvial, éstas van a dar paso a la aparición de ciudades, como Malaka, Sexi, Abdera o Baria. Cuando estas antiguas factorías no desaparecen acabarán convirtiéndose en establecimientos secundarios vinculados a estas ciudades que parecen haber surgido en un momento posterior a las ciudades primigenias, como Gadir. El proceso que hemos observado en la isla de Ibiza es, quizá revelador puesto que a un pequeño establecimiento como Sa Caleta (o a algunos de ellos si se acepta una ocupación a fines del siglo VII del solar de Ibiza) le sustituye al final del siglo una ciudad, Ebuso, que ejercerá su control sobre toda la isla. Es probable que el final de factorías como el Cerro del Villar o el conjunto de establecimientos que se agrupan en torno a Toscanos implique el reforzamiento de la ciudad de Malaka, en la que quizá ya habría existido con anterioridad otra factoría; del mismo modo, en Almuñécar parece que se pasa sin solución de continuidad de una etapa no urbana o otra ya urbana y lo mismo ocurre quizá en otros sitios. Al final, la situación será la que describe Estrabón en un pasaje de su obra:

> "Comenzando parte por parte desde Calpe, hay primero una cordillera montañosa que pertenece a Bastetania y a los oretanos, con un bosque frondoso y de altos árboles, que separa la costa del interior. También allí se dan con profusión minas de oro y de otros minerales. La ciudad más importante de esta costa es Malaka, distante de Calpe lo mismo que Gádira; es un emporio para los nómadas de la costa de enfrente y tiene grandes saladeros. Algunos piensan que esta ciudad es la misma que Menace, de la que sabemos por tradición que es la última de las ciudades foceas hacia Poniente, pero no lo es. Pues Menace, más alejada de Calpe, fue destruida hasta los cimientos, aunque conserva vestigios de una ciudad griega, en tanto que Malaka, más cercana, es de configuración fenicia. A continuación está la ciudad de los Exitanos, con cuyo nombre se designan también sus salazones. Tras ella se encuentra Ábdera, también ella fundación fenicia".
>
> (Estrabón, III, 4, 2-3)

Estas ciudades parecen ser las únicas que se consolidaron, quizá incluso atrayendo población de los antiguos establecimientos dispersos por las costas meridionales de la Península, a partir del siglo VI. En muchas ocasiones se ha relacionado este proceso con episodios que ocurren a miles de kilómetros de distancia y se ha intentado encontrar una explicación, por ejemplo, en la caída de Tiro a manos de Nabucodonosor, rey de Babilonia, en el año 573 a.C., tras un asedio que había comenzado trece años atrás. Si, incluso, dentro de la propia historia de Tiro su caída a manos del rey babilonio no implica más que la sustitución de una dinastía por otra y una obediencia a este monarca más o menos semejante a la que hacía ya siglos que debían a los reyes asirios, ¿por qué habríamos de pensar que este episodio tuvo una relevancia fundamental en Occidente? El motivo quizá haya que buscarlo en la imagen que muchos investigadores tienen de un imperio colonial teledirigido desde Tiro durante los más de doscientos años anteriores y que, tras la caída del centro implicaría la independencia o la autonomía de las periferias. Pero ninguno de esos presupuestos es válido. La temprana aparición de ciudades fenicias en Occidente descarga o libera de las tareas de control directo de los procesos económicos y políticos de los fenicios de Occidente a las metrópolis orientales; serán esas ciudades las que asuman, en su propio nombre, la gestión de los intercambios y de la política a seguir. No sabemos qué tipo de relaciones directas existen (si es que existieron de forma habitual) entre las ciudades fenicias occidentales y las ciudades fenicias orientales más allá de la referencia a que Cartago pagaba al templo de Melqart en Tiro el diezmo de sus ganancias pero es sintomático observar cómo cada área político-económica fenicia desarrolla sus propios círculos de relaciones internas en los que, sólo de forma minoritaria, se introducen elementos de los otros círculos. Así, por ejemplo, en el ámbito fenicio occidental al que podemos llamar para entendernos Círculo del estrecho los productos que predominan, al menos hasta donde la arqueología puede detectarlos, son los manufacturados en dicha área económica. El predominio casi absoluto, en todos los lugares a los que nos hemos referido, de las ánforas T-10.1.1.1 y T.10.1.2.1 durante los siglos VIII y VII, aunque fabricadas en infinidad de talleres, indica un deseo consciente de mantenerse apegados a unas tradiciones que crean una especie de "marca" identificable tanto dentro como fuera de ese círculo. Las ánforas de otros ámbitos fenicios, del Mediterráneo central y oriental son diferentes de las ánforas del Círculo del estrecho. Además, en la Península Ibérica y áreas de influencia este tipo de ánfora es casi el único modelo de contenedor propio durante esos años, la presencia de ánforas fenicias del Mediterráneo central es minoritaria y las del Mediterráneo oriental son esporádicas.

Aunque sin duda hay relaciones entre los distintos círculos de influencia establecidos por la dinámica de la expansión fenicia y por los condicionamientos geográficos, da la impresión de que cada área va acomodándose a sus propios contextos locales y creando facies "provinciales". Eso no excluye que pueda haber cargamentos de productos de especial interés (por ejemplo metales o las más prosaicas salazones) que recorran el Mediterráneo de un extremo a otro y que lleguen a los puertos de las ciudades de la costa de Fenicia donde serán bien recibidos y donde los barcos podrán ser cargados en su viaje de retorno de objetos o productos raros en Occidente; ahora bien, para que un solo barco pueda hacer esa ruta cientos (o miles) de personas en los centros fenicios de la Península Ibérica se dedican a otras actividades, desde las productivas (actividades agropecuarias), hasta las extractivas pasando por las de intercambio. Será ese trabajo de una sociedad entera, dispersa además por decenas de establecimientos grandes, medianos y pequeños, embarcada en barcos que recorren mercados no organizados o que vuelven a lugares ya conocidos la que, como resultado de actividades desarrolladas dentro de su círculo económico, pueda llevar fuera del mismo productos que puedan interesar a las ciudades fenicias de Oriente o de otros ámbitos fenicios (y no fenicios) del Mediterráneo. Quiero insistir en esto porque da la impresión, leyendo los trabajos de algunos investigadores, que todos los fenicios establecidos en las costas del Mediterráneo estaban comerciando con Oriente de forma permanente y que la razón de ser todos y cada uno de esos establecimientos era el comercio con Oriente. Como decíamos en páginas anteriores, la principal ventaja que la decisión de establecer colonias tenía era que descargaba a las ciudades de Fenicia de la responsabilidad de gestionar y de buscar los lugares y los productos idóneos para el intercambio. Establecer una colonia, que reproducía los diferentes intereses que configuraban a la ciudad fenicia, garantizaba que los campesinos trabajaran la tierra, que los artesanos manufacturaran sus productos, que los funcionarios gestionaran los asuntos públicos y que la aristocracia, conforme con la ideología dominante en su grupo y viviendo en ciudades organizadas, buscaran medios que les permitieran reproducir sus formas de vida tradicionales. Nuevas aristocracias, surgidas en las nuevas ciudades, eran el medio más idóneo para garantizar a las ciudades de Fenicia que, al menos, una parte de la riqueza generada en las colonias acabaría llegándoles, pero no porque existiera una sumisión de las ciudades surgidas en ultramar a aquéllas que habían determinado su fundación sino porque los intereses económicos de las aristocracias coloniales les incitarían a acudir a los mercados orientales donde seguían hallándose productos que eran necesarios para mantener y exhibir sus estatus respectivos. Cuando al menos un hombre y una mujer, acaso sacerdotes gaditanos, pero enterrados en necrópolis diferentes, encargan en dos momentos diferentes del siglo v sus sarcófagos a talleres de Fenicia, aunque realizados con mármoles griegos y tal vez por artistas griegos, estamos visualizando esto que estoy diciendo puesto que, a menos que haya habido talleres especializados en este tipo de artículo en Gadir (lo que algún autor ha sugerido aunque con pocas probabilidades) sólo en un grupo específico de talleres situados en la Fenicia septentrional se podían cumplimentar estos encargos; es decir, siempre las ciudades fenicias de Oriente, en contacto directo con los grandes centros de la civilización mediterránea, eran un destino atractivo para los círculos dirigentes de las ciudades de Occidente y en ellas se podían obtener artículos que tendrían una acogida inmediata tanto en los tesoros de los aristócratas gaditanos, cartagineses o lixitas como entre los jefes y reyezuelos indígenas ansiosos por hacerse con ellos porque servían para marcar, frente a sus súbditos, su prestigio y su poder. Creo que así es como deberíamos entender las relaciones entre las ciudades y las colonias fenicias y, por eso mismo, la repercusión que pudo tener el conflicto puntual de Tiro con Babilonia debió de ser, en el peor de los casos, mínima.

También en relación con esta "caída" de Tiro que acabaremos por concluir que, en la práctica, no existió, se ha puesto el despegue de Cartago que, según algunos autores, "libre de la tutela" tiria se habría convertido en el punto de referencia de todos los fenicios occidentales, ahora "huérfanos". También en esta suposición hay más de hipótesis que de certeza. La historia interna y externa de Cartago no parece tener nada ver con lo que suceda en el Mediterráneo oriental y si Cartago desarrolló, tal vez a partir de mediados del siglo vi una política imperialista, ello no se debió a una caída de Tiro sino a su propia dinámica interna y a los intereses de sus círculos dirigentes que vieron en la ocupación militar de nuevos territorios (controlados o no antes por los fenicios) y en la extensión de una política naval una nueva y provechosa fuente de ingresos. La entrada de Cartago en esa dinámica le llevará a profundos cambios internos que, en efecto, convertirán a esa ciudad en un poder imperial con ambiciones expansionistas, cuya influencia se dejará sentir en todo el Mediterráneo central y occidental incluyendo la Península Ibérica, aunque de todo esto trataremos más adelante en un apartado específico (vide vol.I, II.4). Baste aquí lo dicho para situar en su contexto el desarrollo de los centros fenicios de Iberia a falta de la otra visión, la de las poblaciones indígenas que, cada vez más, tienen la clave para explicar el desarrollo de las ciudades fenicias supervivientes entre los siglos VI y III a.C.

El último aspecto que querría mencionar antes de analizar el desarrollo de estas ciudades es el terminológico. De entre los diversos términos con los que se suele designar a todo lo relativo al mundo fenicio, en los que no hay unanimidad absoluta entre los estudiosos, el término "púnico" parece haberse ido aceptando para designar al mundo fenicio occidental a partir de esta frontera más o menos imprecisa del siglo VI a.C.; sin embargo, en su origen los términos *Poenus* y *Punicus* no eran sino los que empleaban los romanos para referirse a la única realidad fenicia en la que tenían interés, esto es, la cartaginesa. El término no es otra cosa que la adaptación a la lengua latina de la palabra griega *Phoinix*, pero mientras que en griego el término engloba a todos los fenicios, de Oriente y Occidente y en cualquier momento de su historia, en latín el término *Punicus* alude en exclusiva a los cartagineses que, como apuntaba líneas atrás, serán los únicos fenicios en los que Roma tenga un interés directo.

En la historiografía moderna, por ende, como se asumía que ya desde un momento temprano Cartago se había alzado con la "tutela" del mundo fenicio occidental, el término púnico resultaba adecuado puesto que aludía a una realidad occidental, posterior al siglo VI a.C. y, por ende, vinculada a Cartago. Hoy día en que muchos no ven la huella directa de la política de Cartago en el mundo fenicio de la Península Ibérica hasta un momento avanzado, quizá el término púnico no sea el más idóneo y aunque nosotros no vamos a proponer ninguna terminología nueva, creemos no obstante necesario hacer estas precisiones. En las páginas siguientes el término aludirá a la realidad fenicia occidental a partir del siglo VI a.C. pero, al menos en nuestro relato, su uso no prejuzga ni un control político ni una influencia de Cartago. Cuando ésta se produzca se aludirá a ella de forma específica.

II.1.5.1 El desarrollo de las ciudades fenicias

II.1.5.1.1 Gadir

La ciudad de Gadir siguió siendo, en el periodo que ahora consideramos, el gran centro fenicio de Occidente que había sido. No conocemos con detalle la topografía de la ciudad en estos momentos pero no cabe duda de que el núcleo principal de

Gadir se encontraba ya, desde al menos el siglo VII, en la actual ciudad de Cádiz. Las numerosas excavaciones realizadas en el casco urbano han permitido el descubrimiento de numerosas áreas funerarias, por lo general a cierta distancia del núcleo habitado y al sur del mismo, así como de zonas de habitación que, sin embargo, no han aportado excesivos datos acerca de la fisonomía de la ciudad. Las ofrendas halladas en el mar en la zona de la Punta del Nao, datables entre los siglos VI y III confirman la existencia en la zona del santuario de Astarté y un conjunto de terracotas defectuosas procedentes del taller que las manufacturaba en la primera mitad del siglo V confirma la existencia de santuarios dedicados a otras divinidades y aún no localizados; por ende, múltiples hallazgos de áreas residenciales o artesanales también han ido contribuyendo a perfilar la topografía antigua, muy difícil de percibir en la actualidad y también sujeta a múltiples debates, en especial acerca de la conformación del terreno en la zona en la que se alzó la ciudad, aunque los estudios geofísicos parecen ir aportando datos definitivos para el debate que, sin embargo, no retomaré aquí.

Diferentes hallazgos, sobre todo funerarios, hablan de los niveles de vida de los habitantes de la ciudad de Gadir; las tumbas, dentro de la habitual uniformidad de los ajuares funerarios en el mundo fenicio, muestran diversos niveles económicos, detectables sobre todo en la presencia o no de artículos de joyería o en la mayor o menor cantidad de trabajo requerido para realizar cada tumba. De todas ellas destacan los dos sarcófagos antropoides a los que hemos aludido con anterioridad, hallados en épocas distintas y en áreas diferentes, pero que parecen aludir a la existencia de elementos destacados dentro de la sociedad gaditana, que podían recurrir a talleres quizá ubicados en la propia Fenicia (sobre todo en la septentrional, donde este tipo de sarcófago es más habitual) para encargar esos costosos artículos. Se ha sugerido que los dueños de ambos sarcófagos podían ser sacerdotes lo cual, aun cuando no es improbable, no se ha podido confirmar pero, en cualquier caso, muestra la más que posible relación entre los círculos dirigentes, empeñados en el comercio, que los convierte en los mejor dotados desde un punto de vista económico y que, por ende, pueden ejercer los sacerdocios principales de la ciudad. Su cronología, en dos momentos diferentes del siglo V (más antiguo el femenino que el masculino) y su ubicación original, a más de un kilómetro de distancia uno del otro sugiere la existencia de varias familias nobles que enterraban a sus difuntos en diferentes necrópolis.

La extensión de la ciudad no debía de ser muy grande, a juzgar por las informaciones que aporta Estrabón, que atribuye a Balbo Gaditano, que obtuvo el triunfo en Roma en el año 19 a.C., la construcción de una ciudad nueva, "gemela", *Didyme* para aliviar los problemas de espacio (Estrabón, III, 4, 5). Ello sugiere que hasta una época muy avanzada la ciudad no fue demasiado extensa puesto que, incluso, tras la construcción de este ensanche el perímetro total de la ciudad gemela no superaba los veinte estadios (en torno a los 3,5 kilómetros). No podemos perder de vista, sin embargo, que cuando Estrabón escribe o cuando lo hacen sus fuentes principales (Posidonio, Artemidoro, Asclepiades), un punto que había sido importante dentro de la topografía de Gadir, el Castillo de Doña Blanca, ya no existía por lo que no pudieron integrarlo en su descripción. Pero en el periodo al que nos estamos refiriendo ahora (es decir, el que va del siglo VI hasta la intervención de Cartago a partir del 237 a.C.), Doña Blanca no sólo existía sino que nos aporta datos que el que ya es en este momento sin duda el establecimiento principal, la ciudad de Cádiz, no proporciona. En efecto, como la destrucción de Doña Blanca, corroborada arqueológicamente y bastante bien datada, se sitúa hacia los años 215-210 a.C., hasta ese momento podemos utilizar los datos que conocemos de este establecimiento para intentar observar lo que ocurre en Gadir. Por de pronto, en el siglo V se construye una nueva muralla en Doña Blanca, que en esta ocasión emplea sillares escuadrados y unas tipologías que recuerdan a las murallas griegas contemporáneas. Las importaciones mediterráneas, en especial cerámicas griegas, son abundantes y variadas y todo apunta a un momento de esplendor, que también se observaba, aunque con menor precisión, en la parte de la ciudad ubicada en Cádiz. También en los siglo IV-III a.C. se construyó otra muralla y con torres a intervalos regulares de un tipo diferente, del llamado "a casamatas". Coincidiendo con esta muralla, parece que el urbanismo de Doña Blanca se hace bastante regular, con calles anchas a las que se abren las viviendas, también bastante regulares. En algunas de ellas se han detectado también actividades relacionadas con la elaboración del vino, así como en la zona de Las Cumbres ubicada en la vecina Sierra de San Cristóbal; todo ello muestra una época de auge económico en relación con las actividades transformadoras de productos del campo que fueron en buena parte responsables del auge económico de Gadir en este periodo.

No es demasiado lo que sabemos del sistema político de Gadir y lo que sabemos corresponde, sobre todo, a los años finales del siglo III a.C., cuando la ciudad está ya a punto de abandonar su alianza con Cartago durante la Segunda Guerra Púnica, y Tito Livio (XXVIII, 37, 1) nos informa de que el general cartaginés Magón hizo venir ante él a los sufetes, que son los magistrados supremos, y al cuestor y tras azotarlos mandó crucificarlos. Esto nos indica que, como muchas otras ciudades fenicias, Gadir tenía sufetes, casi con seguridad con un mandato temporal, el principal de ellos epónimo y sin duda procederían de familias importantes. Es también probable que hubiese un "senado" que sería el órgano controlado por las grandes familias de la ciudad y el responsable último de su política y no es improbable, a partir también del paralelo de muchas otras ciudades fenicias, que existiese una asamblea popular. Disponemos de un dato, ya para la época romana, pero que no puede dejar de tener interés por lo que puede suponer de pervivencia de una situación anterior. En su amplia descripción sobre la ciudad de Gadir, y como medio para que sus lectores evalúen la importancia y la riqueza de la misma, Estrabón (III, 5, 3) afirma: "sus habitantes son los que envían una flota más numerosa y de mayores barcos tanto al Mar Nuestro como al Exterior, a pesar de no habitar una gran isla, de no ocupar mucho de la costa de enfrente y de no haberse apoderado de otras islas, sino que la mayoría vive en el mar, siendo pocos los que se quedan en casa o pasan su tiempo en Roma. Y sin embargo, por su población parecería que no va por detrás de ninguna ciudad, exceptuada Roma: al menos, he oído decir que en uno de los censos recientes se estimó en quinientos el número de gaditanos del orden ecuestre, número que no se da en ninguna de las ciudades itálicas, salvo Patavium". Entre los datos de interés del pasaje está, además de la referencia al tamaño, a la que ya hemos aludido, la información de que buena parte de la población no reside en Gadir sino en el mar, lo que aludiría a sus largas estancias fuera de la ciudad y, sobre todo, el dato de que en censos recientes se habían computado quinientos gaditanos adscritos al *ordo equester*; este *ordo* fue uno de los más vitales en los años finales de la República en Roma y obtenían sus ganancias, entre otras fuentes, del comercio. El dato de Estrabón lo que nos está indicando es la gran cantidad de individuos de altísimo nivel económico que vivían en Gadir y, de forma indirecta, la fuente de su riqueza. Años atrás, en el 206 a.C., poco antes de la rendición de Gadir a Roma en la Segunda Guerra Púnica, el general cartaginés Magón no se contentó con saquear el erario público y los templos gaditanos para obtener dinero sino que obligó a todos los particulares a entregarle su oro y su plata (Livio, XXVIII, 36, 3) para contribuir al esfuerzo de guerra cartaginés.

Sin duda, el periodo comprendido entre los siglos v y iii a.C. fue uno de los más prósperos para la ciudad, que controlaba una importante actividad salazonera que se extendía por toda la bahía gaditana incluyendo el propio casco urbano de la actual ciudad de Cádiz, llegando las ánforas destinadas a contener salazón datadas en el siglo v (las llamadas Mañá-Pascual A-4 o T-11.2.1.3) a varios lugares de Grecia (Corinto, Olimpia) pero pasando también por otros numerosos puntos del Mediterráneo; esta actividad exportadora de salazones tiene continuidad también durante el siglo iv, al menos en su primera mitad y debía de ser bastante lucrativa a juzgar por los numerosos testimonios que sobre estos productos existen en la literatura griega del momento. Por otro lado, talleres ubicados en la zona de Gadir abastecen a toda el área económica gaditana con cerámicas finas de mesa a las que se conoce en la literatura científica como cerámicas de Kuass porque hasta poco se pensaba que se habían fabricado en exclusiva en este taller homónimo situado en Marruecos.

En otro orden de cosas, parece también que la producción agrícola en el entorno gaditano se incrementa, apareciendo factorías tipo *villa* en el área de influencia de Gadir (Cerro Naranja) o auténticos barrios residenciales y productivos (Poblado de Las Cumbres); al tiempo, la ciudad había proseguido las actividades comerciales que le permitían acceder al estaño atlántico. De las áreas con las que Gadir entra en contacto directo, una de las que parece haber sido de las más importantes sería la de Ampurias con la que Gadir mantendrá intensos contactos durante los siglos v y iv a.C. Si en esa época Gadir inicia un proceso de mayor autoridad política sobre su área de interés económico directo, el llamado Círculo del estrecho, creando lo que algunos autores han llamado Liga Gaditana es algo que no puede asegurarse con los testimonios disponibles en este momento.

II.1.5.1.2 Malaka, Sexi, Abdera, Baria

Si pasamos a las otras ciudades fenicias del litoral mediterráneo de la Península podemos decir que, aunque se ha avanzado en su conocimiento, aún siguen faltándonos muchas informaciones para poder observar en detalle sus respectivos procesos históricos en el periodo que va desde el siglo vi hasta la entrada militar de los cartagineses en Iberia. En los párrafos siguientes me referiré a algunas de ellas, dejando de lado otros centros que tendrían carácter urbano (por ejemplo Carteia) así como otros centros de tipo púnico, cuyo entronque con los centros urbanos no queda del todo claro.

En Malaka, y aun cuando puede que en los momentos anteriores hubiese ya algún tipo de establecimiento fenicio, el inicio de su crecimiento hay que situarlo a partir de los años finales del siglo vii y, sobre todo, de los iniciales del vi, momento en el que la ciudad controla las desembocaduras de los ríos Guadalmedina y Guadalhorce y, tal vez, parte del entorno de esas zonas en donde había un poblamiento indígena que poco a poco se va descubriendo. Parte de su prosperidad derivó de la ya mencionada posibilidad de comunicación y contacto con el área del Guadalquivir a través de vías terrestres pero también de su excelente posición para las esperas necesarias con el fin de emprender la travesía del estrecho. En efecto, y sobre niveles correspondientes a una ocupación fenicia ya de fines del siglo vii, a inicios del siglo vi se construye una muralla que se ha detectado sobre todo en la parte noroeste de la ciudad antigua; tras su abandono, se construye otra en el mismo entorno a fines del mismo siglo y a este nuevo recinto corresponden varias torres; la muralla parece haber estado en uso hasta el siglo iii a.C. No es demasiado lo que se conoce de la topografía antigua de la ciudad aun cuando el hallazgo de un pozo monumental y algunas terracotas en la zona del posterior teatro romano, a los pies de la Alcazaba, sugiere que por allí hubo un santuario dedicado a una divinidad femenina, quizá Astarté, tal vez en relación con el área portuaria que en aquella época se hallaba muy cerca. Los materiales arqueológicos hallados en las diferentes excavaciones llevadas a cabo en el casco antiguo de Málaga confirman el carácter fenicio de la ciudad, con cerámicas que se corresponden con las fenicias de toda el área del estrecho, y que representan el principal porcentaje de los hallazgos; no obstante, algún hallazgo aislado como una pieza de marfil con motivos egiptizantes de finales del siglo VI, que sin duda formó parte de la decoración de un mueble importado, muestra que había individuos de alto nivel económico como para adquirir tal objeto precioso. Por otro lado, durante el siglo VI son también frecuentes las cerámicas de origen griego, tanto de la Grecia del Este como de Corinto o Atenas, en unos porcentajes que no son frecuentes, de momento, en muchos otros centros fenicios de la Península. Ello sugiere la importancia que pudo tener Malaka como puerto importante en los tráficos comerciales occidentales, controlados en buen parte por los fenicios pero en los que, como veremos, los griegos se introducirán a lo largo del siglo VI a.C.; no es improbable que en relación con este auge de Malaka y con el desarrollo de sus actividades pesqueras y salazoneras se reocupase el Cerro del Villar entre el último cuarto del siglo VI y el último cuarto del siglo V como sede de parte de las actividades artesanales que desarrollaría Malaka, en concreto la fabricación de ánforas. El tipo principal de ánfora que se fabrica en el taller instalado en el Cerro del Villar es la Mañá-Pascual A-4 (T-11.2.1.3) que, como veíamos antes, sirve en esta época de marca para la comercialización de productos pesqueros de toda el área del Círculo del estrecho.

Por lo que se refiere a Sexi [Almuñécar], allí se produce la progresiva consolidación de la ciudad sobre el emplazamiento del antiguo establecimiento fenicio y aunque no conocemos demasiado del hábitat, las necrópolis muestran la continuación y el incremento de su población, en especial a partir del siglo V a.C., así como un buen nivel económico en algunos de los enterramientos; una de sus actividades principales era la pesca y su derivada la industria salazonera. En cuanto a Abdera es muy poco lo que se conoce para este periodo, algún resto de viviendas de los siglos VI a IV a.C.

De la ciudad de Baria se conocían sobre todo las necrópolis, aun cuando en los últimos años se han podido detectar, bajo el casco urbano de la actual Villaricos, restos de la ciudad de época púnica, cuya función principal parece haber sido la explotación de los minerales de las sierras adyacentes, pero también la fabricación de salazones y de púrpura. En un área de la necrópolis se observa la coexistencia de gentes de origen fenicio y de otras adscribibles al mundo indígena; el periodo de mayor auge demográfico parece situarse entre los siglos V y IV a.C. y se ha detectado un lugar de culto quizá dedicado a Tanit datable entre los siglos IV-II a.C. entre el área de la necrópolis y el de la acrópolis de Baria. La ciudad estuvo muy abierta a diversas influencias comerciales, como muestra la amplia colección de cerámicas griegas procedentes de diferentes fases de la necrópolis y, en el 209 a.C., cuando fue atacada por Escipión tras la caída de Cartago Nova, la ciudad estaba amurallada y se defendió durante tres días (Aulo Gelio, *Noches Áticas*, VI, 1, 8; Valerio Máximo, III, 7, 1).

II.1.5.1.3 La ciudad de Ebuso

Otro de los grandes e importantes focos del mundo de las ciudades fenicias occidentales lo representa la ciudad de Ebuso, situada en la costa oriental de la isla de Ibiza y que ejerció su control sobre toda ella. Como vimos antes, hubiese existido o no algún establecimiento fenicio previo en Ebuso, el auténtico surgimiento de la ciudad hay que situarlo a inicios del siglo vi. De la topografía urbana de Ebuso apenas se conoce nada y hemos de contentarnos con las informaciones que da Timeo (en Diodoro, V, 16) cuando asegura que tiene puertos, grandes murallas y muchas casas bien construidas, lo cual es en todo caso una información bastante genérica. No obstante, aunque no se han recuperado restos constructivos relevantes correspondientes a la época antigua, las líneas generales de la implantación de la ciudad de Ebuso sobre el terreno sí son, más o menos, claras. La ciudad ocupó la ladera septentrional del Puig de Vila, a cuyos pies se hallaba el puerto y una zona portuaria anexa, usando como necrópolis la vertiente norte del Puig d'es Molins, que se hallaba a unos 500 metros al oeste de la ciudad. En un primer momento el ritual funerario empleado era la cremación, con distintas variedades y modalidades, siendo la más frecuente la que consistía en depositar los restos de la misma en una pequeña fosa excavada en la roca o en la tierra. A partir del último cuarto del siglo vi, coincidiendo con la consolidación de la ciudad, van ganando fuerza las inhumaciones dispuestas en hipogeos tallados en la roca. En las tumbas han aparecido vasos diversos para contener ofrendas, así como joyas de oro y plata y otros adornos de pasta vítrea, además de figuras y máscaras de terracota.

Coincidiendo con el auge de la ciudad, el santuario de Illa Plana empieza a presentar más evidencias de actividad, aunque ésta sólo durará hasta fines del siglo vi; por otro lado, Ebuso empieza a desarrollar sus propios modelos de ánfora sin duda porque sus actividades agrícolas le permiten disponer de excedentes exportables. Aun cuando sin llegar a los niveles posteriores da la impresión de que desde la primera mitad del siglo v se inicia el proceso de ocupación con finalidad agrícola de las tierras de la isla más alejadas, no ya sólo de las más próximas como había ocurrido hasta esos momentos, al menos en alguna parte de las islas. El proceso seguirá en los siglos siguientes y alcanzará, en los siglos iii y ii a.C. su máxima expresión. El hallazgo en algunos puntos del territorio de objetos de cierto valor sugiere que el proceso de ocupación de tierras debió de estar en manos de las élites ebusitanas que añadirían a los intereses comerciales los agrícolas, puesto que el proceso de ocupación muestra que su prioridad se centra en las tierras más productivas ocupándose sólo en un segundo momento las que ofrecen posibilidades inferiores. Del mismo modo, y para atender a las necesidades de vajilla para distintos usos surgirá una gran zona artesanal desde finales del siglo vi fuera de la ciudad y a los pies de la necrópolis, junto a la antigua línea de costa. Estos talleres seguirán las modas centromediterráneas (norte de África, Sicilia y Cerdeña) quizá porque de estas zonas llegan alfareros a la isla que, en todo caso, debía de tener una población bastante cosmopolita.

Los datos de la necrópolis del Puig d'es Molins han permitido sugerir que, a partir sobre todo de mediados del siglo V, se pudo producir un aumento demográfico en la isla que muchos autores relacionan con una posible llegada de gentes procedentes de Cartago, que justificaría que Timeo considerara la ciudad como colonia cartaginesa. Esos datos van a la par con el incremento de la población rural, habiéndose sugerido la existencia de una auténtica parcelación de la isla para dar acogida a nuevos colonos que habrían llegado desde fines del siglo V e inicios del siglo IV a.C. También en otras zonas del mundo fenicio occidental (por ejemplo en el área próxima a Gadir) se observa en estos momentos un aumento de población con la aparición de nuevas áreas de tipo agrícola como la ya mencionada en su lugar, de Cerro Naranja. Aunque tanto en éste como en los asentamientos rurales de la isla de Ibiza se ha sugerido una intervención directa de Cartago, creo que es más razonable pensar que este incremento y capilarización de la explotación rural, así como la diversificación de las tareas artesanales pueden deberse a la propia dinámica de las ciudades fenicias occidentales que se encuentran bien situadas para extender su control sobre el territorio e incrementar sus actividades económicas. Ello no implica que no puedan haber llegado gentes de otras áreas fenicias, en especial del norte de África bien a la sombra de este auge económico bien, incluso, demandadas o impulsadas por políticas activas llevadas a cabo por estas mismas ciudades. Que Cartago haya intervenido en este proceso, si bien no puede negarse, tampoco es condición imprescindible y el propio Aristóteles asegura que los cartagineses envían a las ciudades vecinas (y quizá dependientes) a gentes del pueblo para que se enriquezcan (*Política*, 1320 b 6, 1273b 18); no es improbable que, en efecto, el Estado cartaginés haya promovido el envío de gentes empobrecidas a otras áreas, próximas o no y que, incluso, haya tenido planes de colonización más ambiciosos como los que presuponía el Periplo de Hannón pero eso no implica una dependencia de Cartago de los centros en los que esas gentes se establecieran. Lo que eso significaría, en todo caso, sería el auge económico que experimentaría todo el mundo fenicio occidental, incluyendo Cartago, a partir del siglo V a.C., periodo que aprovecha esta ciudad para establecer su sólido control sobre buena parte del territorio tunecino, que también ve en este momento un incremento de sus actividades económicas. Ello puede haber llevado a buscar fuera del ámbito africano nuevos recursos y tal vez las pujantes ciudades occidentales pudieran ofrecer medios de vida a gentes norteafricanas que habrían dejado su huella en las zonas de acogida.

La importancia que alcanzará Ebuso se observa, aparte de por lo que ya hemos indicado, por la exportación de sus productos, observable a través de sus ánforas. Ya durante el siglo V las ánforas púnico-ebusitanas empiezan a aparecer en las Baleares

(Mallorca y Menorca) pero también en las costas orientales de la Península Ibérica, en especial al norte del Cabo de la Nao, con un peso importante en la ciudad griega de Ampurias; da la impresión de que Ebuso ha ido ocupando el lugar que, en los siglos anteriores, había tenido en esas costas el comercio dirigido desde el área del estrecho. Durante el periodo siguiente (siglos IV y III) la difusión es ya muy numerosa abarcando toda la fachada oriental de la península hasta el área de Villaricos y aumentando tanto el número de lugares donde aparecen las ánforas como el número de ejemplares presentes en cada lugar. Todo ello muestra el auge enorme de las actividades comerciales, y también productivas, de que hace gala Ebuso en este periodo.

Gracias a las excavaciones llevadas a cabo en la isla de Mallorca podemos ver cómo articula Ebuso la expansión de sus intereses comerciales; uno de los primeros puntos que, con más intensidad, parecen haber visitado los comerciantes ebusitanos parece haber sido Sa Morisca (Santa Ponça) que muestra ya indicios de contactos con ellos desde mediados del siglo VI, que a partir del siglo V se van consolidando, surgiendo un poblado fortificado indígena que domina la bahía para reforzar tales contactos y que presenta un volumen de importaciones anfóricas y de otro tipo casi desconocido en el resto de la isla. A partir de inicios del siglo IV se producen cambios en el asentamiento tal vez porque también se están produciendo modificaciones en los mecanismos empleados por los ebusitanos en los intercambios con la isla de Mallorca, que preludiarán el establecimiento en Na Guardis.

Por lo que se refiere a este último, Na Guardis, se trata de un islote situado frente a la costa meridional de Mallorca en el que se detectan contactos con los comerciantes ebusitanos desde mediados del siglo VI aunque no será hasta el siglo IV cuando aparezcan las primeras construcciones permanentes, en concreto un edificio multiuso en la parte más alta de la isla; a partir de la segunda mitad del siglo IV se construirá una cerca defensiva que parece haber pervivido hasta finales del siglo III a.C., momento en el que la factoría sería abandonada. A partir de inicios del siglo II se iniciaría la última fase de ocupación hasta el final del mismo siglo. Sin duda alguna los fenicios de Ebuso pusieron en práctica, según los casos, las diferentes estrategias de contacto que sus antepasados venían desarrollando desde, al menos, el siglo VIII y en Na Guardis se ejemplifican varias de ellas: ¿comercio silencioso?, presencia temporal y esporádica para intercambiar sin establecimiento permanente, establecimiento permanente pero precario y, por fin, surgimiento de una factoría con zonas de embarque y desembarco, área de actividades comerciales y zona metalúrgica en la que se trabajaba el hierro que llegaba a la factoría en forma de lingotes. Na Guardis parece haber sido el centro de las actividades ebusitanas en Mallorca, habiendo existido también otros establecimientos secundarios, como Es Trenc, en tierra firme y muy próximo al islote, y quizá en relación con la explotación de la sal y surgido también durante la segunda mitad del siglo IV.

Hoy se acepta que la participación de honderos baleáricos en los ejércitos cartagineses desde finales del siglo v a.C. al menos (aunque quizá su presencia pueda ser anterior) hay que relacionarla con los conocimientos que los comerciantes ebusitanos han adquirido sobre Mallorca y Menorca, de los que se aprovecharían los cartagineses a la hora de reclutar sus ejércitos multiétnicos con los que llevarán a cabo toda su expansión a partir del siglo v.

II.1.6 La economía de los centros fenicios

Para ir concluyendo este apartado, realizaré algunas observaciones sobre la economía de los centros fenicios, aunque ya he ido avanzando algunos datos en los apartados previos.

II.1.6.1 La minería y la metalurgia

Hasta ahora se había considerado que la búsqueda de metales había sido una de las principales causas que justificaron la llegada de los fenicios a la Península Ibérica aunque, quizá por una especie de efecto péndulo, que en ocasiones afecta a los estudios históricos, algunos autores tienden en los últimos tiempos a minimizar este motivo, pensando que puede haber habido otras causas, entre ellas la explotación agrícola. Esta impresión, sin embargo, no es del todo correcta si tenemos en cuenta lo ya dicho en apartados previos acerca de los motivos de la expansión colonial fenicia: según esta manera de ver las cosas, el mejor medio del que disponían los fenicios para garantizarse un abastecimiento abundante y continuo del preciado metal no era otro que reproducir, lo más cerca posible de las fuentes de dicho mineral, sus formas organizativas habituales, que no eran otras que las urbanas. Por consiguiente, el aspecto urbano que algunas ciudades fenicias (sobre todo Gadir) van a asumir casi desde los primeros momentos de su existencia implicará interés por zonas de cultivo pero sin perder de vista que, junto con la propiedad de la tierra, la implicación en tareas de comercio era uno de los rasgos propios de las aristocracias fenicias. Creo, pues, que es la obtención de metal lo que empuja sobre todo a los fenicios a su establecimiento en la Península Ibérica, y que para lograr una mayor eficacia se trasladarán hasta aquí los principales interesados en la gestión de ese proyecto económico, que serán las élites tirias, valedoras de los intereses de sus pares que han permanecido en la ciudad de origen.

Aun cuando en algunos de los pequeños establecimientos fenicios se han detectado restos de actividades metalúrgicas (Toscanos, Morro de Mezquitilla, Cerro del Peñón, Cerro del Mar), da la impresión de que en muchos de esos casos las mismas no tienen más que una finalidad de abastecer al centro de objetos de uso cotidiano y herramientas. Hay acuerdo casi unánime en situar en el cinturón pirítico del Sudoeste la zona principal que proporcionó, sobre todo, plata a los fenicios y, más adelante, a los griegos. Menos acuerdo hay acerca no tanto de quiénes llevaban a cabo la explotación, que parecen haber sido los indígenas, cuanto del origen de la tecnología empleada. Los que, desde una perspectiva autoctonista quieren hacer énfasis en el peso del factor indígena insisten en que éstos ya disponían de las técnicas para beneficiar la plata, a partir sobre todo de los *gossan* o "monteras de oxidación de los sulfuros masivos" que son afloramientos de rocas que contenían sulfuros pero muy alteradas por la acción de los agentes naturales (lluvias, vientos, sol, aguas subterráneas) dando lugar a compuestos oxidados, y que pueden ser ricas en plata, oro y otros metales. Sin embargo, otros autores son de la opinión de que, sin negar conocimientos básicos a las poblaciones pretartésicas establecidas en el sudoeste de la Península, los fenicios debieron de introducir nuevas tecnologías para conseguir una explotación más eficiente, teniendo en cuenta que procedimientos como la copelación ya parecen estar en uso en Oriente Próximo y Egipto desde, al menos, el segundo milenio a.C. Sea como fuere, la presencia en algunos centros tartésicos (Tejada la Vieja o San Bartolomé de Almonte) de indicios de actividades metalúrgicas y, sobre todo, en la propia Onoba, que era uno de los puertos a los que los fenicios acudían en busca del mineral, no deja lugar a dudas de cómo los metales fueron uno de los principales estímulos de la presencia fenicia en la Península Ibérica. Esto lo confirmarían también los hallazgos en el Castillo de Doña Blanca, entre ellos más de mil kilos de litargirio en una vivienda del siglo VIII a.C. así como cerámicas con restos de escorias adheridos a sus superficies, que sugieren el trabajo del mineral en el centro y su almacenamiento. El mineral, según los análisis, procedería de las zonas de Aznalcóllar y Río Tinto. Puesto que es probable que todo el proceso extractivo y quizá parte del transformador estuviese en manos indígenas, asesoradas o no por fenicios, aludiremos a él al hablar del mundo tartésico.

Según fue avanzando el conocimiento del entorno, los fenicios aprovecharon los recursos minero-metalúrgicos que fueron encontrando, ya fueran de gran o pequeño tamaño. Puede que ya en épocas avanzadas empiecen a extraer plata también del distrito sudoriental, centrado en torno a Mazarrón y la que será la nueva capital cartaginesa Cartago Nova aunque hallazgos submarinos como los del Bajo de la Campana o los de la Playa de la Isla en Mazarrón muestran movimientos de metal ya en el siglo VII a.C.; del mismo modo, también en La Fonteta se atestigua la metalurgia de la plata.

A todo ello habría que añadir el estaño, que se procurarían los fenicios en las Casitérides o en algún punto intermedio de la costa atlántica de la Península: en Onoba ha aparecido una lámina de estaño quizá datada en el siglo VIII a.C. o incluso antes.

II.1.6.2. La agricultura, la ganadería y la pesca

Frente al tópico generalizado que convierte a los fenicios en comerciantes, hemos de recordar tan sólo que en las sociedades preindustriales el porcentaje de individuos dedicados al sector primario o productivo oscilaba entre el 75 y el 90 por ciento y a ese modelo se atenía también, como no podía ser menos, la sociedad fenicia, tanto en el territorio de Fenicia como en los ámbitos coloniales. Esto quiere decir que cuando los fenicios trasladan a Occidente sus modelos políticos, sociales y económicos, una de sus prioridades es la obtención de áreas en las que poder disponer de tierras de cultivo que, además, suelen ser un requisito importante para el mantenimiento del sistema desigual propio del modelo social antiguo. Por supuesto, no podemos confundir las ciudades, las colonias con los establecimientos medianos, pequeños o ínfimos que, como hemos visto, los fenicios van ubicando por doquier en su área de expansión occidental y que, al no ser ciudades, no tienen estas necesidades. Ello no excluye, sin embargo, que en algunos casos puedan haber tenido disponibilidad de tierra para su autoabastecimiento.

El tipo de agricultura practicado era, como no podía ser de otra manera, el mediterráneo, con un predominio del cereal que acaso aportase, a partir de los paralelos que podemos establecer con otros periodos históricos preindustriales mejor conocidos también en el área mediterránea, hasta el 75 por ciento del total de las calorías consumidas. Los análisis polínicos y carpológicos realizados cada vez con más frecuencia apuntan a distintas variedades de trigo y de cebada, cultivadas según las características propias de cada terreno. A ello se le añadirían leguminosas (guisantes, garbanzos, lentejas), algunas de ellas introducidas por los propios fenicios y frutales. La vid, quizá introducida por los fenicios y el olivo, bien introducido por los fenicios o rentabilizado mediante la manipulación e injerto de los acebuches, proporcionaban productos, vino y aceite que quizá pronto generaron excedentes que fueron objeto de comercio, como atestigua la temprana producción de ánforas destinadas a tal fin. La búsqueda de tierras, pues, también constituyó pronto una preocupación para los fenicios establecidos en la Península y las referencias a su presencia temprana en la zona de la antigua desembocadura del Guadalquivir indicaría su precoz interés por unas tierras fértiles. Da la impresión, sin embargo, de que la búsqueda de tierras tuvo motivos variados; por una parte, la ciudad de Gadir debió de necesitar pronto un suministro importante de cereales y otros productos alimenticios para mantener su ya gran población durante el siglo VIII; no conocemos, no obstante, ni cuál fue esta extensión ni en qué régimen se cultivaba ni de quién era la titularidad de la tierra pero ello no impide asegurar que la Gadir del siglo VIII (aunque sólo se limitase al Castillo de Doña Blanca) tuvo que disponer de un territorio amplio. En efecto, esto es así si valen para este momento los cálculos realizados para otros periodos históricos que cifran el "techo" máximo de población que puede alcanzarse en condiciones productivas preindustriales en 50 habitantes por kilómetro cuadrado en las zonas más ricas, siendo menor la proporción si no se cumplen esas condiciones; por otro lado, los análisis realizados sobre la situación en Ugarit no desmienten esos datos pues se han sugerido medias de 15 hab./km^2 para el territorio ugarítico, que podían alcanzar los 40-45 hab./km^2 en las zonas cultivadas. Por otro lado, en el traspaís de las factorías ubicadas en las desembocaduras de los ríos también habría necesidad de espacios agrícolas, propios o no, para su autoabastecimiento de forma semejante a Gadir; a este respecto, cabe señalar que poco a poco se van detectando centros indígenas que se encuentran próximos a estas "factorías" y que, tal vez, se integran en mecanismos productivos y de intercambio comunes. Se trataría de yacimientos como Loma del Aeropuerto, Cerca Niebla o Los Pinares, que parecen relacionarse con el Cerro del Villar, Toscanos y Morro de Mezquitilla, respectivamente.

Hay, sin embargo, indicios de que no toda la tierra poseída o controlada tenía como fin último el abastecimiento de las poblaciones fenicias, sino que pudo haber pronto tierras dedicadas a la producción de artículos destinados al comercio, como el vino o el aceite. Es el gran número de talleres que se han detectado en la producción de las ánforas fenicias occidentales arcaicas (las T-10.1.1.1 y T-10.1.2.1) lo que indica que éstas debían de fabricarse a pie de explotación rural, ya fuesen dependientes de los fenicios o estuviesen en manos de indígenas que habían asumido las técnicas traídas por éstos y contribuían (a cambio de contrapartidas) a los procesos productivos bien de Gadir, bien de las factorías fenicias. La constatación de la elaboración de estas ánforas en algunos puntos del interior, como los ya mencionados de Ronda, Cerro de la Mora o Cerro de los Infantes, indica que, más allá de quién controla dicha elaboración, así como el producto envasado, las poblaciones indígenas tienen un gran protagonismo desde un momento temprano porque en sus manos se encuentra buena parte del proceso productivo. Un ejemplo excelente lo tenemos en el ya mencionado poblado del Alt de Benimaquía que elabora vino y lo envasa en el modelo de ánfora habitual en todo el Círculo del Estrecho. Esto explicará, por otro lado, entre otros factores, por qué a partir de un determinado momento, que suele ubicarse en el siglo VI, el modelo de explotación fenicio cambiará. Aparte de otros factores, este cambio estará ligado al desarrollo de estrategias productivas propias por parte de las culturas indígenas, turdetanas o ibéricas, que explotarán sus propias tierras estableciendo relaciones económicas menos desiguales con los centros fenicios que habrán tenido que desarrollar un modelo más nucleado, lo que implicaba quizá una mayor presión sobre el territorio pero mucho más concentrada, frente al momento anterior en que se hallaba más atomizada.

Igual que con las técnicas metalúrgicas, los fenicios aportan sin duda una tecnología mucho más sofisticada que la que existía en la Península antes de su llegada; como en el caso de la minería, no se trata de negar que las poblaciones indígenas prefenicias hubiesen desarrollado su propia agricultura pero no hay motivos para dudar de que, además de introducir nuevas especies y quizá de mejorar las ya existentes, los fenicios portaban unas tácticas de explotación que, desarrolladas durante milenios en el Oriente Mediterráneo habían producido altos grados de eficiencia como muestran los análisis realizados sobre la agricultura en Ugarit, precedente evidente del mundo fenicio del primer milenio. Sin duda los fenicios de Occidente trajeron consigo buena parte de esas técnicas y supieron adaptarlas a las condiciones particulares de las tierras que fueron ocupando; como suele ser habitual, no disponemos de testimonios directos del empleo de esas técnicas pero sí han quedado indicios de esos saberes en algunas noticias en autores griegos y latinos sobre los avances que se habían desarrollado en Cartago. Así, por ejemplo, Varrón, uno de los principales agrónomos latinos del siglo I a.C. no escatima alabanzas al cartaginés Magón, autor de un tratado sobre agricultura y Columela, que además era de Gades, hace lo propio además de señalar las muchas enseñanzas que habían transmitido los escritores púnicos de África. Algunos instrumentos que tal vez introdujeron los fenicios pudieron ser el arado de cama curva, que aparece representado en cerámicas ibéricas y en monedas (por ejemplo, las de Obulco) y, sobre todo, un tipo de trillo que los romanos, que lo tomaron también de Cartago, llamaron *plostellum poenicum*.

El panorama agrícola fenicio en la Península Ibérica alcanzará su máximo desarrollo a partir del siglo IV cuando se detecta en diversos ámbitos un incremento de la producción no ligada al autoabastecimiento sino a la generación de excedentes comercializables, quizá en relación con la llegada de nuevas gentes, que van a propiciar una ocupación de nuevos territorios, por ejemplo en el área de Jerez de la Frontera con asentamientos tipo villa como el Cerro Naranja y otros localizados pero no excavados o en la de El Ejido, con el sitio de Ciavieja, por no mencionar la ampliación hacia la Sierra de San Cristóbal de Doña Blanca con el establecimiento de Las Cumbres. Por supuesto, el caso mejor estudiado es el de Ibiza que conoce un proceso de ocupación total de la isla con pequeñas explotaciones agrícolas que aprovechan de forma extraordinaria las posibilidades del terreno y que además de contribuir al abastecimiento de la población están destinadas, en gran medida, a la producción de artículos comercializables como el vino o el aceite.

Otra de las actividades que se atestiguan en el mundo fenicio de la Península Ibérica es la ganadería, con tres especies principales, los bóvidos, los ovicápridos y los suidos, en distintas proporciones según los lugares y los periodos. A ellos habría que añadir especies introducidas por los fenicios como la gallina y los asnos. Las funciones desempeñadas por la fauna asociada a los establecimientos fenicios suelen ser la alimenticia, la carga y tiro y, en ocasiones, la ritual, sin que pueda descartarse tampoco el aprovechamiento secundario de partes de los animales como la piel o las astas. Como ocurre con las producciones agrícolas, la presencia de restos de fauna doméstica en los centros fenicios quizá no presuponga en todos los casos que dichos animales pasten en tierras poseídas por los fenicios, aunque sí suele implicar su consumo en tales centros. Por supuesto, las consecuencias de uno u otro modelo en la estructura territorial de los establecimientos fenicios son también importantes puesto que pueden sugerir una mayor o menor ocupación del territorio así como diferentes posibilidades en cuanto a la propiedad de la tierra. No obstante, en el momento presente apenas pueden resolverse estas cuestiones.

Un terreno en el que, sin embargo, parece que los fenicios asumen desde muy temprano un control absoluto es el de las pesquerías y sus industrias derivadas, las salazones. En el área gaditana parecen haber tenido una importancia fundamental los túnidos que, año tras año, y siguiendo la dirección de la corriente de entrada de agua desde el Atlántico al Mediterráneo, discurrían paralelos a la costa europea formando grandes concentraciones en el embudo que suponía el estrecho de Gibraltar y sus áreas de acceso; de entre sus distintos modos de captura parece haber destacado la almadraba, en especial en su variedad de vista que procuraba unas grandes capturas, aunque empleaba también a muchas personas. En las costas mediterráneas serían pescados, sobre todo, escómbridos menores como la caballa, el bonito o la melva puesto que al entrar en el Mediterráneo los atunes se dispersan y no siguen, por fuerza, la línea de costa en su migración. A ello se añadirían otras especies propias del Mediterráneo. El requisito necesario para poder dar un aprovechamiento comercial a las ingentes cantidades de pescado que podían capturarse era la disponibilidad de sal y la región es bastante favorable a su extracción del mar o de corrientes salobres o de minas de sal gema. Ya Estrabón, que se refiere a la región en época romana asegura que "hay minas de sal y no pocas corrientes de ríos salobres, y tampoco escasea la industria de salazón de pescado, procedente tanto de la zona como del resto del litoral más allá de las Columnas, que no va a la zaga de la salazón del Ponto" (Estrabón, III, 2, 6) aunque ya hemos apuntado en páginas previas la importancia que, a partir sobre todo del siglo v alcanzaron las salazones fenicias de occidente.

En efecto, aunque las actividades pesqueras y, quizá transformadoras, debieron de iniciarse pronto en las ciudades fenicias como muestra, por ejemplo, el registro ictiológico de Doña Blanca, hay que esperar al siglo v para que estas actividades empiecen a adquirir un volumen muy notable. Este incremento ha dejado su huella en el registro material, merced a los restos que se han conservado de estas actividades y que son, sobre todo, de dos tipos: las instalaciones en las que se realizaba la manipulación de los pescados y su conversión en salazones o en salsas y los restos de los envases en los que se transportaba a diversos puntos del Mediterráneo, aspectos que son complementarios. Por lo que se refiere a las primeras, aunque ya hay indicios concretos de su existencia durante el siglo vi será sobre todo el siglo v el momento inicial de su desarrollo y las prospecciones y excavaciones han mostrado cómo en toda la costa septentrional de la bahía gaditana, las áreas suburbanas de la antigua ciudad de Cádiz y la "isla" de San Fernando había numerosas factorías (en total se han detectado en torno a la treintena), aunque de todas ellas la más conocida sigue siendo la de Las Redes en el término del Puerto de Santa María que empieza su actividad hacia el 430 a.C., por lo que no es de las más antiguas que, sin duda, existieron. Constaba de cinco dependencias cuyos usos han sido estudiados por los excavadores, que determinaron que había una estancia dedicada a la fabricación del *garum*, o salsa realizada con vísceras y otros productos excedentes sometidos al calor y macerados con sal; otra tal vez destinada al almacenamiento del pescado fresco ya limpio, otra usada como entrada del producto desde el mar, otra empleada para almacenar las artes de pesca y otra, con piletas, destinada a la salazón del pescado. Otra de las factorías excavadas, la llamada "Puerto nº 19", presenta una cronología de los siglos V al III a.C.

Como es razonable pensar, los envases en los que estos productos iban a ser transportados a los puntos de destino que, en el siglo V alcanzan ya a todo el Mediterráneo, se fabricaban no muy lejos de los lugares de producción; ya para el siglo VI se conoce un alfar en Camposoto (San Fernando) y tanto en esta localidad como en la propia Cádiz se han detectado y estudiado, aunque no publicados en su totalidad, en torno a una docena de alfarerías databales en diversas épocas entre los siglos V a II a.C. Los tipos de ánforas que producen corresponden, sobre todo para los siglos V y IV al ya mencionado T-11.2.1.3 y sus diversas variantes posteriores en el tiempo. En algunos de esos alfares también se observa la fabricación de las cerámicas tipo Kuass a partir del siglo IV. Las ánforas mencionadas y los modelos que las sustituyen con el tiempo y que son en buena medida evolución de esa forma presentan una notable distribución en todo el sudoeste de la Península, pero aparecen también en otros puntos de la misma así como, tal y como se dijo, en el Mediterráneo central y en Grecia, en especial en Corinto donde un edificio contenía una gran cantidad de estas ánforas. Da la impresión de que este modelo llegó a ser, durante los siglos V y IV al menos, una especie de marca para las salazones gaditanas, que parece haber centralizado buena parte de su producción; de hecho, en algunos autores antiguos de estos momentos encontramos referencias a estas salazones gaditanas, como en Eupolis (fragm. 186 Kock), en Antífanes (fragm. 77 Kock) o en Pólux (VI, 48). No obstante, también fueron conocidas las salazones de otras procedencias como las sexitanas mencionadas también por algunos autores (Ateneo, III, 121 A). El peso de las pesquerías en la economía de algunos de estos centros lo demuestra la presencia de atunes en los reversos de las monedas de las ciudades de Gadir, Sexi y Abdera cuando inicien sus acuñaciones en diversos momentos a partir de inicios del siglo III a.C., así como también la ciudad norteafricana de Lixus. Más adelante, otros centros, ya durante la época romana, como algunos de los que acuñan las llamadas monedas "libiofénices" también introducirán atunes y otros peces en sus monedas.

Poco sabemos sobre los modelos productivos que implica la importante actividad de la pesca y las salazones pero no podemos perder de vista que estas actividades requerían bastantes trabajadores, tanto estacionales como permanentes; es en los momentos de entrada y, en menor medida, de salida de los bancos de túnidos cuando se requiere un gran número de individuos en la almadraba y en las tareas de despiece y salazón de los peces pero en el resto del año también era imprescindible una labor de mantenimiento y preparación que requería menos manos de obra. Por otro lado, la extracción de la sal y su transporte requiere asimismo bastantes trabajadores, en especial para mantener en buen estado las instalaciones de la salina y, por último, los alfares que elaboran los envases, todo ello sin contar con quienes los van a comercializar, sobre los que no incidiremos en este apartado. La concentración de instalaciones dedicadas a la salazón en determinadas zonas, como el área en torno al Puerto de Santa María, así como el conocimiento que tenemos de alguna de ellas, muestra que no se trata de grandes edificios; no obstante, su abundancia y concentración de ellos indican que era una actividad muy localizada en determinados entornos aptos lo que nos muestra la capacidad para concentrar recursos y mano de obra en un entorno determinado. El (en apariencia) pequeño tamaño de los saladeros ha llevado a algunos autores a sugerir un tipo de explotación familiar pero eso es desconocer o infravalorar lo que acabamos de mencionar, es decir, la necesidad de una mano de obra numerosa y de una organización que, habida cuenta la gran proyección de la actividad, supera ese ámbito familiar.

No sabemos cómo se organizaba con detalle la explotación de este recurso económico más allá de aludir al probable papel de las élites gaditanas (¿los antepasados de los más de 500 *equites* que había en Gadir en la época de Estrabón?) y a la posible intervención del templo de Melqart, dentro de las atribuciones económicas de los santuarios orientales. Quizá pudiéramos pensar, incluso, en un monopolio en manos del estado gaditano, a juzgar por la mencionada presencia de atunes en las monedas de Gadir desde las emisiones más antiguas, lo que mostraría el interés de la ciudad por tal actividad y, tal vez, por la uniformidad de los envases destinados a su comercialización independientemente del lugar o el taller concreto de su elaboración. En ese caso, de nuevo, serían las empresas o asociaciones montadas por individuos con recursos económicos las que arrendarían los derechos de pesca, elaboración y comercialización del producto a cambio de una tasa, que podría coincidir o no con la parte que retuviese para sí el santuario cívico de Melqart. Este panorama es el que parecen sugerir (o al menos no contradecir) algunos escasos epígrafes hallados en otros puntos del Mediterráneo controlados por los fenicios. En éste, como en otros aspectos de la economía del mundo fenicio, percibimos el gran peso que mantuvieron las estructuras políticas de las ciudades.

II.1.6.3 El comercio

La actividad comercial fenicia ha sido la que ha configurado buena parte de la imagen tradicional de esta cultura, en cierto modo con razón puesto que parecen haber sido los intereses comerciales los que propiciaron los cambios estructurales necesarios en el mundo de las ciudades de la costa fenicia que determinaron, en último término, la expansión colonial. Ahora bien, como recordaba en el apartado previo, en las sociedades preindustriales el porcentaje de la población que debía de dedicarse a las actividades no vinculadas al sector productivo era bastante pequeño. Es cierto, por otro lado, que los restos materiales permiten centrar nuestra atención, por sus propias características, en aquellos objetos que representan una novedad dentro de los contextos en los que aparecen, por lo que los resultados del comercio o del intercambio son más visibles para la arqueología y más aún en una situación, como las que nos presenta el mundo fenicio, en la que el resto de las fuentes juega un papel muy limitado. Así, podemos cuantificar cuántas ánforas de un determinado tipo han aparecido en un lugar concreto lo que nos permitirá sugerir una importancia elevada del comercio dentro de las actividades económicas de los responsables del transporte e intercambio de dichas ánforas aun cuando sin embargo, pocos se pararán a pensar (aunque el panorama va cambiando en los últimos tiempos) quiénes han elaborado el producto que dichas ánforas contenían, en qué condiciones, con qué técnicas o, incluso, cuántas personas han intervenido en la producción o qué porcentaje de la población trabajadora se dedica a ese proceso frente al porcentaje que se dedica a su transporte y comercialización. Ni que decir tiene que estas preguntas no siempre encuentran respuesta fácil y más aún en ámbitos que, como el fenicio, apenas nos han dejado su propia voz.

Es esta ausencia o, al menos, esta escasez de una voz propia lo que hace que las posturas sobre el tipo de comercio que se practica en el mundo fenicio sean tan dispares y, en general, demasiado genéricas; no obstante, aparte de la escasez de fuentes la economía antigua siempre suscita posturas enfrentadas como muestran otros ejemplos (el mundo griego o el romano) en los que las fuentes son más abundantes y no por ello las posiciones dejan de ser opuestas.

En mi opinión, en el mundo fenicio, la economía está "incrustada" en la estructura social y política, no es un aspecto diferenciable del resto de las actividades y por ello no genera una reflexión separada. La organización de la producción y del intercambio es un elemento más de los problemas organizativos generales a los que tiene que enfrentarse la ciudad fenicia y responderá a ellos del mismo modo que lo hace a otras demandas que se le plantean. Con esto quiero decir que la tendencia en el mundo fenicio es que quienes ejercen el poder político ejerzan también, porque está relacionado con él, los controles ideológico y el económico de la sociedad. En las ciudades fenicias esto se consigue mediante la concentración en unas pocas familias del poder político, representado por la realeza; el poder ideológico, representado por los sacerdocios de las divinidades cívicas, y el poder económico representado por la propiedad de la tierra y de los medios de producción. Por supuesto, ello implica que el resto de la sociedad, más allá del grado de libertad personal de que gocen los individuos, son considerados súbditos del Estado, quizá por intermedio de las divinidades cívicas a las que estas estructuras políticas transfieren el control social e ideológico que ellas ejercen en su nombre. Como ya se dijo en su momento, no es raro que el rey sea, a la vez, el sacerdote de alguna de las divinidades principales de la ciudad o que, en caso negativo, haya relaciones y alianzas, con frecuencia de tipo matrimonial, entre miembros de la familia real y de las familias cuyos miembros ejercen esos sacerdocios, como veíamos a propósito de la tradición de la fundación de Cartago. Esto introduce al grupo que podríamos llamar "aristocracia", el grupo de los privilegiados, que poseen tierras, individuos dependientes y esclavos, que participan del poder asesorando a los reyes mediante sus órganos deliberativos a los que las fuentes latinas llamarán senados; a ellos les corresponden los sacerdocios de las diferentes divinidades veneradas en las ciudades fenicias, acumulan funciones de todo tipo, incluyendo los altos cargos del ejército y de la armada y además de emparentar entre sí mediante alianzas matrimoniales, quizá en ocasiones puedan llegar a emparentar con la familia real. Por debajo de ellos, los ciudadanos, los campesinos libres y los artesanos no parecen haber tenido nunca peso político propio.

En las ciudades coloniales en las que la realeza no parece haber existido (ni tan siquiera en Cartago, cuya fundadora Elisa muere sin descendencia) será la aristocracia la que ejerza el poder y nombre a magistrados por un tiempo limitado para que gobierne, los sufetes a los que ya nos hemos referido. Con esta estructura social resultaría erróneo establecer una distinción entre la esfera pública y la privada, conceptos propios de nuestras sociedades democráticas que establecen claras fronteras entre uno y otro aspecto procurando que no interfieran entre sí en el desempeño de responsabilidades de interés general, pero que no tenía sentido en la sociedad fenicia. Los aristócratas gestionaban sus intereses particulares (agricultura, comercio, actividades artesanales en las que pudiesen estar implicados en cuanto que proveedores de materias primas y de apoyo económico), del mismo modo que gestionaban los intereses generales de la ciudad que, por lo general, no eran distintos de sus propios intereses personales: una campaña militar, una alianza estratégica, incluso un pacto de vasallaje, una exploración por mares desconocidos, interesaban a la ciudad porque interesaban a los aristócratas que gobernaban la ciudad. El soporte económico de esas empresas, por otro lado, podía venir de los propios fondos de los interesados aun cuando, puesto que el interés era común, también podía venir de ese gran depósito de bienes y riquezas que eran los santuarios fenicios. Es un tema recurrente en los últimos tiempos el papel económico de los santuarios fenicios, en especial el de Melqart, y su incidencia en el proceso comercial y colonial fenicio. Dentro de esta polémica, creo que tienen razón quienes defienden no una autonomía o independencia de los santuarios (inexistente e irreal) sino la transferencia a los templos, que no son más que una manifestación (ideológica y económica) del poder político, de la gestión del proceso expansionista y receptores, en forma de diezmos, de sus beneficios económicos. Por supuesto, esos diezmos y el resto de los ingresos de los santuarios (tierras, pero también donaciones del estado y de los particulares) constituirán una creciente base económica que permitirá el reforzamiento paulatino de la empresa; por ende, los santuarios erigidos en los ámbitos de la expansión, regidos por el mismo modelo al reproducir el esquema social y político propio de las ciudades fenicias, desempeñarán en los nuevos territorios abiertos a la actividad fenicia el mismo papel que los santuarios de Fenicia ejercieron en el inicio del proceso. Por consiguiente, no creo que el templo sea el "director" o el "coordinador" de la actividad colonial y comercial sino que yo prefiero pensar que esas tareas corresponden a la ciudad; la confusión puede venir dada por el grado de colusión que existía en el mundo fenicio entre los distintos roles sociales: la ciudad está gobernada por la misma aristocracia que posee la mayor parte de las tierras, de los barcos y de los medios de producción y que usa los recursos colectivos en beneficio propio bajo la protección de los dioses, cuyos cultos ellos mismos dominan y gestionan. Aunque también podemos decirlo de otro modo: a mayor expansión comercial y colonial, mayores serán los beneficios que las grandes familias obtendrán los cuales revertirán, a través del diezmo y de las ofrendas voluntarias a los santuarios, en el prestigio de la ciudad y de sus dioses tutelares. El éxito de las aristocracias dirigentes va ligado al de la propia ciudad y al mayor prestigio de su personificación que no es otra que el santuario de las divinidades tutelares.

A la vista de lo aquí dicho, el comercio forma parte de las actividades propias de la aristocracia de las ciudades fenicias, entre otras cosas porque son ellos quienes poseen los barcos, los recursos para armar y abastecer las naves e, incluso, las tierras que pueden proporcionar los artículos comercializables y quizá controlan el trabajo de los artesanos que elaboran los productos manufacturados que se añaden al cargamento. La navegación y el comercio a larga distancia, están, por consiguiente, en manos de los círculos dirigentes de las ciudades fenicias, tanto en las de Oriente como en las de Occidente y es difícil pensar que individuos no pertenecientes a esos círculos dispusiesen de los medios suficientes como para emprender una actividad tan organizada como la que implica la expansión y, sobre todo, más difícil resulta pensar que tales actividades tuviesen sanción divina estando la superestructura religiosa en manos de los grupos privilegiados.

Buena parte de la expansión fenicia a la que hemos aludido en el apartado correspondiente, y que afecta a las costas de la Península Ibérica y a las norteafricanas tiene como objetivo último el establecimiento de transacciones comerciales con los diferentes entornos indígenas; el desarrollo de mecanismos cada vez más aquilatados de contacto con los indígenas, los diferentes tipos y modelos de establecimiento (o la propia ausencia de ellos), los productos objetos del intercambio, etc., reflejan una actividad muy organizada en la que cada punto de la red cumple un objetivo determinado, desde la gran factoría hasta el pequeño punto de comercio ocupado por una o dos familias y aislado (de no ser por el mar y los barcos) de otros centros fenicios. Sólo una visión global justifica un proceso de este tipo y esa visión radica, sin lugar a dudas, en Gadir; la ciudad de Gadir, gobernada por un grupo restringido de individuos, sentaba las bases de sus intereses, que eran coincidentes con los de sus gobernantes y proporcionaba los medios necesarios para que se cumpliesen sus objetivos. El problema de las fuentes nos impide conocer estos medios con detalle pero la proliferación de santuarios y lugares de culto apunta en esta dirección; un santuario no puede erigirlo cualquiera ni, sobre todo, puede dirigirlo cualquiera habida cuenta las complejidades rituales que el culto a los dioses fenicios implica. Por consiguiente, estamos aquí ante una manifestación de poder por parte de la ciudad que es quien tiene el monopolio del culto a los dioses y que es quien selecciona y nombra a sus sacerdotes y los distintos hallazgos de estos lugares de culto que nos pueden ayudar a entender cómo articula la ciudad fenicia su comercio.

Por otro lado, observamos una gran homogeneidad en las ánforas comerciales empleadas en todo el llamado Círculo del estrecho, tanto en época arcaica (con el uso casi exclusivo de los tipos T-10.1.1.1 y T-10.1.2.1) como en época clásica donde un papel muy importante lo jugarán las T-11.2.1.3; en ambos casos se trata de producciones realizadas en multiplicidad de talleres que se extienden por las diferentes áreas frecuentadas por los fenicios y que, incluso, abarcan a centros productores, en especial del interior, cuyo carácter fenicio es, al menos, cuestionable, sobre todo en las producciones arcaicas. Quizá sea demasiado arriesgado sugerir que ha habido una decisión política detrás de la generalización de los diferentes modelos de ánforas, en especial porque no sabemos qué hay detrás de una forma anfórica, tanto en el mundo griego como en el fenicio o en el romano; sin embargo, lo cierto es que "alguien" en los diferentes centros productivos griegos o fenicios ha tenido que decidir qué modelo de ánfora se adopta para envasar un producto que se pretende comercializar porque esa decisión no es fruto de la casualidad ni del azar sino de una voluntad determinada. Cada ciudad antigua que tenía un producto exportable ha elegido el tipo de ánfora que quería usar e, incluso, con el tiempo, lo ha ido modificando para atraer nuevos mercados y esa decisión debía de ser lo bastante importante como para que, a veces, sobre todo en el caso griego, ese envase aparezca en emblemas oficiales como son, por ejemplo, los que llevan las monedas. Así pues, creo que podemos ver en la sistematización de los modelos anfóricos del mundo fenicio occidental una manifestación más de la relación del comercio con la estructura política del estado.

Por fin, y volviendo de nuevo al ya comentado texto de Estrabón en el que se narra el naufragio voluntario de un barco gaditano para evitar que los romanos conozcan la ruta que conduce hasta las fuentes del estaño, al final será el Estado el que acabe reembolsándole al dueño del cargamento lo que ha perdido, lo que indica cómo esa actividad comercial se considera, en último término, parte de los intereses generales de la ciudad gaditana.

Lo hasta aquí dicho no excluye un cierto margen de actividad privada, esto es, desvinculada de los círculos dirigentes de Gadir o de las ciudades que, en su momento, irán surgiendo aunque su peso económico no debió de ser importante. Un indicio en tal sentido nos lo da la información, también en Estrabón, sobre el episodio de Eudoxo de Cícico, en el que se mencionaba un tipo de barco, los *hippoi*. Estrabón asegura que "mientras sus comerciantes fletaban grandes barcos, los pobres fletaban unos pequeños a los que llaman 'caballos' por el distintivo que llevan en la proa y con ellos navegan hasta el río Lixo en Maurusia para pescar" (Estrabón, II, 3, 4), testimonio de gran interés porque muestra la dualidad existente en la navegación dirigida desde Gadir, una de gran empeño y dedicada al comercio y otra, más precaria, dedicada a la pesca. Teniendo en cuenta, por otro lado, que da la impresión de que las actividades pesqueras y, sobre todo, conserveras practicadas en las costas de la Península han constituido una actividad en la que se invertían grandes cantidades de dinero, al estar destinada también a la exportación, pudiera ser que a lo mejor esos pescadores que se adentraban en el banco canario-sahariano buscaran satisfacer una demanda más limitada, brindando un medio de vida a gentes de no demasiados recursos que podían actuar, no obstante, como abastecedores de los saladeros, a cambio de lo cual percibirían una compensación económica. Sea como fuere, la información de Estrabón nos aporta datos de gran interés sobre los tipos de barcos existentes en Gadir.

En cuanto a los productos objeto del comercio quizá haya que indicar, en primer lugar, los metales y, entre ellos, la plata producida en el distrito minero del sudoeste de la Península que pudo haber estado en los orígenes de toda la presencia fenicia; pero, como no podía ser de otro modo, el comercio fenicio no podía quedarse anclado en un solo tipo de producto porque no formaba parte de su manera de entender la actividad económica. Si leemos el capítulo 27 del libro de Ezequiel del Antiguo Testamento, que contiene una profecía contra Tiro, veremos cómo se enumeran allí los lugares con los que esta ciudad mantenía relaciones y algunos de los productos con los que comerciaba:

"Tarsis era cliente tuya, por la abundancia de toda riqueza: plata, hierro, estaño y plomo daba por tus mercancías. Yaván, Túbal y Mések traficaban contigo: te daban a cambio hombres y utensilios de bronce. Los de Bet Togarmá daban por tus mercancías caballos de tiro y de silla, y mulos. Los hijos de Rodán traficaban contigo; numerosas islas eran clientes tuyas; te pagaban con colmillos de marfil y madera de ébano. Edom era cliente tuyo por la abundancia de tus productos: daba por tus mercancías malaquita, púrpura, recamados, batista, coral y rubíes. Judá y la tierra de Israel traficaban también contigo: te daban a cambio trigo de Minnit, pannag, miel, aceite y resina. Damasco era cliente tuya por la abundancia de tus productos; gracias a la abundancia de toda riqueza, te proveía de vino de Jelbón y lana de Sajar. Dan y Yaván, desde Uzal, daban por tus mercancías hierro forjado, canela y caña. Dedán traficaba contigo en sillas de montar. Arabia y todos los príncipes de Quedar eran también tus clientes: pagaban con corderos, carneros y machos cabríos. Los mercaderes de Sabá y de Ramá traficaban contigo: aromas de primera calidad y toda clase de piedras preciosas y oro daban por tus mercancías. Jarán, Kanné y Edén, los mercaderes de Sabá, de Asur y de Kilmad traficaban contigo. Traían a tu mercado vestidos de lujo, mantos de púrpura y brocado, tapices multicolores y maromas trenzadas. Las naves de Tarsis formaban tu flota comercial ".

(Ezequiel, 27, 12-25)

La única localización occidental parece haber sido Tarsis, mientras que el resto de las áreas que se mencionan hay que situarlas en todo el territorio comprendido entre Armenia y Egipto pero los productos mencionados dan una clara idea de qué era lo que le interesaba a la ciudad de Tiro en los inicios del siglo VI a.C. Como ya dijimos en apartados previos, la búsqueda de algunos de esos productos hacía apetecible para cualquier comerciante acudir a los puertos fenicios, máxime si se llevaba un cargamento que pudiera interesar a sus autoridades y para éstas el acoger barcos y caravanas que transportasen esa amplísima gama de artículos resultaba de tanto interés porque todos ellos formaban parte de una misma actividad comercial. Por consiguiente, resulta poco creíble, como hacen algunos autores, intentar establecer una jerarquización entre los productos que eran objeto de transporte e intercambio por los fenicios porque todos ellos jugaban su papel en su visión total de la actividad comercial. Cualquier artículo podía servir para intercambiarlo por otro, con el objetivo fundamental de añadir un beneficio por la manipulación y el transporte al hacer llegar a unas tierras productos desconocidos en ellas y, por consiguiente, apreciados y valorados por sus receptores.

Minerales y metales, productos alimenticios, ganado, artículos manufacturados y de lujo, materiales en bruto (marfil, madera), esclavos, especias, telas aparecen en el relato de Ezequiel: nada quedaba al margen del interés de los fenicios. Para el occidente mediterráneo no disponemos de una información de este tipo, por lo que hemos de intentar suplirla por otros medios, aun cuando partiendo de la base de que los intereses de Gadir no debían de ser muy diferentes de los de Tiro pese a adaptarlos a las realidades locales. Sobre el comercio de metales preciosos ya hemos ido dando los datos de los que disponemos y a ellos se pueden añadir otros metales como el estaño, el cobre y el hierro, por lo general no considerados, en especial los dos últimos, como demasiado apreciados incluso en las ocasiones en que se olvida que lo verdaderamente importante no es tanto la disponibilidad local del metal (lo que ocurre, por ejemplo con el hierro, muy abundante en muchos lugares) como la posibilidad de realizar instrumentos y herramientas de calidad gracias al conocimiento de técnicas más avanzadas para su trabajo. Los productos alimenticios son, quizá, lo mejor atestiguados gracias al hallazgo de los contenedores empleados para su transporte, las ánforas y ya hemos mencionado cómo los centros fenicios productores, situados sobre todo en las áreas meridionales de la Península Ibérica distribuyen sus productos por las costas orientales y occidentales de Iberia así como por el norte de África y diversos puntos del Mediterráneo al tiempo que otros productos alimenticios de otros entornos fenicios, pero también griegos y etruscos, llegan hasta los centros fenicios de la Península. Aceite, vino, salazones y salsas serán los principales productos comercializados en ánforas, sin que podamos descartar muchos otros que no requerían condiciones especiales de conservación y que, por consiguiente, no requerían de ese tipo de envase: cereales, frutos secos, legumbres, etc. Las huellas (carpológicas y palinológicas) de estos cultivos han aparecido en los centros fenicios estudiados, como también lo han hecho los restos osteológicos correspondientes a la fauna doméstica que colaboraba en la producción agrícola o que servía de alimento y, en ocasiones, de productos comercializables (salazones de carne).

Otro artículo que ha dejado huella en el registro material, hasta ser a veces el único indicador, es la cerámica; los centros fenicios apenas importaron cerámica desde Oriente, aunque haya algún objeto (por ejemplo algunos ejemplares de la llamada *fine ware*), sino que la elaboraron en talleres especializados desde el primer momento, imitando y adaptando enseguida los repertorios formales a que estaban acostumbrados pero introduciendo también modificaciones que fueron creando distintas provincias dentro de una tipología más o menos común: platos, vasos, cuencos, lucernas, etc. Así, por ejemplo, las producciones del ámbito fenicio occidental se caracterizan por la presencia masiva de un engobe rojo que recubre todo el vaso, mientras que en el Mediterráneo central se prefieren decoraciones con bandas, no ocupando el engobe más que una parte del recipiente. Son variedades que les permiten a los arqueólogos la elaboración de tipologías y determinar, con cada vez menor margen de error, el lugar de producción de un objeto determinado y, por consiguiente, son un buen indicio para detectar relaciones comerciales. No obstante, la cerámica es un artículo de uso cotidiano en el mundo fenicio, al alcance de cualquiera y su presencia resulta significativa no en un establecimiento fenicio sino en los que no lo son, puesto que son un indicio de que ha podido establecerse una relación, comercial o de otro tipo. Del mismo modo, la presencia de cerámicas fenicias no locales o de otros orígenes en centros fenicios, también nos habla de posibles relaciones comerciales. Por fin, el hallazgo de cerámicas de tradición indígena puede indicar, asimismo, relaciones comerciales pero también situaciones de convivencia o coexistencia entre gentes de origen fenicio e individuos o grupos autóctonos; más difícil resulta sólo a partir de materiales cerámicos poder establecer con certidumbre el tipo de relación existente. Con el tiempo, buena parte del repertorio fenicio se irá abandonando y nos encontraremos cómo, a partir del siglo IV, el tipo de vajilla de mesa preferido será el elaborado los talleres áticos, que será comercializado en la Península Ibérica y, cuando escasee o desaparezca, imitado en diferentes talleres, tanto en la propia Península y tal vez en el norte de África (cerámica de Kuass), como en talleres ubicados en la isla de Ibiza.

Por último, podríamos mencionar los productos considerados de lujo, que en buena parte han sufrido un proceso de transformación por obra de artesanos especializados, a los que aludiré en el siguiente apartado: objetos de pasta vítrea, marfil, madera, huevos de avestruz trabajados, tejidos (no conservados), joyería, incluso, son indicadores valiosos de un comercio más selectivo y que quizá fuese dirigido a grupos, dentro de los ámbitos receptores, más exigentes quizá por la posición social que ocupaban.

Por supuesto, además de este comercio ultramarino habría que contar también con un comercio de carácter más regional que unía los centros fenicios costeros con otros ámbitos situados más al interior y cuyo carácter (¿fenicio? ¿indígena? ¿mixto?) sigue siendo en ocasiones objeto de debate pero que formaba parte también de la propia esencia del comercio fenicio. Si recordamos el ya mencionado pasaje del libro de Ezequiel, en el mismo se mezclaban productos procedentes de ámbitos lejanos (Occidente, Grecia, Armenia, Arabia o Egipto) con otros que llegaban de áreas vecinas: otras ciudades fenicias, Israel y Judá, Siria y Damasco y da la impresión de que el mismo fenómeno se ha producido en Occidente; es más, y como se argumentó páginas atrás, el proceso de desarrollo del mundo indígena ha acabado por favorecer dentro de él mayores niveles de organización, responsables del surgimiento de una producción propia que ha hallado salida en las ciudades fenicias, las cuales fueron modificando, a partir del siglo VI, su modelo previo de implantación sobre el territorio, al sustituir los centros productores y receptores por puntos de comercio insertados en las estructuras del mundo indígena, de carácter cada vez más urbano.

En definitiva, la importante actividad comercial desarrollada primero por los centros urbanos iniciales, como Gadir y Lixus y más adelante complementada por las ciudades que se consolidarán a partir del siglo VI a.C. debió de procurar unas considerables ganancias a los círculos dirigentes fenicios de occidente pero, también, debió de producir un notable desarrollo económico que pudo traducirse en el desarrollo ciudadano que se observa, sobre todo a partir ya de época clásica en las necrópolis urbanas de ciudades como Gadir o como Sexi; la consolidación de un ritual funerario bastante homogéneo donde las principales diferencias (tampoco excesivas a pesar de la dualidad inhumación-cremación) se observan en el tipo de tumba, sugieren la existencia de una ciudadanía bien definida con acceso a determinados bienes y en ocasiones con una cierta holgura económica, partícipes por lo tanto del desarrollo económico cuyos principales beneficiarios, y no conviene que lo olvidemos, seguían siendo los círculos privilegiados que ejercían el poder político y aportaban la sanción ideológica al proceso merced al control de los centros de culto.

II.1.6.4 La artesanía

En el apartado anterior, al hablar de los productos objeto del intercambio, incluíamos los productos artesanales. No cabe duda de que éstos fueron objeto del comercio a larga y a corta distancia pero no podemos perder de vista que el mundo fenicio, heredero como era de una larguísima tradición en su cuna oriental, había alcanzado, antes incluso del inicio de su expansión, un alto nivel de sofisticación lo cual implicaba que, para desarrollar las formas de vida a que estaban acostumbrados, requiriesen de una amplia gama de productos manufacturados. Cada nivel social tenía sus propias demandas pero, incluso, entre los grupos con menos posibilidades económicas debían de resultar imprescindibles las más modestas manufacturas.

Como ya hemos observado en apartados anteriores, resulta difícil trazar todos aquellos artículos que, por su carácter perecedero, no han dejado huella material pero de los que diferentes textos nos dan noticia, o que sólo en condiciones muy especiales se han conservado de forma parcial, como pueden ser los tejidos, los tapices o los brocados, o los objetos hechos de madera. Por consiguiente, nuestra principal fuente de información sobre la artesanía deriva del hallazgo de los propios objetos manufacturados.

Empezando con los metales, es la facilidad de su reciclado lo que hace que tampoco los objetos metálicos estén entre los más documentados; no obstante, en diferentes tumbas de la necrópolis gaditana a partir del siglo VII son relativamente frecuentes los objetos de oro, que emplean técnicas de origen oriental como el granulado o la filigrana. Se trata sobre todo de objetos de uso personal, quizá con cierta carga religiosa: anillos, pendientes, medallones, etc. que sugieren, como apuntábamos antes, la presencia de personas con una capacidad adquisitiva y de atesoramiento elevada. También en el área gaditana se conocen joyas de plata; este metal se integró pronto en los circuitos económicos, tanto locales como ultramarinos y aunque no cabe duda de que era producida en los ámbitos indígenas y fenicios del sudoeste de la Península no son demasiado abundantes los hallazgos de objetos de plata en parte por el propio valor que se le atribuyó a dicho metal. No son, sin embargo, infrecuentes hallazgos de joyas en plata en necrópolis como la ya mencionada de Gadir o como la del Puig d'es Molins correspondiente a Ebuso que ha proporcionado una interesante colección de objetos, sobre todo diversos tipos de colgantes, pendientes y anillos; otros objetos hallados en Almuñécar y algunos otros, en general de ambiente funerario (Trayamar, Jardín), son muestra también de la extensión del empleo de la joyería en el mundo fenicio de la Península; de otros hallazgos, ubicados tanto en el bajo valle del Guadalquivir o en el entorno onubense, aunque quizá sean fenicios como sugeriría su técnica y su iconografía y sean productos procedentes de talleres fenicios, podrían ser también fruto de talleres indígenas. La gran calidad de la orfebrería fenicia queda atestiguada por hallazgos fuera de la Península, sobre todo en Italia y puede deberse al azar que muchas veces acompaña a estos hallazgos su escasa representación entre nosotros.

No obstante, los principales objetos de oro que conocemos para la protohistoria peninsular no proceden de las ciudades fenicias sino de otros ambientes; tesoros como los del Carambolo, Ébora o Lebrija que han venido siendo considerados como productos del mundo tartésico pueden tener otra interpretación si se considera que los lugares de los que proceden eran santuarios fenicios, como vimos en un apartado previo. De ser así, no sería necesario suponer procesos de aprendizaje temprano de nuevas tecnologías por parte de los indígenas puesto que esas piezas serían fruto de la tecnología fenicia, sin necesidad de sugerir talleres indígenas. Eso no quiere decir que no se haya producido una transferencia de tecnología, puesto que la posterior orfebrería ibérica es, sin duda, deudora de los procedimientos que los colonizadores orientales trajeron consigo pero sí situaría en un contexto distinto tales objetos; aquí, como en otros aspectos, la vieja polémica entre autoctonistas y colonialistas está servida y habrá que esperar a conocer mejor los contextos de deposición (lo que, de los casos conocidos, puede que sólo sea posible en El Carambolo merced a las excavaciones llevadas a cabo en los últimos tiempos) para poder pronunciarnos con más elementos de juicio.

Mucho más abundante que la orfebrería, el estudio de la broncística también ha visto diferentes perspectivas a lo largo del tiempo; habida cuenta la tecnología empleada así como la iconografía de las piezas de tradición orientalizante resulta bastante arduo separar lo que pudieron ser producciones surgidas en talleres coloniales, bien para uso dentro de las ciudades o centros fenicios, de lo que pudieran ser producciones de esos mismos talleres pensadas para determinados ambientes indígenas, de mayor o menor empeño y de lo que, por fin, pudieran ser producciones surgidas en talleres indígenas en los que las influencias iconográficas y técnicas fenicias pueden estar acompañadas de otras tradiciones de diversos orígenes. A ello no contribuye la distribución de los objetos fabricados en bronce que apenas aparecen en los centros fenicios mientras que son abundantes en entornos que parecen haber estado ocupados por los indígenas; por ende, la distribución de tales objetos es bastante amplia cubriendo buena parte del valle del Guadalquivir y el cuadrante suroriental de la Península. Tal vez, y para comprender el proceso histórico que subyace a la elaboración y difusión de estos objetos, haya que desligar el origen de los talleres de la propia distribución de los productos; las tendencias más recientes tienden a considerar que buena parte de la producción broncística orientalizante durante los siglos VII y VI tiene lugar en centros fenicios, por más que no se hayan localizado talleres en los mismos, aun cuando en muchos de ellos su conocimiento es tan precario que no podemos deducir nada de la ausencia de informaciones. En cuanto a la distribución de tales artículos, la misma no tiene por qué ser siempre responsabilidad de los fenicios, sino que dichos objetos, valiosos y apreciados sobre todo por su significado y su uso como bienes de prestigio, se han integrado pronto en las redes sociales indígenas en las que tales objetos podían servir, dentro de ellas, como medio para reconocer deberes y obligaciones mutuas que se personifican en la circulación de objetos preciosos los cuales, en ocasiones, acaban bien en las tumbas de sus propietarios, bien en lugares de culto.

Las producciones de los talleres fenicios son amplias y variadas, pero se concentran en una serie de tipos que, a pesar de las diferentes variantes dentro de ellos, deben de responder a las demandas de sus receptores indígenas; así, los jarros y sus acompañantes, los llamados braseros, bastante difundidos, aluden a ceremonias rituales propias de personajes de rango elevado, y que conocen una amplia difusión en la Península. También artículos asociados con la iluminación y los perfumes vinculados asimismo a rituales, carros de guerra o de aparato, armas, no demasiado abundantes, objetos de mobiliario y figuras exentas, por lo general representando a divinidades. Estas últimas son casi las únicas que se hallan en centros fenicios, como las que aparecieron sumergidas en la zona de Sancti Petri o en las proximidades de la isla de Saltés, o una figurilla de Ptah con máscara de oro que apareció en Cádiz o la Astarté del Carambolo, aun cuando para varios de estos objetos se sugiere un origen en talleres fenicios de Oriente. No cabe duda de que tanto las técnicas como los motivos de la broncística de tradición fenicia tuvieron luego un amplio desarrollo en diferentes culturas indígenas que, como la tartésico-turdetana o la ibérica, se inspiraron en el arte desarrollado por los fenicios en sus talleres peninsulares, sin descartar el peso que las tradiciones prefenicias del trabajo del bronce pueda también haber tenido en el ulterior desarrollo de dichas broncísticas.

Otro de los materiales que fue objeto de trabajo por los talleres fenicios fue el marfil: tanto el carácter exótico de la materia prima como el trabajo que recibía hicieron de este material un claro elemento de lujo. Como ocurre con los bronces, en especial los figurados, no son demasiado abundantes los hallazgos de marfil en los centros fenicios, habiendo mencionado en los apartados previos, por ejemplo, una placa procedente de Málaga. Del mismo modo, la materia prima, las propias defensas de elefante, aparecen en pecios como el ya mencionado del Bajo de la Campana, en las proximidades del Mar Menor y se ha hallado otra en la ciudad de Huelva en contextos quizá del siglo IX a.C. así como restos de la elaboración de objetos, lo que sugiere que allí hubo ya desde fecha temprana un taller dedicado a la fabricación. En la propia Huelva, para momentos posteriores (siglo VII a.C.) hay testimonios de objetos fabricados en marfil por talleres fenicios o, en todo caso, muy influidos por ellos. Con respecto al marfil, pues, pueden realizarse las mismas observaciones que hacíamos antes con respecto al trabajo del bronce aun cuando la detección de un taller fenicio en Huelva, que es un centro indígena, nos puede indicar cómo algunos de ellos podían localizarse en aquellos puntos en los que hubiese una fuerte demanda de sus productos. Los hallazgos en toda una serie de necrópolis del Bajo Guadalquivir (Cruz del Negro, Acebuchal, Alcantarilla, Bencarrón, Santa Lucía, Setefilla), de una interesante colección de objetos de marfil, aunque descontextualizada en muchos casos, datables en torno a mediados o segunda mitad del siglo VII planteó la posibilidad de la existencia de talleres fenicios occidentales responsables de la elaboración de esos marfiles, en buena parte para realizar objetos utilitarios o rituales (por ejemplo, peines). Sorprende, en cualquier caso, la concentración de productos eborarios en un territorio tan circunscrito como es la zona de Los Alcores, en las proximidades de Sevilla (Spal) lo que acaso sugiera que bien en este centro, en el que debía de haber una fuerte presencia fenicia, bien en otro de las proximidades, pudo haber un taller dedicado al trabajo del marfil durante el siglo VII a.C. y tal vez en momentos posteriores. En cualquier caso, la tendencia dominante en la investigación sugiere (como ocurría con la broncística) que dichos productos son realizados por artesanos especializados fenicios que se han establecido en la Península Ibérica, desarrollando aquí su actividad. En este momento no se puede descartar tampoco que pueda tratarse de artesanos itinerantes que, procedentes de las ciudades fenicias (¿Gadir?) se trasladen de forma temporal a otras áreas, fenicias o no, para realizar sus productos. También en Ibiza, en momentos posteriores, pueden haber existido talleres de elaboración de marfil. La posible manufactura de artículos de madera, muebles y otros objetos, parece atestiguarse también en Huelva para el siglo IX merced al hallazgo de restos de fabricación.

Otra actividad artesanal especializada y de lujo, paradigmática de la civilización fenicia, es la elaboración de la púrpura. Extraída del *Trunculus murex* (busano), del

Murex brandaris (cañadilla) y de la *Purpura haemastoma* moluscos frecuentes en aguas sublitorales poco profundas del Mediterráneo y en las costas atlánticas adyacentes, proporcionaban un tinte de tonalidades variables del rojo al violeta según los procedimientos y las especies empleadas, con el que se teñían vestimentas que solían ser empleadas por la realeza, los sacerdotes y los altos dignatarios de las ciudades fenicias y de otros ámbitos vinculados con ellas. En yacimientos fenicios como Toscanos se han hallado restos de estas variedades de moluscos aunque no en cantidad suficiente como para justificar talleres de elaboración de púrpura, pero tampoco puede descartarse que allí se produjese. Del mismo modo, aunque también en cantidades no demasiado elevadas han aparecido restos de estos moluscos en Villaricos y en Huelva y en Les Andalouses se han identificado instalaciones dedicadas a esta tarea y tal vez también en el Cerro del Villar; por su parte, Plinio (*NH.*, VI, 36, 6) menciona que el rey Juba II de Mauretania instaló factorías de púrpura hacia el cambio de era en las *Purpurariae insulae*, que se identifican con Mogador, quizá siguiendo antiguos conocimientos fenicios o púnicos.

Por último, de la actividad artesanal mejor conocida, la elaboración de cerámica, tanto de mesa como de transporte, ya hemos ido avanzando informaciones. Da la impresión de que la mayor parte de la cerámica empleada en los establecimientos fenicios ha sido fabricada bien in situ bien en alfarerías que quizá produjesen para un ámbito regional; aunque para realizar una cerámica adecuada no sirve cualquier tipo de arcilla, la materia prima es, no obstante, de las más abundantes en nuestro planeta por lo que un alfarero experto sería capaz de distinguir las mejores canteras y sabría aplicar a la arcilla en bruto todas las técnicas requeridas para convertirla en material apto para su modelado y su posterior cocción. No es, por ello, extraño que las producciones cerámicas sean en su mayoría locales y que, cuando aparecen productos cerámicos alóctonos, dispongamos de un buen indicio acerca de la existencia de relaciones de intercambio. Como también se dijo, esta fabricación local parece haber sido característica de los distintos periodos de la presencia fenicia, desde sus inicios hasta la disolución de esta cultura bajo el progresivo empuje romano. La cerámica fenicia es también un excelente elemento que nos permite identificar movimientos protagonizados por los fenicios puesto que suele aparecer en los lugares visitados por éstos, tanto como objeto de uso como artículo de intercambio; la facilidad de transmisión de las técnicas alfareras y lo generalizado de la materia prima hará que sea un producto pronto imitado por las poblaciones indígenas que también aplicarán las tecnologías aprendidas (en especial el uso del torno pero también los mecanismos de cocción) para desarrollar producciones propias no siempre vinculadas a los prototipos fenicios, dando lugar a nuevos estilos que, en su momento, servirán para caracterizar culturas como la tartésica o la ibérica.

II.1.6.1.5 La aparición de la moneda

Dentro de las actividades económicas de los fenicios establecidos en la Península, y para acabar con este apartado, conviene mencionar la moneda. En este aspecto el mundo fenicio de Iberia presenta ciertas particularidades, derivadas sobre todo de la tardía introducción de la misma, habida cuenta del hecho de que en otros ambientes la circulación monetal se atestigua ya bastante antes que en nuestro territorio de estudio. Un primer dato que nos permite observar esta diferencia cronológica es el de los distintos ritmos, económicos pero también políticos, que afectan a las diferentes regiones en las que se han asentado los fenicios, teniendo que admitirse también que, en líneas generales, además de haber una clara diferencia entre el ámbito oriental y el occidental, dentro de éste también se observan diferencias entre el mundo fenicio del Mediterráneo central y el área occidental o "Círculo del Estrecho". Así, mientras que en Sicilia las primeras monedas ciudadanas datan ya del siglo V a.C., introduciéndose después las monedas de Cartago acuñadas en la isla, en la Península Ibérica habrá que esperar a inicios del siglo III a.C. para ver las primeras acuñaciones urbanas.

En efecto, y a pesar de que aún existen incertidumbres, parece que la monedas fenicias más antiguas acuñadas en la Península Ibérica corresponden a Gadir y se iniciarían a principios del siglo III a.C.; se trata de bronces anepígrafos que serían seguidos, casi con seguridad ya tras la entrada de los Bárquidas, por monedas de plata que han sido denominadas dracmas (4,75 gramos), hemidracmas (2,40 gramos) y óbolos (0,35 gramos), aunque también hay otras monedas de pesos intermedios. Los tipos más frecuentes en las monedas más antiguas son en el anverso la cabeza de Melqart, pero caracterizado ya como Heracles, esto es, con la piel de león sobre la cabeza y en ocasiones con la maza y, en el reverso, atunes. Las monedas de plata suelen llevar el nombre de la ciudad en caracteres fenicios, *'gdr* y la ceca siempre utilizará leyendas monetales en lengua fenicia hasta finales del siglo I a.C. También Ebuso inicia sus acuñaciones más o menos por la misma época y también con emisiones anepígrafas, introduciéndose epígrafes de una o dos letras con el tiempo; el tipo dominante es la figura del dios Bes, en el anverso del que tal vez haya tomado su nombre la ciudad, y un toro en el reverso. Durante la Segunda Guerra Púnica, Ebuso acuñaría también plata además de bronce; sólo a partir de fines del siglo II o inicios del I a.C. aparece el nombre de la ciudad (*'ybšm*), en escritura púnica, neopúnica o mezclando ambas. También al siglo III pueden corresponder las monedas de Sexi, que presentan en el anverso cabeza de Melqart sin atributos y, en el reverso, atunes. Con el tiempo, Melqart asumirá los rasgos de Heracles, con *leonté* y clava. El rótulo, en alfabeto púnico y más adelante neopúnico (*sks*) indica que corresponden a esta ciudad. En cuanto a Malaka sus primeras acuñaciones, bronces anepígrafos, parecen corresponder a fines del siglo III a.C.; en el anverso aparecerá la cabeza de Vulcano o Hefesto, en ocasiones con unas tenazas, que se ha identificado con el dios fenicio Kusor o con Baal Hammon; en el reverso, el tipo más frecuente será la estrella con un número variable de rayos, pero aparecerá también una cabeza del dios solar con rayos. En los letreros, siempre en alfabeto neopúnico, se lee *mlk'*. Más tardías parecen las más antiguas de Abdera, que parecen corresponder ya al siglo II a.C. y que presentan en el anverso un templo tetrástilo y en el reverso dos atunes, entre los que se encuentra la leyenda que identifica a la ciudad, *'bdrt*, en alfabeto neopúnico. Es curioso observar cómo en las últimas acuñaciones de la ciudad el templo tetrástilo sigue estando presente, esta vez en el reverso, con el nombre latino Abdera, entre las columnas y el rótulo en neopúnico en el frontón del templo; en el reverso estará la cabeza del emperador Tiberio. Tanto Malaka como Abdera y Sexi acuñan sólo en bronce. A estas monedas habría que añadir las de Baria que suelen ser anepígrafas, de fines del siglo III a.C. y que presentan una palmera y cabeza de Melqart.

Junto a estas monedas, que corresponden a las ciudades fenicias, hay toda una serie de emisiones, algunas usando el alfabeto neopúnico (Olontigi, Ituci, Tagilit) y otras alfabetos no normalizados llamados libio-fénices (Lascuta, Asido, Turri-Regina, Arsa, Asido, Bailo, Iptuci, Oba, Vesci) que se inician a fines del siglo II a.C. y perduran a lo largo del siglo I a.C. presentando en ocasiones rótulos bilingües (libio-fénices y latinos) para, al final de sus acuñaciones a lo largo del siglo I presentar sólo rótulos en latín. Por fin, se conocen otras monedas cuyos rótulos no están bien identificados pero que corresponden también a acuñaciones tardías. Por último, y aunque no situadas en la Península, las acuñaciones de la Mauritania se consideran insertas también en el mismo ambiente, al formar parte del Círculo del estrecho; las cecas responsables serían de Este a Oeste, Rusaddir, Tamuda, Tingi, Zilil, Lixus y Sala.

A estas acuñaciones habría que añadir las que emiten en la Península los Bárquidas durante la Segunda Guerra Púnica, aunque su finalidad es ante todo militar, y también otras monedas púnicas, acuñadas fuera de la Península que aparecen con cierta frecuencia en áreas que fueron de interés estratégico para los cartagineses como el valle del Guadalquivir o, incluso, el Castillo de Doña Blanca. La cronología de estas monedas es bastante limitada ya que va, como mucho, del 237 al 206 a.C., periodo en el que los cartagineses están presentes en la Península aun cuando puede haber monedas individuales más antiguas habida cuenta que una moneda una vez acuñada podía mantenerse en uso largo tiempo. En ocasiones algunos hallazgos de monedas púnicas no acuñadas en la Península como los realizados en El Gandul (Alcalá de Guadaira) se elevan incluso hasta el siglo IV mostrando la existencia posible de agentes reclutadores de tropas mercenarias al servicio de Cartago.

Si prescindimos, pues, de las monedas consideradas en el párrafo precedente, que responden ya a circunstancias diferentes, cabría plantearse tanto el porqué de la tardía presencia de acuñaciones cívicas en las ciudades fenicias de Iberia como el significado que tuvieron tales acuñaciones. Es un hecho bien sabido que la existencia de moneda acuñada no es un requisito imprescindible para ejercer un comercio desarrollado, lo que justifica su aparición tardía en ciudades que, como Gadir y las restantes fenicias, tenían grandes intereses comerciales; sin embargo, y quizá por ello, requiere explicación su aparición siglos después de que en el Mediterráneo se hubiese introducido este medio de pago y de transferencia del valor, al que tampoco era ajena la propia Península Ibérica, donde ya desde el siglo v al menos los griegos establecidos en ella había iniciado sus acuñaciones. Puede haber sido este impulso monetal procedente de estos otros sitios, y quizá la propia influencia (o presión de Cartago) lo que explique que los que para entonces eran los grandes centros fenicios occidentales, Gadir y Ebuso, se incorporen, aunque aún no con todas sus consecuencias, a este proceso de monetización. Sería el hecho de acuñar sólo en bronce en un primer momento, cuando el patrón reconocido en el Mediterráneo era la plata, lo que mostraría esta cierta reticencia a integrarse de golpe en esta tendencia aun cuando también puede pensarse que el tipo de pagos para el que se pensó la moneda de estas dos ciudades fenicias en un primer momento serían pequeños, no siendo pues, un instrumento al servicio de las grandes transacciones comerciales que los gaditanos seguirían realizando con metal en bruto o usando monedas de otras procedencias. Otras cecas, sin embargo, sólo acuñaron en bronce.

Desde un punto de vista político, la moneda es un elemento muy claro de identidad y el inicio de las acuñaciones también nos habla de cómo las ciudades que emitan moneda harán gala de su propia personalidad. Algunos autores han sugerido en ocasiones que estas acuñaciones, en especial las de Gadir, podrían haber sido emitidas por el santuario de Melqart habida cuenta el papel que se le atribuye en las transacciones económicas; sin embargo, y como también se dijo en apartados previos, el santuario no es sino una manifestación del poder y la soberanía de la ciudad como lo es también la moneda. Por consiguiente, el hecho de que aparezcan emblemas referidos a los dioses tutelares y a alguna de sus funciones protectoras no parece indicio suficiente como para atribuir la decisión de acuñar moneda a los santuarios; por el contrario, hemos de insistir en el carácter político que tiene la decisión de batir moneda, hecho que incluso parece quedar corroborado por algunas de las leyendas que tanto Gadir como otras ciudades introducen en las monedas, por ejemplo *mhlm 'gdr* o *mp'l 'gdr*, interpretables como "acuñación de Gadir". Por último, habría que resaltar que la moneda de Gadir parece haber sido la inspiradora del resto de las monedas fenicias de la Península, tanto de las de las ciudades fenicias como de las otras acuñaciones de tipo púnico ya sean las que emplean un alfabeto normalizado como las que usan variantes no normalizadas.

II.1.7 La madurez de la presencia fenicia

Durante más de ochocientos años distintas partes de la Península Ibérica, aunque de forma muy especial las más meridionales, experimentaron la presencia fenicia. En las páginas anteriores he intentado presentar los elementos más destacables de la misma y, en este apartado, quiero reflexionar sobre dos cuestiones, a saber, la creación de un espacio propio fenicio en Iberia y la cuestión de las relaciones con los indígenas, que nos servirá de punto final y de introducción al capítulo sobre Tartessos.

II.1.7.1 La creación de un espacio propio fenicio en Iberia

La larga duración y las diferentes modalidades de la presencia fenicia en la Península determinaron que lo que, en un primer momento, había sido un proceso de tipo comercial y colonial acabara por convertir a una parte no negligible de Iberia en un territorio fenicio, ocupado primero por una serie de establecimientos de tipo no urbano y una ciudad, Gadir, y, con el tiempo por una serie de ciudades asentadas en puntos estratégicos de la costa; de la misma forma, la irradiación fenicia llega al interior, aprovechando entre otras cosas la gran apertura que significaba el Golfo Tartésico, que favorecía una rápida y fácil aproximación a todo el curso bajo del Guadalquivir, que se convirtió en una auténtica entrada de gentes y de influencias fenicias. Como ya apuntábamos en los apartados introductorios, es difícil trazar aún el origen de las gentes fenicias que se establecieron en la Península; sin duda una parte procedía de Tiro, que aparece relacionada con los primeros movimientos coloniales hacia el Occidente mediterráneo pero apenas tenemos datos de gentes de otras procedencias. Resulta improbable que sólo una ciudad fenicia se viese implicada en los procesos comerciales y coloniales que afectaron no sólo a la Península sino a todo el Mediterráneo, por lo que parece razonable pensar que otras ciudades también intervinieron en el proceso; del mismo modo, la presencia de gentes de otros ámbitos fenicios del Mediterráneo central no es descartable. El problema que tenemos para identificarlos es, sobre todo, el de nuestras dificultades para ir más allá del objeto arqueológico, que suele aportarnos al menos indicios de relaciones entre regiones distintas, para reconstruir procesos históricos. En éste, como en otros aspectos, la ausencia de fuentes literarias fenicias constituye una severa limitación para nuestros conocimientos.

Como también hemos visto, el siglo VI parece constituir un momento de transformación en la presencia fenicia en Iberia, y ha sido tradicional denominarlo como fase o periodo púnico, sobre todo porque se partía de la base de que a partir de ese momento Cartago impondría su dominio sobre todo el Occidente fenicio. El avance de los estudios hace que hoy se vean las cosas de otro modo y, aunque sí hemos podido observar un cambio a partir del siglo VI el mismo se debe más a la evolución del propio mundo fenicio occidental y, sobre todo, en los ambientes indígenas con los que se hallaba en contacto que a la presencia de Cartago. Esto no quiere decir que Cartago no constituya un factor importante en el desarrollo del mundo fenicio peninsular pero quizá no en un momento tan temprano puesto que durante el siglo VI la ciudad norteafricana parece haber tenido unos intereses más centrados en el ámbito sardo y, en menor medida, en el siciliano. Habrá que esperar al siglo V para que Cartago empiece a mostrar interés directo (más allá del comercial) en la Península, pero de ello hablaré en su capítulo correspondiente (vid. vol.I, II.4.1). Lo que también se observa, cada vez con más claridad, es el papel que Gadir desempeñó en el desarrollo del mundo fenicio peninsular ya desde un momento temprano. Al ser con toda probabilidad el único centro fenicio que surgió como una fundación colonial urbana fue la única que tuvo capacidad política para organizar todo el espacio fenicio occidental; los datos arqueológicos confirman ya para el siglo VIII la creación de un ámbito económico que engloba a la ciudad de Gadir y a los establecimientos de las costas malagueñas y granadinas, y ya en este siglo y en el siguiente la fuerza de su capacidad expansiva se deja sentir en las costas oriental y occidental de la Península y en las costas septentrional y occidental de África, y en la isla de Ibiza. Es la creación de lo que fue bautizado con éxito notable como el Círculo del estrecho, que se verá reforzado a partir del siglo VI por la conjunción de las ciudades que irán organizándose y, sin duda por toda una serie de territorios volcados sobre el curso bajo del Guadalquivir. Cómo se articuló ese espacio es algo que no podemos saber con detalle y aun cuando algunos autores han sugerido que, sobre todo a partir del siglo VI ese Círculo pudo haber funcionado como una Liga de ciudades, a semejanza de las existentes en otras culturas mediterráneas (Grecia, Lacio, Etruria), centrada en torno al templo de Melqart en Gadir, nos falta también confirmación histórica.

Sin embargo, sí es lícito suponer que las ciudades fenicias de Iberia, y quizá del noroeste de África pudiesen haber articulado sus relaciones con vistas sobre todo al interés económico y no es necesario pensar en una Liga política, sino en acuerdos entre las elites dirigentes de las mismas que, al fin y al cabo, compartían los mismos intereses. Sí resulta interesante el papel de Melqart y, en general, de los dioses. Como muestran las acuñaciones de tipo fenicio, a pesar de su carácter tardío, Melqart o sus símbolos aparecen en emisiones ajenas a la propia Gadir, lo que sugiere la importancia que pudo alcanzar dicho santuario en todo el entorno fenicio de occidente y los vínculos de dicho santuario con los aspectos económicos han sido subrayados en multitud de ocasiones pero tampoco habría que descartar que el santuario consagrara la relación de dependencia hacia Gadir de las áreas subordinadas a ella.

Cuestión también de interés es el de la relación de este Círculo del estrecho con el otro ámbito de poder desarrollado desde Cartago; las opiniones van desde la alianza hasta la oposición, pasando por matices intermedios. No es improbable que hubiese alianzas, habida cuenta de los intereses (económicos y, con el tiempo, militares) que Cartago tendría en la Península pero también de los que tendría Gadir. No tenemos constancia de la existencia de una política imperialista en Gadir pero ello puede deberse sólo a que no hay autores grecorromanos interesados por la historia de la ciudad hasta un momento bastante avanzado, aunque hay algunos textos, bastante aislados, que pudieran desmentir la visión "pacifista" que suele ser la dominante al referirse a la historia de los fenicios. Uno de los textos es del autor latino Macrobio, del siglo v d.C., al que aludiremos en el siguiente apartado, y en el que se habla de conflictos con poblaciones indígenas. Hay otro, en el que también aparecen conflictos, pero en el que interviene Cartago y que corresponde a Justino, un autor de inicios del siglo III d.C. que hace un resumen de la obra de Pompeyo Trogo, el cual vivió en el siglo I a.C.:

"En efecto, cuando los gaditanos recibieron en sueños la orden de trasladar a Hispania el culto de Hércules desde Tiro, de donde también procedían los cartagineses, y fundaron allí una ciudad, puesto que los pueblos vecinos de Hispania, que veían con malos ojos el engrandecimiento de la nueva ciudad, hostigaban a los gaditanos con la guerra, los cartagineses enviaron ayuda a sus hermanos de raza. Allí, en una expedición victoriosa liberaron a los gaditanos de la injusticia y con una injusticia aún mayor unieron una parte de la provincia a su dominio"

(Justino, *Epítome*, XLIV, 5, 2-3)

Las interpretaciones del mismo han sido muy dispares y en el texto de Justino no queda en absoluto precisada la fecha de esa ayuda militar pero no habría por qué dudar de que Gadir pudo haber recibido auxilio militar de Cartago lo que, de ser cierto, permitiría plantear las relaciones entre ambas ciudades desde una perspectiva diferente de la que se ha solido considerar; en efecto, y frente a la idea de que Cartago podría haber tenido intereses en el área gaditana (lo que tampoco es improbable) también podríamos pensar que Gadir pudo haber tenido, al menos en algún momento concreto, interés en la ayuda que Cartago pudiera prestarle.

Las relaciones entre las dos importantes ciudades fenicias, pues, podrían haber sido de colaboración y apoyo sin que, por otro lado, quede atestiguado que Cartago haya tenido necesidad de disponer de un control directo de la Península hasta momentos avanzados, en concreto hasta el año 237 a.C. cuando se produce el desembarco en Gadir de Amílcar Barca; la relación de Cartago con la ciudad debe de haber sido de alianza y amistad, a juzgar por los reproches que hace en 206 a.C. Magón cuando los gaditanos le cierran las puertas de la ciudad (Livio, XXVIII, 37, 1), más allá del agrado o no con el que Gadir hubiese llevado a cabo dicha alianza. Que Cartago tenía intereses en la Península lo demuestra la presencia casi constante desde el siglo v a.C. de mercenarios de origen hispánico en sus ejércitos, así como las expediciones de exploración y colonización que los cartagineses Himilcón y Hannón llevaron a cabo en aguas que controlaba Gadir. No obstante, a las relaciones entre Cartago y la Península me referiré en el capítulo correspondiente (*vid.* vol.I, II.4).

II.1.7.2 Las relaciones con los indígenas

Uno de los objetivos de la expansión colonial fenicia fue la explotación de los recursos económicos de los entornos en los que se establecieron y esta explotación no podía hacerse sin contar con las gentes ya establecidas en los diferentes territorios. Cosa distinta es conocer con detalle los modos y los mecanismos de contacto entre colonizadores y colonizados; se ha venido pensando que los fenicios no plantearon una presión excesiva sobre esos entornos indígenas y que su expansión había sido pacífica; hay, sin embargo, algunos textos que no muestran un panorama tan idílico, como el que mencionábamos en el apartado anterior de un enfrentamiento entre los indígenas y Gadir o el que nos presenta Macrobio, un escritor de época romana que recoge viejas tradiciones entre las que se encuentra la siguiente:

> "Así pues, Terón, rey de la Hispania Citerior, como pretendiese tomar por asalto y con furia el templo de Hércules y hubiese equipado un ejército de naves, los gaditanos le salieron al encuentro dispuestos en naves largas y, trabado el combate, como la lucha estuviese indecisa por igualada, de repente las naves reales se dieron a la fuga y al mismo tiempo y de forma repentina se quemaron devoradas por el fuego. Los poquísimos enemigos que sobrevivieron y que fueron capturados señalaron que se les aparecieron unos leones que se situaron encima de las proas de la escuadra gaditana y que de repente sus naves fueron alcanzadas por rayos como los que se representan en la cabeza del Sol y quedaron desmanteladas y se vieron obligadas a huir".
>
> (Macrobio, *Saturnalias*, I, 20, 12).

Este pasaje, que ha recibido diversas interpretaciones muestra, en todo caso, un conflicto entre los fenicios de Gadir y gentes de la Península; el problema es la fecha que habría que dar a este conflicto pero también el entorno al que correspondería el rey de la Hispania Citerior (en la división provincial romana Gades quedó en la Ulterior, después llamada Bética) aspectos que tampoco quedan claros.

Sea como fuere, los indicios de conflictos no pueden perderse de vista y, por ende, habría que destacar la temprana fortificación del Castillo de Doña Blanca así como el propio nombre que recibirá Gadir, que aludirá a su carácter fortificado; del mismo modo, La Fonteta recibirá pronto una importante muralla, en el área de Toscanos a partir de un momento determinado se produce el amurallamiento del cerro del Alarcón y uno de los primeros elementos significativos del surgimiento de la ciudad de Malaka será su amurallamiento. Aparte del elemento simbólico y de identidad que puede tener una muralla no podemos perder de vista su aspecto defensivo o, al menos, protector. Del mismo modo, en algunos puntos como en Ibiza, aunque también en otros sitios, encontramos grandes cantidades de puntas de flecha de tipología fenicia que sugieren también la existencia de armamento de guerra en las ciudades fenicias.

Por otro lado, establecimientos como Abul no pueden existir si no cuentan con la colaboración y el acuerdo de los indígenas y quizá lo mismo pueda decirse de buena parte de los pequeños asentamientos fenicios establecidos por doquier. Por ende, en buena parte de éstos centros, incluyendo el propio Castillo de Doña Blanca la presencia de cerámicas indígenas es muy abundante lo que sugiere una relación de convivencia o, al menos de coexistencia, que en ocasiones también se detecta en el registro funerario, tanto en áreas costeras como más internas. Todo ello determina que haya que matizar la cuestión de las relaciones entre fenicios e indígenas que debieron de conocer numerosas vicisitudes, desde la hostilidad hasta el establecimiento de acuerdos de tipo comercial, pero acaso también matrimonial y económico, diferentes según los lugares y los momentos. Ello dependerá tanto de la naturaleza del entorno indígena concreto como de las necesidades específicas de cada establecimiento; para fomentar una relación comercial los fenicios no podían buscar una imposición pero si sus intereses eran diferentes, y requerirían más territorio o necesitaban de una fuerza de trabajo, acaso la imposición por la fuerza fuese necesaria. De cualquier modo, el uso que los fenicios harán del factor religioso les serviría como un mecanismo de integración mediante el que limar asperezas, transfiriendo a los santuarios parte de las demandas que la sociedad fenicia necesitaba. Por último, no podemos perder de vista, y sobre ello se argumentará en el próximo capítulo, que lo que conocemos como cultura tartésica es el resultado de las transformaciones que las sociedades indígenas del sudoeste peninsular experimentarán como consecuencia del impacto fenicio en ese territorio. En estas transformaciones un papel destacado lo tendrán las elites indígenas que serán las que, en líneas generales, marcarán la pauta de los contactos a los que, como muestra el registro arqueológico, parece que se mostrarán favorables.

La presencia indígena es fundamental en todo proceso colonial pero lejos de considerar a los indígenas como un ente abstracto y subalterno es necesario analizar con detalle cada ambiente concreto, en el espacio y en el tiempo porque es éste el único modo en el que podemos percibir en sus justos términos la vitalidad de las sociedades humanas. En los largos siglos de la presencia fenicia en la Península Ibérica, sí podemos observar, a partir de lo hasta aquí visto, cómo en un primer momento los fenicios se convierten en los grandes proveedores de nuevos productos y nuevas tecnologías que consiguen difundir mediante una presencia capilar en una parte importante de las costas peninsulares. En un segundo momento, sin embargo, esa presencia fenicia se va concentrando en unas áreas específicas y los centros fenicios van organizándose de manera diferente porque el mundo indígena ha integrado las nuevas experiencias en su propia tradición cultural y ha dado lugar a formaciones nuevas que van a suplantar una parte importante de las actividades que hasta entonces habían estado en manos de los colonizadores. Aquí radica la causa última de las transformaciones que experimenta a lo largo del siglo VI a.C. la presencia fenicia en Iberia más allá de etéreas "crisis" o de lejanas e irrelevantes "caídas" de Tiro. Es en la propia Península donde debemos buscar buena parte de las causas de los procesos históricos que estamos estudiando aun cuando a ellas se le añadan en ocasiones elementos alóctonos, como puede ser la incidencia del comercio griego o la influencia y el dominio de Cartago y, por supuesto, con el tiempo, el propio dominio de Roma.

Bibliografía

A. *Guía de lecturas y recursos*

La historia de los fenicios en Occidente ha sido objeto de una amplia bibliografía; pueden citarse, entre las obras clásicas, la de Harden (1967) ya antigua, pero de interés por presentar un estado de la investigación arqueológica sobre Fenicia que la situación de la región no ha permitido actualizar en demasía. La obra de referencia principal es el libro de Aubet (1987) que presenta una reconstrucción completa de los procesos históricos que tienen lugar en todos los ámbitos frecuentados por los fenicios en su expansión occidental; una obra reciente, que aborda de forma sectorial diferentes aspectos de la civilización fenicia es la recopilación de trabajos editada por Zamora (2003). También resulta de interés el libro de Blázquez (1992), que es una recopilación de artículos del autor aparecidos en revistas más especializadas y que muestran las variadas posibilidades que el estudio de los fenicios presenta en la Península Ibérica. Una perspectiva diferente, y en parte ya algo anticuada, a pesar de su reciente traducción a nuestra lengua es la que aporta Frankenstein (1997), desde una óptica comparatista; tiene el mérito, sin embargo, de que la autora introdujo como motivo principal para la expansión fenicia la presión asiria, y esa opinión ha tenido (y aún tiene) mucho peso en la historiografía contemporánea.

Otra visión general del mundo fenicio, con propuestas muy sugerentes y con un buen conocimiento del contexto mediterráneo es la de Gras *et alii* (1991). Entre las obras generales también puede mencionarse el catálogo de la gran exposición sobre los fenicios que se celebró en Venecia en 1988 (Moscati, 1988), espléndidamente editado y con un gran repertorio gráfico y el libro de Markoe (2000).

Para la historia y la arqueología de los fenicios es necesaria la consulta de las *Actas de los Congresos Internacionales de Estudios Fenicios y Púnicos*, de los que hasta el momento se han celebrado seis: Roma (1979 y 1987), Túnez (1991), Cádiz (1995), Marsala-Palermo (2000) y Lisboa (2005). Las actas de todos ellos, con excepción del último, han sido ya publicadas y configuran un *corpus* excepcional para adentrarse en el conocimiento de este mundo. Otra obra monumental, compendio de gran interés es la editada por Krings (1995), que puede complementarse con el *Diccionario de la civilización fenicia y púnica* (AAVV, 1992a) en el que, como su título indica, se pueden encontrar numerosos aspectos de esta civilización ordenados por entradas alfabéticas.

Sobre la lengua fenicia, y aunque hay varios manuales, resulta de interés, por encontrarse en nuestro idioma y por su aproximación didáctica el publicado por J.L. Cunchillos y J.A. Zamora, que cuenta también con un apartado de ejercicios prácticos (Cunchillos/Zamora, 1997).

Acerca del tránsito entre el segundo y el primer milenio, con todo el problema relacionado de los Pueblos del Mar pueden verse los libros de Sandars (2005) y de Dothan/Dothan (2002); es interesante también contrastar la situación de Fenicia con la conocida en otros ámbitos cananeos próximos, como el mundo israelita (Liverani, 2005). Sobre la arqueología en la Fenicia metropolitana resulta imprescindible el libro de Bikai (1978), una de las pocas memorias de excavación (relativamente) recientes publicadas y base de buena parte de la periodización arqueológica hoy en uso; también de interés para caracterizar el mundo tirio en la época de la colonización la reciente publicación de una parte de la necrópolis de Tiro, realizada por el equipo español dirigido por la profesora M.E. Aubet (2004), así como de la necrópolis de Akhziv (Mazar, 2003; 2004).

Entre los estudios concretos sobre los fenicios en diferentes puntos del Mediterráneo pueden mencionarse, para Chipre, el aún importante estudio de Bikai (1987) y, entre las síntesis recientes en nuestra lengua, un artículo de Karageorghis (2005); para Grecia y la influencia del mundo fenicio una de las mejores síntesis es la de Burkert (1992). Para Chipre, está disponible el trabajo de Vidal (1996), mientras que para Cerdeña puede consultarse el libro colectivo *Phoinikes B Shrdn* (Bernardini *et alii*, 1997) y, en general, para Italia, el trabajo ya antiguo de Moscati (1977) que, sin embargo, no ha sido objeto de actualización. En todos estos casos, se trata de obras generales y de conjunto, sin entrar en análisis detallados de yacimientos concretos que exceden objetivo del presente capítulo.

La ciudad de Cartago es una de las que más atención ha recibido y prueba de ello es su abundante bibliografía. Sin ánimo de ser exhaustivo podemos citar, en primer lugar, el actualizado y documentado trabajo de Fantar (1993); que pueden completar los libros de Lancel (1994) y de González Wagner (2000). Sobre los trabajos antiguos se consultará el monumental *Manual* de Cintas (1970-1976); sobre entornos concretos como la necrópolis o el *tophet* son imprescindibles los trabajos de Benichou-Safar (1982; 2004). Algunos de los resultados de excavaciones recientes están recogidos en la obra de conjunto editada por Vegas (1998), tanto desde el punto de vista de la topografía de la ciudad arcaica como desde el de materiales significativos hallados en la ciudad.

Sobre los problemas de la navegación en el mundo fenicio púnico las más recientes obras de referencia son las de Medas (2000; 2004), a las que puede añadirse el volumen colectivo *La navegación fenicia. Tecnología naval y derroteros* (Peña *et alii*, 2004); en estos trabajos se abordan problemas de interés sobre los mecanismos de navegación de los fenicios y los cartagineses. En este sentido resultará de utilidad consultar la web del Centro de Estudios Fenicios y Púnicos (CEFYP), con sede en la Universidad Complutense, con interesantes contenidos y acceso a sus publicaciones *on line*: http://www.ucm.es/info/antigua/cefyp.htm

Los fenicios en la Península Ibérica son uno de los temas en los que la investigación ha aportado más informaciones en los últimos años; podemos empezar la reseña con el panorama arqueológico, recientemente actualizado, recogido en la obra de Martín Ruiz (2004). Sobre las relaciones entre el término bíblico de Tarshish y la Península Ibérica, puede leerse el trabajo de Koch (2003), actualizado por el autor en su traducción española; otro intento de relación, apoyado por hallazgos arqueológicos recientes en Huelva, es el de González de Canales (2004; González de Canales *et alii*, 2004).

Por zonas, para Gadir y su entorno inmediato pueden leerse los trabajos de Ruiz Mata y Pérez (2004) sobre Doña Blanca y el panorama arqueológico de los últimos años presentado por Muñoz (1995-1996); la proyección marítima de la ciudad ha sido abordada por Millán (1998) y López Pardo (2000) y el entorno geográfico y geomorfológico por Vanney y Ménanteu (2004).

En la costa gaditana, el importante centro de Carteia está siendo objeto de excavación en los últimos tiempos y ya se han publicado los primeros resultados (Roldán *et alii*, 1998; 2003; 2006), que se refieren al centro de época púnica pero también a la factoría arcaica; en la costa malagueña un panorama general puede leerse en la obra colectiva *Los Fenicios en Málaga* (Aubet, 1997). Entre los yacimientos con publicaciones específicas recientes pueden mencionarse el Cerro del Villar (Aubet *et alii*, 1999), Toscanos y Alarcón (Schubart, 2002) o Trayamar (Schubart, 1976), entre otros.

En la costa granadina destaca Almuñécar donde apareció la importante necrópolis arcaica que sirvió de acicate para ulteriores exploraciones en las costas españolas, y que publicó Pellicer (1963); excavaciones ulteriores en la ciudad se publicaron en la serie *Almuñécar. Arqueología e Historia*. Para el centro almeriense de Adra disponemos del estudio, que abarca no sólo el periodo fenicio-púnico, de López Medina (1996); para Villaricos lo más conocido es su necrópolis, que ha sido objeto de excavaciones antiguas (Astruc, 1951) y de otras más recientes (Almagro Gorbea, 1984).

La presencia fenicia en las aguas atlánticas de la Península es uno de los campos en los que la arqueología ha permitido un amplio progreso en los últimos tiempos; la obra de referencia fundamental es el trabajo de Arruda (1999-2000) que reúne los datos conocidos hasta el momento en el territorio actualmente portugués; de entre los puntos mejor conocidos, destaca Abul, que ha sido objeto de una monografía (Mayet/Tavares da Silva, 2000).

En cuanto a las aguas atlánticas africanas, además de los trabajos antiguos que tuvieron lugar en la región, y en especial en Lixus (Tarradell, 1960), en los últimos años un equipo español ha reiniciado las excavaciones en ese lugar y, además de revisar parte de las antiguas, ha proseguido excavando nuevas áreas (Aranegui, 2001, 2005). Como prólogo a esas excavaciones, un Congreso Internacional celebrado en Larache en 1989 puso al día todas las cuestiones pendientes sobre la ciudad fenicia (AA.VV., 1992b). Sobre Mogador, las únicas exploraciones de cierta amplitud son las que realizó Jodin (1966), a la espera de las nuevas campañas iniciadas recientemente.

Pasando a las costas mediterráneas de la Península, y además de otros yacimientos en los que se observa la influencia de la presencia fenicia, La Fonteta se configura como un auténtico centro fenicio. Los primeros avances fueron ya publicados en forma de breve monografía en 1999 (González

Prats, 1999a) y la celebración de reuniones científicas, de las que han sido publicadas ya tres con el título de *Seminario Internacional sobre temas fenicios* (González Prats, 1999b; 2000; 2004) ha permitido difundir nuevos aspectos del yacimiento. Para una aproximación visual es útil la web del yacimiento (aunque permanece sin actualizar desde 2000): http://lafonteta.ua.es/Fonteta.htm

Para las zonas de la costa nororiental de la Península destaca el yacimiento de Aldovesta, objeto de una monografía (Mascort *et alii*, 1991); para los hallazgos fenicios de San Martín de Ampurias, dentro de un contexto comercial indígena, destaca la publicación de las excavaciones de los últimos años (Aquilué, 1999); la presencia fenicia en esos mismos territorios y en el sur de Francia ha sido abordada de forma completa por Gailledrat (1997), dentro de un análisis de interacciones culturales más amplio.

La presencia fenicia en Ibiza ha sido objeto de gran atención por parte de la bibliografía, a lo que ha contribuido el esfuerzo del Museo Arqueológico de Ibiza y Formentera, responsable de la celebración y publicación con carácter anual de las *Jornadas de Arqueología Fenicio-Púnica*, así como de una serie de *Monografías*, donde se han ido recogiendo las novedades que la arqueología en la isla ha aportado. Sobre la presencia fenicia en Ibiza sigue siendo necesario consultar el trabajo de Gómez Bellard *et alii* (1990), así como varios de los trabajos publicados en las series recién mencionadas. Sobre la proyección comercial ebusitana sobre Mallorca el estudio de referencia es el de Guerrero Ayuso (1997).

En otro orden de cosas, sobre los aspectos religiosos del mundo fenicio en general, sobre los que hay un gran número de títulos, es interesante el libro de Garbini (1980); para el caso más concreto de la Península Ibérica puede ser útil el trabajo de Blázquez (1991) que no se centra sólo en este mundo, pero donde pueden verse sus influencias sobre las culturas indígenas peninsulares; asimismo, son de interés los artículos recogidos en el volumen colectivo *Santuarios fenicio-púnicos en Iberia y su influencia en los cultos indígenas* (Costa/Fernández, 2000) así como los trabajos recogidos en el libro *Ex Oriente Lux: Las religiones orientales antiguas en la Península Ibérica* (Ferrer, 2002). Ambos presentan un panorama muy actual acerca de los santuarios fenicios en Iberia con interesantes propuestas de análisis. Sobre algunos santuarios concretos, destacan los estudios sobre el de Illa Plana, en Ibiza (Hachuel/Marí, 1988), así como sobre el panorama religioso de Gadir (Corzo, 1999). El aspecto funerario ha sido objeto de bastante atención en trabajos como los de Tejera (1979), Ramos Sainz (1990) y Jiménez Flores (2002). Entre los tres se cubre de forma aceptable este aspecto que ha proporcionado importantes informaciones sobre el mundo de las creencias de los fenicios establecidos en la Península.

Las actividades económicas han sido objeto de estudio, sobre todo las relacionadas con la minería y la metalurgia; aunque en la bibliografía correspondiente a los yacimientos en cuestión aparecen referencias, puede mencionarse, entre las obras de conjunto el volumen *Metalurgia en la Península Ibérica durante el primer milenio a.C.* (Arana *et alii*, 1993); sobre el comercio y los intercambios resulta asimismo de utilidad el libro colectivo *Intercambio y comercio preclásico en el Mediterráneo* (Fernández Uriel *et alii*, 2000). Sobre las producciones cerámicas, en especial las ánforas, la obra de referencia es el libro de Ramón (1995) con una clasificación que abarca todos los tipos presentes en el Mediterráneo occidental y que se ha convertido en la utilizada de forma más amplia; para las producciones del área gaditana de época púnica, así como reflexiones sobre el área económica del Círculo del estrecho puede verse el libro de Niveau de Villedray (2003). Por último, los estudios sobre la agricultura fenicia están conociendo un amplio desarrollo en los últimos tiempos y buena prueba de ello es el libro *Ecohistoria del paisaje agrario* (Gómez Bellard, 2003) que aborda los resultados de diversos proyectos de estudio y análisis de los paisajes agrarios fenicios en el Mediterráneo Occidental.

La numismática fenicio-púnica en Iberia es otro de los temas con implicaciones políticas y económicas; puede destacarse el libro colectivo *Numismática Hispano-Púnica* (AA.VV, 1993) como obra general; sobre alguna ceca importante, puede verse el libro de Alfaro (1988) sobre la de Gadir.

B. *Referencias*

AA.VV, *Dictionnaire de la civilisation phénicienne et punique*, Lovaina, 1992.

AA.VV, *Lixus*, París-Roma, 1992.

AA.VV, *Numismática Hispano-Púnica. Estado actual de la investigación. VII Jornadas de Arqueología Fenicio-Púnica*, Ibiza, 1993.

Alfaro Asins, C., *Las monedas de Gadir/Gades*, Madrid, 1988.

Almagro Gorbea, M.J., *La necrópolis de Baria (Almería). Campañas de 1975-1978*, Madrid, 1984.

Aquilué, X. (dir.), *Intervencions arqueológiques a Sant Martí d'Empúries (1994-1996). De l'assentament precolonial a l'Empúries actual*, Gerona, 1999.

Arana R. *et alii:* Muñoz A.M., Ramallo, S. y Ros, M.M. (eds.), *Metalurgia en la Península Ibérica durante el primer milenio a.C. Estado actual de la investigación*, Murcia, 1993.

Aranegui Gascó, C. (ed.) (2001), *Lixus. Colonia fenicia y ciudad púnico-mauritana. Anotaciones sobre su ocupación medieval. Saguntum. Extra 4*, Valencia.

—, *Lixus-2 Ladera Sur. Excavaciones arqueológicas marroco-españolas en la colonia fenicia. Campañas 2000-2003. Saguntum. Extra 6*, Valencia, 2005.

Arruda, A.M., *Los fenicios en Portugal. Fenicios y Mundo indígena en el centro y sur de Portugal (s. VIII-V a.C.)*, Barcelona, 1999-2000.

Astruc, M., *La necrópolis de Villaricos*, Madrid, 1951.

Aubet, M.E., *Tiro y las colonias fenicias de Occidente*, Barcelona, 1987 (Edición ampliada y puesta al día, 1994).

—, (ed.), *Los Fenicios en Málaga*. Málaga, 1997.

Aubet Semmler, M.E.; Carmona, P.; Curiá, E.; Delgado, A., y Fernández, A., *Cerro del Villar I. El asentamiento fenicio en la desembocadura del río Guadalhorce y su interacción con el hinterland*, Sevilla, 1999.

—, *The Phoenician cemetery of Tyre-Al Bass: excavations 1997-1999*, Beirut, 2004.

Benichou-Safar, H., *Les tombes puniques de Carthage. Topographie, structures, inscriptions et rites funéraires*, París, 1982.

—, *Le Tophet de Salammbô à Carthage. Essai de reconstitution*, Roma, 2004.

Bernardini; D'Oriano, R., y Spanu, P.G. (eds.), Phoinikes B Shrdn, *I Fenici in Sardegna. Nuove acquisizioni*, Oristano, 1997.

Bikai, P.M., *The Pottery of Tyre*, Warminster, 1978.

—, *The Phoenician Pottery of Cyprus*, Nicosia, 1987.

Blázquez Martínez, J.M., *Religiones en la España Antigua*, Madrid, 1991.

—, *Fenicios, Griegos y Cartagineses en Occidente*, Madrid, 1992.

Burkert, W., *The orientalizing revolution. Near eastern influence on greek culture in the early Archaic Age*, Cámbridge (Mass.), 1992.

Cintas, P., *Manuel d'Archéologie Punique*, París, 1970-1976.

Corzo Sánchez, R., *Venus Marina Gaditana*, Sevilla, 1999.

Costa Riba, B. y Fernández Gómez J.H. (eds.): *Santuarios fenicio-púnicos en Iberia y su influencia en los cultos indígenas. XIV Jornadas de Arqueología Fenicio-Púnica*, Ibiza, 2000.

Cunchillos Illari J.L. y Zamora, J.A., *Gramática Fenicia Elemental*, Madrid, 1997.

Dothan, T. y Dothan, M., *Los Pueblos del Mar: tras las huellas de los filisteos*, Barcelona, 2002.

Fantar, M.H., *Carthage. Approche d'une civilisation*, Túnez, 1993.

Fernández Uriel, P.; González Wagner, C. y López Pardo, F. (eds), *Intercambio y comercio preclásico en el Mediterráneo*, Madrid, 2000.

Ferrer Albelda, E., (ed.), *Ex Oriente Lux: Las religiones orientales antiguas en la Península Ibérica*. Sevilla, 2002.

Frankenstein, S. *Arqueología del colonialismo. El impacto fenicio y griego en el sur de la Península Ibérica y el suroeste de Alemania*, Barcelona, 1997.

Gailledrat, E., *Les Ibères de l'Ebre à l'Hérault (VIe-IVe siglo avant J.-C.)*, Lattes, 1997.

Garbini, G., *I fenici. Storia e Religione*, Nápoles, 1980.

Gómez Bellard, C. (ed.), *Ecohistoria del paisaje agrario. La agricultura fenicio-púnica en el Mediterráneo*, Valencia, 2003.

Gómez Bellard, C. *et alii*: Costa, B., Gómez, F., Gurrea, R. y Grau, E., *La colonización fenicia de la Isla de Ibiza*, Madrid, 1990.

González de Canales, F., *Del Occidente mítico griego a Tarsis-Tarteso. Fuentes escritas y documentación arqueológica*, Madrid, 2004.

—, Serrano, L. y Llompart Gómez, J., *El emporio fenicio precolonial de Huelva (ca. 900-770 a.C.)*, Madrid, 2004.

González Prats, A., *La Fonteta, 1996-1998. El emporio fenicio de la desembocadura del río Segura*, Alicante, 1999.

—, (ed): *La cerámica fenicia en Occidente. Centros de producción y áreas de comercio*, Alicante, 1999.

—, *Fenicios y territorio*, Alicante, 2000.

—, *El mundo funerario*, Alicante, 2004.

González Wagner, C.,*Cartago. Una ciudad. Dos leyendas*, Madrid, 2000.

Gras, M.; Rouillard, P., y Teixidor, J., *El universo fenicio*, Madrid, 1991.

Guerrero y Ayuso, V.M., *Colonización púnica de Mallorca. La documentación arqueológica y el contexto histórico*, Palma de Mallorca, 1997.

Hachuel, E. y Mari, V., *El santuario de la Illa Plana (Ibiza). Una propuesta de análisis*, Ibiza, 1988.

Harden, D., *Los fenicios*, Barcelona, 1967.

Jiménez Flores, A.M.: *Pueblos y Tumbas. El impacto oriental en los rituales funerarios del Extremo Occidente*, Écija, 2002.

Jodin, A., *Mogador. Comptoir phénicien du Maroc Atlantique*, Tánger, 1966.

Karageorghis, V., "The Phoenicians in Chyprus", en Celestino Pérez, S. y Jiménez Avila, F.J. (eds.), *El Periodo Orientalizante. Vol. I.(Anejos de Archivo Español de Arqueología, 35)*. Mérida, 2005, pp. 31-46.

Koch, M., *Tarsis e Hispania. Estudios histórico-geográficos y etimológicos sobre la colonización fenicia en la Península Ibérica*, Madrid, 2003.

Krings, V. (ed.), *La Civilisation Phénicienne et Punique, Manuel de recherche*, Leiden, 1995.

Lancel, S., *Cartago*, Barcelona, 1994.

Liverani, M., *Más allá de la Biblia: Historia Antigua de Israel*, Barcelona, 2005.

López Medina, M.J., *El municipio romano de Abdera. Una aproximación histórica*, Almería, 1996.

López Pardo, F., *El empeño de Heracles: la exploración del Atlántico en la Antigüedad*, Madrid, 2000.

Markoe, G., *Phoenicians*, Londres, 2000.

Martín Ruiz, J.A., *Los fenicios en Andalucía*, Sevilla, 2004.

Mascort, M.T.; SanMartí Grego, J. y Santacana, J., *El jaciment protohistòric d'Aldovesta (Benifallet) i el comerç fenici arcaic a la Catalunya meridional*, Tarragona, 1991.

Mayet, F. y Tavares da Silva, C., *Le site phénicien d'Abul (Portugal). Comptoir et sanctuaire*, París, 2000.

Mazar, E., *The Phoenicians in Achziv, the Southern cementery Jerome L. Joos expedition, final report of the excavations 1988-1990*, Barcelona, 2003.

—, *The phoenician family tomb N.1 at the Northern cementery of Achziv (10th-6^h centuries BCE) Sam Turner Expedition, final report of the excavations*, Barcelona, 2004.

Medas, S., *La marineria cartaginese. Le navi, gli uomini, la navigazione*, Sassari, 2000.

—, *De Rebus Nauticis. L'arte della navigazione nel mondo antico*, Roma, 2004.

Millán Leon, J., *Gades y las navegaciones oceánicas en la Antigüedad*, Écija, 1998.

Moscati, S., *I cartaginesi in Italia*, Milán, 1977.

—, *Los Fenicios*, Barcelona, 1988.

Muñoz Vicente, A.: "Secuencia histórica del asentamiento fenicio-púnico de Cádiz: un análisis crono-espacial tras quince años de investigación arqueológica", *Boletín del Museo de Cádiz*, 7, 1995-1996, pp. 77-105.

Niveau de Villedray y Mariñas, A.M., *Las cerámicas gaditanas "tipo Kuass". Bases para el análisis de la bahía de Cádiz en época púnica*, Madrid, 2003.

Pellicer Catalán, M., *Excavaciones en la necrópolis púnica Laurita del Cerro de San Cristóbal (Almuñécar, Granada)*, Madrid, 1963

Peña, V.; Mederos Martín, S., y González Wegner, C. (eds.), *La navegación fenicia. Tecnología naval y derroteros*, Madrid, 2004.

Ramón, J., *Las ánforas fenicio-púnicas del Mediterráneo central y occidental*, Barcelona, 1995.

Ramos Sainz, M.L., *Estudio sobre el ritual funerario en las necrópolis fenicias y púnicas de la Península Ibérica*, Madrid, 1990

Roldán Gómez, L., *et alii*: Bendala Galán, M., Blánquez Pérez, J. y Martínez Lillo, S., *Carteia*, 2ª ed, Madrid, 1998.

—, *Estudio histórico-arqueológico de la ciudad de Carteia (San Roque, Cádiz). 1994-1999*, Sevilla, Madrid, 2006.

—, y Bernal Casasola, D., *Carteia II*, Sevilla, 2003.

Ruiz Mata, D. y Pérez, C.J., *El poblado fenicio del Castillo de Doña Blanca (El Puerto de Santa María, Cádiz)*, El Puerto de Santa María, 1995.

Sandars, N.K., *Los Pueblos del Mar: Invasores del Mediterráneo*, Madrid, 2005.

Schubart, H., *Trayamar. Los hipogeos fenicios y el asentamiento en la desembocadura del río Algarrobo*, Madrid, 1976.

—, *Toscanos y Alarcón. El asentamiento fenicio en la desembocadura del Río Vélez. Excavaciones de 1967-1984*, Barcelona, 2002

Taradell i Mateu, M., *Marruecos Púnico*, Tetuán, 1960.

Tejera Gaspar, A., *Las tumbas fenicias y púnicas del Mediterráneo Occidental. (Estudio tipológico)*, Sevilla, 1979.

Vanney, J.R. y Ménanteau, L., *Géographie du golfe ibéro-marocain*, Lisboa-Madrid, 2004.

Vegas, M. (ed.), *Cartago Fenicio-púnica. Las excavaciones alemanas en Cartago. 1975-1997*, Barcelona, 1998.

Vidal, P., *La Isla de Malta en Época Fenicia y Púnica*, Óxford, 1996.

Zamora, J.A. (ed.): *El hombre fenicio: estudios y materiales*, Roma, 2003.

Capítulo segundo

Tarteso

II.2.1 Introducción historiográfica al concepto de Tarteso

Hay pocos temas dentro de la Historia Antigua de la Península Ibérica que haya sido objeto de tantos debates y posturas diferentes como es Tarteso, y eso ya desde antiguo, si bien en los últimos tiempos el aumento del conocimiento de la cultura material no sólo no ha propiciado consensos generalizados sino que, por el contrario, ha multiplicado casi *ad nauseam* las visiones a veces en exceso globalizantes y otras demasiado locales o localistas. En las páginas que siguen intentaré presentar un panorama lo más actualizado posible de los datos que conocemos y de las principales interpretaciones que parecen más razonables.

Buena parte del problema viene dado de la propia naturaleza de nuestra información. Con el nombre Tarteso [*Tartessos*] los griegos se refieren a un territorio ubicado en el suroeste de la Península Ibérica y a un río del mismo nombre que atravesaría dicho territorio. Se trata de un territorio que los griegos han conocido de forma directa como demuestra su mención en algunos poetas del tránsito de los siglos VII al VI y del propio siglo VI a.C., así como las referencias a los viajes griegos a la zona y sus relaciones con su rey Argantonio a las que alude Heródoto y sobre las que volveremos en el capítulo correspondiente (*vid.* vol.I, II.3.2.2). Uno de los poetas más antiguos que alude a Tarteso, como Estesícoro de Hímera, se refiere sobre todo al río en su poema Gerioneida cuando alude al nacimiento de Eurition, el boyero de Gerión: "Casi enfrente de la ilustre Eritia, más allá de las aguas inagotables, de raíces de plata, del río Tarteso, le dio a luz, bajo el resguardo de una roca" (Fragm. p. 7). Eritia sería el nombre griego de una de las islas que configuraban el archipiélago gaditano (Estrabón, III, 2, 33).

Poco posterior en el tiempo, pero aún durante el siglo VI Anacreonte de Teos escribe en un poema cuyo contexto general desconocemos: "Yo no querría ni el cuerno de Amaltea ni reinar en Tarteso durante ciento cincuenta años" (Fragm. 16 Page). Alude, como parece evidente, a la tradición de que el rey de Tarteso, Argantonio, habría sido un individuo muy longevo y que habría reinado largo tiempo; lo sabemos porque, más de cien años después, Heródoto, al narrar los viajes de los griegos de Focea a Tarteso menciona a tal rey del que asegura que vivió ciento veinte años, reinando ochenta (Heródoto, I, 163); aunque haya una discrepancia en el número de años entre los dos autores ambas noticias están relacionadas entre sí.

A estas noticias, que son contemporáneas de los contactos de los griegos con Tarteso, se le puede añadir una referencia en el historiador y geógrafo Hecateo de Mileto, que desarrolla su actividad durante la segunda mitad del siglo VI y que menciona una ciudad de Tarteso, a la que llama Elibirge (*FGrHist*, 1 F 38).

Lo que estos datos nos indican es que a lo largo del siglo VI a.C. los griegos entraron en contacto con una región que hoy situamos en el sudoeste peninsular, a la que le dieron el nombre de Tarteso, quizá a partir del propio nombre que los indígenas se daban a sí mismos o del que daban a su territorio y tal vez al río principal que discurría por él; en ese territorio había diversas ciudades, entre ellas la Elibirge mencionada por Hecateo. Con respecto al nombre, los estudios lingüísticos muestran que de una raíz *trt*, de origen autóctono, podría derivar tanto el nombre de Tarteso como el nombre que quizá le dieron los fenicios (*Tarshish*), así como el nombre del posterior pueblo de los turdetanos, pasando por los nombres de otros pueblos, quizá emparentados o idénticos, como los Tersitas. Lo cierto es que los conocimientos directos que los griegos han reflejado en las fuentes de ese origen corresponden al siglo VI, siendo ya la información de Heródoto bastante posterior en el tiempo y perteneciente a un momento en el que los griegos habían dejado de estar en contacto con esos ambientes. No obstante, las fuentes de Heródoto parecen, en general, bastante competentes porque proceden de ambientes foceos que habían estado en relación con Tarteso aunque de eso hiciese ya bastantes años cuando Heródoto recaba de sus fuentes su información. Heródoto nos informa de cómo un armador griego, Coleo de Samos, llega a Tarteso que, por aquel entonces (hacia el último tercio del siglo VII a.C.) era un emporio aún no frecuentado por los griegos, lo que produjo grandes ganancias a dicho marino samio (Heródoto, IV, 352) y, en otro pasaje, nos habla de las relaciones que mantuvieron los foceos con el rey Argantonio, muy provechosas para ambos (Heródoto, I, 363-365). Más adelante me detendré con más detalle en estos dos textos y sus implicaciones para entender los inicios de la presencia griega en Iberia. Después de estas informaciones de Heródoto, que ya no responden a un contacto directo de los griegos con Tarteso se entra en una fase en la que esta ausencia de contacto es suplida por lucubraciones más o menos ingeniosas por parte de autores que han tenido noticia del nombre de Tarteso a través de autores anteriores pero que no disponen ya de elementos de juicio directos y contemporáneos sobre el sentido y el significado de dicho término; ello provocará una imagen cada vez más irreal en las fuentes literarias sobre el significado de Tarteso. No obstante, Estrabón, que para su descripción de la Bética emplea fuentes de calidad aceptable intenta actualizar las informaciones antiguas con los datos de su época y, así, asegura que el río que los antiguos llamaban Tarteso se llamaba en su época Betis y que el territorio que se llamaba

Tartéside correspondía en su época al territorio de los túrdulos (Estrabón, III, 2, 33) aunque también, llevado por falsas etimologías, considera que el Tártaro de Homero, una de las regiones del Hades, podría corresponder a Tarteso (III, 2, 32).

Es probable que si conserváramos fuentes fenicias no tendríamos este problema puesto que en el entorno tartésico era en el que se había establecido Gadir y con el que siguieron manteniendo relaciones ininterrumpidas; algún texto griego, que sin duda bebe de tradiciones fenicias, como el tratado *Sobre las cosas maravillosas oídas* (844 a 17-23), menciona esos antiguos contactos fenicios con Tarteso; sin embargo, el concepto de Tarteso es ajeno al mundo fenicio, que parece haber denominado a ese mundo con el nombre de Tarshish una vez que acabó concretándose en el sudoeste de la Península después de una época inicial en la que pudiera haber tenido un sentido más amplio y genérico, acaso referido al Occidente en su conjunto. En cualquier caso, el nombre Tarshish parece derivar de la misma raíz (indígena) que la adaptación a la lengua griega que representa Tarteso.

Los autores romanos, como corresponde a quienes no han desarrollado la tradición sobre Tarteso, sino que la han asumido a través de sus lecturas de fuentes griegas, son quienes más errores y anacronismos cometen. Así Pomponio Mela que había nacido en Tingentera (en la bahía de Algeciras), asegura que algunos creían que Carteia, que se hallaba en la misma zona era la antigua Tarteso (Mela, II, 96, 2). Por su parte Plinio introduce ya una de las identificaciones preferidas por los romanos, la de Tarteso con la ciudad de Gadir (Plinio, *Historia Natural*, IV, 120) y así en la *Ora Maritima* del poeta del siglo IV d.C. Rufo Festo Avieno se vuelve a incidir en la identificación de Tarteso con la fenicia Gadir (vv. 265-274). Todo ello lo que muestra es lo ajeno que ese concepto resultaba ya para los romanos que, no obstante, con su afán anticuario tratan de convertir los viejos nombres a realidades conocidas por ellos, aunque por regla general con escaso éxito.

Este panorama que las fuentes antiguas proporcionan no fue lo más adecuado para que, en siglos posteriores, se dilucidase el problema. Al contrario, a lo largo del Medievo y, sobre todo, a partir de la vuelta a los clásicos desde el Renacimiento diversos estudiosos y eruditos, ante la ambigüedad de la información, hicieron uso de la misma según criterios en absoluto científicos para tratar de demostrar las hipótesis más peregrinas. No insistiré aquí en ellas por su carácter acientífico y porque no aportan datos de interés a nuestro análisis.

A partir de fines del siglo XIX e inicios del XX, y en parte empujada la Historia Antigua por los éxitos de la exégesis literal de las fuentes literarias que había posibilitado los descubrimientos de Troya, Micenas o Cnoso, se trata de repetirlo en España intentando la localización de Tarteso, convertida ya para entonces por los historiadores en una ciudad. Diferentes intentos se suceden de los que el más significativo y el que más huella ha dejado es el del profesor alemán Adolf Schulten que, tras realizar una lectura muy particular de las fuentes antiguas, concluye que la ciudad de Tarteso debía de hallarse en el actual Coto de Doñana, realizando a tal efecto unas excavaciones en el Cerro del Trigo. A pesar del fracaso evidente de tal excavación realizada en 1926, al localizar tan sólo un poblado de pescadores romanos, Schulten no se da por vencido y da toda una serie de argumentos (en verdad poco convincentes, no ya sólo desde la óptica moderna sino, incluso desde la de aquella época) para seguir defendiendo su hipótesis. La importancia de la obra de Schulten fue extraordinaria, a pesar de su fracaso, porque el sabio alemán consiguió trazar un relato muy convincente, con los conocimientos y prejuicios del momento, sobre la historia de Tarteso, civilizada por los griegos y extinguida "por codicia y envidia comercial" por los cartagineses, como el propio autor asegura y, además, centró todo el asunto en localizar la "ciudad" de Tarteso, cabeza del "imperio" del mismo nombre. Aun hoy día, cuando otros presupuestos metodológicos marcan la pauta del análisis histórico sobre Tarteso, hay quienes siguen empeñados en localizar esa "ciudad" haciendo relecturas de las fuentes literarias más próximas a las que estaban en vigor a inicios del siglo XX que a las nuevas tendencias científicas de inicios del siglo XXI.

Fueron necesarios avances en diferentes campos para que esta perspectiva centrada sobre todo en la búsqueda del "yacimiento" diera paso a una visión de carácter más regional y con una perspectiva más histórica. Uno de ellos lo representó el estudio del geólogo e ingeniero de minas Juan Gavala y Laborde que publicó en 1959 un estudio completísimo y documentado de la antigua topografía de la bahía de Cádiz y del estuario del Guadalete en el que, por primera vez de forma científica se analizaba el desarrollo de esa región, fijando los límites antiguos de las tierras emergidas y de las zonas sumergidas. Este estudio se revelaría fundamental para, a partir de él, hacer una relectura de las fuentes literarias que aportan datos topográficos y para disponer de una sólida base frente al inicio de lo que sería el desarrollo de excavaciones arqueológicas en todo el ámbito suroccidental de la Península, tanto en asentamientos fenicios como en indígenas; en esta línea de trabajo se sigue ahondando en la actualidad tanto en el ámbito de la bahía gaditana como en las desembocaduras de buena parte de los ríos del sur de España y sus resultados son de gran aprovechamiento, por ejemplo, para el conocimiento de los lugares que eligieron los fenicios para sus establecimientos. Un momento importante fue el descubrimiento fortuito en el año 1958 del tesoro del Carambolo que marcó un renovado interés por el mundo tartésico, pues desde su aparición hasta la actualidad ese conjunto de piezas de oro de marcado carácter ritual se ha considerado como una de las obras cumbres del arte tartésico aun cuando, como hemos visto en el apartado correspondiente, hoy día se va abriendo paso la idea de considerarlo más como una ocultación de objetos de culto relacionada con un santuario de tipo fenicio.

Considero, y por supuesto estoy presentando un panorama muy escueto en el que sólo quiero marcar los hitos principales, que el momento de inflexión de los estudios tartésicos se produce en el año 1968 cuando, dentro de los Simposios Internacionales de Prehistoria Peninsular del que haría el quinto, se organiza en Jerez de la Frontera el que llevó por título "Tartessos y sus problemas" en el que, junto con algunos intervinientes aún en la línea de hallar la "ciudad" de Tarteso (o de descartar lugares en los que pudiera haber estado) pusieron en común lo que ya en los años previos había venido siendo el método utilizado: análisis arqueológicos que determinaran, desde la cultura material, qué caracterizaba a ese mundo tartésico en el que lo importante no era ya localizar la ciudad sino identificar aquellos elementos que pudieran servir como diagnóstico de esa cultura, tales como los bronces o las cerámicas, y proyectar una visión diacrónica, analizando los precedentes de la Edad del Bronce o las posibilidades metalúrgicas del territorio, todo ello sin olvidar las fuentes escritas, grecolatinas y hebreas, pero introduciendo también conceptos como la Tartéside y estudios regionales tanto de la Andalucía occidental como de la oriental e, incluso, del norte de África y el mundo atlántico. La presencia fenicia se limitó en dicho simposio a un par de comunicaciones, una más marginal, referida a los fenicios en Cataluña y otra que aportaba uno de los primeros informes de las excavaciones que el Instituto Arqueológico Alemán estaba llevando a cabo en Toscanos. A pesar de que daba la impresión de que se estaba hablando de un Tarteso, en el que se reconocían elementos orientales, sin que se conociese con detalle aún cómo se articulaba la presencia fenicia, más allá de lo que decían las fuentes literarias, el simposio actuó como un auténtico revulsivo sobre los estudios tartésicos anquilosados hasta entonces, como decíamos, en los intentos más o menos ingeniosos por hallar la ciudad. Quedaba claro a partir de la publicación de sus *Actas* en 1969 que el fenómeno tartésico era mucho más complejo de lo que se había pensado y que su proyección territorial era mayor que lo que se había considerado hasta entonces, por lo que había que caracterizar su cultura material y dentro de ese territorio había "ciudades" y no sólo una que fuese la "capital" de ese Tarteso de cuya estructuración política y territorial, sin embargo, apenas se había hablado.

Quedó claro, también, que los orígenes de Tarteso entroncaban con el mundo de lo que, en términos prehistóricos, se llamaba el Bronce Final y quedaba por definir qué aportaba ese mundo y qué se debía a la acción de los fenicios. Del mismo modo, había que resolver el problema de las articulaciones internas y del tipo de sociedad tartésica, antes y durante la actividad de los fenicios. Esta nueva y ampliada gama de cuestiones a resolver, junto con el incremento notabilísimo de las excavaciones arqueológicas y la introducción de nuevas metodologías y aproximaciones, fueron provocando una atomización de resultados y de problemas. Para conmemorar el vigésimo quinto aniversario del Simposio de Jerez, se celebró en esa misma ciudad en 1993 otro Congreso con el título "Tartessos 25 años después. 1968-1993" que sirvió para reconocer el papel seminal que había tenido la reunión de 1968 y para tratar de recapitular los avances que se habían ido produciendo durante el cuarto de siglo anterior. Junto con novedades arqueológicas buena parte de las discusiones se centraron en definir el papel del mundo indígena prefenicio en el desarrollo de la cultura tartésica y, en especial, su estructuración social y política, con posturas enfrentadas sobre si nos hallamos ante una sociedad de tipo estatal o, por el contrario, con una sociedad aldeana aun cuando quedó claro que no todos los investigadores daban el mismo significado a ambos conceptos. Como había ocurrido hacía veinticinco años, los fenicios estaban ausentes y sólo hubo una intervención sobre las investigaciones en los asentamientos fenicios de la zona de Torre del Mar, de modo tal que se seguía abordando desde una perspectiva unidireccional el problema, esto es, viendo cómo el elemento fenicio se recibe, se integra, o se rechaza en el mundo indígena pero sin que hubiese una reflexión global sobre lo que, entre otras cosas, fue Tarteso, el lugar de encuentro (económico, político, ideológico) entre unas gentes que llegan y otras que los acogen en la Península. Había triunfado la visión autoctonista en la que lo único importante era destacar lo que de propio, de autóctono había en el mundo tartésico, lo cual dejaba a los fenicios casi como meros comparsas que lo único que hacían era aportar algún que otro artículo u objeto, pero que de ningún modo alteraba en exceso a la cultura tartésica cuya formación se remontaba incluso a momentos muy antiguos de la Edad del Bronce. También en la metalurgia, que parecía haberse considerado como una de las causas de la presencia fenicia en la Península, el aporte fenicio se minimizaba; ya había una metalurgia muy desarrollada antes de la presencia fenicia y el papel de éstos se limitaba a insertarse en sistemas y redes ya existentes lo que llevaba incluso al absurdo de equiparar sociedades estatales complejísimas, como las que se desarrollaron en la costa fenicia en el tránsito entre el segundo y el primer milenio a.C., capaces de desarrollar una tecnología naval que les llevaba de un extremo del Mediterráneo hasta el océano y una organización política que jalona de establecimientos dichas costas, con un mundo cuyas gentes vivían en cabañas y con una economía apenas de subsistencia, por más que supieran cómo extraer plata de la tierra y hubiesen, en efecto, desarrollado redes de intercambio. Los fenicios iban quedando reducidos a meros "recolectores" y proveedores de objetos de lujo, a meros espectadores de un proceso que había transcurrido en Tarteso por su propio impulso, iniciado ya en la Edad del Bronce.

Esta visión "autoctonista" iba a ir siendo derribada en los años sucesivos, con el avance en el estudio de los asentamientos fenicios, ya iniciado en los años anteriores, con el progresivo conocimiento de la presencia fenicia en las costas portuguesas, con nuevos hallazgos como La Fonteta, con la elevación de las cronologías, con las propuestas de una penetración fenicia por el interior, con la atribución a los fenicios de fenómenos que antes habían sido considerados tartésicos, etc. El resultado es que en el momento presente las interpretaciones son cada vez más dispares, sigue faltando un consenso generalizado sobre los modos, los tiempos y los mecanismos de lo que, a juicio de quien esto escribe, debería constituir la base sobre la que edificar nuestra construcción histórica sobre Tarteso: el análisis de los procesos de interacción y cambio cultural que determina la presencia fenicia en el sudoeste de la Península Ibérica. Los procesos históricos suelen producirse cuando gentes de tradiciones culturales diferentes entran en contacto y eso provoca una serie de respuestas, tanto entre quienes han tomado la iniciativa de dicho contacto como entre quienes, quizá de forma involuntaria, se ven inmersos en una nueva coyuntura. Esos contactos asumen, y el caso tartésico no es una excepción, la forma de relaciones asimétricas o desiguales entre las partes puestas en contacto en las que son unos los que tienen unas apetencias y otros los que tendrán que satisfacerlas; para lograr sus fines los colonizadores dispondrán de diversas estrategias, que no tienen por qué ser siempre violentas, que buscarán, tan sólo, cumplir los objetivos que quienes dentro de sus sociedades gestionan las actividades políticas y económicas y se han trazado unos objetivos concretos. El establecimiento de colonias, el despliegue de una serie de mecanismos de intercambio, a los que ya nos hemos referido, el establecimiento de puntos estables de control económico (factorías) son parte de esa estrategia. Serán los mecanismos que adopten los indígenas del sudoeste peninsular para hacer frente a estas demandas, los que, en puridad, constituirán la base de la cultura que llamamos tartésica. Estos mecanismos pueden incluir resistencias (probables) pero lo que el registro arqueológico nos muestra es una colaboración con el colonizador. En los centros fenicios son frecuentes, abundantes incluso, las cerámicas indígenas que indican una participación (quedaría por definir de qué tipo) de gentes autóctonas en el proyecto colonial; en los enterramientos nativos se observan artículos artesanales realizados en los talleres de los colonizadores, lo que sugiere una aproximación de las élites a todo un conjunto de objetos que les sirven para reafirmar, mediante la aceptación de una parte de las novedades materiales que portan los colonizadores, su papel dominante en sus sociedades al tiempo que recalcan su capacidad de interlocución con ellos. Incluso, los nativos adaptarán novedades orientales en diferentes campos (desde la agricultura o la minería hasta la poliorcética y el urbanismo) como medio de lograr más eficacia en sus diferentes fines. Es en este proceso de cambio en el que debemos centrarnos porque es en él en el que podemos percibir el dinamismo histórico; no podemos quedarnos en la mera descripción de lo que de propio, autóctono o genuino tienen las culturas del sudoeste peninsular porque lo que determinó la transformación histórica que conocemos como Tarteso fue cómo todo ello interactuó con lo que los fenicios introdujeron desde unas relaciones asimétricas que son, no lo olvidemos, las que caracterizan a las relaciones entre colonizadores y colonizados, de las que un subproducto son los fenómenos de hibridación que se producen.

II.2.2 El poblamiento del área onubense y del Bajo Guadalquivir en vísperas de la presencia fenicia

Abordar en el momento actual el panorama que presentan los territorios del sudoeste de la Península en vísperas de la presencia fenicia no deja de ser un problema, puesto que las fechas que tanto las dataciones radiocarbónicas como nuevos hallazgos van aportando, sugieren ya actividades de los fenicios en la Península para el siglo IX a.C. e, incluso, ya algunos autores empiezan a hablar de fines del siglo X a.C.; y esto es importante porque dependiendo de estas fechas algunos fenómenos podrán ser considerados anteriores a esta presencia pero otros, que hasta ahora se tenían como tales, resultarían ya posteriores a la misma lo que tiene importantes consecuencias desde el punto de vista de su valoración histórica.

De cualquier modo, en los últimos siglos del segundo milenio y en los iniciales del primero a.C. el sudoeste peninsular parece haber experimentado importantes transformaciones debidas a la mejora de las condiciones favorecidas por mejoras en las técnicas de cultivo y en las actividades ganaderas a las que, en este caso, se unen ventajas derivadas de la existencia de ricos recursos mineros que atraen los intercambios a corta y a larga distancia, tanto con ámbitos atlánticos como mediterráneos. Los problemas inherentes a las dificultades de datación, así como de análisis de niveles a veces no demasiado consistentes desde un punto de vista constructivo, dificultan bastante el conocimiento de esta fase, no quedando siempre claro, merced a las nuevas dataciones para los inicios de la presencia fenicia, si nos hallamos siempre ante asentamientos afectados ya por la misma o no. Entre los centros más antiguos se mencionan Huelva, Mesas de Asta, Lebrija, Carmona, Montemolín y Setefilla, junto con otros centros menores que la proliferación de investigaciones arqueológicas va sacando a la luz. Además de los restos constructivos, bastante lábiles en muchas ocasiones al corresponder a restos de cabañas, un indicador importante lo constituyen las cerámicas realizadas a mano o, en el mejor de los casos, empleando el torno lento; entre las diferentes formas hay cazuelas, platos o copas que suelen presentar superficies bruñidas, bien lisas bien formando motivos geométricos, que han hecho que a esta decoración se le denomine "retícula bruñida", y que es muy característica de este mundo del sudoeste antes de la presencia fenicia aun cuando son tanto o más abundantes coincidiendo con los primeros testimonios de la misma. Las recientes excavaciones del Carambolo, que permiten redimensionar las secuencias estratigráficas conocidas así como las dataciones de estas cerámicas, puede que con el tiempo acaben demostrando que estas cerámicas corresponderían a las producciones del área tartésica en pleno periodo fenicio, reduciéndose a una mínima expresión o a la nada sus presuntas dataciones prefenicias.

Volviendo a las viviendas, como decíamos, se trata de cabañas realizadas en materiales perecederos que han dejado pocos restos; eran de planta circular u ovalada y se hallaban aisladas o en grupos por toda la región aunque en ocasiones, y quizá producto del paso del tiempo, se tiende a edificarlas sobre un zócalo de mampostería. Es probable que no fuesen, en la mayor parte de los casos, más que simples refugios para pasar la noche, puesto que buena parte de las actividades cotidianas tendrían lugar al aire libre. En todo caso, desconocemos casi por completo cómo hacían uso del espacio esos asentamientos porque ninguno de ellos ha sido excavado en extensión.

Más peliaguda es la cuestión de la organización social o política de estas gentes; no es descabellado pensar, como hacen algunos autores, que se hallaban estructurados en jefaturas de ámbito regional que podían dar lugar a aristocracias guerreras que podían competir por el control de territorios y recursos, en especial ganaderos, en menor medida agrícolas y, tal vez, en zonas aptas para ello, mineros, así como por el control de las comunicaciones. A este respecto no deja de tener interés el importantísimo conjunto de armas que se halló en la ría de Huelva durante un dragado en la desembocadura del Odiel en el año 1923 y que se compone de cascos, espadas, puntas y regatones de lanza, puñales, objetos de adorno (fíbulas), y que se datan entre mediados del siglo X y mediados del siglo IX a.C. y que, aunque interpretado de distintas maneras, desde el cargamento de uno o varios barcos repletos de chatarra para reciclar, hasta ofrendas funerarias para unos hipotéticos difuntos enterrados en el estuario, muestra de cualquier manera cómo estas sociedades del Bronce Final disponían de importantes elementos de armamento a tono con lo que por otras zonas se estilaba. El reflejo iconográfico de estos objetos lo encontramos en las llamadas "estelas de guerrero" a las que me referiré en un apartado posterior (*vid.* vol.I, II.2.4.2.4).

II.2.3 LA PRESENCIA FENICIA, DESENCADENANTE DE LOS PROCESOS DE CAMBIO Y TRANSFORMACIÓN QUE CARACTERIZAN LA CULTURA TARTÉSICA

Como se vio en su momento, la presencia fenicia, destinada en un momento inicial a explotar los recursos mineros del suroeste peninsular se vio obligada, para hacer frente a una empresa desarrollada a miles de kilómetros de distancia de los lugares de origen, a poner en marcha un complejo sistema colonial que implicaba la reproducción en la Península de los sistemas políticos, sociales y económicos que caracterizaban a las ciudades-estado fenicias. Ello implicó, junto con la introducción de nuevas tecnologías para hacer más eficiente la extracción del mineral y su posterior beneficio, nuevos mecanismos de gestión y explotación del territorio. El mundo fenicio se sustentaba sobre la agricultura combinada con la ganadería y con otras actividades (caza, pesca) y fue este modelo económico el que introdujeron en la Península Ibérica. Más allá del peso que la agricultura hubiera jugado en las culturas del Bronce Final del Sudoeste y que es valorado de forma distinta por los investigadores, la introducción de nuevas especies vegetales, de nuevas técnicas de cultivo y de nuevas especies de animales es algo innegable. Las nuevas actividades requerirían, por un lado, una mano de obra suficiente para poder llevarlas a cabo, muy numerosa en el caso de la minería, quizá menos en la agricultura pero sus beneficios eran inmediatos, al menos para los individuos que, dentro de las sociedades indígenas concentraban el poder suficiente como para poder satisfacer las demandas de mano de obra que la minería requería. Por otro lado, condición necesaria para poder mantener una población que no generaba sus propios alimentos era disponer de suficientes excedentes agrícolas; ello implica un desarrollo paralelo de una agricultura eficiente basada en el cultivo de cereales y, quizá en menor medida, leguminosas y otros productos de alto valor calórico como el aceite. A ello se le podría añadir el vino y, cómo no, productos del mar tratados para su conservación durante largos periodos. Aun cuando en un primer momento podrían haber sido los fenicios los responsables de la producción de esos alimentos, pronto el mundo indígena se habría responsabilizado de la misma lo que habría obligado también a destinar a parte de esas gentes a tales actividades. La mejora en las condiciones de vida que una dieta más rica en aportes de proteínas habría favorecido, junto con eventuales procesos migratorios, que podrían ser alimentados merced a la mayor eficiencia de la agricultura, serían responsables de un incremento de población que las prospecciones certifican, con un aumento de los yacimientos conocidos y con una mayor extensión de los mismos. En estas condiciones se darían los requisitos necesarios para permitir una mayor especialización del trabajo y el surgimiento de mayores desigualdades sociales, basadas en el mayor o menor control de las tierras, de los medios de producción y de las personas destinadas (voluntariamente o no) a la producción.

Lo que el registro arqueológico confirma es que estos procesos no son, ni mucho menos, anteriores a la llegada fenicia puesto que es a partir de ella cuando toda la serie de mecanismos recién delineados se ponen en funcionamiento. Por ello, y aunque para algunos el modelo explicativo que opone a los "civilizados" fenicios a los "salvajes" indígenas no resuelve los problemas, lo cierto es que sólo la acción fenicia permite explicar los cambios, evidentes, que se han producido entre los siglos IX y VIII a.C.; sin su presencia no es probable que las sociedades indígenas hubiesen podido dar ellas solas el paso de una economía casi de subsistencia a una economía generadora de excedentes; el paso del poblado de cabañas al centro fortificado no es automático y de una sociedad de tipo aldeano no se pasa a otra estructurada de forma política si no han cambiado las bases económicas sobre las que las mismas se sustentan; y ese proceso, en el suroeste de la Península Ibérica no se produce antes de la llegada de los fenicios. Por ello, y frente a otros autores que hablan de "Bronce Final Tartésico" o de "Mundo Tartésico prefenicio", yo prefiero aplicar el concepto de tartésico al periodo posterior a la llegada fenicia porque es en ese momento cuando se produce el auténtico cambio entre un mundo apenas estructurado y otro con una organización mucho más compleja.

Para hacernos una idea de cómo se articulan los diferentes territorios que configuran el ámbito tartésico pasaremos revista a una selección de los principales yacimientos que han sido objeto de investigación. El panorama que quiero presentar no es exhaustivo sino que prefiero detenerme en aquellos puntos que pueden aportarnos datos de interés para caracterizar, en sus distintos aspectos, la sociedad tartésica.

II.2.4 La Geografía tartésica: centro y periferia

En el panorama que sigue distinguiré entre áreas nucleares y periféricas porque los cambios que se producen, y que son los que caracterizan en puridad al mundo tartésico, tienen una incidencia diferente según la mayor proximidad o lejanía con respecto a los centros fenicios que, como vimos en el apartado correspondiente, actúan como auténticos motores económicos. Así, junto a una primera área que se ubica en la región onubense y en el bajo valle del Guadalquivir y donde los cambios serán de una gran profundidad, nos encontramos con otros territorios más alejados, tanto aguas arriba del Guadalquivir como en zonas ajenas al valle de este río, como el espacio entre éste y el Guadiana y las regiones más meridionales de la Meseta y el Sudeste peninsulares.

En las páginas siguientes, pues, me centraré en diferentes yacimientos que pueden calificarse como tartésicos sin entrar en la cuestión de si alguno de ellos pudo ser el Tarteso al que se refieren las fuentes más antiguas puesto que a partir de ellas no queda tampoco claro a qué se están refiriendo en cada momento (una ciudad, un territorio, un río que da nombre a uno o al otro, etc.) y tampoco presentan una imagen coherente; por ende, autores posteriores, como Estrabón, que ya han sistematizado las tradiciones previas insiste en que la ciudad se hallaba en medio de las dos desembocaduras del río Tarteso (Estrabón, III, 2, 11) aunque es probable que el autor esté malinterpretando los datos, históricos y geográficos, y considere al río Guadalete como una de las desembocaduras del Guadalquivir.

La búsqueda de la ciudad de Tarteso, pues, fruto de una concepción que tuvo gran peso en su época debe dejar paso al estudio de las realidades históricas que se desarrollaron en el territorio que, por la fuerza de la tradición y por sus resultados percibidos por los autores antiguos, llamaron y llamamos Tarteso.

II.2.4.1 Las áreas nucleares: Valle del Guadalquivir y área onubense

II.2.4.1.1 Los principales yacimientos

II.2.4.1.1.1 El área en torno a Gadir

No es demasiado lo que conocemos del mundo indígena en el entorno inmediato de Gadir, en especial en las etapas más antiguas aun cuando las prospecciones que en los últimos años se han llevado a cabo en la zona han detectado numerosos establecimientos de los que sólo alguno ha sido objeto de estudio arqueológico. Sobre uno de los centros más importantes del entorno, las Mesas de Asta, a caballo entre la bahía gaditana y los esteros del Guadalquivir, hablaré en el apartado siguiente. Aquí quiero referirme, sobre todo, al asentamiento de Campillo y a la necrópolis de Las Cumbres.

Por lo que se refiere a Campillo, se ubica a unos doce kilómetros al noroeste del Castillo de Doña Blanca y sería uno de los cada vez más numerosos poblados indígenas del Bronce Final que se detectan en el área de las antiguas desembocaduras del Guadalete y del Guadalquivir. Lo excavado son fondos de cabaña, de posible planta rectangular y realizadas con barro trabado con materias vegetales y revocadas con barro y pintadas en el exterior con color ocre y líneas rojas verticales en las esquinas. En el interior se han hallado varias capas de pavimento compacto de arcilla, arenas y pequeñas piedras dedicándose una zona al hogar y existiendo un pavimento de conchas en una de las dos particiones que parecen haber articulado la cabaña en su interior. Los materiales mayoritarios son cerámicas del Bronce Final a mano o a torno lento pero junto a ellos aparecen algunos productos de tipología fenicia como platos de barniz rojo, copas de cerámica tipo Samaria y cerámica identificada como de tipo chipro-fenicio pero cuyo análisis petrográfico parece confirmar que ha sido elaborada en talleres ubicados en la bahía de Cádiz; las cronologías que se proponen para estos materiales remontan al siglo IX a.C. e, incluso, al X lo que sugeriría, de confirmarse, la elaboración en la bahía gaditana en esos momentos de cerámicas fenicias a torno, la temprana presencia fenicia en la zona con una cierta estabilidad y el inicio de los contactos con los poblados indígenas del entorno, que controlaban los recursos agrícolas. Los recientes hallazgos en Huelva no desmentirían esas altas cronologías sino que, por el contrario, vendrían a confirmarlas; no obstante, el hecho de que cerámicas de este último tipo hayan aparecido en el cercano Túmulo 1 de la necrópolis de Las Cumbres, que se data a lo largo del siglo VIII quizá obligue a revisar estas altas cronologías y situarlas en ese momento. De ser así, Campillo representaría el inicio del impacto de Gadir sobre el entorno inmediato, aun cuando todavía será necesario perfeccionar las cronologías arqueológicas para que encajen entre sí los distintos sistemas que se utilizan, y que a veces tienen sólo validez en el propio yacimiento en el que se han generado.

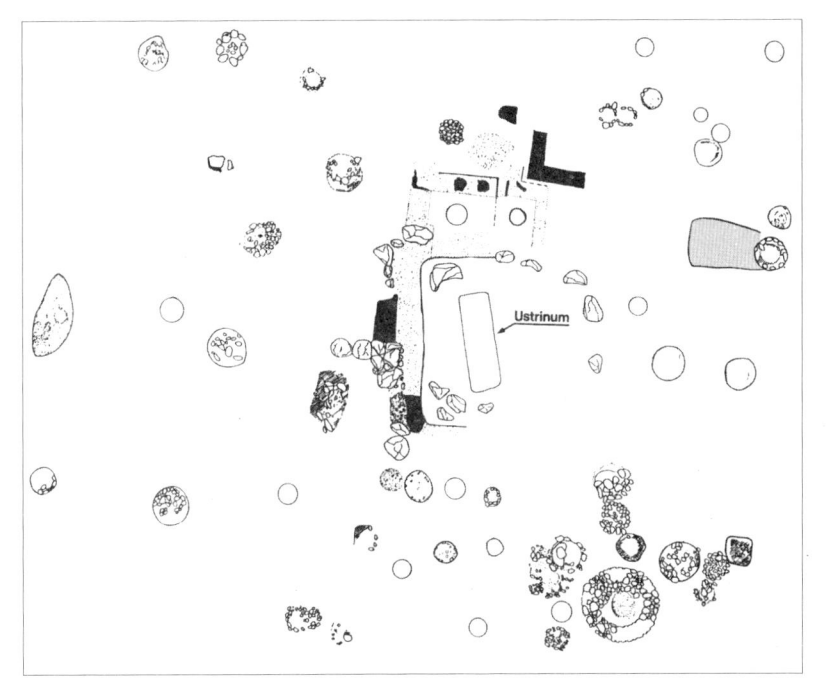

[Fig. 19] El túmulo 1 de la necrópolis de Las Cumbres

En cuanto a la necrópolis de Las Cumbres, situada al norte del Castillo de Doña Blanca parece haber estado compuesta por varias decenas de túmulos, localizados mediante prospección, aun cuando sólo ha sido objeto de excavación y publicación uno de ellos, el Túmulo 1, alejado unos 300 m. del asentamiento. Se trata de un área funeraria al aire libre, quizá delimitada por algunas piedras u otros materiales en la que se detectó un único *ustrinum* situado en medio de ella y en torno a él hasta un total de 62 enterramientos contabilizados (aunque hubo más que se destruyeron) que se datan a lo largo del siglo VIII a.C., dispuestos según criterios de riqueza y parentesco, con los restos recogidos en urnas o depositados en oquedades de la roca y cubiertos por una capa de arcilla y un pequeño cúmulo de piedras; hay indicios de la celebración de rituales posteriores a la deposición de las urnas habiendo aparecido quemaperfumes de tipo fenicio y copas pintadas de tradición indígena que fueron rotas de manera intencionada, huevos de avestruz, y también objetos de metal, todo ello, por lo general, afectado por el fuego; los hallazgos de restos de ánforas fenicias y algunas cananeas, junto con las copas pintadas sugieren libaciones en las que podría intervenir el vino. Las urnas van desde vasos de gran tamaño y ollas en las tumbas más antiguas y los vasos *à chardon*, un tipo de recipiente con cuerpo ovoide y cuello alto, cilíndrico o acampanado, hasta vasos de tipo fenicio en las más recientes, sobre todo las llamadas urnas tipo Cruz del Negro por haberse identificado en primer lugar en esa necrópolis de Carmona, de la que hablaremos más adelante. Se trata de vasos globulares con cuello cilíndrico y dos asas geminadas, decorados con una ancha banda de barniz rojo. Los ajuares incluyen las pertenencias de los individuos, apareciendo broches de cinturón, fíbulas de doble resorte y cuchillos de hierro, aunque no en todas las tumbas, además de cerámicas, tanto a mano de tradición local como de tipo fenicio, incluyendo vasos tipo Cruz del Negro, quemaperfumes y ampollas y aríbalos así como en ocasiones algún pequeño vaso de alabastro. Una vez que finalizaron los enterramientos en el área se procedió a construir un túmulo de unos 20 metros de diámetro que en su parte central alcanzaba en torno a los 1,80 m. de altura y que sellaba los enterramientos que quedaron debajo.

Un dato de gran interés es que a finales del siglo surge dentro del recinto funerario un túmulo secundario, en cuya parte central parece existir una tumba con gran número de materiales de tipo fenicio que se convierte, a su vez, en el centro de otro conjunto de hasta trece cremaciones con un rico ajuar metálico. La tumba principal de este grupo (a la que se le dio el número 24) consta de dos urnas tipo Cruz del Negro, una de ellas con los restos de la cremación de un adulto y de un niño, depositadas sobre una capa de arena de playa, un quemaperfumes y un soporte de barniz rojo, una botellita, dos pequeños vasos de alabastro para perfumes, dos cuentas de collar de oro y dos de alabastro, varias conchas, una cazuela a mano y, dentro de una de las urnas, un broche de cinturón de bronce, un pendiente de plata y una cuenta de collar de pasta vítrea, lo que resulta inusitado en el conjunto de esta área funeraria. Hay también indicios de que se le asoció un depósito ritual ubicado en el exterior de esta tumba. Sin duda se están produciendo procesos de cambio dentro de las estructuras indígenas, tal vez con el surgimiento de nuevas relaciones sociales ya no basadas en el parentesco sino en otros criterios, tal vez de tipo económico; no deja de ser curioso que los nuevos grupos emergentes, que mantienen su vinculación con las antiguas estructuras gentilicias compartiendo su mismo espacio funerario, pero segregados de él, estén constituidos por fenicios o, al menos, por individuos que asumen por completo los rituales fenicios; estos rituales, sin embargo, parecen estar extendidos por toda el área funeraria a juzgar por los restos de libaciones que emplean vasos de tipo fenicio, pero también otros de tipo indígena. Se ha sugerido la posibilidad de que en este túmulo puedan haberse enterrado gentes fenicias junto a gentes indígenas, quizá unidas mediante "matrimonios mixtos", tal y como se ha sugerido para otros ambientes coloniales, griegos y fenicios, del Mediterráneo. Es posible que, junto con este recinto funerario, hubiese otros activos a la vez, sin que se conozcan las razones por las que éste se clausuró cubriéndolo con un túmulo a fines del siglo VIII.

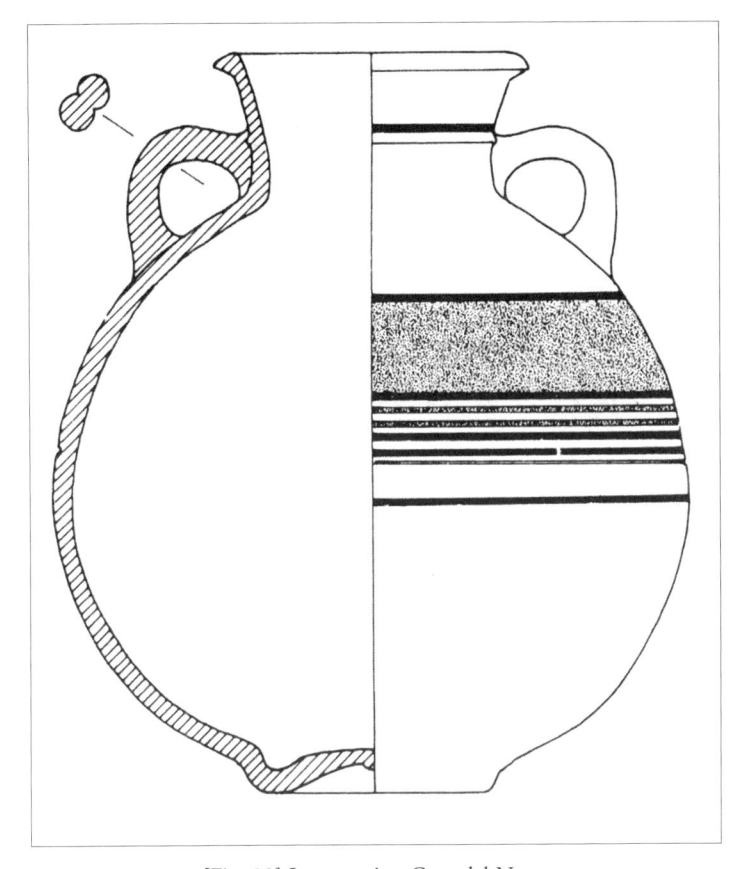

[Fig. 20] La urna tipo Cruz del Negro

II.2.4.1.1.2 Mesas de Asta

Situado en la orilla izquierda del antiguo Golfo Tartésico y bien comunicado también con el área del estuario del Guadalete, este yacimiento debió de jugar un papel importante en la Antigüedad por su excelente posición al relacionar ambos sistemas marítimo-fluviales. Aunque objeto de excavaciones arqueológicas en los años 40 y 50 del siglo XX, no son demasiados los datos que se conocen del hábitat protohistórico, si bien la localización de la necrópolis en los años 90, al oeste del asentamiento, y la realización de prospecciones, aporta algunas informaciones de interés. Prescindiendo de épocas anteriores, que se remontan hasta el segundo milenio a.C., en la parte meridional del área funeraria se han detectado más de quinientas posibles tumbas correspondientes a la primera mitad del primer milenio a.C.; son tumbas planas que parecen constar de la fosa de cremación y quizá alguna cubrición, no muy sobresaliente, de adobes y piedras de pequeño tamaño; habría tumbas anteriores a la presencia fenicia (o, por lo menos, sin importaciones fenicias) así como otras que ya muestran objetos importados en especial a partir de la segunda mitad del siglo VIII, siendo bastante numerosas las tumbas del siglo VII e inicios del siglo VI. Los materiales de las tumbas incluyen cerámicas de tradición local, bruñidas o pintadas tipo Guadalquivir o Carambolo; entre los materiales fenicios que empiezan a aparecer a partir de mediados del siglo VIII, hay cuencos de barniz rojo, cuencos con decoración de bandas pintadas, platos de barniz rojo, ánforas T-10.1.1.1. Para el siglo VII van disminuyendo los artículos a mano, aunque sigue habiendo sobre todo cazuelas con decoración bruñida y entre las cerámicas fenicias aparecen pateras, quemaperfumes, soportes, urnas tipo Cruz del Negro, bastante frecuentes y *pithoi* con decoración de bandas. Se han hallado, asimismo, objetos de marfil no decorados.

Prospecciones llevadas a cabo en toda el área que bordeaba el golfo en la Antigüedad han detectado un alto nivel de ocupación durante el Bronce Final y el periodo orientalizante concentrado en una serie de entornos y dejando grandes espacios vacíos entre ellos. En cada uno de esos entornos se localizan varios poblados de cabañas en alguno de los cuales han aparecido materiales fenicios en ocasiones semejantes a los hallados en la necrópolis de Asta. A lo largo del siglo VII aumenta el número de áreas pobladas y se observa el paso de la cabaña a las viviendas realizadas con un zócalo de mampostería, acompañadas de un aumento de los productos de tipo fenicio; en algunos casos (Estación del Cuervo 1, Casa de los Prados 1 o Loma del Cortijo Nuevo 3) se ha sugerido la presencia de asentamientos fenicios de tipo comercial junto a los asentamientos indígenas.

II.2.4.1.1.3 Onoba

Ubicada en lo que era una antigua península bordeada en sus lados oriental y occidental por las desembocaduras de los ríos Tinto y Odiel y en el sur por el gran estuario conjunto de ambos ríos que se abría al mar en un amplio golfo en el que se hallaba la isla de Saltés, la topografía onubense consistía de una serie de elevaciones, conocidas en la zona como cabezos que dominaban todo el entorno y en cuyas cimas y laderas se fue agrupando la población y se establecieron las necrópolis; así el hábitat estuvo en los Cabezos de la Esperanza, San Pedro y los desaparecidos del Molino de Viento, Cementerio Viejo y del Pino, aunque la mayor parte de los datos, algunos de ellos de gran interés, proceden del Cabezo de San Pedro. En este último ya antes de la presencia fenicia se detectan restos de ocupación que se van a ver reforzados a partir de la primera mitad del siglo VIII por la cada vez más importante presencia de materiales fenicios y por la construcción de un muro de técnica fenicia en la ladera occidental del cabezo al que ya hemos aludido en su momento. No se conoce demasiado de la organización interna del hábitat indígena, en parte debido a los profundos cambios que la naturaleza y las personas han propiciado en las zonas altas

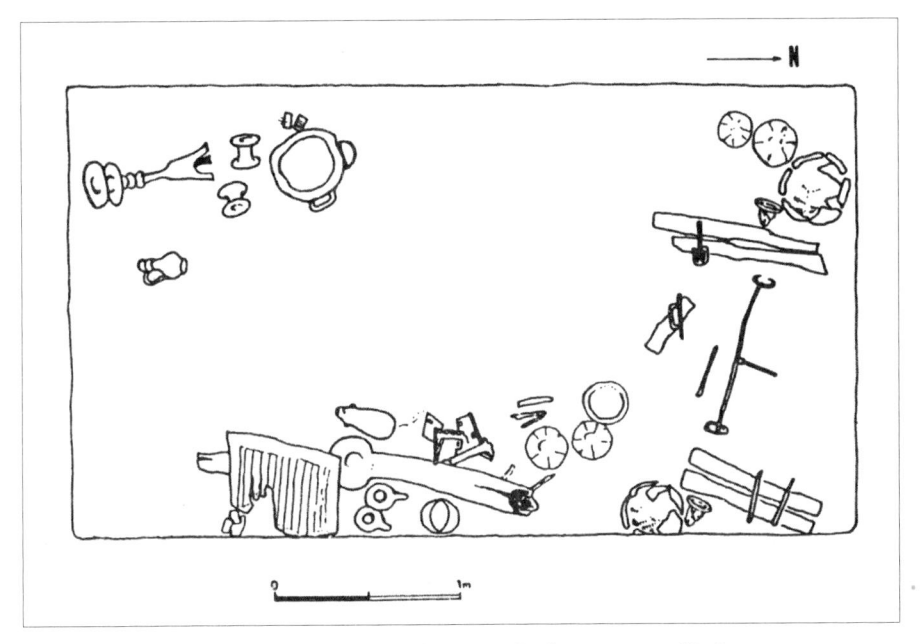

[Fig. 21] La tumba 17 de la necrópolis de La Joya, en Huelva

de la ciudad de Huelva. En el momento presente, la necrópolis y las zonas bajas de la ciudad aportan más informaciones que las zonas altas.

Por lo que se refiere a la necrópolis, se han detectado en la actual ciudad de Huelva varias áreas funerarias, aun cuando la más conocida merced a excavaciones arqueológicas es la que se ubicaba en el cabezo de La Joya. Allí se excavaron 19 tumbas que correspondían a tipos diferentes, incineraciones simples en urna, otras similares pero con considerable ajuar, incineraciones in situ en tumbas de grandes dimensiones y con abundante ajuar e inhumaciones en sepulturas en fosa, también con rico ajuar. Aunque en el momento de la excavación no pudo determinarse, los excavadores han sugerido que tal vez estas tumbas hubiesen sido incluidas, en algún momento, dentro de un túmulo, como se observa en otras necrópolis del área tartésica (Las Cumbres, Setefilla) y en otro sector de la propia necrópolis de Onoba, constituido asimismo por túmulos. Los materiales cerámicos presentes en las tumbas incluyen cerámicas a mano de tradición indígena junto con otras fenicias aunque son otros hallazgos los que atestiguan el carácter excepcional de esta necrópolis. Así, por ejemplo, el carro completo de dos ruedas, del que se han conservado sólo los restos metálicos, que se halló en la tumba 17 existiendo quizá otro en la 18. Los restos de carro de la tumba 17 incluyen los cubos de las ruedas, los bocados de caballo así como elementos de los atalajes, refuerzo de bronce de la caja, la lanza, etc.; en la misma tumba se halló una arqueta de marfil con bisagras de plata, un gran vaso de alabastro, un jarro y un brasero rituales de bronce así como un quemaperfumes también de bronce, un espejo del mismo material con enmangue de marfil, etc. En otras tumbas también aparecieron objetos de lujo, joyas en oro y plata, jarros de bronce, un escarabeo egipcio, etc. No cabe duda de que en esta necrópolis se enterraron personajes importantes de la sociedad indígena de Onoba, que llenan sus tumbas de todo tipo de objetos de lujo importados o fabricados in situ por artesanos fenicios y que son los grandes beneficiarios de las actividades comerciales promovidas desde Gadir. La cronología de esta necrópolis se sitúa desde la segunda mitad del siglo VIII y a lo largo de todo el siglo VII a.C. Por último, otro sector algo alejado del anterior, en la zona de Santa Marta, consta de varias estructuras tumulares, de las que se han realizado excavaciones en una que parece mostrar una cronología posterior a juzgar por la presencia de alguna cerámica griega.

Esta riqueza que se concentra en Onoba deriva sobre todo del papel que ejerció la ciudad como puerto de embarque de buena parte de la plata producida en sus inmediaciones y en la propia ciudad. En la ciudad baja se han ido excavando, a lo largo de los años, toda una serie de solares en los que se han identificado distintos tipos de edificios, almacenes, talleres, incluso santuarios, abiertos sobre todo a poblaciones extranjeras, en un primer momento fenicios, presentes ya en la zona desde al menos el siglo IX a.C. y, a partir de fines del siglo VII, también griegos. Entre los restos hallados en estas zonas bajas, que en la antigüedad se hallaban junto al estuario, aparecieron también hornos metalúrgicos, así como grandes cantidades de escorias. Los hornos eran de planta circular, y construidos de mampostería, sobre la que se alzaría la cúpula del mismo, sin duda realizada en adobe o barro que era la parte que se desmontaba una vez que se había producido la combustión de los materiales y la extracción del metal. Asimismo, posibles zonas de almacenamiento junto con edificios de una alta calidad constructiva y el ya mencionado santuario delinean la existencia de un auténtico *emporion* visitado en un primer momento por los fenicios y después por los griegos (*vid.* vol. I.II.3.3.1.).

Onoba se perfila, por consiguiente, como uno de los centros tartésicos más importantes aun cuando, como veíamos líneas atrás, no sepamos demasiado de las áreas residenciales ocupadas por los indígenas, en especial por sus elites. Conocemos, sin embargo, la zona de la necrópolis de los siglos VII y VI y toda la zona baja de la ciudad, al pie de los cabezos y hasta la línea de costa que parece haber sido el lugar reservado para los intercambios y las actividades artesanales promovidas por los visitantes y residentes extranjeros presentes en la región desde al menos el siglo IX a.C. Por supuesto, es la riqueza minera de las serranías onubenses lo que justificó esta afluencia de gentes extranjeras y la que justifica el extraordinario enriquecimiento que percibimos en la necrópolis de la Joya; los círculos dirigentes tartesios de Onoba controlan los intercambios y aceptan la presencia fenicia que les reporta indudables beneficios económicos y sociales. Estas élites indígenas organizan, en contacto con las gentes de la zona minera una extracción y un laboreo de los minerales cada vez a mayor escala y, asimismo gestionan su transporte a la costa, hasta la propia Onoba, donde los fenicios, establecidos en la zona baja de la ciudad, sin duda bajo la protección de alguna divinidad cuyos rasgos pudieran ser reconocibles tanto para fenicios como para tartesios, recibían esos cargamentos y tal vez los sometiesen allí mismo a un último refinado antes de embarcarlos en sus barcos. A cambio de ellos, toda una serie de productos de lujo pasaban a las manos de las élites onubenses y, por supuesto, a los otros grupos de poder implicados en todas las fases del proceso, desde la extracción y primeros procesos metalúrgicos hasta el transporte. Al tiempo, los fenicios habrían aportado su tecnología constructiva para consolidar los inestables cabezos de Huelva, si es que hemos de interpretar el muro de San Pedro como una obra de aterrazamiento y la escasez de datos nos impide saber si sus técnicas influyeron también en la modificación del aspecto del hábitat indígena ubicado en las cimas y laderas de los cabezos. Sobre Onoba volveremos al tratar de la presencia griega en la Península Ibérica (*vid.* vol.I, II.3.2.2.).

II.2.4.1.1.4 Niebla

La ubicación de Niebla es de gran interés porque se sitúa sobre un recodo del curso del río Tinto, que pone en comunicación el centro costero de Onoba con la zona minera, pero es también un punto clave en las comunicaciones transversales, que ponen en contacto la Tierra Llana onubense con el área de la antigua desembocadura del Guadalquivir. En las excavaciones y prospecciones realizadas allí se han identificado restos de una muralla del Bronce Final que ceñiría una parte de la población aunque también había viviendas extramuros. Se han localizado escorias de plata en muchos de los sondeos realizados lo que muestra la relación del asentamiento con el trabajo del mineral, razonable habida cuenta su ubicación. Los niveles de hábitat que han podido excavarse parecen datarse en su mayoría durante el siglo VII aunque puede que algunos remonten más en el tiempo; presentan la habitual combinación de cerámicas a mano de tradición indígena con productos de tipo fenicio, como cuencos de barniz rojo, *pithoi* y ánforas. En cuanto a las técnicas constructivas, basadas en una mampostería regular y rectilínea, y en muros de mampostería con pilares de refuerzo intercalados, se ha sugerido también una importante impronta fenicia que quizá sea más profunda que una simple y genérica influencia lo que implicaría, en opinión de alguno de los excavadores, la posibilidad de que haya habido residentes fenicios en Niebla.

En una de las elevaciones próximas a Niebla, en el Palmarón, se halló en 1934 lo que parece ser un túmulo que contenía un rica sepultura de cremación in situ en la

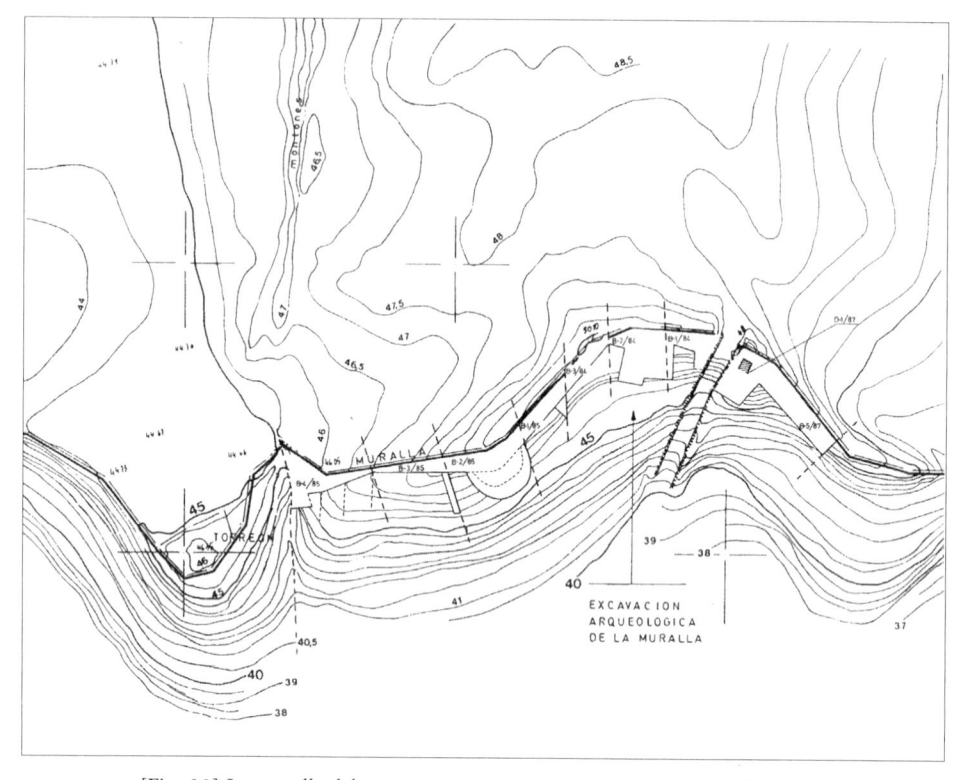

[Fig. 22] La muralla del asentamiento tartésico de Tejada la Vieja (Huelva)

que apareció un jarro y un "braserillo", una bandeja o fuente de plata, placas de cinturón, una espada y lanzas y quizá alguna pieza fenicia de barniz rojo; todo ello puede datarse a fines del siglo VII o inicios del siglo VI a.C.

II.2.4.1.1.5 Tejada la Vieja y San Bartolomé de Almonte

Un indicio de complejidad social vendría dado por la aparición de estructuras defensivas como las murallas; ya para Niebla habíamos visto cómo en un momento antiguo que los excavadores sitúan antes incluso de la llegada de los fenicios parece haber surgido un recinto defensivo. En cualquier caso, el recinto tartésico mejor conocido por el momento es el que se construyó en torno al yacimiento de Tejada la Vieja a fines del siglo VIII o inicios del siglo VII en una técnica que parece relacionada con la de la muralla más antigua del Castillo de Doña Blanca, compuesta con un alto zócalo de piedras trabadas con barro y formando un talud al exterior, y un paramento interno, estando relleno de piedras y tierra el espacio entre ambas caras; sobre el zócalo, la muralla seguiría en adobe o tapial y fue reforzada en algunos tramos con bastiones semicirculares, siendo acabada con un encalado; encerraba una superficie de unas 6,5 hectáreas. No se han hallado demasiados restos constructivos de época tartésica, sin duda porque se trataba de cabañas. El hecho de que tampoco hayan aparecido excesivos restos de hornos o de escorias ha llevado a los excavadores a sugerir que se trataría de un establecimiento relacionado con las tareas extractivas, más que con las transformadoras, que tendrían lugar en centros más próximos a la costa, como San Bartolomé o la propia Huelva, habida cuenta la proximidad de Tejada al distrito minero de Aznalcóllar, aunque también puede haber desempeñado funciones de control del territorio. En todo caso, en los últimos tiempos están surgiendo propuestas alternativas que sugieren una primera fase sin murallas y una segunda en la que se construiría la muralla, pero no antes de fines del siglo VII; ello obliga, sin duda, a todo un replanteamiento del problema de los contactos y las cronologías en el que aquí no podemos entrar.

San Bartolomé de Almonte nos muestra lo que debió de ser durante bastante tiempo el hábitat habitual de las poblaciones tartésicas, a pesar incluso de las actividades detectadas en este yacimiento. Se trata de un poblado de cabañas redondas que estuvo habitado entre fines del siglo IX e inicios del siglo VI, ocupando una amplia extensión de terreno, cifrada en unas 40 hectáreas, en la que, sin ningún orden aparente, se distribuían las cabañas, silos para conservar el grano y hornos metalúrgicos; en la antigüedad se hallaba cerca de la costa del hoy colmatado Golfo Tartésico y es posible que fuese uno más de los que se asomaban a ese amplio entrante; se halla a 40 kilómetros de Tejada la Vieja y con un fácil acceso al mismo y a partir de mediados del siglo VIII se detecta ya la presencia fenicia en él. En este centro se han hallado varios hornos metalúrgicos, que son simples hoyos en el suelo, a veces recubiertos de arcilla en su base; es probable que los hornos fueran al aire libre aunque algunos autores piensan que, más que hornos, se trata de basureros a los que se arrojaba restos de fundición y otro tipo de desperdicios. Se ha sugerido que la explicación de éste y otros asentamientos podía radicar en la riqueza en cal del entorno, necesaria para la fabricación de los crisoles con los que extraer los metales mediante la copelación. Algunos vasos cerámicos toscos hallados en el yacimiento se han relacionado con estas técnicas metalúrgicas.

Prospecciones realizadas en la propia zona minera de Aznalcóllar han detectado algunos yacimientos como El Castillo o Los Castrejones que presentan restos de actividades mineras, con unos materiales de tradición indígena, pero también con restos de importaciones fenicias que nos hablan de los contactos mantenidos entre el centro fenicio de Doña Blanca y el distrito minero ya desde el siglo VIII, atestiguadas también por el hallazgo, ya mencionado, en este yacimiento de grandes cantidades de plomo o litargirio procedentes, como muestran los análisis de isótopos de plomo realizados, de Aznalcóllar.

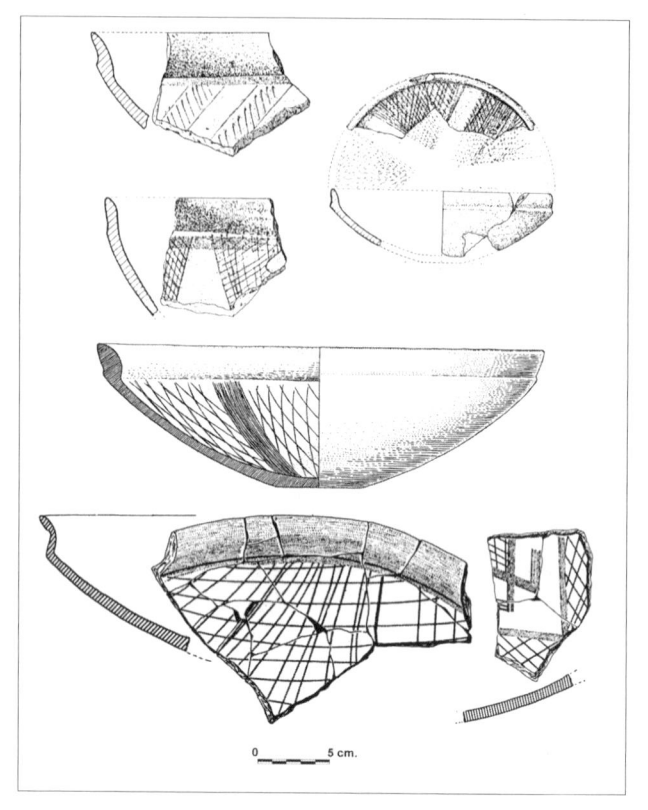

[Fig. 23] Cerámicas tartésicas de retícula bruñida

II.2.4.1.1.6 Spal y El Carambolo

En el capítulo relativo a los fenicios ya tuvimos ocasión de referirnos a la ciudad de Sevilla que, quizá, se limitase en época protohistórica a una zona elevada junto a un brazo secundario del Guadalquivir que lo bordeaba por el oeste mientras que por el este y el sur lo hacía el arroyo Tagarete. Como también se dijo (*vid.* vol.I, II.1.4.2.1), quizá el propio nombre de Hispalis, que tendría en latín, podría derivar de un término que en lengua fenicia sería Spal, que significaría algo así como la "baja", la "llana" o la que está en la llanura; en este contexto, el Carambolo podría haber funcionado como un santuario extraurbano, consagrado a Astarté y tal vez a Baal, en la zona alta al oeste del río, y desde el que se dominaba todo ese entorno adyacente a la antigua desembocadura. Aunque en los últimos tiempos se viene defendiendo el origen fenicio de Spal, en las no demasiadas excavaciones realizadas en el casco urbano de Sevilla se ha llegado a niveles del Bronce Final aunque es difícil aún conocer los contextos a los que pertenecen tales materiales.

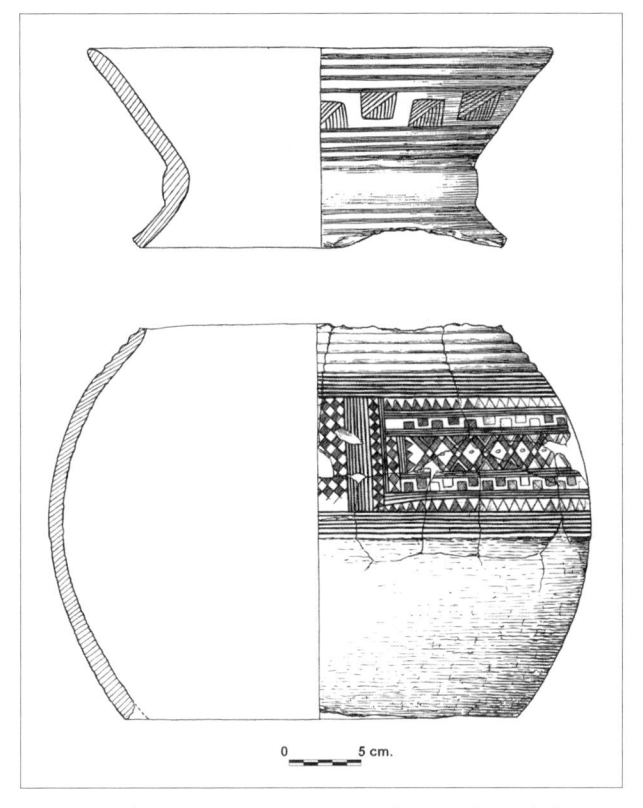

[Fig. 24] Cerámicas tartésicas pintadas tipo Carambolo

Lo cierto es que hasta las excavaciones recientes en El Carambolo, donde se han hallado los restos de un santuario de tipo fenicio, este yacimiento había sido considerado el paradigma de lo tartésico, sobre todo a raíz de la aparición del tesoro de piezas de oro; el hallazgo en él de cerámicas de dos tipos principales también permitió que el Carambolo se convirtiese en el yacimiento definidor de lo que durante mucho tiempo se ha considerado horizonte tartésico. Las cerámicas de El Carambolo, además de las de tipo fenicio, que son muy numerosas, son de dos tipos principales; por una parte, las de retícula bruñida, en especial cazuelas, que son muy abundantes y que representan, en buena parte de estos territorios del sudoeste, la tradición indígena de cerámicas a mano o a torno lento pero con una elaboración cuidada y con evidentes preocupaciones estéticas; su presencia en El Carambolo debe de ser prueba de la presencia de indígenas en el lugar de culto.

El otro tipo de cerámica que se identificó ya en las excavaciones de principios de los años 60 del siglo XX es la pintada que se llamó pronto estilo de El Carambolo y

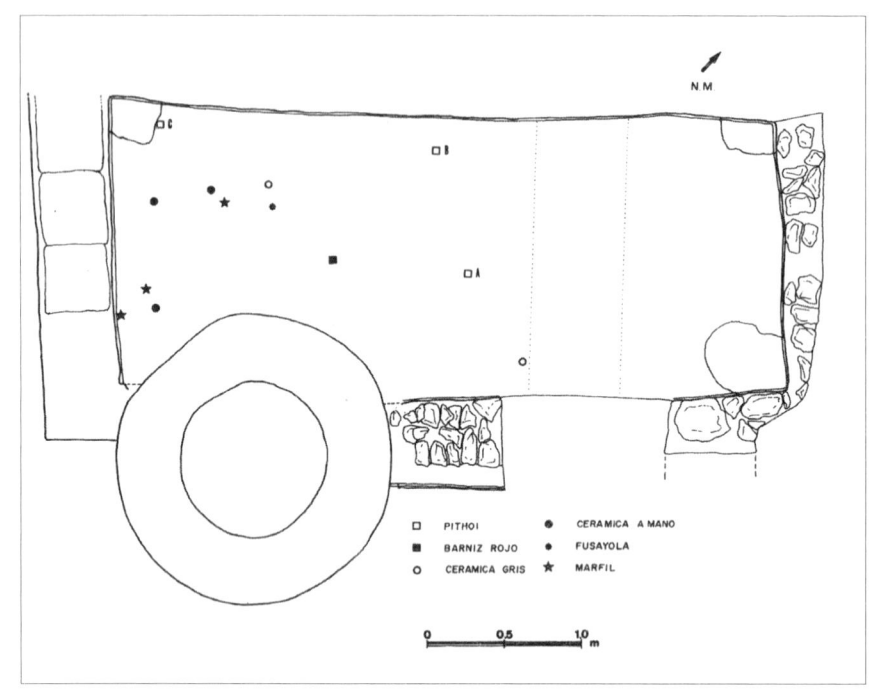

[Fig. 25] Ámbito 6 de la excavación en el palacio del marqués de Saltillo, Carmona (Sevilla)

que algunos autores han rebautizado como Guadalquivir I; son cerámicas a mano, pintadas con temas rectilíneos y pintura rojiza sobre una superficie engobada, alisada o bruñida. Las formas principales son las cazuelas, los vasos ovoides y los soportes y se distribuyen sobre todo por el curso bajo del Guadalquivir, aunque hay vasos fuera de esta área. En cuanto al origen de su decoración hay bastante consenso en aceptar que pueden haberse inspirado en cerámicas geométricas griegas del Geométrico Medio lo que, tras los recientes hallazgos en Huelva y en el propio Carambolo de algunas piezas de este tipo y con motivos en los que se inspiran las cerámicas tipo Carambolo, hace la hipótesis bastante plausible. El otro gran problema es el de la cronología, puesto que mientras que hay quienes las sitúan en la segunda mitad del siglo VIII, para otros podrían corresponder a los momentos finales del siglo IX y la primera mitad del siglo VIII. Los mencionados hallazgos de Huelva parecerían reforzar esta última opinión. De cualquier modo, la presencia de estas cerámicas indígenas pintadas en el área sacra del santuario de El Carambolo puede estarnos hablando no sólo ya de la participación de gentes indígenas en los ritos que allí se desarrollaban sino, incluso, del nivel de esa participación, puesto que se trata de una producciones que no son las más abundantes entre las producciones tartésicas antiguas.

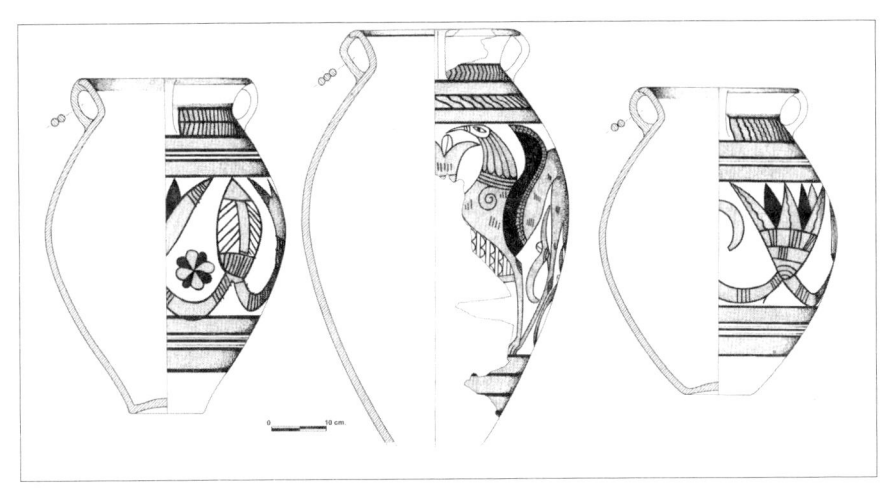

[Fig. 26] *Pithoi* tartésicos policromados procedentes del ámbito 6 de la excavación en el palacio del marqués de Saltillo, Carmona (Sevilla)

II.2.4.1.1.7 Carmona y los Alcores

Carmona se halla en una meseta que desciende hacia el terreno circundante en pendientes abruptas y que caracteriza el entorno en el que se ubica, conocido como los Alcores. Se encuentra junto al curso del río Corbones, afluente por la izquierda del Guadalquivir, del que Carmona no dista más de 15 kilómetros. En el casco urbano de la ciudad actual se han llevado a cabo y se siguen realizando diversas excavaciones, en su mayor parte de salvamento que han mostrado cómo el sitio estaba ocupado en la segunda mitad del siglo VIII, recibiendo ya objetos importados fenicios. De todas ellas destaca, por lo sugerente de sus resultados, la que tuvo lugar en 1992 en la casa del marqués de Saltillo en la parte norte de la ciudad; allí se pudo identificar una serie de ámbitos rectangulares, construidos con muros de mampostería en los que se detectaron, al menos, tres fases de ocupación; en la fase más reciente y mejor conocida incluían un espacio al aire libre, enlosado y tres habitaciones paralelas; sobre el zócalo de mampostería se elevarían muros de adobe o tapial y algunas estancias tenían pavimentos arcillosos de color rojo mientras que el de otras era de adobes amarillos; restos de algún hogar y de un banco adosado completaban el área excavada. Los materiales hallados son tanto ánforas fenicias (desde las más antiguas T-10.1.2.1 hasta las más recientes T-11.2.1.3) como diversos tipos de cerámicas pintadas a torno de tipo fenicio, entre ellas, vasos tipo Cruz del Negro, cerámicas de barniz rojo y las llamadas cerámicas orientalizantes pintadas en tonos monocromos o bícromos, así como distintos tipos de cerámicas a mano que, al menos en parte, parecen pertenecer a los niveles anteriores. Todo el conjunto se data a partir de la primera mitad del siglo v y se superpone a una estructura anterior en el tiempo, el ámbito 6.

En efecto, este ámbito 6 era una estancia rectangular compuesta de muros de adobe sobre zócalo de piedra revocada con arcilla amarillenta sobre la que había varias capas de cal; el pavimento, de tierra batida, había sido pintado de rojo y en tres de sus esquinas se habían realizado sendos huecos para depositar en ellos tres *pithoi* con decoración figurada. Los excavadores señalan la fuerte influencia fenicia en este tipo de construcción. Los *pithoi*, de gran tamaño (entre 56 y 73 centímetros) están decorados con una procesión de grifos con cabeza de ave y cuerpo de bóvido (uno de ellos, el mayor) y con temas florales los otros dos, presentando ambos alternancia de hojas y capullos de loto. Dentro de la amplia difusión de la cerámica orientalizante los mejores paralelos para estos vasos, en especial el de los grifos, se encuentran en Montemolín. Además de estos vasos, en el ámbito 6 había un plato de barniz rojo, copas de pasta gris, algunos recipientes a mano y, sobre todo, cuatro cucharas de marfil que representan los cuartos delanteros y traseros de un ciervo. Este espacio se interpreta como un ámbito de tipo religioso también con paralelos en Montemolín, como veremos más adelante. La cronología general del conjunto se establece entre finales del siglo VII y mediados del siglo VI a.C. Tras un periodo de cerca de medio siglo se edificarían las estructuras posteriores a las que ya nos hemos referido y que presupondrían el recuerdo del edificio anterior ya abandonado y en ruina. Los excavadores tienden a interpretar el ámbito 6 como un lugar de culto de tipo oriental, quizá al servicio de poblaciones de origen fenicio establecidas en Carmona.

Junto a este urbanismo tan problemático, es probable que en la zona de la Puerta de Sevilla, la complejidad de cuyo desarrollo histórico hasta llegar al aspecto actual ha sido subrayada por varios autores, hubiese existido una primera fortificación en talud acaso datable en el siglo VIII a.C. así como en la parte occidental del hábitat de época tartésica.

Tal vez vinculada a Carmona se encuentra la necrópolis de la Cruz del Negro, que se ubica a un kilómetro al noroeste de la ciudad. Fue objeto de rebuscas más o menos sistemáticas y de excavaciones entre los años finales del siglo XIX y los primeros del XX, y ha sido objeto de alguna otra excavación en épocas más recientes. Del mismo modo, el reestudio de datos de los excavadores antiguos ha aportado informaciones complementarias en ocasiones de interés y excavaciones llevadas a cabo en los años 90, aún no publicadas en su totalidad, ayudarán a entender mejor esta necrópolis. De todos esos datos resultan aprovechables más de un centenar de tumbas que suelen ser de cremación en urna, por lo general junto a la propia pira, aunque aparecieron algunas inhumaciones; como urna suelen usarse vasos *à chardon* o las urnas globulares de cuello corto y asas geminadas a las que se les dio el nombre de tipo Cruz del Negro por haberse identificado por vez primera en este yacimiento. Las investigaciones de los últimos años parecen certificar que las tumbas se hallaban agrupabas en túmulos muy destruidos. Entre los objetos de ajuar predominan los objetos de tipo fenicio, ánforas, lucernas, platos, alabastrones, huevos de avestruz, así como artículos metálicos como broches de cinturón, fíbulas, cuchillos y puntas de lanza; en algunas aparecen marfiles de diverso tipo (peines, cajas); como norma general, son las tumbas con urnas tipo Cruz del Negro las que disponen de objetos de ajuar importados de tipo fenicio, mientras que aquellas en las que la urna es el vaso *à chardon* suelen presentar ajuares metálicos pero sin cerámicas fenicias, salvo algún caso aislado.

La cronología de las tumbas que han aportado elementos datables se extendería desde la segunda mitad del siglo VIII hasta la primera mitad del siglo IV a.C.

Esta necrópolis ha sido interpretada por algunos autores no tanto como una necrópolis tartésica sino, más bien, como de tipo fenicio, aunque presente rasgos diferentes de las necrópolis fenicias del área costera; ello se ha relacionado con la posible participación de otros elementos de origen fenicio, en este caso agricultores, que habrían buscado en esta región en torno a Carmona nuevas formas de vida y que habrían atraído a sus propios artesanos para satisfacer sus necesidades locales de productos fenicios (cerámicas o marfiles, por ejemplo). Como suele ocurrir con las teorías novedosas ha sido atacada desde diversos ángulos aun cuando la constatación cada vez mayor de unos tempranos intereses fenicios en toda el área costera del antiguo Golfo Tartésico y las propias excavaciones en el hábitat de Carmona, donde los signos de orientalización son muy abundantes, quizá deberían obligar a reconsiderar la posibilidad de que grupos de gentes de origen fenicio pudiesen haberse establecido en zonas más internas y con potencialidades agrícolas ya a partir del siglo VII a.C.; ocupando áreas tal vez no cultivadas por los indígenas, a las que podrían haber sacado un mayor rendimiento merced a sus técnicas agrícolas más avanzadas, a las que ya hemos hecho referencia, se convertirían en un foco cultural de gran intensidad, que habría dejado su huella en el establecimiento, como hemos visto, y que habría provocado intensos cambios en la población autóctona, pronto atraída por el potencial económico que generarían estas gentes.

Además de la Cruz del Negro, en torno a Carmona, pero también en el resto del área de los Alcores y siguiendo la misma línea que éstos marcan, surgían varias necrópolis tumulares que fueron excavadas en distintos momentos entre fines del siglo XIX e inicios del XX y que se conocen con los nombres de Acebuchal, Bencarrón, Alcantarilla, Santa Lucía, Entremalo, etc. por no citar más que las más importantes y que sin duda correspondían a diferentes asentamientos que ocupaban esta importante región, próxima a Sevilla y al Guadalquivir y delimitada por los ríos Corbones y Guadaira; aunque se recogieron materiales que mostraban una

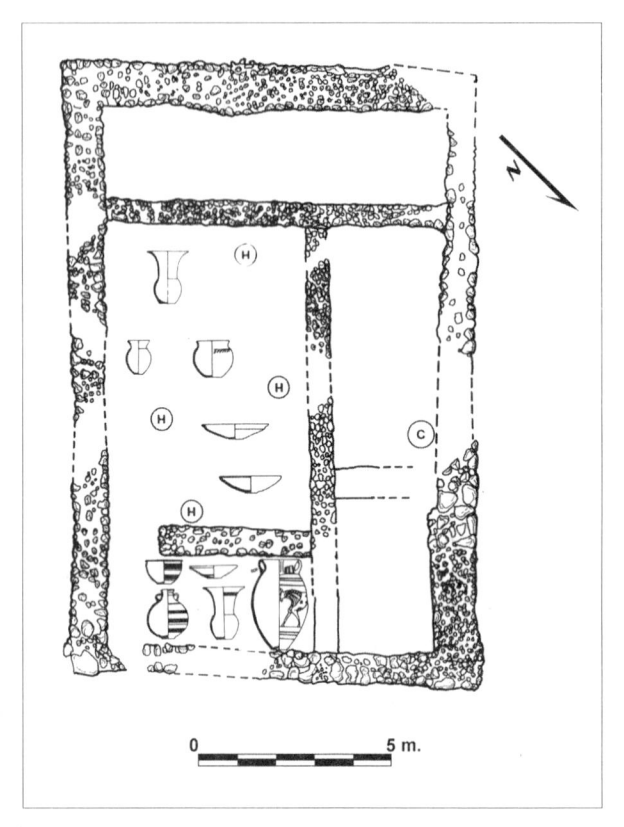

[Fig. 27] Estructura de posible uso religioso en el asentamiento tartésico de Montemolín

importante influencia oriental como abundantes marfiles o huevos de avestruz, así como cerámicas fenicias, los datos que se han conservado de ellas las hacen poco adecuadas para poder estudiar con detalle la estructura del mundo funerario en esta importante área tartésica a pesar de que han sido objeto de recientes estudios basados en parte en materiales conservados y en las notas de los excavadores antiguos.

II.2.4.1.1.8 Montemolín

Ubicado en la orilla izquierda del río Corbones y en una elevación junto al mismo, Montemolín se encuentra en una posición excepcional al hallarse en la ruta que conduce, por un lado hasta Carmona y el Guadalquivir y, por otro, hacia la depresión de Ronda. En este yacimiento se han excavado diferentes sectores que han mostrado cómo el inicio de la ocupación del hábitat se produce en el Bronce Final, prosiguiendo la vida en el mismo hasta el siglo v en el que se produce una interrupción para ser reocupado en momentos posteriores. En otra elevación situada al norte, y de nombre Vico, los niveles de ocupación no muestran interrupción, lo que hace pensar a los excavadores que Montemolín quizá actuase como una acrópolis al menos durante el periodo orientalizante. En el sector I, que se sitúa en la parte más alta del yacimiento se localizaron dos edificios contiguos que conocen diversas reconstrucciones de modo que siempre hay alguno en funcionamiento y, en ocasiones, los dos. Los edificios, que constan de varias estancias, son rectangulares, menos la primera fase de uno de ellos que es elipsoidal. El que, a pesar de las diferentes remodelaciones, ocupen los mismos espacios, sugiere también una continuidad en sus usos respectivos. Las fases más antiguas se sitúan en la transición entre el siglo VIII y el VII, siendo reconstruidos a partir de mediados del siglo VII y funcionando ambos a la vez durante el siglo VI a.C. Todos los edificios se realizaron construyendo un cuidado zócalo de mampostería y alzados de adobe, incluyendo el elipsoidal. Antes de ese momento se han detectado restos de otro edificio elipsoidal pero realizado con otra técnica diferente, siendo más propiamente una cabaña, aunque muestra ya la llegada de importaciones fenicias, durante la segunda mitad del siglo VIII.

Los edificios, en especial los más conocidos por ser los más recientes, llamados C y D, constan de un área al aire libre, un patio, que da paso a las restantes estancias; los prototipos tanto de las técnicas como del esquema constructivo apuntan al mundo oriental. Sólo para el edificio D hay disponible un análisis de los materiales que contenía y que muestra un alto porcentaje de cerámicas a mano, en especial en el patio, donde se observó una gran cantidad de suelos de tierra apisonada en los que abundaba la ceniza, la cerámica, los huesos y señales de fuego. Las cerámicas a torno que aparecen en este espacio son grises; en la zona de acceso al patio y, por lo tanto, al edificio, se localizó una plataforma de piedra que se interpreta como altar o mesa de sacrificios. Sin embargo, en la pequeña estancia junto al vestíbulo que permite el acceso al patio se halló una gran cantidad de cerámica de tipos diferentes, que quizá estuviese dispuesta en estantes; entre ella había desde grandes *pithoi* de "cerámica orientalizante" con decoraciones vegetales y animales, urnas Cruz del Negro de diversos tipos, vasos *à chardon* a torno, cuencos decorados con temas figurativos o geométricos y tapaderas. Entre las cerámicas figuradas aparecen representaciones de animales, tanto de bóvidos como de seres híbridos (grifos) y temas vegetales y se ha sugerido su función como contenedores de líquidos y sólidos a consumir en los banquetes sacrificiales.

Por lo que se refiere a la habitación al norte del patio, en ella había un horno y quizá un banco o soporte del que cayeron las cerámicas depositadas en ella y, a su lado, otra estancia pequeña. En la habitación alargada al oeste del patio no se halló material. Tanto en el edificio (en especial en el patio) como en las zonas externas al

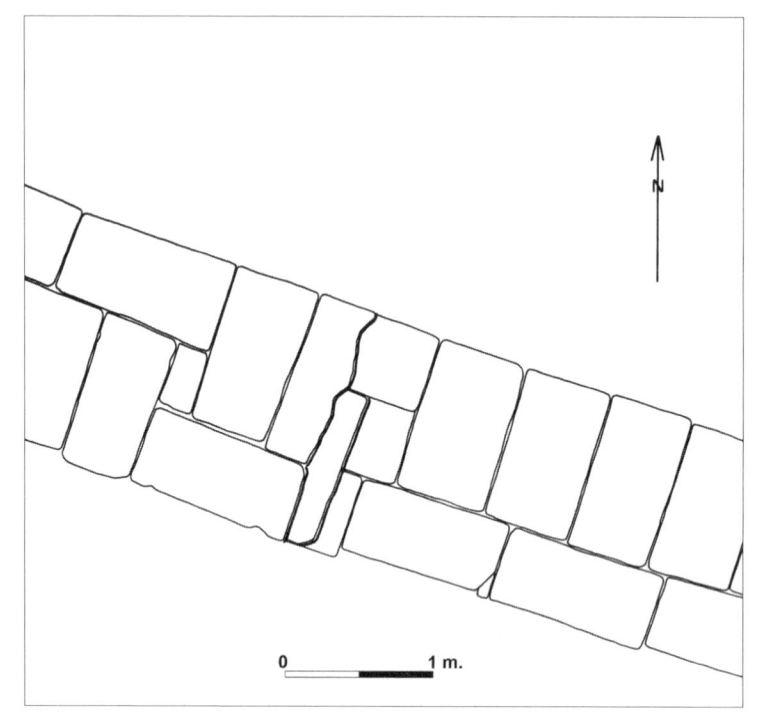

[Fig. 28] El muro monumental del corte 3 de la Mesa de Setefilla

mismo se halló gran número de material osteológico correspondiente a bóvidos, suidos y óvidos o cápridos que habrían sido sacrificados en la zona, siendo descuartizados allí y repartida su carne y, tal vez, cocinada in situ. En el exterior se ha hallado un posible pozo votivo con gran cantidad de huesos y cenizas aunque parecen predominar partes con escaso valor alimenticio (extremidades, partes de la cabeza, rabo). Igual que ocurría en el caso de Carmona, también se ha considerado este "edificio singular" como un santuario, quizá más fenicio (u "oriental") que tartésico. En los últimos tiempos, los excavadores llegan a sugerir que quizá nos encontremos ante un complejo sacrificial que abastecería de carne sacrificada y que distribuiría carne salada a otras zonas aunque estos argumentos son más discutibles, pudiendo explicarse la abundancia de restos de animales como consecuencia de celebraciones rituales periódicas que pudieran atraer a gentes del entorno.

Aunque hay indicios de la existencia de una muralla, quizá de época tartésica, no ha sido estudiada.

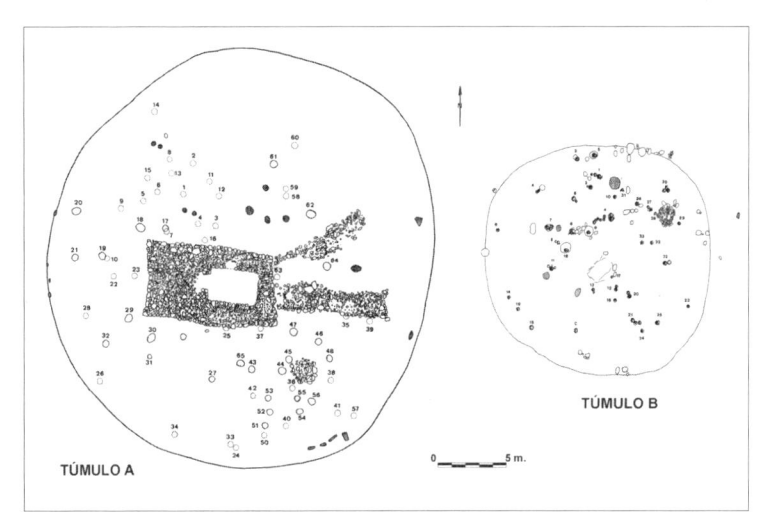

[Fig. 29] Los túmulos A y B de la necrópolis de Setefilla

II.2.4.1.1.9 Setefilla

Entre los años 1926 y 1927 se excavó una necrópolis tumular en el área de Setefilla que sobre todo, tras su reexcavación en los años setenta del mismo siglo, aportan importantes informaciones sobre los procesos sociales del mundo tartésico. Fruto del interés de estos enterramientos fue el intento de localizar el asentamiento del que dependía esta necrópolis, lo que se realizó en la Mesa de Setefilla que se ubica en las alturas que se encuentran justo al norte del área funeraria, aunque se detectaron restos de poblamiento en buena parte de las elevaciones circundantes. Las excavaciones mostraron una amplia estratigrafía que se iniciaba en el Bronce pleno y que proseguía hasta la época ibérica. Los niveles del Bronce Final presentaban las habituales cerámicas de retícula bruñida, en especial las cazuelas, que se asocian a cabañas que persistirán en las etapas anteriores, aunque las primeras influencias orientales vienen marcadas, además de por la introducción de cerámicas a torno, por la aparición de estructuras arquitectónicas que corresponden a edificios con zócalos de piedra y alzados de adobe enlucidos y, al parecer, por el inicio de los enterramientos en los túmulos A y B. El asentamiento parece conocer una ampliación, quizá debida a un aumento de población. El aumento del nivel de vida y de los contactos con ambientes mediterráneos determina, según avanza el tiempo, la construcción de un gran muro de sillares escuadrados junto con una presencia cada vez mayor de cerámicas a torno y la progresiva degradación de las cerámicas a mano. En la última de las fases excavadas, junto con un neto predominio de las cerámicas a torno de tradición fenicia, se hallaron cerámicas con pintura polícroma del tipo de las ya mencionadas en Carmona y en Montemolín. En otras áreas de la excavación se detectó una poderosa muralla reforzada más adelante con bastiones que no pudieron adscribirse a ninguna etapa en concreto. La economía de estas gentes, habida cuenta de su ubicación y de los restos faunísticos hallados debió de ser agropecuaria. En el momento de la excavación se asignaron a las diferentes fases unas cronologías muy bajas que, con el tiempo, han ido siendo elevadas y hoy se considera que el proceso de llegada de influencias orientales al área de Setefilla debió de tener lugar a lo largo del siglo VIII, en especial su segunda mitad, y que el siglo VII sería el momento de máximo apogeo de este proceso. Una cronología semejante también se aplicaría a los túmulos.

Como ya decíamos, se conocen en este caso también las áreas de enterramiento de época tartésica, que se articulan en túmulos de los que se conocen unos quince, excavados en los años 20 del siglo XX aunque un par de ellos, los llamados túmulos A y B fueron reexcavados con posterioridad. Cada túmulo contendría los enterramientos de grupos familiares extensos o gentilicios que articulan el espacio funerario teniendo en cuenta las diferencias económicas y de linaje. Ambos túmulos presentan bastantes semejanzas con el Túmulo 1 de la necrópolis de Las Cumbres en Doña Blanca, con cremaciones dispuestas en pequeñas fosas talladas en la roca empleando como urnas vasos *à chardon* y conteniendo como ajuar cazuelas de *retícula bruñida*, cuchillos de hierro, broches de cinturón, fíbulas de doble resorte y algún vaso fenicio. Sin embargo, el túmulo A (y quizá el H) presenta un desarrollo diferente, puesto que a partir quizá de fines del siglo VIII o inicios del siglo VII se construyó en el centro del mismo una gran cámara funeraria de mampostería en la que se inhumó a uno o varios personajes relevantes; a su alrededor hay 65 cremaciones de las cuales algunas son previas a la construcción de la cámara e, incluso, se ven afectadas por ella y otras, datables a lo largo del siglo VII a.C., se agrupan también de acuerdo con su nivel económico, estando las tumbas que tenían los ajuares más ricos y que correspondían a varones adultos más próximas a la cámara central y las menos ricas, tanto masculinas como femeninas e infantiles en las zonas más periféricas del túmulo. Hay que tener en cuenta que, a pesar de las diferencias de riqueza percibidas dentro de cada uno de los túmulos de Setefilla y, en especial, en el túmulo A en estas necrópolis parecen haberse enterrado sólo los elementos más destacados del grupo social, que habrían marcado el poder que ejercían en la comunidad mediante el empleo de unos rituales y el uso de unos ajuares de raíz oriental; se trata, pues, de una consecuencia de la penetración de influencias (y quizá de gentes) fenicias en el interior del territorio tartésico que, por consiguiente, no se limitaría sólo a la transferencia de productos y de tecnologías sino también de ritos e ideologías de carácter religioso y funerario. Por supuesto, todo ello se acompaña de un incremento de riqueza entre las élites y de una mayor capacidad de movilizar recursos de la comunidad, como muestra tanto la elección de la forma funeraria del túmulo cuanto, sobre todo, la construcción de la imponente cámara del túmulo A, que ha debido de requerir abundante mano de obra para su ejecución.

La necrópolis de Setefilla nos permite, pues, observar cómo dentro de una sociedad articulada en grupos de parentesco, algunos de ellos inician un proceso de emergencia que, aunque apenas puede observarse en las áreas de habitación, queda bien expuesto en el registro funerario; del total de quince túmulos detectados en Setefilla, sólo en dos de ellos (el A y el H) se da el paso que supone la construcción de cámaras funerarias destinadas a individuos sobresalientes que, por ende, adoptan un ritual diferente del empleado por el resto de la población, lo cual sugiere un desigual acceso a los medios de control y coerción social. En cualquier caso, la riqueza media de las tumbas del túmulo A es mayor que las del túmulo B lo que acaso sugiera también que el grupo familiar al que pertenecen los nuevos grupos de poder se ve favorecido por el auge de uno de sus miembros contribuyendo al mantenimiento de su posición y poder y privilegio de lo que se derivarían consecuencias beneficiosas para ellos. Por otro lado, y a pesar de lo poco que se conoce el auge de los contactos iniciados con el mundo fenicio en el hábitat vendría marcado por el espléndido muro de sillares, de trazado y función desconocida pero que debió de modificar el aspecto del asentamiento en algún momento del siglo VII a.C.

II.2.4.1.2 La aparición de una sociedad compleja y jerarquizada

El panorama que hemos visto hasta aquí presenta una situación de gran complejidad, puesto que ni son demasiados los yacimientos excavados en extensión ni las necrópolis bien conocidas son abundantes; ello determina, junto con prejuicios metodológicos, que los análisis que pueden hacerse sobre estos datos no sean aceptados de forma unánime por todos los estudiosos.

Lo que parece fuera de duda es que, fuese cual fuese el nivel de desarrollo de las poblaciones indígenas prefenicias que vivían en un Bronce Final no del todo bien definido, la acción fenicia supuso una transformación abismal. Da lo mismo, en este sentido, que las poblaciones indígenas supiesen cómo extraer la plata por copelación del mineral nativo, que tuviesen experiencias agrícolas o ganaderas, más o menos importantes desde un punto de vista económico según las zonas, o que hubiesen iniciado ya algún proceso de diferenciación social. Aunque no se trate de negar esos elementos, más visibles en unos casos que en otros, lo cierto es que la llegada de los fenicios provocó cambios de enorme trascendencia. Los fenicios ocuparon tierras para establecer sus ciudades y factorías, erigieron santuarios, de acuerdo o no con los indígenas, se establecieron en áreas en ocasiones ya ocupadas con cierta intensidad por los indígenas (como el área onubense) y se hicieron presentes, de formas aún no precisadas con detalle en otras en las que tal vez hubiese también una importante ocupación indígena (las orillas del golfo Tartésico). Ahora bien, lo importante no fue que estuviesen presentes en esas áreas sino los cambios que su presencia provocó. Los fenicios demandaban metales y lo que la arqueología nos muestra es que, a lo largo del siglo VIII, si no antes, todo el poblamiento de la serranía onubense empieza a reorganizarse para hacer frente a esa demanda lo que quizá incluyese procesos migratorios de territorios limítrofes (forzados o no) para aportar mano de obra a esa actividad, y podemos observar cómo en Onoba se deja sentir el impacto de esa presencia con la aparición de grupos con una capacidad económica y con una relevancia social extraordinaria, que se enterrarán en la necrópolis de La Joya. Yo, por mi parte, no identificaría a esas gentes como fenicios sin más datos, a pesar de la gran cantidad de objetos de esta procedencia que guardan en estas tumbas, porque no es frecuente que grupos de comerciantes (y en Onoba no parece que sean otra cosa) suplanten a las élites nativas aunque quizá tampoco deberíamos descartar la posibilidad de matrimonios mixtos como, por otro lado, pudieran haber existido en torno a Gadir, como muestra la necrópolis de Las Cumbres.

El interés fenicio por las tierras que bordean el golfo Tartésico es evidente y en estos momentos en los que la investigación se centra en las estructuras cultuales que erigieron también corremos el riesgo de perder de vista a las poblaciones indígenas, siempre presentes, como muestran sus cerámicas de tradición del Bronce Final pero también prontos a innovaciones como sugerirían las cerámicas pintadas tipo Carambolo. Intereses comerciales, pero también agropecuarios, llevan a los fenicios a estos territorios y en ellos al contacto intenso con las poblaciones autóctonas que participaron pronto en los cultos y rituales que los fenicios introducían y en los que acabarían hallando elementos de interés que añadir a sus propias y aún desconocidas tradiciones. Gravitando de forma más o menos directa sobre este gran golfo, las áreas del Bajo Guadalquivir van a recibir también un fuerte impacto y para la zona de los Alcores y el río Corbones se han llegado a sugerir establecimientos de agricultores orientales (a los que algunos autores se resisten a llamar fenicios prefiriendo la mayor ambigüedad del término indicado) que habrían dejado sus huellas en los rituales funerarios y en las áreas habitadas. En cualquier caso, y aunque en esta área son muy abundantes las necrópolis excavadas, aunque sólo estudiadas de forma muy deficiente, que sugieren también un intenso poblamiento indígena, lo más que podemos aventurar es que los fenicios favorecen el desarrollo de un poblamiento organizado en el que la cabaña va siendo sustituida por la casa y en el que, incluso, las viejas estructuras defensivas prefenicias van siendo sustituidas por otras que tienen en cuenta novedades traídas de ultramar. Por fin, en las zonas más alejadas de esta primera área "nuclear" que hemos delineado, Setefilla nos muestra, junto con evidentes transformaciones del núcleo habitado, procesos de transformación social y económica que tienen su traslación ideológica en el ámbito funerario.

Todo ello nos dibuja un mundo que desde el siglo VIII a.C. está experimentando una gran ebullición, y en el que se están produciendo fenómenos de mestizaje o hibridación, intensos pero con caracteres diferenciados según las zonas, que dan cuenta de cómo todo el mundo del sudoeste de la Península empieza a movilizarse para satisfacer las demandas fenicias pero, al tiempo, para ir dando expresión a los cambios que los diferentes grupos sociales indígenas empiezan a necesitar para adecuarse al nuevo desafío. No podemos considerar, como algunos autores defienden, al mundo fenicio y al mundo tartésico como dos ambientes yuxtapuestos que siguen desarrollos paralelos y en los que sólo algunas "influencias" cruzan de un entorno al otro; la penetración fenicia en el Bajo Guadalquivir es muy intensa y lo sería aunque sólo se aceptase que artistas itinerantes (eborarios, orfebres, plateros, broncistas) o albañiles o, incluso, sacerdotes, han sido los únicos en desplazarse hacia esos ámbitos. Pero la realidad es mucho más compleja; los fenicios han llegado a la Península para obtener determinados productos pero, una vez que han establecido aquí las bases tradicionales de su sistema económico, han generado excedentes a los que deben dar salida al tiempo que se abastecen de artículos que ellos no producen y que necesitan o para consumir o para comercializar en otros territorios de la Península y de fuera. La propia esencia de la acción fenicia, pues, les impide permanecer al margen de lo que ocurre en la que se convierte en su área de influencia natural.

Por ello mismo, los contactos con las poblaciones indígenas del entorno han sido intensos, tanto para obtener aquellos recursos que ellas producían, como para colocarles parte de lo que ellos elaboraban. En unas sociedades en las que predominarían las relaciones sociales basadas en lazos de parentesco –aun cuando ya existirían elementos de desigualdad y una cierta organización interna–, la acción fenicia no podía por menos que favorecer el incremento de la desigualdad al monopolizar aquellos individuos y grupos familiares ya mejor situados por su propio desarrollo interno previo a la llegada fenicia los contactos y las relaciones con los recién llegados. Ello, unido a la capacidad de movilizar los recursos del grupo humano en función de los intereses fenicios junto con la capacidad de actuar como intermediarios entre éstos y otros grupos indígenas con los que estuviesen relacionados, va a permitir redibujar sobre una nueva base las relaciones transversales en el ámbito tartésico. El desarrollo de rutas de comunicación, que podemos seguir merced a la difusión de los productos importados, y el incremento de los contactos, va a dar lugar a la promoción de algunas zonas en detrimento de otras, lo que va a producir, asimismo, un desigual acceso a los productos de lujo aportados por los fenicios. Por supuesto, es difícil seguir en estos momentos, y teniendo en cuenta los conocimientos que poseemos, cómo se articulan los diferentes ámbitos tartésicos entre sí pero sí podemos observar cómo algunos puntos empiezan a adquirir un aspecto más desarrollado, como Niebla, Carmona o Setefilla que parecen haber ejercido un cierto papel de control no sólo de los recursos naturales del entorno sino también de las rutas de comunicación lo que los convierte en puntos clave de las redes de intercambio que se establecen.

Es también difícil saber qué tipos de relaciones mantienen entre sí los diferentes centros tartésicos, en especial los más importantes, por lo que serán necesarios más estudios pormenorizados para resolver esta cuestión; creo que es un error considerar todo el ámbito que llamamos tartésico como una unidad y, por supuesto, nada más lejos de la realidad que considerarlo un "reino" (o un "imperio"). No sólo no tenemos indicio alguno de que pueda haber existido una estructura que controle o unifique el sudoeste de la Península, sino que, como decíamos, las diferentes orientaciones económicas de las áreas tartésicas así como los distintos tipos de relación que sin duda mantienen con el mundo fenicio contribuyen más a marcar diferencias que a establecer puntos en común; y tampoco deberíamos dejarnos engañar por las semejanzas observables en la cultura material puesto que relaciones económicas entre áreas distintas han existido siempre a pesar de que para estos momentos quizá deberíamos pensar más en los fenicios como vectores de esas relaciones que en los propios indígenas.

En definitiva, y por último, el que nosotros apliquemos a un territorio que nosotros mismos hemos definido la etiqueta de tartésico no tiene repercusión alguna en lo que fue el desarrollo del sudoeste de la Península Ibérica entre los siglos VIII y VI a.C. Si algo muestra lo que hemos visto en este apartado son las grandes diferencias que existen entre este territorio "tartésico" en el que, si encontramos algo en común es el haber sido muy afectado por la presencia y la actividad fenicia. La aparición o el reforzamiento de grupos de poder es una consecuencia de esa actividad pero en el momento actual de nuestros conocimientos resulta problemático asumir que estos poderes emergentes ejercieran su control mucho más allá de los límites de su protociudad y de los campos y zonas directas de captación de recursos que la rodeaban. Si pensamos en estos términos mejor que en los anacrónicos de "Reino de Tarteso" estaremos, sin duda, más cerca de la realidad histórica.

II.2.4.2 Las áreas periféricas

Una vez analizado lo que puede considerarse el núcleo de la cultura tartésica, que se ubicaría en el área onubense y en el Bajo Guadalquivir, podemos pasar a estudiar lo que podríamos llamar áreas periféricas. Estos territorios, que abarcan un amplio arco que va desde las regiones más surorientales de la Península hasta el Sudeste, pasando por el sur de Extremadura, el sur de la Meseta y la Alta Andalucía, presentan rasgos bastante diferentes de los que hemos podido detectar (a pesar también de sus diferencias internas) en el área nuclear. Todos ellos, sin embargo, se van a ver afectados por el extraordinario auge económico y cultural que va a experimentar aquel territorio y ello va a introducir importantes modificaciones que marcarán su futuro desarrollo histórico y, en algunas zonas, las bases sentadas durante el periodo orientalizante permitirán en su momento el desarrollo de nuevas culturas que, como la ibérica, consolidará el modelo urbano en la Península.

II.2.4.2.1 El Guadalquivir medio: Córdoba-Colina de los Quemados

El Guadalquivir va a ser uno de los grandes ejes económicos y culturales de la Península a lo largo de toda su historia y, por supuesto, también en estos momentos que aquí estamos abordando. Es difícil trazar una frontera nítida entre las tierras del Bajo Guadalquivir y las del tramo medio del río porque son muchos los factores que relacionan ambos territorios e, incluso, éstos y el tramo alto del río donde, como veremos, surgirá Cástulo. Sin embargo, creo que es lícito que consideremos el área cordobesa desde otra perspectiva, aun reconociendo el gran número de elementos que unen este territorio con zonas más al oeste.

Son varios los sitios que han sido objeto de intervenciones arqueológicas y que muestran contactos y relaciones con el mundo del Bajo Guadalquivir, expresados tanto por la presencia de las típicas cerámicas a mano de esas áreas como por la existencia de producciones a torno de tipo fenicio. Entre ellos, se puede mencionar La Saetilla (Palma del Río), que se ocupa a fines del siglo IX y empieza a recibir productos a torno a fines del siglo VIII, Ategua (Córdoba) donde la presencia de los materiales a torno se sitúa también a fines del siglo VIII a.C. y donde ya en esas fechas hubo una muralla, Torreparedones (Castro del río-Baena), el Llanete de los Moros (Montoro), o el Cerro de las Cabezas (Fuente Tójar) además de muchos otros que se conocen por intervenciones más puntuales o prospecciones. De todos ellos el que ha aportado más datos y sin duda uno de los centros más importantes de estos territorios es el que se conoce en la literatura científica como Colina de los Quemados, situado en el casco urbano de la ciudad de Córdoba. Aquí se concentró el poblamiento indígena hasta la época de la fundación de la ciudad romana en el año 169/168 a.C. (o en el 152/151 como quieren otros autores), la cual se ubicó en las inmediatas proximidades del establecimiento prerromano (a unos 750 metros al Nordeste), pero no sobre el mismo.

La Colina de los Quemados se halla ya ocupada, al menos, durante todo el segundo milenio a.C., aunque no parece haber adquirido un papel importante en la ordenación del territorio circundante hasta el Bronce Final. El tamaño del área habitada durante este periodo se ha calculado en unas 50 hectáreas que, por supuesto, no fueron ocupadas en su totalidad sino que el poblamiento se articularía en este espacio en pequeños núcleos de cabañas que diseñarían un hábitat semidisperso y que harían uso como zonas de cultivo de los espacios vacíos entre uno y otro núcleo; se han detectado cabañas de planta tanto circular u ovalada como cuadrangular. A este centro, que ya había ido adquiriendo ciertos niveles de organización a juzgar por algunos restos de muros de gran empaque que fueron hallados durante las excavaciones de los años setenta del siglo XX, empiezan a llegar las primeras importaciones a torno, en parte de procedencia fenicia (ánforas, cerámicas bícromas, barniz rojo), a partir de inicios del siglo VII, aunque algunos autores han propuesto elevar la cronología de tales materiales a la segunda mitad o finales del siglo VIII. Ya en esta fase orientalizante la *Corduba* prerromana controlaba un importante territorio con vocación agropecuaria, del que parece haber sido el centro principal, al tiempo que centralizaba los recursos cupríferos y argentíferos de Sierra Morena merced a una red de comunicaciones en la que el centro jugaba un papel predominante. Este papel lo desempeñará, a mayor escala aún, también a partir de fines del siglo VI cuando se entra en el periodo turdetano aunque intensificando la vocación agrícola del territorio del Guadalquivir medio, periodo en el que tanto *Corduba* como otros centros adquirirán rasgos de tipo urbano.

Pero volviendo al periodo entre el siglo VII y hasta inicios del siglo VI, lo que se ha definido por los excavadores como fase orientalizante, se producen importantes cambios en la estructura del hábitat ubicado en la Colina de los Quemados, puesto que surgen edificios con zócalos rectos y ángulos escuadrados y alzados de adobe, en alguno de los cuales se hallaron varios molinos barquiformes que subrayarían la importancia de las actividades vinculadas a la transformación de los cereales; los pavimentos de los diferentes momentos alternan entre los de arcilla apisonada y cal pintada de rojo y los de guijarros; también se han detectado otros edificios con muros curvos. Durante esta fase se va produciendo una disminución de la cerámica a mano y una reducción del número de formas presentes junto con aumento de las cerámicas a torno, entre las que las hay tanto de tipo fenicio (urnas tipo Cruz del Negro, grandes recipientes con bandas pintadas, ánforas T-10.1.2.1) como cerámica orientalizante con decoración figurada.

A juzgar por los tipos de cerámicas a torno encontrados tanto en la Colina de los Quemados como en otros lugares excavados o prospectados, así como por la presencia de materiales de claro origen en el Bajo Guadalquivir, como las cerámicas tipo Carambolo en los momentos más antiguos y las cerámicas orientalizantes en fases más recientes, así como las fechas que se manejan, y que apenas remontan los años finales del siglo VIII en el mejor de los casos, da la impresión de que la llegada de estas influencias tiene que ver con gentes tartésicas del Bajo Guadalquivir más que con poblaciones de origen fenicio. Habrían sido, pues, tal vez gentes muy impregnadas por el contacto con los fenicios o que, incluso, convivían con poblaciones de origen oriental, quienes habrían iniciado el proceso de entrar en contacto con sus vecinos de aguas arriba del río para intercambiar con ellos sus productos

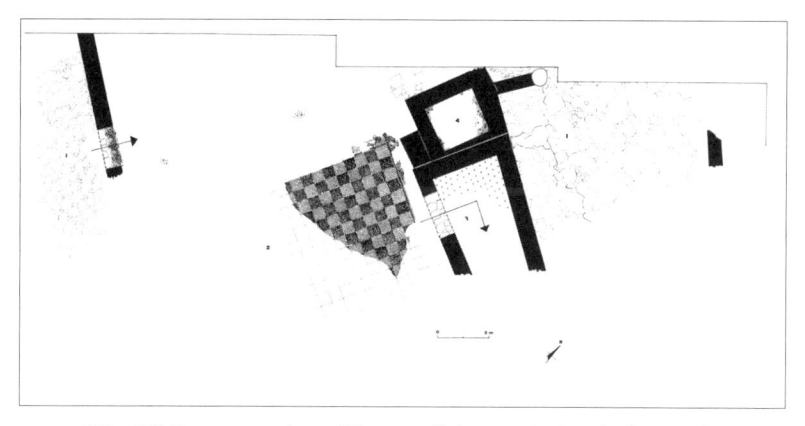

[Fig. 30] Estructuras de posible uso religioso en La Muela de Cástulo

y para lograr, a cambio, parte de las riquezas de la zona, quizá minerales, pero acaso también productos agrícolas. De ser esto así, nos estaría hablando de la gran vitalidad que alcanza el área nuclear tartésica que se convierte en un auténtico motor económico y cultural que exporta elementos propios de su cultura a las áreas adyacentes; como veremos en los apartados sucesivos, este fenómeno no se limita al Guadalquivir medio sino que afecta, en general, a los territorios que hemos denominado periféricos.

II.2.4.2.2 El área de la Alta Andalucía. Cástulo

Aguas arribas del Guadalquivir nos vamos a encontrar con algunos yacimientos que a lo largo sobre todo del siglo VII van recibiendo influencias de las áreas más meridionales, observables en la presencia de objetos exóticos (marfiles, fíbulas, broches de cinturón), así como cerámicas a torno que poco a poco van definiendo en estas zonas un horizonte orientalizante; yacimientos como la necrópolis del Cerrillo Blanco (Porcuna) o el Cortijo de las Torres (Mengíbar) marcan este proceso. Sin embargo, en todo este territorio, el centro que destacará será Cástulo, mencionado en las fuentes literarias en varias ocasiones y vinculado con las riquezas argentíferas de su riquísimo distrito minero.

Cástulo se ubica a unos 7 kilómetros al sur de la actual ciudad de Linares sobre el río Guadalimar, a unos 12 kilómetros de su desembocadura en el Guadalquivir y durante las excavaciones llevadas a cabo, sobre todo, durante los años 60 a 80 del siglo XX se han hallado testimonios correspondientes a casi todos los periodos culturales desde el Paleolítico hasta la época musulmana. No obstante, parece que será durante el Bronce Medio cuando la población empiece a agruparse en torno a un área amesetada próxima al río, quizá en relación con el incremento de las actividades mineras; la ciudad tuvo gran importancia durante la época ibérica y su desarrollo en este periodo sería consecuencia del auge que experimentó durante el periodo orientalizante, que dejó sentadas las bases de su esplendor futuro.

Para el periodo que nos interesa disponemos, sobre todo, de las excavaciones realizadas en la zona de La Muela y de algunas tumbas de este momento. La Muela se ubica en los taludes del río Guadalimar, en su orilla derecha y al pie de las elevaciones en las que se ubicó la ciudad protohistórica. Se detectó una primera fase, en la que había existido un poblado metalúrgico del Bronce Final, con restos de escorias y de bloques de galena argentífera, así como herramientas para triturar el mineral y cabañas rectangulares o cuadradas, y con algunos indicios de influjos externos de tipo orientalizante. Esta fase se dataría en los últimos decenios del siglo VIII. Tras un corto abandono le sucede una serie de construcciones caracterizadas por zócalos de mampostería rectilíneos y alzados de adobe, cuyos paralelos se encuentran en edificios fenicios de la costa. Se dataría tal vez a principios del siglo VII y todo el edificio conoce varias remodelaciones hasta que, a fines de ese siglo o inicios del siglo VI adquiere un aspecto más monumental con un suelo de guijarros blancos y negros dispuestos en ajedrez y algunas estancias o patios enlosados. Ya en niveles anteriores habían aparecido suelos de guijarros pero mucho más sencillos. Este suelo de guijarros conoce alguna reparación quizá a lo largo del siglo VI. Otra de las estancias estaba llena de huesos (de bóvidos y ovicaprinos sobre todo), cerámicas rotas in situ y gran cantidad de cenizas y se identificó como lo que podía ser un área de cocina al aire libre. Entre los materiales que se hallaron los hay a torno, entre ellos cerámicas grises y de barniz rojo así como ánforas y urnas tipo Cruz del Negro pero, sobre todo, a mano que componen la inmensa mayoría del repertorio cerámico; las hay de muy diversos tipos y con paralelos tanto en las áreas del Bajo Guadalquivir como en las regiones granadinas y en el área albaceteña e, incluso, en el sudeste de la Península. Se detectaron, asimismo, algunas de ellas (las grafitadas) con paralelos en los valles del Duero y sobre todo, del Ebro y Sistema Ibérico. En cuanto a las pintadas las hay también con paralelos en las áreas granadinas pero también en el área extremeña, donde son semejantes a las que se conoce como tipo Medellín. Todo ello llevó a los excavadores a sugerir movimientos de gentes atraídas por la riqueza minera de la región castulonense.

Lo que las excavaciones pusieron de manifiesto fue que, quizá igual que ocurría en el Guadalquivir medio, las influencias orientales llegaron de la mano de gentes tartésicas, ya orientalizadas que traerían consigo sus productos cerámicos a torno los cuales no son siempre, en sentido estricto, fenicios. Por otro lado, las poblaciones residentes en Cástulo no muestran excesivos vínculos con el área del Bajo Guadalquivir y sí, por el contrario, más con los territorios al este lo cual será, en cierto modo, una característica de la zona durante las fases históricas posteriores, como también lo serán sus relaciones con la Meseta y con Extremadura.

Los excavadores sugirieron que todo el conjunto correspondía a un santuario dedicado a Astarté, con paralelos en el mundo fenicio oriental, en especial en Chipre y vinculado a las actividades metalúrgicas, acaso resultado de la presencia directa de fenicios o de tartesios en estos territorios; por su emplazamiento, junto a la antigua orilla del río, y al pie mismo de las elevaciones en las que se estableció la ciudad protohistórica da la impresión de que la estructura está en relación con actividades de intercambio quizá junto a un puerto fluvial y, por supuesto, en contacto con rutas que confluyen en este punto desde aguas abajo del Guadalquivir, desde la Meseta meridional con la que se hallaba comunicada a través de una serie de pasos por Sierra Morena así como con la Meseta suroriental y el sudeste de la Península. Todo ello pudiera sugerir el carácter empórico esto es, vinculado a actividades comerciales internacionales de este más que probable lugar de culto. Algunos autores, sin rechazar el carácter religioso del edificio, han sugerido también que podría tratarse de un palacio aun cuando, en mi opinión, y dada la ubicación extraurbana del mismo, le cuadraría más la función religiosa que la palaciega.

Por lo que se refiere a las necrópolis castulonenses, aunque la gran mayoría de las excavadas corresponde a las épocas ibérica y romana, sí se conocen algunas tumbas que pueden ubicarse en el periodo "orientalizante". Una de ellas se encontró en las proximidades del Estacar de Robarinas, donde luego existiría una necrópolis de época ibérica aunque no fue excavada de forma científica lo que ha planteado dificultades cronológicas al haber objetos, al parecer, de dos momentos diferentes. Entre los objetos antiguos, quizá de fines del siglo VIII o inicios del siglo VII hay un broche de cinturón, una espada de hierro, tres figurillas de tipo hathórico pertenecientes a un quemaperfumes, restos de calderos de bronce con trípodes, un braserillo, asadores, una pátera de plata y un anillo de oro; las tres urnas cinerarias halladas, en cambio, podrían datarse en el siglo VI. Otra de estas tumbas es la número 19 de la necrópolis de Los Patos, sobre la que también hay dudas de si los materiales corresponden a una tumba o, por el contrario, al arrasamiento de sepulturas anteriores; se trata de cerámicas a mano con decoraciones pintadas y bruñidas. Por fin, en la zona de los Higuerones se excavó un túmulo existente sobre una tumba saqueada en el que se halló un conjunto de piezas de bronce entre las que había un quemaperfumes con figuras de animales en el borde, así como otras figuras correspondientes a una esfinge y a un león o toro que eran apliques de otro recipiente y asas de bronce correspondientes tal vez a un caldero. El conjunto se dataría en el siglo VII o inicios del VI y todos estos objetos de bronce mencionados muestran estrechos paralelos en las producciones broncísticas introducidas por los fenicios. Además, hallazgos más o menos descontextualizados en estas áreas de necrópolis indican la existencia de más tumbas, destruidas por los enterramientos de épocas posteriores.

Lo hasta aquí visto confirma a Cástulo como uno de los centros más importantes de las periferias tartésicas y ya para los siglos VII y VI receptora de influencias no sólo de los ámbitos fenicios y tartésicos del Bajo Guadalquivir sino, como hemos dicho, de buena parte de las áreas limítrofes del tercio meridional de la Península. Lo excavado en la Muela hay que considerarlo como un área cultual, vinculada a la función portuaria y comercial que la ribera del Guadalimar desempeñó una vez que la explotación y acarreo de la plata convergió en el centro castulonense a lo largo del siglo VII a.C.; aunque las influencias en las técnicas constructivas apuntan al ámbito fenicio la gran complejidad de los hallazgos y la no excesiva presencia de vajillas fenicias típicas, en términos absolutos y relativos, no permiten concluir una actividad fenicia directa en el área, al menos a gran escala, sin que puedan descartarse en absoluto presencias de estas gentes. Por otro lado, los círculos de poder que van configurándose en Cástulo a lo largo del siglo VII habrían residido en la ciudad ubicada en el alto, desde la que se controlaba el río y el entorno circundante. De estos círculos de poder no nos quedan más que unas cuantas tumbas que muestran, en todo caso, una extraordinaria concentración de productos exóticos, de tecnología e iconografía derivadas del mundo fenicio que contrasta con el carácter algo diluido de tal presencia en el área de La Muela. Todo ello nos indica las modalidades culturales tan peculiares que asumen las periferias tartésicas, en las que el interés económico resulta evidente, vinculado a la producción de plata, pero en el que los mecanismos de intervención están, sin duda ninguna, en manos indígenas. Los círculos de poder indígenas que se desarrollan a la sombra de esta demanda pueden aceptar la introducción de nuevas tecnologías e, incluso, de técnicas constructivas alóctonas; pueden, incluso, admitir la erección de lugares de culto que no reflejan los intereses directos de los nativos pero que pueden ser un excelente medio para atraer a extranjeros que participen en los distintos procesos que implica la extracción, transporte y comercialización del metal, aunque sin discutir la autoridad ejercida por las autoridades locales. Como hecho significativo, el santuario empórico se ubica fuera del área habitada por los indígenas y en sus márgenes (como muestra, por ejemplo, el caso de Onoba) y junto a una vía de comunicación como es el río. Al tiempo, estas élites empiezan a recibir productos de claro origen colonial (quemaperfumes, páteras, bandejas, calderos, etc.) que encuentran hueco en las tumbas de estos individuos.

El fenómeno de orientalización, por último, no debe ocultar que el registro arqueológico muestra unas tradiciones de fondo, unos substratos, muy diferentes de los existentes en el Bajo Guadalquivir; en tanto en cuanto los distintos tipos cerámicos pueden estar definiendo identidades diferentes (algo que no siempre es evidente y en lo que hay que tener muchas precauciones), las gentes del área castulonense no forman parte del mismo conglomerado cultural que ha sido reconocido en las áreas gaditanas, sevillanas y onubenses. En épocas ulteriores esto quedará claro al no considerarse a Cástulo integrada en la Turdetania sino, más bien, en el conglomerado de pueblos ibéricos, formando parte de los Oretanos (*vid.* vol.II, I.1.3.2); es, incluso, probable, que ni tan siquiera hubiese relación lingüística entre estos territorios del Alto Guadalquivir y los del Bajo. Hago hincapié en estas diferencias porque el proceso de expansión económica (al menos) del mundo tartésico va llevándole hasta áreas con trasfondos económicos y culturales diferentes a los que, no obstante, integra en una red de intercambios e intereses compartidos que justificarían también el auge que experimentan las áreas nucleares tartésicas, en especial a lo largo del siglo VII, momento que coincide también con el esplendor del modelo comercial y colonial fenicio arcaico.

II.2.4.2.3 Las serranías malagueñas: Acinipo

Este territorio del interior de la actual provincia de Málaga, a pesar de las estrechas relaciones que mantiene con el área mediterránea y con el Guadalquivir, parece mostrar rasgos particulares, acaso derivados de su propio carácter interno lo que hace que se hayan distinguido elementos de interés como para que lo abordemos de forma particularizada.

Acinipo [Ronda la Vieja] es un establecimiento que muestra la relación de las zonas interiores con la costa; aunque las comunicaciones no sean demasiado fáciles, a través de los cursos fluviales Acinipo tenía relación tanto con la región de Antequera [Aratispi] como con el valle del Guadalquivir y las costas gaditanas y malagueñas. Allí se ha excavado un poblado de cabañas circulares, por lo general construidas sobre un zócalo de piedras sin trabajar y alzado de tapial que, a partir del siglo VIII convive con otras de planta rectangular y ángulos redondeados contemporáneas y semejantes desde un punto de vista funcional, aunque da la impresión de que cuando alguna cabaña circular entra en desuso su reconstrucción se hará en forma de cabaña rectangular. Sus pavimentos se realizan con tierra batida de color amarillento y disponen de un hogar circular en su interior. Es bastante probable que el modelo de vivienda rectangular proceda del mundo fenicio, habida cuenta que los fenicios construían estancias cuadrangulares y rectangulares en sus ciudades y centros, tal y como hemos visto en su momento. Ya en estas viviendas aparecen ánforas fenicias, platos de barniz rojo y cerámicas polícromas aunque el predominio de las cerámicas a mano de tradición local sigue siendo masivo. A partir del siglo VII se observa un cambio de patrón urbanístico mucho más organizado, y basado, en el área excavada, en un muro maestro, de hasta un metro de anchura, al que se adosan tabiques mucho más estrechos que delimitan estancias rectangulares; los alzados también se realizaron en tapial. Los orígenes de estas técnicas constructivas se encuentran en los centros fenicios de la costa. Como también dijimos en su momento, en ese centro se detectan, en esta fase, actividades productivas y artesanales, estas últimas caracterizadas por la aparición de ánforas de tipo fenicio (T-10.1.2.1) fabricadas in situ, lo que sugiere relaciones de interés entre esas poblaciones del interior y el mundo fenicio de los establecimientos costeros. Si hubo o no residentes fenicios en la zona es algo que no puede asegurarse con certeza absoluta pero las prospecciones realizadas en la zona muestran, junto a los grandes asentamientos, como Ronda y Acinipo, toda una serie de pequeños establecimientos (¿aldeas?) de los que se han detectado en torno a veinte, de clara orientación agropecuaria. En un momento avanzado del siglo VI este asentamiento se abandona tal vez como consecuencia de un proceso de concentración de la población en grandes *oppida*, como los de la Silla del Moro, Arunda y Lacilbula que constituirán la base del poblamiento en época turdetana.

II.2.4.2.4 Entre el Guadalquivir y el Guadiana

Este amplio territorio, en el que habría también que incluir al menos la parte más meridional de las costas portuguesas parece haber tenido desde el Bronce Final (e incluso desde antes) estrechos contactos con las áreas costeras y no sería improbable que su poblamiento tuviese relaciones con el existente en estas últimas a juzgar por la presencia en estas zonas de la típica cerámica tartésica de retícula bruñida, que demostraría la existencia de contactos. La relación de estos territorios con el núcleo tartésico pudo deberse, sobre todo, a la gran vitalidad económica que este último alcanzó y que le permitió el desarrollo de formas organizativas más complejas, convirtiéndose en centro de atracción económica y social para las áreas del entorno. Posibles movimientos de población de gentes establecidas en estas zonas ante las perspectivas que brindaban las áreas costeras, junto con la demanda de mano de obra que el desarrollo de las actividades extractivas y productivas en los distritos mineros y agrícolas debieron de propiciar intercambios constantes entre esos ámbitos y, al tiempo, favorecer también desarrollos económicos de interés en los mismos. Aun cuando la situación durante las fases más antiguas, correspondientes al Bronce Final, no es todo lo bien conocida que desearíamos, los arqueólogos que han investigado en la esquina suroriental de la Península parecen estar de acuerdo en que las zonas del Alentejo y el Algarve parecen presentar un mismo fondo común con las áreas onubenses y del Bajo Guadalquivir a cuenta, por ejemplo, de la gran representación en estas zonas de las cerámicas bruñidas. Lo mismo podría decirse de los objetos metálicos, relacionados con el mundo del Bronce atlántico, bastante presentes en todos estos territorios.

La expansión fenicia, que sigue sobre todo una dirección costera, debió de provocar en estas regiones unos procesos de movilización económica y social semejantes a

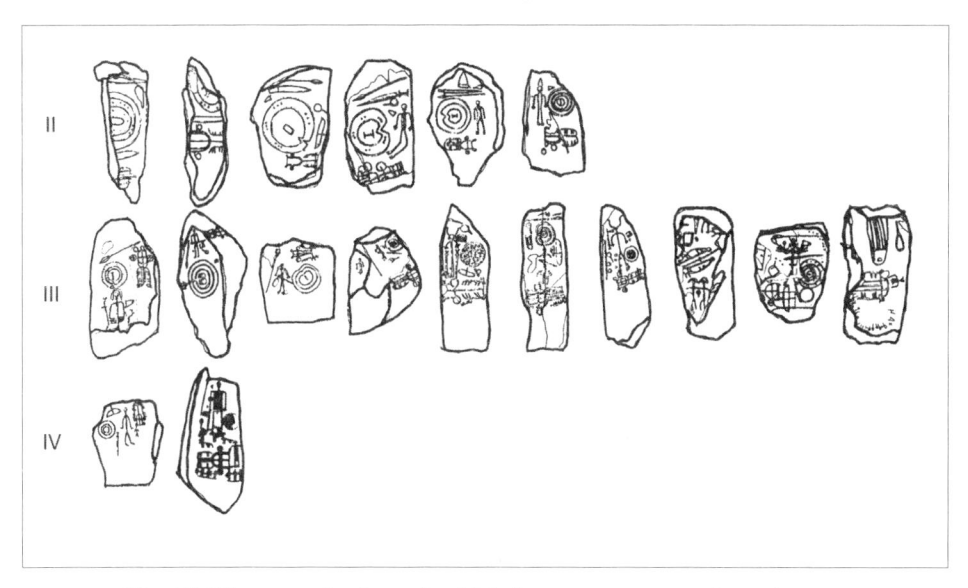

[Fig. 31] Diversas estelas decoradas del Sudoeste con representaciones de carros

los observados en la región onubense y en el Bajo Guadalquivir y, a juzgar por materiales hallados, quizá no fuese improbable que en este proceso gentes tartésicas hubiesen formado parte de las expediciones fenicias que llegaban hasta las desembocaduras del Tajo o del Mondego. En cualquier caso, tampoco podemos desdeñar la propia capacidad de los centros nucleares tartésicos por hacer llegar sus demandas y sus productos a estas regiones, como muestran los hallazgos arqueológicos, en especial orfebrería y bronces, aunque también cerámicas, que parecen seguir, más o menos, el itinerario de lo que los romanos acabarían consolidando y que hoy llamamos la Vía de la Plata. Un mismo substrato poblacional o fuertes influencias de gentes tartésicas del área onubense y del Bajo Guadalquivir explicaría, entre otras cosas, fenómenos como el de uno de los centros más importantes de una región tan alejada del área tartésica nuclear como la desembocadura del Tajo, Lisboa, cuyo nombre antiguo, Olisipo, revela sus vínculos con el área de topónimos con terminación en –*ipo*, bien ubicada en la Andalucía occidental (Baesippo, Orippo, Ostippo, Ventippo, Acinippo, Serippo, Belippo o Blaecippo).

En definitiva, substratos poblacionales semejantes en el Algarve, Alentejo, área onubense y Bajo Guadalquivir, que reaccionan ante la presencia fenicia dando origen a estructuras de mayor complejidad social y económica y, por otro lado, expansión económica fenicia por vías marítimas hacia las costas atlánticas de la Península, proceso en el que quizá intervengan gentes tartésicas de la región antes mencionada bien en su propio interés, bien sirviendo intereses de los fenicios. Por fin, se establecen relaciones entre estos núcleos tartésicos meridionales y las áreas periféricas, entre el Guadalquivir y el Guadiana, pero también entre éste y el Tajo, quizá en doble dirección: por un lado, procesos migratorios de gentes de estas áreas periféricas hacia centros meridionales, que en ocasiones se detectan gracias a la cerámica y, por otro lado, procesos de expansión económica del núcleo tartésico hacia áreas periféricas, sin descartar que puedan producirse traslados de población, quizá para mejor controlar los intereses económicos, en busca de recursos agropecuarios pero, también, minero-metalúrgicos. Estos serían los rasgos principales de esta "periferia" tartésica occidental que estamos delimitando. En las páginas siguientes trataré de presentar un análisis de estos procesos de integración a partir de algunos parámetros concretos que nos situarán en los momentos más avanzados del Bronce Final como punto de arranque y en los últimos momentos del periodo orientalizante como punto final.

Querría detenerme, pues, en analizar algunos de los fenómenos que tienen lugar en este territorio "entre el Guadalquivir y el Guadiana (e, incluso, el Tajo)", y que parecen relevantes para entender el proceso histórico. Por un lado, el problema de las llamadas estelas de guerrero y por otro, el tema de las estelas con escritura llamada "del Sudoeste", como trasfondo general de unos problemas que afectan, *grosso modo*, esta área. Quiero centrar mi atención en dos de los yacimientos quizá más significativos, en parte por su mejor conocimiento arqueológico, como son Medellín y Cancho Roano si bien nos centraremos en especial en este último, en lo que pueden mostrarnos sus fases más antiguas. Bien entendido, el fenómeno orientalizante no se para aquí sino que van apareciendo huellas, y en ocasiones de interés más al norte, algunas conocidas de antiguo (el tesoro de La Aliseda) otras más recientes (Pajares, en Villanueva de la Vera) junto con los frutos de prospecciones variadas. Sin embargo, estos territorios ya no parecen estar recibiendo influjos o demandas directas del ámbito tartésico, sino mediatizadas por las de las regiones situadas al sur de ellas, por lo que no las incluiré aquí.

Las llamadas estelas de guerrero, estelas decoradas del Sudoeste o estelas extremeñas, si bien este último nombre ya resulta inexacto, forman un conjunto bastante numeroso, y en crecimiento constante, de monumentos que presentan una serie de rasgos más o menos comunes, aun a pesar de los tipos cada vez más variados que se distinguen en ellas: suelen ser lajas de piedras, más o menos alargadas, procedentes del entorno en el que aparecen, por lo general seleccionadas o preparadas para que dispongan de una superficie lisa para poder realizar en ellas, mediante escoplo de cantería o herramienta semejante, dibujos por lo general bastante esquemáticos. En estos dibujos suelen representarse: figuras humanas que portan o se rodean de armas (cascos, lanzas, escudos, arcos, corazas); elementos de adorno o cosméticos (espejos, peines, navajas de afeitar, pinzas, instrumentos musicales, fíbulas); carros; figuras humanas o animales de carácter secundario o subalterno con respecto a la figura principal. Por regla general, los objetos representados han dejado, en su mayoría, huellas arqueológicas por lo que quienes representan su imagen en las estelas hacen referencia a objetos reales que estuvieron en uso, entre las élites, en el Sudoeste peninsular. Aunque su distribución ocupa buena parte del cuadrante sudoccidental de la Península, son más abundantes en el área entre los cursos medios de los ríos Guadalquivir y Guadiana prolongándose hacia el Norte hasta el curso medio del Tajo. En algunas zonas se han hallado varias, juntas o separadas por distancias cortas.

Las opiniones acerca de su significado y su finalidad son variadas según sus distintos estudiosos, desde quienes las consideran lápidas que cubrirían monumentos funerarios, que no han aparecido, hasta los que sugieren que podrían haber sido hitos delimitadores de rutas ganaderas y de zonas de paso obligado para gentes y ganados (vados de ríos, pasos de montañas, etc.) aun cuando su ubicación no responde siempre, de forma mecánica, a estos requisitos. Del mismo modo, también se han sugerido connotaciones de control territorial para justificar su erección, por lo general, en zonas bien visibles. Ambas interpretaciones, no obstante, no son excluyentes puesto que pueden ser de tipo funerario y ejercer el mismo (o mayor) papel de símbolos de control territorial. Por otro lado, son variadas las interpretaciones acerca de sus áreas iniciales y del proceso de expansión por el territorio que ocuparán habiendo quienes consideran más antiguas las más elaboradas siendo las más sencillas fruto de la degeneración del estilo y quienes, quizá con más razón, opinan todo lo contrario, que las más sencillas serían las más antiguas, siendo las más complejas más modernas. También guarda relación el lugar en el que aparecen las más antiguas y cuál es su proceso de expansión, oscilando aquí las opciones entre quienes sugieren un origen en las zonas más meridionales, más nucleares para desde allí extenderse a las periferias y quienes, quizá también con más razón, piensan que surgirían en ámbitos en torno al valle del Tajo para, desde allí, según iban ganando en complejidad, ir extendiéndose hacia territorios más al sur que, por lo demás, acabarán mucho más integrados en los procesos económicos surgidos del área nuclear tartésica.

De cualquier modo, el énfasis en elementos de armamento, ya presente en las más básicas de las estelas (escudo, espada, lanza) y su más que probable relación con rutas de comunicación, sugiere que hemos de considerarlas como un tipo de monumento que nos está hablando de procesos de jerarquización, siquiera simbólica o virtual por cuanto que la estela representa objetos reales pero no los contiene, y del papel que las interrelaciones entre distintos territorios juegan. La movilidad de las poblaciones y, sobre todo, los intercambios económicos entre territorios diversos que debieron de tener lugar durante el Bronce Final deben de estar en la base de este tipo de monumento que, siguiendo pautas regionales diferentes, conoce una tan amplia difusión; no es improbable, por otro lado, aunque apenas dispongamos de elementos cronológicos fiables, que los procesos, implícitos en estas estelas, de movilización social y económica puedan ser consecuencia de la acción fenicia en el área costera, activa ya desde el siglo ix al menos en el área onubense. El concepto de "Bronce Final" puede conocer, y de hecho lo hace, matices diferentes entre los investigadores en parte porque es un momento de transformación en el que es difícil medir cómo se van recibiendo los cambios que la presencia fenicia está introduciendo a cientos de kilómetros de unas áreas internas que en apariencia no se ven implicadas en esos procesos de cambio. Sin embargo, y aunque las cerámicas y los objetos del comercio colonial tarden en llegar hasta determinados territorios, los movimientos de personas que están viendo nuevas realidades pueden introducir cambios que no podemos cuantificar de forma adecuada pero de los que las estelas, en especial las más antiguas, son testimonio; estas estelas surgen y se desarrollan en ambientes del "Bronce Final" pero el hecho de que en ellos aún no aparezcan elementos materiales directos procedentes del mundo colonial no nos permite "medir" qué y cuántas influencias pueden estar llegando, de forma directa o interpuesta, desde los territorios costeros en los que los fenicios ya están actuando y en los que su fuerte incidencia ya está dejando huellas materiales.

Si hemos argumentado, con buenos datos arqueológicos, que la demanda fenicia de mineral provocó grandes cambios en el área de las serranías onubenses, y que debió de aumentar el número de individuos implicados en las diferentes tareas extractivas y productivas, ello no se debió sólo a un simple crecimiento vegetativo de las poblaciones del entorno sino que tal vez implicó procesos migratorios, de las áreas periféricas, para cubrir las necesidades de mano de obra, pero quizá también alimenticias. Eso requeriría activar viejas rutas de comunicación, de relación y comerciales quizá ya existentes con anterioridad pero que iban a actuar a pleno rendimiento a partir del impulso inicial procedente de la costa onubense; pero, por ello mismo, son los propios indígenas los que, ante las nuevas demandas, van organizando sus territorios para ir satisfaciendo esas necesidades y uno de los medios puede ser la erección de estas estelas como símbolo de la aparición de élites guerreras (o de jefaturas como sugieren algunos autores) cuya capacidad (o su voluntad) de atesorar o de amortizar esos objetos es tan restringida que no pueden sino representar los símbolos de su estatus en esas estelas de piedra; a todo ello habría que añadir la propia riqueza en minerales de interés, como el estaño, de algunas de las regiones en las que este tipo de estelas está bien representado como las de Valencia de Alcántara, Aliseda-Cáceres y Montánchez. En mi opinión, la aparición o, por lo menos, el amplio desarrollo de estas estelas, sobre todo en el área en torno al Guadiana, implica que la influencia externa, aunque mediatizada, ya ha llegado

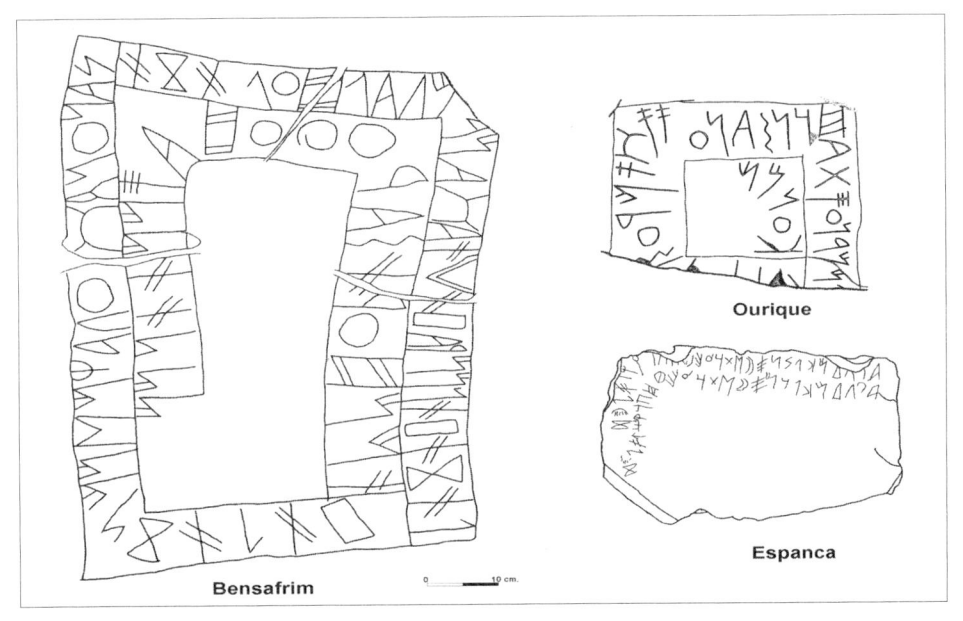

[Fig. 32] Ejemplos del uso de la escritura en las áreas periféricas sudorientales del mundo tartésico

a estas sociedades de los interfluvios Guadalquivir-Guadiana y Guadiana-Tajo pero de forma tan tenue que su cultura material sigue anclada aún en el Bronce Final y aún no se atisban los elementos materiales que nos hacen situarlos en el nivel subsiguiente u orientalizante. Según avanzamos en el tiempo, y según el fenómeno se va aproximando al área del Guadalquivir, aumenta la complejidad de las estelas, y el énfasis se va centrando en los objetos de prestigio como los carros que quizá tuvieran también connotaciones funerarias. Es posible que ningún carro orientalizante auténtico llegase jamás al Tajo Medio pero lo importante es que esos objetos podían ser vistos en la costa (y en Onoba han aparecido restos de dos) y, por ello, podían pasar a formar parte de un universo ideológico virtual (insisto en el término) pero que tenía tanta fuerza como la propia realidad material del objeto puesto que lo que hacían eran caracterizar y dotar de una gran carga simbólica a sus propietarios, enterrados bajo ellas.

La cronología de estas manifestaciones sólo puede establecerse, a falta de otros contextos, a partir de la de los objetos representados en ellas, que son el único término fiable (al menos *ad quem* o *post quem*); por ello, unas fechas entre los siglos IX y VIII parecen razonables. Quizá puedan ampliarse algo en el tiempo, incluyendo parte del siglo X a.C. y, tal vez, algunas puedan bajarse hasta incluir los primeros decenios del siglo VII pero, en general, ese marco cronológico les viene bien; ello debería llevar a replantearse el calificativo de "precoloniales" que algunos autores les otorgan, puesto que, al menos en mi opinión, no son más que una consecuencia, lejana y remota si se quiere, pero consecuencia al fin, de la presencia fenicia en las áreas onubense y del Bajo Guadalquivir. Su final, lento, como algunos autores han apuntado, pudo deberse a la intensificación de la influencia y de la presencia no sólo fenicia sino también tartésica en estas regiones, que propició nuevos modelos de ocupación del territorio y, por consiguiente, la modificación de las estructuras sociales y económicas y, con ellas, un cambio en los referentes ideológicos que hasta entonces habían encontrado modo de expresión en el complejo lenguaje iconográfico de las estelas.

El segundo fenómeno al que quiero referirme es el de las estelas con escritura del sudoeste. El fenómeno se sitúa entre los siglos VII y V a.C. (aunque hay quien rebaja algo sus fechas) y su área de distribución es más restringida que la de las estelas de guerrero, situándose sobre todo en el sur de Portugal, con algunos ejemplares en el área del Bajo Guadalquivir y en Extremadura; suelen presentar sólo el texto, con frecuencia en espiral adaptándose al contorno de la piedra, y sólo en poquísimos casos aparece alguna representación figurada de tipo humano en las más tardías. El fenómeno está en plena vigencia en el siglo VI como muestran algunas de ellas que han aparecido en sus tumbas correspondientes, como la de Mealha Nova III, datable en este siglo. Aunque difíciles de interpretar, no parece haber demasiadas dudas de que se trata de una manifestación más de prestigio que se añade a otras que se van difundiendo por las áreas periféricas tartésicas, en el que quizá la propia escritura juegue un papel importante como tal elemento de prestigio; el individualizar al difunto por su nombre, puesto que el carácter funerario de tales inscripciones parece fuera de duda, no podía dejar de tener valor dentro de una sociedad jerarquizada que participa, como muestran los casos conocidos, de intercambios de artículos de lujo. Es interesante observar cómo, en al menos una ocasión (estela de Capote) una estela de guerrero recibe textos en escritura del Sudoeste, aunque también hay otras (Ibahernando, Chillón) que recibirán siglos después epígrafes funerarios en latín. Recuperaré el problema de la escritura y de la lengua que transcriben en el apartado correspondiente (*vid.* vol. I,II.2.5.3.).

Una vez considerados estos dos conjuntos amplios de monumentos pétreos, pasaré a analizar los dos establecimientos mencionados, empezando por Medellín.

Medellín se halla situado en un punto estratégico, puesto que controla un importante vado del río Guadiana y debió de ser un nudo de comunicaciones de gran interés ya que ponía en contacto al mundo meridional tartésico con las áreas de la meseta occidental; no es extraño que, en época romana, Metellinum sea un hito importante de la llamada Vía de la Plata que ponía en comunicación, de sur a norte, todo el tercio occidental de la Península, una zona rica en recursos minero-

[Fig. 33] La fase I de la necrópolis de Medellín

metalúrgicos, pero también agropecuarios y camino natural de llegada de influencias meridionales a las tierras del interior de la Península y, a la inversa, posible camino que seguirían muchas gentes meseteñas que buscarían medios de vida en unos territorios que, hasta bien entrado el periodo romano, presentaban muchas más oportunidades de bienestar. Ubicado en un cerro que se eleva unos 100 metros por encima de la orilla izquierda del Guadiana, la ocupación de Medellín parece producirse a lo largo del siglo VIII a.C., y presenta desde el inicio vínculos con el área del Guadalquivir, como muestran las cazuelas carenadas decoradas con retícula bruñida así como las cerámicas pintadas tipo Carambolo (o Guadalquivir I) aun cuando ya desde momentos tempranos se asiste al inicio de producciones locales, que llegarán a su momento de mayor esplendor a partir de la segunda mitad del siglo VII con el desarrollo del llamado estilo Medellín, unas cerámicas a mano de gran calidad decoradas con pintura blanca sobre fondo rojo. A partir de los niveles de finales del siglo VII y del siglo VI se observa un incremento notable de las producciones a torno, entre las que pueden situarse ánforas fenicias importadas pero, sobre todo, y hasta mediados del siglo VI, momento en el que desaparecen, fabricadas también in situ como la mayor parte de la cerámica utilizada en el yacimiento. Como hemos observado en otros lugares, este fenómeno tiene que ver con la existencia de excedentes que eran comercializados utilizando envases que se confundirían con los producidos en el área fenicia del estrecho; ello tendría que ver, tal vez, con una modificación profunda de los mecanismos sociales y económicos de la sociedad indígena que se abre a nuevas técnicas y métodos de cultivo y, quizá merced a la eficiencia conseguida, a un proceso de creciente desigualdad social que sería también responsable del incremento de la producción de productos comercializables. No hay que perder de vista que las potencialidades agrícolas de la región a la que pertenece Medellín, las vegas del Guadiana, pudo hacer factible un proceso más sólido de control y de gestión del territorio. También los restos osteológicos atestiguarían un predominio del ganado bovino, seguido de los ovicápridos y ya, más lejos, de los suidos, indicio de una ganadería desarrollada. Se ha calculado que la zona habitada podría estar en torno a las 14 hectáreas, aunque sin duda se trataría de un hábitat disperso dentro de ese espacio, quizá con una mayor concentración en el área del castillo medieval, porque no en todas las excavaciones realizadas en el cerro en el que se asienta el mismo se han hallado niveles correspondientes a todas las fases protohistóricas.

De la necrópolis protohistórica de Medellín se conocen casi 200 estructuras funerarias y se estima que el total que debió de existir debía de rondar las 2.000. El ritual principal es la cremación y la deposición de los restos en urnas enterradas en hoyos. Ya desde las fases más antiguas aparecen cerámicas a mano, pero también urnas grises a torno y urnas tipo Cruz del Negro de producción local. Como ajuares pueden aparecer peines de marfil, broches de cinturón, o fíbulas lo que parecería datar el inicio de la necrópolis hacia el último tercio del siglo VII, aunque algunas tumbas podrían ser más antiguas, a juzgar por las tipologías de los platos de barniz rojo, pudiendo remontar a la mitad o al segundo cuarto de ese siglo. Su gran momento de uso es el siglo VI y habría alguna tumba del siglo V y en esta época los rituales crematorios van cambiando y adoptando la forma de quemaderos individuales sobre los que se construía un pequeño túmulo o encachado; en la mancha de cenizas se depositaba el ajuar, algunos platos y a veces algún broche de cinturón, algún cuchillo, objetos de marfil, escarabeos, etc. Se ha sugerido la posible presencia de lechos funerarios o carros así como la celebración de cánticos merced al hallazgo de crótalos. Hay también indicios de banquetes rituales o *silicernia*.

El cambio de ritual, pasando de cremaciones secundarias a primarias, puede relacionarse con las diferentes influencias que afectan a esta zona, pudiendo haber predominado, en los momentos iniciales de la necrópolis las procedentes de las regiones costeras fenicias o tartésicas para ir dando paso a otras que se han relacionado con el mundo del sur de Portugal; en cualquier caso, algunas importaciones griegas situables a lo largo de los últimos años del siglo VII y primera mitad del siglo VI siguen mostrando los vínculos de la región de Medellín con el mundo onubense. No queda atestiguada una presencia directa de elementos orientales, a pesar de la fabricación in situ de las urnas Cruz del Negro y sí hay, sin embargo, grafitos en cerámica que parecen corresponder a sistemas indígenas de escritura. A partir de los datos que proporciona el hábitat, el inicio de esta necrópolis es bastante posterior al inicio de la recepción de influencias orientales en el mismo lo que impide que observemos cómo afecta a los rituales funerarios este proceso. La necrópolis ya no presenta apenas cerámicas a mano, frente a lo que ocurre en el hábitat en sus fases más antiguas, que han sido sustituidas en gran medida por las cerámicas grises a torno. Sí resulta interesante, desde el punto de vista de la adaptación de rituales, la fabricación local no sólo de estas cerámicas sino también de las urnas Cruz del Negro y de los platos de barniz rojo. Otras producciones (quizá como los marfiles) parecen haber sido importados, como lo fueron las cerámicas griegas.

Por lo que se refiere a Cancho Roano (Zalamea de la Serena), formaría parte de un tipo de poblamiento que algunos autores han definido como arquitectura de prestigio vinculada a aristocracias rurales y que habría surgido ya en las últimas etapas del periodo orientalizante. En Cancho Roano, el magnífico edificio de finales del siglo V, destruido dentro de un ritual más complejo, enmascara las fases más antiguas de ocupación de este conjunto, al que sus excavadores proponen considerar como un santuario, si bien en la literatura se le ha solido conocer como palacio-santuario, quizá en parte porque lo novedoso del mismo, en el momento en el que se descubrió, provocó una sorpresa que hacía difícil su clasificación. Con el tiempo, se han identificado otros edificios de tipos similares (El Turuñuelo de Mérida, Valdegamas, Neves I, en Castro Verde, Portugal, etc.) lo que ha mostrado que no nos encontramos ante un fenómeno aislado. De todos ellos el único que ha sido objeto de una excavación completa es el localizado en La Mata (Campanario) a pesar de lo cual Cancho Roano sigue presentando el panorama más complejo de este tipo de edificios. En ambos casos nos encontramos ya ante el surgimiento autóctono de estructuras multifuncionales, con marcado carácter religioso pero no exclusivo, que han aprovechado las experiencias de los siglos previos tanto en técnicas constructivas como en el desarrollo de modelos sociales y económicos todos ellos de impronta oriental; se han destacado en ocasiones las relaciones evidentes que existen entre edificios de tipo fenicio como el de Abul o el santuario de Coria del Río (y una bien documentada gama de prototipos en el Oriente Próximo) y la arquitectura de Cancho Roano y La Mata, pero el surgimiento de estos últimos, a partir de mediados del siglo VI en el caso de Cancho Roano y de finales del mismo siglo en el de La Mata, coincide con el momento en el que el mundo fenicio va a reforzar su posición en algunos puntos de la costa mientras que la relaja en otros al tiempo que los fenómenos de hibridación cultural y mestizaje contribuyen, en el Bajo Guadalquivir, a la aparición del mundo turdetano, hecha posible porque lo fenicio en esos ambientes indígenas ha acabado por integrarse en las realidades autóctonas. Por consiguiente, y en mi opinión, la aparición de estos edificios en el área extremeña significaría, también, el tránsito en estas regiones de un modelo económico centrado en el abastecimiento de materias primas y otros recursos a los centros fenicios del Bajo Guadalquivir a otro en el que surgirán nuevas formas de contacto con el mundo turdetano en formación. Esto facilitaría la emergencia de nuevos grupos sociales que manifiestan su nueva personalidad mediante la construcción de estos centros culturales y (por consiguiente) económicos que centralizan los recursos del entorno; la presencia de artículos importados es un indicio claro del poder económico alcanzado por estos grupos sociales emergentes en la antigua periferia tartésica; este poder económico se ejemplifica en la capacidad de almacenamiento (¿y de exportación?) de recursos agrícolas (cerveza, aceite, vino y harina de bellota) que estos edificios muestran gracias al hallazgo de ánforas que, también en ambos casos, son de clara derivación fenicia (sobre todo las ánforas llamadas Cancho Roano I, que no son más que una variante local del ánfora fenicia T-10.1.2.1). Quizá no sea casual que, en el edificio de Cancho Roano, una antigua estela de guerrero, tal vez símbolo de esas estructuras de poder ya caducas, de la que los nuevos grupos dominantes se consideran bien herederos, bien suplantadores, se coloque como uno de los escalones de acceso al patio principal del edificio.

II.2.4.2.5 La Meseta (¿y el sudeste de la Península?)

El último ámbito periférico que analizaré será el que comprende la Meseta meridional pero haré algunas referencias también al sudeste de la Península Ibérica y me centraré en el principal yacimiento que ha sido objeto de excavación y que ha proporcionado informaciones correspondientes al llamado periodo "orientalizante". Me refiero a La Bienvenida (Almodóvar del Campo), identificable con la antigua Sisapo, una zona que también figura en las fuentes literarias por la importancia de sus recursos mineros, centrados sobre todo en el cinabrio pero sin olvidar la galena argentífera. Su ubicación en el valle de Alcudia, al norte de Sierra Morena, lo vincula con una multiplicidad de territorios, tanto con el área de la Serena y con el valle medio del Guadalquivir como con otras área de la Meseta meridional y, por último, con la alta Andalucía y, en concreto, con Cástulo.

Aunque Sisapo tuvo importancia en la época ibérica y, con posterioridad, en la romana, entre los años ochenta y noventa del siglo XX se realizó un corte estratigráfico que alcanzó, a los 7 m., niveles mucho más profundos que mostraron su vinculación durante épocas anteriores a los procesos de cambio que estaban teniendo lugar en el Bajo Guadalquivir. En efecto, los primeros testimonios correspondían a un horizonte de transición entre el Bronce Final y el Hierro que se situó entre finales del siglo VIII e inicios del siglo VII a.C. En este periodo aparecen sólo cerámicas a mano pero entre ellas hay ya ejemplares de cazuelas de retícula bruñida con paralelos muy claros en el área onubense, aunque quizá fabricadas in situ y otras formas que también muestran semejanzas con las conocidas en Huelva y el Bajo Guadalquivir, entre ellas cerámicas pintadas con decoración monocroma en rojo del tipo definido en esa zona como Guadalquivir II. Parte de los materiales aparecieron rotos de forma intencional, otros depositados boca abajo y acompañados de acumulaciones de huesos de animales y cinabrio todo ello cubierto por una capa de arcilla sobre la que había acumulaciones de carbones y cenizas; quizá estemos ante un espacio sacro aun cuando no ha sido posible confirmarlo.

La fase siguiente, denominada por los excavadores orientalizante, se desarrollaría, quizá tras un hiato con el momento anterior, desde mediados del siglo VII hasta mediados del siglo VI a.C. y se caracteriza por la introducción de cerámicas a torno, como cerámicas grises, cerámicas con cocción oxidante y decoración pintada bícroma, así como ánforas de tipología fenicia (quizá T-10.1.2.1); existen también cerámicas pintadas tipo Guadalquivir II y cerámicas tipo Medellín. Puede que en este momento ya existan cabañas, a juzgar por la aparición de un muro, en apariencia curvo, que sería la base de un alzado en adobe o tapial y restos de un hogar y un empedrado. A partir de la primera mitad del siglo VI y según parecen irse produciendo modificaciones en las estructuras asociadas, ligero aumento de la cerámica a torno, desaparición de los vasos estilo Medellín, se produce la llegada de una copa jonia de origen griego que muestra a Sisapo integrada en las redes comerciales que tienen su punto de arranque en las costas peninsulares del sudoeste.

A partir de mediados del siglo VI se observa un debilitamiento en esta relación con el sudoeste y, por el contrario, Sisapo se vincula de forma decidida al mundo de la Alta Andalucía, el Sudeste de la Meseta y el Levante, un fenómeno que se observa también en el área castulonense y que puede relacionarse con las nuevas vías de salida a la costa que sigue el mineral a partir de los procesos de cambio en que está inmerso el mundo tartésico a partir del siglo VI a.C.

Quiero hacer, por último, en este recorrido por las periferias tartésicas unas breves referencias al sudeste peninsular. Ha sido una idea muy difundida que buena parte del sudeste de la Península Ibérica, incluyendo regiones de la Meseta y las áreas en torno al Júcar y al Segura podrían haber funcionado durante los siglos VIII y VII como una periferia del área tartésica. En el propio texto de Avieno (*Ora Maritima*, 456-462) el río Segura (Tader o Teodoro) actuaría como la frontera de los tartesios. Parte de las pruebas implicaban la presencia, en ocasiones en momentos muy tempranos, de elementos de influjo oriental, seguidos con frecuencia de evidentes relaciones, muy intensas, con el mundo fenicio; en este sentido, el ejemplo de Peña Negra resultaba de gran interés por la precocidad e intensidad de su orientación metalúrgica y por la fuerza de la presencia fenicia en este yacimiento. Estos territorios muestran en ocasiones relaciones con otros ámbitos indígenas del

Sudoeste de la Península quizá directas o tal vez mediatizadas por áreas periféricas, como puede ser la Alta Andalucía. Así, la fuerza del elemento fenicio y las relaciones con áreas tartésicas permitían sugerir que el Sudeste de la Península era una más de las periferias tartésicas.

A esta visión contribuía también un texto, que tendremos ocasión de analizar en un capítulo posterior (*vid.* vol.I, II.4.3), en el que Polibio (III, 24, 2-4) al narrar el segundo tratado romano-cartaginés del 348 a.C. señalaba que el mismo prohibía a los romanos y a sus aliados actividades más allá del Bello Promontorio y de Mastia de Tarseyo (o Mastia Tarseyon). La interpretación tradicional ha ubicado esta última localidad en las costas ibéricas y, aunque no hay unanimidad en su identificación, el área en torno al cabo de Palos ha sido admitida de modo implícito por muchos autores. Así, interpretando como un único sitio lo que quizá sean dos términos geográficos distintos en Polibio, se creaba una localidad, Mastia, que era de los Tartesios en las costas sudorientales de Iberia. En las exégesis más recientes del texto de Polibio, sin embargo, no queda claro que se trate de una sola localidad, no está asegurado que se relacione con el sudeste de la Península y tampoco, tan siquiera, que esa o esas localidades, hayan existido nunca en Iberia. Por consiguiente, eso acabaría con uno de los argumentos de los que defienden una extensión de Tarteso hasta el sudeste peninsular.

Un cambio de panorama, fundamental para evaluar la orientalización del sudeste de la Península, ha venido dado por el descubrimiento y excavación de La Fonteta que ha mostrado cómo las destacadas influencias en esa región no han llegado de forma indirecta y sólo como resultado de acciones comerciales iniciadas a mucha distancia, sino que son resultado de la acción directa de un gran centro fenicio asentado desde el siglo VIII en la desembocadura del río Segura. Que puedan haber llegado a esos territorios influencias tartésicas quizá no pueda negarse pero tal vez hayan llegado (como por ejemplo a las áreas portuguesas en torno a la desembocadura del Tajo) acompañando a los fenicios del Círculo del estrecho con los que compartían intereses económicos.

Por consiguiente, en el momento actual es más razonable pensar que el Sudeste de la Península ha seguido su propio desarrollo histórico como consecuencia de los fortísimos contactos con los fenicios, que han propiciado avances distintos a los que tuvieron lugar en el Sudoeste; a ellos habría que añadir las relaciones, eso sí, con las periferias tartésicas de la Alta Andalucía que, merced a su posición, estuvieron abiertas a las rutas y a los estímulos que procedían de aguas abajo del Guadalquivir, pero no dejaron de mirar a las áreas más surorientales, con las que compartían también intereses. El Sudeste de la Península se benefició, sin duda, de esta doble llegada de influjos, los que procedían de estas áreas de la Andalucía oriental, también muy vinculada a la Meseta meridional, y los que llegaban a través del gran centro fenicio

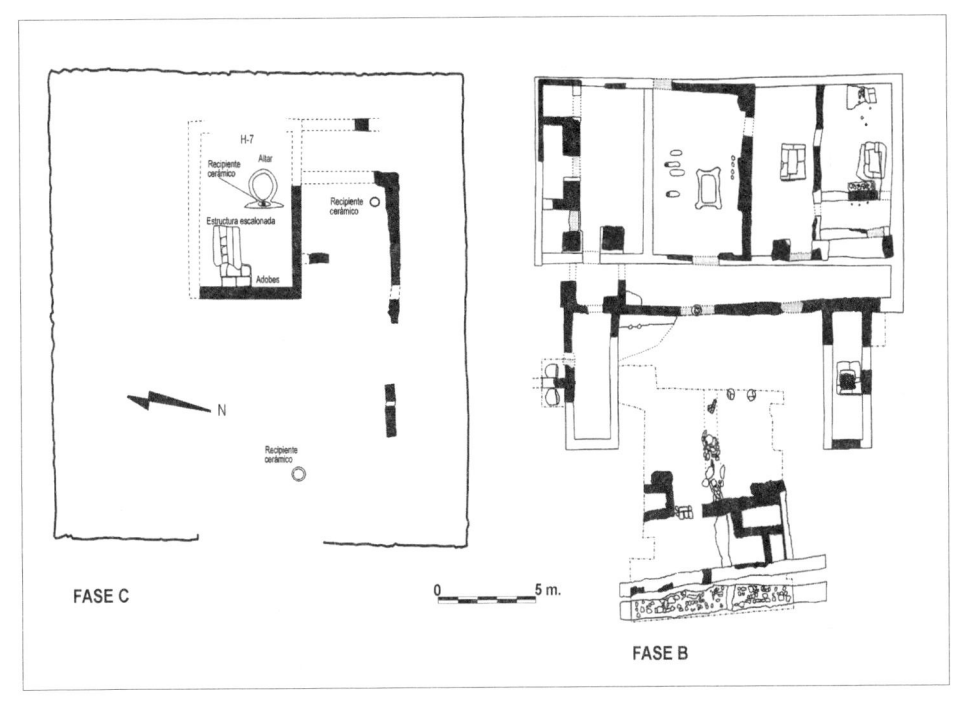

[Fig. 34] Las fases C y B del centro cultual de Cancho Roano

de La Fonteta. En un capítulo ulterior analizaremos cómo a partir del siglo VI esta situación se va modificando y el eje sudoriental alcanzará un importante protagonismo, económico y también cultural.

II.2.5 Los cambios sociales y políticos

II.2.5.1 Desarrollo de las técnicas productivas: minería y agricultura

Ya hemos ido hablando en capítulos y apartados previos de la minería y de la metalurgia que se practicó en el sudoeste de la Península, en especial a partir de la llegada de los fenicios (*vid.* vol.I, II.1.6.1). En este apartado retomaremos algunos de los datos ya mencionados y añadiremos algún elemento más para la síntesis. Ya desde las etapas más antiguas de la Edad del Bronce las gentes que vivían en el área del cinturón ibérico de piritas habían iniciado las prácticas extractivas así como una metalurgia centrada en buena medida en el cobre, aunque estas actividades no tenían más que una proyección regional o comarcal. Por otro lado, a partir del

Bronce Pleno parece haberse iniciado una primera producción argentífera, que quizá halló salida hacia el Mediterráneo, pero no será sin embargo hasta la llegada de los fenicios, acaso conocedores de esa riqueza en plata, pero bien introduciendo la tecnología de la copelación o bien perfeccionándola para mejorar el rendimiento, cuando se daría el cúmulo de circunstancias que determinó un auge en la producción desconocido hasta entonces.

En el distrito minero se han hallado restos de extracción y de elaboración en la zona de Corta Lago, con una estratigrafía que muestra la continuidad de los trabajos desde el Bronce Final prefenicio hasta el siglo II d.C.; la actividad metalúrgica tiene lugar a pie de mina y la aparición de centros como Cerro Salomón muestra la concentración en un hábitat de una población junto a la propia mina que había vivido dispersa con anterioridad. En este poblado se observan ya elementos e influencias orientales aunque los esquemas constructivos son muy sencillos, compuestos de habitaciones pequeñas rectangulares, sin orden aparente, realizadas con un débil zócalo de piedras, que no debieron de soportar gran peso. En las estancias se han encontrado herramientas y restos de actividades metalúrgicas, incluyendo escorias y gotas de plomo derretido, que indican que era en ellas en las que se realizaban las actividades de extracción de plata. Las cerámicas son a mano de tradición local pero hay también abundantes piezas a torno de tipo fenicio, desde ánforas, ampollas, trípodes y lucernas a platos de barniz rojo; el gran tamaño del poblado nos habla del proceso de concentración de poblaciones que se hizo necesario para hacer frente a las cada vez mayores demandas fenicias. Otro ejemplo de las técnicas de transformación del mineral lo proporciona el asentamiento de Peñalosa situado en las proximidades del área minera de Aznalcóllar, y en el que se excavaron seis fondos de cabaña realizados con materiales vegetales. Su cerámica, ejecutada a mano y con las típicas decoraciones bruñidas que caracterizan al mundo indígena desde los primeros momentos de la presencia fenicia, muestra su carácter autóctono. En el poblado se han hallado restos de escorias y de fundición, así como toberas y un fragmento de una vasija a torno de tipo fenicio. Las cronologías que se manejan para el yacimiento indígena remontan al siglo IX e incluso antes y su final se relaciona con la aparición del cercano centro de Tejada la Vieja. Los recientes hallazgos en Huelva, sin embargo, que se aproximan a las cronologías sugeridas por las cerámicas indígenas para Peñalosa, quizá lleven a modificar la impresión que los excavadores mantienen no sobre su adscripción indígena, de la que no cabe duda, sino sobre el motivo de su aparición. Así, en lugar de ser el testimonio de procesos extractivos llevados a cabo por los indígenas antes de la llegada fenicia quizá haya que pensar que sería uno de los primeros testimonios fomentado por esos mismos fenicios. Harán falta más descubrimientos para acabar de resolver estos problemas. Para un momento posterior, y con muy poca influencia fenicia a pesar de la época, se conoce el establecimiento de Monte Romero

(Almonaster la Real), datable en la segunda mitad del siglo VII e inicios del siglo VI a.C. y en el que han aparecido abundantes restos vinculados con el trabajo de la plata, como escorias, plomo metálico, toberas y bastantes copelas impregnadas con litargirio. La mayor parte de la cerámica es de tradición indígena y sólo algún fragmento de ánfora fenicia muestra sus relaciones con este mundo. Establecimientos de este tipo, bastante pequeños y con un periodo corto de actividad, se han puesto en relación con un probable incremento de la demanda de plata por parte de los fenicios durante la segunda mitad del siglo VII.

Hemos argumentado en el capítulo dedicado a los fenicios cómo buena parte de las técnicas tanto mineras como metalúrgicas que se pusieron en práctica a partir de los siglos IX y VIII a.C. parecen tener su origen en Oriente Próximo, sin que pueda descartarse por completo su origen autóctono. En efecto, el tipo de minería practicado por los tartesios parece haber consistido en la apertura de trincheras en las monteras oxidadas, sin llegar en ningún caso a las zonas de enriquecimiento secundario y en cuanto a la copelación parece haber indicios de su uso antes de la llegada de los fenicios aunque no cabe descartar que éstos perfeccionasen el sistema. Pero, no obstante, para conseguir unos niveles de extracción de mineral como los que se suponen para la época protohistórica y que, como veíamos, se cifraban en torno a los cuatro millones de toneladas en el distrito de Riotinto, era necesaria una organización bastante compleja que se encargara de aportar la mano de obra necesaria, la manutención de la misma, la primera elaboración a pie de mina del mineral y su transporte a los centros de transformación; a todo ello hay que añadir que como los sistemas no eran tecnológicamente perfectos, los rendimientos obtenidos no serían los máximos posibles sino bastante menores, lo que implicaría una mayor cantidad de jornadas de trabajo para obtener la misma cantidad de plata que se podría beneficiar en condiciones de total idoneidad, cifrable quizá en un 100 por ciento más. Ello nos lleva a sugerir que fue la gran demanda que los fenicios introdujeron la que obligó a los grupos ya emergentes de ese ámbito peninsular a replantearse las bases de su poder para poder hacer frente a tal demanda y, en el proceso, lograr unos beneficios que se traducían, entre otros elementos que no han dejado huella arqueológica, en la recepción de productos exóticos. Esta creciente organización podemos observarla también en la realización de obras que, como la muralla de Tejada la Vieja, presupone también la acumulación de recursos y de personas durante periodos de tiempo más o menos elevados para poder ejecutarla; la relación de este asentamiento con las actividades mineras muestra el interés que tuvo para la sociedad tartésica antigua la adecuada gestión de esta riqueza, a cuyo buen fin aportaban todos los recursos que eran capaces de reunir: el prestigio personal, la fuerza, las alianzas con otras gentes de ámbitos tartésicos nucleares y periféricos, etc., debieron de intervenir en este tipo de proceso. Las ingentes riquezas acumuladas en las tumbas de la necrópolis de La

Joya muestran cómo los grupos indígenas que gestionaban la explotación, el transporte y la comercialización de la plata en el área portuaria hacían acopio de beneficios hasta tal punto extraordinarios que sus herederos podían disponer de ellos a discreción amortizándolos en sus tumbas.

Los análisis llevados a cabo sobre las escorias y restos de fundición parecen confirmar, además, la existencia de distintas regiones de extracción de mineral, habiéndose sugerido la zona de Riotinto para los que, a través del río Tinto y Niebla llegaban hasta Huelva y de Aznalcóllar para el mineral elaborado en San Bartolomé, que habría llegado a través de Tejada.

Las técnicas de transformación, en especial la copelación, hayan sido introducidas o no por los fenicios y los hornos atestiguados en Huelva y en San Bartolomé de Almonte dan fe de la práctica de tales actividades, aun cuando parecen más volcadas, en estos casos, al refinado de la plata que a la fundición primaria que tendría lugar en el propio entorno de las minas. Los metales obtenidos serían, además del cobre, la plata, pero también el oro y, quizá como producto secundario, pero que también tenía utilidad, el plomo. Además, los análisis llevados a cabo sobre los restos minerales muestran que los procedentes del área de Aznalcóllar contenían menor cantidad de plomo que los de Riotinto por lo que quizá hubiese que importar este mineral a centros como San Bartolomé o Peñalosa para poder llevar a cabo la copelación, que requería importantes cantidades del mismo. Si eran los fenicios quienes comerciaban con ese plomo, imprescindible para la copelación de la plata a partir de minerales con poca presencia del mismo, ello mostraría una implicación fenicia más directa en los procesos metalúrgicos; como ya se dijo en su momento, en Doña Blanca han aparecido almacenadas importantes cantidades de plomo metálico, en apariencia con la misma composición que el hallado en Peñalosa y que, como muestran los análisis de isótopos de plomo, procede de Aznalcóllar.

Parece que todo este sistema declinó a lo largo de la segunda mitad del siglo VI cuando se sugirió una disminución en la rentabilidad de las áreas extractivas existentes, quizá porque el mineral procedía de las monteras oxidadas (*gossan*) pero no se dispuso de tecnología o medios suficientes para atacar las zonas donde las piritas no habían sufrido tal degradación hasta la época romana. Este motivo se ha relacionado, como veremos, con el proceso que condujo al fin del mundo tartésico aunque los análisis arqueológicos demuestran que la metalurgia de la plata continuó en la zona al menos hasta el siglo V a.C.

En cuanto a las actividades agropecuarias, y teniendo en cuenta que no todas las regiones tenían las mismas potencialidades en este terreno, tenemos indicios suficientes para pensar que, en general, en toda el área tartésica se va pasando de una agricultura de subsistencia a otra de acumulación. Ello tiene que ver con varios factores, entre los cuales juegan su papel los sociales y económicos, pero también los tecnológicos. Como en otros aspectos, es difícil evaluar con los datos a nuestra disposición el peso que pueden haber tenido las técnicas y los métodos introducidos por los fenicios y la importancia de las propias tradiciones locales. Es el viejo debate en el que depende mucho el punto de vista que se adopte. Quienes subrayan que ya el mundo del Bronce Final prefenicio había iniciado un proceso eficiente de gestión de los recursos naturales tienen, sin duda, su parte de razón pero olvidan que las sociedades humanas suelen aceptar pronto aquellos aspectos que les resultan más positivos de aquellas culturas con las que llegan a entrar en contacto; como ya vimos en el apartado correspondiente, los fenicios traen a la Península los resultados de varios milenios de desarrollo agrícola de la zona en la que había surgido la agricultura, el llamado Creciente Fértil. Los agricultores indígenas, que ya cultivaban los campos antes de la llegada de los fenicios, van a acabar aceptando las innovaciones que éstos aportan. La cuestión a considerar, sin embargo, no es tanto que se haya producido un simple aprendizaje por imitación sino que, por el contrario, el proceso se ha visto impulsado por otros condicionamientos, que a veces son también obviados por los autores que sólo perciben los logros de las poblaciones nativas, como si éstas viviesen aisladas en una burbuja.

El incremento de la productividad de la tierra, mediante la apertura de nuevas áreas de cultivo y el uso de tecnologías más eficientes (selección de las semillas, desarrollo de una cabaña ganadera que facilite el abonado de las tierras, nuevo utillaje agrícola metálico, etc.) no es un capricho, sino que es una necesidad de los círculos de poder que se están configurando en la sociedad tartésica. Son de nuevo las demandas de los centros fenicios no sólo de metales, sino de productos comercializables, ya sean cereales ya vino o aceite, lo que va a determinar que las élites tartésicas modifiquen las estructuras productivas para generar excedentes; del mismo modo, los procesos migratorios, que ya hemos indicado para las actividades mineras, pueden haber actuado en el proceso. Por una parte, la aparición, atestiguada por la arqueología, de importantes aglomeraciones que, a su vez, van a controlar mediante pequeñas aldeas productivas distintos entornos agrícolas; por otro lado, la aparición y desarrollo de artesanos especializados, entre los cuales han sido los alfareros quienes más huellas han dejado aunque no los únicos, lo que implica que ya hay una serie de personas que no se dedican a la producción por lo que deben adquirir su sustento a cambio de lo que producen; por fin, el propio desarrollo de las élites que no demandan ya sólo que se les alimente sino que, además, van a requerir la existencia de personal especializado para que satisfagan sus necesidades, tanto residenciales, ornamentales como organizativas y que, asimismo, están excluidos del trabajo agrícola. Todo ello generará unas necesidades de excedentes que añadir a los que pueden ser susceptibles de ser comercializados con destino a los centros fenicios a cambio de objetos de prestigio y, por qué no, de los excedentes agrícolas de otros territorios con los que los fenicios están en contacto.

Por consiguiente, la sociedad tartésica requerirá, como uno de los elementos clave de su desarrollo económico y cultural, una base agrícola bien asentada en la que la ya reconocida experiencia fenicia será de gran utilidad; a ello habría que añadir el tema de la posible presencia de grupos de agricultores fenicios establecidos en determinadas áreas de poblamiento tartésico, como puede ser la zona de Carmona y alguna otra. Como se ya ha dicho, se trata de un asunto muy controvertido, que una vez propuesto, ha dado lugar a todo tipo de respuestas, unas aportando nuevos argumentos a su favor y otras tratando de rechazarlas. Es difícil pronunciarse de forma general y, quizá más, hacerlo en cada caso concreto; no parece improbable que, en unos momentos en los que se está buscando incrementar la rentabilidad de los recursos agrícolas pudiesen ser bienvenidos individuos o grupos dispuestos a intervenir en el proceso y que podrían haber recibido tierras, unas tierras que apenas habrían estado ocupadas en momentos previos y que quizá fueran ellos los primeros en cultivar, por lo que no estarían arrebatando recursos a los habitantes autóctonos, sino complementando los esfuerzos de los dirigentes tartésicos para lograr una mayor eficacia. Procesos similares ocurren en muchos periodos históricos por lo que un rechazo "metodológico" a los mismos va en contra, no ya del sentido común, sino de lo que los testimonios arqueológicos sugieren. Si la mayor productividad de la agricultura tartésica va ligada a las modificaciones introducidas por los fenicios, y no creo que haya argumentos de peso para rechazar esta "evidencia", y teniendo en cuenta que los procesos de aprendizaje en un terreno como éste no serían "teóricos" sino "prácticos", el mejor medio para conseguir estos fines sería mediante la presencia real y física de agricultores fenicios que aportasen sus conocimientos a los indígenas junto a los que se habían asentado; si se trata de un proceso impulsado desde Gadir, o si es algo que deriva de unos procesos migratorios surgidos en la propia Fenicia o en otras áreas de poblamiento fenicio, es algo que no podemos asegurar con certeza a pesar de las distintas opiniones sobre el tema.

Pero, a pesar de ello, no deberíamos rechazar sin más esa posibilidad que explicaría, mucho más que las siempre etéreas influencias, el evidente aumento de población que experimenta el mundo tartésico entre los siglos VIII y VII que sólo pudo sustentarse en un incremento de la producción agrícola. Si en otros campos puede plantearse desde un nivel teórico que las influencias no requieren del contacto físico entre las personas en otros, como es la agricultura, o como son la mayoría o todas las actividades artesanales, por no hablar de fenómenos más complejos como los religiosos o ideológicos, los contactos entre quienes aportan la nueva técnica o la nueva idea y entre quienes la reciben son imprescindibles. El cambio que se produce en la agricultura del sudoeste de la Península entre el Bronce Final prefenicio y el orientalizante es tan enorme que, a pesar de algunos intentos, resulta difícil explicarlo sin recurrir a factores externos que muchos autores, acomplejados porque pueda etiquetárseles de difusionistas, tratan de eludir recurriendo a teorías tanto más peregrinas cuanto que no tienen en cuenta ni la realidad histórica ni, lo que es más grave siendo muchos como son arqueólogos, la arqueológica. Los análisis de pastas cerámicas que se han llevado a cabo, por ejemplo, entre el importante repertorio anfórico de tipo fenicio hallado en Acinipo han deparado, como vimos, resultados espectaculares al demostrarse que la inmensa mayoría de esos envases se habían realizado in situ, lo que plantea diversos problemas: ¿se trata de fenicios asentados en la zona, que producen y envasan vino (o aceite) con destino a su comercialización formando parte de cargamentos con la procedencia genérica del Círculo del estrecho? ¿o se trata de indígenas que deciden imitar la técnica y la forma del ánfora fenicia para comercializar esos productos? y si es así, ¿por qué? Sea cual sea la respuesta, que por el momento no podemos dar con certeza absoluta, lo cierto es que en área de la Serranía de Ronda se ha puesto en marcha un nuevo mecanismo de gestión y control de las tierras que, junto con la introducción de un nuevo cultivo, ha generado excedentes envasados in situ y comercializados hacia el exterior desde allí; poco importa, a este respecto, que algunos autores insistan en que ya había olivos (aunque fuesen silvestres) y quizá vides (aunque no demasiado aptas para la vinificación) en la Península antes de la llegada de los fenicios en su intento de minimizar el peso del componente externo, lo cierto es que aunque existiesen vides y olivos viables antes de la llegada fenicia (lo que, en mi opinión es, cuando menos, cuestionable) o no había muchos, o no daban frutos suficientes, o no se conocían las técnicas de extracción de aceite o de elaboración de vino, porque no será antes de la presencia fenicia cuando se organizará un proceso complejo que permitirá generar, envasar y comercializar excedentes. Pero es que el argumento también sirve si se prefiere pensar que el contenido de esas ánforas pudiera haber sido otro, ya fuese cerveza (atestiguada en las ánforas de tipo fenicio de la Mata de Campanario) ya productos cárnicos; en todos los casos la disponibilidad de productos a envasar y comercializar implica transformaciones en el modelo productivo y, por supuesto, social, que sólo se han dado después de la presencia de los fenicios en la Península.

Por concluir este punto, los no demasiado numerosos análisis paleoecológicos que existen para esta época abundan en que durante los primeros siglos del primer milenio a.C. se va produciendo una degradación de la cobertura vegetal como consecuencia de la acción antrópica, que implica un proceso de deforestación para ganar nuevas tierras de cultivo, algo bien observado en la Serranía de Ronda. El resultado, también observable, es un incremento del aluvionamiento de los ríos (bien estudiado, por ejemplo, en el caso del Guadalete), y la existencia de graves inundaciones acaso producidas por este mismo proceso, y que se atestiguan, por ejemplo, en la propia Onoba y en el Cerro del Villar.

En cuanto a la ganadería, y también según las zonas, se detecta un peso importante del bovino y del ovicaprino y, en menor medida, del porcino; en algunos casos, como muestran los análisis llevados a cabo sobre las muestras óseas de Montemolín, parece que la edad del sacrificio de los animales allí representados se sitúa en torno a los dos años o, incluso, edades menores lo que se ha considerado "antieconómico" desde la perspectiva de sociedades con economía de subsistencia. El que allí se practiquen sacrificios de animales en edades tempranas, ya sea en el transcurso de un ritual ya, como sugieren los excavadores, dentro de una estrategia comercial, sugiere una disponibilidad alta de animales cuyo aprovechamiento va a ser sólo cárnico y antes de que hayan podido servir como animales de tiro o carga en las labores del campo o se haya podido aprovechar su leche o su lana. No hay duda, pues, de que la economía ganadera en Montemolín debe de estar bien gestionada con lo que ello implica de disponer de áreas de pasto suficientes, quizá conseguidas mediante el clareo de bosques, que a su vez facilitan el uso de combustible y material de construcción a la población establecida en la zona. De nuevo, es difícil saber si en estos procesos hay una intervención directa de gentes fenicias o no aun cuando los elementos constructivos que se detectan tanto en Montemolín, como en Carmona o en la Mesa de Setefilla, apuntan a conocimientos que sólo han podido adquirirse a partir de los centros fenicios costeros, donde encontramos los paralelos más directos y evidentes.

II.2.5.2 LA APARICIÓN DE ESTRUCTURAS SOCIALES COMPLEJAS
Y SU REFLEJO EN EL REGISTRO MATERIAL

En las páginas anteriores hemos pasado revista a los principales yacimientos tartésicos conocidos y que constituyen una de las fuentes principales de conocimiento de esta cultura. En este apartado retomaré algunos de los datos que hemos ido considerando para ir reconstruyendo los rasgos de una sociedad compleja como creemos que era la tartésica.

II.2.5.2.1 El registro funerario

Hemos podido observar, en lo que hemos visto del registro funerario que se atribuye a la cultura tartésica, procesos de transformación importantes que nos conducen desde sociedades apenas estructuradas a otras con unos importantes niveles de complejidad. En áreas funerarias como el túmulo de Las Cumbres o los túmulos de Setefilla, en especial el B, se observan grupos que no parecen realizar una fuerte inversión en las tumbas de sus deudos, más allá de los esfuerzos necesarios para disponer de leña suficiente para la cremación y preparar el hoyo en el que se depositará, en su caso, el recipiente funerario el cual, por otro lado, no suele presentar demasiadas peculiaridades; algún broche, alguna fíbula pueden marcar alguna diferencia de riqueza o de estatus pero dentro de un grupo homogéneo. No obstante, es posible que estemos ya ante grupos familiares especiales porque, a juzgar incluso por lo que conocemos en otros ámbitos peninsulares para épocas posteriores (por ejemplo la ibérica) da la impresión de que no todos los componentes de la sociedad pueden acceder a enterramientos "formales" y, en el ámbito tartésico en concreto, hay autores que sugieren interpretaciones para explicar la escasez de necrópolis conocidas frente a otros territorios donde son mucho más abundantes. Una de estas interpretaciones parte de la ausencia de hallazgos funerarios previos a la llegada de los fenicios, no después de haber criticado, con argumentos de bastante peso, las dataciones precoloniales de las tumbas en las que sólo aparece cerámica a mano puesto que, como demuestran, éste no es un criterio fiable al aparecer esos mismos materiales en otras tumbas en las que sí aparecen producciones torneadas lo que minimiza el significado cronológico de la ausencia del torno. En relación con ello estaría la cuestión del origen del ritual cremador con la conservación de los restos de la cremación y el acompañamiento de ofrendas, donde también sigue el debate entre los partidarios de un origen autóctono y los que, con más argumentos, consideran que su origen hay que buscarlo en la acción de los fenicios. El resultado al que llegan los defensores de esta manera de analizar el ritual funerario tartésico es que antes de la llegada de los fenicios las poblaciones del sudoeste de la Península practicaban rituales que no han dejado huella arqueológica o la han dejado sólo indirecta, por lo que, en sentido estricto, no conoceríamos ninguna tumba de los momentos previos a la llegada fenicia a Iberia y que, al mismo tiempo, esa misma población autóctona habría permanecido, en gran medida, refractaria a esos nuevos rituales y seguiría usando sus ritos ancestrales, invisibles para el registro arqueológico.

Aun cuando los detractores de esta teoría están al acecho ante la aparición de cualquier tumba nueva para acumular argumentos en contra de la misma, sí que podemos decir, no obstante, que lo que nos muestra la realidad arqueológica en muchos casos parece ser más bien la adaptación de ciertos procedimientos rituales, quizá de origen fenicio, pero reinterpretados para satisfacer unas nuevas necesidades. Será este proceso el que caracterice la ritualidad tartésica con respecto a la muerte en el sentido de que será la ostentación, la acumulación de objetos, la realización de estructuras funerarias complejas y costosas lo que proporcionará los elementos principales para entender este proceso; será aquí donde radique la diferencia principal entre las necrópolis más antiguas, a las que aludíamos líneas atrás y las necrópolis correspondientes ya a un periodo en el que se están produciendo cambios sociales, económicos e ideológicos. El proceso que se observa en el túmulo A de Setefilla implica la usurpación de un espacio colectivo, quizá familiar o gentilicio, por parte de un miembro destacado del mismo que se arroga la titularidad de dicho espacio y que, sin perjuicio de cuántas tumbas previas destruye, se hace construir una cámara privativa suya y, acaso, de su cónyuge. No sabemos qué contenía la cámara de Setefilla pero si observamos las tumbas de la necrópolis de La Joya quizá pudiéramos hacernos una idea: una acumulación de objetos rituales los cuales, con independencia de su valor intrínseco real, están presentando una imagen determinada del difunto y, lo que es más importante, de sus descendientes y herederos, como titulares de un determinado tipo de poder. Ese poder, legitimado por la ascendencia ilustre, se dota de connotaciones sagradas y los artículos recogidos en la tumba, que han sido vistos durante las complejas ceremonias fúnebres por el conjunto de la sociedad y que han sido amortizados, a pesar de su valor (o, por ello mismo) en un espacio circular y sagrado se convierten en el referente ideológico, pero tangible, del mismo. Quizá se haya abusado en los últimos tiempos de conceptos como realezas sagradas o realezas heroicas, en especial en su intento de compararlas con las estructuras, con siglos de tradición, existentes en Oriente; en la Península Ibérica nos encontramos con unas formaciones más modestas pero sí es cierto que el factor religioso-funerario debe de haber jugado un papel importante al menos como superestructura ideológica encargada de hacer más aceptable la coerción que los beneficiarios del proceso ejercen sobre la comunidad como medio para dirigirla hacia la consecución de unos fines. Estos fines, como hemos visto en páginas anteriores, están relacionados con el cumplimiento de la agenda de los colonizadores que requiere de la colaboración indígena para lograr su objetivo básico: obtener metales y productos agropecuarios susceptibles de ser comercializados y generar un beneficio económico.

Al servicio de ese objetivo, que se convierte también en prioritario para los individuos que acceden a situaciones de poder dentro del mundo tartésico puesto que de su cumplimiento depende el mantenimiento indefinido del sistema, se ponen las principales innovaciones técnicas en campos como la minería, la metalurgia, la agricultura y la ganadería, a los que ya hemos aludido, pero también en la artesanía destinada a la elaboración de bienes de prestigio que acabarán, en buena medida, enterrados en las tumbas de estas elites una vez que han circulado entre ellas como medio para afianzar alianzas regionales con finalidad económica, pero también política. Artesanos itinerantes, pero quizá también afincados en determinados puntos, que usan materias primas valiosas, locales o importadas, satisfarán las necesidades de estos jefes en productos de aspecto refinado; la posible existencia de uno o varios talleres eborarios fenicios en el área de Carmona, a la que ya nos hemos referido, puede estar al servicio de poblaciones fenicias allí residentes pero servirán, sobre todo, a las élites autóctonas que requieren sus costosos productos para decorar sus estancias, para guardar en ellos sus tesoros y hacerlos circular entre sus iguales y para, en último término, llenar las cámaras funerarias de sus tumbas.

Y entre las novedades introducidas una pudo haber sido la cremación de los cadáveres y, sobre todo, su deposición en una tumba, que ahora iba a jugar un papel nuevo desde un punto de vista ideológico; yo creo que los enterrados en las necrópolis tartésicas forman parte de un círculo minoritario y dirigente que ha adoptado ese ritual porque servía, de los modos que hemos ido indicando, a sus intereses y creo también que en el desarrollo de esos ritos pueden haber jugado un papel importante los fenicios, que en ocasiones pueden estar también enterrados junto a los tartesios. Pero, no obstante, el aspecto en ocasiones abrumadoramente "fenicio" que percibimos en algunas tumbas, como algunas de las de La Joya, o como el túmulo de los Higuerones en Cástulo por situarnos en el centro y la periferia tartésicos, no debe engañarnos: los fenicios no se entierran de ese modo. Aunque hay matices según las épocas, según las circunstancias, según incluso los niveles económicos, las tumbas que aparecen en las ciudades y centros fenicios presentan un aspecto muy distinto de las tartésicas. Los ajuares de las tumbas fenicias arcaicas (tanto las metropolitanas como las coloniales) son bastante constantes aunque no todas las tumbas son iguales; pueden marcar las diferencias socio-económicas empleando una cámara bien construida (como las de Trayamar), la prosperidad económica utilizando como urna un vaso de alabastro en lugar de uno de cerámica (Almuñécar), el estatus (aristocrático o sacerdotal) depositando el cadáver en un contenedor de calidad extraordinaria (los sarcófagos antropoides de Cádiz). Pueden incluir algún objeto de joyería o estar amortajados en ricas telas pero lo que no es habitual es abarrotar la tumba con objetos de lujo. Incluso la tumba 24 de la necrópolis de Las Cumbres, si es que es fenicia, y que es sin duda una tumba rica para los parámetros de las tumbas fenicias de la época, poco tiene que ver con las ostentosas tumbas de La Joya, de Setefilla o de Cástulo. No debemos olvidar que, en la propia Fenicia, tumbas reales como la de Tabnit, sacerdote de Astarté y rey de Sidón (siglo VI a.C.) aseguran que no contienen "ni tesoros de plata ni tesoros de oro ni nada valioso" en su interior y piden respeto para el difunto en ella enterrado. Lo que las tumbas ricas del área tartésica muestran es una ostentación de riqueza que, como hemos explicado, tiene sentido dentro de las propias estructuras ideológicas de un mundo que está en contacto con el fenicio, pero que tiene unos esquemas de valores muy distintos de los suyos.

El registro funerario tartésico, pues, y a falta de otros datos, es uno de los principales testimonios que nos permiten observar cómo a partir del siglo VIII (o, incluso, desde el IX aunque haya menos elementos fechables de ese momento) se han ido produciendo procesos de diversificación económica y social de distintos segmentos de la sociedad, que han sido capaces de concentrar poder y riqueza como medio de acceso los productos aportados por los fenicios; las tumbas tartésicas y los rituales funerarios que las originaron se han convertido en el entorno idóneo para que las élites tartésicas hagan gala del poder adquirido, cimenten alianzas basadas en la reciprocidad y se rodeen de un aura de sacralidad que facilite la perduración de ese modelo.

II.2.5.2.2 El desarrollo de los asentamientos y el inicio de un incipiente urbanismo

Junto a los datos que nos aporta el mundo funerario tartésico para tratar de conocer el desarrollo de sus estructuras sociales e ideológicas, las áreas habitadas también nos proporcionan informaciones de interés. El Bronce Final parece haber sido un momento en el que poblaciones que antes debían de vivir dispersas han ido concentrándose en entornos comunes sin que ello implique la aparición de aglomeraciones urbanas. Como hemos visto, en los casos para los que tenemos algún dato, se sugiere la existencia de agrupaciones más o menos extensas de cabañas separadas por amplios espacios vacíos. Sin entrar en las causas de este proceso, y que quizá estén en relación con el inicio de la presencia fenicia en las áreas costeras, lo cierto es que a partir sobre todo del siglo VIII empezamos a disponer de datos de cierta relevancia que nos están hablando de cómo las comunidades indígenas del sudoeste van creando espacios residenciales más estructurados. Un elemento importante en este sentido lo muestra, por ejemplo, la aparición de murallas, observadas en Niebla, en Tejada la Vieja, en Carmona y en Montemolín, quizá en Setefilla, etc. Por su propia naturaleza, se trata de trabajos comunales que ocupan sin lugar a dudas muchas jornadas de trabajo de los que serán sus beneficiarios y que requieren ya una organización del trabajo evidente y que implica además a gentes diversas.

El amurallamiento de los poblados es, pues, uno de los primeros indicios de la aparición de estructuras de poder sólidas que garanticen el éxito de la empresa. Sobre los prototipos e inspiraciones de estas obras también se han pronunciado los estudiosos reproduciéndose el debate sobre lo que pueden tener de autóctono o sobre lo que puede haber de influencia foránea; como en otros temas, también resulta difícil emitir un veredicto incontrovertible aunque quizá podamos llegar a una situación de compromiso si pensamos que, en último término, la construcción de una muralla, más allá del sentido simbólico que pudiera tener, tenía la finalidad práctica de proteger los bienes y las cosechas de la comunidad que se resguardaba tras ella; como hemos visto, una situación de generación de excedentes susceptibles de ser protegidos es consecuencia de procesos económicos que han provocado el tránsito a la misma desde una economía de subsistencia y también resultado de la aparición de individuos que, estimulados por los beneficios a conseguir de comerciantes extranjeros, logran imponer al grupo social del que forman parte una serie de obligaciones mediante mecanismos de coerción real o simbólica. La construcción de una muralla presupone la

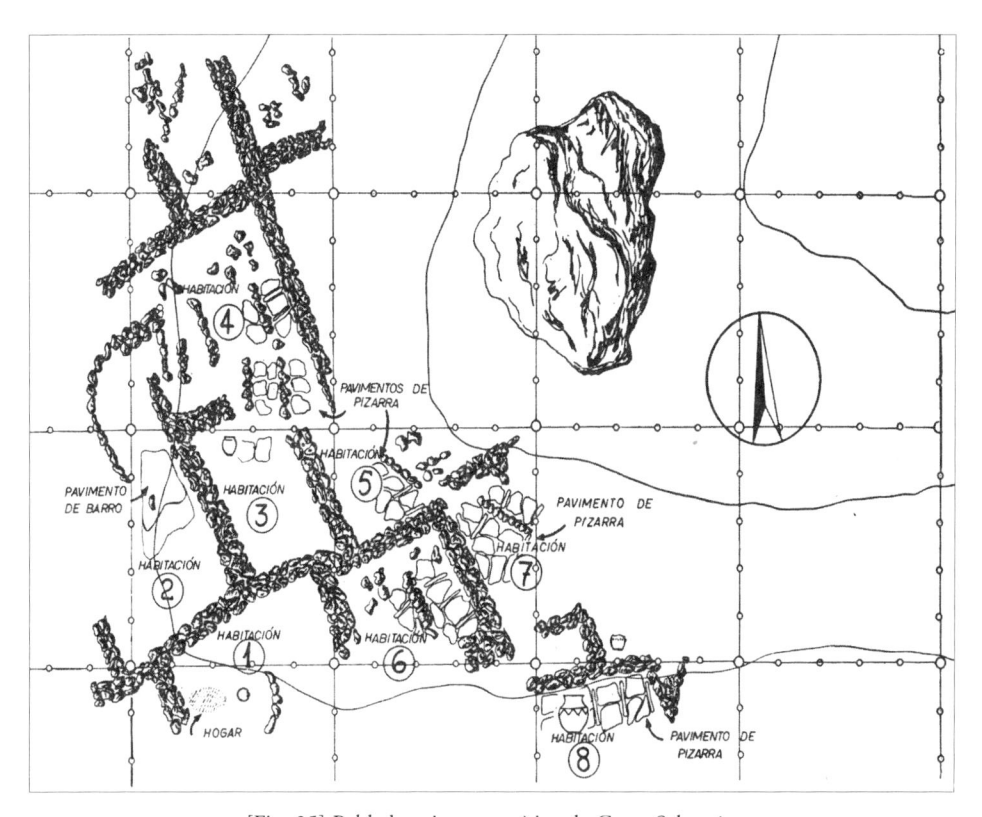

[Fig. 35] Poblado minero tartésico de Cerro Salomón

existencia de una autoridad que obliga a los miembros de la comunidad a prestar parte de su trabajo en aras de la consecución de un objetivo considerado de interés para dicha comunidad y presupone también una disponibilidad de recursos alimenticios (particular o comunal) para compensar el desgaste calórico suplementario y la pérdida de jornadas de dedicación a las labores agropecuarias por una parte, al menos, de los trabajadores agrícolas. Los ejemplos conocidos de murallas tartésicas no podemos considerarlos como copias de murallas de tipo fenicio, como la que conocemos en Doña Blanca, pero sí pueden detectarse algunos rasgos (base en talud, uso de dos paramentos externos rellenos de tierra y barro, empleo de bastiones), que parecen haberse inspirado en murallas fenicias. Otras obras, quizá no murallas en sentido estricto, pero sí obras públicas de gran empaque como el muro del cabezo de San Pedro en Huelva sí parece mostrar la intervención de maestros de obra fenicios puesto que la técnica de dicho muro, para el que se ha sugerido una función de contención de tierras del cabezo es, como vimos, de tipo fenicio. Ello sugiere la existencia si no de un urbanismo como tal sí, al menos, de una serie de medidas para adecuar y regularizar el hábitat a las nuevas funciones que poco a poco iba a desempeñar.

Por lo que se refiere a otro tipo de construcciones, casos como los de Montemolín o Acinipo nos muestran cómo junto a la pervivencia de la forma de la cabaña circular u ovoide en esos ambientes, se introducen nuevas técnicas de construcción que las hacen más resistentes y más habitables; en todo caso, en Montemolín parece que la pervivencia de la forma durante un tiempo estaría ligada al carácter religioso que asume esa estructura. En el caso de Acinipo también veíamos cómo aún manteniendo su carácter de cabañas empezaban a aparecer las que tenían planta rectangular aunque esquinas redondeadas. Todo ello va a ir dando paso a estructuras más o menos relacionadas con las formas constructivas fenicias, bien conocidas en sus establecimientos; en la ciudad baja de Onoba, en Carmona, en Setefilla, en Montemolín, en Cástulo van apareciendo edificios que muestran conocimientos que sólo encontramos en los centros fenicios, lo que sugiere bien una intervención de constructores fenicios bien el aprendizaje de esas técnicas constructivas y, sobre todo, de una nueva concepción del espacio urbano. Resulta curioso que en los pocos casos en los que se han detectado edificios en los lugares mencionados se trate de "espacios singulares" y que el azar haya llevado a la azada del arqueólogo a descubrir ese tipo de edificios que, en seguida, han sido clasificados como santuarios. Sin pretender negar esa posibilidad, o la que algún autor ha avanzado, considerándolos, en su lugar, palacios sí que podemos observar que los conocimientos de que disponemos para cómo articuló el mundo tartésico sus espacios habitacionales son tan reducidos en el momento actual que no sólo no podemos descartar esas posibilidades sino que ni tan siquiera podemos descartar otras, como que se trate de residencias urbanas en las que podría jugar también un papel importante el aspecto religioso, ya fuera de tipo gentilicio, familiar o de cualquier otra modalidad. En todo caso, la combinación de los datos procedentes de las necrópolis con los procedentes de los hábitats no es contradictoria, sino todo lo contrario y no es improbable que esas elites que definen de forma tan clara sus espacios funerarios estén haciendo lo propio con el espacio de la vida que es, también, el espacio del poder y de la representación. El tránsito de la cabaña al hábitat organizado y edificado según técnicas aprendidas de los fenicios es otro elemento más a añadir al *dossier* de la aparición de estructuras de poder organizado en el mundo tartésico. Otro elemento más, que consideraremos acto seguido, sería la escritura.

II.2.5.3 La escritura, instrumento al servicio de la transmisión de nuevos contenidos ideológicos

Podríamos partir del texto de Estrabón (III, 1, 6) en el que este autor, al referirse a los turdetanos asegura que "éstos son tenidos por los más cultos de entre los iberos, puesto que no sólo utilizan escritura, sino que de sus antiguos recuerdos tienen también crónicas históricas, poemas y leyes versificadas de seis mil años, según dicen"; la noticia puede tener cierta credibilidad porque cualquiera de los autores que estuvo en ese territorio entre los años finales del siglo II a.C. y los iniciales del I a.C. pudo haber observado el dato ya que, alguno de ellos, como Asclepiades de Mirlea, por ejemplo, se dedicó a la enseñanza de la lengua y la literatura griegas en Turdetania (Estrabón, III, 4, 3) y quizá se interesó por las nociones literarias de estas gentes.

También asegura Estrabón (III, 1, 6) que el resto de los iberos también tenía escritura aunque ni sus caracteres eran uniformes ni su lengua era la misma, algo que los hallazgos epigráficos han permitido corroborar (*vid.* vol.II, I.1.4). Es la epigrafía la que nos ha consentido conocer un sistema de escritura, al que ya aludí páginas atrás, al que se ha llamado de diversos modos aunque aquí nos referiremos a él como escritura del Sudoeste. Como ya vimos, aparecía en un conjunto de estelas en piedra, de claro sentido funerario, frecuentes en el sur de Portugal si bien algunos ejemplares se han descubierto en el área del Bajo Guadalquivir y algunos otros en Extremadura. En cuanto a la cronología, se sugiere un periodo de tiempo entre los siglos VII y V a.C. aunque también hay autores que proponen fechas más elevadas y otros más bajas; quizá sólo nuevos hallazgos puedan precisar algo más este lapso. El sistema, en el que también se ha detectado alguna variante, muestra claras influencias fenicias en la forma de los signos pero, al parecer, tendría también influencias griegas puesto que las vocales aparecen notadas mientras que es sabido que el sistema gráfico fenicio no tenía signos para dichos sonidos. No obstante, algunos autores rechazan esta posibilidad e interpretan el desarrollo de signos para vocales en el sistema del Sudoeste como una innovación que no habría tenido nada que ver con los griegos. Este signario presenta signos de tipo silábico, pero que tienen que ser reforzados añadiendo tras él el signo correspondiente al sonido vocálico que el silabograma expresa lo que hace que para algunos autores sea un semisilabario mientras que otros lo consideran un alfabeto. En la misma zona de difusión de tales epígrafes apareció también lo que quizá era un ejercicio de escritura o de grabado, la placa de Espanca (Castro Verde), que consta de dos líneas, siendo la segunda una copia de la primera. En dicha placa, pues, se habría representado el signario modelo por parte de un maestro y su copia por parte de un aprendiz. Sigue habiendo dudas acerca de si este documento representa un momento temprano en el proceso de adaptación del sistema fenicio para transcribir la lengua del sudoeste peninsular o si, por el contrario, corresponde ya a un momento avanzado en el desarrollo cultural de la zona. A ello no contribuye el contexto del hallazgo que es desconocido. Por último, y con respecto a la lengua que dicho sistema transcribe, tampoco los investigadores se muestran unánimes en sus apreciaciones, centrándose el debate sobre todo en determinar si dicha lengua es indoeuropea o, por el contrario, no lo es. Diferentes autores han avanzado sus propuestas en uno u otro sentido sin que haya, empero, unanimidad en la investigación actual sobre el tema.

Uno de los principales problemas que plantea su interpretación es si nos encontramos aquí con un sistema de escritura empleado por los tartesios o si, por el contrario, se trata de un sistema que surge en un área más o menos vinculada con el ámbito tartésico, del que constituiría una periferia pero sin nada que ver con él. Los investigadores se han dividido entre estas dos opciones y, de momento, resulta difícil dar una respuesta satisfactoria. En cualquier caso, y como ocurre con el propio alfabeto fenicio, su uso para ser escrito en estelas de piedra resulta marginal dentro del repertorio posible de usos. No obstante, el empleo de materiales perecederos que sirvieran de soporte a esa escritura, tanto fenicia como tartésica, hace que tales escritos que existieron (en el caso de los fenicios) o pudieron haber existido (en el caso de los tartésicos) no puedan recuperarse jamás. Quizá podamos explicar la presencia de epígrafes en piedra en las áreas más periféricas del ámbito tartésico por ese mismo carácter periférico mientras que, salvo las excepciones conocidas, no eran frecuentes en el área nuclear, en la que la escritura quizá tuviese otros usos además de los funerarios (¿escribir sus crónicas, poemas y leyes como decía Estrabón?). Sea como fuere, y a pesar del panorama no demasiado claro que presenta la llamada escritura del Sudoeste creo que bien ella, bien alguna otra emparentada con ella que (aún) no conocemos, parece ser un elemento más del auge cultural del mundo tartésico así como de sus intensas relaciones con los fenicios, que parecen ser quienes han aportado el sistema de referencia para el desarrollo de tal escritura como muestran, incluso, algunos grafitos y signos aislados hallados en ocasiones en cerámicas indígenas en ámbitos tartésicos (en especial en Huelva).

II.2.5.3.1 El desarrollo de una visión cosmogónica propia

Quizá en relación con la existencia de la escritura en Tarteso, aunque no es algo necesario en todos los casos, estén los elementos de cultura que enumeraba Estrabón: crónicas históricas, poemas y leyes en verso. No sabemos si la fuente de Estrabón pudo ver con sus propios ojos alguno de esos documentos o si, por el contrario, está transmitiendo una noticia que se le ha dado oralmente y tampoco sabemos si esta fuente u otros autores, pudieron dejar constancia de alguno de esos textos, orales o escritos, aunque en las líneas que siguen intentaré argumentar a favor de esta posibilidad.

El conocimiento de Tarteso por los griegos (fuese lo que fuese aquello a lo que le dieron el nombre de Tarteso) propició pronto, como medio para integrarlo en su concepción del mundo, incluir este territorio y a sus moradores dentro de sus esquemas explicativos de la realidad que, durante mucho tiempo, no fueron otros que el mito. Así, no es extraño que ya Estesícoro, contemporáneo de los primeros viajes continuados de los griegos hasta Tarteso, entre fines del siglo VII e inicios del siglo VI, introduzca la figura de Gerión, el rival de Heracles, en el ambiente tartésico que por aquel entonces era el más alejado y occidental del que un griego pudiera tener noticia. Pero Gerión es un personaje que forma parte del mito griego y lo único que hacen los poetas es buscarle un acomodo en lo que para ellos no era otra cosa que el fin del mundo. Tenemos informaciones que sugieren que la ubicación geográfica de los mitos griegos ha ido sufriendo modificaciones según iban aumentando los conocimientos griegos del Mediterráneo y, en el caso concreto de Gerión, parece que antes de ser ubicado en Tarteso pudo haberlo estado en la costa del mar Jonio, en la región de Ambracia y el Anfíloco (Hecateo, *FGrHist* 1 F 26) o en el propio Ponto Euxino (Heródoto, IV, 8, 1) así como en diversos puntos de la península italiana, tanto en las costas tirrénicas como adriáticas y en la isla de Sicilia. Todo ello sugiere que el mito de Gerión es anterior al conocimiento griego de Tarteso y que, antes del mismo, los griegos lo fueron ubicando en diferentes puntos del Mediterráneo; será la ubicación en la Península la que triunfará porque al ser ésta el último territorio europeo, y que se abría al océano, resultó a la postre el lugar idóneo para dotarle de un contenido geográfico. Por todo ello, y frente a lo que muchos autores han defendido en ocasiones, el mito de Gerión no tiene nada que ver con la realidad tartésica sino que obedece a los propios intereses griegos y a sus propios esquemas de valores. Lo mismo podemos decir del supuesto nieto de Gerión, Nórax (Pausanias, X, 17, 5).

De otro personaje vinculado a Tarteso, Argantonio, quizá el único (más o menos) histórico hablaremos en el capítulo dedicado a la presencia griega en la Península (*vid.* vol.I, II.3.2.2).

Hay, sin embargo, otra tradición de carácter mítico referida a Tarteso, y que conocemos por el relato de un solo autor en la que yo creo que sí puede haber trazas de un relato originado en Tarteso, por más que modificado y embellecido por la tradición mitográfica griega. Me refiero a la historia de Gárgoris y Habis que, a pesar de su longitud, reproduzco a continuación:

> "Por otra parte los bosques de los tartesios, en los que los titanes, se dice, hicieron la guerra contra los dioses, los habitaron los curetes, cuyo antiquísimo rey Gárgoris fue el primero que descubrió la utilidad de recoger la miel. Éste, habiendo tenido un nieto tras la violación de su hija, por vergüenza de su infamia intentó hacer desaparecer al niño por medios diversos, pero, salvado de todos los peligros por una especie de fortuna, finalmente llegó a reinar por la compasión que despertaron tantas penalidades. Ante todo, ordenó abandonarlo y, pocos días después, al enviar a buscar su cuerpo abandonado, se encontró que distintas fieras lo habían alimentado con su leche. Después de llevarlo a su casa, manda arrojarlo en un camino muy estrecho, por el que acostumbraba a pasar el ganado: hombre verdaderamente cruel, ya

que prefería que su nieto fuera pisoteado en vez de darle muerte simplemente. Como también entonces había salido ileso y no estuvo falto de alimentos, lo arrojó primero a unos perros hambrientos y torturados por la privación de muchos días y después también a los cerdos. Así pues, puesto que no sólo no recibía daño, sino que además era alimentado por las ubres de algunas hembras, mandó por último arrojarlo al océano. Entonces claramente por una manifiesta voluntad divina, en medio de las enfurecidas aguas y el flujo y reflujo de las olas, como si fuera transportado en una nave y no por el oleaje, es depositado en la playa por unas aguas tranquilas, y no mucho después se presentó una cierva, que ofrecía al niño sus ubres. Más tarde, por la convivencia con su nodriza el niño tuvo una agilidad extraordinaria y durante mucho tiempo recorrió montañas y valles en medio de los rebaños de ciervos, no menos veloz que ellos. Finalmente, apresado con un lazo, es ofrecido al rey como regalo. Entonces, por el parecido de las facciones y por las señales que se habían marcado a fuego en su cuerpo cuando pequeño, reconoce al nieto. Después, admirando tantas penalidades y peligros, él mismo lo designa su sucesor en el trono. Se le puso el nombre de Habis, y, después de haber recibido la dignidad real, fue de tal grandeza, que parecía no en vano arrancado a tantos peligros por la majestad de los dioses. De hecho, sometió a leyes a un pueblo bárbaro y fue el primero que enseñó a poner a los bueyes bajo el yugo del arado y a procurarse el trigo con la labranza y obligó a los hombres, por odio a lo que él mismo había soportado, a dejar la comida silvestre y tomar alimentos más suaves. Sus vicisitudes parecerían fabulosas, si no se contara que los fundadores de los romanos fueron alimentados por una loba y que Ciro, rey de los persas, fue criado por una perra. Prohibió al pueblo los trabajos de esclavo y distribuyó la población en siete ciudades. Muerto Habis, sus sucesores retuvieron el trono durante muchos siglos"

(Justino, XLIV, 44, 1-14)

Muchas y muy diversas han sido las interpretaciones que ha recibido este texto y las opiniones de los autores han oscilado entre su consideración como un relato de raíz tartésica y su rechazo más absoluto no ya como fuente histórica sino, incluso, como reflejo, por tenue que fuera, de un relato tartésico. Complica el asunto el que sólo haya sido Justino quien haya transmitido el relato, el cual, como ya dijimos, se limitaba a resumir las *Historias Filípicas* de Pompeyo Trogo. Es interesante que sea este autor el que lo retome porque, aunque no tenemos excesiva información de él, sabemos que era de origen galo (en concreto Voconcio), que se había formado en la ciudad de Masalia, centro fundamental del pensamiento griego en Occidente, pero que a la vez era, por familia, ciudadano romano. Quizá fruto de esta triple herencia, su obra, aunque sólo conservada en la forma del *Epítome* de Justino, presenta múltiples visiones que no siempre coinciden con las habituales entre los historiadores griegos y romanos y presta una gran atención a lo que nosotros llamaríamos culturas periféricas, recopilando e insertando en su relato informaciones que a veces no encontramos en ningún otro autor conservado (*vid.* vol.I, I.1.4: *Trogo, un aparte en la historiografía latina*). No sería improbable que, llevado de esta idea, hubiese encontrado este interesante relato en algún autor cuya obra no hemos conservado y lo hubiese incluido en la suya. Se ha sugerido como posible fuente al ya mencionado Asclepiades de Mirlea que pasó un tiempo, como dijimos, en Turdetania donde pudo haber llegado a conocer este tipo de relatos; quizá esta historia pudo ser utilizada por Asclepiades y, sin duda, por Trogo como paradigma del desarrollo de una cultura, de su paso desde un estadio de barbarie primigenia a otro de civilización y organización y no cabe duda de que, en la forma en la que nos ha llegado, está repleto de elementos ya conocidos en muchas otras "leyendas de fundación", como se reconoce en el propio texto de Justino. Pero, a pesar de ello, yo creo que nos encontramos ante una genuina leyenda turdetana y, por ello mismo, tartésica.

Más allá de intentar identificar los estadios culturales que presenta la leyenda, uno primero recolector, representado por Gárgoris y otro productor, urbano y civilizado que personificaría Habis al someter al pueblo a las leyes, deberíamos preguntarnos qué sentido histórico puede tener tal relato. En efecto, hemos ido viendo en los apartados anteriores el peso que el mundo fenicio tuvo a la hora de movilizar los recursos y potencialidades de las culturas indígenas del Sudoeste de la Península y cómo, para responder a las demandas económicas de los colonizadores, se produjeron cambios en todos los órdenes de la vida de esas gentes, incluyendo también los religiosos y los funerarios. Si los tartesios adoptan formas cultuales derivadas de las empleadas por los fenicios, si en sus propios asentamientos tienen templos fenicios o de tipo fenicio, si sus costas están jalonadas de santuarios dedicados a divinidades fenicias y en ellos se narran las historias y mitos propios de esos dioses, no sería sorprendente que hubiesen acabado aceptando parte de esas historias o, al menos, sus mecanismos explicativos para, adaptándolos a sus propias concepciones del pasado y de su proyección hacia el presente, generar sus propios mitos fundacionales. Habida cuenta de cuáles eran las fuentes empleadas, no sería extraño encontrar en ellas un fuerte sabor oriental que podría también haber dado paso a otros componentes (griegos, helenísticos e, incluso romanos) antes de que dicho relato llegase a Trogo. Frente a cierta tendencia que parece creer que los autores antiguos son, casi por definición, falsarios compulsivos e inventan todo tipo de relatos, yo creo que tenemos argumentos suficientes para distinguir cuándo el relato es fruto de la fantasía, porque disponemos de datos acerca de lo que pudo o no pudo ver o escuchar el autor, y cuándo la información puede proceder de fuentes fiables. Y, en este caso, sabemos que autores como Asclepiades, o Posidonio o Artemidoro, estuvieron en la Península Ibérica y vinieron no para inventarse historias sino para intentar dar una visión de lo que se encontraban (*vid.* vol.I, I.1.3: *Pioneros observadores en suelo peninsular*); es cierto que podemos detectar errores o, incluso, falsedades, en tales autores pero a veces los podemos identificar con cierta facilidad, en especial cuando se basan en malos entendidos, en explicar acontecimientos basándose en etimologías (con frecuencia falsas) de determinadas palabras, etc. Pero en el relato de Gárgoris y Habis no parece haber nada de esto; si el autor que describe por vez primera el relato hubiese querido introducir una narración mítica para describir el origen de los tartesios podría haber echado mano del mito de Gerión lo cual, incluso, le habría hecho mucho más creíble entre sus contemporáneos que conocían de sobra tal mito y les resultaría más familiar que el de los desconocidos Gárgoris y Habis; por cierto, que el propio hecho de que esta historieta sólo nos haya llegado de la mano de un solo autor indica que no debió de ser demasiado popular y, por lo tanto, ningún escritor, salvo Trogo Pompeyo, se hace eco de ella lo que debería considerarse un elemento más a favor de su veracidad.

Por consiguiente, y en conclusión, considero que el núcleo originario de este mito corresponde a cómo los tartesios (o tal vez sólo una parte de ellos, o incluso una ciudad turdetana) veían su tránsito desde la barbarie y la incultura hasta la civilización, una civilización en la que, recordando de nuevo el ya mencionado pasaje de Estrabón, tenían relatos históricos, poemas y leyes en verso de gran antigüedad. Por lo tanto, y quizá como un efecto más de su proceso histórico, los tartesios supieron reflexionar sobre su pasado y plasmar sus reflexiones en relatos históricos, pero no olvidemos que para los antiguos, incluyendo a los propios griegos durante buena parte de su historia, lo que para nosotros no es más que mito para ellos era parte integral y substancial de su pasado.

II.2.5.4 Para una caracterización histórica de Tarteso

Es difícil resumir en pocas palabras "qué" fue Tarteso; tendríamos que volver al inicio del capítulo para recordar qué era para quienes le dieron ese nombre por vez primera, pero eso tampoco nos serviría demasiado. Nosotros, los historiadores contemporáneos hemos construido nuestro Tarteso sin tener demasiado en cuenta a veces qué fue para quienes inventaron el nombre y el concepto, pero quizá eso tampoco esté mal. Tarteso sería, pues, para la historiografía contemporánea el nombre convencional que damos a la cultura que se desarrolla entre el área onubense y el Bajo Guadalquivir entre los siglos IX y VI a.C. (con matices en las cronologías como hemos visto). Este ámbito ve el impacto de la colonización y las actividades comerciales fenicias en él y nuestro Tarteso es la recepción de ese impacto por parte de las gentes que residían en la zona. Hablar de recepción no implica pensar ni sugerir un papel pasivo por parte de las poblaciones residentes y yo no creo en ese papel pasivo; el territorio disponía de unas potencialidades evidentes, en parte ya actualizadas: la minería, la riqueza agropecuaria ya estaban allí antes de la llegada fenicia y, sin duda, una vez que se realizaran las exploraciones pertinentes fueron las causantes de que desde las ciudades de Fenicia se decidiera invertir los medios suficientes para conseguir una rentabilidad económica que justificase los enormes gastos que esa inversión requería. Del mismo modo, y una vez establecidos los fenicios, las sociedades autóctonas o, por mejor decir, sus élites, van a ser responsables de organizar sus territorios, sus poblaciones, sus recursos para satisfacer esas demandas de los colonizadores que, al tiempo, van a significar para ellas una mejora evidente de sus condiciones de vida y de la capacidad de imponerse sobre esas gentes. Eso sería Tarteso.

Por ello mismo, y como ya he avanzado en apartados previos, resulta hoy día fuera de lugar buscar la ciudad de Tarteso y, hasta cierto punto también, buscar un reino o un imperio, pero también resulta chocante que, con los mismos datos, distintos autores hablen del carácter aldeano del mundo tartésico o de su carácter estatal, conceptos que pueden ser útiles siempre que un excesivo hincapié en el nombre de la cosa no nos oculte la cosa nombrada. Por lo visto hasta aquí no parece que, por centrarnos en un marco cronológico algo menos desconocido, en el siglo VII los centros tartésicos sean aldeas, aunque pueda haber aldeas también. Onoba, Niebla, Carmona, Setefilla no parecen aldeas; tienen murallas, empieza a aparecer un urbanismo organizado, sus necrópolis muestran una evidente jerarquización y un acceso diferencial a los bienes de prestigio. Sobre qué es lo que se encontraron los fenicios cuando iniciaron su presencia no es demasiado lo que sabemos y no es improbable que las poblaciones residentes apenas superaran el nivel de la aldea aunque algunos autores, con un exceso de optimismo, ya les adjudican a las gentes del Bronce Final organizaciones estatales cuyas huellas son, hay que decirlo, nimias, por no decir inexistentes.

Ahora bien, esos centros del siglo VII, ¿son Estados? Quizá lo primero sería definir qué es un Estado, aunque en la búsqueda de esa definición se han quedado atrapados muchos investigadores. Quizá enumerar qué rasgos esperaríamos encontrar en un Estado sea suficiente por el momento. Un Estado requeriría un número suficiente de individuos como para hacer factible una estratificación social y una especialización, los cuales se considerarían, al menos hasta cierto nivel, ciudadanos de ese Estado, dependiendo ese derecho del nacimiento o residencia en un territorio concreto, que sería el controlado por ese Estado; el tipo de gobierno debería ser centralizado, independiente y con una capacidad coercitiva para lograr determinados fines, desde los bélicos a la construcción de infraestructuras. Por último, debería disponer de recursos económicos suficientes y ser capaz de generar excedentes para permitir el mantenimiento de su organización estatal e, incluso, actuar como núcleo redistribuidor, en el nivel interno y en el externo, de esos excedentes.

Parece claro, a partir de lo que hemos visto, que en Tarteso a partir del siglo VII hay individuos o grupos que controlan la distribución de la riqueza, expresada en los productos de lujo y que son también los responsables de la ordenación del espacio interno de los hábitat y de la construcción y mantenimiento de las obras de fortificación; quizá también ejercen su autoridad sobre la tierra, bien porque es propiedad de ellos en parte o en su totalidad y, por ello mismo, se encargan de gestionar su cultivo o, en el caso de que haya propiedad privada o comunal (lo que no sabemos) quizá asuman también dicha gestión, en parte por el interés evidente que tiene el control y posterior salida de los excedentes; lo mismo podríamos decir de las minas en las áreas mineras correspondientes. Sin embargo, estos centros no parecen haberse constituido como los núcleos en torno a los cuales se organiza el poblamiento de extensos territorios, sino que parecen haber coexistido con establecimientos de carácter mucho menos organizado en donde pudieran haber perdurado formas de economía doméstica largo tiempo sin una especialización aparente. En una zona como la de los Alcores, ubicada en el área nuclear tartésica, junto con grandes centros, como Carmona o la Mesa de Gandul coexiste toda una serie de centros que se ubican a lo largo del eje que marca el Alcor y a unas distancias iguales unos de otros a pesar de las diferencias de tamaño o de la existencia o no de fortificaciones. Ello ha llevado a sugerir que el poblamiento tartésico en esta zona no se articula en torno a los grandes centros sino que cada uno de ellos, grandes y pequeños, son independientes y autosuficientes.

En este sistema, los distintos centros interactuarían entre sí, siendo estos mecanismos los responsables de la circulación de los productos importados, pero también de personas que permitirían reforzar los lazos de parentesco, por ejemplo mujeres que servirían para favorecer relaciones de tipo social, pero también económico. No obstante, no todos los centros tienen la misma posibilidad de concentrar mano de obra y, por lo tanto, capacidad de trabajo y ello puede explicar las diferencias materiales que pueden observarse entre unos sitios y otros así como el surgimiento de una mayor organización interna, observable en un urbanismo más desarrollado o en la propia capacidad de realizar grandes obras públicas o, incluso, de construir tumbas de una mayor complejidad para el grupo o el individuo que se sitúa a la cabeza de la propia organización gentilicia. Es más razonable interpretar el poblamiento tartésico desde el punto de vista de los intereses defensivos que desde el del control territorial extenso.

Por otro lado, las articulaciones internas del mundo tartésico nos son mal conocidas pero nada hay en el registro material que nos permita pensar no ya en grandes territorios políticos, algo que no ocurrirá hasta una etapa madura dentro del periodo turdetano, sino mucho menos aún en un gran estado territorial. Las comunidades tartésicas interactúan entre sí y con los colonizadores fenicios atendiendo a sus intereses más inmediatos; los intercambios de productos de lujo, entre fenicios e indígenas, pero también entre centros indígenas, son responsables de la circulación de los mismos pero, al su vez, la acción directa de los fenicios en determinados centros indígenas favorece el surgimiento de determinadas actividades en ellos, atendiendo a sus propias condiciones naturales. Así, el desarrollo de la minería y de las técnicas metalúrgicas, el auge de una agricultura destinada a la comercialización o la producción de enseres lujosos (por ejemplo, de marfil) no son más que el resultado de acciones puntuales que los fenicios han favorecido en determinados centros tartésicos. Los procesos de aumento de población, bien por crecimiento vegetativo bien por afluencia de nuevas gentes procedentes de áreas periféricas o incluso por conquista de territorios próximos harán que algunos centros sobresalgan de forma destacable pero, junto a ellos, la existencia de centros menores que también tienen acceso a productos de lujo sugieren una relación en malla, con muchos nudos dentro de la misma que favorece relaciones transversales de muy diversos tipos que, en un momento maduro del desarrollo tartésico, pueden favorecer la complementariedad económica entre regiones distintas. Estas relaciones serían las responsables del desarrollo de unos rasgos más o menos comunes dentro del mundo tartésico, observables desde el punto de vista de la cultura material (extensión de unos tipos de cerámica comunes, técnicas arquitectónicas similares, aunque en este caso quizá se deban a la influencia fenicia, etc.); no excluimos que también hayan surgidos elementos identitarios (mitos, leyendas, tradiciones) que pueden haber dado cuenta de estos procesos de integración económica que se están produciendo. Aparte de las informaciones de las fuentes literarias, a las que ya hemos aludido (por ejemplo, el mito de Gárgoris y Habis) el desarrollo de unas iconografías de raíz orientalizante (tanto fenicia como, en los últimos momentos del desarrollo tartésico, griegas) observables en la llamada cerámica orientalizante muestra cómo el universo ideológico tartésico está integrándose, siquiera en los niveles de la élite y acaso tan sólo de forma epidérmica, en unas tradiciones que se expresan ya mediante un lenguaje simbólico de cierta complejidad. Del mismo modo, el desarrollo de lugares de culto individualizados y la adopción de modelos funerarios de carácter más o menos monumental también nos está hablando de la penetración de unas maneras de entender el fenómeno religioso que, aunque influidas por los modelos coloniales, están dando salida a las propias inquietudes existentes entre los círculos dirigentes tartésicos.

El mundo tartésico que la cultura material nos permite observar, en especial en el registro funerario y en parte de los hábitats, es el mundo de las élites, quizá de base gentilicia, que son las beneficiarias principales de las transacciones entre ellos y los fenicios y, más adelante, los griegos y entre ellas mismas; que hayan podido haber recurrido a elementos religiosos para justificar su poder no parece dudoso y sus ricas (y a veces fastuosas) tumbas pueden haber actuado como centros de culto y de legitimación dinástica. No creo, sin embargo, que podamos hablar de realezas sacras en sentido estricto; del único rey histórico de Tarteso, Argantonio, que no obstante adquiere tintes bastante legendarios en los relatos griegos contemporáneos y posteriores, sólo sabemos que Anacreonte dice que reinó, mientras que Heródoto, que le llama rey [*basileus*], asegura que ejerció el poder sobre Tarteso. Si las élites gentilicias habían generado en su seno, como consecuencia del proceso de diferenciación económica y social, individuos con un poder por encima del grupo al que pertenecían, es algo que no es improbable aun cuando no sea del todo cierto; sin embargo, esas realezas, por más que recurriesen al universo mítico y religioso no parece que hayan suplantado a esas élites de las que formaban parte y, tampoco parecen haber extendido sus poderes mucho más allá del territorio concreto en el que habían surgido. Así pues, los testimonios a nuestra disposición no permiten que hablemos de estados territoriales (y mucho menos de imperios) gobernados por unas monarquías poderosas y autosuficientes capaces de extender el marco de la coerción sobre todo el sudoeste de la Península Ibérica. Un marco mucho más modesto y, a la vez más sujeto a los testimonios de nuestras fuentes, parece imponerse.

Todo esto que hemos visto es Tarteso. En nuestra visión de historiadores de los albores del siglo XXI hemos de renunciar a conceptos románticos de un imperio o un reino fabulosos que para algunos habría sido la primera gran cultura del Occidente europeo y que, como suele ser habitual, ha terminado calando incluso en ámbitos alejados de los afanes científicos creando una imagen que, sin duda, será difícil de desmontar puesto que, en muchos casos, las sociedades contemporáneas necesitan a veces más de mitos fundacionales que de una historia que se ajusta más a las evidencias de la documentación pero que proporciona reconstrucciones menos vistosas e, incluso, menos identificativas. La labor de desmontar el Tarteso que se gestó a lo largo del siglo XX por parte de investigadores en los que predominaba más el aura romántica o nacionalista para convertirlo en un fenómeno histórico es ardua pero no por ello debe el historiador renunciar a ella.

II.2.6 El final de Tarteso

II.2.6.1 La llamada crisis de Tarteso o la transformación de las estructuras económicas

Dentro de una visión catastrofista de la historia, caracterizada también por una idea a veces desmedida de progreso, parecería que al mundo tartésico le habría seguido una época de crisis y pobreza, en especial para quienes habían propugnado que el mundo tartésico había representado una época de dominio económico y político que habría abarcado a buena parte de la Andalucía occidental y áreas limítrofes. Aunque esta presunta crisis podría haberse debido a causas internas, esa misma visión catastrofista requería a agentes externos que se encargasen de acabar, incluso por la fuerza, con esa época descrita como idílica. Surgiría así en la literatura una serie de construcciones teóricas que convertirían a los cartagineses en los verdugos de Tarteso, en parte por la aproximación que benéficos reyes como Argantonio habrían mostrado hacia los griegos. Todo ello se acompañaría del establecimiento del Imperio Cartaginés sobre la Península, acompañado del cierre del estrecho de Gibraltar y, de forma implícita en muchas de estas reconstrucciones, de la bajada de un espeso telón de brumas y oscuridades del que nuestra Península no saldría hasta la llegada de los nuevos civilizadores, los romanos.

Buena parte de estas construcciones, que surgieron a principios del siglo XX, siguen de alguna forma presentes en la visión historiográfica contemporánea bien aún defendidas y argumentadas, bien matizadas en algunos aspectos pero, aunque no de forma explícita, detrás de muchos planteamientos actuales.

Frente a esta visión, otros investigadores, incrédulos ante ella, sobre todo porque los testimonios (literarios o arqueológicos) no parecen convalidar esa idea, han insistido en otras causas para explicar no el final catastrófico de una cultura sino algo mucho más habitual en términos históricos, su transformación en una cultura nueva que bebe de los logros anteriores pero que reorganiza todo o buena parte de su sistema de valores (incluyendo los económicos o los referidos a su ubicación sobre el territorio) para dar lugar a una formación diferente.

Hay muchos elementos oscuros en todo el proceso histórico que tiene lugar en el Sudoeste peninsular a lo largo del siglo VI, pero la investigación ha ido señalando algunos datos que, mientras no dispongamos de más referencias, pueden aceptarse como válidos. Uno de ellos se refiere a la presencia griega en Tarteso, sobre la que se hablará en un capítulo ulterior (*vid.* vol.I, II.3.2.2). Con independencia del sentido último de la misma, la presencia griega en Tarteso provoca, por vez primera, la concurrencia o la competencia entre ámbitos económicos diferenciados y, tal vez, una mayor madurez entre los dirigentes tartésicos con los que los griegos y los fenicios estaban en contacto. Por desgracia, el carácter casi mítico que los griegos otorgan al o a los dirigentes con los que entraron en contacto en las cerca de tres generaciones en las que su presencia se atestigua en Tarteso, englobado bajo el impreciso nombre de Argantonio, nos impide conocer con detalle cuál fue la actitud que las élites tartésicas adoptaron ante este nuevo panorama que se les presentaba. Quizá, a título de hipótesis, podríamos pensar que, por vez primera, los tartesios tuvieron capacidad para marcar sus intereses de cara a las demandas que los pueblos colonizadores hacían y que la buena acogida que Argantonio da a los foceos pueda interpretarse en este sentido.

De cualquier modo, el inicio de la presencia griega en la Península coincide (y no sabemos si hay relación entre ambos fenómenos) con el ya mencionado proceso de reestructuración del mundo fenicio peninsular, con el abandono de algunos centros (Cerro del Villar, La Fonteta), el final paulatino de los centros establecidos en las costas atlánticas de la Península, la consolidación de nuevas ciudades sobre el solar de antiguos establecimientos de menor tamaño (Malaka) o de nuevas fundaciones, como Ebuso, etc. Como a partir, sobre todo, del segundo tercio del siglo VI los griegos habrán abandonado el mercado tartésico y habrán concentrado sus intereses en otras regiones de la Península y la economía fenicia de los centros fenicios de Iberia se habrá transformado, todo ello ha llevado a sugerir que el mundo tartésico habría conocido una recesión económica, cifrada en algunos de los recursos que habían sido de interés para los colonizadores y sobre los que había descansado parte de su auge en los siglos previos, en especial la minería de la plata y la agricultura.

En cuanto a la minería, los testimonios arqueológicos no son todo lo abundantes que desearíamos en el momento presente como para asegurar su final drástico; es más, hay indicios de que la explotación prosiguió en algunas áreas. Sin embargo, también hay pruebas de que, entre los siglos VIII y VI debió de haber una explotación a grandísima escala en los distritos mineros onubenses que debió de esquilmar las monteras superficiales que serían a las que se podía acceder con la tecnología existente en la época. No sería hasta época romana cuando esa zona volviese a ser objeto de explotación, en esta ocasión con una tecnología mucho más eficaz y con una disponibilidad mucho mayor de mano de obra. No sería improbable, pues, que la sobreexplotación hubiese acabado por agotar, para las condiciones tecnológicas del momento, buena parte de la plata accesible del distrito minero. A este respecto puede destacarse que frente a la abundancia de los testimonios relativos a la metalurgia de la plata en la Onoba tartésica, en la fase turdetana de la ciudad, a partir del último tercio del siglo VI, tales testimonios dejan de aparecer de forma definitiva. Por otro lado, el auge de lo que hasta entonces habían sido las áreas periféricas, como la Alta Andalucía, con una gran potencialidad minero-metalúrgica, unido a los procesos históricos que dan lugar al surgimiento de una cultura organizada en torno a estructuras nucleadas, que a partir del siglo V se convertirán en auténticas ciudades, y que conocemos como cultura ibérica, favorecieron los contactos de estos territorios con el Sudeste peninsular, donde los griegos, sin duda aprovechando la labor previa fenicia, se convirtieron en un factor importante de referencia.

Junto a la minería, la agricultura y, en algunas zonas, la ganadería había sido durante el periodo tartésico un factor importante en la economía tartésica; pocas dudas hay de que ambas actividades pudieron haber favorecido procesos de transformación antrópica del paisaje, en especial si tenemos en cuenta que parte de esa agricultura pudo haber tenido un objetivo no de subsistencia, sino comercial, centrado en algunos productos de especial interés, como el vino o el aceite. Los procesos de deforestación se atestiguan también, siquiera porque se constata el inicio de un proceso de colmatación en las desembocaduras de buena parte de los ríos que atravesaban el territorio tartésico, empezando por el Guadalquivir, pero afectando sin duda a muchos otros ríos; el propio Estrabón (III, 2, 4), en su época, atestigua cómo ya las márgenes del antiguo golfo Tartésico habían dado paso a un paisaje de esteros que sólo se llenaban de agua con marea alta, prueba de que ese proceso de colmatación que hoy ha cegado todo aquél antiguo golfo ya estaba en marcha. Estos procesos pudieron provocar un colapso del sistema de generación de alimentos que, quizá acompañados de hambrunas y de conflictos violentos, parece haber sido responsable de un proceso de despoblamiento que algunos autores creen detectar durante la segunda mitad del siglo VI.

Sean cuales fueren las causas del final de Tarteso, pues, y es algo que la investigación debe aclarar en los próximos tiempos, ya no son muchos los que defienden explicaciones centradas en políticas de dominio dirigidas por extranjeros como los cartagineses y, mucho menos, los que sitúan en la Península Ibérica del siglo VI el lugar en el que fenicios y griegos habrían ajustado sus cuentas históricas, aspecto este último que deriva más de las fabulaciones de muchos historiadores, antiguos y no tan antiguos, que de un análisis desapasionado de la información a su disposición. Tampoco parecen haber tenido mucho que ver ni la caída de Tiro en manos babilonias en el primer cuarto del siglo VI, ni la batalla de Alalia o del Mar Sardo que enfrentó a foceos con cartagineses y etruscos a mediados del mismo siglo ni, tan siquiera, el llamado primer tratado entre Roma y Cartago del 509 a.C., que en ocasiones se han traído a colación como si la caída de Tarteso fuese un episodio histórico puntual como los mencionados. La transformación del mundo tartésico, basado en estructuras de poder de base gentilicia y aristocrática, dio lugar a un mundo organizado en ciudades que las fuentes griegas y latinas posteriores llamarán *ciuitates* y *poleis*, o se referirán a ellas aludiendo a su carácter de grandes centros fortificados (*oppida*); a este mundo lo conocemos como mundo turdetano, a partir del término que, sin duda, ellos mismos se dieron y que los autores griegos y romanos que acompañaron a las legiones conquistadoras nos han transmitido (*vid.* vol.II, I.1.3.1). Pero, en su mayor parte (quizá en su totalidad) esas ciudades ocupaban el mismo lugar en que las aglomeraciones de época tartésica se hallaban ya establecidas desde hacía siglos.

II.2.6.2 El tránsito al mundo turdetano

Así pues, más que de final del mundo tartésico deberíamos hablar de tránsito hacia el mundo turdetano; el análisis de esta cultura será abordado en otro capítulo de esta obra (*vid.* vol.II, I.1.3.1), pero aquí me limitaré a hacer alguna observación para concluir el análisis hasta aquí llevado a cabo del mundo tartésico. En primer lugar, e insistiendo con el punto con el que concluíamos el apartado previo, parece haber existido una continuidad en la ocupación de los grandes centros que habían configurado el poblamiento tartésico y que seguirían articulando el territorio en época turdetana aunque en su desarrollo concreto cada centro puede haber mostrado peculiaridades propias, debidas tanto a una situación generalizada como, en ocasiones, a problemas particulares. El proceso de nucleación del hábitat, ya iniciado en la época anterior, iría consolidándose en estos momentos surgiendo, al menos en algunas áreas, un proceso de jerarquización del territorio y una mayor articulación interna en los mismos (*vid.* vol.II, I.1.5.2), acompañada acaso de un proceso de consolidación de las estructuras políticas desde el ámbito gentilicio al ámbito político; sin duda el proceso fue largo pero ya debía de estar concluido cuando, con la llegada de los cartagineses y, luego, de los romanos, se nos informa de la existencia de reyes, caudillos, príncipes o dinastías que controlaban no sólo ciudades individuales, sino bastantes y que eran capaces de poner en pie de guerra ejércitos muy numerosos aunque, gracias a su riqueza, también recurrían con frecuencia a mercenarios reclutados en otras partes de la Península, en especial en la Meseta.

A diferencia de las informaciones que la arqueología aporta sobre las áreas de habitación cuya perduración en época turdetana es evidente, un problema diferente plantean las necrópolis, que son muy escasas en la Andalucía occidental desde el final del periodo orientalizante o tartésico hasta los albores de la presencia romana; a pesar de algún hallazgo, resulta sorprendente su escasez frente a su abundancia en la Andalucía oriental y en otras partes de la Península (*vid.* vol.II, I.1.7.4). Algún autor ha hablado, para explicar el fenómeno, de la recuperación de una identidad, en parte interrumpida durante el periodo tartésico, que no implicaba formas de enterramiento formal, hipótesis que muchos otros investigadores no comparten aun cuando no consiguen explicar esta ausencia de tumbas en el ámbito turdetano durante varios siglos y, como mucho, aducen algún enterramiento, por lo general aislado y de cronología problemática para oponerse a ella. No sería improbable que, dentro del proceso de influencia cultural que las poblaciones indígenas del sudoeste de la Península experimentaron por obra de la acción colonizadora fenicia, la introducción de rituales funerarios que implicaban la deposición del cadáver acompañado de ofrendas, en una tumba de mayor o menor riqueza, pudiera ser un elemento más de la influencia cultural ejercida sobre los indígenas; las tumbas se convertirían, en especial las más ricas, en elementos de referencia ideológica y, acaso, en símbolos de un poder transmitido a los descendientes. En este contexto, no sería extraño que, cuando la sociedad turdetana se estructura sobre otras bases, una vez que la supremacía económica colonial decrece, se abandonen esas manifestaciones, acaso sentidas como "ajenas" por los círculos dirigentes y se vuelva a otros rituales que no han dejado huellas arqueológicas. De ser así, el modelo orientalizante que, transformado, triunfa por ejemplo, en el mundo ibérico, habría fracasado en el mundo turdetano que haría hincapié en otros aspectos, que por el momento no parecen haber dejado huella material, para marcar el poder y el prestigio de sus elites dirigentes.

Son aspectos todos ellos que no es el momento de tratar en este apartado pero que mostrarían cómo el fenómeno al que damos el nombre de "tartésico" dejó una impronta que duraría aún largos siglos en las áreas suroccidentales de la Península Ibérica.

Bibliografía

A. *Guía de lecturas y recursos*

Para abordar la historiografía sobre Tarteso nada mejor que empezar con uno de los trabajos que más huella han dejado en la misma, como fue el de A. Schulten (1924 [2006]), responsable en buena medida del primer intento científico, por más que hoy lo consideremos ya desfasado, de dotar a Tarteso de entidad histórica y arqueológica. A partir de ese momento se suceden trabajos que van releyendo los datos de las fuentes literarias y los arqueológicos aunque un hito importante en la dilucidación del problema de Tarteso lo constituyeron los análisis paleogeográficos llevados a cabo en la región suroccidental de la Península por J. Gavala, que mostró la profunda transformación del entorno desde la época tartésica hasta la actualidad (Gavala, 1959), algo que no tuvo en cuenta Schulten. Entre los trabajos posteriores a este último y que han ido modificando nuestra visión sobre Tarteso destacaríamos en este contexto el libro de Blázquez (1975), que sirvió de punto de partida de la valoración contemporánea de Tarteso, así como la celebración del v Simposio de Prehistoria Peninsular que se tituló *Tartessos y sus problemas* AA. VV., 1969). El cambio de énfasis se pudo observar años después en otro congreso, celebrado para conmemorar el vigésimo quinto aniversario del anterior, y que sirvió de puesta al día de los conocimientos sobre el tema (AA. VV., 1995). Antes, otras publicaciones, asimismo colectivas, fueron aportando datos de interés para el debate, tales como *Tartessos. Arqueología protohistórica del Bajo Guadalquivir* (Aubet, 1989) o *Los enigmas de Tarteso* (Alvar/Blázquez, 1993), éste último con una bibliografía exhaustiva hasta la fecha de su publicación. Un reciente y completo repaso a la tradición historiográfica sobre Tarteso es el libro de Álvarez Martí-Aguilar (2005). La apertura del mundo tartésico al gran público dio lugar a una exposición en varias ciudades españolas, fruto de la cual fue un catálogo que presentaba un estado de la cuestión actualizado sobre los varios asuntos que afectan a esta cultura (Aranegui, 2000). Entre las monografías debidas a un solo autor destacaríamos la de Torres (2002) y, más general, pero con un panorama amplio de la Protohistoria peninsular, la de Bendala (2000).

Entrando ya de lleno en los distintos yacimientos tartésicos, podemos mencionar los principales trabajos existentes sobre cada uno de ellos; sobre Campillo puede verse el libro de López Amador y otros (1996). Sobre la necrópolis de Las Cumbres el libro de Ruiz Mata/Pérez (1995). Onoba ha generado una amplísima bibliografía, entre la que puede destacarse el libro de Fernández Jurado (1988-1989) para el hábitat y los estudios de Garrido/Orta (1994) para éste y para la necrópolis de La Joya (Garrido, 1970;

Garrido/Orta, 1978). Todo ello puede complementarse con el libro de Gómez Toscano/Campos (2001), que recoge un panorama arqueológico de varios decenios de investigaciones en la ciudad. También para Onoba, pero asimismo para Niebla y otros yacimientos de la Tierra Baja onubense debe consultarse el libro de Campos/Gómez Toscano (2001). En cuanto a Tejada la Vieja ha sido objeto de estudios y excavaciones por parte del Servicio de Arqueología de la Diputación de Huelva, fruto de las cuales es el libro coordinado por Fernández Jurado (1987).

El yacimiento paradigmático del área sevillana es el Carambolo, que ha sido objeto de abundantes publicaciones; destaca por su monumentalidad la de Carriazo (1973), que puede verse complementada por trabajos de J. Maluquer de Motes, tanto publicados (Maluquer, 1985) como sus notas tomadas durante la excavación, editadas y publicadas por Aubet (1994). Todos estos datos deben ser revisados a la luz de las últimos excavaciones (Fernández Flores/Rodríguez, 2005), que cambian de modo radical la interpretación del yacimiento.

Sobre los centros ubicados en la cuenca del Guadalquivir pueden mencionarse las excavaciones de Belén en el Palacio del Marqués de Saltillo en Carmona (Belén *et alii*, 1997); con respecto a las excavaciones antiguas realizadas por Bonsor en las áreas funerarias del entorno, puede verse su obra, editada en 1899 (1997), pero traducida al español y comentada por J. Maier. Sobre el importante núcleo de Setefilla las obras de referencia son los trabajos de M.E. Aubet, tanto en el hábitat (Aubet *et alii*, 1983) como en la necrópolis (Aubet, 1981a; 1981b).

En las áreas más alejadas del núcleo inicial del Bajo Guadalquivir destacan la Colina de los Quemados, en Córdoba (Luzón/Ruiz Mata, 1973) y para toda el área del Guadalquivir Medio es aconsejable el trabajo de Murillo (1994). Por lo que se refiere a Cástulo, el gran centro director del alto Guadalquivir, la bibliografía es muy abundante a partir de la actividad arqueológica desplegada por J.M. Blázquez y su equipo; destacaremos una obra de síntesis (Blázquez/García-Gelabert, 1994) y, para el tema que nos ocupa, dos de los volúmenes de memorias de excavación, *Cástulo III* y *Cástulo V* (Blázquez/Valiente, 1981; Blázquez *et alii*, 1985).

Acerca del área ubicada entre el Guadalquivir y el Guadiana la obra de referencia en la actualidad es la de Rodríguez Díaz/Enríquez (2001). Sobre el fenómeno de las llamadas estelas del Sudoeste, además de la obra clásica de Almagro Basch (1966) deben consultarse los trabajos más recientes de Galán (1993), Celestino (2001) y Harrison (2004); uno de los centros más interesantes de la región es Medellín, sobre el que deben verse los resultados de las excavaciones realizadas allí (Almagro Gorbea, 1977). A las últimas fases del llamado Periodo Orientalizante corresponden edificios como Cancho Roano, cuya publicación puede considerarse, ya prácticamente concluida con una abundante serie de monografías que lo convierte en uno de los yacimientos más publicados de toda la Protohistoria peninsular (Maluquer, 1981; 1983; Maluquer *et alii*, 1986; Celestino/Jiménez, 1993; Celestino, 1996; 2003a; 2003b) [en la Red: http://www.canchoroano.iam.csic.es]. A este conjunto se añade la Mata de Campanario, objeto también de un análisis exhaustivo y una publicación modélica (Rodríguez Díaz, 2004).

Sobre otros aspectos monográficos del mundo tartésico, podemos mencionar trabajos dedicados a las técnicas constructivas, en especial en relación con el mundo fenicio (Ruiz Mata/Celestino, 2001) o a actividades artesanales, tales como el trabajo del bronce (Jiménez Ávila, 2002);

igualmente, el mundo funerario ha sido abordado por Torres (1999) y Martín Ruiz (1996), pero conviene también ver una visión alternativa, no sólo para este tema sino, en general, para muchos relativos al mundo tartésico en el libro de Escacena (2000).

B. *Referencias*

AA.VV., *Tartessos 25 años después. 1968-1993*, Jerez de la Frontera, 1995.

AA.VV., *Tartessos y sus problemas*, V Symposium Internacional de Prehistoria Peninsular, Barcelona, 1969.

Almagro Basch, M., *Las estelas decoradas del Sudoeste peninsular*, Madrid, 1966.

Almagro Gorbea, M., *El Bronce Final y el periodo orientalizante en Extremadura*, Madrid, 1977

Alvar, Blázquez, J. y Blázquez, Martínez, J.M. (eds.), *Los enigmas de Tarteso*, Madrid, 1993.

Álvarez Martí-Aguilar, M., *Tarteso. La construcción de un mito en la historiografía española*, Málaga, 2005.

Aranegui Gascó, C., (ed.), *Argantonio, rey de Tartessos*, Sevilla, 2000.

Aubet Semmler, M.E., *La necrópolis de Setefilla en Lora del Río (Sevilla)*, Barcelona, 1981.

—, *La necrópolis de Setefilla, en Lora del Río (Sevilla)*, Barcelona, 1981.

—, (ed.), *Tartessos. Arqueología protohistórica del Bajo Guadalquivir*, Sabadell, 1989.

—, Excavaciones de El Carambolo, Sevilla, Notas y experiencias personales (Transcripción del *Diario de Excavaciones de Juan Maluquer de Motes de 1958*, publicado por primera vez), Huelva. 1994

—, y M.R. Serna, J.L. Escacena Carrasco y M. Ruiz Delgado; *La mesa de Setefilla*, Lora del Río (Sevilla), Campaña de 1979, Madrid, 1983.

Belén Deamos, M.R.; Anglada, J.L.; Escacena Carrasco, y A. Jiménez; Arqueología en Carmona (Sevilla), Excavaciones en la Casa-Palacio del marqués de Saltillo, Sevilla. 1997

Bendala Galán, M., *Tartesios, iberos y celtas. Pueblos, culturas y colonizadores de la Hispania antigua*, Madrid, 2000

Blázquez, Martínez, J.M., *Tartessos y los orígenes de la colonización fenicia en Occidente*, 2ª ed. Salamanca, 1975

—, y García-Gelabert Pérez M.P., *Cástulo, ciudad ibero-romana*, Madrid, 1994.

—, y Valiente Malla, J., *Cástulo III.*, Madrid, 1981.

—, García Gelabert y F. López Pardo; *Cástulo V*, Madrid, 1985.

Bonsor, G.E., *Las colonias agrícolas prerromanas del valle del Guadalquivir*, Écija, 1997.

Campos Carrasco J.M. y Gómez Toscazo, F., *La Tierra Llana de Huelva: Arqueología y Evolución del Paisaje*, Sevilla, 2001.

Carriazo, J. de la M., *Tartessos y el Carambolo. Investigaciones arqueológicas sobre la protohistoria de la Baja Andalucía*, Madrid, 1973.

Celestino Pérez S. (ed.), *El Palacio-Santuario de Cancho Roano. V-VI-VII. Los sectores oeste, sur y este.* Madrid, 1996

—, *Estelas de guerrero y estelas diademadas. La precolonización y la formación del mundo tartésico*, Barcelona, 2001

—, *Cancho Roano VIII. Los Materiales Arqueológicos, I*, Mérida, 2003

—, *Cancho Roano IX. Los Materiales Arqueológicos II*, Mérida. 2003

—, y Jiménez Ávila F.J., *El palacio-santuario de Cancho Roano. IV. El Sector Norte*, Badajoz, 1993

Escacena Carrasco J.L., *La arqueología protohistórica del Sur de la Península Ibérica. Historia de un río revuelto*, Madrid, 2000.

Fernández Flores A. y Rodríguez Azogue, A., "El complejo monumental del Carambolo Alto, Camas (Sevilla). Un santuario orientalizante en la paleodesembocadura del Guadalquivir". Trabajos de Prehistoria, 62, 2005, pp. 111-138.

Fernández Jurado, J., *Tejada la Vieja: una ciudad protohistórica*, Huelva, 1987

—, Tartessos y Huelva, Huelva, 1988-1989.

Galán, E., *Estelas, paisaje y territorio en el Bronce Final del Sudoeste de la Península Ibérica*, Madrid, 1993.

Garrido Roiz, J.P., *Excavaciones en la necrópolis de La Joya, Huelva. (1ª y 2ª campañas)*, Madrid. 1970.

—, y Orta García, E.M., *Excavaciones en la necrópolis de La Joya, Huelva. II. (3ª, 4ª y 5ª campañas)*, Madrid, 1978

—, *El hábitat antiguo de Huelva (periodos orientalizante y arcaico). La primera excavación arqueológica en la Calle del Puerto*, Madrid, 1994.

Gavala y Laborde, J., *La Geología de la Costa y Bahía de Cádiz y el poema Ora Maritima de Avieno*, Madrid, 1959.

Gómez Toscano, F. y Campos Carrasco O., J.M.: *Arqueología en la ciudad de Huelva (1966-2000)*. Huelva, 2001

Harrison, R.J., *Symbols and warriors. Images of the European Bronze Age*, Brístol, 2004

Jiménez Ávila, J., *La toréutica orientalizante en la Península Ibérica*, Madrid, 2002

López Amador J.J.; P. Bueno Serrano; J.A. Ruiz, y M. de Prada; *Tartesios y Fenicios en Campillo, El Puerto de Santa María, Cádiz. Una aportación a la cronología del Bronce Final en el Occidente de Europa*, Cádiz, 1996

Luzón Nogué, J.M. y Ruiz Mata D., *Las raíces de Córdoba. Estratigrafía de la Colina de los Quemados*, Córdoba, 1973.

Maluquer de Motes, J., *El santuario protohistórico de Zalamea de la Serena (Badajoz), 1978-1981*, Barcelona, 1981.

—, *El santuario protohistórico de Zalamea de la Serena (Badajoz), 1981-1982*, vol. II, Barcelona, 1983.

—, *La civilización de Tartessos*, Sevilla, 1985

—, S. Celestino Pérez; F. Gracia Alonso y G. Munilla Cabrillana, G., *El santuario protohistórico de Zalamea de la Serena, Badajoz, 1983-1986*, vol. III, Barcelona, 1986

Martín Ruiz, J.A., *Las sepulturas principescas del periodo orientalizante tartésico*, Málaga, 1996.

Murillo Redondo, J.F., *La cultura tartésica en el Guadalquivir Medio*, Palma del Río, 1994.

Rodríguez Díaz, A. (ed.), *El edificio protohistórico de La Mata (Campanario, Badajoz) y su estudio territorial*, Cáceres, 2004.

Rodríguez Díaz A. y Enríquez Navascués J.J., *Extremadura Tartésica. Arqueología de un proceso periférico*, Barcelona, 2001

Ruiz Mata, D. y Celestino Pérez, S. (eds.), *Arquitectura oriental y orientalizante en la Península Ibérica*, Madrid, 2001.

Ruiz Mata D. y Pérez C.J., *El poblado fenicio del Castillo de doña Blanca (El Puerto de Santa María, Cádiz)*, El Puerto de Santa María, 1995

Schulten, A., *Tartessos*, Madrid, 1924 (2ª ed. *Tartessos. Contribución a la historia más antigua de Occidente*, Sevilla, 2006]

Torres Ortiz, M., *Sociedad y mundo funerario en Tartessos*, Madrid, 1999.

—, *Tartessos*, Madrid, 2002.

Capítulo tercero

Los griegos en Iberia

II.3.1 Introducción: la percepción del extremo Occidente en las etapas iniciales de la formación de la cultura griega

El desarrollo de la cultura griega en el ámbito Egeo no fue ajeno a los contactos con el exterior de su propio ámbito geográfico. Podríamos empezar recordando cómo la cultura griega de la segunda mitad del segundo milenio a.C. a la que solemos llamar micénica, había extendido sus intereses a amplias regiones del Mediterráneo central y oriental, cuyas huellas seguirían en buena parte los fenicios tiempo después y, en su momento, los propios griegos. El colapso del modelo social, económico y político micénico a partir del siglo XII a.C. provocó un periodo de interrupción o, en ocasiones, tan sólo de desaceleración de los contactos externos del ámbito egeo unido, aunque a veces resulte paradójico, con procesos migratorios que acabaron por llevar a gentes de estos orígenes a muy diversos ámbitos del Mediterráneo, sin duda del oriental pero acaso también del central.

Aunque en algunas regiones de Grecia los contactos con el exterior no parecen haberse interrumpido nunca o, al menos, no de forma total, sí que podemos decir que a partir del siglo X a.C., en la época que en términos arqueológicos conocemos como Protogeométrico, parecen adquirir una nueva vitalidad algunos territorios, en especial la isla de Eubea y algunas de las islas del archipiélago de las Cícladas. A este resurgir, que es sobre todo económico en un primer momento, no fueron ajenos tampoco los comerciantes levantinos, entre ellos los fenicios, que fueron restaurando las viejas relaciones que durante el segundo milenio habían existido entre el Egeo y el Mediterráneo oriental. Acuciados por la necesidad de integrarse en los circuitos económicos de alto nivel que los fenicios y otros orientales estaban empezando a poner en marcha, a lo largo de los siglos IX y VIII a.C. los griegos y, muy en especial los de Eubea o los de Corinto, volvieron a practicar navegaciones a gran escala con destino sobre todo a Oriente pero también hacia el Mediterráneo central. Cada vez parece más seguro, por centrarnos en este último ámbito, que ya desde los años finales del siglo IX e iniciales del siglo VIII marinos y comerciantes griegos están buscando en las costas que se asoman al Mar Tirreno materias primas, entrando en contacto con las poblaciones locales villanovianas en el continente o con grupos nurágicos en la isla de Cerdeña. En estas costas no están solos sino que están colaborando con socios fenicios, con los que ya habían entrado en contacto en la propia costa fenicia. A partir del 770 a.C., se produciría el primer establecimiento griego en la isla de Ischia, al que dieron el nombre de Pitecusas y en el que la arqueología ha detectado una importante presencia de elementos orientales. Desde muy pronto, Pitecusas mantendrá estrechas relaciones con las ciudades que los fenicios irán fundando en Cerdeña (Sulcis, Nora), en Sicilia (Motia) y con la propia Cartago, al tiempo que irán incrementándose en calidad y en cantidad las que los mismos griegos establecerán con las poblaciones indígenas de las áreas etruscas, latinas y campanas. A lo largo de la segunda mitad del siglo VIII, y obedeciendo a otros impulsos, sobre los que no me detendré aquí, los conocimientos adquiridos serán aprovechados por otros griegos para establecer colonias, es decir, ciudades cuyo objetivo principal era explotar los recursos agropecuarios del entorno inmediato en el que se establecían.

Valga este rápido esquema para situar la presencia griega en la mitad occidental del Mediterráneo desde al menos los inicios del siglo VIII, momento a partir del cual esta misma presencia irá conociendo un incremento paulatino hasta que el inicio de la colonización provoque el desarrollo de ciudades griegas en la Península Italiana y en la isla de Sicilia. Durante todo este periodo, la Península Ibérica parece haber quedado fuera de los intereses directos de los griegos si bien una serie de autores está sugiriendo, en los últimos tiempos, que las navegaciones griegas, en especial las de los griegos de Eubea, podrían haber alcanzado las costas peninsulares en esos tempranos momentos del siglo VIII quizá con intereses comerciales y tal vez dentro de empresas conjuntas con navegantes fenicios, con los que los griegos parecen haber colaborado en otras empresas. En cualquier caso, esta presencia, de confirmarse, no habría tenido, a lo que parece, una especial relevancia al no ser ni muy intensa la participación ni tampoco demasiado continua. De cualquier modo, quizá podamos distinguir algunas huellas, tanto arqueológicas como literarias de esas posibles primeras navegaciones griegas. Desde el punto de vista arqueológico, la cantidad de materiales griegos del siglo IX es poco abundante, si bien su aparición en Huelva es un dato de gran interés; en cuanto a la del siglo VIII es muy reducida y, aunque poco a poco va aumentando, se limita a algunos fragmentos de cerámicas en La Fonteta, y a algunos más hallados en Huelva y se complementa con hallazgos de fines del siglo VIII y años iniciales del siglo VII en Almuñécar, en el área de Toscanos, en Morro de Mezquitilla y en la Fonteta. Es un viejo debate saber si estas y otras cerámicas corresponden a un comercio de las mismas en manos fenicias o, por el contrario, si es posible que los griegos hayan llevado a cabo navegaciones propias hasta la Península y, por el momento, y sólo con los hallazgos arqueológicos, poco abundantes, es difícil dilucidar el asunto.

Otra línea que se ha seguido se ha centrado en tratar de hallar, en las tradiciones griegas, huellas de un conocimiento por pequeño o precario que fuese, del mundo del Extremo Occidente. Así, por ejemplo, las menciones en la *Odisea* al

Océano (X, 508-515; XI, 13-22), presupondrían un conocimiento del mismo, aunque quizá indirecto y, por lo tanto, de las tierras que lo circundaban aunque el aura mitológica que adquiere en la obra, al vincularse con el Hades, haría impracticable su aprovechamiento geográfico. La idea del fin del mundo que representa el océano también se observa en la *Teogonía* de Hesiodo (vv. 687-699), que sitúa en esos entornos la lucha de Zeus contra los Titanes, que inaugura un nuevo periodo, el Olímpico y, del mismo modo, esos paisajes son la residencia de las Hespérides, hijas de la Noche que custodian allí el árbol que produce manzanas de oro (*Teogonía*, vv. 215-216); y también junto al océano, en Eritia, Heracles dio muerte a Gerión para quitarle sus vacas (*Teogonía*, vv. 287-294). Si estos conceptos, por mitificados que aparezcan en los relatos griegos, traslucen un conocimiento directo de los confines más occidentales del Mediterráneo es algo que no podemos asegurar con certeza pero que unido a otros testimonios, como los restos cerámicos mencionados o algunas otras tradiciones, en especial de matriz eubea, que aluden a las regiones en torno al estrecho de Gibraltar y del norte de África quizá permitan atisbar la posibilidad de que durante el siglo VIII, y dentro de sus exploraciones por el Mediterráneo occidental, algunas expediciones puedan haber llegado hasta las tierras peninsulares. De ser así, su huella inmediata no parece haber sido demasiado intensa aun cuando, en momentos posteriores, y cuando griegos de otros orígenes iniciaron sus viajes a la Península, pudieron hacer uso de esos datos, ya insertos en sus mitos y tradiciones, para poder integrar en su universo mental esas tierras con las que se encontraban por vez primera.

Junto a esos mitos, cuya antigüedad queda atestiguada por aparecer en los *Poemas Homéricos* o las obras de Hesiodo, que debieron de componerse en los años finales del siglo VIII, en fuentes literarias posteriores aparecen mitos que hablan de antiguas llegadas de héroes griegos a la Península y que podríamos calificar de oportunistas; héroes del ciclo troyano como Teucro, Diomedes, Menelao, Menesteo, Tlepólemo y otros más, empiezan a frecuentar los paisajes peninsulares pero su presencia se observa sólo en épocas tardías y son fruto del deseo de los intelectuales griegos ya de época romana de dar un toque anticuario, no exento de cierto orgullo cultural, a las nuevas tierras que los romanos iban incorporando a su imperio. También en este grupo de mitos oportunistas encaja una tradición que encontramos en un par de pasajes de Estrabón y que habla de la (presunta) llegada de gentes de Rodas en época antiquísimas. Según este autor, para algunos la ciudad de Rhode, situada en la costa del golfo de Rosas habría sido una fundación rodia (Estrabón, III, 4, 8), asegurando en otro pasaje: "También se cuenta lo siguiente sobre los rodios: que no sólo desde los tiempos en que fundaron la ciudad actual fueron afortunados en los asuntos del mar, sino que incluso muchos años antes de que se establecieran los juegos olímpicos navegaban lejos de su patria por la seguridad de los hombres. Desde aquel tiempo navegaron incluso hasta Iberia donde fundaron Rhode, ciudad de la que luego se apoderaron los masaliotas" (Estrabón, XIV, 2, 10). Como los juegos olímpicos se establecieron presumiblemente en torno al 776 a.C. estas navegaciones y presuntas fundaciones habrían tenido lugar en momentos muy tempranos. Tampoco para este caso disponemos de testimonios arqueológicos que avalen navegaciones rodias tan antiguas y, mucho menos, hay indicios de fundaciones griegas en la Península en fechas tan tempranas. Análisis internos sobre esta tradición llevados a cabo por diversos autores han permitido concluir que la tradición sobre la presunta fundación rodia de Rhode ha surgido ya en época helenística, bien en el siglo III a.C. o, incluso, en el tránsito entre los siglos II y I a.C. y no tendría que ver con auténticas navegaciones hacia Iberia durante el siglo VIII a.C.

Por fin, otro argumento que se ha manejado en ocasiones para intentar hallar las huellas de antiguos viajes exploratorios griegos a Occidente antes de la presencia y posterior colonización atestiguadas a partir de los años finales del siglo VII y durante el siglo VI a.C. es el de los nombres de lugares terminados en –*oussa*. Hay en todo el Mediterráneo muchos nombres de lugar que tienen como rasgo común su terminación en el sufijo –*oussa*, algunos de ellos en la propia Península y áreas inmediatas, tales como Meloussa y Cromioussa, que se aplicarían a las islas Baleares, siendo llamada, en concreto, la isla de Ibiza Pitioussa y la de Formentera Ofioussa; del mismo modo, habría una Oinoussa, en la región en torno a Cartagena, una Cotinoussa que sería una de las islas del archipiélago de Gadir y una Kalathoussa, en torno a Huelva. Sobre estos términos ha habido bastantes discusiones a lo largo del tiempo, habiéndose atribuido su origen a distintos navegantes griegos, desde los rodios hasta los foceos. Estudios recientes de base filológica han apuntado a la alta antigüedad del sufijo –*oussa* lo que descartaría a los foceos y en los últimos tiempos parece poder apuntarse o, al menos, no descartarse, la posibilidad de que esa toponimia haya sido extendida por el Mediterráneo occidental por parte de los eubeos en sus posibles navegaciones antiguas.

En cualquier caso, lo que cada vez parece más claro es que la presencia de marinos, comerciantes y, en último término, colonos griegos en el Mediterráneo central provocó una apertura, aunque tímida, al conocimiento que el mundo griego tuvo del más extremo Occidente; a ello se le añadirían los datos, acaso poco precisos, que los fenicios iban transmitiendo de esas tierras en las que realizaban importantes transacciones económicas. Todo ello se plasmó, como no podía ser de otro modo en esos momentos, en informaciones de carácter mítico que fueron introduciéndose en la literatura griega, y a algunas de las cuales (*Poemas Homéricos*, Hesiodo) ya hemos aludido. En cualquier caso, esos datos lo que nos muestran es el escaso y nebuloso conocimiento que los griegos tienen de la Península Ibérica durante los siglos VIII y VII a.C., fruto del desinterés directo en la misma.

El paso del tiempo, y el cambio de las circunstancias en algunas partes de Grecia propiciarán que, a partir del siglo VII a.C., empiece a existir un interés directo de algunas ciudades griegas por la Península Ibérica.

11.3.2 Los inicios de la presencia griega en Iberia

A partir de la segunda mitad del siglo VII a.C., pues, la situación en una parte de Grecia, en especial en las ciudades de la Grecia del Este, que se situaban en las costas occidentales de la Península de Anatolia e islas adyacentes, inicia un profundo proceso de cambio que determinará que buena parte de sus habitantes se integren de forma mucho más intensa en las redes comerciales existentes en el Mediterráneo, y en otras nuevas, algunas de las cuales acabarán conduciéndolos, en esta ocasión de forma intensa, hasta la Península Ibérica.

11.3.2.1 La Grecia del Este en la segunda mitad del siglo VII a.C.

No procede aquí analizar en profundidad la historia de la Grecia del Este durante el siglo VII a.C. por exceder con mucho los objetivos del presente trabajo. Aludiré a un par de acontecimientos de relevancia para entender su proceso histórico para, en el apartado siguiente, centrarme en dos aspectos principales de lo que será su proyección oriental que, a su vez, tendrá relevancia en su expansión hacia la Península Ibérica.

Los griegos, establecidos en las costas de Anatolia desde el tránsito entre el segundo y el primer milenio a.C., aunque con algunos precedentes ya durante el segundo milenio, se habían convertido, por su posición geográfica costera, por sus relaciones con el interior del país y por su afinidad con los otros griegos que vivían en la costa europea del Egeo en un factor de relación e interacción entre ámbitos culturales diversos. Las ciudades de la Grecia del Este habían conocido un primer periodo de florecimiento ya durante el siglo VIII, gracias a su control de territorios, por lo general, amplios, fértiles y bien irrigados por los numerosos ríos que desde el altiplano anatolio desembocan en el Egeo. El desarrollo de sus ciudades y de manifestaciones artísticas, en muchos casos precoces con respecto a las que se daban en otras partes de Grecia, caracterizó desde pronto el avatar histórico de estos griegos.

El interior de Anatolia se hallaba ocupado por diferentes pueblos, de entre los que, por lo que se refiere a la relación con los griegos, destacaría durante el siglo VIII y parte del siglo VII el reino de los frigios, centrado en torno a la ciudad de Gordion, en la Anatolia centro-occidental. Las relaciones entre los frigios, un reino emergente y los griegos no son demasiado bien conocidas aunque están atestiguados los contactos comerciales y los griegos acabaron elaborando también mitos relativos a los frigios, entre los que destacaría, por ejemplo, el relativo a su mítico rey Midas, que convertiría en oro todo lo que tocaba. Estas relaciones que podían implicar en ocasiones conflictos fueron interrumpidas por un periodo de disturbios propiciados por las invasiones y ataques que los cimerios, un pueblo de estirpe irania que parece haber conocido una amplia migración desde el sur de Ucrania hasta el Cáucaso y, desde allí, hasta Anatolia, iniciaron. Atraídos por la riqueza de los frigios y de las ciudades griegas de la costa, provocaron la muerte del último rey frigio, el luego mitificado Midas, a pesar de la petición de ayuda a Sargón II de Asiria, y el saqueo de la capital Gordion. Durante buena parte del siglo VII los cimerios permanecen en Anatolia, estando muy activos durante la primera mitad del mismo y siendo responsables de actos que tuvieron gran eco en la tradición griega, como la toma de la ciudad de Magnesia del Meandro a mediados del siglo. La caída del reino frigio provocó que los lidios, que ocupaban los territorios más occidentales de la altiplanicie anatolia fueran poco a poco consolidando su reino, centrado en torno a Sardes. Su primer rey conocido, Giges (680-652 a.C.) parece haber afianzado su poder, en buena parte gracias a sus victorias sobre los Cimerios aunque acabaría pereciendo a sus manos; pero, al tiempo, ya Giges empezó a buscar una salida de su reino hacia el mar, controlado por las ciudades griegas. También éstas recibieron ataques cimerios, como hemos dicho, pero el peligro cimerio acabará siendo conjurado, entre finales del siglo VII e inicios del siglo VI por el biznieto de Giges, Aliates. Como dato de interés podemos destacar que los diferentes reyes lidios mantuvieron una política bastante constante con respecto a las ciudades griegas, que podía incluir alianzas ocasionales pero que implicó en muchos casos la sumisión tributaria de las mismas e, incluso, en ocasiones, su destrucción. Así, ya Giges, el primer rey lidio, atacó sin éxito a Mileto y Esmirna pero consiguió conquistar Colofón, mientras que inició una política de contención de cara a los griegos de Grecia, materializada en ricos dones, sobre todo en oro, en los que Lidia era rica y también en costosas ofrendas a los santuarios de Grecia, un medio de ganarse la amistad de aquellos y evitar que ayudasen a sus hermanos de Asia. Su sucesor Ardis prosiguió la política de su padre, atacando de nuevo a Mileto y capturando Priene. Sadiates, ya en el último cuarto del siglo VII habría proseguido la guerra contra Mileto, así como su sucesor Aliates (600-560 a.C.) que, no obstante, acabaría concluyendo un tratado de paz con esta ciudad, una de las más importantes de Jonia, una de las regiones principales de la Grecia del Este, aunque ello no impediría que conquistara Esmirna pero fracasase en Clazómenas. El último rey lidio, Creso (560-547 a.C.), parece haber aumentado la presión sobre las ciudades griegas, que fueron sometidas a tributo en su mayor parte, no sin que algunas fueran atacadas, como Éfeso. Su reinado se vería interrumpido por el ataque de los persas y su derrota a manos de Ciro II el Grande. En su momento volveremos también sobre este asunto por las implicaciones que tuvo dentro del proceso expansionista jonio hacia Occidente.

Las ciudades griegas, antes del auge de los lidios, habían controlado importantes territorios que se internaban bastantes kilómetros en el interior del país, además de la salida al mar de rutas de comunicación que conducían hasta el Cáucaso, Armenia o la Alta Mesopotamia. La presión de los lidios determinó que los habitantes de la Grecia del Este, junto con otras gentes de Anatolia, como los carios, buscasen nuevos medios de vida fuera de sus lugares de origen, en actividades como la guerra y el comercio. Esta dedicación comercial de muchos jonios será fundamental para explicar su presencia en la Península Ibérica, pero también para entender otros aspectos del auge intelectual jonio durante el siglo VI, que dará lugar a la aparición de la filosofía (Tales, Anaxímenes, Jenófanes), las primeras reflexiones cartográficas (Anaximandro) o el surgimiento de la geografía y de la historia (Hecateo).

II.3.2.1.1 Los contactos con Oriente Próximo y Egipto

II.3.2.1.1.1 La guerra y el comercio

Las presiones que durante el siglo VII experimentó la Grecia del Este y que implicaron tanto guerras muy frecuentes con enemigos extranjeros como, sobre todo, y a partir del surgimiento del reino lidio con Giges, una situación de mayor dificultad, provocó que muchos de los habitantes de la fachada occidental de Anatolia se decidieran a buscar nuevos medios de vida, en actividades a desarrollar fuera de sus lugares de origen. Los testimonios literarios y la arqueología confirmarán, de diversa manera, estas nuevas actividades. Hemos tenido ocasión de apuntar en las páginas previas cómo la situación se iba volviendo difícil para las ciudades griegas, tanto por los ataques cimerios como por la acción, mucho más organizada, de los lidios. Ciudades como Mileto, sin duda una de las ciudades más importantes de toda la región, estuvo casi de forma permanente en guerra con los lidios; otras, fueron destruidas; otras, sometidas a tributación y otras, aunque puede que hasta el reinado de Creso se hubiesen librado, no podían dejar de verse amenazadas por un reino que les arrebataba territorios fronterizos, ponía en peligro la estabilidad de su agricultura, erosionaba sus recursos económicos al ejercer un mayor control sobre las rutas de comunicación y sobre el acceso a importante materias primas del interior del país. A todo esto se unía que, aunque las ciudades jonias estuviesen unidas en una Liga, en la práctica era inoperante a la hora de plantear no ya una defensa global sino tan siquiera una política común.

Aunque los datos no son muy abundantes, esta constante presión, unida a los problemas económicos que implicaba, debió de provocar el desarraigo de sus modos de vida tradicionales de muchos miles de personas, puesto que las ciudades de Jonia se hallaban también entre las más pobladas de toda Grecia. En un proceso que afectaba no sólo a campesinos sino también a miembros de las aristocracias dirigentes, las soluciones fueron variadas, implicando en la mayoría de los casos la salida de gran cantidad de personas de estas ciudades, en muchos casos para no regresar jamás. Dos fueron las actividades principales que desarrollaron estas gentes y sobre las que hablaremos en este apartado: la guerra, enrolándose como mercenarios al mejor postor y la dedicación al comercio. Otro camino que también explorarían sería el de la colonización.

Los grandes imperios del Oriente, cuya política imperialista les hizo llevar a cabo grandes conquistas, alejadas en muchas ocasiones de los centros de decisión política, les inducirá a emplear, cada vez con más frecuencia, tropas profesionales reclutadas en territorios con una población excedente y bien formada en las técnicas guerreras. En este sentido, los griegos y algunos de sus vecinos, como los carios, eran candidatos idóneos; los griegos habían desarrollando un sistema de combate basado en una formación de infantes con armamento pesado, la falange hoplítica. Era, sin embargo, un instrumento que, en condiciones normales, tenía sus limitaciones puesto que quienes la constituían eran campesinos que, durante algunas semanas al año, al final de la primavera o al final del verano, podían dejar sus tierras para conseguir mediante guerras limitadas los fines que su ciudad o *polis* determinara. Si bien el potencial táctico de la falange hoplítica era muy elevado, las ciudades jonias se enfrentaban, en el caso lidio, a una concepción diferente de la guerra y, aunque la mayoría de las ciudades consiguieron permanecer sin ser destruidas durante buena parte del periodo de dominio lidio, fue a costa de grandes renuncias, entre ellas a una política exterior independiente. Así pues, la pérdida de tierras, la renuncia en muchos casos a enfrentarse con los lidios prefiriéndose la vía del pacto y la ética guerrera que el mundo griego había desarrollado, fueron factores que permitieron que gran número de individuos pasaran a engrosar las cajas de reclutamiento que la convulsa situación del momento requería. Además del hecho de que quizá los propios lidios hacían uso también de tropas mercenarias, incluyendo griegos, otros imperios las utilizaron, como los asirios, los babilonios y, en especial, los egipcios que se convertirán en los principales empleadores de tropas griegas durante los siglos VII y VI a.C. por las especiales circunstancias por las que atravesaba el país en esos momentos.

En efecto, Psamético I (664-610 a.C.), que será el creador de la Dinastía XXVI también llamada Saíta, iniciará un proceso de liberación de Egipto del control de los asirios y de otros poderes extranjeros como los nubios, acción en la que se apoyará en un nuevo ejército compuesto, en buena parte, por tropas mercenarias griegas. Será con este ejército con el que logrará la independencia del país y el mantenimiento de la misma cuando los babilonios sustituyan a los asirios e intenten someter al país del Nilo a su autoridad; tropas de tierra y una flota serán la base de la potencia militar de la nueva dinastía así como el establecimiento de intensas relaciones con los centros griegos de Anatolia pero también de la propia Grecia como medio para fomentar ese nuevo eje del que podía depender la supervivencia de Egipto. Hasta el final de la dinastía, con la conquista por parte del rey persa Cambises hacia el 525 a.C., Egipto dependió en buena medida para su defensa de tropas griegas, dando así salida a miles de griegos que, durante los siglos VII y VI fueron viendo cómo en sus ciudades cada vez eran menores las oportunidades de llevar vidas dignas. Muchos de estos griegos nunca regresaron, rehaciendo su vida en Egipto, de lo que algunas huellas quedan en la arqueología, mientras que otros, quizá no muchos, acabaron por volver en general cargados de riquezas y honores otorgados por los faraones a cambio de sus servicios.

Los mercenarios, sin embargo, mantenidos en grandes números en Egipto, destacados en diferentes guarniciones en los puntos estratégicos del país, costaban dinero. Egipto era un país rico, con recursos casi ilimitados, pero tuvo que adaptarse a las demandas de los mercenarios, que reclamaban sus pagos en metálico, en plata, metal del que Egipto no disponía. Eso determinó que Egipto se convirtiera ahora en un gran demandador de este metal, que no era desconocido puesto que ya había llegado al país en los siglos anteriores; ahora, sin embargo, se necesitaba en una mayor cantidad y, sobre todo, de una forma continuada porque el gasto militar iba a ser permanente. No cabe duda de que esto animó a muchos griegos a convertirse también en suministradores de plata a Egipto, rompiendo así el monopolio de facto que los fenicios habían mantenido con el país del Nilo desde hacía siglos. A éste y otros incentivos al comercio griego aludiré en el siguiente apartado.

II.3.2.1.1.2 El desarrollo de nuevos mecanismos de intercambio: el *emporion*

Un pasaje de Justino, que se refiere a las empresas comerciales de los foceos y a sus causas resulta de gran interés dentro del contexto que aquí estamos analizando. Dicho texto dice lo siguiente: "Los foceos, obligados por la pequeña extensión y pobreza de su tierra, se dedicaron más intensamente al mar que a la tierra, sustentando su vida con la pesca y con el comercio, las más de las veces también con la piratería en el mar, cosa que entonces se consideraba una gloria" (Justino, XLIII, 3, 5). De lo que aquí está tratando el autor es de los prolegómenos a las navegaciones y a las fundaciones de los foceos en el Extremo Occidente y da como motivos últimos la escasez y pobreza de la tierra en Focea. Este panorama debió de ser cada vez más frecuente en las ciudades de la Grecia del Este debido a los motivos ya mencionados en el apartado anterior, aunque aquí Justino nos da otra de las respuestas que los jonios dieron a este ahogamiento cada vez mayor, cual fue dedicarse a actividades que tenían al mar como vehículo principal, ya fuese la pesca, ya el comercio ya, por fin, y en relación con el anterior, la piratería. En muchos casos, y sobre eso volveremos en un apartado ulterior, estos procesos produjeron una nueva oleada colonizadora.

Las actividades comerciales de jonios de distintas ciudades, que debían de afectar a territorios ya bien conocidos, como el ámbito egeo o el levantino, empiezan a conocer una expansión a áreas cada vez más lejanas a lo largo de la segunda mitad del siglo VII a.C.; no sólo los foceos, sobre los que hablaremos con más detalle, sino también samios o milesios empiezan a navegar por aguas que, hasta entonces, apenas habían sido surcadas por naves griegas. Así, por ejemplo, mientras que las informaciones literarias y, tal vez, las arqueológicas nos hablan del interés que despierta en los samios el Tirreno y la Península Ibérica, sabemos también que los milesios empiezan a internarse hasta las costas más septentrionales del mar Negro durante el tercer cuarto del siglo VII. Allí, tras visitas cada vez más frecuentes que se dirigen sobre todo al área del estuario de los ríos Bug y Dnieper, acabarán estableciendo su primer *emporion* en la actual isla de Berezan, a la que parecen haber llamado Borístenes. Hacia la misma época Egipto empieza también a abrirse al comercio griego, en buena medida a cuenta de la cada vez mayor presencia de griegos en el país del Nilo que, como veíamos antes, habían acabado constituyendo la espina dorsal del ejército faraónico; aunque parecen haber estado un poco por todo el país, en especial por el Bajo Egipto parecen haber preferido, para realizar sus actividades, una localidad en el Delta occidental, junto a la boca Canóbica del Nilo, a la que los griegos llamarían Náucratis y en la que los jonios, sobre todo milesios, se habrían establecido mediante un golpe de fuerza, al decir de Estrabón (XVII, 1, 18), en la propia época de Psamético. No obstante, esta ocupación, que atestiguan los testimonios arqueológicos, acabaría dando lugar a un establecimiento consentido por el faraón al que se añadirían, además, griegos de otras procedencias, aunque sobre todo de la Grecia del Este. Ese paso y, tal vez, la creación del *emporion* tendría lugar en la época del faraón Amasis (570-526 a.C.), cuyo reinado se habría caracterizado por la búsqueda permanente de apoyos entre los griegos como medio para afianzar las relaciones iniciadas por sus predecesores. Es, como en otras ocasiones, Heródoto quien nos proporciona los datos principales:

> "Y como amigo de los griegos que era, Amasis, entre otras muestras de cordialidad que dispensó a algunos de ellos, concedió a quienes acudían a Egipto, la ciudad de Náucratis para que se establecieran en ella; y a quienes no querían residir allí, pero llegaban navegando a su país, les dio unos terrenos para que en ellos levantaran altares y recintos sagrados a sus dioses. Pues bien, el mayor de esos recintos (que, al tiempo, es el más renombrado y frecuentado y que se llama Helenio) lo fundaron en común las siguientes ciudades: Quíos, Teos, Focea y Clazómenas, entre las jonias; Rodas, Cnido, Halicarnaso y Fasélide, entre las dorias, y tan sólo Mitilene entre las eolias. A esas ciudades pertenece ese sagrado recinto y son ellas las que proporcionan los intendentes del *emporion*; en cambio, todas las demás ciudades que se lo atribuyen, lo hacen sin tener derecho alguno. Aparte de este santuario, los eginetas han erigido por su propia cuenta un recinto consagrado a Zeus;

los samios, otro a Hera, y los milesios, otro a Apolo. Náucratis, por cierto, era antiguamente el único *emporion* de Egipto; no había ningún otro. Y si alguien arribaba a otra boca cualquiera del Nilo, debía jurar que no había llegado intencionadamente y, tras el juramento, zarpar con su nave rumbo a la boca Canóbica; o bien –caso de que, por la existencia de vientos contrarios, no pudiera hacerse a la vela– tenía que transportar su cargamento en *baris*, atravesando el Delta, hasta llegar a Náucratis. Tal era, en suma, la prerrogativa de Náucratis".

Heródoto (II, 178-179)

No es nuestro objetivo detenernos demasiado en la situación en Egipto pero el caso de Náucratis ilustra bien los mecanismos comerciales que los griegos van a desarrollar a lo largo de los siglos VII y VI a.C. y que se centran en el *emporion*. El *emporion* es, sobre todo, el lugar en el que se producen los intercambios comerciales; no cabe duda de que sus precedentes hay que buscarlos en el ámbito de Oriente Próximo, donde ya los fenicios habían ido creando lugares especializados para la realización de transacciones comerciales, habiendo exportado esta concepción a aquellos lugares en los que se instalaron, incluyendo la Península Ibérica. En el caso griego, la presencia de lugares especializados en la realización de transacciones comerciales parece clara ya a lo largo del siglo VIII a.C. en diversos puntos del Mediterráneo aunque el estatus de algunos de esos centros, ya sea Al Mina, ya la primera Pitecusas, sigue siendo objeto de discusión. Serán, en cualquier caso, los griegos del Este los que difundan el modelo del *emporion* hasta los últimos confines del mundo conocido como uno de los mejores espacios posibles para practicar transacciones comerciales con seguridad y con beneficios para las dos partes implicadas los griegos y los indígenas.

Un aspecto fundamental del *emporion* es la existencia de lugares sagrados, que sean objeto de respeto tanto por los comerciantes griegos como por las autoridades indígenas que son quienes, en último término, ostentan la titularidad del entorno sobre el que se asienta el *emporion*; a la sombra del espacio sagrado, las transacciones pueden realizarse en un clima de mutua confianza. Por otro lado, el *emporion* se convierte en el lugar de contacto entre estructuras políticas y económicas diferentes; por consiguiente, el *emporion* sirve de mediador entre los intereses griegos, deseosos de acceder a los recursos producidos en el territorio controlado por los indígenas, y estos últimos, que están interesados en algunos de los productos con los que los griegos comercian. Es, pues, en el marco del mismo en el que se producen los intercambios pero también en el que los gravámenes impositivos son objeto de recaudación, por lo general bajo la forma de ofrendas a las divinidades; así, en Náucratis sabemos que la décima parte de los bienes controlados que llegaban al *emporion* debían ser dedicados en el santuario de la diosa Neith en Sais, divinidad que los griegos identificaban con Atenea y cuyo templo se encontraba a unos 20 kilómetros de Náucratis. Del mismo modo, los propios santuarios erigidos por los griegos en Náucratis, y que recibían ofrendas variadas, como atestigua la arqueología, podían servir también para que, a través de una práctica impositiva, la administración del *emporion* se dotase de una cierta liquidez económica. En otros emporios frecuentados por los griegos, que conocemos en diversas áreas, los santuarios también ejercen un papel importante. El *emporion* marca la transición entre un comercio de tipo aristocrático, basado en relaciones personales entre las partes, y otro mucho más regulado y sometido a normas estatales y profesionalizado, aunque aún revestido de algunos elementos de aquél, siquiera desde un punto de vista simbólico.

El rápido desarrollo del modelo representado por el *emporion*, así como su versatilidad, hizo que durante la última parte del siglo VII y el siglo VI fuese un mecanismo empleado con mucha frecuencia por los griegos en sus empresas comerciales; no implicaba grandes inversiones para la comunidad receptora, puesto que la estructura administrativa del *emporion*, en manos de los comerciantes griegos, proveería las necesidades de los mismos. Como mucho, los indígenas podían intervenir en la construcción o decoración de los lugares de culto, como muestra el ejemplo del emporio etrusco de Pyrgi, dependiente de Caere y frecuentado sobre todo por fenicios, donde el rey de la localidad, Thefarie Velianas construye y decora un santuario consagrado a Uni-Astarté a fines del siglo VI pero, como muestra el caso de Náucratis, los griegos también podían construirse sus propios templos en las tierras determinadas por el faraón. En cuanto a estas últimas, el espacio concedido a los griegos no era, en ningún caso, muy grande puesto que la función última era desarrollar estructuras de comercio y, como mucho, artesanales y residenciales de una pequeña comunidad; las autoridades indígenas no tenían que hacer frente a demandas territoriales desorbitadas, al menos mientras que el *emporion* siguiera siendo tal y podían controlar con facilidad las actividades del mismo. En el caso de Etruria, por ejemplo, los emporios (Gravisca, Pyrgi) se ubican en la costa, lo que es razonable desde el punto de vista del comercio marítimo, pero también desde la óptica de los propios etruscos, muchas de cuyas ciudades se hallaban alejadas de la costa. En la Península Ibérica, y como veremos, el *emporion* mejor conocido, que daría lugar con el tiempo a la ciudad de Emporion (Ampurias) ocupó también en un primer momento un pequeño islote o península alejado del núcleo residencial principal de los nativos.

El *emporion* permitía, pues, unas relaciones más intensas entre griegos y autóctonos, al centrarse en lugares fijos y estables así como más seguras para ambas partes; para los griegos, la seguridad venía dada por las garantías otorgadas por las autoridades locales y por la referencia a los dioses, comunes o reverenciados por ambas partes; para los nativos, además del beneficio económico derivado de la agrupación de las actividades comerciales en lugares específicos, esa misma concentración era asimismo una garantía de seguridad, puesto que les hacía conscientes de su superioridad frente a los residentes extranjeros. Las fuentes que narran el saqueo que el tirano Dionisio de Siracusa realizó contra el santuario empórico de Pyrgi en el año 382 a.C. aluden a la existencia de una pequeña guardia en el santuario pero, sobre todo, a que los griegos obtuvieron un botín valorado en mil talentos, equivalentes a más de veinte mil kg. de plata, lo que da idea de la gran concentración de riqueza que en estos lugares de intercambio se acumulaba.

Con su presencia en Náucratis, pues, griegos de muchas procedencias, entre ellos los de las doce ciudades que tenían santuarios propios o compartidos en el *emporion* pudieron desarrollar transacciones con Egipto, fructíferas para ambas partes. Los egipcios necesitaban un suministro elevado de plata para pagar los sueldos de sus numerosos mercenarios que no siempre aceptaban como medio de pago tierras u otros bienes en especie ofrecidos por los egipcios, sino que preferían metales preciosos con vistas a un eventual retiro a sus ciudades de origen una vez que hubiera finalizado su servicio en tierras egipcias. Éste parece haber sido el artículo principal aunque a él pudieron haberse añadido otros como vino o aceite. A cambio, los griegos podían obtener cereales o productos que, como el lino y el papiro, tenían gran demanda en la Grecia del momento. Era claro que para satisfacer al exigente mercado egipcio los griegos debían hacerse con plata, que podía encontrarse en el Egeo, sobre todo en el norte (área del río Estrimón), zona en la que los jonios mostrarán su interés ya desde un momento temprano pero también en otras regiones, como en el Mediterráneo occidental e, incluso, en las costas oceánicas. Es en este contexto en el que podemos situar los inicios de la presencia griega en la Península Ibérica.

II.3.2.2. Los jonios en la Península Ibérica

II.3.2.2.1 La atracción de Tarteso

Tarteso había sido para los fenicios, como ya habíamos visto, un extraordinario proveedor de plata desde el siglo VIII a.C. o antes y eso era algo que los griegos habrían conocido quizá ya desde casi los inicios de la actividad fenicia. Aunque no podamos descartar que antes de finales del siglo VII los griegos puedan haber estado interesados por Tarteso, y que incluso marinos fenicios puedan haber depositado en algunos santuarios griegos (por ejemplo, en Samos) algunos objetos de esa procedencia, lo cierto es que la ausencia de informaciones en las fuentes literarias griegas, a pesar de su carácter fragmentario, sugeriría que los griegos no habían mostrado un interés directo por la región antes de ese momento. Es, sin embargo, digno de destacar que tanto las informaciones literarias como los testimonios arqueológicos empiezan a presentarnos un panorama diferente a partir del último tercio del siglo VII que es, no lo olvidemos, el

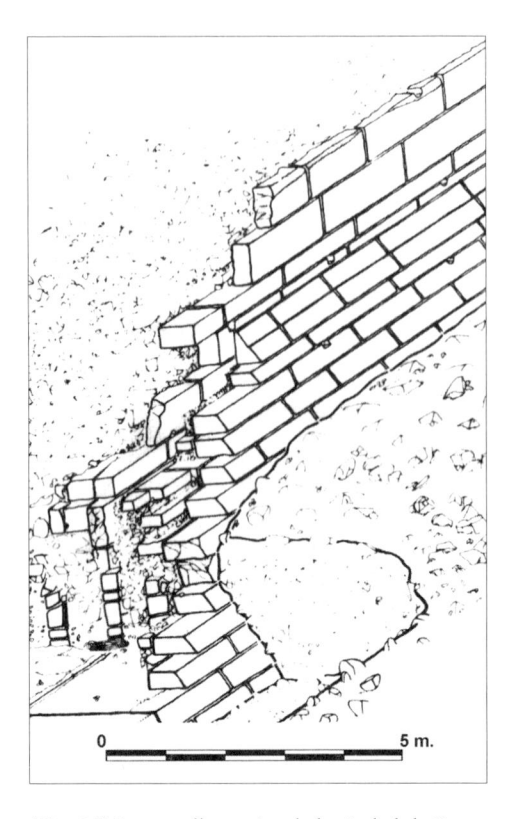

[Fig. 36] La muralla arcaica de la ciudad de Focea

momento en el que la presencia griega en Egipto empieza a dejarse sentir pero también en otras regiones, como el mar Negro o las áreas septentrionales del Egeo. En todos esos casos se tratará de griegos del Este, sobre todo jonios y, por lo que se refiere a la Península Ibérica, las fuentes literarias nos hablarán en particular de los de dos procedencias, Samos y Focea, ciudades que, como también hemos visto, estuvieron implicadas en el establecimiento del *emporion* de Náucratis.

II.3.2.2.2 Los inicios de la presencia griega en Tarteso: fuentes literarias y testimonios materiales

Como veíamos, dos son los tipos principales de informaciones de que disponemos para analizar los inicios de la presencia griega en el ámbito tartésico, las fuentes literarias y la arqueología. En cuanto a las primeras, nuestra principal información procede de Heródoto que es quien nos informa del que puede haber sido uno de los primeros viajes griegos atestiguados a la Península Ibérica. El pasaje relevante dice lo siguiente:

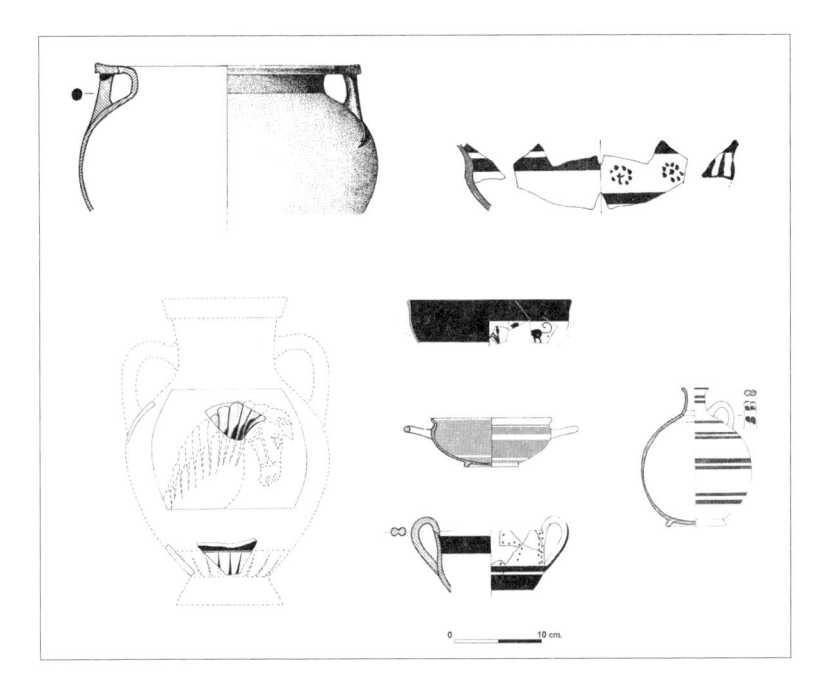

[Fig. 37] Distintos tipos de cerámicas griegas halladas en Huelva

"Poco después, sin embargo, una nave samia –cuyo patrón era Coleo–, que navegaba con rumbo a Egipto, se desvió de su ruta y arribó a la citada Platea… Acto seguido, los samios partieron de la isla y se hicieron a la mar ansiosos por llegar a Egipto, pero se vieron desviados de su ruta por causa del viento de levante. Y como el aire no amainó, atravesaron las Columnas de Heracles y, bajo el amparo divino, llegaron a Tarteso. Por aquel entonces ese emporio comercial estaba sin explotar, de manera que, a su regreso a la patria, los samios, con el producto de su flete, obtuvieron, que nosotros sepamos de cierto, muchos más beneficios que cualquier otro griego (después, eso sí, del egineta Sóstrato, hijo de Laodamante; pues con este último no puede rivalizar nadie). Los samios apartaron el diezmo de sus ganancias –seis talentos– y mandaron hacer una vasija de bronce, del tipo de las cráteras argólicas, alrededor de la cual hay unas cabezas de grifos en relieve. Esa vasija la consagraron en el Hereo sobre un pedestal compuesto por tres colosos de bronce de siete codos, hincados de hinojos".

(Heródoto, IV, 152)

En el texto encontramos informaciones de distintos tipos, puesto que se juega en él con datos de diversa calidad. Por un lado, junto a lo que pueden ser intenciones reales, cual es el deseo del patrón y dueño de la nave, Coleo, sin duda un aristócrata samio, de dirigirse a Egipto intervienen elementos incontrolables como el desvío de su rumbo por causas indeterminadas en un caso y por los vientos en otro. En la primera ocasión la nave samia acaba en la isla de Platea, frente a la costa libia donde los tereos están iniciando el proceso de fundación de la ciudad de Cirene, lo que nos da un marco cronológico más o menos seguro para el episodio, en torno a los años 30 del siglo VII a.C.. Tras permanecer allí un tiempo y ayudar al individuo que los tereos habían dejado en la isla mientras regresaban con más ayuda, la nave samia vuelve a intentar dirigirse a Egipto aunque en esta ocasión el viento del este la lleva hasta Tarteso, una vez franqueadas las Columnas de Heracles. Esta intervención casi divina evitaría que el afortunado armador diese informaciones excesivas acerca de la ruta seguida hasta su destino último ya en aguas oceánicas. El resto del relato cuenta los grandes beneficios obtenidos por Coleo en ese *emporion* aún no visitado por los griegos así como la ofrenda, en agradecimiento a la diosa de Samos, Hera, que el afortunado marino dedicó en su santuario; no es improbable que el propio Heródoto hubiera visto esa ofrenda en persona y hubiera recabado la información pertinente bien en la inscripción que acompañaría a la misma bien entre los sacerdotes del santuario, que le darían los detalles correspondientes.

Aunque las siguientes informaciones literarias de que disponemos, también en el propio Heródoto y referidas a la relación más estable de los foceos con ese ámbito tartésico, no guardan relación alguna con el episodio de Coleo, lo que este episodio nos muestra es cómo, en esos años del último tercio del siglo VII a.C. las ciudades de Jonia, interesadas de forma especial en Egipto, inician la búsqueda de nuevas fuentes de aprovisionamiento de metales preciosos aunque teniendo buen cuidado de no dar demasiadas pistas acerca de las rutas seguidas, puesto que quedan ocultas en relatos en los que son fenómenos como el viento los que asumen el protagonismo. Quizá no sepamos nunca si estos primeros viajes griegos se debieron al conocimiento de las rutas que empleaban los fenicios en sus navegaciones entre la Península y otros puertos mediterráneos o si se trató de exploraciones individuales en busca de esos territorios o si, por fin, los griegos se apoyaron en las infraestructuras desarrolladas por los fenicios. Sea como fuere, lo que este pasaje y los referidos a los foceos, sobre los que volveremos más adelante, muestran es que en Tarteso no parecen haber tenido demasiados problemas los comerciantes griegos que habrían transportado productos nuevos, quizá poco conocidos en la Península y por ello valorados por los indígenas y que, además, habrían podido beneficiarse de los mecanismos de intercambio que desde hacía ya varios siglos vinculaban a los fenicios y a los tartesios.

De cualquier modo, y es lo que nos sugerirían los restos arqueológicos, la llegada de los marinos griegos a la Península Ibérica puede que se haya realizado no en oposición o en contra de los fenicios, como algunos historiadores, antiguos y modernos, sugieren sino, por el contrario, apoyándose en los fenicios y en su red de establecimientos costeros. Es lo que nos sugeriría el segundo tipo de información de que disponemos, la arqueología. En efecto, tanto en Huelva, una de las más importantes localidades tartésicas, como en otros centros fenicios (Cerro del Villar, Málaga, Toscanos, Alarcón y quizá La Fonteta) el hallazgo, aunque no en gran número, de cerámicas griegas de finales del siglo VII, algunas de ellas de posible origen samio, podría sugerir que los griegos están empezando, por esos años, a realizar sus primeras exploraciones por las costas de Iberia, llegando ya hasta el área onubense, uno de los destinos principales si lo que buscaban era plata. A pesar de que algunos autores han sugerido que esas cerámicas griegas de los años finales del siglo VII pudieran haber llegado a esos centros fenicios e indígenas formando parte de cargamentos de naves fenicias, tanto los datos proporcionados por las fuentes literarias como la evidente continuidad que en algunos de esos sitios tienen las cerámicas griegas durante buena parte del siglo VI, sugieren que hay que interpretarlas como los primeros indicios del nuevo proceso de llegada de marinos y comerciantes griegos a las costas peninsulares.

No sabemos a qué puerto tartésico llegó la nave de Coleo pero, en el estado actual de nuestros datos, lo que sí podemos decir es que, a falta de informaciones arqueológicas en otros centros costeros tartésicos, Onoba se configura, al menos, como uno de los más probables, tanto por los hallazgos de cerámicas griegas desde fines del siglo VII y, sobre todo, durante el siglo VI como por su evidente relación con la comercialización de la plata extraída de las serranías onubenses.

II.3.3 Los griegos en Iberia. Siglos VI-V a.C.

II.3.3.1 El comercio con Tarteso hasta mediados del siglo VI a.C.

En el momento actual, y a falta de datos arqueológicos consistentes procedentes de otros yacimientos tartésicos, es en Onoba donde podemos seguir con más detalle los mecanismos comerciales empleados por los griegos en sus relaciones con Tarteso. Las excavaciones llevadas a cabo a partir de los años 80 en las áreas bajas de la actual ciudad de Huelva han proporcionado importantes hallazgos de cerámicas griegas insertadas en diversos contextos, aunque parecen todas ellas integradas en un área de carácter portuario y productivo pero a la que no son ajenos los intereses religiosos. La identificación de un posible santuario, así como la existencia de estructuras arquitectónicas de gran empeño y alta calidad en sus paramentos sugiere que se trataba de un área delimitada de la ciudad indígena, cuyo núcleo desde hacía ya varios siglos se ubicaba en las partes altas de la misma (en los cabezos). En esta área, sin duda utilizada ya por los fenicios desde hacía varios siglos, encontrarán acomodo los comerciantes griegos que aprovecharán el papel de lugar neutral y de acogida brindado por los santuarios allí existentes para introducirse en las redes comerciales que fenicios y tartésicos habían entretejido desde hacía tiempo. Una visión histórica, por fortuna cada vez menos aceptada, considera la presencia griega en Tarteso como un episodio de un conflicto de carácter mundial por el control del Mediterráneo y de las rutas comerciales que conducían hacia las riquísimas fuentes de aprovisionamiento de materias primas del Océano; en este conflicto los fenicios y los griegos habrían ido situándose y ocupando posiciones estratégicas para ese posible asalto último a Tarteso. Ni las informaciones de nuestras fuentes literarias ni los testimonios arqueológicos corroboran esa impresión, al menos en el caso que ahora nos ocupa.

El principal informante sobre cómo articularon los griegos su presencia en Tarteso es, de nuevo, Heródoto, que nos aporta datos de gran relevancia; como ya hemos dicho en apartados anteriores, Heródoto compone su relato más de cien años después del final de los contactos directos de los griegos con Tarteso, lo que hace que sus informaciones puedan ser algo vagas e imprecisas y que, por ende, se encuentren embellecidas y difuminadas por el transcurso del tiempo que va añadiendo y quitando detalles a unos relatos transmitidos sobre todo de forma oral. No obstante, no deja de ser nuestra principal fuente de información, por lo que a continuación reproducimos el pasaje herodoteo:

> "Los habitantes de Focea, por cierto, fueron los primeros griegos que realizaron largos viajes por mar y son ellos quienes descubrieron el Adriático, Tirrenia, Iberia y Tarteso. No navegaban en naves mercantes, sino en pentecónteros. Y, al llegar a Tarteso, se hicieron muy amigos del rey de los tartesios, cuyo nombre era Argantonio, que gobernó Tarteso durante ochenta años y vivió en total ciento veinte. Pues bien, los foceos se hicieron tan grandes amigos de este hombre que, primero, les animó a abandonar Jonia y a establecerse en la zona de sus dominios que prefiriesen; y más adelante, al no lograr persuadir a los foceos sobre el particular, cuando se enteró por ellos de cómo progresaba el medo, les dio dinero para circundar su ciudad con un muro. Y se lo dio a discreción, pues el perímetro de la muralla mide, efectivamente, no pocos estadios y toda ella es de bloques de piedra grandes y bien ensamblados. De este modo, pues, fue como pudo construirse la muralla de Focea".

(Heródoto, I, 163-164)

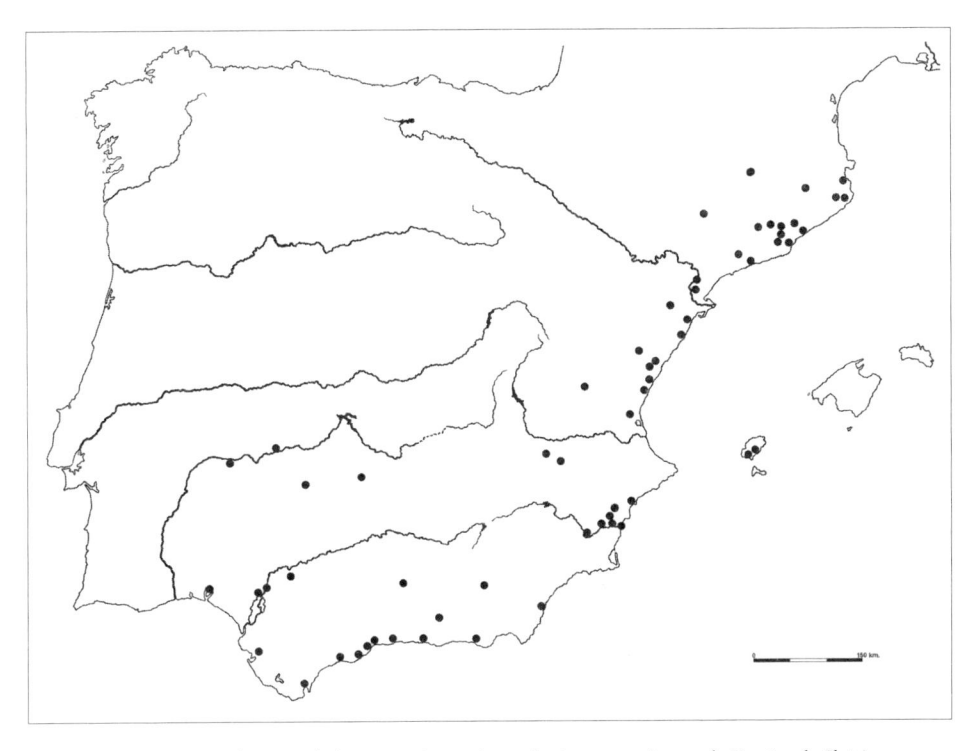

[Fig. 38] Distribución de las cerámicas griegas de época arcaica en la Península Ibérica

En este texto nos encontramos, pues, algunos elementos de claro sabor legendario; por un lado, la propia referencia al rey de los tartesios, Argantonio, personaje al que ya nos hemos referido en apartados anteriores, caracterizado por su longevidad y la duración de su reinado; ya en las referencias más antiguas a este individuo, que encontramos en el poeta Anacreonte de Teos, aunque no se le mencione por su nombre, se hace hincapié en su longevidad. El asunto de la amistad entre el rey local y los visitantes griegos es también un tema muy extendido en los relatos de viajes griegos, así como la magnanimidad del rey que concede bienes y dones sin cuento a sus visitantes para que solucionen los problemas que tienen e, incluso, les invita a establecerse en su propio territorio. El texto de Heródoto, no obstante, resume sin lugar a dudas los mecanismos de interacción entre griegos y no griegos que estaban en vigor en todo el Mediterráneo de la época y que suelen dar lugar al establecimiento de enclaves comerciales griegos y, en ocasiones, a la fundación de ciudades griegas en territorios muy alejados de las ciudades de origen. El pacto de alianza y amistad entre el jefe o el rey local y los visitantes griegos, por ejemplo, está en la raíz de la fundación de una de las principales colonias foceas, la ciudad de Masalia, que tiene lugar hacia el 600 a.C., esto es, por la misma época en la que esos mismos foceos están afianzando sus relaciones con los tartesios. Además, Heródoto nos presenta un testimonio tangible, material, de esas buenas relaciones entre los tartesios, ejemplificados en su rey Argantonio, y los foceos: ante las dificultades por las que atraviesa Focea por la presión de los medos, el rey tartesio "da" a los foceos dinero para que construyan una muralla alrededor de su ciudad, muralla que el propio Heródoto pudo haber visto todavía en su época. Esa muralla, hallada en algunos tramos en las excavaciones desarrolladas en los últimos tiempos en la ciudad de Focea, ha sido datada hacia el 590 a.C., tuvo una longitud aproximada de unos cinco kilómetros y englobaba una superficie de más de 40 hectáreas, lo que sugiere que su construcción fue consecuencia de una súbita afluencia de riquezas en los decenios iniciales de los contactos de los foceos con Tarteso y, aunque no podamos confirmar si fue, como asegura Heródoto, un regalo del rey tartesio, tampoco deberíamos descartar esa posibilidad o que, con el paso del tiempo, se tendiese a interpretar como un don lo que no había sido sino una consecuencia de la acumulación rápida de beneficios en la ciudad griega tras el inicio de sus lucrativos negocios con el área atlántica de la Península Ibérica.

El panorama que la arqueología arroja para el área onubense muestra un periodo de inicio de la presencia griega en la zona, entre finales del siglo VII e inicios del siglo VI, con productos sobre todo de la Grecia del Este que se integran en el repertorio cerámico local, dominado por las producciones locales y las de tipo fenicio; a partir de *ca.* 590 a.C. y hasta el 560 a.C. las producciones griegas alcanzan su periodo de máximo esplendor en Huelva, iniciándose también la presencia de cerámicas áticas, tal vez como consecuencia del incremento de los puertos tocados por los comerciantes foceos; por último, desde ese momento y hasta el 540 a.C. el incremento de las cerámicas áticas es evidente, pero también se observa un cierto empobrecimiento de ese comercio. Aunque las cerámicas griegas siempre constituyen una minoría dentro del repertorio de cerámicas locales y de tipo fenicio, en algunos momentos alcanzan porcentajes significativos, próximos al 20 por ciento del total de las cerámicas halladas. Aunque no muy abundantes, algunas de estas cerámicas llevaban *graffiti* en escritura griega en uno de los cuales se ha reconocido el que podría ser el nombre de la divinidad o de una de las divinidades a las que se consagraba el área sacra en la que apareció la mayor parte de esas cerámicas, Nietho. Hay también que destacar que da la impresión de que la mayor parte de las cerámicas griegas halladas en Huelva y correspondientes a estos momentos están vinculadas a las actividades cultuales desarrolladas en las áreas sacras en las que parecen haber sido dispuestas y no parece descartable tampoco que una parte importante de esas cerámicas de tipo griego puedan haber sido fabricadas in situ para atender las demandas de vasos que, como las copas o los cuencos de dos asas, jugaban un papel en los rituales en honor de las divinidades veneradas por los griegos.

Falta aún por realizar un estudio de conjunto de todas las estructuras y materiales excavados durante más de veinte años en las áreas bajas de la ciudad de Huelva para poder apreciar la relación existente entre ellas; la impresión general que, a falta de ese análisis, podemos obtener, contempla la existencia de diversos edificios, algunos de ellos de carácter monumental y alguno de clara funcionalidad religiosa en los cuales, y en su entorno, tienen lugar celebraciones rituales algunas de las cuales implican la rotura ritual de vasos, tal vez después de haber sido consumido su contenido (vino en muchos casos), unido a la deposición o descarte de dicho recipiente; muchas de estas cerámicas aparecieron en pozos donde o bien eran depositadas o bien recogidas una vez que su uso había finalizado. Restos óseos de diversos animales, sobre todo ganado vacuno, ovicápridos y suidos hallados en toda el área sugieren también la celebración de sacrificios y la consumición de carne. Otros hallazgos apuntan a la existencia de zonas de habitación y tal vez artesanales y de transformación en lo que no era sino una amplia zona destinada a múltiples usos en relación con el puerto, junto al río Odiel. Los hallazgos de cerámica griega en gran número, pues, nos muestran la participación efectiva de estos elementos dentro de las corrientes comerciales que se desarrollaban en el área desde hacía ya varios siglos pero que, a partir de los años finales del siglo VII, cuentan con los griegos como un elemento más a tener en consideración; la presencia griega en Huelva se desarrolla asumiendo los rasgos propios del *emporion*, el lugar de comercio e intercambio sometido a unas normas estables, garante de las cuales es la autoridad indígena pertinente, y con unas normas de funcionamiento internas que, puestas bajo la tutela de las divinidades, garantizaban unas transacciones seguras entre los diversos elementos que confluían en el mismo. Es de lamentar que el escaso conocimiento que tenemos del hábitat y de las necrópolis indígenas onubenses en este periodo nos impida percibir con detalle cómo las élites tartesias de la zona reciben los elementos culturales aportados por los griegos; sólo algún hallazgo, en el área de la necrópolis tumular de Onoba muestra cómo algunos de estos objetos traídos por los griegos acabaron formando parte de los ajuares funerarios indígenas.

Sin embargo, las cerámicas griegas no eran, sin ninguna duda, el objeto principal que los griegos intercambiaban con los tartesios aunque sea éste el testimonio arqueológico más abundante y que mejor pervive en el registro arqueológico; podríamos pensar en vino y aceite, ánforas contenedoras de los cuales han aparecido en las excavaciones de Huelva, pero quizá también otros productos que no dejan huella en el registro material y que los griegos podrían aportar merced a la amplia red de intercambios que, ya desde la segunda mitad del siglo VII, habían desarrollado y que tocaba puntos en todas las costas mediterráneas; el desarrollo de mecanismos de intercambio centrados en el *emporion* en los que están presentes los mismos comerciantes griegos garantizaba una amplia circulación de productos entre las distintas áreas del

Mediterráneo. Los hallazgos arqueológicos confirman en Huelva, con distintas vicisitudes, una intensa presencia de comerciantes griegos durante algo más de sesenta años; no sabemos si otros centros tartésicos experimentaron una frecuentación griega tan duradera e intensa aunque es algo que no podríamos descartar *a priori*, puesto que el amplio Lago Ligustino permitía la llegada hasta una serie de importantes establecimientos costeros de las naves de los comerciantes. La imprecisión del texto de Heródoto nos impide saber en qué punto se produjo el legendario contacto entre los griegos y Argantonio pero da la impresión de que el mismo se mitificó en las tradiciones griegas que consideraron que, durante todo el tiempo en el que duraron las relaciones directas entre los griegos y Tarteso el propio rey Argantonio, cuya longevidad fue aumentando según se iba introduciendo su figura en el campo de la leyenda, había sido el responsable directo de haber acogido a los griegos y haberles proporcionado pingües beneficios.

II.3.3.2 La exploración de las costas de Iberia y el descubrimiento de sus potencialidades

La atracción que el núcleo tartésico supuso para los griegos fue extraordinaria; una región, como hemos ido viendo, rica en metales, en especial en plata, atrajo a los foceos y con seguridad a otros griegos que encontraron en el *emporion* establecido en la parte baja de la ciudad de Onoba un lugar adecuado para realizar sus transacciones comerciales con los tartesios y también con los fenicios presentes en este centro tartésico desde hacía largo tiempo. Por supuesto, esos viajes permitieron a los griegos ir conociendo el resto de las costas de la Península, tanto por los imperativos que los mecanismos de la navegación imponían como por el propio interés en observar las diversas potencialidades económicas que las mismas podían aportar. En efecto, la navegación antigua, tanto la que se desarrollaba en naves comerciales como, sobre todo, la que tenía lugar en naves largas o de guerra requería un contacto intenso con la costa, tanto para lograr una mejor orientación como para proveerse de elementos imprescindibles como agua y alimento que no podían cargarse de forma ilimitada en ellas; además, los comerciantes no perderían la ocasión de probar suerte en los nuevos mercados que, a lo largo de sus rutas, pudieran encontrar.

De este modo, los marinos foceos y de otros orígenes que se aventuraban hasta el *emporion* tartésico fueron entrando en contacto con diversos entornos peninsulares, como muestran varios tipos de indicios. Sin duda el más inmediato lo representa la distribución de cerámicas griegas durante el siglo VI por la Península Ibérica. Puede decirse que toda la costa oriental y meridional de Iberia está jalonada de hallazgos de cerámicas griegas arcaicas; sin embargo, y salvo algunos casos que mencionaré a continuación, estas cerámicas aparecen en muy escaso número, a veces no más de una o dos por yacimiento y, con frecuencia, descontextualizadas al haber sido halladas no en los niveles que corresponden a su cronología sino en otros posteriores. Ello muestra, por una parte, lo que apuntábamos antes, es decir, la existencia de viajes constantes de naves griegas a lo largo de las costas de la Península, así como también frecuentes desembarcos y negociaciones con las poblaciones indígenas, que son receptivas a algunos de esos productos griegos aunque, por lo general, no suele tratarse de producciones lujosas; en todo caso, en esas regiones la acción del comercio fenicio durante los siglos anteriores había sido intensa según las zonas y, aunque el mundo ibérico aún se hallaba en los momentos iniciales de su desarrollo ulterior, los griegos pudieron encontrar interlocutores válidos para llevar a cabo algunas transacciones las cuales, por lo general, no parecen haber sido en exceso intensas a juzgar por las tenues huellas arqueológicas conservadas; por ende, conocemos muy mal el registro habitacional y funerario de esos territorios durante el siglo VI lo que nos impide percibir con detalle cómo pudieron producirse los contactos.

Donde, por el contrario, sí se ha podido percibir una relación bastante intensa con los griegos ha sido en algunos de los centros fenicios existentes en las costas de la Península, incluyendo el Castillo de Doña Blanca pero sobre todo, establecimientos como el Cerro del Villar, Malaka y la Fonteta. En todos ellos son frecuentes las importaciones griegas, tanto de vajilla de mesa y destinada a contener perfumes como ánforas comerciales que transportarían aceite y, sobre todo, vino y que sería uno de los productos que los barcos griegos cargarían. Por supuesto, las ciudades fenicias, bastante desarrolladas ya en el momento en el que se inician los viajes griegos a la Península poseían unas infraestructuras comerciales sólidas y sus habitantes disponían de los medios suficientes para acceder a los productos exóticos importados por los griegos; éstos, por su parte, podían aprovisionarse en estos centros de otros artículos y bienes que podrían hallar salida en los mercados indígenas, tanto de la Península, como de otros territorios.

Este periodo de exploraciones va a permitirles a los griegos hacerse una primera idea de la configuración, poblamiento y recursos existentes en las costas peninsulares; los marinos antiguos utilizaban, como medio para llegar a sus destinos, un tipo de informe oral, que daba cuenta de todos esos detalles y que podía transmitirse, también de forma oral, entre pilotos, añadiendo al mismo todo detalle que nuevas exploraciones permitiesen incluir. Este tipo de informe o relato recibe el nombre de periplo y alguno de ellos ha sobrevivido aunque englobado en obras literarias que tienden en ocasiones a alterar el espíritu original de este tipo de composición de carácter práctico. Entre las posibles pervivencias de antiguos periplos, aunque hayan sufrido alteraciones al transformarse en obras literarias, nos encontramos la *Ora Maritima*, compuesta por el poeta romano tardío Rufo Festo Avieno, que tal vez se basa en un viejo periplo del siglo VI a.C., o el periplo conocido como del Pseudo-

Escílax, que correspondería también a este momento. En el primero, sobre todo, encontramos una amplia descripción de las costas de la Península, desde la fachada atlántica hasta las costas sudgálicas y algunos pasajes parecen mostrar un estadio que debe de corresponder a los más antiguos viajes griegos hacia nuestras costas. Estas informaciones prácticas, que los marinos y los pilotos griegos conservaban en su memoria están en la base de las primeras descripciones "científicas" que los griegos hicieron de las costas de Iberia. Será Hecateo de Mileto el primer autor griego al que podemos considerar como geógrafo e historiador, el que en su obra descriptiva titulada *Periegesis* o *Periodos ges* hace la primera descripción de los territorios y de las poblaciones de la Península. Tras rechazar que mitos como el de Heracles y los toros de Gerión debieran ubicarse en las tierras que bañaba el Océano, como habían asegurado las tradiciones anteriores, menciona algunas ciudades de los tartesios, como Elibirge, o la ciudad de Kalathe, no lejos de las Columnas, el pueblo de los Mastienos en cuyo territorio se encuentran las ciudades de Mainobora, Sexi y Molibdina y las ciudades de Sicane, Crabasia e Hyops en Iberia; menciona asimismo, entre los pueblos de Iberia a los esdetes, los ilaraugates y los misgetes. No cabe duda de que debió de dar muchos más datos en su obra pero, al conocerse ésta sólo a partir de fragmentos de autores posteriores, es difícil hacerse una idea completa de qué visión se tenía en la Grecia de fines del siglo VI de la Península. Sea como fuere, la existencia de conocimientos de relativa precisión, que identificaban ciudades y pueblos, muestra el profundo conocimiento, siquiera de las áreas costeras que largos decenios de navegaciones griegas habían ido generando.

En la información de Hecateo, como hemos visto, aparecen tanto lo que pueden ser centros indígenas, como otros que, como en el caso de Sexi, son centros fenicios; aun cuando no sabemos el contexto original en el que el geógrafo milesio los incluyó en su obra, parece claro que su principal objetivo era dar su ubicación geográfica, lo que explica que esta ciudad fenicia aparezca incluida dentro del territorio de los mastienos dentro del cual, sin duda, se encontraba. Otro dato que se observa en Hecateo y en muchos autores posteriores es la abundancia de topónimos de tipo griego que jalonan las costas peninsulares y que obedecen, sin duda, a la asignación de nombres de tipo helénico por los navegantes griegos como medio para proporcionar identificaciones comprensibles en su lengua; muchos de estos topónimos perdurarían en el tiempo mientras que otros muchos acabarían desapareciendo para dar lugar a otros, bien de raíz indígena, bien, en su momento, de raíz romana. Sólo la conservación, en muchas ocasiones azarosa, de los autores antiguos, nos ha permitido conocer a veces algunos de estos viejísimos topónimos que los griegos fueron dando a los territorios que iban descubriendo en sus viajes de exploración y comercio. Uno de estos casos, que ha dado lugar también a muchas especulaciones, es el que se refiere a Mainake; la *Ora Maritima* de Avieno (v. 431) ya alude a esta ciudad

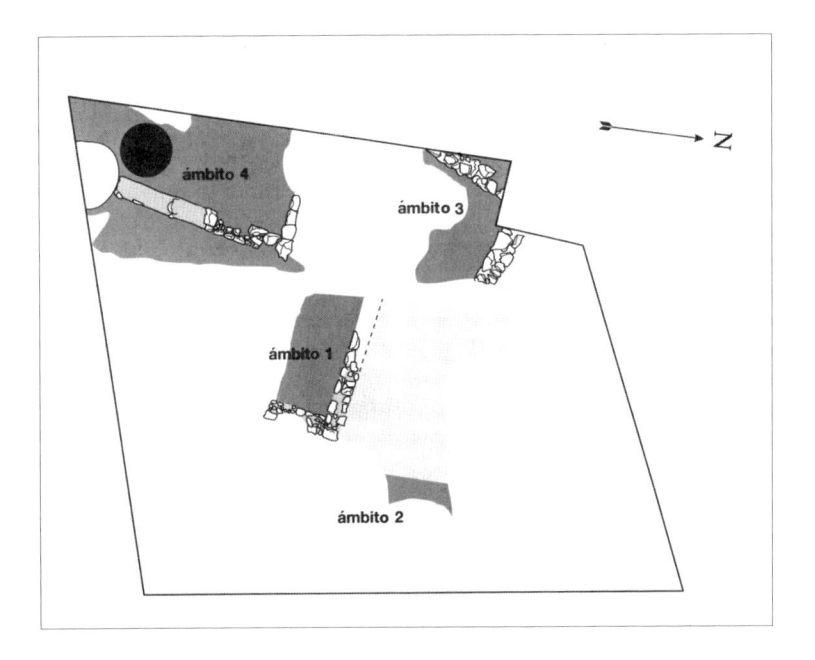

[Fig. 39] La fase IIIb de las excavaciones en San Martín de Ampurias (Gerona)

pero tanto el periplo del llamado Pseudo-Escimno (vv. 146-149) como Estrabón (III, 4, 2) aseguran que se trataba de la ciudad griega fundada más al occidente de todas. En el estado actual de nuestros conocimientos resulta imposible aceptar la existencia de esta ciudad, que se habría ubicado en la costa meridional de la Península, en el área malagueña; algunos autores han sugerido que podría tratarse del nombre dado por los griegos a un establecimiento fenicio, aunque tampoco hay unanimidad acerca de cuál pudo haber sido éste. Sea como fuere, no puede descartarse que los griegos pudieran haber asignado un nombre de tipo griego a alguno de los centros fenicios que frecuentaban en las costas meridionales de la Península habida cuenta las relaciones existentes entre fenicios y griegos en esos territorios, tal y como atestigua la arqueología; serán, no obstante, los autores posteriores quienes, al tomar nota de ese nombre, que ya no podían ubicar con precisión al haberse perdido su recuerdo, le atribuirán la consideración de ciudad griega y, por consiguiente, la considerarían la más occidental de las existentes. Una posibilidad, pues, es que hubiese existido algún puerto de comercio griego o *emporion* bien en algún centro fenicio, bien en uno indígena (¿quizá alguno cuya raíz inicial se asemejase a Mainake, como Mainobora, que era una de las ciudades mencionadas por Hecateo?) en el que los griegos realizaban transacciones comerciales con los indígenas; cuando finalizaron las navegaciones foceas a Tarteso se perdería la memoria de ese *emporion*, pero no su nombre, que sería reinterpretado, como ya vimos, por autores como el Pseudo-Escimno o Estrabón. Esta posibilidad nos va a permitir abordar, en el siguiente apartado, este problema.

II.3.3.3. El establecimiento de puertos de comercio y el inicio de las relaciones con la población indígena: Emporion

Las relaciones que los griegos pudieron establecer a lo largo del siglo VI con las poblaciones indígenas en las costas peninsulares debieron de contemplar mecanismos muy diversos, quizá no muy diferentes de los que ya hemos visto a propósito de los fenicios. Sin embargo, mientras que en buena parte de los casos estos contactos no fueron sino esporádicos y sin continuidad precisa, en otros los mismos cristalizaron pronto en el afianzamiento de relaciones mucho más reguladas y estables, que darían lugar a la creación de un pequeño establecimiento frecuentado por griegos que se beneficiaban de las garantías que les otorgaban las autoridades locales. No cabe duda de que uno de estos lugares específicos destinados al comercio, término que en griego se decía *emporion*, estuvo en Tarteso, como ya vimos; no es improbable que Mainake, donde quiera que se haya ubicado, debía de responder también a este esquema y no es descartable que facilidades de este tipo les fuesen otorgadas a los griegos en otros puntos de las costas peninsulares a lo largo del siglo VI; no obstante, desconocemos con detalle dónde pudieron haberse ubicado e ignoramos por completo su modo de funcionamiento.

El único caso para el que sí disponemos de informaciones en cierta medida lo representa el lugar que acabó siendo conocido, sin más, como el "lugar de comercio", como el *emporion* por antonomasia, la ciudad de Emporion, actual Ampurias. Estamos aquí ante uno de los pocos casos conocidos en el mundo griego en el que un punto que surge como un lugar de comercio acabará convirtiéndose en una ciudad, en una *polis*. Los autores antiguos, como Estrabón (III, 4, 8), aseguran que el primer establecimiento griego tuvo lugar en una pequeña isla junto a tierra firme a la que se le acabó llamando *Palaia polis* o ciudad antigua. Aunque la topografía actual ha cambiado mucho con respecto a la que se encontraron los griegos en el siglo VI, no cabe duda de que ese primer emplazamiento coincide con la localidad de San Martín de Ampurias, en la parte meridional del golfo de Rosas, que en la actualidad se halla soldada al continente. Las excavaciones que se han realizado en este asentamiento han puesto de manifiesto, además de una ocupación que data ya del Bronce Final, y a la que corresponde un interesante depósito de armas y utensilios de bronce, una nueva ocupación durante el siglo VII a.C. por parte de una pequeña población indígena con seguridad vinculada a algún establecimiento de mayor tamaño que debía de hallarse en las proximidades, y que recibe ya desde el inicio importaciones fenicias y etruscas y, en un momento algo posterior, de la Grecia del Este; estos individuos ocupan una serie de cabañas yuxtapuestas, de las que han podido identificarse algunas. Según vamos abandonando el siglo VII y entrando en el siglo VI se percibe un cambio en el tipo de cabaña, que ahora serán redondas, más pequeñas y exentas, y un aumento en la riqueza del utillaje hallado, con una presencia importante de objetos de bronce así como ánforas de tipo fenicio (de la forma T.10.1.2.1) fabricadas en el área del círculo del estrecho pero también en otros talleres, quizá del sudeste peninsular; también urnas del tipo Cruz del Negro para las que se sugiere, incluso, una fabricación local. Siguen siendo abundantes los productos etruscos, en especial ánforas de vino y cántaros de *bucchero* así como productos del comercio griego, entre ellos copas y otros artículos, que se vinculan a la creación de Masalia y sus primeras acciones comerciales en esas regiones.

Es probable que hacia el 580 a.C. se produzca la transformación del asentamiento, quizá en relación con el establecimiento del *emporion* griego, marcado por cambios en las estructuras de habitación y, sobre todo, en la cultura material con un aumento importante de las producciones de tipo griego, asociadas también a la presencia abundante de cerámicas a torno de tipo ibérico antiguo. Según se va consolidando este establecimiento irán apareciendo viviendas de planta rectangular, con esquinas en ángulo recto, así como un aumento neto de las producciones de tipo griego y durante la segunda parte del siglo VI parece observarse una reestructuración del mismo; además, se han identificado estructuras dedicadas a actividades artesanales, como la manufactura de cerámicas, y los restos de lingotes de cobre y de escorias sugieren la existencia de actividades metalúrgicas. El establecimiento del *emporion* griego, cuyo nombre quizá hayan conservado algunos de los testimonios más antiguos a los que hacíamos referencia páginas atrás (¿Cipsela?, ¿Pirene?) pero que acabaría siendo conocido como el *emporion*, implica la casi desaparición de los productos de tipo fenicio y etrusco, suplantados por los de origen griego, tanto de la Grecia del Este como de otros establecimientos griegos del Mediterráneo central y de la colonia focea de Masalia. La presencia griega proseguiría pero hacia mediados del siglo VI se produjo un hecho notable, cual fue la ocupación del área ubicada al sur de este primer establecimiento, separada por una pequeña ensenada, hoy cegada, que debió de actuar de puerto del *emporion* y de la futura ciudad.

El excelente análisis arqueológico llevado a cabo en Ampurias nos muestra cómo la región se abrió a los comerciantes foráneos, fenicios y etruscos, a lo largo del siglo VII a.C. como mostraba ya la mencionada necrópolis de Vilanera, que se ubicaba a muy poca distancia de San Martín de Ampurias y donde se documentaban testimonios del comercio fenicio. Los indígenas aprovecharían las ventajas de esa pequeña isla o península como punto de recalada y escala para las naves fenicias y etruscas para realizar sus intercambios con esos navegantes. La inserción de los griegos en las rutas comerciales del Mediterráneo occidental y sus navegaciones y exploraciones a lo largo de las costas ibéricas y sudgálicas les llevó, por un lado, a la zona en la que se establecería la ciudad de Masalia pero también a participar, en concurrencia y competencia con fenicios y etruscos, en los tráficos que éstos mantenían con las poblaciones indígenas, en un mecanismo sin duda semejante al que habrían puesto en práctica en otros puntos de las costas peninsulares, controlados tanto por fenicios como en manos de otras poblaciones indígenas. El dato novedoso viene representado por la progresiva exclusividad en tales intercambios que los griegos adquieren a partir del segundo cuarto del siglo VI, en relación con el propio despegue inicial de la ciudad de Masalia pero sirviendo también los intereses de los círculos dirigentes de Focea que todavía estaban implicados en esas remotas actividades occidentales. Al establecer un *emporion* en esta zona meridional del golfo de Rosas, en el que convivían griegos e indígenas como bien muestra el registro arqueológico los foceos no estaban sino reproduciendo un modelo que, por esos mismos años, les estaba dando extraordinarios resultados no sólo en Tarteso y otros puntos de la península, sino también en Etruria y, cómo no, en Egipto; al conseguir un trato privilegiado con los indígenas, que incluía la concesión de un espacio en el que poder construir un pequeño establecimiento, los griegos se garantizaban no sólo un punto sólido en una ruta comercial y marítima vital, puesto que les permitía una comunicación directa con Masalia, sino también una relación especial, quizá casi exclusiva, con un territorio de alto interés desde el punto de vista agrícola y, tal vez, metalúrgico. Ello explicará, junto con otros factores, su éxito en un primer momento modesto establecimiento.

II.3.3.4 Crisis y transformación a mediados del siglo VI a.C.

Como ya vimos en el apartado correspondiente, el periodo en torno a la mitad del siglo VI a.C. parece marcar un cambio importante en el mundo tartésico y en las relaciones del mismo con las poblaciones alóctonas con las que había mantenido estrechos contactos en los momentos previos. Junto a ello se producen en el mundo de la Grecia del Este importantes transformaciones que provocarán cambios en las relaciones existentes entre los griegos y las poblaciones indígenas tanto del ámbito tartésico como de otras zonas de la Península Ibérica. Vayamos viendo por partes estos distintos fenómenos.

II.3.3.4.1 La llamada Crisis de Tarteso

Como ya vimos en el capítulo dedicado al mundo tartésico (*vid.* vol.I, II.2.6.1), quizá se ha abusado en exceso del concepto de crisis, al moverse la historiografía dentro de un cierto gusto por interpretaciones catastrofistas. No volveré aquí sobre esos problemas que ya hemos abordado en el lugar correspondiente aunque sí me circunscribiré, por ser éste el lugar preciso, al caso de Huelva al ser aquí donde se había detectado una mayor incidencia de la presencia griega desde los años finales del siglo VII a.C. Es un hecho que parece desprenderse de las numerosísimas excavaciones que se han realizado en diversos solares de la ciudad de Huelva en los decenios previos que a partir de mediados del siglo VI se produce un declive en la presencia de cerámicas griegas llegando a su práctica desaparición durante el último tercio del siglo VI. Se pueden buscar para ello explicaciones internas o externas o una combinación de ambas pero el problema sigue siendo de difícil solución. Un grupo de explicaciones apunta a la ya mencionada disminución de la rentabilidad de las minas de la serranía onubense pero, no obstante, eso no parece impedir que los fenicios sigan manteniendo fuertes intereses en el área después del final de la presencia griega directa; otro tipo de explicaciones, aún no muy desarrolladas, apuntaría a catástrofes naturales ocasionadas en la zona bien por movimientos sísmicos, por inundaciones acompañadas de subidas transitorias del nivel del mar, o por una combinación de ambas. No obstante, también parece haber una recuperación de la actividad tras ese periodo; del mismo modo, quizá sea excesivo plantear como una crisis en Tarteso el hecho de que las transacciones comerciales griegas se interrumpan o disminuyan puesto que parecería que estamos aplicando un criterio clasicocéntrico.

Resulta, pues, difícil interpretar sólo a partir del registro arqueológico los motivos por los que se produce la reducción y el final definitivo de la presencia griega en Tarteso, unido a la progresiva pérdida de actualidad de ese nombre en el mundo griego; sí que parece poder establecerse una correlación entre el final de esa presencia y la desaparición de las importaciones griegas en el área onubense que habían caracterizado las fases previas. Quizá si recurrimos a las fuentes literarias podamos hallar alguna respuesta. Al referirse a la caída de Focea en manos persas, Heródoto (I, 165) menciona que para esa época Argantonio ya había muerto dando a entender que, de lo contrario, los foceos que huían de su ciudad habrían podido refugiarse en territorio tartesio atendiendo el ofrecimiento que les había hecho en los momentos iniciales de sus contactos. Más allá de que, como vimos, quizá bajo el nombre de Argantonio los griegos ejemplifican más que un individuo concreto a una serie de gobernantes, el dato de interés es que las circunstancias habían cambiado también en Tarteso, aun cuando desconocemos el motivo.

En mi opinión, pues, más que crisis de Tarteso lo que tenemos es un proceso de reestructuración social y política que, sobre una misma base poblacional, dará paso al mundo turdetano aun cuando sobre el proceso, al que no son ajenos tampoco los cambios que experimenta el mundo fenicio peninsular, pueden haber influido tanto problemas en el abastecimiento de metales, cambios ecológicos e, incluso, también catástrofes naturales. En este mundo cambiante, tal vez los sistemas políticos vigentes conozcan también transformaciones y la posición privilegiada de los griegos pudo haber sufrido también modificaciones que harían cada vez menos atractiva la navegación hacia territorios mucho más alejados, máxime si a través de otras regiones podía accederse también al mineral y a otros productos complementarios. Por ende, el colapso del sistema económico y político no sólo de Focea sino de toda la Grecia del Este, pudo haber jugado también su papel dentro de este complejo proceso. A este aspecto, en concreto, dedicaremos el siguiente apartado.

II.3.3.4.2 La caída de Focea en manos persas

Como ya vimos en un apartado anterior (*vide* vol.I, II.3.2.1), desde el siglo VII a.C. la Grecia del Este había experimentado diferentes avatares históricos, provocados tanto por invasiones de pueblos como los cimerios como por la creciente presión que el reino lidio, dirigido por la poderosa dinastía de los Mérmnadas, había ido dejando sentir sobre las ciudades costeras griegas. Aunque sometidos a diferentes problemas, responsables en buena parte del inicio de la diáspora de los griegos del Este, la mayor parte de las ciudades griegas había llegado a un *statu quo* con los lidios que les permitió, si no gozar de libertad absoluta, sí al menos de un aceptable grado de autonomía. Esta situación iba a cambiar con el ascenso del Imperio Persa, encabezado por Ciro II el Grande. En el enfrentamiento de este rey, que acababa de hacerse con el trono del último rey medo, Astiages, con Creso de Lidia la mayor parte de las ciudades jonias había tomado partido por este último lo que, una vez derrotado éste, les granjeó la enemistad del nuevo dueño de Anatolia, el rey persa.

La política persa fue implacable, puesto que sólo aceptaba la rendición incondicional de las ciudades que habían osado plantarle cara al Gran Rey; las ciudades de Jonia, haciendo gala de su incapacidad para llevar a buen término empresas comunes de importancia decidieron resistir cada una por su cuenta confiando en la seguridad (aparente) que les daban sus murallas, entre ellas, Focea, con una fortificación impresionante y un poder en esos momentos (nos encontramos hacia el 540 a.C.) bastante considerable. Ciro confía la dirección de las operaciones a su general Harpago, mientras que él se traslada a otros escenarios bélicos que requerían su atención. La táctica de Harpago, dentro de la más pura ortodoxia oriental, consistió en cercar a las ciudades jonias, aplicar la tecnología militar de asedios que en Oriente se hallaba bastante desarrollada para ir acabando, una tras otra, con las ciudades que se le oponían. La primera elegida, sin duda por varias razones, fue Focea; era la que se hallaba más al norte de las ciudades jonias y la que en esos momentos parece haber gozado de una situación más boyante. Su conquista podría servir de escarmiento para otras ciudades que, ante el temor de que les ocurriese lo mismo que Harpago destinaba a los foceos, optarían por abrir sus puertas al persa; del mismo modo, la perspectiva de obtener un botín importante tampoco puede desestimarse.

Es, como en tantas otras ocasiones, Heródoto quien nos proporciona los principales detalles y en su relato, que es tendencioso contra los jonios, da la impresión de que el ofrecimiento de rendición de los persas es generoso, puesto que sólo habrían exigido en un primer momento la demolición de un solo baluarte y la entrega de una sola casa (Heródoto, I, 164); a nadie se le ocultaba, no obstante, que ello implicaba quedar a merced del enemigo. Sin embargo, el pormenorizado relato de Heródoto (I, 164-165), cargado de gran dramatismo nos va dando cuenta de la compleja situación que se vivió en la ciudad asediada. Ante la demanda de Harpago, los foceos piden un día para deliberar qué hacer y en ese momento "botaron sus pentecónteros y embarcaron a sus hijos, a sus mujeres y todos sus bienes muebles, incluyendo las estatuas procedentes de los santuarios y demás ofrendas, a excepción de las de bronce o mármol y de las pinturas y, una vez cargado todo lo demás, subieron ellos a bordo y pusieron rumbo a Quíos"; mientras los persas ocupan la ciudad vacía los quiotas rechazan la pretensión de los foceos de instalarse en su territorio lo que les empuja a buscar un lugar más alejado para asentarse, la isla de Córcega donde ya existía hacía veinte años un establecimiento foceo. No obstante, antes de dirigirse hacia Occidente vuelven a su ciudad y dan muerte a la guarnición que los persas han dejado allí pero, de nuevo, surge el disenso entre los foceos y más de la mitad de ellos deciden regresar a su ciudad.

El relato de Heródoto es bastante confuso y complejo y es posible que no sea todo lo exacto que nos gustaría puesto que implica demasiadas idas y venidas y, además, las investigaciones arqueológicas sugieren que, incluso, la ciudad de Focea fue sometida a sitio y, al menos en parte, destruida. Es probable que los informadores de Heródoto, en buena parte descendientes de los foceos que huyeron, hayan querido justificar su acción criticando a los que se quedaron en Jonia y ello haya dado lugar a la confusa y tal vez errónea información de Heródoto.

Los foceos que huyen también tienen que hacer frente a varios problemas; su asentamiento en Alalia, en Córcega y su dedicación a la piratería va a provocar una reacción entre los etruscos y los cartagineses, sin duda sus principales víctimas; formarán una alianza que se enfrentará a la flota focea y de resultas de la batalla los foceos deberán desalojar Alalia para, tras otra larga peregrinación, acabar estableciéndose en Elea, en la costa tirrénica italiana (Heródoto, I, 166-167). Las investigaciones llevadas a cabo tanto en la tradición textual como arqueológica sugieren que diversos grupos de foceos y, sin duda ninguna, de otros jonios, debieron abandonar sus ciudades en estos momentos de confusión bien para establecerse en colonias de nueva fundación, bien para asentarse en centros ya existentes. De todos ellos, Heródoto nos informa sólo del caso de los habitantes de Teos, que se establecieron en Abdera en Tracia (Heródoto, I, 168) aunque es probable que también lo hicieran en el Mar Negro. No parece que existan dudas de que tanto la ciudad de Masalia como el propio establecimiento de Emporion recibieran también emigrantes foceos y, tal vez, de otras procedencias en estos momentos de mediados del siglo VI a.C.

En cualquier caso, la Grecia del Este o, al menos, algunas de sus ciudades, sobre todo Focea, parecen haber sufrido un colapso de grandes proporciones como consecuencia de su enfrentamiento con los persas y ello debió de provocar un periodo de recesión en ellas; en cierto modo, la marcha de una parte sustancial de la población focea, quizá la que se hallaba más involucrada en las actividades marítimas, debió de acabar, de forma definitiva, con las tensiones derivadas de una posible superpoblación en la ciudad; asimismo, el principal grupo de foceos que se estableció en Elea dispondría a partir de entonces de tierras suficientes para cultivarlas, como también debe de haber ocurrido en Masalia, que amplía durante la segunda mitad del siglo VI su territorio e inicia la producción y la exportación de vino.

Aunque nunca se rompiesen por completo, las relaciones entre la debilitada Focea y sus ahora pujantes colonias en el Mediterráneo occidental disminuirán; Focea quedará descabalgada del fructífero comercio marítimo que otras de sus vecinas proseguirán aún durante bastante tiempo y sus colonias occidentales desarrollarán, bajo el impulso de Masalia, sus propios intereses comerciales.

II.3.3.5 LA REESTRUCTURACIÓN DEL COMERCIO GRIEGO EN IBERIA

Podemos hablar, pues, de una reestructuración del comercio griego en Iberia, como hemos visto, por la confluencia de factores diversos, que afectan tanto al mundo tartésico y al fenicio como al propio mundo griego de mediados del siglo VI a.C. Esta reestructuración la podemos seguir en dos aspectos: el reforzamiento de las relaciones con el Sudeste peninsular y las transformaciones que experimenta el establecimiento de Emporion.

II.3.3.5.1 El reforzamiento de las relaciones con el Sudeste peninsular

De todas las regiones que los griegos habían ido explorando y prospectando durante la primera parte del siglo VI a.C. una de las que debió de resultarles más atractiva era la ubicada en el cuadrante suroriental de la Península Ibérica, en concreto la región comprendida entre el cabo de Palos por el Sur y el cabo de la Nao por el norte, aun cuando no hemos de tomar estos límites como demasiado restrictivos. El aspecto de esa costa era en la Antigüedad bastante diferente del actual, puesto que la misma se hallaba más articulada por bahías y albuferas, que en buena parte aparecen colmatadas en la actualidad; de toda esa región destacaba el amplio conjunto de entrantes que los antiguos denominaban *Sinus Ilicitanus* y que era una amplia albufera en la que desembocaba el río Vinalopó. Esta albufera puede que estuviese unida o, en el peor de los casos, separada por una estrecha lengua de tierra de otro amplio entrante en el que desembocaba el río Segura configurando así una zona en la que podía penetrarse por barco bastantes kilómetros al interior. En las áreas limítrofes toda una serie de cultivos de interés, como el lino y el esparto, así como posibilidades de obtención de sal podían resultar de interés para los griegos; del mismo modo, esta zona se hallaba también en las rutas de paso y migración de los atunes lo que podría añadirle ventajas. Un factor de interés, y que pudo jugar su papel en la progresiva atención de los griegos por este territorio radicaba también en el hecho de que en esa misma zona, en la desembocadura del Segura, había existido el establecimiento fenicio de La Fonteta que, no obstante, parece desaparecer a lo largo de la segunda mitad del siglo VI lo que acaso facilitase la labor griega.

Por otro lado, los dos ríos principales, el Vinalopó y el Segura permitían un acceso a las áreas de la Meseta suroriental y, sobre todo, de la Alta Andalucía, donde el centro de Cástulo va a seguir surtiendo de mineral argentífero a esos territorios y, en último término, a los comerciantes griegos; por ende, la zona próxima al cabo de Palos, en la que con el paso del tiempo surgiría la fundación cartaginesa de Carthago Nova era también rica en recursos minero-metalúrgicos. Los griegos se encuentran con un mundo indígena en plena efervescencia tras los varios siglos de contactos previos con los fenicios, en el que la búsqueda de objetos de lujo y prestigio se va a convertir en un elemento básico en el desarrollo de estas poblaciones que darán lugar a lo que conocemos como cultura ibérica. Los griegos se insertarán en redes de distribución ya existentes que los propios fenicios habían iniciado y que, a lo largo de la segunda mitad del siglo VI conocerán un importante auge. Es cierto que los restos arqueológicos de la acción griega no son demasiado intensos en estos momentos, lo que indica que durante la segunda mitad del siglo VI los griegos están explorando nuevas posibilidades que se concretarán ya a partir de finales de ese mismo siglo y, sobre todo, durante la primera mitad del siglo V a.C., momento a partir del cual, por otro lado, empezamos a asistir a las primeras manifestaciones de un mundo ibérico en un franco proceso de organización, observable en especial en la aparición de los primeros centros urbanos nucleados y de las primeras necrópolis de tipo canónico. Sobre estos elementos se discutirá en detalle en el capítulo dedicado a la cultura ibérica (*vide* vol.II, I.1.3.3.). Aquí me limitaré a insistir cómo durante este periodo asistimos a un incremento de la presencia de cerámica griega en los yacimientos indígenas y, sobre todo, a un aumento del número de vasos existentes en cada yacimiento, que se vinculan a los miembros de los grupos emergentes dentro de esas primeras ciudades ibéricas.

Sobre otros fenómenos relacionados con la incidencia griega, como pueden ser la escultura en piedra o la escritura hablaremos en un apartado ulterior.

II.3.3.5.2 El inicio del desarrollo urbano y económico de la polis *de Emporion*

Es bastante probable, aunque no pueda demostrarse de momento de forma fehaciente, que la llegada de refugiados foceos a Occidente, que sin duda afectó a Masalia, acabó por influir también en la trayectoria del *emporion* que los griegos habían establecido en la zona meridional del golfo de Rosas. El inicio del establecimiento en el área ubicada al sur de la *Palaia polis*, al otro lado de la ensenada que habían usado los griegos como puerto puede situarse a mediados del siglo vi a.C., consolidándose el mismo poco a poco durante la segunda mitad de este siglo. Aunque los datos arqueológicos no son demasiado precisos, habida cuenta la intensa superposición de niveles de periodos posteriores que existen en esta parte de la ciudad a la que llamaremos, siguiendo el uso habitual, aunque no esté confirmado por las fuentes, *Neapolis* o ciudad nueva, parece que la ciudad asume un proceso de crecimiento de norte a sur, aunque tampoco sería improbable que hubiese existido una planificación de conjunto de todo el espacio a ocupar por el nuevo establecimiento. Si hubo o no una clara intención de constituir una realidad nueva, una ciudad o *polis*, o si se trataba tan sólo de una ampliación del *emporion* es algo que tampoco podemos asegurar en el estado actual de nuestros conocimientos. Lo que sí se sabe, aun cuando tampoco disponemos de datos que abarquen a toda el área urbana, es que la primera muralla de piedra datada corresponde al tercer cuarto del siglo v, fecha que se le asigna a una torre, en la actualidad exenta, que se encuentra próxima a la esquina suroccidental de la ciudad.

Del desarrollo urbano de la ciudad desde su establecimiento hasta ese momento es muy poco lo que sabemos, habiéndose realizado algunos sondeos estratigráficos en la misma así como alguna excavación más en extensión pero que no terminan de aclarar la estructura de la ciudad en esos momentos. En un apartado posterior hablaremos del auge que experimenta la ciudad de Emporion a partir del siglo v pero hemos de reconocer, para su primer siglo de historia, un desconocimiento bastante profundo que sólo nuevas excavaciones podrán paliar. Lo que sí quiero destacar en este momento son las importantes transformaciones que experimenta la presencia griega en Iberia a partir de la mitad del siglo vi, con el traslado del área prioritaria de intereses al sudeste de la península y con el reforzamiento que representa el incremento de población observable en Ampurias.

II.3.3.6 Instrumentos del comercio griego en Iberia. Finales del siglo VI al siglo V a.C.

II.3.3.6.1 La comercialización de productos ajenos

Una característica que desde hace tiempo se ha venido señalando para el tipo de comercio que realizan los foceos, pero también muchos otros griegos a partir de los siglos VII y VI a.C. es que se trata de una actividad cada vez más profesionalizada en la que tiende a producirse una diferenciación entre el productor y el transportista. Esta dicotomía ya estaba presente, sin duda, desde el siglo VIII a.C. y en poetas del final de ese siglo, como Hesíodo, encontramos el desagrado del autor, que representaría al agricultor que desconfía del mar y de sus gentes, por aquellos que transportan y comercializan productos distintos a los producidos en la propia tierra. No obstante, a lo largo del siglo VII y durante el siglo siguiente este tipo de comercio a gran escala, que unía puertos muy distantes transportando todo tipo de productos se convirtió en el sistema predominante y los griegos del Este sobresalieron en él de forma notable. No podemos perder de vista que la razón de ser de muchos de los *emporia* que van surgiendo por el Mediterráneo, entre ellos el que fue uno de los más importantes, Náucratis, es acoger los productos del gran comercio internacional que se está desarrollando en ese momento y servir de puntos de intercambio entre los productos exóticos y los producidos tanto in situ como en otros lugares pero, asimismo, encaminados al *emporion*.

Por consiguiente, el éxito de la empresa comercial de los foceos y de otros griegos del Este radicó en la realización de este comercio de intermediación en el que no eran demasiados los productos propios objeto de comercio; esto se justifica aún más en el caso foceo si recordamos el pasaje de Justino (XLIII, 3, 5) que habíamos comentado con anterioridad en el que se aludía a la pequeñez y pobreza del territorio de Focea. De hecho, entre los productos hallados en los lugares en los que conocemos una presencia focea segura, tales como Masalia o Emporion son pocos los que podemos calificar con certeza absoluta como procedentes de Focea; incluso, entre los hallazgos procedentes de la propia ciudad jonia no son de fácil identificación los producidos allí mismo. Sin duda Focea tuvo su propia producción de objetos artesanales, entre ellos cerámica pero es probable que ni su cantidad ni su calidad fuese juzgada lo bastante alta como para justificar su exportación; de hecho, en establecimientos como Masalia o la propia *Palaia polis* ampuritana se atestigua la temprana producción de cerámica para satisfacer las necesidades de las gentes allí establecidas. Había otras cerámicas producidas en otros puntos, como por ejemplo en Corinto y Atenas, que pronto fueron exportadas a todo el Mediterráneo y los barcos comerciales podían hallar, en muchos de los puertos en los que recalaran, cerámicas que podían completar sus cargamentos, aun cuando no eran por lo general el principal producto objeto de comercio. No debe extrañarnos, pues, que si los foceos se dedican a intercambiar productos ajenos sus propios productos no encuentren demasiado hueco en sus naves.

Objeto principal del comercio marítimo eran, además de minerales, productos alimenticios, en especial aquellos que podían soportar inalterados largas travesías marítimas; entre ellos, además de las salazones en las que los fenicios de occidente y algunos otros griegos sobresalían, tal vez cereales y, sobre todo, vino y aceite. Éstos últimos, al ser transportados sobre todo en ánforas permiten conocer, siquiera de forma general, sus áreas de procedencia. Así, en la Península Ibérica se han hallado, para época arcaica, ánforas de Quíos, Samos, Mileto, Corinto, Atenas y, más adelante, Masalia, así como de otros orígenes aún no precisables, en parte procedentes de centros griegos de la Península Italiana o de Sicilia; esas ánforas coexisten con cerámicas de muy diversas procedencias lo que excluye que los productos transportados y la vajilla para su uso y consumo procedan siempre de los mismos puntos. Si aceptamos, a partir sobre todo de los testimonios literarios, una vez que hemos observado la ausencia de un repertorio característico foceo, que fueron sobre todo éstos quienes se encargaron de su transporte hasta la Península Ibérica, tendremos que concluir que, a la vista de los restos arqueológicos, los cargamentos de estas naves eran muy heterogéneos y que en esta misma heterogeneidad debió de radicar el éxito de la actividad comercial focea que, libre de prejuicios, transportaban aquellos artículos que mejor salida podrían tener en los puntos que frecuentaban y que, por consiguiente, más beneficios podrían producirles.

Un buen indicador también de este tipo de comercio nos lo proporcionan los restos de barcos hundidos; para lo que es, en sentido estricto, la Península Ibérica, no conocemos ningún barco que transportase materiales griegos aunque sí tenemos datos de algún pecio que puede permitirnos realizar alguna observación. Así, por ejemplo, el pecio de Gela (Sicilia), datable a fines del siglo VI en el que había numerosas ánforas quiotas, áticas, púnicas, lesbias, samias, corintias y masaliotas así como cerámicas de mesa (copas jonias y cerámicas áticas). Más próxima a la Península, el pecio de Pointe Lequin 1A, de entre el 530 y el 510 a.C., con un cargamento de ánforas samias, milesias, clazomenias, quiotas, lesbias, corintias, etc., así como un nutrido número de copas jonias de fabricación occidental (Italia, Sicilia) y cerámicas áticas de barniz negro; por último, y de más reciente aparición, el pecio de la Cala Sant Vicenç, en la isla de Mallorca también datable hacia el último tercio del siglo VI contenía ánforas vinarias en su mayor parte de la Magna Grecia, quizá también de Masalia, así como ánforas del Egeo (Corinto, Quíos, Grecia del Este), y vajilla de mesa, algo de estaño y molinos de piedra, quizá embarcados como lastre y objeto comercializable a la vez.

Estos tres pecios, pero también otros posteriores en el tiempo, lo que nos muestran es que los barcos mercantes antiguos iban cargando y descargando productos en

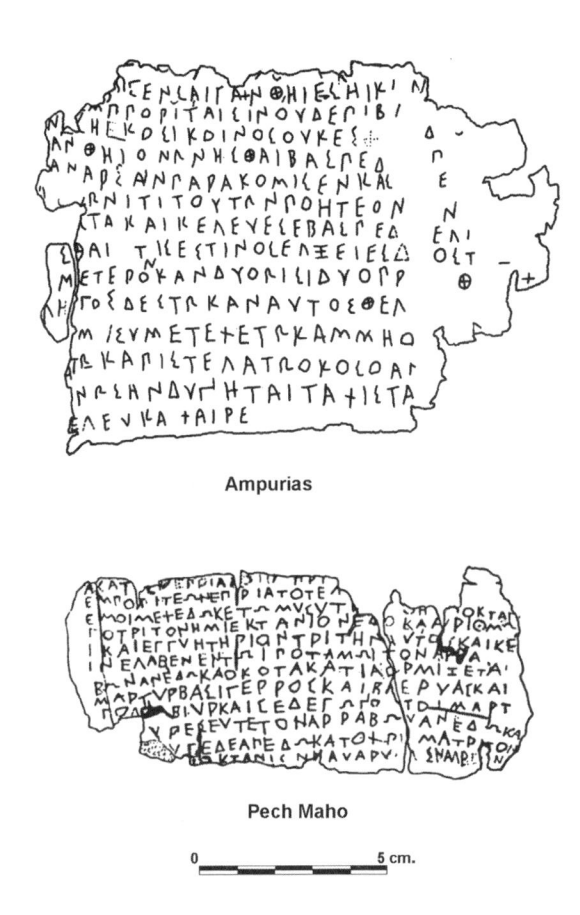

[Fig. 40] Plomos comerciales griegos vinculados al área emporitana

los distintos puntos que iban tocando a lo largo de su derrota, lo que explica la gran heterogeneidad de sus contenidos; estos productos son sobre todo vino y aceite aunque también los hay que se transportan en cestas de materia vegetal, detectada en los pecios de Gela y de cala Sant Vicenç, aunque no se han identificado de momento. Otros productos de tipo perecedero no han podido identificarse pero es más que probable que constituyeran la mayor parte del cargamento, representando las cerámicas sólo una parte minoritaria, pero que también tenía su salida comercial; una prueba del aprovechamiento máximo del espacio y de la búsqueda de la máxima rentabilidad la muestra el ejemplo de la cala Sant Vicenç en el que se ha hallado una gran cantidad de molinos de piedra que, sin duda, ocuparon el lugar del lastre (a base de piedras) con la finalidad de sacar un provecho aún mayor al viaje que había emprendido la nave antes de hundirse.

Por último, habría que insistir en que los griegos comercian con todos aquellos productos que pueden tener una adecuada salida en cualquiera de los puertos en los que vaya recalando la nave y que, por lo tanto, el cargamento de un barco (y habría que incluir también a los navíos fenicios) no refleja su "nacionalidad", sino los puertos por los que ha ido pasando y en los que ha ido cargando y descargando mercancía. En este sentido, el pecio de la cala Sant Vicenç resulta de especial relevancia porque una parte importante de su carga estaba constituida por ánforas ibéricas de los tipos más antiguos, correspondientes con seguridad a las producciones más tempranas de esta cultura; aunque no han podido identificarse aún con seguridad los centros de producción parecen haber estado en las costas orientales de la Península Ibérica, donde no podemos perder de vista, como veíamos en el apartado correspondiente (*vid.* vol.I, II.1.4.2.4.1 y II.1.6.3), que la acción fenicia había propiciado la transmisión de técnicas de elaboración de ánforas y de productos a envasar en ellas ya desde finales del siglo VII; las poblaciones ibéricas del levante peninsular habrán aprovechado, sin duda, las posibilidades que un intenso tráfico comercial griego les brindaba para dar salida a sus productos envasados a cambio de los artículos que los griegos pudieran aportarles (*vid.* vol.II, I.1.6.3). Aunque no se sabe con certeza qué podían transportar estas ánforas ibéricas no pueden descartarse ni productos agropecuarios ni tampoco productos elaborados como pudiera ser la cerveza, que se postula en los últimos tiempos como uno de los artículos que los iberos envasaban en sus ánforas. La comercialización y consumo de productos ibéricos por los griegos se atestigua ya, de forma clara, para el siglo IV por lo que no es improbable que el proceso se iniciase ya en un momento antiguo, lo que parece también indicar la información epigráfica.

II.3.3.6.2. La intervención de los indígenas en los procesos de comercialización griegos

En efecto, una de las claves para entender el éxito de la presencia griega en la Península Ibérica, como, con anterioridad, el de la fenicia, no radica en analizar tan sólo lo que de exógeno aportaron estos pueblos colonizadores sino, sobre todo, en insertar su presencia en el seno de las tendencias económicas que se desarrollarán en las poblaciones locales como resultado, directo o indirecto, de esta presencia colonial. En este sentido, la intervención de los indígenas en los procesos de comercialización que llevan a cabo los griegos resulta de gran importancia; las fuentes literarias no son demasiado precisas acerca de estas relaciones más allá de las informaciones relativas a los contactos griegos con Tarteso y alguna otra referida ya a momentos tardíos. Por su parte, la arqueología sin duda resultará en el futuro de gran auxilio para detectar estos procesos, una vez que las distintas producciones ibéricas sean identificadas, lo que permitirá elaborar mapas de su distribución que iluminarán el problema de los movimientos de mercancías entre los distintos ámbitos peninsulares lo que no prejuzga, de por sí, la cuestión del transportista pero puede contribuir a su análisis. Sólo este camino, junto con hallazgos afortunados como el ya mencionado del pecio de la cala Sant Vicenç pueden mostrar cómo en un barco que transporta productos griegos de muy diversos orígenes tienen también cabida productos ibéricos (*vid.* vol.II, I.1.6.3).

Sin embargo, y aun cuando estas vías pueden aportar en un futuro cada vez más inmediato informaciones de gran valor, en el momento actual disponemos de un par de testimonios de gran interés para observar este fenómeno. En ambos casos se trata de documentos epigráficos de carácter y cronologías distintas, hallados también en dos lugares diferentes pero que presentan como elementos comunes el referirse a transacciones comerciales y el aludir, en ambos casos, a la propia Emporion.

El más antiguo de ellos, la llamada "carta de Ampurias" es, en efecto, una carta escrita sobre una lámina en plomo que se encontró en la *Neapolis* ampuritana; por el tipo de escritura parece poder datarse a fines del siglo VI a.C. y en ella el dueño o administrador de una empresa comercial escribe a su agente, que se encuentra en Emporion, dándole una serie de instrucciones para que lleve a cabo unas transacciones comerciales implicando diversos productos, entre ellos vino, a realizar en parte en Saigantha y en colaboración y asociación con un individuo de claro nombre ibérico, Basped..., el cual quizá también intervenga en el transporte del cargamento desde el barco comercial hasta las zonas de almacenamiento costero. El peso del indígena es relevante puesto que se le ofrece, incluso, una participación de los beneficios a medias con el remitente de la carta, el cual está también dispuesto a negociar con aquél la compensación total a pagar por sus servicios. Si la localidad de Saigantha puede ser el nombre griego arcaico del sitio que con el tiempo conoceremos cómo Sagunto, el radio de acción de las actividades comerciales que este documento plantea es sorprendente puesto que implica el lugar de residencia del remitente, el establecimiento de Emporion, la localidad ibérica de Saigantha y algún otro punto al que parece aludir el epígrafe que se encuentra incompleto. Y es sólo un documento relativo a una sola transacción. Si esta interpretación es correcta, pues, tendríamos que ya a finales del siglo VI los griegos de Emporion han desarrollado toda una red comercial que afecta a las poblaciones indígenas de las costas orientales de Iberia y que el tipo de transacciones y mecanismos desarrollados es muy sofisticado, estando los indígenas, o al menos parte de ellos, integrados en esas transacciones que, además, requieren de forma importante la práctica de la escritura como instrumento de relación entre socios y agentes muy alejados entre sí.

El otro documento epigráfico al que nos referiremos procede de un *oppidum* del sur de Francia, Pech Maho, y su datación es algo posterior, situándose a mediados del siglo V a.C. A diferencia del anterior, no se trata de una carta sino de lo que quizá sea un documento particular en el que un individuo registra una transacción económica, consistente en la compra de una o varias barcas y sus cargamentos en Emporion, así como los pagos mediante los que completa la transacción, incluyendo además el nombre de los individuos que han actuado como testigos en las distintas fases de la misma; estos pagos se realizan en moneda acuñada, aparece contada utilizando sistemas bien conocidos en la tradición jonia en octanios y ectanios es decir, en múltiplos de una moneda que quizá sea el estátero foceo. Un dato de interés es que esta transacción cuyo pago se realiza en diversos plazos cuenta como testigos a gentes que residen en los lugares donde la misma tiene lugar, ya sea Emporion ya el *emporion* de Pech Maho o algún otro lugar, y el documento registra estos nombres. Los que testifican en el momento en el que se paga el anticipo o arras son Basigerros, Bleruas (o Eleruas), Golo[.]biur y Sedegon; los que lo hacen cuando se entrega el pago definitivo son Nauaruas y Nalbe[..]n. En todos los casos se trata de nombres no griegos, algunos de ellos de raigambre ibérica si bien, en opinión de algunos autores, también podría haber nombres de otra extracción. En cualquier caso, todos ellos residen en zonas en las que los griegos realizan transacciones, sin duda comprenden la lengua griega e, incluso, en algún caso podría tratarse de los representantes de las autoridades locales que velarían y darían fe de las transacciones realizadas en áreas específicas. Así, el pago de las arras se realiza en el río, mientras que el anticipo tenía lugar en la zona en la que fondean las barcas; como el documento es de uso particular de su propietario, no son necesarias más precisiones pero las escasas referencias topográficas encajan bien con un ambiente vinculado al comercio y a los puertos comerciales. Aunque alguna parte de la transacción pudo haber tenido lugar en Emporion, no es improbable que su cierre definitivo hubiera ocurrido en el propio lugar en el que apareció el documento, esto es, en Pech Maho, que era un *oppidum* indígena, bien comunicado con la costa a través del río Berre y de una serie de lagos litorales y donde han aparecido testimonios materiales de los contactos que el sitio matenía con los comerciantes mediterráneos.

Lo que estos documentos nos muestran, junto con los datos procedentes de la arqueología es, pues, cómo desde un momento temprano los indígenas del área ibérica intervienen de distinto modo en las transacciones comerciales llevadas a cabo por los griegos, centrados sobre todo en Emporion asumiendo, en no pocas ocasiones, un papel protagonista y decisivo; no hemos de perder de vista que los griegos no ejercen un dominio político sobre el mundo ibérico y que su única posibilidad de proseguir con éxito sus transacciones comerciales era mantener buenas relaciones con

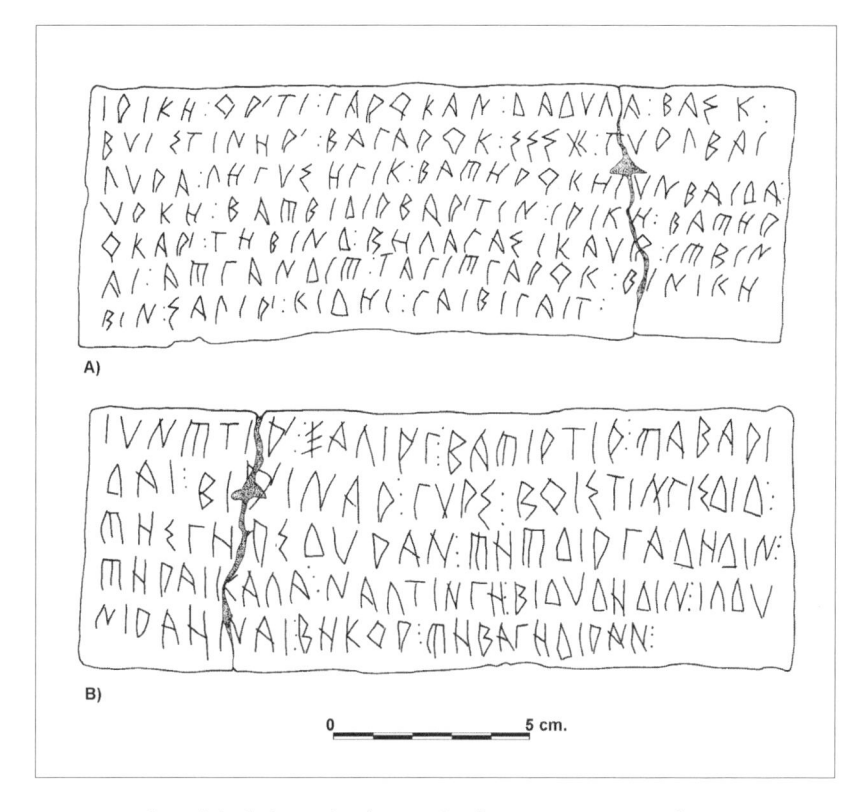

[Fig. 41] El plomo de Alcoy, realizado en escritura greco-ibérica

los indígenas lo que se podía lograr de muchos modos, entre otros convertirse en agentes imprescindibles del intercambio económico.

En este sentido creo que merece la pena que nos detengamos en otro tipo de datos que también apuntan a la estrecha colaboración entre griegos, fenicios e indígenas en los procesos comerciales que tienen lugar en Iberia, como puede ser el que deriva de los ponderales o pesas empleadas para las transacciones comerciales. En la Península Ibérica se han detectado tanto pesas que corresponderían a sistemas de tipo fenicio como otras que pertenecen a los sistemas griegos; en este sentido, resulta de interés el hallazgo, en el Cerro del Villar, de un establecimiento fenicio como vimos en su momento, de tres pesas de plomo que formaban un conjunto para las que se ha sugerido un patrón que, a pesar del lugar de hallazgo, no sería fenicio sino greco-oriental, habiéndose apuntado su origen foceo. La fecha que se asigna a estos ponderales, a partir del contexto en el que aparecieron, sería de principios del siglo VII lo que parece algo pronto teniendo en cuenta lo que conocemos de los momentos más antiguos de la presencia griega en la Península pero en todo caso resulta un dato de interés. También en Cancho Roano, aunque con una cronología posterior, de fines del siglo V o inicios del IV se hallaron veinticinco ponderales que, en esta ocasión, parecen correponder al sistema fenicio, así como platillos de balanza.

En el mundo ibérico han aparecido también bastantes ponderales en varios yacimientos, aunque no es éste el lugar de referirse a ellos (*vid.* vol.II, I.1.6.3); no obstante, de todo este conjunto de materiales sobresale, por su interés, el representado por una de las tumbas halladas en la necrópolis de Orleyl; la urna estaba compuesta por una crátera ática de campana, en cuya boca se había dispuesto un plato ático de barniz negro sobre el que, a su vez, se había depositado un copa ática de barniz negro de pie bajo. En el interior de la urna, y mezclado con las cenizas, se halló un lote de cinco ponderales correspondientes a un mismo conjunto, un platillo de balanza y dos textos en láminas de plomo enrolladas, escritos en diferentes variantes de la escritura ibérica levantina (conocidos como Orleyl VI y VII y usando, respectivamente, las variedades de la costa catalana y de la región valenciana); por último, y oculto bajo el pie de la crátera se halló un tercer plomo (Orleyl V) también en escritura ibérica levantina del área valenciana. La cronología que puede atribuirse al enterramiento es de mediados del siglo IV a.C. y puede ser el de alguien involucrado en actividades comerciales, ya de forma directa a juzgar por los propios objetos hallados en la tumba ya de forma simbólica, en cuyo caso los objetos representarían acaso el control que sobre las tareas de intercambio desempeñaba el difunto. Sea como fuere, el desarrollo de las actividades comerciales entre iberos y griegos implicaba la utilización de mecanismos de cierta sofisticación, tales como el uso de pesos y medidas de amplio uso así como de fácil convertibilidad, pero también de la escritura. Aunque sin duda los artículos que este eventual comerciante o dirigente político y económico ibero tenía a su disposición eran más amplios, dicho individuo escoge, para su enterramiento, tres piezas griegas, el plato y la copa y, sobre todo, la gran crátera cuya escena principal muestra a un grifo luchando con los arimaspos. Los grifos son, sin duda, un ser híbrido importado en Iberia pero que tendrá gran éxito en las concepciones ideológicas y religiosas ibéricas.

II.3.3.6.2.1 Las secuelas en el mundo indígena: de la escultura a la escritura

Una vez visto el peso que el elemento indígena asume en los intercambios comerciales con los griegos, es el momento de insistir en dos aspectos que el mundo ibérico asumirá de éstos, siquiera brevemente, puesto que no es éste el lugar adecuado para insistir en los rasgos específicos de las culturas indígenas. Aquí me referiré tan sólo a la escultura en piedra y a la escritura.

La escultura en piedra tomará carta de naturaleza en el mundo ibérico, en especial en las regiones del sudeste peninsular y la Alta Andalucía ya desde los momentos finales del siglo VI a.C. para alcanzar su momento de gran desarrollo a lo largo del siglo v y perviviendo hasta el siglo IV aunque ya con otros rasgos. No cabe duda de que, a pesar de que sus restos no son demasiado abundantes, en los centros fenicios de la Península Ibérica había existido la práctica escultórica, tanto figurativa como destinada a la elaboración de elementos arquitectónicos para determinado tipo de edificios; lo mismo puede decirse, a pesar del escepticismo de algunos autores, de la ciudad griega de Emporion. Aunque no puede descartarse que producciones escultóricas de raigambre fenicia puedan haber hallado sitio dentro de determinados ambientes indígenas (como mostraría, por ejemplo, el monumento funerario de Pozo Moro y algunas otras piezas) lo cierto es que desde bastante temprano serán los temas de tipo griego y representados a la griega los predominantes dentro de la plástica ibérica. Aun cuando el debate acerca del origen y significado de estas producciones dista de estar cerrado, no podemos perder de vista que la escultura en el mundo ibérico surge, sin que se conozcan procesos previos de inicio y desarrollo, como una actividad ya madura; este hecho, al que hay que unir el carácter profesional que tienen las más antiguas producciones ibéricas así como el lenguaje iconográfico de tipo griego que exhiben estas producciones, puede sugerir que han sido artesanos griegos los que se han encargado de la introducción de técnicas, temas e iconografías en el mundo ibérico.

No es improbable que en el origen de la escultura ibérica, de clara impronta helenizante, tengamos la convergencia de intereses distintos pero que se combinan para dar lugar a esta importante manifestación cultural. Por un lado, el propio proceso de incremento de la complejidad social dentro del mundo indígena del cuadrante sudoriental de la Península Ibérica que se había iniciado ya hacía algún tiempo a la sombra de los intensos contactos que este mundo ha mantenido tanto con los colonizadores fenicios como con el mundo tartésico de la Andalucía occidental. Esta serie de estímulos, que afectan, como también se ha visto, a regiones que encierran importantes recursos y materias primas provoca cambios sociales que se manifiestan, además de en otros aspectos no bien conocidos, en un cambio en los rituales funerarios que implica la erección de un monumento en piedra sobre las tumbas de los personajes más relevantes y destacados de esas comunidades que son quienes, además, están en contacto directo con los colonizadores y son sus interlocutores (*vid.* vol.II, I.1.7.4). El auge de los intereses griegos en este sector de la Península va a determinar que, cuando estos círculos de poder se encuentren en el momento decisivo de su proceso de desarrollo político, económico e ideológico sean los griegos los colonizadores que están actuando en ese territorio de forma más intensa; además de los artículos que los griegos pueden aportar a los indígenas a cambio de sus productos, tales como vajilla y objetos de lujo, alcanzará un papel importante la demanda de la tecnología precisa y del lenguaje iconográfico necesario para que esas élites ibéricas expresen su recién adquirida posición de poder (*vid.* vol.II, I.1.7.1).

Junto a ello, por supuesto, el ya mencionado interés griego por ocupar en su propio beneficio el hueco que la reorganización del mundo fenicio peninsular había dejado en buena parte de la costa oriental de la Península Ibérica; mientras que esta progresiva intensificación del comercio griego en esos territorios puede seguirse merced a los mapas de distribución de cerámica griega, que se convierte en un artículo de interés y vinculado también de forma especial a los grupos dirigentes, da la impresión de que los griegos perciben cómo esos procesos internos que está experimentando el mundo ibérico requieren de nuevos medios de expresión que en este caso se centran no sólo en la acumulación de objetos importados de alta calidad sino también en la monumentalización del espacio funerario; los griegos aportarán, sin duda como parte de los procesos de intercambio, escultores capaces de servir a los intereses de las élites indígenas y de enseñar a aprendices nativos que serán los que, con el tiempo, establecerán los rasgos característicos del arte ibérico. Este proceso, por otro lado, no ha sido puntual, sino que puede haberse producido en distintos momentos y en áreas distintas y de la mano de talleres artesanales itinerantes; ello explica las diferencias estilísticas e iconográficas existentes en la plástica ibérica, fruto también de la interacción, con el tiempo, de diversos talleres ibéricos que, al asumir rasgos que han podido ver y copiar en los distintos lugares en los que se produce su actuación, dan lugar a ese arte que, en su eclecticismo, acaba por ir perdiendo rasgos heredados de los artesanos griegos activos en el territorio para sustituirlos por otros propios.

Hemos de considerar, pues, en este apartado, la escultura en piedra ibérica como un testimonio, todo lo directo (o indirecto) que queramos de la acción comercial griega sobre el mundo ibérico. La propia distribución de la escultura sigue la pauta de las principales rutas de comunicación, jalonada asimismo, con productos importados griegos en muchos casos. Aunque no podemos pensar en una acción griega directa en todos los puntos, sí es verdad que los deseos de emulación de las diferentes élites ibéricas les va a hacer clientes idóneos de los distintos talleres existentes, en los que la intervención de unos influjos constantes va a ser un rasgo que tampoco podemos minimizar. Del mismo modo, y puesto que una base importante de la riqueza, el prestigio y el poder que las élites indígenas adquieren está en relación con los tráficos comerciales, tanto los internos entre los distintos centros ibéricos como, sobre todo, los que permiten una comercialización por vía marítima de los excedentes generados en ese mundo ibérico, la relación con las áreas costeras, que es en las que se percibe la actuación directa de los griegos, es de gran intensidad. Es eso lo que permite, sin lugar a dudas, esa circulación no sólo de bienes materiales sino también de otros elementos que podríamos calificar de culturales, entre ellos la propia escultura, cuya importancia como elemento connotativo dentro del mundo ibérico es, sin duda, muy superior a la que podrían representar algunas cerámicas importadas, por importantes que hayan podido ser éstas. La inversión de recursos y de tiempo requeridos para su elaboración, la disponibilidad de artesanos no siempre encontrables in situ, el desarrollo de nuevas escenas y composiciones, patentes en conjuntos sobresalientes como el del Cerrillo Blanco de Porcuna del siglo v o el del área sacra del Pajarillo del siglo IV, indican a todas luces cómo la emulación y la búsqueda continua de nuevas formas artísticas y nuevos contenidos son un importantísimo motor cultural dentro de la cultura ibérica en su momento pleno. La acción griega no es ajena, sin duda, a este proceso y, combinada con los propios intereses de las élites ibéricas se configura como crucial dentro del proceso de extensión del área de interés comercial de la ciudad de Emporion.

El otro de los elementos culturales al que quiero aludir, y que está mucho más relacionado con el comercio, es la escritura. Me refiero en concreto al sistema de escritura conocido como "greco-ibérico" que, dentro de los empleados por los iberos y a los que no aludiré aquí, representa la adaptación de un sistema alfabético griego microasiático en algún momento, quizá temprano, del siglo v a.C., por más que la mayor parte de los testimonios conservados de esta escritura correspondan al siglo IV (*vid.* vol.II, I.1.4.1). Los cambios introducidos en el alfabeto griego para transcribir la lengua ibérica son mínimos. Entre los textos conservados en este sistema tenemos desde importantes plomos (La Serreta de Alcoy, El Cigarralejo, Coimbra del Barranco Ancho) hasta varios grafitos realizados en cerámicas griegas (El Campello).

El área de distribución de los no demasiado abundantes textos conocidos en este sistema se extiende por la provincia de Alicante y áreas limítrofes de las provincias de Valencia, Murcia y Albacete, territorio que parece corresponder a los contestanos mencionados por las fuentes literarias; es también la zona en la que con mayor precocidad detectamos la escultura ibérica en piedra y es una región en la que la incidencia del comercio griego parece haber sido bastante intensa, lo que explicaría la adopción de dicho sistema de escritura por parte de esas poblaciones ibéricas. En todo caso, también puede observarse un acusado cruce de influencias en esta misma zona si tenemos en cuenta que, además de los textos escritos empleando este sistema, se conocen también testimonios que utilizan los otros dos tipos de sistemas que usaron los iberos, el meridional y el levantino (*vid.* vol.II, I.1.4.1).

Es bastante razonable, pues, pensar que la fuerte incidencia comercial de los griegos sobre todo el cuadrante sudoriental de la Península desde los últimos años del siglo VI haya determinado que las poblaciones indígenas, sin renunciar a su personalidad y sus tradiciones (muchas de ellas influidas, a su vez, por la anterior presencia fenicia) introduzcan en su repertorio material y cultural nuevos elementos de impronta griega como pueden ser la escultura en piedra de matriz helénica y la escritura de tipo griego para transcribir su lengua. Son elementos, pues, que nos ayudan a entender la fuerte incidencia griega sobre las poblaciones indígenas de esta parte de la costa ibérica.

II.3.3.6.3 El establecimiento de una red comercial costera, con intereses en el interior de Iberia

El factor principal a destacar en todo esto es la relación existente entre la población indígena y los griegos que se articula, por una parte, en la existencia de unos puntos costeros, lugares de comercio o *emporia* donde se produce el contacto directo entre los comerciantes griegos y poblaciones indígenas y, por otra, en una red de distribución que es responsable de la comercialización de los productos griegos y, con gran probabilidad, otros artículos procedentes de otras áreas ibéricas o no hacia el interior del territorio y, al tiempo, de la conducción hasta los puertos costeros de todos aquellos artículos producidos en el interior del país y que son de interés para su exportación por vía marítima en las naves griegas, y que van desde materias primas hasta diferentes tipos de productos manufacturados.

Los puntos costeros de esta red van siendo identificados no sin dificultad en las costas de la Península merced, en parte, a algunas informaciones no siempre precisas de las fuentes literarias y al avance de los hallazgos arqueológicos. Así, por empezar por las primeras, hay un texto de Estrabón, en cuyo análisis se han hecho correr ríos de tinta, que dice lo siguiente:

> "Entre el Sucron [Júcar] y Carquedón [Cartagena] hay tres poblados de masaliotas no muy lejos del río. El más conocido de ellos es Hemeroscopio, que posee sobre el cabo un santuario muy venerado de la Ártemis Efesia, del cual se sirvió Sertorio como base de operaciones para sus empresas marítimas por estar bien defendido y ser propio de piratas y visible desde muy lejos para los que llegan por mar. Se llama Dianio, es decir, Artemisio y tiene cerca unas minas de hierro que rinden bastante y dos islotes, Planesia [Tabarca] y Plumbaria [Isla Grosa]"

(Estrabón, III, 4, 6).

En su relato Estrabón no menciona los otros dos poblados, lo cual también ha dado lugar a numerosos intentos de identificación no coronados por el éxito. No obstante, durante mucho tiempo se favoreció una interpretación casi literal de este testimonio lo que favoreció la búsqueda de ciudades de tipo griego; una vez que éstas no aparecían se concluyó de forma tajante que éstas eran unas colonias fantasmas y que en la región que define el testimonio estraboniano había que rechazar cualquier tipo de presencia griega visible. No obstante, esta afirmación negativa contrastaba con la fuerte importancia de las influencias culturales helénicas sobre esa región a la que hemos aludido en el apartado previo lo que tampoco fue demasiado tenido en cuenta por ciertos autores en su juicio sumario a la presencia griega.

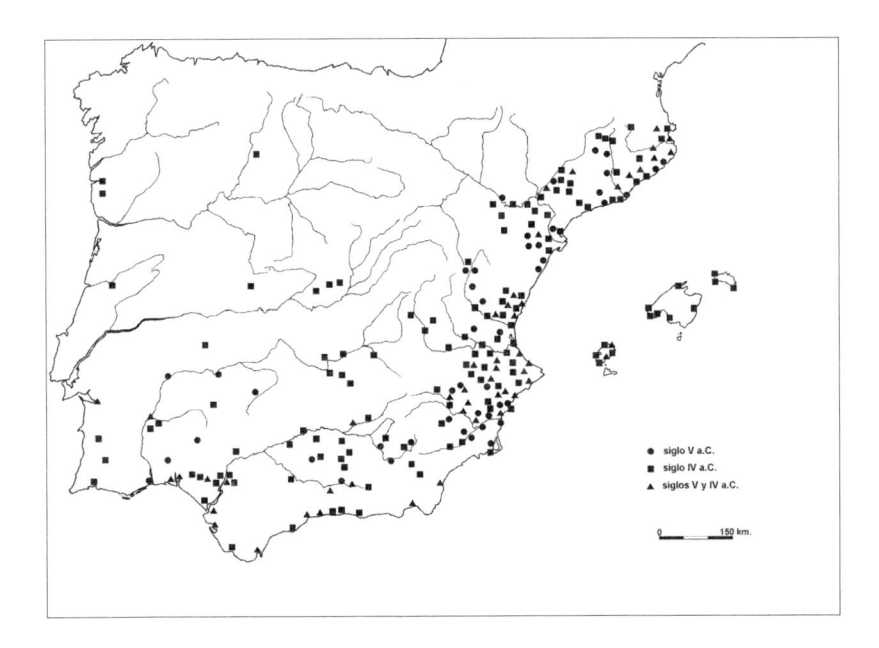

[Fig. 42] Distribución de las cerámicas griegas de la época clásica en la Península Ibérica

Otro problema que planteaba el testimonio estraboniano era el de su cronología; en efecto, aunque es probable que la noticia llegue a dicho autor a través de una fuente anterior (quizá Artemidoro de Éfeso, quien visitó la Península Ibérica entre fines del siglo II e inicios del siglo I a.C.) se ha considerado bastante probable que esos establecimientos existieran ya con anterioridad aun cuando habrían persistido hasta esa época. Su carácter masaliota no plantea problema ya sea porque, en efecto, Massalia se haya podido hacer con el control de anteriores establecimientos foceos o ampuritanos ya porque para muchos autores Emporion era poco más que una proyección de dicha ciudad.

Una visión más ajustada a lo que los testimonios arqueológicos aportan, tanto en la Península Ibérica como en otros lugares, hace que no debamos perder de vista que buena parte de la acción comercial griega (pero también fenicia como se vio en su momento) se articula en torno a pequeños puertos comerciales con mayores o menores infraestructuras en los que, aun cuando sean dependientes de los indígenas, los comerciantes extranjeros gozan de ciertas ventajas y privilegios; serían los *emporia*. No es improbable, pues, que estos establecimientos, a los que el texto de Estrabón llama poblados (*polichnia*) más que auténticas ciudades no sean sino, como mucho, barrios o zonas junto a o próximas a centros indígenas. Eso hace, pues, que sea necesario modificar los términos de la búsqueda, puesto que ya no se trata de hallar ciudades griegas sino entornos indígenas en los que, de hecho, los griegos puedan haber estado presentes, aunque no en posición hegemónica.

El único de los tres poblados que identifica Estrabón es Hemeroscopio que, por la ubicación que da el propio autor, debería de estar en torno a Denia, donde el Montgó marca una de las principales características de la topografía costera; el propio nombre del lugar ya avisa acerca de una de sus funciones principales, que puede haber sido la de atalaya para controlar un amplio trecho de costa que, en días claros, permitiría incluso visualizar la isla de Ibiza. En el área no se han hallado, sin embargo, restos significativos de construcciones griegas lo que hablaría a favor de una eventual presencia griega en áreas bajo control indígena.

Por su parte, la arqueología ha proporcionado informaciones de entornos abiertos a las actividades griegas ya desde el siglo VI a.C., aunque con una intensidad mayor a partir del siglo V. Así por ejemplo, en el Grau Vell de Sagunto, que parece haberse iniciado hacia finales del siglo VI a.C., que dependía del importante centro ibérico que estaba surgiendo a unos kilómetros al interior y en altura, y en el que parecen haberse dado cita elementos procedentes del área fenicia de Andalucía, de Ibiza y Cartago pero también los nuevos intereses griegos sobre este territorio y, por supuesto, las propias poblaciones ibéricas; a partir de lo que hemos dicho en apartados previos, no sería improbable que este centro fuese el que la carta de Ampurias identifica con el topónimo Saigantha. Las excavaciones llevadas a cabo en la zona han puesto de relieve la intervención, en los orígenes de este establecimiento, cuyo carácter empórico parece afirmarse según avanzan los estudios, de esos diferentes componentes, fenicio-púnico, griego (masaliota-ampuritano) e ibérico, representados todos ellos a través de sus materiales arqueológicos característicos. Los intercambios que tenían lugar en la zona implicaban no sólo los habituales productos manufacturados sino también metales, como muestran algunas piezas de galena argentífera halladas en los almacenes portuarios. A ello se unen cerámicas de mesa, de origen griego entre otras en las fases más antiguas, relacionadas con el consumo del vino.

Otro punto de gran interés en este contexto de interacciones entre los griegos y las poblaciones indígenas de la Península es el representado por el yacimiento de La Picola, en Santa Pola. A lo largo de los tiempos Santa Pola ha servido como área de salida al mar y puerto de los territorios ubicados en el Bajo Vinalopó, en especial el que fue uno de los principales centros ibéricos y luego ciudad romana de Ilici. De hecho, en época romana Santa Pola recibió el significativo nombre de Portus Ilicitanus, el Puerto de Ilici. Allí se excavó lo que sigue siendo un establecimiento único en el mundo ibérico: un recinto fortificado de planta cuadrangular de algo más de cincuenta metros de lado, dotado de torres en las esquinas y con un

[Fig. 43] El recinto fortificado ibérico de influencia griega de La Picola en Santa Pola

complejo sistema defensivo que incluía, además de la muralla, un glacis y un foso con escarpa y contraescarpa. En su interior, tres calles paralelas que delimitan ínsulas dobles y un importante ajuar cerámico griego, tanto en cantidad como en variedad, junto con vajilla de mesa en su mayoría indígena y cerámica de cocina indígena. No obstante, los materiales más representados son las ánforas ibéricas, en buena parte realizadas en el entorno inmediato o en la propia Alcudia de Elche, donde también se han descubierto alfares destinados a confeccionar estos envases. Tanto la concepción general del yacimiento como, según parece, el sistema metrológico empleado en la construcción de esta estructura, delatan claros prototipos griegos. La cronología del sitio se ha fijado entre el último tercio del siglo v y mediados del siglo iv a.C.

El problema radica en la interpretación de esta estructura que probablemente dominaba el área portuaria ilicitana; ¿se trataría de una fortificación que controlaban los griegos? o, por el contrario, ¿era una fortaleza, por más aspecto griego que tuviese o pretendiese tener, que representaba el poder y la autoridad del rey o príncipe ibérico que gobernaba en Ilici y en su proyección marítima? No es un asunto fácil de dilucidar y los diferentes materiales hallados en el asentamiento podrían, a priori, abonar una u otra posibilidad. Yo me inclino más a pensar en lo segundo como más probable, esto es, una fortaleza desde la que las autoridades ilicitanas defendían el área portuaria, supervisaban los intercambios en ese área empórica y almacenaban y protegían parte de los artículos que eran objeto del intercambio y que, en buena parte, debían de proceder del entorno próximo; ello no evita que, como en otros casos, se haya recurrido a prototipos griegos o, incluso, al trabajo de arquitectos o maestros de obra griegos o con cierta experiencia en las técnicas constructivas griegas para elevar esa construcción de prestigio. Los materiales hallados en el interior de recinto, mezcla de griegos e indígenas tampoco tendrían nada de extraordinario si las gentes que residían en el interior de la fortaleza eran indígenas pero, como corresponde a una zona portuaria y vía de entrada de productos importados, estaban bien surtidos de estos artículos, tanto los de producción griega como los de origen ibérico, ya fuesen locales como procedentes de otras regiones dentro de esta cultura. Los cálculos realizados por los excavadores sobre la población que podría residir dentro del recinto oscilan entre los 87 y los 360 habitantes, dependiendo del tipo de uso predominante que recibiesen las unidades de habitación, ya fuese almacenamiento o residencia; en este sentido, no hay que perder de vista que el tipo principal de objeto hallado en La Picola es, junto a la cerámica ibérica pintada, el ánfora de transporte también de fabricación ibérica.

La Picola, pues, no es en sentido estricto un lugar de habitación y residencia sino una zona, dentro de un área mayor, destinada a almacenamiento de mercancías, protección del entorno y, acaso, control administrativo de las actividades de intercambio desarrolladas en sus proximidades. La intervención griega parece evidente en la planificación de la fortaleza en sí y, por supuesto, en proporcionar los medios de transporte para la comercialización de los productos ibéricos y, a cambio, la de artículos de lujo de los que los mejor representados son las cerámicas, parte de las cuales, como hemos visto, quedaban en el propio establecimiento portuario.

A un esquema semejante de áreas empóricas corresponderían otros yacimientos como la Illeta dels Banyets de Campello o la Loma del Escorial, en Los Nietos aunque en estos casos no se han detectado estructuras fortificadas; no obstante, como su momento de desarrollo parece corresponder ya al siglo IV nos referiremos a ellos en un apartado posterior (*vid.* vol.I, II.3.4.2).

Si, tal y como hemos visto, en algunos puntos costeros pueden detectarse los lugares en los que se producían los intercambios entre griegos e indígenas, es en los sitios indígenas del interior donde pueden observarse los resultados de estos intercambios. Una primera aproximación podría venirnos dada por la distribución de la escultura ibérica en piedra pero al tratarse de una manifestación en sentido estricto indígena, no la abordaré aquí. Será un producto griego como la cerámica el que nos dará la pista de los mecanismos de expansión de estos artículos en el

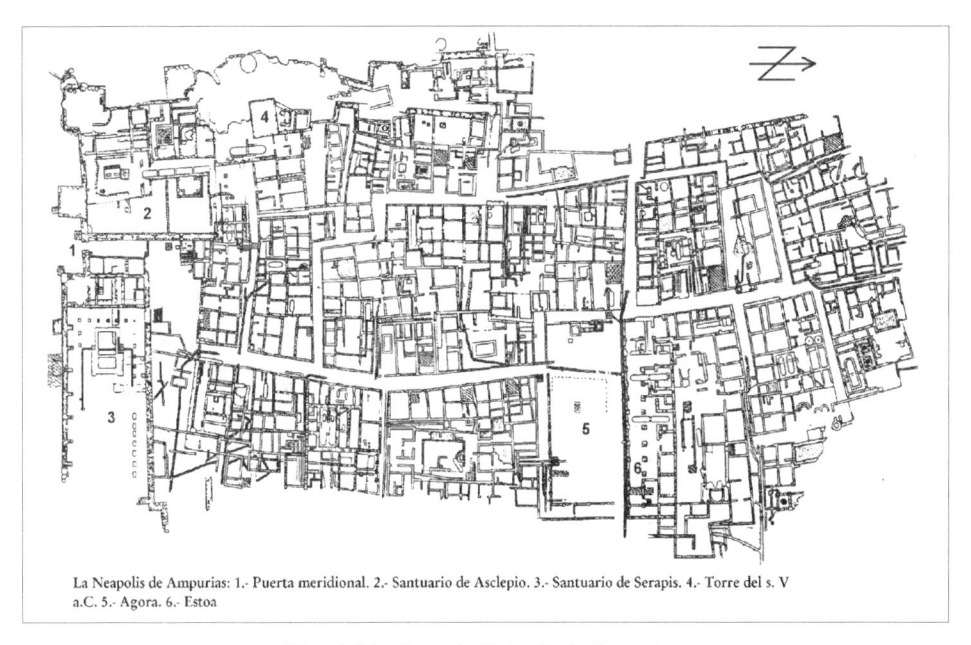

La Neapolis de Ampurias: 1.- Puerta meridional. 2.- Santuario de Asclepio. 3.- Santuario de Serapis. 4.- Torre del s. V a.C. 5.- Agora. 6.- Estoa

[Fig. 44] La llamada Neápolis de Emporion

mundo indígena aunque también hemos de aclarar que buena parte, o la totalidad, de esta distribución corre a cuenta de los propios circuitos comerciales que los indígenas irán desarrollando y sobre los que tampoco insistiré demasiado aquí. En la primera mitad del siglo v la distribución de cerámicas griegas en la Península Ibérica parece seguir una tónica parecida a la atestiguada durante buena parte del siglo vi, con excepción de algunos sitios que, como Ullastret, se hallaban muy próximos al centro griego de Emporion; esta distribución se caracterizaba por la presencia de unos pocos materiales en bastantes yacimientos, en especial costeros con una penetración hacia el interior no demasiado numerosa. No obstante, ya para este momento se empieza a observar en algunos centros indígenas una mayor concentración de vajilla griega, nunca en gran cantidad, pero sí en un número suficiente (algunas decenas de piezas) como para pensar que van surgiendo algunos puntos privilegiados dentro de esas relaciones de intercambios que los griegos y los indígenas están empezando a trabar. Algunos puntos como el poblado de El Oral o la necrópolis de Cabezo Lucero o, en menor medida, centros como Les Toixoneres (Calafell) o el poblado fortificado de San José (Vall de Uxó) entre otros, sugieren que algunos centros están empezando a actuar como receptores predilectos de esos productos importados, quizá a la sombra del surgimiento o la consolidación de los *emporia* costeros a los que nos referíamos párrafos atrás.

No obstante, no será hasta la segunda mitad del siglo v a.C. cuando se produzca un gran aumento de los productos griegos en el mundo indígena, quizá coincidiendo con el desarrollo urbano que experimentará Emporion, el cual no es sino consecuencia del afianzamiento de esta localidad como el gran centro del comercio griego en la Península Ibérica. Uno de los principales elementos arqueológicos que marcan este importante despegue ampuritano es la copa de pie bajo y labio cóncavo (*stemless cup inset-lip* de Sparkes y Talcott), también conocida como forma 42 A de Lamboglia, F.4271 de Morel y, sobre todo, como "copa Cástulo". Se trata de una copa de paredes bastante gruesas así como recias asas, apta para ser transportada apilada en los barcos aprovechando los huecos que otro cargamento más preciado podía dejar; su cronología se sitúa, en el Mediterráneo occidental, entre la segunda mitad del siglo v e inicios del siglo iv a.C. Por vez primera con estas producciones las cerámicas griegas empiezan a estar presentes con gran intensidad no ya en los sitios costeros (por ejemplo, en La Picola son los materiales importados más antiguos) sino también en yacimientos del interior de la Península Ibérica. Aunque su comercialización está, casi con seguridad absoluta, en manos de los propios comerciantes nativos, su gran difusión marca, por una parte, el auge de las redes de distribución interna desarrolladas por las distintas culturas indígenas de la Península pero también una auténtica "inundación" de estos productos distribuidos desde Emporion en los centros y emporios costeros. Aunque muy presentes, como se ha dicho, en casi todo yacimiento cuya cronología coincide con la asignada a estos vasos, en algunos de ellos su presencia resulta notable como en el yacimiento epónimo, Cástulo, donde son muy frecuentes en las necrópolis excavadas o en el pequeño poblado vinatero de La Quéjola, donde había un ejemplar en cada estancia dedicada al almacenamiento y varias de ellas en el edificio principal, quizá dedicado al culto. No obstante, en el momento presente destaca la gran colección, cifrada en unos 360 ejemplares, hallados en el edificio de Cancho Roano (Zalamea de la Serena, Badajoz), que supone la mayor concentración de esta forma en la Península Ibérica, en un yacimiento además consistente en un único edificio por complejo que éste fuese.

A las copas Cástulo se le sumarán también otros vasos griegos, tales como las copas de la Clase Delicada, unas copas también de pie bajo, de manufactura mucho más fina que las copas Cástulo y por lo general con decoración a ruedecilla y estampillada en el interior de la misma o los cántaros de la clase de Saint Valentin, también muy numerosos en algunos yacimientos como Ullastret pero que, además de en otros puntos, aparece también en cantidades notables en necrópolis como la de Los Villares en Hoya Gonzalo donde se han encontrado más de una decena.

En definitiva, y sin ánimo de ser exhaustivo, sí podemos decir que la segunda mitad del siglo v marca un cambio cuantitativo en la incidencia del comercio griego sobre las poblaciones indígenas; el peso de Emporion en este proceso parece fuera de duda y, como se verá en un apartado posterior, este impulso continuará al menos durante la primera mitad del siglo IV aun cuando en ese momento es posible que otros agentes comerciales inicien su competencia con los griegos emporitanos. El centro griego, que se transformará de un punto de comercio en una auténtica ciudad con vocación comercial, hallará su razón de ser en la comercialización de productos exóticos entre las poblaciones indígenas, así como en la distribución de productos ibéricos entre otras poblaciones ibéricas (*vide* vol.II, I.1.6.3); ese comercio de intermediación, que en sentido estricto había caracterizado la actividad comercial de los foceos desde el inicio de su aventura ultramarina, se convertirá en la razón de ser de Emporion y en la clave de su éxito.

II.3.3.7 La ciudad de Emporion

II.3.3.7.1 El inicio de la trama urbana

Es tiempo ahora de que retornemos a Emporion para observar su desarrollo durante los años finales del siglo VI y durante el siglo V a.C. Como ya dijimos en un apartado anterior (vide vol.I, II.3.3.5.2), la mitad del siglo VI a.C. contempla un cambio importante en la fisonomía del área, porque es ése el momento en el que produce la ampliación del hábitat desde el pequeño asentamiento que constituía la *Palaia polis* hasta el área situada al sur de la misma y de la ensenada que les servía de puerto y al que en la actualidad conocemos como Neápolis. Tal y como planteábamos en un apartado anterior, la ocupación de esta zona se retrotrae a mediados del siglo VI a.C. y es posible que podamos relacionarla con la llegada de una parte de la población que huyó de Focea tras la caída de la ciudad en manos persas, lo que implicaría disponer de un espacio mayor para vivir, habida cuenta de que el asentamiento inicial en San Martín de Ampurias siguió estando ocupado.

No sabemos si la población que residía en la Neapolis siguió dedicándose a actividades de tipo empórico, incluyendo el comercio y acaso la piratería o si, por el contrario, diversificaron sus actividades e iniciaron la apropiación de tierras para dedicarlas al cultivo. Sea como fuere, sí parece que ocupan, al menos, los sitios más estratégicos; por una parte, la zona norte, junto al puerto y, por otro lado, una pequeña altura ubicada en el área sudoccidental de la futura ciudad. No es improbable que la zona intermedia estuviese también ocupada, pero es difícil saberlo con certeza, habida cuenta que los niveles de épocas posteriores han alterado por completo la fisonomía de la ciudad, lo que hace que nuestro desconocimiento sobre su aspecto antes del siglo II a.C. sea bastante grande. Nada se conoce ni de su apariencia ni de su eventual amurallamiento y es necesario esperar al siglo V para poder disponer de algún dato más concreto. Por su parte, las necrópolis arcaicas se organizan alrededor de la ciudad, en especial al sur y al oeste de la misma y su distribución parece sugerir que el tamaño de la nueva ciudad no debía de ser muy distinto del que acabó asumiendo en su última reestructuración ya en época romana; en todo caso quizá fuese algo más pequeña pero no parece que demasiado. Estas necrópolis son conocidas de modo desigual porque muchas de ellas fueron excavadas sin criterios científicos y buena parte de su información se ha perdido; no obstante, las necrópolis griegas más antiguas parecen haberse hallado al sur de la ciudad surgiendo alguna de ellas también al noroeste de la misma. Al tiempo, también al noroeste de la ciudad y a una cierta distancia al sudoeste existieron necrópolis indígenas que corresponden a la población nativa que vivía junto a los griegos o en sus proximidades. Mientras que en estas últimas predomina el ritual incineratorio así como la acumulación de objetos, entre ellos armas y otros elementos de tradición indígena, aunque también artículos griegos, en las necrópolis griegas predomina la inhumación y sus ajuares son de una cierta modestia, lo cual no es síntoma de pobreza como a veces se ha pensado sino de la existencia de rituales funerarios más acordes con unas normas propias de una comunidad organizada según criterios políticos de tipo griego.

Es difícil saber si ya desde el siglo VI, en el momento del surgimiento de la Neápolis ampuritana, la misma se configuró como una *polis*; es posible que la primera constatación del gentilicio ampuritanos en el ya mencionado plomo de Ampurias hable a favor de la existencia de dicha comunidad política hacia los años finales del siglo VI, fecha que se suele atribuir a tal documento; en cualquier caso, su presencia en el plomo de Pech Maho nos indica que el término ya se ha consolidado durante la primera mitad del siglo V. No hay inconveniente alguno en aceptar que la nueva comunidad que surge junto al antiguo *emporion* haya asumido pronto este estatus político; la escasez de restos arqueológicos en el hábitat correspondientes a ese momento no supone un obstáculo puesto que dicha escasez no se debe a su ausencia sino a que no han sido aún localizados.

Hay que esperar, no obstante, al siglo V para poder observar restos palpables en la ciudad, aunque sean en su mayor parte de carácter monumental. Alguna vivienda de esta época se conoce en la parte norte de la ciudad, de planta rectangular, aunque es más posible que se trate de alguna zona de almacenamiento dado el elevado número de ánforas, en su mayoría de tipo púnico, que se encontraron. En esa misma estancia, en la que también aparecían materiales del siglo VI es donde se halló la carta de plomo de Ampurias, que encaja bien en el ambiente comercial que se sugiere para el edificio; no es improbable que esa estructura o su predecesora hubiese estado ya en uso desde el siglo VI a.C. No obstante, lo limitado de la excavación no permitió realizar observaciones de conjunto acerca de la estructura urbana.

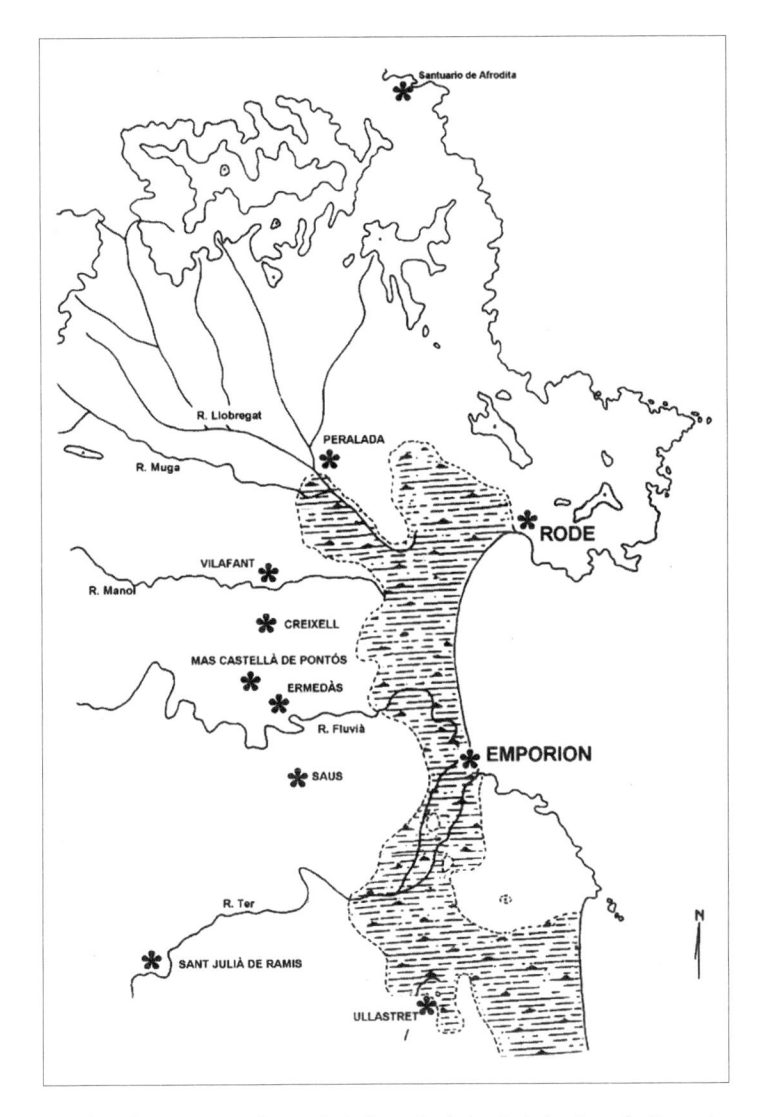

[Fig. 45] El territorio y el área de influencia de la ciudad griega de Emporion

Más prometedor es el conocimiento de la parte meridional de la ciudad, donde se detectaron restos de una torre sin duda correspondiente a un recinto amurallado datable en el siglo v, que parece haber circundado la ciudad por esa zona, aun cuando no puede seguirse su trazado debido a las fuertes reestructuraciones que ese barrio sufrió en el siglo IV y en épocas posteriores. Extramuros de esta muralla había una serie de edificios sacros, entre ellos un gran templo quizá de estilo jónico al que corresponde una serie de antefijas y un acroterio así como algunos fragmentos de tejas, todo ello en piedra caliza; a este momento corresponden otros elementos como un altar doble y algún otro recinto. El carácter suburbano de estos elementos cultuales se ha relacionado con una posible labor de mediación que estos santuarios pudieron haber realizado entre la población griega que residía en la ciudad y las poblaciones indígenas del entorno. Se desconoce a qué divinidades estaban consagrados estos lugares de culto.

Por lo que se refiere al espacio existente entre estos dos extremos, septentrional y meridional, de la ciudad, apenas se conoce nada, por lo que no puede saberse si, como era frecuente en otras ciudades griegas coloniales contemporáneas había un urbanismo de tipo regular; del mismo modo, nada sabemos de otros espacios públicos como pudiera ser el ágora de la ciudad arcaica. En definitiva, será necesario esperar a que nuevas excavaciones arqueológicas puedan clarificar algo el panorama urbano de la ciudad.

II.3.3.7.2 La formación de un territorio y la creación de un área de influencia próxima

Otro asunto de interés con relación a Emporion es el de la posible existencia de un territorio agrícola que sirviese de base al nuevo carácter político que asumirá la *polis* emporitana desde finales del siglo VI y durante el siglo V. Estrabón (III, 4, 9) nos habla del territorio de Emporion que, en su época, llegaba hasta la zona de La Junquera y los Trofeos de Pompeyo, ubicables en el Coll de Panissar; no obstante, esta situación corresponde al periodo posterior a la presencia romana y, en especial, a las campañas de Catón del 195 a.C. cuando la ciudad de Rhode, que se muestra hostil a los romanos, es privada de su territorio, el cual es asignado a Emporion que se había mantenido leal a Roma. Para momentos anteriores hay que tener en cuenta, sobre todo, que la topografía antigua de esa región ha cambiado mucho y que Ampurias se ubicaba en una especie de isla que abarcaba tanto la Neápolis como el área al Oeste, donde surgirá en su momento la ciudad romana y algún otro entorno próximo; esa zona se hallaba rodeada de mar o de marismas que, junto con los cursos de los ríos, en especial el Ter uno de cuyos brazos (hoy desaparecido) desembocaba entre la ciudad griega y el actual pueblo de La Escala convertía buena parte de esa región en inútil para su aprovechamiento agropecuario.

Ha habido diversos intentos de establecer el territorio ampuritano, algunos de un gran maximalismo, que sugieren que podría haber alcanzado unos 360 kilómetros cuadrados, una extensión que es comparable a la de algunas grandes ciudades de la Magna Grecia, como Metaponto. Esta opinión resulta bastante improbable porque eso habría implicado una ciudad con un tamaño de varias decenas de hectáreas, y sabemos que la ciudad de Emporion no debió de superar nunca un tamaño próximo a las cuatro hectáreas, siendo su población apenas superior a los 1.500 habitantes.

Otras propuestas más ajustadas a este dato han sugerido que el área situada al sur de la ciudad y al sur del antiguo curso del Ter podría disponer del espacio suficiente para tierras de cultivo e, incluso, áreas de bosque y de pasto para la población de Emporion; del mismo modo, otros recursos de interés, como la piedra de construcción, también procederían del territorio. En cualquier caso, no hemos de perder de vista que aunque el disponer de tierras podría ser un elemento de interés para el sentido de pertenencia política de los ciudadanos de Emporion la base de su economía era el comercio, en especial el que se desarrollaba a larga distancia y que permitía mayores ganancias al poner en contacto a productos y consumidores situados en entornos alejados.

En este sentido, sí parece de interés no tanto el territorio agrícola y político de Emporion, su *chora* por utilizar el término griego, sino sobre todo su proyección por el área en el que se hallaba emplazada. A este respecto resulta de interés observar cómo algunos centros indígenas próximos, como Ullastret empiezan a modificar su aspecto a lo largo del siglo V a.C.; en efecto, en este establecimiento doble, compuesto por un hábitat en alto, el Puig de Sant'Andreu y por otro que ocupaba una isla o península dentro de un lago que tenía comunicación con el mar, la Illa d'en Reixac, este periodo es el que ve el inicio de un primer urbanismo, marcado por la existencia de viviendas de varias estancias, de planta cuadrangular o rectangular, construidas con zócalos de piedra y alzados de adobe, así como sistemas defensivos en piedra en ocasiones, como en el caso del poblado del Puig, con evidentes influencias griegas. Es también el momento en el que se inicia la importación masiva de cerámicas griegas así como de la elaboración in situ de cerámicas a torno que retoman, en sus formas y decoraciones, prototipos helénicos.

Del mismo modo en Mas Castellar (Pontós) surge en el siglo V un poblado fortificado, sobre los restos de un establecimiento anterior que ya en el siglo IV se abandonará para dar paso, en una zona próxima, a un establecimiento agrícola. La función básica de ambos tipos de poblamiento está en relación con la producción cerealística y su almacenamiento en grandes campos de silos, fenómeno que también parece haberse dado en Ullastret, así como en toda una serie de establecimientos indígenas situados a una media de unos veinte kilómetros al interior de Emporion (Saus, Creixell, Vilafant, Ermedás, Sant Julià de Ramis, etc.). La función de estos centros indígenas es servir de aprovisionadores de cereal a la ciudad de Emporion, no tanto para el consumo de la misma como, sobre todo, para su ulterior comercialización a otros puntos de Iberia pero también a lugares del Mediterráneo donde este preciado producto podría tener una buena salida. A cambio, en estos centros indígenas se observa la recepción, ya desde el siglo VI aunque aún no en gran número de una cantidad destacable de cerámica griega que, sin duda, acompañaría a otros productos que han dejado menor huella arqueológica.

Será, no obstante, la segunda mitad del siglo v el momento de mayor intensidad comercial entre Emporion y poblados como el Mas Castellar, a juzgar por la calidad y cantidad de las importaciones griegas, pero también de otros productos (por ejemplo vino, envasado en ánforas púnico-ebusitanas, o los productos envasados en ánforas del Círculo del estrecho e, incluso, de Cartago) que están presentes en el yacimiento. Se trata, en cuanto a las importaciones griegas, del repertorio habitual en otros yacimientos peninsulares a los que ya hemos aludido, tales como las copas Cástulo, las copas de la Clase Delicada o los cántaros de Saint Valentin por lo que se refiere al siglo v.

El escritor latino Tito Livio, aunque refiriéndose a otro momento histórico (el año 195 a.C.) y a la política defensiva y comercial que llevaba a cabo la ciudad de Emporion aseguraba lo siguiente:

> "Por la puerta que daba a la ciudad de los hispanos nunca salían [los ampuritanos] sino en grupos numerosos… El motivo de la salida era el siguiente: los hispanos, que no tenían experiencia en la navegación, se alegraban de comerciar con ellos y a su vez querían comprar los artículos que se importaban en barco y dar salida a los productos del campo. Estas ventajas mutuas eran la causa de que los griegos tuvieran libre acceso a la ciudad hispana".
>
> (Tito Livio, XXXIV, 9)

Aunque no sepamos dónde estaba la ciudad indígena que menciona Livio, sí presenta este autor, siquiera de forma esquemática, una de las razones de la existencia de Emporion y, también, de todo el intenso poblamiento indígena que circunda a la ciudad griega: el intercambio de productos agrícolas producidos por los indígenas a cambio de productos importados por vía marítima que comercializan los griegos. A partir de lo que aquí hemos visto, esta situación ya se iniciaría a partir del siglo VI aunque desde el siglo v conocería su momento de mayor auge y, sin interrupción, se mantendría al menos hasta la época romana. Como ocurre con otras ciudades griegas, en especial en los ambientes coloniales, las mismas no sólo están interesadas en disponer de un territorio agrícola y político propio, su *chora*, sino que también tienen necesidad de establecer un control, si no político sí al menos económico, sobre las áreas adyacentes controladas por las poblaciones indígenas. El objetivo será que sean éstas quienes produzcan aquellos bienes que son de interés para la ciudad griega, bien para su consumo bien para su comercialización, con el fin de adquirirlos por medio de otros artículos que la ciudad griega ha obtenido merced a su red comercial; al ejercer de intermediarios entre áreas productivas diferentes y con frecuencia alejadas, los comerciantes griegos obtienen la mayor parte de sus beneficios. Ello no impide, como también hemos visto, que los indígenas se conviertan en agentes activos de este mecanismo comercial del que también obtendrán beneficios; hemos de pensar que los habitantes de Ullastret o del Mas Castellar, en especial las élites dirigentes, se convertirían en socios comerciales de los negociadores griegos que, merced a la tupida red económica que tejen y que afecta a buena parte de las costas ibéricas justifican su enriquecimiento traducido, como hemos visto, en un momento de esplendor constructivo en la ciudad griega; también en esto la ciudad de Emporion se asemeja a otras ciudades griegas contemporáneas en las que el auge económico de sus ciudadanos propicia políticas constructivas centradas, sobre todo, en las obras públicas y religiosas.

II.3.3.7.3 La economía monetal en Emporion

Por fin, otro aspecto que quiero tratar en relación con lo que hemos visto en el apartado previo es el origen de las acuñaciones monetarias en la ciudad de Emporion. Da la impresión, en el estado actual de nuestros conocimientos, de que el inicio del fenómeno numismático entre los griegos de Iberia tiene lugar hacia mediados del siglo V a.C. mediante la acuñación de monedas de plata de diversas tipologías y anepígrafas, que parece bastante razonable poder atribuir a Emporion que no hace sino seguir los pasos que la ciudad de Masalia ha emprendido algo antes. A partir del último cuarto del siglo V los datos son ya más fiables puesto que a estas monedas anepígrafas le suceden otras series en las que ya figuran las iniciales EM o EMπ que indican a las claras que esas emisiones se realizan a nombre de los Emporitanos. Esta tendencia proseguirá a lo largo del siglo IV a.C. aun cuando con algunas modificaciones técnicas e iconográficas. Da la impresión de que estas monedas de escaso peso, cuyas series principales alcanzarán los 0,94 gramos para ir descendiendo, a lo largo del siglo IV, hasta situarse en la gama comprendida entre los 0,85 y los 0,70 gramos, servían de sobra para satisfacer las necesidades de numerario de los emporitanos; un tesorillo hallado en la propia Neapolis ampuritana, y ocultado durante el primer cuarto del siglo IV muestra un total de 897 monedas que en su casi totalidad corresponden a acuñaciones de Emporion realizadas durante los decenios anteriores a su ocultación. El ya mencionado plomo de Pech Maho, como también vimos en su momento, aludía a pagos realizados en metálico.

La presencia de algunas de estas monedas en tesorillos aparecidos en diversos puntos de las costas de la Península sugiere que las mismas desempeñaban algún papel en las transacciones comerciales con los indígenas, si bien quizá para éstos lo que resultaba valiosa era sobre todo la plata de que estaban hechas tales monedas. Con el tiempo, no obstante, también el mundo ibérico iría adoptando la moneda (*vid.* vol.II, I.1.6.4).

De cualquier modo, la aparición de las primeras acuñaciones emporitanas a partir de mediados del siglo V presenta un panorama no discordante con otras manifestaciones a que hemos ido aludiendo. Es el momento en el que la implantación de la ciudad en los circuitos comerciales peninsulares ha alcanzado su primer momento de madurez después de las intensas actividades realizadas por ella ya desde los años finales del siglo VI; el comercio de intermediación que realiza Ampurias ha conseguido calar entre las poblaciones de toda la costa oriental de la Península; empiezan a surgir las primeras instalaciones de cierto relieve en función del comercio, como muestra el caso de La Picola; los productos griegos, representados de forma extraordinaria por las copas Cástulo empiezan a estar presentes en buena parte de los yacimientos peninsulares conocidos en las costas de Iberia e, incluso, en centros muy al interior; las relaciones de Emporion con Ebuso conocen un primer momento de esplendor y, por supuesto, hemos de pensar que las que mantiene con otros mercados del Mediterráneo central e, incluso, oriental le permite acceder a esas producciones áticas que son omnipresentes en la ciudad griega y que, en cantidades variables, aparecen en muchos otros centros indígenas.

Por otro lado, es el momento, como también hemos visto, del inicio a gran escala de los campos de silos en el área de interés económico preferente de Emporion, vinculados al comercio cerealístico con la ciudad griega y, por fin, es también el momento en el que la ciudad acomete la primera monumentalización que ha dejado testimonios arqueológicos precisos, centrados en especial en el área meridional de la ciudad, con la erección de un recinto defensivo del que se conservan importantes huellas y con la monumentalización de un área sacra extramuros en esa misma zona que contaba, al menos, con un templo decorado con antefijas y acroterios de gran calidad artística. Es quizá también el momento en el que los intereses ampuritanos se fijan de forma precisa también en el extremo norte del golfo de Rosas, con el establecimiento de Rhode.

La introducción de la economía monetaria en Emporion es, tal vez, tanto causa y efecto de esta nueva deriva de la ciudad que ha conseguido afianzarse y que siente la necesidad de equipararse a otras *poleis* contemporáneas también en la acuñación de moneda que, a pesar de ciertas controversias al respecto, no deja de ser un elemento más de identidad cívica y política para muchas de ellas. Aun cuando con el mundo indígena tal vez las transacciones siguiesen empleando metal al peso, la *polis* griega iría ya introduciéndose en un mundo monetal que no sólo no abandonará sino que, como veremos en su momento, conocerá un importante auge en momentos posteriores de su historia.

II.3.4 Los griegos en Iberia a partir del siglo IV a.C.

II.3.4.1 La consolidación de la presencia griega en Iberia: Rhode

Como ya apuntábamos, la segunda mitad del siglo V marcó el inicio del despegue económico de Emporion, que iba a afectar de forma fundamental a buena parte de las áreas costeras de la Península Ibérica. Es en este contexto en el que tiene lugar el primer establecimiento griego en Rhode, a pesar de que algunas tradiciones, surgidas en época helenística, sugerían para esta ciudad un origen rodio en la primera mitad del siglo VIII a.C. Ni la información arqueológica ni tampoco el tipo de datos que dan las fuentes literarias parecen justificar esa temprana fundación.

En las tradiciones literarias antiguas, sin embargo, sí encontramos informaciones de algo más de valor con relación a esta ciudad. El texto conocido como el "Periplo del Pseudo Escimno" (201-206) asegura que "a continuación, y en la costa por debajo de los Ligures se encuentran también ciudades griegas que fundaron los foceos masaliotas: la primera es Emporion y Rhode es la segunda; esta última había sido fundada anteriormente por los rodios cuando tuvieron poderío naval". Por su parte, Estrabón (III, 4, 7) afirma que "allí está también la pequeña ciudad de Rhode, fundación de los emporitanos, aunque algunos dicen que de los rodios" y, en otro pasaje (XIV, 2, 10) dice que "por ello, también navegaron [los rodios] hasta Iberia y allí fundaron Rhode, que posteriormente ocuparon los masaliotas". Así pues, si descartamos la posibilidad de una fundación rodia, que no suele aceptarse ya en la actualidad, las posibilidades que las fuentes antiguas nos presentan son dos: se trataría de una fundación masaliota o de una fundación ampuritana. Estas dos posibilidades han sido tratadas por la historiografía reciente y no siempre se ha llegado a un consenso puesto que mientras que para algunos la fundación de Rhode sería una consecuencia clara de la propia política emporitana de controlar su territorio, incluyendo sus áreas costeras, otros quieren ver en el origen de Rhode un acto de una política masaliota opuesta a la de Emporion, que tendría en Rhode un baluarte frente al expansionismo ampuritano. Ambas opciones no son conciliables y, por ende, los testimonios arqueológicos no permiten decantarse por una u otra. Otra opción, no demasiado explorada, sería pensar que Emporion pudiese seguir vinculada a Masalia, a pesar de gozar de una importante autonomía, y que, por consiguiente, no existiese tal contradicción al quedar las actividades emporitanas englobadas dentro de la política masaliota. De cualquier modo, con los datos actuales resulta difícil inclinarse por una u otra opción.

Los testimonios arqueológicos sugieren una presencia griega en el entorno de Rosas ya para finales del siglo V a.C. aun cuando no será hasta inicios del siglo IV cuando empiecen a aparecer datos de mayor entidad en la colina de Santa María, en el interior de la ciudadela del siglo xvi de nuestra era. Ya en el segundo cuarto del siglo iv la ciudad se extiende hacia el sudeste del primer asentamiento aunque tampoco hay demasiados datos acerca de su aspecto al ser reestructurada toda la zona desde fines del siglo iv y siglo iii a.C. con la creación del llamado Barrio Helenístico en el que se han detectado algunas calles que delimitan un asentamiento de tipo regular en el que se han identificado actividades artesanales, como la fabricación de cerámica. En cualquier caso, Rhode pudo gozar desde fines del siglo iv de una situación de autonomía comparable a la de Emporion a juzgar por el inicio de la acuñación de una moneda propia, con tipos y leyendas diferentes de los de Emporion.

II.3.4.2 La multiplicidad de los circuitos comerciales

II.3.4.2.1. Las redes comerciales indígenas de larga y corta distancia

La situación que podemos observar durante al menos la primera mitad del siglo iv en cuanto a los contactos entre los griegos ampuritanos y los distintos territorios peninsulares no hace sino prolongar lo que ya habíamos observado para la segunda mitad del siglo v; nos encontramos ante un momento de gran intensidad de estas relaciones que coinciden también con un momento clave en el desarrollo de la cultura ibérica que se encuentra en su fase plena, caracterizada, entre otras cosas, por el auge de su modelo social y económico basado en centros que jerarquizan importantes territorios productivos y cuyos excedentes permiten unas interacciones tanto con sus vecinos como, a través de rutas de comunicación terrestres y marítimas, con territorios más alejados.

Las redes comerciales indígenas no son el objeto del presente apartado (*vid.* vol.II, I.1.6.3), centrado sobre todo en la acción griega aunque sí conviene que insistamos en que durante la primera mitad del siglo iv se produce un incremento extraordinario en la distribución de productos griegos en los centros indígenas de Iberia, llegando incluso algunos productos de este tipo hasta los territorios más alejados, en el interior de la Península e, incluso, en áreas del Norte como puede ser Galicia. Por supuesto, los artículos griegos hallados en territorios tan al interior son muy poco numerosos pero muestran, en todo caso, cómo los centros costeros se vieron inundados por estas producciones que, como sabemos, acompañaban en los barcos a los productos de auténtico interés como eran los artículos envasados en ánforas. Los productos griegos que se comercializan durante la primera mitad o los tres primeros cuartos del siglo iv son, junto con cerámicas de barniz negro, sobre todo platos de diversas formas y tipos, producciones de figuras rojas, en especial destinadas a la bebida en origen, tales como cráteras y, sobre todo, copas de distintos tipos, tanto las que conocemos como cílicas como los escifos. Aunque muchos de estos artículos debieron de tener un uso funcional, así como ser muy apreciados por sus propietarios, habida cuenta el hecho de que en muchas ocasiones aparecen reparados y en contextos posteriores a su fecha, una gran parte eran destinados a las tumbas, siguiendo una tradición surgida en los siglos anteriores. En concreto, las cráteras gozaron en el mundo ibérico de gran aprecio como contenedores de las cenizas de los difuntos y de parte del ajuar y platos de barniz negro y copas de figuras rojas aparecen con gran profusión en los ajuares funerarios, tras haber desempeñado tal vez alguna función ritual durante los funerales (*vid.* vol.II, I.1.7.4).

Hacen falta aún muchos estudios para poder conocer con detalle los mecanismos del intercambio de estas producciones exóticas que se integran de forma muy importante en los usos y en los ritos de las poblaciones indígenas de las costas peninsulares y del tercio meridional de la Península, pero sin duda ninguna se relacionan tanto con el ya mencionado desarrollo político y económico del propio mundo ibérico como con el aumento de la demanda de productos peninsulares en los mercados mediterráneos, lo cual determina una intensificación del comercio, tanto marítimo como terrestre. Es bastante probable que este comercio esté, sobre todo, en manos de negociantes ampuritanos que debieron de proseguir la tendencia ya iniciada en periodos anteriores de contar cada vez más con agentes y colaboradores indígenas a todos los niveles, desde las tareas más mecánicas y de menor relevancia hasta los acuerdos de carácter diplomático y convenios con los jefes, caudillos, reyes o príncipes indígenas que eran quienes, en último término, tenían la capacidad suficiente para acumular productos y, sobre todo, para realizar sus propias transacciones con sus pares en otros territorios. Por su parte, el tramo marítimo de esa comercialización parece haber seguido en manos de griegos y, cómo no, de fenicio-púnicos; por el contrario, seguimos sin disponer de indicios suficientes de navegaciones indígenas capaces de competir con las depuradas técnicas que tanto fenicios como griegos habían desarrollado.

Poseemos algunos testimonios acerca de los diferentes tramos de la comercialización de productos griegos en la Iberia del siglo IV a.C. que pasamos a comentar. Acerca del comercio marítimo uno de los principales datos nos lo proporciona el pecio del Sec, que se hundió en el extremo suroccidental de la bahía de Palma de Mallorca hacia el segundo cuarto del siglo IV a.C. Si todos los materiales hallados en las accidentadas excavaciones del pecio corresponden al mismo barco (hecho sobre el que algunos autores han mostrado ciertas reservas) y teniendo en cuenta que no todo el material ha sido excavado y del que lo ha sido no todo él ha podido ser estudiado de modo científico, resultaría que la nave iba cargada con cerámicas áticas de figuras rojas, entre las que hay cráteras (33 ejemplares), cílicas (55 ejemplares), escifos (7) y lécitos (5), cerámicas áticas de barniz negro, sobre todo platos y cuencos, platos de pescado y copas tipo bolsal, con un total de 418 ejemplares. Asimismo, la nave transportaba distintos tipos de cerámicas comunes, en no gran número, por lo que quizá correspondiesen a la tripulación en su mayor parte, así como algunos objetos de bronce, entre ellos una crátera de columnas y un jarro y varios calderos o lebetas, al menos veinte molinos de tolva y alguno de tipo giratorio y otros artículos variados (frutos secos, cepas de viña, lingotes de cobre, etc.). No obstante, el cargamento principal estaba representado por 474 ánforas entre las que predominan unas que fueron consideradas samias pero que tal vez sean de la Magna Grecia, seguidas por las corintias y por otras que parecen proceder también de la Magna Grecia, siendo los precedentes más antiguos de las que con el tiempo surgirán las llamadas "greco-itálicas"; hay algunos ejemplares de orígenes más exóticos (Quíos, Mende, Sinope, Tasos) y sólo unas pocas de origen púnico, tanto ebusitano (uno o dos ejemplares) como púnicas del Mediterráneo central. Entre los grafitos que fueron escritos en distintos momentos de la comercialización de las cerámicas los hay tanto de tipo griego como púnico, lo que sugiere la existencia de agentes comerciales de lengua griega y de lengua fenicia en los distintos puertos por donde había ido recalando la nave antes de su hundimiento.

La mayor parte de los artículos hallados en el pecio tiene paralelos en los yacimientos peninsulares, en especial las producciones áticas que son similares a las que son bien conocidas sobre todo en los yacimientos costeros de Iberia y en numerosas necrópolis ibéricas de la Alta Andalucía; también para las ánforas griegas hay paralelos en tierra firme aunque, por el momento, es la propia Emporion quien ha aportado los principales testimonios de las mismas, que además conocieron una corta distribución en Cataluña y el Languedoc.

La cuestión de la "nacionalidad" del barco y de los transportistas ha provocado diferentes debates inclinándose la investigación, a partir sobre todo de los grafitos púnicos hallados en los materiales, por su origen púnico; no obstante, el grueso del material es de origen griego y magnogreco, abundan los grafitos griegos (son incluso mayoría), las producciones púnicas son minoritarias y sobre todo, a veces algunos investigadores olvidan que en los puertos de las ciudades griegas de la Magna Grecia y Sicilia había colonias enteras de comerciantes púnicos actuando en ellas (y ello puede haber ocurrido también en Emporion) y que en los puertos de las ciudades fenicias de Sicilia y de la propia Cartago había también grupos importantes de comerciantes griegos que realizaban desde allí sus transacciones. Esto es tanto más importante si tenemos en cuenta que la práctica de los grafitos púnicos parece imitar el uso que de los mismos hacen los griegos, lo que abonaría la idea de que los mismos proceden de estas áreas donde coexisten y, sin duda algo más, comerciantes griegos y púnicos. El pecio del Sec, pues, parece haber sido uno de los barcos que encaminaban hasta Emporion, desde los puertos griegos italianos y sicilianos, productos heterogéneos adquiridos en distintos lugares, tanto en los de producción de algunos de los productos, como en otros a los que llegaban naves que hacían la ruta desde Italia o Sicilia hasta la Grecia egea. Eso no impide que, como algunos autores han sugerido en los últimos tiempos, también los púnicos puedan haber participado en la comercialización de productos griegos en el mundo ibérico. Sea como fuere, el pecio del Sec nos muestra cómo los productos que aparecen en las costas peninsulares eran transportados desde los grandes puertos del Mediterráneo central y oriental hasta las mismas y, en mi opinión, reafirma el papel de Emporion como el gran redistribuidor de buena parte de esos productos, en especial la vajilla de mesa de figuras rojas y de barniz negro.

Llegados los productos a tierra firme, era el momento de su redistribución. Da la impresión, también a pesar de algunas críticas en los últimos tiempos al modelo, de que Emporion era el principal punto de llegada de los barcos que, procedentes del Mediterráneo central, llegaban a la Península, como también lo era de otras naves, en este caso fenicio-púnicas, procedentes de Gadir y de Ebuso, y sobre las que hablaremos en el apartado siguiente (*vid.* vol.I, II.3.4.2.2). Desde Emporion los productos serían redistribuidos tanto a su entorno inmediato, donde sitios como Ullastret, Mas Castellar de Pontós o Sant Julià de Ramis muestran abundantes ejemplos, como a los *emporia* frecuentados por los ampuritanos en las costas orientales de la Península. Que Emporion era el principal centro de recepción de este comercio a larga distancia parece confirmado por la existencia, en la ciudad griega, de todo el repertorio de formas que los talleres áticos producen durante los tres primeros cuartos del siglo IV a.C., mientras que en los centros ibéricos sólo aparece una selección parcial de tales formas. Eso sugiere que la ciudad griega recibía todo tipo de productos muchos de los cuales se quedaban en ella y en su entorno para uso de sus habitantes, mientras que a los centros indígenas eran reenviados aquellos que tenían una fácil salida y que eran, sobre todo, las cráteras, los platos y las copas, aunque también se han observado diferencias entre las preferencias de formas áticas en los distintos territorios de la cultura ibérica. Es éste uno de los argumentos principales que sugieren el papel que asume Emporion como centro de recepción y redistribución de los cargamentos de los barcos que llegaban hasta ella; del mismo modo, Emporion centralizaba en su puerto productos procedentes de toda el área ibérica que podían ser cargados en esos mismos barcos para su reexpedición a otros puntos de la Península, sur de Francia, Baleares y otros lugares del Mediterráneo; del mismo modo que ya a fines del siglo VI buena parte del cargamento del pecio de la cala Sant Vicenç estaba compuesto de ánforas ibéricas, no parece descabellado pensar que su amplia difusión durante el siglo IV por todos esos entornos pueda haberse debido a su comercialización por los griegos de Ampurias, sin descartar tampoco a comerciantes púnico-ebusitanos que las han distribuido por otros puntos, por ejemplo por la isla de Mallorca. Más adelante aludiremos a un caso significativo que confirmará esta sugerencia.

De los emporios costeros ya habíamos hablado en un apartado anterior mostrando cómo, aunque algunos de ellos ya existirían quizá desde el siglo VI (el Grau Vell de Sagunto), sería el siglo V el momento de su auge. Este desarrollo continuaría en el siglo IV, periodo durante el que sigue activo (hasta el último tercio del siglo) el centro de La Picola pero, al tiempo, surgen o alcanzan su momento de plenitud otros nuevos puntos (Burriac, Montjuic, la Illeta dels Banyets, los Nietos, etc.) que asumirían funciones semejantes, sin poder descartar que eventuales áreas portuarias de menor entidad hayan actuado también como lugares de intercambio. Un criterio importante para sugerir el papel de puntos de desembarco y redistribución de estos lugares viene dado por los porcentajes de importaciones en relación con los materiales indígenas y que suele ser elevado, como el 14,73 por ciento de Montjuic o el 16,8 por ciento en la Illeta dels Banyets.

Aunque ahora volveremos sobre este último, destacaré antes el caso de La Loma del Escorial, en los Nietos, a unos 20 kilómetros del lugar en el que hacia el 226 a.C. fundarán los cartagineses su nueva capital en Iberia. Aunque sometido a la presión urbanística sobre la zona, una serie de excavaciones ha sacado a la luz un asentamiento compuesto de algunos edificios de varias habitaciones integrados en una trama urbana, que parecen haber sido utilizadas con fines domésticos aunque reservando alguna de las estancias a funciones de almacén. En una de ellas se halló un conjunto de ocho cráteras de campana áticas junto con ocho ánforas púnicas, varias ánforas ibéricas, grandes vasos de almacenamiento ibéricos, algún plato ático y un ánfora griega, quizá de Quíos. Parte del material presenta importantes semejanzas con el hallado en el pecio del Sec. En otro edificio del mismo poblado se hallaron también, en una misma estancia, otras cuatro cráteras áticas. Da la impresión de que Los Nietos se configuró como un importante centro de recepción de barcos comerciales que descargarían allí sus productos y que cargarían, tal vez, metales y esparto, materias primas ambas muy abundantes en la zona. El poblado fue destruido de forma violenta a mediados del siglo IV, lo que explica que todos esos productos se hayan conservado in situ y este hecho muestra cómo artículos de muy diversa procedencia entran a la vez dentro de los circuitos comerciales ibéricos.

Es, quizá, el yacimiento de la Illeta dels Banyets de Campello el que ha proporcionado informaciones de mayor interés para conocer cómo funcionaban estas relaciones. Como muestran los hallazgos cerámicos (en especial las copas Cástulo) el sitio se halla activo durante los años finales del siglo V, quizá ya desde mediados de siglo, pero será en el siglo IV cuando parece alcanzar su mayor auge. Además de dos posibles edificios de culto (los llamados templos A y B) se excavó, entre ambos, y separado de ellos por sendas calles, un espacio rectangular con subdivisiones internas que se ha interpretado como almacén y cuya cronología va desde inicios del siglo IV hasta inicios del siglo III a.C. Entre los materiales importados aparecieron producciones áticas de figuras rojas (cílicas-escifos, cráteras de campana, cílicas), de barniz negro (cuencos, cántaros y platos de pescado sobre todo), así como algunas producciones de barniz negro del "taller de las pequeñas estampillas", con gran probabilidad producidas en Emporion y Rhode en su mayoría. Del mismo modo aparecieron en el almacén ánforas púnicas, tanto ebusitanas (T-8.1.1.1) como un ejemplar del círculo del Estrecho (T-11.2.1.3) así como otro de Corintia B y algunos fragmentos de ánforas de la Magna Grecia, semejantes a las que aparecen en el pecio del Sec y en Emporion. Son mayoritarias, sin embargo, las ánforas ibéricas, tanto las producidas en el mismo yacimiento o en su entorno inmediato como otras producidas en otras áreas ibéricas, quizá en la zona valenciana y sin duda también en otros puntos. El conjunto se completaba con distintas clases de cerámica ibérica y con dos grafitos en escritura greco-ibérica, uno en una cerámica ática de barniz negro y otro en una cerámica ibérica, que se suman a los varios que se conocen en el mismo yacimiento. Todo el conjunto, con un peso abrumador de los artículos dedicados al almacenamiento, sugiere que, en efecto, se trata de un recinto destinado a esta función, y quizá en relación con los edificios entre los que se sitúa, para los que se ha sugerido bien carácter sacro (templo B) o bien lugar de residencia del dirigente o ambos a la vez (templo A).

Otro dato de interés viene dado por el hecho de que en el yacimiento han aparecido numerosas cerámicas griegas que se escalonan, como decíamos, desde fines del siglo V a.C. y, sobre todo, durante la primera mitad del siglo IV lo que unido a las estructuras destinadas a la producción y almacenamiento, así como al uso frecuente del alfabeto greco-ibérico permiten sugerir que la Illeta dels Banyets fue un punto de interés para los comerciantes ampuritanos en sus rutas costeras. Por lo que se refiere a las estructuras destinadas a la producción recién mencionadas, conviene destacar que han sido objeto de excavación y estudio varios hornos cerámicos (al menos seis) dedicados casi en exclusiva a la fabricación de ánforas ibéricas; los hornos se situaban a las afueras del área habitada, donde también se localizaron los testares que contienen abundantísimo material procedente de tales hornos; alguno de los hornos fue utilizado con posterioridad para la fundición del plomo. La importante producción anfórica de la Illeta, parte de la cual era almacenada en el propio asentamiento, sugiere que en la zona también se envasaban determinados productos que, en este caso, se ha sugerido que podrían ser salazones aunque faltan aún análisis determinantes.

Resulta interesante comprobar cómo, a pesar de que el estudio de las ánforas ibéricas aún requiere de muchos tipos de análisis, ánforas producidas en la costa alicantina han sido detectadas en muchos yacimientos de la costa peninsular, islas Baleares y sur de Francia e, incluso, en la propia Emporion (y en Ullastret) se han identificado ánforas que parecen haber sido producidas en los propios talleres del Campello lo que reafirmaría la implicación de la ciudad griega en la comercialización de estos productos, sobre todo alimenticios y bebidas, generados por las pujantes comunidades ibéricas del siglo IV; del mismo modo, estos centros costeros como La Picola, Los Nietos o el Campello tienen su razón de ser en el hecho de acercar a la costa y concentrar productos para facilitar la tarea de control de los mismos y su ulterior carga en los barcos comerciales que les daban salida fuera de sus áreas de producción, por obra de comerciantes ampuritanos y ebusitanos.

Las contrapartidas que los comerciantes griegos aportan por estos productos son difíciles de precisar, con excepción de las cerámicas griegas aunque es el carácter redistributivo que seguirán manteniendo las actividades comerciales ampuritanas el que les asegurará su éxito; así, habría que pensar, además de en otros artículos de origen más alejado, entre ellos las propias cerámicas áticas, en productos originarios de otras áreas ibéricas incluyendo la que se hallaba de modo directo en relación con Emporion tales como cereales, artículos manufacturados (telas, tejidos), artículos metálicos, etc. No obstante, y como ya hemos dicho, una vez depositados los objetos en los almacenes portuarios y en los emporios costeros, eran los propios indígenas quienes, por regla general, se ocupaban de su redistribución hacia el interior a cambio, sin duda, de artículos que tendrían buena salida en las áreas costeras y serían de interés para los comerciantes griegos y púnicos, sin que podamos tampoco descartar que algún centro interior pueda también haber recibido alguna atención más personalizada por los comerciantes griegos, como más adelante veremos.

De entre los escasísimos testimonios literarios de que disponemos relativos a los mecanismos del comercio por vía terrestre en la Península Ibérica destaca uno que encontramos en el tratado *Sobre las cosas maravillosas oídas* (837a 7-11), que fue atribuido a Aristóteles pero que en realidad contiene informaciones mezcladas de muchas épocas y en el que podemos leer:

> "Se dice que hay cierto camino que desde Italia conduce hasta la Céltica, al país de los celtoligures y al de los iberos llamado Heracleo, a través del cual si alguien lo atraviesa, ya sea griego o natural del país, se halla protegido por los pueblos que lo circundan de modo tal que no sea objeto de mal trato. Del mismo modo, hay establecidos castigos para aquéllos de quienes proceda ese daño".

El testimonio, que no podemos situar con demasiada precisión en el tiempo pero que quizá no sea muy posterior al siglo IV nos menciona unos sistemas de control y de protección del comercio a lo largo de una ruta de gran interés, la llamada Vía Heraclea que, con el tiempo, retomarán los romanos llamándola Vía Augusta; lo que el texto sugiere es que son las propias autoridades locales que se ubican a lo largo del trazado de esa ruta de comunicación las que se encargan de favorecer la circulación de personas y bienes, aunque sólo sea porque de esta circulación ellos también obtienen beneficios, bien en forma de cobro de derechos de paso variados bien como receptores de los productos que los comerciantes transportan. No es difícil pensar que otras rutas por las que podemos constatar la circulación de productos del comercio disponían de mecanismos semejantes.

En buena medida estas rutas ya habían iniciado su desarrollo a partir de la última parte del siglo v a.C. como muestra la distribución de cerámica griega por una amplia zona del tercio meridional de la Península pero será durante la primera mitad del siglo IV cuando, como se percibe también en las áreas costeras, aumentará de forma muy significativa el volumen de cerámica griega importada. Como ya habíamos percibido en el momento previo, habrá centros a los que llegarán grandes cantidades de estas importaciones que, en muchos casos, acabarán formando parte de los ajuares funerarios de las necrópolis ibéricas, aun cuando también aparecerán en las áreas de habitación. Aquellos que se encuentran en el entorno inmediato de Emporion serán los más beneficiados y así en Ullastret el volumen de importaciones griegas aparecidas en el hábitat así como su variedad presentan un panorama que sólo encontramos en la propia Emporion. No podríamos dar aquí el catálogo de los sitios en los que se atestiguan cerámicas griegas del siglo IV pero sí quisiera destacar cómo en algunos de ellos las cifras de piezas son sorprendentes, tales como la necrópolis del Cabezo Lucero, con más de 500 vasos, o la del Cigarralejo con más de 200, etc. Sin embargo, lo que sí resulta de mayor interés es analizar, junto al volumen de las importaciones, el repertorio de formas presentes en cada yacimiento. De este análisis resulta que de las 27 formas que se atestiguan, por ejemplo, en la Alta Andalucía, en Toya aparecen 14, en Galera y en Baza 13 y en Castellones de Ceal 9, mientras que en Cástulo se dan hasta 23 de estas formas. Este hecho, junto con el porcentaje de tumbas estudiadas en las que aparece algún vaso griego (un 44 por ciento), no superado por ninguna otra necrópolis de la Alta Andalucía y sólo comparable a las necrópolis del Sudeste como Cabezo Lucero (66 por ciento) y el Cigarralejo (68 por ciento) sugeriría que Cástulo funcionó como un punto de especial relevancia en la redistribución de cerámica griega en toda la Alta Andalucía e, incluso, en las partes más meridionales de la Meseta. No parece fuera de lugar pensar que algunos comerciantes griegos, con una vajilla mucho más diversificada que la que formaba parte de los circuitos de redistribución ibéricos pudiera acceder hasta este punto tan interno para supervisar la adquisición de las materias primas que les interesaba; de este modo, Cástulo pudo haber funcionado como un *emporion* interno, fenómeno que la casuística de este mecanismo permite y que ha quedado puesta de manifiesto tanto por las fuentes epigráficas como por la arqueología en el otro extremo del Mediterráneo, con el emporio interior de Pistiros, en el corazón de la actual Bulgaria.

A partir de finales del siglo v y durante el siglo IV Cástulo alcanza un periodo de gran florecimiento económico, acompañado de un incremento importante de población, que hay que asociar a la generación de excedentes agropecuarios, y a la explotación de las minas argentíferas pero quizá también con el hecho de que debió de ser una de las principales rutas de salida del cinabrio que se producía en el distrito de Sisapo (ubicable en La Bienvenida, Almodóvar del Campo), el cual empieza a ser conocido en esos momentos por los autores antiguos como muestra la referencia que hace al mismo Teofrasto, autor del siglo IV, en su obra *Sobre las piedras* (§ 58). Por consiguiente, no sería extraño que en ocasiones pudieran acudir a ese gran mercado interior que era Cástulo comerciantes griegos para lograr mejores precios por los metales en los lugares de origen.

II.3.4.2.2 Las relaciones con los fenicios: Gadir, Ebuso

Junto con las relaciones que Emporion mantiene con los indígenas de Iberia, y a las que nos hemos referido en el apartado previo, tampoco podemos perder de vista que una parte importante de los contactos que la ciudad griega debió de establecer, ya antes incluso del siglo IV, tenían como destino, por una parte, los centros fenicios de la costa meridional de la Península, en especial Gadir y, por otra, la ciudad de Ebuso.

Las relaciones entre Emporion y Gadir se atestiguan ya desde la segunda mitad del siglo V, continuando a lo largo del siglo IV gracias al hallazgo de ánforas producidas en el área del Círculo del Estrecho en Emporion así como a la importante presencia de cerámicas áticas en el área gaditana. Por otro lado, se ha querido ver en el inicio de las acuñaciones, en Emporion y en Rhode de las llamadas dracmas un indicio de las relaciones entre ambas ciudades griegas y los ambientes púnicos; en el caso de las acuñaciones de Emporion la relación sería aún más patente porque introducen como tipo el caballo parado, que era el utilizado por las monedas de la Sicilia púnica y por la propia Cartago. Más significativo aún es el patrón adoptado, que no tiene paralelos en el mundo griego pero que encaja bien con los pesos empleados en el ámbito fenicio-púnico. En el caso de Rhode, además de acuñar en plata con los mismos valores que Emporion, se emite también en bronce reacuñando para ello monedas púnicas de cecas sardas. Las primeras monedas de Gadir, que como se vio corresponderían a los inicios del siglo III (esto es, contemporáneas a las primeras dracmas de Emporion y Rhode) se acuñarán también con un peso en torno a los 4,70 ó 4,75 gramos, que es el peso de las monedas de ambas ciudades griegas. Es algo bien sabido que las ciudades antiguas suelen elegir los pesos para sus monedas atendiendo a los intereses económicos prioritarios que marcan sus relaciones exteriores; por consiguiente, que Gadir y Emporion acuñen a partir de finales del siglo IV o inicios del siglo III monedas de un peso muy semejante nos está apuntando que comparten intereses económicos. Las dos ciudades, sin embargo, siguen apegadas a patrones ponderales distintos, el fenicio y el foceo respectivamente pero a la hora de acuñar monedas escogen aquellas denominaciones que permitan una mejor convertibilidad en los mercados a los que van destinados; como por lo general en los estados antiguos la única moneda cuya circulación se permite es la emitida en los mismos, resulta de vital interés el disponer de denominaciones que puedan ser cambiadas con facilidad. Así, la llamada dracma rodio-emporitana correspondería a cinco óbolos de la dracma teórica focea (que pesaría 5,70 gramos), mientras que la llamada dracma gaditana equivaldría a 5/8 del shekel fenicio cuyo peso teórico sería de 7,60 gramos. No obstante, ambas monedas, aunque correspondientes a sistemas diferentes pesarían en torno a los 4,75 gramos., lo que permitiría, en las transacciones conjuntas, un cambio sencillo de una pieza ampuritana por otra gaditana y viceversa. Se demuestra así cómo la selección no ya de un sistema ponderal sino de una unidad monetaria puede servir como indicio de las estrechas relaciones que mantuvieron Gadir y Emporion ya durante el siglo IV pero con una mayor intensidad a partir del siglo III a.C.

Por lo que se refiere a las relaciones entre Emporion y Ebuso son los materiales arqueológicos los que nos proporcionan las principales informaciones; según muestran los hallazgos anfóricos, a Emporion ya empiezan a llegar las primeras producciones de ánforas ebusitanas que conocen una pequeña exportación durante la primera mitad del siglo V, y a partir de ese momento, cuando se inicia un periodo de exportaciones importantes que, no obstante, apenas sobrepasa por el sur la región del Cabo de la Nao, también Emporion recibe ánforas de esta procedencia presentando, por ende, ejemplares de todas las formas que se producen en Ebuso. El momento de auge de las producciones anfóricas ebusitanas, ligadas al desarrollo de su producción de vino, se inicia a principios del siglo IV con la introducción del ánfora T-8.1.1.1. El área de distribución de esta ánfora alcanza ya las costas murcianas, multiplicándose también el número de puntos y de ejemplares presentes en cada yacimiento atestiguado; además de aparecer en muchos yacimientos de las Baleares (Mallorca y Menorca) está muy bien representada en la propia Ampurias y en poblados de su órbita como Ullastret y, en general, en toda la costa catalana, que se configura como la principal zona de distribución de esta forma anfórica y, en general, de todas las ebusitanas del siglo IV. Esta tendencia proseguirá en buena parte durante el siglo III a.C.

Por otro lado, entre los materiales griegos presentes en Ebuso, en especial en la necrópolis del Puig des Molins, se observa también que, frente a unas poco abundantes importaciones durante el siglo V, hay un notable incremento de las mismas a partir del siglo IV; sin duda debido a los requerimientos del ritual funerario fenicio son dos formas principales de cerámica griega las que se hallan muy bien representadas en Ebuso, los lecitos aribalísticos y, sobre todo, las lucernas aun cuando haya alguna que otra forma griega más pero muy poco abundante. Tanto estas formas, como las restantes presentes en Ebuso, están bien representadas en la propia Emporion y, además, en el pecio del Sec. Ello plantea de nuevo la cuestión de quién las ha transportado hasta Ebuso si bien lo probable es que los mismos barcos que llevaban las ánforas púnico-ebusitanas hasta Emporion cargaran allí esos productos con destino a Ebuso. No obstante, tampoco puede descartarse que los ebusitanos se hicieran con esas piezas en otros lugares del Mediterráneo, pero habida cuenta las estrechas relaciones que mantienen ambas ciudades y que, por ejemplo, las lucernas apenas aparecen en la Península Ibérica fuera de Emporion, resulta más factible que las mismas sean un testimonio más de los contactos comerciales que las dos ciudades mantienen; por ende, en algunas de las lucernas áticas halladas en Ebuso aparecen grafitos comerciales griegos.

II.3.4.3 DEL AUGE DEL SIGLO IV A. C. A LA LLEGADA DE LOS ROMANOS

II.3.4.3.1 Emporion. Desarrollo urbano y monumentalización

Si el siglo V había sido un momento importante para Emporion, el IV supuso su periodo de máximo esplendor antes de la llegada de los romanos. Todo el esquema de control económico sobre su entorno inmediato que hemos delineado en un apartado previo alcanza su madurez en este momento, con un incremento muy notable de la capacidad de almacenamiento de los poblados indígenas del entorno; del mismo modo, toda la actividad económica que despliega la ciudad en las costas peninsulares y a la que también hemos aludido, le reporta grandes beneficios. Por ende, la ciudad experimenta también en ese periodo una fase de remodelación urbanística con posibles implicaciones políticas que tendremos también que considerar.

Empezaremos con el testimonio de Estrabón, que haciendo un rápido repaso de la historia de Emporion asegura lo siguiente:

> "La ciudad es doble, dividida en dos por una muralla, por haber tenido anteriormente como cohabitantes a algunos indiquetes, los cuales, aunque se regían por leyes propias, quisieron por razones de seguridad tener en común con los griegos el recinto amurallado, y éste fue doble, dividido por una muralla medianera. Pero con el tiempo convergieron hacia la misma constitución política, mezcla de leyes bárbaras y griegas, cosa que sucedió también en muchos otros lugares".

(Estrabón, III, 4, 8).

Como en otras ocasiones, este texto también ha suscitado muy diferentes interpretaciones; una de las circunstancias que tenemos que tener en cuenta es que Estrabón está resumiendo en unas pocas líneas la larga historia de la ciudad y que da la impresión de que ha comprimido en un mismo relato informaciones que pueden corresponder a momentos distintos. En cualquier caso, y aunque los datos topográficos que Estrabón menciona (el recinto amurallado doble y la existencia de una muralla medianera) no han podido ser corroborados por la arqueología, la cohabitación y quizá convivencia de griegos e indígenas sí parece haberse producido.

Con respecto a la muralla, lo que sí atestiguan las excavaciones, en especial en la parte meridional de la Neapolis, es un amplísimo programa constructivo que anula buena parte del sistema defensivo del siglo v, modifica toda el área sacra de esa misma época, que quedará englobada dentro de una nueva muralla que, algo más avanzada hacia el sur, marcará el nuevo límite de la ciudad. Su fecha de construcción se sitúa en la primera mitad del siglo IV y no es difícil ver en ella un reflejo de la bonanza económica que experimenta la ciudad en ese momento. En esa zona se construyó una puerta reforzada por torres cuadrangulares y se han detectado restos de otra en el extremo sudeste de la fortificación. Al oeste del acceso, que se realizaba a través de un estrecho pasillo para desembocar en una gran plaza, toda el área sacra previa, que se hallaba extramuros, fue remodelada mediante la construcción de varios templetes y altares acerca de cuya advocación también existen dudas. El hecho de que durante las primeras excavaciones a inicios del siglo XX apareciera en la zona una estatua masculina, realizada en mármoles de Paros y el Pentélico y datable en el último cuarto del siglo II a.C. que se identificó como Asclepio hizo pensar que era ésta la divinidad a quien se consagró el conjunto; no obstante, propuestas posteriores sugieren ver en esta figura al Agatodaimon o, incluso, al dios Serapis; por otro lado, tampoco es seguro que dicha estatua correspondiese a ese santuario puesto que se encontró cerca de una zona en la que existió durante la Edad Moderna un horno para fabricar cal con restos de monumentos marmóreos. Corresponda dicha área sacra a la divinidad que sea, lo cierto es que supuso una importante modificación, en sentido monumental, de toda la entrada meridional a la ciudad.

Se sabe también que para realizar esta importante obra pública hubo que demoler toda una serie de construcciones locales, de no muy buena calidad, que habían ido surgiendo fuera del área que englobaban las murallas del siglo V y que se datan entre este momento e inicios del siglo IV; en ellas se ha creído ver los restos de un establecimiento indígena que habría surgido casi pegado a las murallas de la ciudad griega, en una situación que no reproduce la que describe Estrabón, pero que se aproxima a ella. La construcción de la nueva muralla y la desaparición de ese barrio extramuros quizá supusieran la integración de esos indígenas que querían vivir con los griegos dentro de su misma muralla "por seguridad". De cualquier modo, lo que el texto de Estrabón nos está indicando es la existencia de un "sinecismo" o proceso de convivencia compartiendo un mismo espacio entre griegos e indígenas. Es interesante observar cómo, sobre todo en la ciudad del siglo IV hay varios testimonios que nos muestran una presencia indígena de cierta relevancia en la misma, entre los que predominan los grafitos incisos sobre cerámicas de esa cronología, correspondientes por lo general a antropónimos; del mismo modo, para momentos posteriores, incluyendo la época romana inicial, sigue habiendo testimonios epigráficos del empleo de la lengua y la escritura ibéricas en la ciudad y es también un hecho sabido que los nativos indiquetas que acuñarán su moneda de bronce a partir del 195 a.C., lo harán desde la propia Emporion, si bien en su leyenda figurará *Untikesken*, es decir, "de los de Indica", hecho que sugiere que ese era el nombre que recibía la ciudad o la estructura política nativa en la lengua indígena.

La búsqueda de la ciudad indígena de Índica, que se encontraría en las proximidades de Emporion, ha provocado desde hace más de un siglo ríos de tinta y diferentes intentos de solución a través de la arqueología, sin que se hayan logrado resultados satisfactorios. El recopilador tardío Esteban de Bizancio (*s.v. Indica*) dice con respecto a esta ciudad lo siguiente: "Indica, ciudad de Iberia, cerca del Pirineo; algunos la llaman Blaberoura. Su gentilicio es Indiqueta". Esta información se ha contaminado con la procedente de Livio sobre la que volveremos a continuación, que habla de una ciudad indígena, y ello ha llevado a lamentables errores; lo más razonable es pensar que las poblaciones indiquetas de la zona, que acogieron y cedieron su territorio a los griegos para construir primero el *emporion* y luego la ciudad, acabaran integrándose en la misma, quizá en distintos momentos y mediante procedimientos diversos, habiendo finalizado el proceso acaso en el siglo IV a.C.; esos indígenas habrían acabado por conocer en su lengua a la nueva ciudad en la que se habían integrado con el nombre de Indica, por más que para los griegos el nombre fuese Emporion. En mi opinión, el testimonio numismático es básico puesto que muestra la dualidad de nombres, según sean griegos o iberos los que se refieren a la que, a juzgar por los datos de Estrabón, sería una misma comunidad política.

La erección de una muralla y la redefinición de un espacio urbano y político pudieron provocar un reforzamiento de la estructura política de Emporion y, quizá en relación con ello la introducción de mecanismos defensivos más sofisticados. Un pasaje de Tito Livio, cuya fuente suele considerarse que es el propio Catón que estuvo en la ciudad durante su campaña contra los indígenas sublevados en el 195 a.C., describe el mecanismo defensivo de la ciudad con las siguientes palabras:

> "Todavía en aquella época Emporias estaba formada por dos poblaciones separadas por una muralla. Una estaba habitada por griegos oriundos de Focea como los masilienses, y la otra por hispanos. Pero la parte griega, que daba al mar, tenía

una muralla cuyo perímetro no llegaba en total a los cuatrocientos pasos, mientras que la muralla de los hispanos, más alejada del mar, tenía una circunferencia de tres mil pasos... Quien los observara entonces, se preguntaría extrañado qué era lo que los defendía, pues por un lado estaba el mar abierto y por otro tenían delante un pueblo tan fiero y belicoso como el hispano. El guardián de su débil posición era la disciplina, que el miedo obliga a mantener cuando se está rodeado por otros más fuertes. Tenían muy bien fortificada la parte de muralla que daba al campo, y por aquel lado solamente habían puesto una puerta en la que siempre había alguno de los magistrados de guardia permanente. Durante la noche, una tercera parte de los ciudadanos vigilaba en las murallas; y no lo hacían sólo por hábito o por obligación, sino que ponían tanto cuidado en los turnos de centinela y en las rondas como si el enemigo estuviera a las puertas. No dejaban entrar en la ciudad a ningún hispano, ni tampoco salían ellos mismos sin una buena razón. La salida hacia el mar era libre para todos. Por la puerta que daba a la ciudad de los hispanos nunca salían sino en grupos numerosos, generalmente la tercera parte a la que había correspondido la vigilancia la noche anterior".

(Tito Livio, XXXIV, 9).

La situación topográfica que describe Livio no encaja de ninguna manera con los datos arqueológicos que hoy conocemos; la presunta ciudad indígena no ha aparecido en el entorno inmediato de Emporion aunque eso tampoco excluye que haya existido; sin embargo, la idea de que había dos núcleos separados por un muro no parece corresponder al siglo II a.C. sino que quizá corresponda al periodo posterior a la llegada romana e, incluso, a la integración en una sola comunidad política en forma de municipio romano de la ciudad griega y de la ciudad romana que se ubicó en el altiplano al oeste de ésta que, aunque conservaron sus propios límites, quedaron unidas por un muro que las englobaba. No sería improbable que Livio hubiera mezclado datos de diversas épocas. Por lo que se refiere al sistema defensivo que describe este autor, es posible que el mismo corresponda al momento de peligro que supone para la ciudad el levantamiento indígena contra Roma pero lo que es interesante señalar es que se corresponde a la perfección con los sistemas defensivos adoptados por otras ciudades griegas en los que los ciudadanos, por turnos, realizan tales labores. En la obra *Poliorcética* del tratadista del siglo IV a.C. Eneas el Táctico hay abundantes ejemplos de mecanismos defensivos muy semejantes a los que explica Tito Livio para Emporion; como quiera que es en el siglo IV cuando en el mundo griego empiezan a preocupar los problemas de defensa de las fortificaciones y cuando éstas empiezan a adquirir una mayor complejidad (observable también en las murallas de Emporion de este momento) no sería extraño que el desarrollo de una práctica defensiva acorde con la existente en el resto del mundo griego pudiera haberse instaurado; por ello mismo, en momentos de peligro la ciudad griega habría recurrido a los mecanismos usuales de defensa en ciudades griegas fortificadas. Cuando se produce la gran sublevación indígena del 197 a.C. los ampuritanos, tanto los de origen griego como los de origen indígena, se mantuvieron fieles a Roma mientras que el resto de los indígenas e, incluso, otros griegos como los de Rhode parecen haberse puesto en contra de la misma. El que en Emporion hubiese población de origen ibérico no obliga a que hiciesen causa común con otras poblaciones ibéricas que participaron en la sublevación.

Salvo las grandes obras públicas que tienen lugar en la parte meridional de la ciudad, apenas conocemos nada más de lo que ocurre en el resto de la misma, en buena parte por la ausencia de excavaciones que hayan superado los niveles de la gran monumentalización del siglo II a.C.; no obstante, es posible que otras partes de la ciudad hayan experimentado también cambios, acordes con el momento de esplendor que representa el siglo IV, al menos su primera mitad o sus primeros dos tercios para Emporion.

II.3.4.3.2 Los cambios en el modelo económico durante el periodo helenístico

La situación en el Occidente mediterráneo va a ir cambiando según va avanzando el siglo IV a.C., sin duda por la conjunción de diferentes motivos. Por una parte, el que había sido uno de nuestros principales "fósiles directores", la cerámica ática, va a desaparecer casi por completo en la Península Ibérica. A partir del tercer cuarto del siglo IV a.C. esta cerámica que, en cantidades crecientes había estado presente en diferentes yacimientos de la Península desde el siglo VI a.C. deja de ser comercializada; sin duda, y como veremos más adelante, pronto surgirán otras producciones que tratarán de sustituir estos artículos que tanto éxito habían tenido entre las poblaciones indígenas de Iberia pero la ausencia de estos artículos problablemente provocó que se resintieran las actividades mercantiles de los ampuritanos, al menos hasta cierto punto.

Hay, sin embargo, otro factor que ha sido invocado en más ocasiones, y que tiene que ver con el imparable ascenso de la gran ciudad fenicia de Cartago cuya política será cada vez más agresiva, en función de sus intereses imperialistas. Se trata del llamado Segundo Tratado Romano-Cartaginés que se firmó entre ambas potencias hacia el 348 a.C. que incluye muchas cláusulas que tratan de limitar el comercio en determinadas regiones controladas por cada una de ellas (*vid.* vol.I, II.4.3). Aquí no insistiré en todas sus cláusulas sino en aquellas que se suele considerar referidas a la Península Ibérica. Es Polibio quien nos da la información:

"Después de éste, los cartagineses establecen otro pacto, en el cual han incluido a los habitantes de Tiro y de Útica. Al cabo Hermoso añaden Mastia y/de Tarseyo, más allá de cuyos lugares prohíben a los romanos coger botín y fundar ciudades. El pacto es como sigue: 'Que haya amistad entre los romanos y los aliados de los romanos por una parte y el pueblo de los cartagineses, el de Tiro, el de Útica y sus aliados por la otra, bajo las siguientes condiciones: que los romanos no recojan botín más allá del cabo Hermoso, de Mastia ni/de Tarseyo, que no comercien en tales regiones ni funden ciudades'.

Polibio (III, 24, 1-5)

De momento, no entraré en el resto de las cláusulas sobre las que volveremos en un capítulo ulterior (*vide* vol.I, II.4.3). Hay un problema textual importante en el relato polibiano, referido a la función de Tarseyo dentro de las frases, bien como explicativo de Mastia, en cuyo caso habría que traducir como Mastia de Tarseyo o bien como nombre de una localidad independiente, en cuyo caso habría que traducir como Mastia y Tarseyo. Se suele considerar que ambos términos se refieren a la Península Ibérica. Así, en el autor tardío Esteban de Bizancio encontramos las siguientes definiciones:

"Massia, territorio que se halla junto a los tartesios. El gentilicio es Massiano, como dice Teopompo en su libro cuadragésimo tercero".

"Mastianos, pueblo junto a las columnas de Heracles. Hecateo en su libro sobre Europa; se llama así por la ciudad de Mastia".

"Tarseyo, ciudad hacia las columnas de Heracles. Polibio, en el libro tercero. El gentilicio es Tarseites o Tarseyotes. Ahora, según la gente del país, se llaman Tarseinos".

Como se ve, las noticias de Esteban de Bizancio, como corresponde a su carácter de recopilador de informaciones en algunos casos cientos de años anteriores a su época no son todo lo claras que nos gustaría; por otro lado, la información de Polibio que es nuestro principal informante también plantea problemas. La solución tradicional ha consistido en considerar que la localidad o el entorno al que Polibio habría querido referirse habría sido Mastia de Tarseyo, estando la palabra Tarseyo relacionada con la misma raíz de la que derivan, en lengua fenicia el término Tarshish y en lengua griega el término Tarteso. De esta manera, Mastia de Tarseyo o de Tarteso habría sido una localidad que se ha tendido a ubicar en el área del cabo de Palos, esto es, en la región en la que los cartagineses con el tiempo acabarían fundando Cartago Nova. Aunque es algo que no todos los autores admiten habiendo algunos, incluso, que ubican una o dos localidades fuera de la propia Península Ibérica, y que, por consiguiente, el Segundo Tratado romano-cartaginés poco o nada tendría que ver con la situación en Iberia, la mayoría de los autores sigue pensando que dicho tratado trataba de limitar las actividades de piratería, comercio y asentamiento de Roma en parte de las costas orientales y meridionales de la Península. De cualquier modo, suponer intereses romanos a mediados del siglo IV a.C. en Iberia resulta bastante desproporcionado como también pensar que Cartago había desarrollado intereses de conquista territorial en dicho entorno. Sí que es cierto, como también veremos en un apartado ulterior, que Cartago tenía intereses económicos en la Península por esos años, y sobre todo Iberia era una zona en la que Cartago reclutaba importantes contingentes de tropas mercenarias para que sirvieran en sus ejércitos y es probable que los tratados que la ciudad norteafricana firmase pudiesen incluir cláusulas de salvaguarda generales, aun cuando los objetivos concretos fuesen otros.

Sea como fuere, la existencia de este tratado ha sido considerada por muchos autores como una prueba de que Cartago había iniciado ya una política de dominio de los territorios de Iberia y relacionan ese hecho con la idea de creación de áreas de control exclusivo de Cartago en Iberia que habría hecho difícil las actividades de los griegos; también se ha relacionado este tratado con la presunta llegada de las cerámicas griegas al sudeste y al sur de la Península ibérica traídas por comerciantes púnicos. Sin embargo, a veces se olvida que el tratado que transmite Polibio es un tratado entre Cartago y Roma, lo que no prejuzga que con otras ciudades la ciudad norteafricana pudiera haber establecido otras cláusulas; del mismo modo, también resulta arriesgado afirmar que Cartago ejercía, a mediados del siglo IV un control político sobre las costas peninsulares cuando lo que sí sabemos es que es un momento en el que Gadir (cuyas relaciones con Cartago no conocemos con detalle) parece llevar a cabo un cierto control, siquiera económico, pero quizá también político, sobre ese mismo territorio. Por ende, y como veíamos en un apartado previo, las relaciones que Gadir y Emporion mantienen desde finales del siglo IV y buena parte del III parecen haber sido bastante estrechas. En definitiva, no sabemos si el tratado del 348 a.C. entre Roma y Cartago afectó a la situación de griegos, fenicios e indígenas en Iberia y si provocó un "reparto de áreas de influencia" irreconciliables como muchos autores han sugerido. La impresión que los datos de que disponemos nos permiten avanzar no parece ir, sin embargo, en esta dirección.

El cese de la comercialización en la Península Ibérica de las producciones áticas plantea en distintas áreas soluciones distintas; mientras que en el área gaditana y norteafricana las cerámicas áticas son sustituidas por producciones que imitan a las áticas y que se desarrollan a lo largo de fines del siglo IV y siglo III a.C., Ibiza desarrollará su propia producción así como las ciudades griegas de Emporion y Rhode, en especial esta última, donde se producirán cerámicas de barniz negro que los especialistas han clasificado en diversos grupos (taller de las palmetas radiales, taller de NIKIA-IWN, etc.); del mismo modo, productos de otras áreas que antes habían permanecido al margen empiezan a hacer acto de presencia en Iberia, como el Lacio, con las producciones del taller de las pequeñas estampillas y otros centros itálicos, precursores de los que a partir del siglo III y siguiendo sobre todo las huellas de la mayor intervención romana en Iberia, acabarán por monopolizar los mercados de cerámicas de mesa de cierto nivel. De cualquier modo, el modelo económico ha ido cambiando, en especial por las mutaciones que se van produciendo tanto en el Mediterráneo como en los propios ambientes culturales de la Península, no sólo en el mundo griego y púnico sino, sobre todo, en el mundo indígena. Las culturas indígenas, en especial las de la franja mediterránea han alcanzado ya un nivel de madurez considerable; las producciones ibéricas, tanto las de tipo agropecuario como las siempre secundarias de la producción cerámica han ido ocupando los huecos que en siglos anteriores habían tenido los productos importados y las cerámicas griegas. Esa madurez se traduce en el desarrollo de nuevos modelos económicos en los que el papel de los antiguos colonizadores va a perder en buena parte la primacía que en siglos anteriores había tenido; el mundo indígena va a permear de forma decisiva a las sociedades coloniales, tanto en los antiguos centros fenicios como en los griegos de tal modo que sus interacciones van a crear nuevas formas de contacto. Este proceso, que a lo largo del siglo III, durante la mal llamada "Baja Época de la cultura ibérica" alcanzará importantes cotas que serán objeto de tratamiento en los capítulos correspondientes, se verá interrumpido por la irrupción en un primer momento de los cartagineses y, por fin, y de forma ya permanente, por la presencia de Roma.

II.3.4.4 Los griegos de Iberia en época romana

El último momento de la historia de los griegos en Iberia se desarrolla ya de forma clara durante la época en la que Roma está presente en la Península. No sabemos de qué forma afectó la presencia cartaginesa en Iberia a las ciudades griegas del golfo de Rosas y hasta qué punto fueron los intereses masaliotas y emporitanos, que sin duda tenían una política exterior común al menos en algunas cuestiones, los que intervinieron en la protección que Roma declaró sobre la ciudad de Sagunto. En cualquier caso, Cartago significaba una amenaza que podía quebrar los equilibrios mantenidos desde hacía siglos entre la ciudad griega y los fenicios de Ibiza y del Círculo del estrecho y los indígenas iberos, por lo que no sería extraño que a la conquista cartaginesa los ampuritanos, aliados o coaligados con Masalia, respondieran con insistentes peticiones a Roma; no sería improbable que el llamado tratado del Ebro de hacia el 226 a.C. haya sido uno de los primeros éxitos ante Roma de la política ampuritana. No obstante, de todo ello lo único que podemos tener son hipótesis apenas contrastables; lo que sí es un hecho es que hacia el último tercio del siglo III a.C. el sistema defensivo ampuritano sufre una transformación que consiste en la adición de un muro defensivo o *proteichisma* que se erigió a unos cuantos metros de la muralla del siglo IV como un medio para reforzar la defensa de la ciudad; se ha sugerido, aunque tampoco podamos corroborarlo, que quizá Ampurias esperaba un ataque importante de un enemigo poderoso, como podía ser el propio Aníbal en su camino hacia Italia para atacar allí a los romanos. Sea como fuere, Aníbal prefirió utilizar vías interiores fuera del alcance de los oteadores que los griegos y sus aliados pudieran tener en las áreas pirenaicas para que el efecto sorpresa contra Roma fuese mayor.

El papel de Ampurias queda claro cuando, iniciada la Segunda Guerra Púnica, los romanos utilizan su puerto para desembarcar a sus tropas e iniciar la lucha contra Cartago en suelo peninsular (Polibio, III, 76, 1; Livio, XXI, 60, 2) y, años después, en el 195 a.C. cuando el cónsul Catón vuelve a hacer uso de dicha ciudad para reiniciar su rápida reconquista de Hispania tras la sublevación indígena de un par de años atrás. En esta ocasión la ciudad de Rhode se decantó, de grado o por la fuerza, por la causa indígena y fue represaliada por los romanos (Livio, XXXIV, 8, 7).

Las fuentes literarias no aportan demasiados datos sobre la suerte de la ciudad griega durante los años finales de la República romana y es de nuevo la arqueología la que tiene que venir en nuestro auxilio. Catón parece haber establecido un campamento en la colina que se encuentra al oeste de la ciudad griega desde donde debió de supervisar la pacificación de las poblaciones indígenas del entorno, aunque los testimonios más antiguos de este campamento no son anteriores al 175 a.C. A la sombra de esta paz no cabe duda de que Emporion progresó de forma extraordinaria como también atestigua la arqueología. Hacia mediados del siglo II a.C. se data toda una serie de importantes modificaciones en el diseño urbanístico de la ciudad griega; por un lado, la muralla del siglo IV y el *proteichisma* de fines del siglo III son desmontados hasta los cimientos y sus piedras son utilizadas para construir una nueva muralla desplazada unos cuantos metros hacia el Sur, lo que permite al tiempo remodelar toda el área sacra de esa parte de la ciudad, dotándola de una nueva monumentalidad; al oeste de la entrada, toda el área sacra es remodelada, con una elevación y aterrazamiento del terreno y la construcción de una gran cisterna; sigue siendo problemático si esas obras implicaron la adición de algún culto nuevo. Justo al este de la puerta meridional de acceso a la ciudad, se habilitó, aunque en un momento mucho más tardío (mediados del siglo I a.C.) todo un espacio que se ha solido relacionar con el culto a Serapis aun cuando otros autores han querido ver en él un gimnasio; se trata de un espléndido edificio porticado con un amplio patio central en cuya parte occidental se erigió un pequeño templete sobre podio. Del mismo modo se procedió a reordenar o a construir una nueva ágora a la que se dotó de una importante estoa porticada que marcaba el límite septentrional de la misma; constaba de una amplia columnata y, quizá, de un segundo piso tal vez también con columnata. En la bocana meridional del puerto se construyó un imponente rompeolas que permitía una mayor comodidad en las maniobras que se realizaban en el mismo. Por último, buena parte de la ciudad sufrió una gran transformación con la aparición de casas de grandes proporciones que incorporaban elementos tales como los peristilos, y los mosaicos de *opus signinum* y que las equiparaban con las casas más lujosas que conocemos en otras ciudades griegas contemporáneas. No cabe duda de que la gran cantidad de dinero invertida tanto en obras públicas como en iniciativas privadas nos está indicando que durante el siglo II a.C. la ciudad griega se benefició de la amistad con Roma al tiempo que sus emprendedores comerciantes supieron aprovechar las indudables ventajas que para sus negocios traía la paz romana y el avance de las conquistas de Roma por el interior de Iberia.

Junto a la población griega y a la indígena, poco a poco fueron acudiendo romanos e itálicos que también se aprovecharon de la bonanza que experimentaba la ciudad. Fruto de ello fue la conversión del recinto militar que Roma había establecido junto a la ciudad griega en una auténtica ciudad hacia principios del siglo I a.C. En cierto modo, los romanos habían suplantado a la ciudad griega en sus relaciones con el interior indígena como muestra el hallazgo, en el área en la que con el tiempo surgiría el foro de la ciudad romana, de un gran campo de silos en el que la administración romana parece haber concentrado la producción cerealística del entorno que, hasta entonces, había permanecido almacenada en los propios centros indígenas antes de su conducción hasta Emporion. Era una señal más de cómo los tiempos estaban cambiando.

Es, de nuevo, Tito Livio quien nos indica cómo la situación se oficializó cuando a los elementos ya existentes, se le añadió otro más: "el tercer grupo está compuesto por colonos romanos asentados allí por el divino César después de haber vencido a los hijos de Pompeyo. Ahora, se confunden todos en un único cuerpo, y primero a los hispanos y más adelante a los griegos se les otorgó la ciudadanía romana" (Livio, XXXIV, 9, 4). Como decíamos antes, la presencia de romanos viviendo en el entorno es anterior a la época de César pero es ahora cuando esa comunidad triple recibe la sanción jurídica merced al establecimiento en ella de veteranos de las campañas de César, momento en el que se constituiría el *municipium Emporiae* (hacia el 45 a.C.). La documentación epigráfica conocida muestra a las claras cómo durante los primeros siglos del Imperio la ciudad prosperó y se monumentalizó, en especial la ciudad romana que acabó quedando unida, mediante un muro común, a la *Neapolis* griega; es probable que en ésta siguiesen residiendo los ciudadanos de origen griego, que continuaban apegados a sus formas tradicionales de vida, mientras que la ciudad romana contenía a la población de ascendencia romana e itálica. La historia de Emporion o de *Emporiae*, como la llamaron los romanos, se suma a partir de ahora a la de las diferentes ciudades romanas de Hispania.

Bibliografía

A. *Guía de lecturas y recursos*

Uno de los principales trabajos de referencia sobre la presencia griega en Iberia, aunque en algunos aspectos, algo anticuado, es la *Hispania Graeca* de A. García y Bellido (1948); su recogida de datos arqueológicos muestra el nivel de conocimientos de la época. Obras posteriores, centradas sobre todo en los restos materiales son las de Trías (1967-1968) y, mucho más completa y con una perspectiva general de la presencia griega en Iberia, la de Rouillard (1991). Más recientemente, y con un panorama muy completo de las cerámicas griegas en la Península así como un estudio sobre su comercialización, el libro de Domínguez/Sánchez (2001), han aparecido también algunos estudios monográficos más centrados en áreas regionales (García Cano, 1982; Jiménez Ávila/Ortega, 2004). Sobre las cerámicas arcaicas de tipo jonio así como sobre los mecanismos de distribución, hay también un volumen colectivo con datos recientes (Cabrera/Santos, 2001); una obra que aborda de forma breve pero completa la problemática de este capítulo es el libro de Domínguez (1996). Asimismo, la proyección pública de la presencia griega en nuestro país tuvo lugar por medio de una exposición que visitó varios puntos de España y fue exhibida también en Grecia; fruto de ella es un catálogo que contiene también un panorama general del tema en cuestión (Cabrera/Sánchez, 1998).

Acerca del contexto general de la colonización griega, en el que se inserta la presencia en Iberia, las obras de referencia principales son la de Boardman (1975) y la de Domínguez (1991). Sobre los mecanismos comerciales que los griegos emplean en sus relaciones mediterráneas, en especial el *emporion*, pueden ser útiles los trabajos editados por Bresson/Rouillard (1993) así como la recopilación de trabajos previos sobre el tema hecha por Bresson (2000); asimismo, todo el contexto del Mediterráneo arcaico puede verse en el libro homónimo de Gras (1999). Para uno de los *emporia* más importantes del Mediterráneo, Náucratis, es de gran interés el trabajo de Möller (2000). Sobre la ciudad de Marsella, vinculada desde muy pronto a las actividades griegas en Iberia, pueden verse algunos de los libros publicados para conmemorar el 2.600º aniversario de su fundación (Hermary *et alii*, 1999; Hesnard *et alii*, 1999).

La presencia griega en el área tartésica se ha observado, por el momento, de forma importante en la ciudad de Huelva; sobre los materiales griegos en Huelva pueden verse los trabajos de Garrido/Orta (1994) y de Fernández Jurado (1984; 1988-1989); asimismo, el libro de González de Canales (2004) aporta informaciones de interés.

Sobre los orígenes del establecimiento griego en Ampurias resulta de todo punto necesaria la memoria de las excavaciones recientes en la *Palaiapolis* (Aquilué, 1999); sobre la ciudad y su conjunto monumental es de gran interés el trabajo de Marcet/Sanmartí (1990), y desde un plano divulgativo la guía del yacimiento (Aquilué *et alii*, 2000). Las fuentes literarias sobre la ciudad fueron recogidas por Almagro Basch (1951), así como las epigráficas (Almagro Bach, 1952) y los datos procedentes de las excavaciones en las necrópolis (Almagro Basch, 1953; 1955). Sobre el territorio de la ciudad pueden verse las propuestas de Plana (1994), aunque no todos los autores aceptan sus conclusiones.

Para el comercio griego con la Península Ibérica, el mejor testimonio arqueológico viene constituido por las cerámicas; además de los estudios generales citados anteriormente, son de interés el trabajo de Sánchez (1992) sobre el comercio de cerámicas griegas en Andalucía así como la publicación de García Martín (2003) sobre las cerámicas griegas del importante centro comercial costero de la Illeta dels Banyets, en Campello; otro de los puertos comerciales que han sido excavados y publicados es el de La Picola (Badié *et alii*, 2000) y el libro de Aranegui (2004) se refiere a la ciudad de Sagunto, que fue sin duda también un puerto comercial de importancia. Para las relaciones entre colonos e indígenas en la costa levantina peninsular, en general, Vives, 2006. Por lo que se refiere a los pecios de interés para conocer estas actividades comerciales el único que ha sido objeto de publicación detallada es el de El Sec (Arribas *et alii*, 1987). Para la recepción de los productos comerciales griegos son interesantes algunos yacimientos ibéricos como la necrópolis del Cabezo Lucero (Aranegui *et alii*, 1993); otro centro con una importante presencia de cerámica griega, en este caso en Extremadura, es Cancho Roano, para el que puede consultarse la publicación de esos materiales en el volumen *Cancho Roano VIII* (Celestino, 2003). Las producciones del área emporitana en época helenística y su distribución fueron objeto de análisis monográfico por Sanmartí, 1978.

En el área próxima a Ampurias, además de la ciudad griega de Rhode (Martín *et alii*, 1979), destacan algunos yacimientos indígenas como Ullastret (Martín, 1997; Martín *et alii*, 1999), con un importante conjunto de cerámica griega (Picazo, 1977) y Mas Castellar de Pontós (Pons, 2002), muy vinculado a los intereses cerealísticos de la ciudad griega.

Dentro de la economía, un lugar de interés lo ocupa la moneda, en especial la acuñada por Ampurias, sobre la que puede leerse el estudio de Villaronga (1997).

Sobre las influencias griegas en la escultura ibérica pueden verse, sobre todo, los trabajos de Chapa (1985; 1986) y, sobre el conjunto de Porcuna los trabajos de González Navarrete (1987) y Negueruela (1990). Sobre la epigrafía ibérica, incluyendo la greco-ibérica, la obra de referencia es la de Untermann (1990).

B. *Referencias*

Almagro Basch, M., *Las fuentes escritas referentes a Ampurias*, Barcelona, 1951.
—, *Las inscripciones ampuritanas griegas, ibéricas y latinas*, Barcelona, 1952.
—, *Las necrópolis de Ampurias. I. Introducción y necrópolis griegas*, Barcelona, 1953.
—, *Las necrópolis de Ampurias. II. Necrópolis romanas y necrópolis indígenas*, Barcelona, 1955
Aquilué, X. (dir.): *Intervencions arqueològiques a Sant Martí d'Empúries (1994-1996). De l'assentament precolonial a l'Empúries actual*, Gerona, 1999

Aquilué, X., Castanyer, P., Santos, M. y Tremoleda, J., *Ampurias. (Guías del Museu d'Arqueología de Catalunya)*, Tarragona, 2000.

Aranegui, Gascó, C., *Sagunto. Oppidum, emporio y municipio romano*, Barcelona, 2004.

—, *et alii*: Jodin, A., Llobregat, E., Rouillard, P. y Uroz, J., *La nécropole ibérique de Cabezo Lucero (Guardamar del Segura, Alicante)*, Madrid, Alicante, 1993

Arribas Palau, A., Trías, M.G., Cerdrá, D., De Hoz, J., *El barco de El Sec (Calvià, Mallorca). Estudio de los materiales*, Palma de Mallorca, 1987.

Badié, A., Gailledrat, E., Moret. P., Rouillard, P. y Sánchez, M.J., *Le site antique de La Picola à Santa Pola (Alicante, Espagne)*, París-Madrid, 2000.

Boardman, J., *Los griegos en ultramar comercio y expansión colonial antes de la era clásica*, Madrid, 1975

Bresson, A., *La cité marchande*, Burdeos, 2000.

—, y Rouillard, P. (eds), París. 1993.

Cabrera Bonet, P. y Sánchez Fernández, C. (eds.), *Los griegos en España. Tras las huellas de Heracles*. Madrid, 1998.

Cabrera Bonet, P. y Santos, M., *Ceràmiques Jònies d'època arcaica. Centres de producció i comercialització al Mediterrani Occidental*, Barcelona, 2001.

Celestino Pérez, S. (ed.), *Cancho Roano VIII. Los Materiales Arqueológicos I*, Mérida, 2002.

Chapa Brunet, T., *La escultura ibérica zoomorfa*, Madrid, 1985.

—, *Influjos griegos en la escultura zoomorfa ibérica*, Madrid, 1986.

Domínguez Monedero, A.J., *La Polis y la expansión colonial griega. Siglos VIII-VI*, Madrid, 1991.

—, *Los griegos en la Península Ibérica*, Madrid, 1996.

—, y Sánchez Fernández, C., *Greek Pottery from the Iberian Peninsula. Archaic and Classical Periods*. Leiden, 2001.

Fernández Jurado, J., *La presencia griega arcaica en Huelva*, Huelva, 1984.

—, *Tartessos y Huelva*, Huelva, 1988-1989.

García Cano, J.M., *Cerámicas griegas de la región de Murcia*, Murcia, 1982.

—, *La distribución de cerámica griega en la Contestania ibérica: El puerto comercial de La Illeta dels Banyets*, Alicante, 2003.

García y Bellido, A.: *Hispania Graeca*, Barcelona, 1948.

Garrido Roiz, J.P, y Orta García, E:M., *El hábitat antiguo de Huelva (periodos orientalizante y arcaico). La primera excavación arqueológica en la Calle del Puerto*, Madrid, 1994.

González de Canales, F., *Del Occidente mítico griego a Tarsis-Tarteso. Fuentes escritas y documentación arqueológica*, Madrid, 2004.

González Navarrete, J.A., *Escultura ibérica del Cerrillo Blanco. Porcuna, Jaén*, Jaén, 1987.

Gras, M., *El Mediterráneo arcaico*, Madrid, 1999.

Hermary A., Hesnard, A. y Tréziny, H., *Marseille Grecque. 600-49 av. J.-C. La cité phocéenne*, París, 1999.

Hesnard, A., Moliner, M., Conche, F. y Bouiron, M. (eds.), *Marseille: 10 ans d'archéologie, 2600 ans d'histoire*, Marsella, Aix-en-Provence, 1999.

Jiménez Ávila, J. y Ortega Blanco, J., *La cerámica griega en Extremadura*, Mérida, 2004

Marcet, R. y Sanmartí Grego, E., *Ampurias*, Barcelona, 1990.

Martín i Ortega, M.A.,*Ullastret*, Barcelona, 1997.

—, Nieto, J. y Nolla, J.M., *Excavaciones en la ciudadela de Roses (campañas 1976 y 1977)*, Gerona, 1979.

—, Buxó, R., López, J.B. y Mataró, M. (dirs): *Excavacions arqueològiques a l'Illa d'en Reixach (1987-1992)*, Gerona, 1999

Möller, A., *Naukratis. Trade in Archaic Greece*, Óxford, 2000.

Negueruela Martínez, I., *Los monumentos escultóricos ibéricos del Cerrillo Blanco de Porcuna (Jaén). Estudio sobre su estructura interna, agrupamientos e interpretación*, Madrid, 1990

Picazo, M., *Las cerámicas áticas de Ullastret*, Barcelona, 1977.

Plana, R., *La chora d'Emporion: paysage et structures agraires dans le nord-est catalan à la période prerómaine*, París, 1994.

Pons, Brun, E. (dir.), *Mas Castellar de Pontós (Alt Empordà). Un complex arqueològic d'època ibèrica (Excavacions 1990-1998)*, Gerona, 2002.

Rouillard, P., *Les Grecs et la Péninsule Ibérique du VIIIe au IV siècle avant Jésus-Christ*, París, 1991.

Sánchez, Fernández, C., *El comercio de productos griegos en Andalucía oriental en los siglos V y IV a.C.: estudio tipológico e iconográfico de la cerámica*, Madrid, 1992.

Sanmartí Grego, E., *La cerámica campaniense de Emporion y Rhode. I y II*, Barcelona, 1978.

Trías, G., *Cerámicas griegas de la Península Ibérica*, Valencia, 1967-1968.

Untermann, J., *Monumenta Linguarum Hispanicarum, III*, Wiesbaden, 1990.

Villalonga i Garriga, L., *Monedes de plata emporitanes dels segles V-IV a.C.*, Barcelona, 1997.

Vives-Ferrándiz Sánchez, J., *Negociando encuentros. Situaciones coloniales e intercambios en la costa oriental de la Península Ibérica (siglos VIII-V a.C.)*, Barcelona, 2006.

Capítulo cuarto

La presencia cartaginesa hasta la Segunda Guerra Púnica

II.4.1 Introducción: Cartago y Occidente

Más que otras ciudades fundadas por los fenicios, la historia de Cartago ha estado dominada siempre, en la tradición grecorromana, pero también en la historiografía occidental, por un gran número de tópicos, entre los cuales sobresale el de su "imperialismo". Sin pretender retomar aquí viejos debates historiográficos sobre lo que significa o no este concepto aplicado al mundo cartaginés sí que quisiera apuntar que esta visión ha distorsionado, y mucho, la percepción del papel que la ciudad norteafricana ha tenido en el desarrollo de la Historia Antigua de la Península Ibérica, hasta el punto de que se ha hecho responsable a Cartago de la "caída" de Tarteso, de un presunto "cierre" del estrecho de Gibraltar y de la conquista a sangre y fuego de buena parte de la Península Ibérica, la cual habría dejado su huella en cualquier indicio de fuego o destrucción violenta detectados en cualquier yacimiento ibérico. Por supuesto, este imperialismo se habría dejado sentir ya desde la que habría sido su primera manifestación, esto es, la "destrucción de Tarteso". Del mismo modo, esta política se habría observado en una paralela "colonización" cartaginesa en la Península Ibérica que durante mucho tiempo pudo defenderse por una incorrecta o defectuosa clasificación de materiales arqueológicos que eran etiquetados como púnicos sin considerar que las manifestaciones de un poder político y las tipologías que los arqueólogos elaboran no tienen por qué ir de la mano.

Todo ello hace que manuales y obras históricas al uso estén repletas de conquistas y colonizaciones cartaginesas desde el siglo VI hasta la que, en mi opinión, representa el primer intento serio por parte de Cartago de controlar política y militarmente la Península Ibérica, que es el personificado por Amílcar Barca y la "dinastía" que encabezó. Antes de ese momento hay, por supuesto, contactos, influencias, presiones, interferencias de Cartago en Iberia, en buena medida porque hay en ella determinadas cosas que le interesan a la ciudad, pero no tenemos indicios sólidos de que Cartago haya llevado a cabo en la Península una política semejante a la que la sí emprendió esta ciudad en otros puntos del Mediterráneo.

II.4.1.1 Imperialismo cartaginés en el Mediterráneo central

En efecto, es al Mediterráneo central a donde tenemos que mirar para observar un auténtico interés imperialista por parte de Cartago, en especial sobre Cerdeña y Sicilia, pero también sobre territorios norteafricanos vinculados a sus intereses. Ya la intervención cartaginesa contra los refugiados de Focea que se habían establecido en Alalia puede considerarse un primer episodio del creciente interés de Cartago por los asuntos del Tirreno, que parece haber proseguido pronto con la conquista de la isla de Cerdeña que se atribuye a la acción de un personaje, no demasiado bien conocido, y de nombre Malco. La presencia cartaginesa en Cerdeña a partir de la segunda mitad del siglo VI a.C. parece bien atestiguada también gracias al registro arqueológico que mostraría cómo la misma habría asumido tintes violentos, conducentes al establecimiento de un auténtico dominio de Cartago sobre esa isla centromediterránea. Del mismo modo, los intereses de Cartago sobre Sicilia parecen claros entre los años finales del siglo VI y los iniciales del siglo V. Es posible que en el marco de esta nueva política expansionista se introduzca un cambio decisivo en la configuración del Ejército cartaginés, al pasar de un ejército ciudadano a otro conformado, de forma muy importante, por tropas mercenarias lo que parece que tiene que ver con esa nueva orientación que asume Cartago durante la segunda mitad del siglo VI a.C.

Momento decisivo de esta política sería la batalla de Hímera, del 480 a.C., que marca una ocasión, en este caso fallida, de Cartago de intervenir de forma decisiva en la política de Sicilia. Aprovechando una serie de alianzas personales entre el general cartaginés Amílcar, hijo de Magón, y el tirano de Hímera, Terilo, un gran ejército cartaginés que se había estado preparando durante tres años desembarcó en Panormo con la intención de acabar con el poder de Agrigento y de Siracusa. Este ejército, que los autores antiguos cifran en trescientos mil hombres se componía de fenicios, libios, iberos, ligures, elísicos, sardos y cirnios, esto es, gentes no sólo de Cartago sino de sus áreas de influencia africana, de la Península Ibérica y sur de la Galia y de las islas de Córcega y Cerdeña. Esta poderosa máquina de guerra fue, sin embargo, derrotada por los griegos lo que permitió que durante los siguientes setenta años Sicilia se viera libre de la intervención directa de Cartago.

Buena parte de Sicilia quedará, como consecuencia de la derrota de Cartago en Hímera, a salvo de la política imperialista de la ciudad norteafricana hasta el 409, año en el que Aníbal, hijo de Giscón y nieto del Amílcar derrotado y muerto en Hímera reiniciará la guerra contra los griegos de Sicilia. Mientras tanto, Cartago ha afianzado su posición en el norte de África y en la isla de Cerdeña, conquistando territorios, propiciando políticas de colonización y estableciendo alianzas con pueblos indígenas, en especial norteafricanos, a fin de reforzar su ejército mercenario, que se convertirá en los siglos sucesivos en la principal baza del poderío púnico. En este proceso, como ya se había observado en la batalla de Hímera, tanto los territorios más occidentales del norte de África como la Península Ibérica y sus islas adyacentes, en especial las Baleares, se van a ver afectadas por la política del estado cartaginés, al que van a proporcionar importantes contingentes de tropas hasta el final de la Segunda Guerra Púnica.

II.4.1.2 Tropas ibéricas en los ejércitos cartagineses

En efecto, constituye un elemento de especial interés para comprender el desarrollo histórico de la Península Ibérica entre los siglos v y iii a.C., la intervención de tropas procedentes de la misma en los ejércitos mediterráneos del momento, en especial en el cartaginés. Una excelente descripción de cómo se procedía a reclutar estas tropas la encontramos en Diodoro Sículo refiriéndose a la preparación de la campaña cartaginesa en Sicilia del 406 a.C.:

> "Estos dos [Aníbal hijo de Giscón e Himilcón hijo de Hannón] de común acuerdo enviaron a algunos individuos que gozaban de una alta consideración entre los cartagineses con una gran cantidad de dinero, unos a Iberia y otros a las islas Baleares, encargándoles que reclutasen a la mayor cantidad posible de mercenarios. Ellos mismos se dirigieron a Libia reclutando como soldados a libios y fenicios así como a los más duros de sus propios conciudadanos. Además, reunieron también soldados de los reyes y naciones que eran aliados suyos, maurusios y nómadas así como algunos de los que vivían en las regiones hacia Cirene. De Italia, contrataron también a campanos y los condujeron hasta Libia puesto que sabían que su ayuda sería de gran valor para ellos y que aquellos Campanos que habían permanecido en Sicilia y que habían sido traicionados por los Cartagineses, lucharían del lado de los Siciliotas. Al final, cuando toda la fuerza fue reunida en Cartago, todos ellos sumaban, junto con la caballería algo más de ciento veinte mil según Timeo, aunque para Éforo eran trescientos mil".
>
> Diodoro Sículo (XIII, 80, 1-5)

Se trata, pues, de una inmensa maquinaria de guerra se acepte la cifra de Timeo (más realista) o la de Éforo; aunque aquí nos interesa, sobre todo, el asunto de los mercenarios ibéricos y baleáricos vemos cómo Cartago, junto a sus propios ciudadanos, recurre a tropas de muy diversa procedencia aunque con una marcada proyección norteafricana, tanto de extracción indígena como fenicia, y sin excluir a los que también constituirán un grupo de gran interés en las guerras del siglo iv, los mercenarios itálicos.

Como el texto muestra, representantes destacados de Cartago son los encargados de ir, provistos de grandes sumas de dinero, a los territorios en los que querían reclutar tropas; los detalles de su actuación no son conocidos con precisión pero quizá contasen con el apoyo de los fenicios de la Península y con las propias redes clientelares indígenas que facilitarían la tarea de estos reclutadores. El dinero que portaban consigo habría que entenderlo tanto como un eventual anticipo de la soldada a pagar a los reclutas como, sobre todo, la compensación económica que entregarían a los jefes y reyezuelos indígenas que facilitarían su labor. Aunque habría más sitios, algunos autores han llamado la atención sobre la posible relevancia que puntos como Alcácer do Sal, Villaricos, Cástulo o Ilici pudieron tener como puntos de concentración y recluta de muchos de estos mercenarios que luego embarcarían en los puertos costeros con destino a Cartago o a los puntos en conflicto.

A partir de esta fecha (406 a.C.) y, como decíamos antes, hasta el final de la Segunda Guerra Púnica (202 a.C.) la presencia de mercenarios de procedencia peninsular y balear en los ejércitos cartagineses (y, en ocasiones, en los griegos) es constante en todas las campañas de las que las fuentes literarias han dejado constancia. Esto indica que los mecanismos de reclutamiento permanecieron en perfecto uso durante más de doscientos años y afectaron a mayores partes de Iberia incluyéndose poco a poco a territorios más al interior, como pudiera ser la Meseta. Diversos autores han realizado evaluaciones diferentes acerca del impacto que esta constante práctica pudo haber tenido sobre las propias sociedades indígenas peninsulares y aun cuando las opiniones suelen ser contradictorias, sí podemos aceptar que una parte importante de los que partieron puede que no regresaran nunca a sus tierras de origen pero, del mismo modo, en el caso de los que hubiesen vuelto, no podemos percibir de forma clara si intervinieron o no en procesos culturales tendentes a propiciar avances culturales o tecnológicos en las sociedades de las que procedían. Es, pues, el tema de los mercenarios un asunto aún sujeto a debate.

Del mismo modo, resulta difícil saber también qué papel pudieron haber jugado los centros fenicios en el proceso de reclutamiento, siquiera de forma pasiva, aportando noticias y conocimientos del país a los delegados cartagineses que iban a encargarse del reclutamiento. En el caso de las Baleares, no obstante, no parece caber duda de que fue la ciudad de Ebuso, que era quien parece haber ejercido un "monopolio" casi absoluto en el comercio con las islas, quien actuase en conjunción con Cartago en la información y documentación de las posibilidades de las islas, así como en las destrezas de sus habitantes, especializados en el uso de la honda. Acerca de las posibles infraestructuras empleadas por los cartagineses para llevar a cabo su labor reclutadora, pocos son los datos disponibles; por una parte, y a partir de hallazgos numismáticos, se ha sugerido que en la Mesa del Gandul (Sevilla) podría haber existido uno de estos centros reclutadores activo al menos desde el siglo IV y en la isla de

Mallorca se investigó un recinto fortificado con claros prototipos mediterráneos en Hospitalet Vell, que parece haber estado en uso durante los siglos IV y III y que algunos autores consideran vinculado a esta actividad cartaginesa. Sea como fuere, las fuentes literarias acreditan la importancia y la intensidad de esta relación que nos habla también de los contactos directos que Cartago mantuvo con Iberia desde, al menos el siglo V, aunque más intensificados durante los siglos posteriores. Queda por perfilar el papel que los fenicios peninsulares pudieron haber desempeñado en tal relación y que abordaremos en los próximos epígrafes.

II.4.2 El norte de África fenicio-púnica: entre Cartago y el Círculo del estrecho

Como habíamos visto en un capítulo previo (*vid.* vol.I, II.1.7.1), el mundo fenicio del sur de la Península Ibérica, así como el que gravitaba en torno a las costas noroccidentales de África, habían formado un marco de integración de tipo económico, y quizá también de tipo político, al que conocemos como el Circulo del estrecho, en el que la ciudad de Gadir parece haber ejercido un cierto control, que algunos autores interpretaban incluso como una Liga Púnico Gaditana. Frente a esta opinión, que los datos que van apareciendo avalarían en cierto modo, aún sigue persistiendo el peso de las viejas ideas que considerarían que, al menos, desde el final del siglo VI a.C. Cartago se habría hecho con el control de toda el área fenicia occidental, incluyendo la Península Ibérica, imponiendo su dominio.

Un problema que tenemos para establecer la identidad de los territorios del África noroccidental es el derivado de la escasez de excavaciones arqueológicas que pudieran permitir un mejor conocimiento de su desarrollo histórico; no obstante, las informaciones de que disponemos han sido consideradas por algunos como prueba del dominio cartaginés cuando no son, en realidad, más que pruebas de un desarrollo paralelo al de la metrópolis norteafricana de otros ámbitos también afectados por la presencia fenicia y, por supuesto, de las relaciones comerciales existentes entre diferentes territorios. No podemos perder de vista que, aparte de los testimonios arqueológicos que atestiguan relaciones muy abiertas entre las distintas áreas controladas por los fenicios en el Mediterráneo, el ya mencionado uso que Cartago hace de tropas mercenarias, reclutadas en la Península Ibérica y en el norte de África está demostrando que Cartago mostraba su interés por esos territorios; ello no implica, sin embargo, que se tratara de un dominio político y militar sino, por el contrario, de toda una serie de relaciones que van desde el reclutamiento de tropas a cambio de dinero hasta el establecimiento de alianzas con las poblaciones nativas de lo que con el tiempo se conocería como Mauritania y Numidia. Que Cartago había manifestado su interés por esos territorios lo mostraría el ya mencionado *Periplo* de Hannón que quizá dé cuenta de un intento de intervenir en un área que se encontraba bajo la influencia gaditana y los también mencionados intereses cartagineses en el Atlántico también hablarían a favor de una política cartaginesa de amplias miras; ello no implica, sin embargo, que Cartago ejerciera un control político directo sobre los territorios norteafricanos o, al menos, sobre la totalidad de los mismos. Su política, como en otras partes del norte de África, se centró en el establecimiento de unas redes de tipo económico y político, quizá en colaboración con los centros fenicios de la zona y de la propia Gadir, que sirvieran a sus intereses.

Por otra parte, el mejor conocimiento de las producciones anfóricas y cerámicas de las áreas ibérica y africana del Círculo del estrecho ha permitido rechazar la opinión que se había mantenido largo tiempo de que buena parte de estos productos eran testimonio no ya de un comercio de productos cartagineses sino de un dominio efectivo de Cartago sobre esas áreas. Por último, la reevaluación del papel de Gadir y de otras ciudades fenicias occidentales muestra que, aunque acaso las mismas no alcanzaron el peso político y la importancia militar de Cartago el mundo fenicio occidental tuvo una personalidad propia y no es un simple reflejo de lo que sucede en Cartago. El panorama actual, pues, se nos presenta como un conjunto de ciudades fenicias, quizá aliadas o formando parte de un esquema centrado en Gadir, y que mantienen relaciones políticas y económicas con otros centros, fenicios e indígenas. Cartago será uno de estos centros y su indudable política imperialista ejercida, especialmente, sobre las islas del Mediterráneo central la convertirá en una importante demandante de elementos económicos, militares, bienes de prestigio y de consumo que obtendrá en diferentes mercados, entre ellos los occidentales; ello, y el auge económico que experimenta el círculo del Estrecho a partir sobre todo del siglo IV determinará que gentes de otras procedencias, entre ellas de territorios mucho más relacionados con Cartago, puedan haberse desplazado hasta la Península y el África noroccidental trayendo consigo elementos propios de sus áreas de origen; pero ello no implica la existencia de un dominio directo de Cartago sobre esos territorios.

II.4.3 El segundo tratado romano-cartaginés (348 a.C.)

Ya en un apartado previo habíamos introducido alguno de los problemas que planteaba el llamado segundo tratado romano-cartaginés y habíamos aludido a la opinión que mantienen algunos autores de que tal vez el mismo no tuviese nada que ver, en realidad, con la Península Ibérica. Sea cierta no esta posibilidad, sí que es verdad que en buena parte de los estudios al uso se ha hecho un hincapié, en mi opinión excesivo, sobre lo que pudo suponer para "delimitar" áreas de dominio entre

Roma y Cartago, en especial en la Península Ibérica. Aceptar que Iberia quedaba incluida en el tratado presupondría que Cartago ejercía un control sobre la misma, lo que le permitiría poder impedir a otros, entre ellos a los romanos, la realización de actividades comerciales y de otro tipo en ella y esa premisa inicial es la que no parece confirmarse, a menos que consideremos que Cartago ejerciera un control directo sobre algún punto (acaso el/los Mastia de/o Tarseyo) y pretenda garantizarse, frente a Roma, territorios más occidentales. En todo caso, resulta difícil pensar que si el control cartaginés sobre la Península era limitado pudiese intentar evitar cualquier intervención de alguna potencia exterior en su área de influencia; ello recuerda al presunto Cierre del estrecho que algunos autores habían sugerido desde finales del siglo VI y que deriva, en lo básico, de una interpretación abusiva de algunos testimonios literarios. Por ende, hay también una cierta tendencia a considerar que la política de las ciudades fenicias de Iberia tenía que estar dirigida por Cartago o que, lo que es aún peor, estas ciudades estaban ansiosas de que la metrópoli africana defendiera sus intereses. No es improbable, sin embargo, que Cartago sí tuviese intereses en Iberia, que como hemos visto, era una fuente importante de aprovisionamiento de tropas mercenarias así como de otros productos, entre ellos plata y salazones. Alguna noticia de algún escritor antiguo sí alude a ese interés. Es, por ejemplo, lo que encontramos en el *Epítome* de Justino cuando asegura que:

> "Puesto que los pueblos vecinos de Hispania, que veían con malos ojos el engrandecimiento de la nueva ciudad, hostigaban a los gaditanos con la guerra, los cartagineses enviaron ayuda a sus hermanos de raza. Allí, en una expedición victoriosa liberaron a los gaditanos de la injusticia y con una injusticia mayor aún unieron una parte de la provincia a su dominio".
>
> Justino (XLIV, 5, 2-3)

La noticia es de gran imprecisión y parece retrotraerse a los momentos iniciales de la ciudad de Gadir y, en todo caso, alude al control cartaginés de una parte tan sólo del territorio; nada impide pensar que la fuente de la que bebe Trogo Pompeyo pueda ser de origen cartaginés, la cual ensalzaría y exageraría el peso de Cartago sobre Iberia. En cualquier caso, es una impresión casi unánime entre los investigadores que antes de la llegada de Amílcar Barca en el 237 no hay indicios de un interés directo de dominio político de Cartago sobre la Península.

De cualquier modo, y a pesar de lo hasta aquí visto, y habida cuenta de los problemas, algunos de gran calado, que presentan nuestras fuentes, tanto las literarias como las arqueológicas, tampoco podríamos descartar por completo que, al menos de cara a sus relaciones con Roma a mediados del siglo IV, ciudad que en esos momentos parece atravesar un periodo de intensos problemas, Cartago se arrogase derechos sobre territorios sobre los que no ejercía su soberanía o lo hacía sólo de forma incompleta. Como los tratados los conocemos gracias sólo al celo investigador de Polibio, que se preocupó de acceder a los documentos originales custodiados en los archivos romanos, tampoco podemos asegurar que, ante cualquier otra ciudad, incluyendo alguna de las fenicias ubicadas en Iberia, Cartago se arrogase esos mismos derechos; de hecho, las restricciones que sufre Roma en dicho tratado con respecto a sus actividades en otros territorios, como Cerdeña o la propia África sugieren una posición de fuerza por parte de Cartago, que quizá animase a la ciudad a extender sus prohibiciones a los romanos en otros territorios sobre los cuales su control no era tan claro. En conclusión, el segundo tratado romano-cartaginés tampoco resulta una pieza incontrovertible que demuestre un interés directo de Cartago sobre Iberia a mediados del siglo IV a.C. y, mucho menos, que la ciudad africana estuviese en posesión del control de la situación en esos territorios.

II.4.4 Poblaciones africanas en Iberia:
el problema de los libio-fenicios

Quizá también en relación con las posibles relaciones de Cartago con la Península Ibérica antes de la llegada de los Barca pueda estar el problema de las poblaciones llamadas libio-fenicias y que también han suscitado amplios debates. Puesto que el nombre compuesto alude, sin duda, a un doble componente, libio y fenicios, parece razonable pensar que el término habría aludido a gentes de origen fenicio establecidas en Libia, esto es, en África, por más que algunos autores (antiguos y modernos) han preferido ver en ellos resultado de mezclas étnicas entre fenicios e indígenas libios. Un pasaje de gran interés que nos sitúa el problema en su territorio originario, es decir, en África lo hallamos en Diodoro Sículo cuando alude al poblamiento en Libia en vísperas del desembarco del griego Agatocles en el 310 a.C.:

> "En efecto, cuatro eran las razas que ocupaban Libia: los fenicios, que entonces habitaban en Cartago, los libio-fenicios, que poseían muchas ciudades junto al mar y compartían lazos de epigamia con los cartagineses, con los que tras haberse mezclado en uniones matrimoniales llegaron a llamarse con este nombre. La población más numerosa eran los nativos que eran más antiguos y se llamaban libios, y odiaban de forma especial a los Cartagineses a causa de lo insoportable de su dominio. El último pueblo era el de los nómadas, que se repartían la mayor parte de Libia hasta el desierto".

Diodoro Sículo (XX, 55, 4)

No cabe duda alguna de que estas ciudades costeras son las antiguas fundaciones fenicias de las costas tunecinas y libias y que este término designa a la población de estirpe fenicia que habita en Libia, hecho que favorece la existencia de relaciones matrimoniales recíprocas con los fenicios de Cartago. Además, y también gracias a algunas informaciones de las fuentes literarias, sabemos que el término 'libio-fenicio' no es más que la traducción al griego de un término equiparable que debía de aludir de modo genérico a los fenicios de Libia como medio de distinguirlos de los fenicios de Cartago o de otros fenicios cualesquiera. No es improbable, como también han planteado algunos autores, que el término haya evolucionado para aludir a las ciudades fenicias de África en el área tunecina y libia dependientes de Cartago quizá en un primer momento para acabar abarcando a otras áreas de la costa argelina.

En el ya mencionado *Periplo* de Hannón se alude a que el objetivo del cartaginés es fundar ciudades con libio-fenicios y no es improbable que Cartago pudiese haber utilizado a estas poblaciones, de estirpe fenicia y súbditas suyas dentro de un diseño colonial quizá puntual y limitado a lugares concretos; del mismo modo, en el llamado periplo del Pseudo-Escimno, parte de cuya información remontaría al siglo IV a.C. se menciona que "hacia el Mar Sardo, los primeros que viven son los libio-fenicios, procedentes de una fundación por parte de Cartago" (vv. 106-109) y en la *Ora Maritima* de Avieno (v. 416) también aparecen mencionados, quizá como interpolación del texto original más antiguo. Por consiguiente, el hecho de que aparezcan gentes llamadas libio-fenicias en la Península Ibérica ha sido interpretado por algunos autores como prueba de una colonización organizada desde Cartago para hacerse con el control de determinados territorios en la misma, y han querido ver un reflejo arqueológico de esa presunta colonización en la aparición de yacimientos como el Cerro Naranja. No obstante, y como ya vimos en su momento (*vid.* vol.I, II.1.5.1.1.), establecimientos como el mencionado, así como el poblado de Las Cumbres en la Sierra de San Cristóbal, junto a Doña Blanca o el propio desarrollo de la actividad salazonera en la bahía gaditana pueden interpretarse como un indicio del auge que experimenta la ciudad de Gadir durante los siglos IV y III a.C. sin que el mismo implique una intervención directa de Cartago y, mucho menos, una "colonización" promovida desde esta ciudad. Ello no implica que no exista influencia de Cartago, observable en la cultura material, como corresponde al auge político y económico que la ciudad africana experimenta también en esos años; tampoco podríamos descartar emigraciones de gentes africanas desde los territorios libio-fenicios para aprovecharse de la bonanza económica que está experimentando a partir del siglo IV toda el área gaditana y, en general, la Iberia fenicia pero no creo que podamos ver en ello la consecuencia de una política cartaginesa de control político y colonización sobre esos mismos territorios.

II.4.5 Los Barca en Iberia

Una vez analizadas las posibles ocasiones previas al 237 a.C. en las que los cartagineses se habrían relacionado con la Península Ibérica, con un resultado no siempre claro, es el momento de entrar en la consideración de la acción de los tres generales de la familia de los Barca que marcan, en vísperas del último gran esfuerzo bélico de Cartago frente a Roma, un breve pero intenso periodo de implicación directa de la potencia norteafricana en la historia de Iberia.

II.4.5.1 Amílcar: pactos y conquista

Amílcar Barca había desempeñado importantes cargos militares durante la primera Guerra Púnica y, a pesar de algunas brillantes victorias, no pudo impedir que Roma acabara derrotando a su ciudad. De vuelta a Cartago desempeñó también un importantísimo papel en la represión de la Revuelta de los Mercenarios que tuvo en jaque a la ciudad durante algunos años (241-238 a.C.) y que mostraba el penoso estado en el que había quedado Cartago tras su derrota frente a Roma. Por ende, y aprovechando la coyuntura, Roma desposeyó a Cartago de sus territorios en Cerdeña.

La situación de Cartago, tras la pérdida de su imperio ultramarino y la obligación de pagar una indemnización a Roma de 3.200 talentos en diez años a lo que se sumaron 1.200 talentos tras la pérdida de Cerdeña, más los daños causados en su propio territorio por la Guerra de los Mercenarios, no podía ser peor. En estas circunstancias no resulta sorprendente que Cartago centrara su atención en la Península Ibérica, el único territorio en el que aún los romanos no parecen haber tenido interés (más allá del comercial) y que era ya conocido por ella desde hacía mucho tiempo, si bien no parece que ejercieran un dominio directo. El motivo declarado, como aseguraría poco después el propio Amílcar a los romanos ante una petición de explicaciones de éstos, habría sido reunir los recursos suficientes para pagar la elevada indemnización de guerra a Roma para lo cual era necesaria una política novedosa de Cartago frente a Iberia que consistió en el establecimiento de un dominio político y militar. Ello determinó que en el 237 a.C. Amílcar desembarcase en Gadir con un ejército quizá no muy numeroso, pero con la esperanza de reclutar mercenarios en el propio territorio, hecho al que Cartago ya estaba acostumbrada.

La nueva actitud de Cartago con respecto a Iberia debió de ser percibida pronto por los indígenas que se opusieron a su nueva política; las fuentes literarias hablan de enfrentamientos con los turdetanos, los iberos y los celtas, estos últimos bajo el mando de Istolacio, que tras la victoria de Amílcar son integrados en su ejército, lo que le permite al cartaginés lanzarse a la conquista del valle del Guadalquivir, donde la resistencia es encabezada por un tal Indortes, al frente de un ejército de más de

50.000 hombres. Estaba claro que Amílcar quería establecer un control sólido sobre el área minera de Riotinto pero también sobre el distrito castulonense, lo que sin duda debió de provocar importantes desequilibrios internos puesto que era la primera vez que tanto las ciudades fenicias como los indígenas se veían en su propio territorio ante ejércitos tan poderosos y con unos objetivos precisos. Mientras que los indígenas parecen haber ofrecido resistencia a Amílcar, la actitud de Gadir parece haber sido la de contemporizar con el cartaginés con gran probabilidad porque éste había acudido como aliado; no obstante, la nueva situación, aunque quizá beneficiosa a corto plazo para Gadir podía acabar significando la ruina de sus propios mecanismos económicos, al quedar supeditada en la práctica a los intereses de una potencia lejana y ajena. Por supuesto, apenas tenemos información en nuestras fuentes de la actitud de Gadir y de las restantes ciudades fenicias y sólo en los últimos momentos de la presencia cartaginesa en la Península hay alguna información que nos muestra cómo los intereses de Cartago y de Gadir son ya divergentes; no obstante, no es casual que el inicio de la acuñación de moneda de plata en Gadir corresponda al periodo en el que los Barca están presentes en Iberia.

Pero junto con las actividades militares, Amílcar también inició intensísimas negociaciones con los reyezuelos y jefes indígenas que, sin duda, le permitieron, no sólo obtener tropas sino, sobre todo, acceso a las riquezas metalúrgicas y, tal vez, seguridades en los transportes de esos productos hasta los puertos de embarque en las costas de Iberia. Está claro que la política de Cartago sustituye, en beneficio de la nueva potencia, las antiguas redes de intercambio que habían caracterizado las relaciones entre los distintos territorios de la Península durante los siglos previos. Cornelio Nepote, en su breve biografía de Amílcar (4, 1) resume muy bien los resultados de la labor de Amílcar: "inundó toda África de caballos, armas, hombres y dinero". Como corolario de sus actividades, Amílcar habría fundado una ciudad, Akra Leuke, que se ha solido ubicar en o en torno a Alicante, aunque sin demasiadas pruebas. Sería poco después de su fundación cuando Amílcar moriría en Helice, ciudad a la que estaba sitiando, y que se ha venido identificando con Elche pero que parece más aceptable interpretar como Elche de la Sierra; el rey de los orisios, esto es, de los oretanos, parece haber sido responsable de la traición que llevó al general a la muerte en el año 229 a.C.; en todo caso, el hecho de que Amílcar estuviese guerreando en las áreas entre la Meseta suroriental y la Alta Andalucía sugiere que allí había focos de inestabilidad que le interesaba sofocar por tratarse de un territorio de vital interés para Cartago. Prueba de la importancia para Amílcar del control de esas tierras ricas en plata es la temprana acuñación de unas monedas en este metal de una gran calidad, que sus sucesores proseguirán.

Si Amílcar tenía en mente nuevas campañas y si, en último término, su objetivo final era llevar la guerra a Roma, es algo que no sabemos con certeza pero da la impresión de que su hijo Aníbal, tras el paréntesis necesario de Asdrúbal, quiso proseguir la labor de su padre, acaso ya pergeñada en sus líneas generales.

Los hijos de Amílcar; Aníbal, Asdrúbal y Magón fueron incorporándose, según sus edades se lo permitían, al gobierno que ejercía su padre al tiempo que fueron educados en las artes militares y en la cultura antigua, lo que quedó a cargo de algunos de los griegos que acompañaron al general y, después, a su hijo Aníbal, tales como Sosilo de Esparta o Sileno de Caleacte los cuales también dejaron escritos los hechos de los que fueron testigos, aunque de sus obras sólo se conservan algunos míseros fragmentos.

II.4.5.2 Asdrúbal: el afianzamiento de un área de poder cartaginesa en Iberia

La labor de Asdrúbal, yerno de Amílcar, y nombrado jefe del ejército tras su muerte, tuvo una significación extraordinaria en la consolidación de la presencia cartaginesa en la Península Ibérica, aunque ha quedado a veces obscurecida por el brillo tanto de su suegro como de su cuñado. Sin embargo, tras vengar la muerte de Amílcar y someter a los oretanos haciendo un gran despliegue de fuerza (50.000 infantes, 6.000 jinetes y 200 elefantes), Cartago parece haberse asegurado un control efectivo sobre los territorios de la Meseta sudoriental y la Alta Andalucía. Junto con la fuerza también la diplomacia tuvo un peso importante en su actividad, puesto que contrajo matrimonio con la hija de un reyezuelo indígena, sin duda para afianzar alianzas.

II.4.5.2.1 La fundación de Cartago Nova

No obstante, ya en el 227 Asdrúbal parece empeñado en uno de sus grandes proyectos, la fundación de una nueva ciudad que iba a llamarse, igual que la ciudad de la que él procedía, la "Ciudad Nueva", en lengua fenicia Qart-Hadasht, para los romanos *Nova Carthago*, la actual Cartagena. A diferencia de la casi fantasmal fundación de Akra Leuke por Amílcar, las informaciones para Cartago Nova son muy abundantes, incluyendo la espléndida descripción que los autores antiguos dan de la ciudad. Veamos, por ejemplo, la que hace Polibio:

> "Está situada hacia el punto medio del litoral de Iberia en un golfo situado hacia el Sudoeste. La profundidad del golfo es de unos veinte estadios y la distancia entre ambos extremos es de diez; el golfo, pues, es muy semejante a un puerto. En la boca del golfo hay una isla que estrecha el paso de penetración hacia dentro, por sus dos flancos. La isla actúa de rompiente del oleaje marino, de modo que dentro del golfo hay siempre una gran calma, interrumpida sólo cuando los vientos

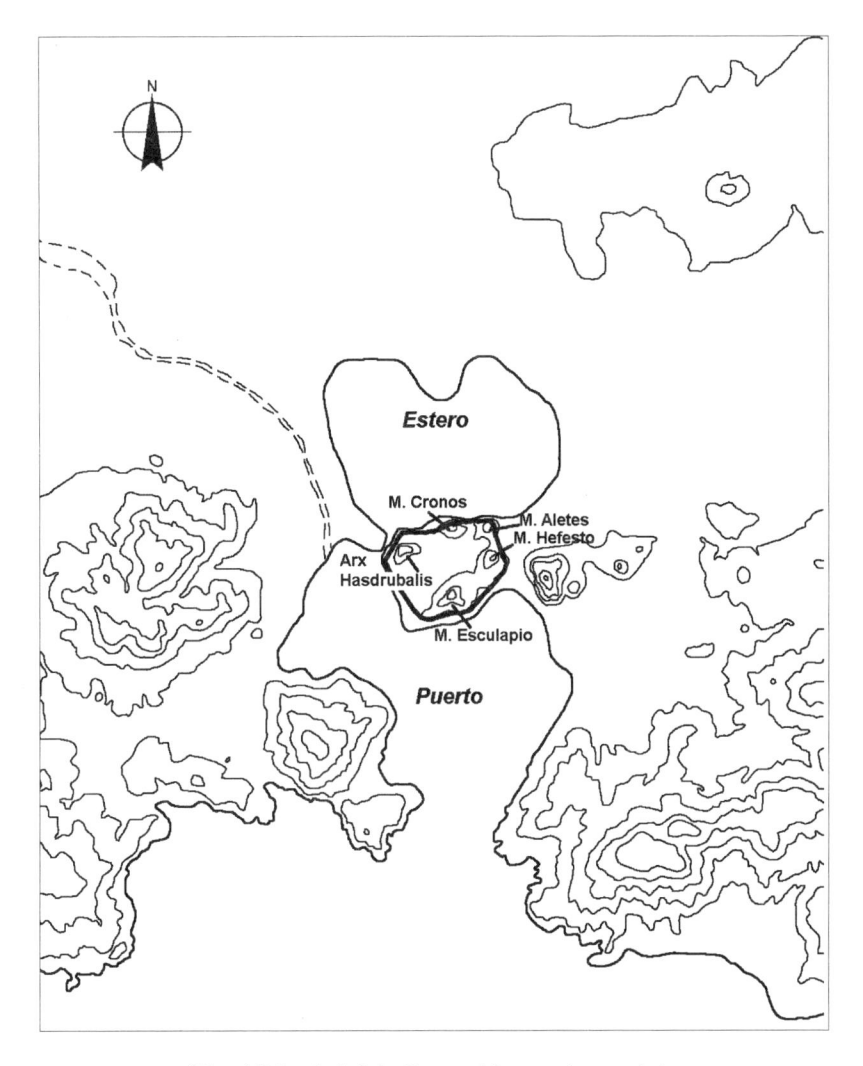

[Fig. 46] La ciudad de Cartago Nova en época púnica

africanos se precipitan por las dos entradas y encrespan el oleaje. Los otros, en cambio, jamás remueven las aguas, debido a la tierra firme que las circundan. En el fondo del golfo hay un tómbolo, encima del cual está la ciudad, rodeada de mar por el Este y por el Sur, aislada por el lago al Oeste y en parte por el Norte, de modo que el brazo de tierra que alcanza al otro lado del mar, que es el que enlaza la ciudad con la tierra firme, no alcanza una anchura mayor que dos estadios. El casco de la ciudad es cóncavo; en su parte meridional presenta un acceso más plano desde el mar. Unas colinas ocupan el terreno restante, dos de ellas muy montuosas y escarpadas, y tres no tan elevadas, pero abruptas y difíciles de escalar. La colina más alta está al este de la ciudad y se precipita en el mar; en su cima se levanta un templo de Asclepio. Hay otra colina frente a ésta, de disposición similar, en la cual se edificaron magníficos palacios reales, construidos, según se dice, por Asdrúbal, quien aspiraba a un poder monárquico. Las otras elevaciones del terreno, simplemente unos altozanos, rodean la parte septentrional de la ciudad. De estos tres, el orientado hacia el Este se llama el de Hefesto, el que viene a continuación, el de Aletes, personaje que, al parecer, obtuvo honores divinos por haber descubierto unas minas de plata; el tercero de los altozanos lleva el nombre de Cronos. Se ha abierto un cauce artificial entre el estanque y las aguas más próximas, para facilitar el trabajo a los que se ocupan en cosas de la mar. Por encima de este canal que corta el brazo de tierra que separa el lago y el mar se ha tendido un puente para que carros y acémilas puedan pasar por aquí, desde el interior del país, los suministros necesarios".

(Polibio, X, 10)

Salvo algunos errores en alguna de las medidas, la descripción de Polibio coincide con lo que se conoce hoy día de la ciudad antigua. Sigue siendo objeto de debate, sin que se haya llegado a conclusiones sólidas, si en el emplazamiento de la nueva fundación se había ubicado la vieja ciudad de Mastia y tampoco queda muy clara la intervención, si es que la hubo, de las poblaciones indígenas del entorno, muy mal caracterizadas desde el punto de vista arqueológico. Lo que sí sabemos es que la ciudad recibió pronto abundantes colonos, de modo que en el momento de su conquista por los romanos menos de dieciocho años después, en el 209 a.C., y a pesar de que muchos o algunos habrían muerto durante el asedio y el ataque, Escipión pudo capturar a diez mil hombres libres, en buena parte ciudadanos de Cartago Nova, así como dos mil artesanos y un número no precisado de otras gentes que vivían allí, sin contar con la guarnición cartaginesa. Ello prueba la gran importancia que la ciudad tuvo dentro del esquema político de Asdrúbal en la Península, tanto por la amplitud de la fundación, por la existencia de uno de los mejores puertos naturales de toda la costa ibérica y por las facilidades defensivas que la marisma, hoy en día desecada que se extendía al norte de la ciudad, propiciaba si bien Escipión, durante su conquista, supo aprovechar las peculiares condiciones del entorno para su asalto definitivo. Por último, Cartago Nova se hallaba también en las proximidades de otro de los distritos mineros más importantes de Iberia, el de la Unión y las Sierras de Cartagena y, como mostraba el texto de Polibio que acabamos de transcribir, una de las colinas de la ciudad estaba consagrada a Aletes, una divinidad local, a quien se hacía responsable del descubrimiento de las minas.

Aunque la posterior ciudad romana y, luego, la moderna, dificultan sobremanera las tareas arqueológicas en la actual Cartagena, se han podido detectar en algunos lugares restos de la muralla original de la ciudad, una cuidada construcción del tipo llamado a casamatas, compuesta por dos paramentos, uno externo de mayor calidad y otro interno, unidos por muros perpendiculares a ambos a modo de tirantes. Se conocen algunos otros restos, de tipo doméstico o artesanal, correspondientes al breve periodo de vida de la ciudad púnica; los materiales hallados sugieren relaciones con distintos lugares del mundo púnico occidental, tanto con Ebuso como con otros puntos de las costas centromediterráneas y africanas y, como parece razonable, con la propia Cartago.

De todos los aspectos de la topografía de Cartago Nova que menciona Polibio, sin duda el que más llama la atención es el referido a la construcción de palacios en la ciudad a cuenta de la pretensión del general cartaginés de optar al poder monárquico. Es ésta una teoría que ha encontrado en ocasiones cierto hueco en la tradición historiográfica pero que no parece tener bases sólidas más allá de las intenciones propagandísticas adversas de los escritores romanos que trataron sobre la Segunda Guerra Púnica y sus precedentes. Tales posibles palacios no han sido localizados en las excavaciones llevadas a cabo en la colina del Molinete, en la actual Cartagena, aunque las mismas sí atestiguan un importantísimo proyecto urbanístico de época púnica que implicó grandes obras de aterrazamiento y de rebajes de la roca para llevarlas a cabo, una prueba del gran empeño que los cartagineses habían puesto en la que iba a convertirse en la capital de sus dominios peninsulares.

Los datos conocidos, pues, resaltan el proyecto de dominio que Cartago había diseñado para la Península Ibérica que implicaba una colonización, siquiera limitada en un primer momento a Cartago Nova, que se iba a convertir en una auténtica base de actuación para los cartagineses. Si este diseño era obra de Amílcar o, por el contrario, fue Asdrúbal quien lo ideó, es algo que no podemos saber con certeza; sin embargo, frente al desconocimiento de la ubicación y del carácter de la fantasmagórica Akra Leuke de Amílcar, que no parece haber tenido en los años sucesivos ni una parte de la importancia de Cartago Nova, esta última estaba destinada a convertirse tanto en época púnica como en la romana en un centro de gran importancia. Ello sugeriría, al menos en mi opinión, que quizá la labor de Asdrúbal haya consistido más en consolidar y organizar el dominio cartaginés, frente a su suegro y antecesor, más preocupado por las cuestiones militares. Aníbal parece haber seguido las huellas de su padre más que las de su cuñado.

Este nuevo panorama surgido en Iberia no pasó desapercibido a los romanos, a juzgar por lo que dice Polibio (II, 13, 3) tras mencionar esta fundación: "Los romanos constataron que allí se había establecido un poder mayor y temible, y pasaron a preocuparse de Iberia". El siguiente paso que daría Roma y al que respondería Asdrúbal sería realizar un nuevo tratado con los romanos.

II.4.5.2.2 El Tratado del Ebro

El llamado Tratado del Ebro, que debió de firmarse hacia el año 226 a.C. constituye otro de los problemas aún no resueltos de la historia antigua de la Península Ibérica, tanto por su significado último como por los detalles concretos que el mismo implicó, ya que a partir de su interpretación en uno u otro sentido cae sobre uno u otro bando la responsabilidad última del estallido de la Segunda Guerra Púnica (*vid.* vol.II, II.1.1).

La información que nos da Polibio, en la línea del temor que despertaba en Roma la política de Asdrúbal, en especial tras la fundación de Cartago Nova, es bastante escueta:

> "[Los romanos] despacharon legados a Asdrúbal y establecieron un pacto con él, en el que, silenciando al resto de Iberia, se dispuso que los cartagineses no atravesarían con fines bélicos el río llamado Iber". Por su parte, Livio (XXI, 2, 7), pensando ya en su explicación de las causas de la mencionada Segunda Guerra Púnica, asegura que "precisamente con este Asdrúbal, a causa de la extraordinaria habilidad que había mostrado en atraerse a estos pueblos y unirlos a su imperio, el pueblo romano había renovado el tratado de alianza que estipulaba que la frontera entre ambos imperios sería el río Hibero y que Sagunto, situado entre los imperios de ambos pueblos, conservaría su libertad".

Polibio (II, 13, 7)

La historiografía ha disputado largo tiempo si el río Iber o Hibero que mencionan ambos autores es el actual río Ebro o, por el contrario, otro diferente, inclinándose los partidarios de esta opción por el Júcar; los testimonios literarios no son, sin embargo, lo bastante claros como para aceptar sin problemas esta posibilidad. A pesar de ello, los especialistas siguen divididos entre la posibilidad de que el río Iber del tratado sea el Júcar, y por lo tanto, que Aníbal habría atacado a una ciudad, Sagunto, fuera del territorio asignado a Cartago o el Ebro y, en consecuencia, y si prescindimos de la salvedad de Tito Livio, que Aníbal estaba en su derecho a atacar una ciudad dentro de su dominio. Por el momento, no tenemos posibilidad de decantarnos por una u otra posibilidad aunque, de cualquier modo, la acción romana muestra ya una preocupación evidente por los avances de la política cartaginesa en Iberia. La labor de Asdrúbal, que a diferencia de la de Amílcar, comprendía una clara reorganización política y militar del territorio ibérico no podía dejar de sorprender a Roma, hasta entonces poco interesada en la Península, por lo que suponía también de cambio en la actitud mantenida hasta entonces por Cartago hacia el mismo territorio. Si la política de Amílcar había sido sobre todo depredadora, para obtener fondos suficientes con que pagar a Roma, Asdrúbal introducía un componente nuevo, la colonización, los pactos con los indígenas y, quizá, la fortificación de áreas sensibles dentro de la Península. En efecto, en los últimos años, y gracias a la numismática hispano-cartaginesa, de duración muy limitada en el tiempo (237 a.C.-206 a.C.), se ha podido detectar toda una serie de puntos, emplazados por lo general en el Valle del Guadalquivir, que sugieren el establecimiento en ellos de tropas cartaginesas, quizá mercenarias, destinadas a custodiar los recursos metalúrgicos y las rutas de comunicación estratégicas. De confirmarse esta posibilidad, quedaría claro que el interés de Cartago por Iberia no iba a ser coyuntural, como quizá pensasen los romanos en un primer momento, sino permanente; ello, confirmado en cierto modo por la fundación de Cartago Nova, pudo hacer temer a Roma que Iberia podía acabar convirtiéndose, aunque a una escala mayor, en unas nuevas Sicilia y Cerdeña, máxime cuando la explotación del territorio parece haber alcanzado niveles extraordinarios; aunque para la época de Aníbal, Plinio (*N.H.*, XXXIII, 97) asegura que la mina Baebelo le reportaba a Aníbal trescientas libras de plata al día. Es posible que fuese esto lo que les determinase a tratar de poner un cierto freno a la expansión púnica en Iberia, a lo que podría unirse también la amistad con Masalia, cuyos intereses, y los de Ampurias, se concentraban sobre todo en las tierras al norte del Ebro; este interés griego es resaltado por Apiano (*Iber.*, 7) como la causa que mueve a Roma a delimitar con Cartago sus áreas de influencia respectiva en la Península. El papel que juega Sagunto en este panorama lo abordaremos en un apartado ulterior (*vid.* vol.I, II.4.5.3.2).

Por último, es también probable que Asdrúbal empujara hasta la línea del Tajo la zona de control cartaginés en el interior Iberia, quizá de forma menos firme que en territorios más meridionales pero con un claro interés estratégico, puesto que el Tajo era rico en oro y la zona entre éste y el río Guadiana también resultaba de interés. Durante la Segunda Guerra Púnica los cartagineses harán uso de estos territorios como zonas de aprovisionamiento y como retaguardia de las zonas de conflicto directo, más volcadas hacia el Guadalquivir.

Hacia el 224 a.C. Asdrúbal nombró a Aníbal jefe de la caballería, un cuerpo que alcanzaba ya cifra de 8.000 hombres, realizando a su frente algunas brillantes campañas. Pocos años después, en el 221, Asdrúbal fue asesinado por un esclavo y Aníbal fue elegido general por el ejército, y ratificado por Cartago.

II.4.5.3 Aníbal: la guerra inminente

Si Aníbal tenía ya planeado en 221 iniciar su guerra contra Roma, es algo que no sabemos; no obstante, el poco plazo transcurrido desde su acceso al generalato y el ataque a Sagunto, detonante de la guerra, y los enormes preparativos que la empresa que iba a abordar requería, hace probable que podamos pensar, al menos, que el hijo de Amílcar había estado madurando, quizá desde el 224, cuando fue nombrado jefe de la caballería, esta posibilidad. No obstante, antes de iniciar la guerra con Roma tuvo tiempo de rematar la labor de control iniciada por su padre y su cuñado. Siguiendo la pauta de este último, se había casado con una joven indígena, Imilce de Cástulo, de noble linaje y pronto inició sus propias campañas.

II.4.5.3.1 Expansión de horizontes: Aníbal en las dos Mesetas

En el año 221, atacó a los olcades y destruyó su ciudad, Althia, lo que le ponía en el camino hacia los territorios del Tajo que quizá habían entrado en una situación de inseguridad tras la muerte de Asdrubal. A juzgar por lo que ocurrirá el año próximo, da la impresión de que con esta campaña Aníbal quería asegurarse los accesos hasta el Tajo, eliminando los riesgos de quedarse con enemigos a retaguardia, aunque no lo consiguió del todo. Del mismo modo, podía probar al ejército que, por primera vez, dirigía.

Mucho más importancia tuvo la campaña que llevó a cabo en el 220, puesto que la misma le permitió internarse hasta el valle del Duero para enfrentarse con los vacceos, atacando dos de sus ciudades, Helmantica (Salamanca) y Arbucala, que suele identificarse con Toro aunque esta última no sin dificultad. En su regreso fue atacado por vetones, olcades y helmanticenses en un vado del Tajo pero merced a su genio militar, pudo salir Aníbal airoso. Los motivos que pudieran haber llevado a Aníbal hasta territorios tan alejados de su base de operaciones pudieron ser variados; por un lado, necesitaba que su ejército se internara en unos territorios no atacados antes para comprobar las posibilidades de llevar a cabo una acción en territorio hostil, algo que le iba a servir en su larga marcha desde Iberia a Italia. Por otro lado, podría considerarse que el Duero marcaría, en la Iberia occidental, el límite del dominio púnico, puesto que para las concepciones geográficas antiguas este río y el Ebro podrían marcar una misma línea teórica. Por último, los vacceos habrían ya desarrollado un sistema económico avanzado que les permitiría disponer de importantes excedentes agropecuarios merced al desarrollo de lo que los escritores antiguos describen como un sistema colectivista; durante la conquista romana son frecuentes las campañas romanas contra estos territorios para hacerse con importantes botines. Es probable que Aníbal buscase estos importantes recursos agropecuarios, sobre todo si iba a conducir a un numeroso ejército por tierra hasta Italia; por todas estas razones, Aníbal llegó hasta el valle del Duero ampliando así, mucho más que sus antecesores en el cargo, los territorios controlados por los cartagineses en Iberia.

II.4.5.3.2 Sagunto: el casus belli

Acabadas estas campañas y con un ejército bien preparado, Aníbal emprendió el asedio de Sagunto. Apiano (*Iber.*, 10), que escribe mucho tiempo después de los hechos, asegura que "Aníbal, en misivas privadas, expuso que los romanos trataban de convencer a la parte de Iberia sometida a Cartago para que hiciera defección de ésta, y que los saguntinos cooperaban en ello con los romanos". El mismo autor asegura que esto era un engaño, pero que Aníbal fomentaba el mismo con cartas constantes a Cartago y forzando a los vecinos de Sagunto a denunciar el comportamiento de la ciudad contra ellos. También es cierto que el propio autor, al relatar los motivos de la firma del tratado del Ebro incluye también a los saguntinos entre los que insistieron ante Roma para que interviniera ante Cartago, dando a entender que en la ciudad vivían numerosos griegos.

Problema aún por dilucidar, más allá de la identificación del río Iber o Hibero que mencionan las fuentes literarias, es si Sagunto quedaba dentro de la jurisdicción de Cartago, al hallarse al Sur del Iber-Ebro o si, a pesar de hallarse al sur del Iber-Ebro gozaba de un estatuto especial, acordado en el momento del tratado o en alguna ocasión posterior. Como decimos, se trata de una cuestión para la que aún no hay solución satisfactoria pero cabe pensar o que el estatuto de Sagunto debía de ser lo bastante ambiguo como para que ninguno de los dos bandos en litigio pudiera aparecer, al menos entre los suyos, como responsable del inicio de la guerra o que la actitud de Sagunto pudiese ir contra los intereses y, quizá la propia seguridad, de la presencia cartaginesa en Iberia. Esto es lo que se desprende del pasaje de Apiano que acabamos de reproducir, más allá de que quizá, como también sugería el mismo autor, la propia Cartago hubiese impulsado a los vecinos de Sagunto a provocar a la ciudad esperando una reacción violenta de la misma que justificase el castigo que Aníbal decidió imponerle. Por su parte, el (súbito) interés romano por Sagunto que en el mejor de los casos no parece haber sido mucho más antiguo que el que inspiró la firma del Tratado del Ebro pudo venir marcado por el temor a que la línea del Ebro, a la que en la práctica ya había llegado el poder de Cartago, no detuviese al nuevo y ambicioso general; provocando problemas en un punto sensible del territorio cartaginés, como era Sagunto, Roma podría intentar obtener ventajas sobre Cartago como ya había hecho en el pasado, en especial tras el final de la Guerra de los Mercenarios, como sin duda sabía muy bien Aníbal merced a las enseñanzas que su padre y su cuñado le habrían dado. En cualquier caso, siempre ha sorprendido que durante el tiempo que duró el asedio, Roma no hizo ningún esfuerzo por auxiliar a Sagunto, tal vez porque para los romanos el ataque de Aníbal era pretexto suficiente para que la guerra, ya inminente, fuese una guerra justa, *bellum iustum*, lo que en la ideología que Roma estaba ya elaborando, era requisito imprescindible para la victoria.

Sagunto era un punto importante dentro de los centros ibéricos de las costas peninsulares; como vimos en su momento, había estado relacionado con el comercio griego desde al menos los años finales del siglo VI a.C. pero también con el procedente de otros ámbitos de la Península desde el originado en el Círculo del estrecho hasta el que establecerá con Ebuso cuando la ciudad inicie su gran despegue económico, tal y como muestran las excavaciones arqueológicas llevadas a cabo sobre todo en el área portuaria, el Grau Vell. En la ciudad ubicada en alto se construye una muralla en el segundo cuarto del siglo IV que englobaba una extensión de entre ocho y diez hectáreas, pero la ciudad sigue abierta a todo tipo de influencias y tráficos comerciales si bien predominan, como muestran los hallazgos anfóricos, los procedentes del área meridional de la Península Ibérica y los de Ebuso. A partir del siglo III se observa un aumento de los productos del Mediterráneo central y de la propia Cartago, sin descartar los procedentes del área empuritana y de la Península Italiana; su riqueza, como asegura Tito Livio (XXI, 7, 3) procedía de su comercio marítimo y terrestre y ello viene atestiguado por el gran botín que obtuvo Aníbal tras su conquista (Polibio, III, 17, 10; Livio, XXI, 15, 1-2).

El sitio de Sagunto parece haber durado desde la primavera del 219 hasta el final del año o el inicio del 218 a.C., en total ocho meses en los que Roma no intervino, poniendo en apuros a los historiadores griegos y romanos para explicar esta inactividad romana; los autores antiguos dan todo tipo de detalles de las tácticas empleadas por el cartaginés así como de la resistencia heroica de los sitiados que concluyen en la caída de la ciudad y la captura de un cuantioso botín, tanto humano como material que generó importantes riquezas parte de las cuales Aníbal repartió entre su ejército e hizo llegar a Cartago y, según una tradición posterior, acaso no demasiado fiable, consagró también en el templo de Melqart en Gadir (Silio Itálico, *Punica*, III, 14-17).

II.4.5.4 El final de la presencia cartaginesa en Iberia

No es demasiado arriesgado suponer que, si Aníbal no había hecho planes antes, la conquista de Sagunto con la oposición romana no podría dejar de tener consecuencias y que, más pronto que tarde, Roma exigiría alguna contrapartida como medio para evitar la guerra que sólo podría perjudicar los intereses de Aníbal. Si, por el contrario, Aníbal había forjado ya la idea de atacar a Roma (y los años previos, junto con los ocho meses de asedio a Sagunto le habrían dado tiempo suficiente para hacerlo), era llegado el momento de tomar decisiones. Su plan de atacar a

Italia por tierra habría ido tomando ya forma y, por consiguiente, era el momento de actuar; su hermano Asdrúbal fue encargado del mando en Iberia mientras él permaneciera fuera, realizó traslados de tropas, las de origen africano serían acantonadas en Iberia mientras que las de origen ibérico lo serían en África y Cartago recibiría una guarnición suplementaria.

Por fin, en el 218 Aníbal, tras haber acudido al templo de Melqart en Gadir a rendirle honores, cruza el Ebro y después los Pirineos para iniciar su, al final fallida, apuesta italiana. El mismo año los hermanos Cneo y Publio Cornelio Escipión desembarcan en Emporion con el objetivo de arrebatarle a Cartago el dominio de Iberia y, así, privarle de sus fuentes de aprovisionamiento en dinero y en tropas (*vid.* vol.II, II.1.3). La defensa de la Iberia púnica iba a quedar, pues, en manos de Asdrúbal, el hermano de Aníbal, que disponía de un importante ejército y, sobre todo, de la capacidad de reclutar nuevas tropas merced al control que ejercía sobre los distritos mineros; este ejército era en su mayoría de campaña pero quizá hubiese unidades acantonadas en algunos puntos, en especial a lo largo del valle del Guadalquivir, habida cuenta el importante papel estratégico que el mismo tenía, como pudo comprobarse también durante el avance romano. Podía contar también con la lealtad de buena parte de las poblaciones indígenas de Iberia, en especial en su tercio meridional y con la de sus aliadas las ciudades fenicias, en especial Gadir. Ésta última, no obstante, recibió una guarnición cartaginesa, al frente de la cual había un general o prefecto (Livio, XXVIII, 23, 6; XXVIII, 30, 1) para protegerla, aunque algunos autores han supuesto que para mantenerla vinculada a la propia Cartago.

Varios momentos son dignos de mención en el proceso que condujo al final de la presencia púnica en Iberia; uno de los primeros es la batalla de las bocas del Ebro, en el 217, en el que la flota cartaginesa, parte de la cual había sido armada de forma apurada, fue derrotada por los romanos que apresaron un buen número de naves, sufriendo también algunos reveses al año siguiente, que incluyó la defección de buena parte de las tripulaciones. Los Escipiones, pues, consiguieron victorias importantes aunque no decisivas en los primeros años, tanto terrestres como navales, derrotando a uno de los lugartenientes de Asdrúbal, Hanón, en Tarragona y al propio Asdrúbal en una batalla terrestre cerca del Ebro. Al tiempo, en algunos territorios los propios indígenas parecen haber protagonizado varias rebeliones contra Cartago, quizá no todas fomentadas por Roma.

Un momento destacado de la guerra en Hispania vino marcado por las sendas derrotas de los dos Escipiones por Asdrúbal en el 211 a.C. (*vid.* vol.II, II.1.3.1), propiciadas en parte por la traición de las tropas auxiliares indígenas que acompañaban a ambos hermanos (Livio, XXV, 32-36). No obstante, la llegada de Publio Cornelio Escipión, el futuro Africano en 210 a.C., marcará el final de la resistencia cartaginesa en Hispania (*vid.* vol.II, II.1.4). En efecto, al año siguiente de su llegada, en el 209, consigue conquistar Cartago Nova con un doble ataque, por mar y por tierra; esto privó a Cartago de una de sus más sólidas bases, así como de los recursos mineros del entorno y de un punto de embarque de gran valor estratégico, y la caída de Baria (Villaricos) al año siguiente acabó con el control cartaginés en toda la costa sudoriental de Iberia. Con la retaguardia más segura, lo que evitó que repitiera los errores que habían propiciado la muerte de su padre y su tío, Escipión se interna por el valle del Guadalquivir derrotando a Asdrúbal en la batalla de Baecula (208 a.C.) que, como Polibio (X, 38, 7) asegura, se hallaba muy cerca de Cástulo y de las minas de plata; no obstante, y a pesar de la derrota Asdrúbal consigue su propósito que era marchar hasta Italia en auxilio de su hermano pero como consecuencia de la batalla los cartagineses habían perdido casi toda Iberia, conservando sólo el área más próxima a Gadir (Livio, XXVII, 20, 3). En el 206 el contraataque cartaginés es neutralizado por Escipión en las batallas de Ilipa y Carmo lo que significó, en la práctica, la imposibilidad para Cartago de recuperar el valle del Guadalquivir y, ni que decir tiene, el final de las esperanzas de Cartago en la Península (*vid.* vol.II, II.1.4.3); los heridos romanos de la batalla de Ilipa, por si fuera poco, fueron asentados en una ciudad que se llamaría Itálica, ubicada en la actual Santiponce, junto a Sevilla, marcando el inicio de la colonización romana en Hispania. Magón, uno de los generales que mandaba ese ejército y hermano menor de Aníbal, se refugió en Gadir donde permanecía una guarnición cartaginesa y desde donde dio algunos golpes de mano contra los romanos sin apenas trascendencia y acelerando, merced a su comportamiento, que al final la propia Gadir acabara pasándose al lado de Roma.

Las fuentes literarias nos informan de cómo esta ciudad había ido aumentando la presión sobre Gadir, realizando toda una serie de incursiones en sus proximidades. Es harto probable que en una de ellas el Castillo de Doña Blanca fuese atacado y, tal vez, destruido, lo que mostraría lo cerca que estuvieron los romanos de la ciudad. Esta labor de hostigamiento tuvo sus efectos puesto que propició que delegados de Gadir acudieran ante Escipión proponiendo entregarle la ciudad y a la guarnición cartaginesa (Livio, XXVIII, 23, 3-6) aunque la conjura fue descubierta y los traidores fueron enviados a Cartago a ser juzgados (Livio, XXVIII, 30, 4-5). Magón intentó en el mismo 206 a.C. recuperar Cartago Nova sin éxito pero, al regresar a Gadir sus ciudadanos le cerraron las puertas; este comportamiento se vio favorecido por la política de rapiña que el general había llevado a cabo en la ciudad, sin duda para obtener fondos, saqueando no sólo el tesoro público sino los templos y los bienes de los particulares (Livio, XXVIII, 36, 3); el comportamiento del general cartaginés no era el propio de un aliado, sino el de un conquistador a pesar de que, en su intento de reentrar en la ciudad, siguiese considerando a la ciudad como aliada y amiga; tampoco hemos de olvidar que, como acabamos de ver, en la ciudad había ya elementos sediciosos que estaban deseosos de llegar a acuerdos con Roma. De cualquier modo, y ante la imposibilidad de Magón de acceder a la ciudad y ante la presión romana, el general exige parlamentar con las autoridades gaditanas y, tras hacer comparecer ante él a los sufetes y al cuestor de Gadir, acabó torturándolos y crucificándolos, tras lo cual abandonó la Península para dirigirse a Italia, no sin antes haber recalado en las Baleares para reclutar mercenarios (Livio, XXVIII, 37). Livio (XXVIII, 37, 10) resume el destino de Gadir: "Después de que Magón abandonase las costas del océano, los gaditanos se rindieron a los romanos".

Se suele aceptar que Gadir firmó un pacto de alianza con Roma, un *foedus*, que salvaguardaría todos sus derechos previos permitiéndole conservar un alto grado de autonomía interna aunque hubiese perdido su capacidad de realizar acuerdos internacionales y algunos autores llegan incluso a sugerir, lo que resulta muy interesante, que este favorable acuerdo, a pesar de que la ciudad se entregó en rendición (*deditio*) a Roma pudo haber sido acordado ya con anterioridad por los conjurados que acudieron a entrevistarse con Escipión para entregarle la ciudad y a la guarnición cartaginesa. Gracias a ello, Gadir pudo disfrutar de una situación privilegiada que no hizo sino aumentar en los siglos siguientes como atestiguan las fuentes literarias y la arqueología. Su santuario principal consagrado al dios Melqart, cada vez más asimilado al Heracles griego y al Hércules romano, siguió gozando de gran prestigio durante la época romana y este prestigio siguió irradiando desde Gadir al resto de las ciudades de origen fenicio, aunque ya bajo la órbita romana; visitantes famosos como el propio Julio César (Suetonio, *Vit. Div. Jul.*, 7) certificarían su importancia. El destino del resto de estas otras ciudades después de la Segunda Guerra Púnica no es conocido, aunque es probable que Roma exigiese la rendición de todas ellas tras la cual (sólo Baria parece haber ofrecido resistencia, como vimos) se convertirían en ciudades estipendiarias, lo que implicaba una menor autonomía política y, sobre todo, pagar los tributos que fijasen los romanos. En el 171 a.C. una de estas ciudades, Carteya, que había jugado también un papel importante durante la guerra como base ocasional de la flota romana, se convirtió en colonia de derecho latino albergando a los hijos de romanos y mujeres nativas así como a los pobladores anteriores que así lo desearan (Livio, XLIII, 3, 1-4).

Por lo que se refiere a Ebuso, su comportamiento durante la Segunda Guerra Púnica fue no sólo favorable a Cartago, sino que parece haber contribuido, en la medida de sus posibilidades, al esfuerzo de guerra de la ciudad. No sabemos, sin embargo, cómo y de qué manera acabó integrándose en el orbe romano aunque algunos autores sugieren que acabó entregándose en rendición (*deditio*), y quizá no mucho después recibiese el estatuto de ciudad federada de Roma, lo que explicaría también su importante crecimiento económico.

Tras el final de la Segunda Guerra Púnica y la clara voluntad romana de permanencia en la Península los antiguos centros fenicios irán adaptándose al nuevo orden que Roma representaba; su adaptación parece haber sido en general aceptable aunque quizá hubiese algunos episodios esporádicos de resistencia no demasiado bien documentados y que a veces parecen mostrar una conjunción de intereses con los levantamientos de algunos grupos indígenas. En cualquier caso, la herencia púnica fue un elemento que conformó a una parte importante de la Hispania romana y no cabe duda de que la experiencia urbana que las ciudades fenicias representaban jugó un papel muy destacado en el proceso que conocemos como Romanización. Aunque el análisis de este proceso no tiene cabida en este capítulo, sino en los siguientes, podríamos acabar el mismo con la siguiente reflexión del geógrafo Estrabón (III, 2, 13): "las gentes de Iberia llegaron a estar tan completamente sometidas a los fenicios que la mayor parte de las ciudades de Turdetania y de los lugares cercanos están hoy habitadas por aquéllos".

BIBLIOGRAFÍA

A. *Guía de lecturas y recursos*

Sobre la historia y la topografía de la ciudad de Cartago puede verse la bibliografía ya comentada en el capítulo dedicado a los fenicios (*vid.* vol.I, II.1), por lo que en este apartado nos centraremos más en la presencia de Cartago en la Península Ibérica. El tema de la presencia de Cartago en Iberia ha sido objeto de bastantes estudios durante largo tiempo; esta visión historiográfica ha sido bien sintetizada por Ferrer (1996). Sobre las relaciones entre Cartago y la Península antes del dominio bárquida sigue siendo de gran interés el libro de Barceló (1988). Para entender el proceso de intervención progresiva de Cartago en el mundo mediterráneo, es de interés observarlo en Sicilia (Hans, 1983), así como el problema de los tratados entre Roma y Cartago (Scardigli, 1991). Algunos autores han comparado los casos hispano y norteafricano (de Frutos, 1991).

Un elemento importante de la política de Cartago fueron la armada y el Ejército (AAVV, 2005), en el que un papel esencial lo desempeñaron las tropas mercenarias, bien estudiadas, con una perspectiva diacrónica, por Fariselli (2002).

Los intereses directos de Cartago en Iberia no parecen anteriores a los años posteriores a la Primera Guerra Púnica; sobre este acontecimiento pueden verse los estudios de Lazenby (1996) y Le Bohec (1995). Hay pocas dudas de que Amílcar fuese uno de los impulsores de la intervención en Iberia; sobre la figura de este general en la política de Cartago puede verse el trabajo de Gómez de Caso (1996). No obstante, la figura de su hijo Aníbal ha obscurecido en parte la de su padre, y algunos autores hablan, incluso, de la Dinastía de Aníbal (Hoyos, 2003). Sobre este último la bibliografía es casi inabarcable, por lo que me limitaré a citar un breve y reciente estudio, pero muy bien documentado, debido a Barceló (2000). Sobre los detalles de la Segunda Guerra Púnica no me detendré aquí, pero sí considero de interés los libros de Lazenby (1978) y Dodge (2004); y, con relación a la Península Ibérica, la publicación colectiva La Segunda Guerra Púnica en Iberia (Costa/Fernández,

2000). Para mayor información remitimos al lector a la bibliografía del apartado II.1 del vol.II de esta obra: La Segunda Guerra Púnica en Hispania.

Los diversos aspectos de la religión, la cultura material, relaciones con los indígenas, política, etc., durante el periodo cartaginés han sido abordados con detalle en los dos Congresos Internacionales sobre el Mundo Púnico, cuyas actas han sido ya publicadas (González Blanco *et alii*, 1994; 2004); véase también Blázquez *et alii* (1999).

Dentro de la política bárquida en la Península destacan sus relaciones con el mundo indígena, en el que los Oretanos parecen haber jugado un papel importante (López Domech, 1996), aunque su principal actividad tuvo lugar con la fundación de Cartago Nova. La bibliografía sobre la ciudad es también abundante, pero destacaré el volumen correspondiente de la monumental *Historia de Cartagena* (Mas, 1992), el libro de Martín Camino (1999), más centrado en la cultura material y el volumen coordinado por Noguera (2003), que presenta las más recientes excavaciones llevadas a cabo en la ciudad. Una breve pero útil panorámica general sobre la política bárquida en Hispania es el trabajo de González Wagner (1999).

El no demasiado largo periodo de tiempo de permanencia bárquida en Iberia dejó, no obstante, importantes huellas, como subrayaron las diversas intervenciones del libro colectivo *Los cartagineses y la monetización del Mediterráneo Occidental* que hacía, además, especial hincapié en los aspectos monetarios (García-Bellido/Callegarin, 2000); también sobre las monedas acuñadas por Cartago para sufragar su esfuerzo de guerra puede verse la monografía de Villaronga (1973). Por fin, sobre la gran impronta que el mundo cartaginés, en muchos aspectos heredero del mundo fenicio, dejó sobre la posterior Hispania romana, puede verse el libro de López Castro (1995).

B. *Referencias*

AA. VV, *Guerra y ejército en el mundo fenicio-púnico*, Ibiza, 2005.

Barceló, P.A., *Karthago und die Iberische Halbinsel vor den Barkiden. Studien zur karthagischen Präsenz in westlichen Mittelmeerraum von der Gründung von Ebusus (VII.Jh. v.Chr.) bis zum Ubergang Hamilkars nach Hispanien (237 v. Chr.)*, Bonn, 1998.

—, *Aníbal de Cartago. Un proyecto alternativo a la formación del Imperio Romano*, Madrid, 2000.

Blázquez, J.M., Alvar Ezquerra, J. y González Wagner, C.: *Fenicios y cartagineses en el Mediterráneo*, Madrid, 1999.

Costa Ribas, B. y Fernández Gómez, J.H. (eds) y Fernández Gómez, J.H. (eds.), *La Segunda Guerra Púnica en Iberia. (XIII Jornadas de arqueología fenicio-púnica; Eivissa, 1998)*, Ibiza, 2000.

De Frutos Reyes, G., *Cartago y la política colonial. Los casos norteafricano e hispano*, Écija, 1991.

Dodge, T.A., *Hannibal: a history of the art of war among the Carthagineans and Romans down to the battle of Pidna, 168 B.C. (with a detailed account of the Second Punic War)*, Cámbridge, 2004.

Fariselli, A. *I mercenari di Cartagine*, La Spezia, 2002.

Ferrer Albelda, E.: *La España Cartaginesa. Claves historiográficas para la historia de España*, Sevilla, 1996.

García-Bellido García de Diego, M.P. y Callegarin, L. (coor.), *Los Cartagineses y la monetización del Mediterráneo Occidental*, Madrid, 2000.

Gómez de Caso Zuriaga, J., *Amílcar Barca y la política cartaginesa (249-237 a.C.)*, Alcalá de Henares, 1996.

González Blanco, A., Cunchillos Illari, J.L. y Molina Martos, M. (eds.), *El Mundo Púnico. Historia, Sociedad y Cultura*, Murcia, 1994.

González Blanco A.; Matilla, G.; y Egea, A. (eds.), *El Mundo Púnico: religión, antropología y cultura material*, Murcia, 2004.

González Wagner, C., "Los Bárquidas y la conquista de la Península Ibérica", *Gerion*, 17, 1999, pp. 263-294.

Hans, L.M., *Karthago und Sizilien. Die Entstehung und Gestaltung der Epikratie auf dem Hintergrund der Beziehungen der Karthager zu den Griechen den nictngriechischen Völkern Siziliens. (VI-III Jh. v. Chr.)*, Hildesheim, 1983.

Hoyos, D.B., *Hannibal's Dynasty. Power and Politics in the western Mediterranean, 247-183 B.C.* Londres, 2003.

Lazenby, J.F.: *Hannibal's War. A Military History of the Second Punic War*, Warminster, 1978

—, *The First Punic War*, Londres, 1996

Le Bohec, Y., *Histoire militaire des Guerres Puniques*, Mónaco, 1995.

López Castro, J.L., *Hispania Poena. Los Fenicios en la Hispania Romana*, Barcelona, 1995.

López Domech, R., *La región Oretana*, Murcia, 1996.

Martín Camino, M., *Cartagena a través de las colecciones de su Museo Arqueológico*, Murcia, 1999

Mas, J. (coor.), *Historia de Cartagena. Vol. IV. De Qart-Hadast a Carthago Nova*, Murcia, 1992.

Noguera, J.M. (ed.), *Arx Asdrubalis. Arqueología e Historia del cerro del Molinete de Cartagena*, Murcia, 2003.

Scardigli, B., *I trattati Romano-Cartaginese*, Pisa, 1991.

Villaronga i Garriga, L., *Las monedas hispano-cartaginesas*, Barcelona, 1973.

Relación de figuras

II.1 Los fenicios en Occidente

Figura 1   El territorio metropolitano fenicio. Elaboración propia.

Figura 2   La expansión fenicia por el Mediterráneo. Según U. Gherig y H.G. Niemeyer (eds.), *Die Phönizier im Zeitalter Homers. Maguncia.* P. von Zabern, 1990.

Figura 3   La evolución de la bahía de Cádiz. Según O. Arteaga; A. Kölling; M. Kölling; A.M. Roos; H. Schultz, "Geschichte des Küstenverlaufs im Stadtgebiet von Cádiz". *MDAI(M)*, 45, 2004, pp. 181-215.

Figura 4   El Castillo de Doña Blanca. Según D. Ruiz Mata y C.J. Pérez, *El poblado fenicio del Castillo de Doña Blanca (El Puerto de Santa María, Cádiz).* El Puerto de Santa María, 1995.

Figura 5   Figuras halladas en el área de Sancti Petri. Elaboración propia a partir de varias fuentes.

Figura 6   La fase III del santuario de Coria del Río. Según J.L. Escacena Carrasco; R. Izquierdo de Montes, "Oriente en Occidente: arquitectura civil y religiosa en un 'barrio fenicio' de la Caura tartésica", en D. Ruiz Mata, S. Celestino (eds.), *Arquitectura oriental y orientalizante en la Península Ibérica,* Madrid, 2001, pp. 123-157.

Figura 7   La fase III del santuario del Carambolo. Según A. Fernández Flores; A. Rodríguez Azogue, "El complejo monumental del Carambolo Alto, Camas (Sevilla). Un santuario orientalizante en la paleodesembocadura del Guadalquivir", *Trabajos de Prehistoria,* 62, 2005, - pp. 111-138.

Figura 8   El muro fenicio del Cabezo de San Pedro (Huelva). Según J. Fernández Jurado y C. García Sanz, "Arquitectura orientalizante en Huelva", en D. Ruiz Mata y S. Celestino (eds.), *Arquitectura oriental y orientalizante en la Península Ibérica,* Madrid, 2001, pp. 159-171.

Figura 9   Las influencias fenicias en el tercio meridional de la Península Ibérica. Elaboración propia a partir de M.E. Aubet Semmler, "Algunas cuestiones en torno al periodo orientalizante tartésico", *Pyrenae,* 13-14, 1977-1978, pp. 81-107.

Figura 10   El asentamiento fenicio de Toscanos. Según H.G. Niemeyer "El yacimiento fenicio de Toscanos: Urbanística y función", en M.E. Aubet (ed.), *Los Fenicios en Málaga,* Málaga, 1997, pp. 63-86.

Figura 11   La fase I del asentamiento fenicio de Morro de Mezquitilla. Según H. Schubart "El asentamiento fenicio del siglo VIII a.C. en el Morro de Mezquitilla (Algarrobo)", en M.E. Aubet (ed.), *Los Fenicios en Málaga,* Málaga, 1997, pp. 13-45.

Figura 12   Los tipos principales de ánforas fenicias fabricados en la Península Ibérica. Elaboración propia a partir de J. Ramón, *Las ánforas fenicio-púnicas del Mediterráneo central y occidental*, Barcelona, 1995.

Figura 13   La fase II del asentamiento fenicio de Abul. Según F Mayet; C. Tavares da Silva, *Le site phénicien d'Abul (Portugal). Comptoir et sanctuaire*, París, 2000.

Figura 14   La ciudad fenicia de Lixus. Según M. Tarradell, *Marruecos Púnico*. Tetuán, 1960.

Figura 15   El asentamiento fenicio de La Fonteta. Según A. González Prats y E. Ruiz Segura, *El yacimiento fenicio de La Fonteta (Guardamar del Segura, Alicante. Comunidad Valenciana)*, Valencia, 2000.

Figura 16   La fase III del establecimiento fenicio de Aldovesta. Según M.T. Mascort, J Sanmarti Greco y J. Santacana, *El jaciment protohistòric d'Aldovesta (Benifallet) i el comerç fenici arcaic a la Catalunya meridional*. Tarragona, 1991.

Figura 17   El establecimiento fenicio de Sa Caleta. Según J. Ramón "El yacimiento fenicio de Sa Caleta. I-IV", en *Jornadas de Arqueología Fenicio-Púnica. Trabajos del Museo Arqueológico de Ibiza*, 24, Ibiza, 1991, pp. 177-196.

Figura 18   Las zonas conocidas de la Ibiza arcaica. Elaboración propia a partir de J. Ramón, "La colonización arcaica de Ibiza. Mecánica y proceso", en G. Rosselló Bordoy (ed.), *X Jornades d'Estudis Històrics Locals: La prehistòria de les illes de la Mediterrània occidental*, Palma de Mallorca, 1992, pp. 453-478.

II. 2 Tarteso

Figura 19   El túmulo 1 de la necrópolis de Las Cumbres. Según D. Ruiz Mata "El túmulo 1 de la necrópolis de las Cumbres", en *IV Jornadas de Arqueología Fenicio-Púnica. Trabajos del Museo Arqueológico de Ibiza*, 24. Ibiza, 1991, pp. 207-220.

Figura 20   La urna tipo Cruz del Negro.

Figura 21   La tumba 17 de la necrópolis de La Joya, en Huelva. Según J.P. Garrido Roiz; , E.M. Orta García, *Excavaciones en la necrópolis de 'La Joya', Huelva. II. (3ª, 4ª y 5ª campañas)*. E.A.E., 96, Madrid, 1978.

Figura 22   La muralla del asentamiento tartésico de Tejada la Vieja. Según J. Fernando Jurado, *Tejada la Vieja: una ciudad protohistórica. Huelva Arqueológica, 9*. Huelva, 1987.

Figura 23   Cerámicas tartésicas de retícula bruñida. Elaboración propia a partir de varias fuentes.

Figura 24   Cerámicas tartésicas pintadas tipo Carambolo. Elaboración propia a partir de varias fuentes.

Figura 25   Ámbito 6 de la excavación en el palacio del marqués de Saltillo en Carmona. Según M. Belén Deamos; R. Anglada; J.L. Escacena; A. Jiménez, *Arqueología en Carmona (Sevilla). Excavaciones en la Casa-Palacio del Marqués de Saltillo*, Sevilla, 1997.

Figura 26   *Pithoi* tartésicos polícromos procedentes del ámbito 6 de la excavación en el palacio del marqués de Saltillo en Carmona. Según M. Belén Deamos; R. Anglada; J.L. Escacena; A.

Jiménez, *Arqueología en Carmona (Sevilla). Excavaciones en la Casa-Palacio del Marqués de Saltillo*, Sevilla, 1997.

Figura 27 Estructura de posible uso religioso en el asentamiento tartésico de Montemolín. Según M.L. de la Bandera Romero; F. Chaves; E. Ferrer; E. Bernáldez, "El yacimiento tartésico de Montemolín", en *Tartessos 25 años después. 1968-1993*, Jerez de la Frontera, 1995, pp. 315-332.

Figura 28 El muro monumental del corte 3 de la Mesa de Setefilla. Según M.E. Aubet Semmler; M.R. Serna; J.L. Escacena; y, M. Ruiz Delgado, *La mesa de Setefilla. Lora del Río (Sevilla). Campaña de 1979. E.A.E. 122*. Madrid, 1983.

Figura 29 Los túmulos A y B de la necrópolis de Setefilla. Elaboración propia a partir de M.E. Aubet Semmler, *La necrópolis de Setefilla en Lora del Río (Sevilla). Túmulo A. Andalucía y Extremadura*, Barcelona, 1981 y *La necrópolis de Setefilla, en Lora del Río (Sevilla). Túmulo B. Andalucía y Extremadura*, Barcelona, 1981.

Figura 30 Estructuras de posible uso religioso en La Muela de Cástulo. Según J.M. Blázquez (ed.), *Cástulo V. E.A.E., 140*, Madrid, 1985.

Figura 31 Diversas estelas decoradas del Sudoeste con representaciones de carros. Según S. Celestino Pérez, *Estelas de guerrero y estelas diademadas. La precolonización y la formación del mundo tartésico*, Barcelona, 2001.

Figura 32 Ejemplos del uso de la escritura en las áreas periféricas sudorientales del mundo tartésico. Elaboración propia a partir de varias fuentes.

Figura 33 La fase 1 de la necrópolis de Medellín. Según M. Almagro Gorbea, *El Bronce Final y el período orientalizante en Extremadura. B.P.H., 14*, Madrid, 1977.

Figura 34 Las fases C y B del centro cultual de Cancho Roano. Según S. Celestino Pérez, "Los santuarios de Cancho Roano. Del Indigenismo al Orientalismo Arquitectónico", en D. Ruiz Mata, S. Celestino (eds.), *Arquitectura oriental y orientalizante en la Península Ibérica*, Madrid, 2001, pp. 17-56.

Figura 35 Poblado minero tartésico de Cerro Salomón. Según A. Blanco Freijeiro y J.M. Luzón, "Resultados de las excavaciones del primitivo poblado de Río Tinto, Huelva", *Prehistoria y Antigüedad*, Madrid, 1974, pp. 235-247.

II. 3 LOS GRIEGOS EN IBERIA

Figura 36 La muralla arcaica de la ciudad de Focea. Según O. Ozygit, "The City Walls of Phokaia. Fortifications et défense du territoire en Asie Mineure Occidentale et Méridionale", *REA*, 96, 1994, pp. 77-109.

Figura 37 Distintos tipos de cerámicas griegas halladas en Huelva. Elaboración propia a partir de P. Cabrera Bonet, "El comercio foceo en Huelva: cronología y fisonomía", en *Tartessos y Huelva*, vol. 3, *Huelva Arqueológica*, 10-11, 1988-1889, pp. 41-100.

Figura 38 Distribución de las cerámicas griegas de época arcaica en la Península Ibérica. Elaboración propia.

Figura 39   La fase IIIb de las excavaciones en San Martín de Ampurias. Según X. Aquilué (dir.) *Intervencions arqueológiques a Sant Martí d'Empúries (1994-1996). De l'assentament precolonial a l'Empúries actual. Gerona. Museu d'Arqueologia de Catalunya-Empúries*, 1999, pp. 75-84.

Figura 40   Plomos comerciales griegos vinculados al área emporitana. Elaboración propia a partir de varias fuentes.

Figura 41   El plomo de Alcoy, realizado en escritura greco-ibérica. Según J. Untermann, *Monumenta Linguarum Hispanicarum. III. 1. Die iberischen Inschrifen aus Spanien. 1. Literaturverzeichnis, Einleitung, Indices. 2. Die Inschriften*, Wiesbaden, 1990.

Figura 42   Distribución de las cerámicas griegas de época clásica en la Península Ibérica. Elaboración propia.

Figura 43   El recinto fortificado ibérico de influencia griega de La Picola en Santa Pola. Elaboración propia a partir de A. Badie; E. Gailledrat; P. Moret; P. Rouillard; M.J. Sánchez, *Le site antique de La Picola à Santa Pola (Alicante, Espagne)*, París; Madrid, 2000.

Figura 44   La llamada Neápolis de Emporion. Según M. Almagro Basch, *Ampurias: historia de la ciudad y guía de las excavaciones*, Barcelona, 1957.

Figura 45   El territorio y el área de influencia de la ciudad griega de Emporion. Elaboración propia a partir de varias fuentes.

II. 4 LA PRESENCIA CARTAGINESA HASTA LA SEGUNDA GUERRA PÚNICA

Figura 46   La ciudad de Cartago Nova en época púnica. Elaboración propia.

Títulos de la colección Historia de España

Protohistoria y Antigüedad de la Península Ibérica
Las fuentes y la Iberia colonial, vol. I
Eduardo Sánchez-Moreno (coord.)
Adolfo J. Domínguez Monedero
Joaquín L. Gómez-Pantoja

Protohistoria y Antigüedad de la Península Ibérica
La Iberia prerromana y la Romanidad, vol. II
Eduardo Sánchez-Moreno (coord.)
Joaquín L. Gómez-Pantoja

Medieval
Territorios, sociedades y culturas
Fermín Miranda García
Yolanda Guerrero Navarrete

Época Moderna
De la Monarquía Hispánica a
la crisis del Antiguo Régimen
Manuel Bustos Rodríguez

Contemporánea
Siglos XIX y XX
Javier Donézar Díez de Ulzurrun
Pablo Martín de Santa Olalla Saludes
Pedro A. Martínez Lillo
José Luis Neila Hernández
Álvaro Soto Carmona

Títulos de la colección Biblioteca Histórica

Exilios
Los éxodos políticos en la
historia de España siglos XV-XX
Jordi Canal (ed.), VV.AA.

España estratégica
Guerra y diplomacia en la historia de España
Juan Batista González

Historia de la Iglesia en España y en Hispanoamérica
Desde sus inicios hasta el siglo XXI
José Sánchez Herrero

Historia militar de la Primera Guerra Mundial
De la caballería al carro de combate
Felipe Quero Rodiles

Conspiración para la Rebelión militar del 18 de julio de 1936
José García Rodríguez

Historia de la época socialista
España: 1982-1996
Álvaro Soto Carmona yUn crimen en la Corte

Colección Serie Historia moderna

La cultura de la guerra y el teatro del Siglo de Oro
David García Hernán

Colección Serie Historia Contemporánea

Del autoritarismo a la democracia
Estudios de política exterior española
Charles Powell y Juan Carlos Jiménez (eds.)

Historia del País Vasco durante el franquismo
Imanol Villa

España y Portugal en transición
Juan Carlos Jiménez

Colección Serie Historia Medieval

Isabel I de Castilla y la sombra de la ilegitimidad.
Propaganda y representación en el conflicto sucesorio (1474-1482)
Ana Isabel Carrasco Manchado

Un crimen en la Corte.
Caída y ascenso de Gutierre Álvarez de Toledo, señor de Alba (1376-1446)
José Manuel Nieto Soria

Un crimen en la Corte
Caída y ascenso de Gutierre Álvarez de Toledo, señor de Alba (1376-1446)
José Manuel Nieto Soria

Sacerdocio y Reino en la España Altomedieval.
Iglesia y poder político en el Occidente peninsular, siglos VII-XII
Carlos de Ayala Martínez

El rey y el papa: política y diplomacia en los albores del Renacimiento
(siglo XV en Castilla)
Óscar Villarroel González

Este libro se terminó de imprimir en el
mes de septiembre de 2013